PARAMAHANSA YOGANANDA

AUTOBIOGRAPHIE EINES YOGI

PARAMAHANSA YOGANANDA

AUTOBIOGRAPHIE EINES YOGI

VORWORT VON W. Y. EVANS-WENTZ

»Wenn ihr nicht Zeichen und Wunder sehet,
so glaubet ihr nicht.« Johannes 4, 48

OTTO WILHELM BARTH VERLAG

Übersetzung aus dem Englischen von Erika Lorenz

Der Titel des im Verlag Self-Realization Fellowship, Los Angeles, California 1946 erschienenen Originalausgabe lautet: »Autobiography of a Yogi«.

Dieses Buch ist bisher in folgenden Sprachen erschienen: arabisch, Bengali, dänisch, französisch, griechisch, Gudscharati, holländisch, isländisch, italienisch, japanisch, Marathi, portugiesisch, schwedisch und spanisch. Ausgaben in anderen Sprachen sind in Vorbereitung. Alle Übersetzungen können von der Self-Realization Fellowship in Los Angeles bezogen werden.

Autorisiert durch
International Publications Council
Self-Realization Fellowship, USA

Erste deutsche Ausgabe: 1950
Achtzehnte deutsche Auflage 1991
© 1946 Copyright by Paramahansa Yogananda
© 1974 Copyright erneuert by Self-Realization Fellowship
Alle Rechte, auch die des auszugsweisen Nachdrucks, der photomechanischen Wiedergabe und der Übersetzung, vorbehalten.

*Zum Gedächtnis
eines »amerikanischen Heiligen«:*

LUTHER BURBANK

PARAMAHANSA YOGANANDA –

EIN YOGI IM LEBEN UND IM TOD

Am 7. März 1952 hielt Paramahansa Yogananda in Los Angeles/Kalifornien auf einem Bankett, das zu Ehren des indischen Botschafters, Seiner Exzellenz Binay R. Sen, veranstaltet wurde, eine Ansprache. Unmittelbar danach ging er in den *Mahasamadhi* ein (das ist der endgültige und bewußte Austritt eines Yogi aus seinem Körper).

Der große Weltlehrer bewies nicht nur während seines Lebens, sondern auch noch im Tode die Wirksamkeit des Yoga (der wissenschaftlichen Techniken, die zur Gottvereinigung führen). Noch mehrere Wochen nach seinem Hinscheiden leuchtete sein unverändertes Antlitz in einem göttlichen Glanz – unberührt von jeder Verwesung.

Harry T. Rowe, der Direktor des Friedhofs von *Forest Lawn Memorial Park* in Los Angeles (wo der Körper des großen Meisters vorläufig ruht), sandte der Gemeinschaft der Selbst-Verwirklichung eine beglaubigte Urkunde, der wir hier folgende Auszüge entnehmen:

»Das Ausbleiben jeder Verfallserscheinungen am Leichnam Paramahansa Yoganandas stellt den außergewöhnlichsten Fall in unserer ganzen Erfahrung dar ... Selbst zwanzig Tage nach seinem Tode war kein Zeichen einer körperlichen Auflösung festzustellen ... Die Haut zeigte keine Spuren von Verwesung und im Körpergewebe ließ sich keine Austrocknung erkennen. Ein solcher Zustand von Unverweslichkeit ist, soweit uns aus Friedhofsannalen bekannt ist, einzigartig ... Als Yoganandas Körper eingeliefert wurde, erwarteten die Friedhofsbeamten, daß sich allmählich, wie bei jedem Leichnam, die üblichen Verfallserscheinungen einstellen würden. Mit wachsendem Erstaunen sahen wir jedoch einen Tag nach dem anderen verstreichen, ohne daß der in einem gläsernen Sarg liegende Körper irgendeine sichtbare Veränderung aufwies. Yoganandas Körper befand sich anscheinend in einem phänomenalen, unverweslichen Zustand ... Kein Verwesungsgeruch konnte während der ganzen Zeit an seinem Körper wahrgenommen werden ... Die körperliche Erscheinung Yoganandas war am 27. März, kurz bevor der Bronzedeckel auf den Sarg gelegt wurde, dieselbe wie am 7. März. Er sah am 27. März genauso frisch und vom Tode unberührt aus wie am Abend seines Todes. Es lag also am 27. März keine Veranlassung vor zu behaupten, daß sein Körper auch nur das geringste Zeichen der Zersetzung aufwies. Aus diesem Grunde möchten wir nochmals betonen, daß der Fall Paramahansa Yoganandas unseres Wissens einzigartig ist.«

ANMERKUNG
DES VERFASSERS ZUR DEUTSCHEN AUSGABE

Mit großer Freude begrüße ich die Veröffentlichung einer deutschen Ausgabe meines Buches »Autobiographie eines Yogi«. Nicht weniger als sieben deutsche Verleger haben sich um die Verlagsrechte beworben. Das beweist in der Tat, daß Deutschland sich den Gedanken geistigen Wachstums zuwendet. Es war ja auch das Deutschland des späten 18. Jahrhunderts, in dem Indiens großes literarisches Sanskriterbe seine ersten begeisterten Freunde und Übersetzer im Abendland fand.

Im Jahre 1935 reiste ich mit dem Auto durch Deutschland. Was für ein wunderschönes Land! Und wie herzlich seine Menschen! Meinen lieben deutschen Lesern sende ich folgende Botschaft:

»Laßt uns gemeinsam vorwärtsschreiten — Deutsche, Inder, die ganze Menschheit! Was kann das Herz unseres Einen Vaters mehr entzücken, als daß wir uns unserer Brüderlichkeit erfreuen?«

                                               PARAMAHANSA YOGANANDA

Mutterzentrum der
Gemeinschaft der
Selbst-Verwirklichung
3880 San Rafael Avenue
Los Angeles, Kalifornien, U.S.A.
11. Oktober 1950

ANMERKUNG

DES AMERIKANISCHEN HERAUSGEBERS

Während der letzten sechs Jahrzehnte hat das Leben und das Werk Paramahansa Yoganandas eine immer größere geistige Anziehungskraft auf die Menschheit ausgeübt. 1980 jährte sich zum sechzigsten Mal der Tag, an dem Paramahansaji aus Indien nach Amerika kam, um dort seine Lehre zu verbreiten und den Menschen körperlich, geistig und seelisch zu helfen. Sein ganzes Leben war dieser Mission geweiht.

Mit dem zunehmenden Interesse an der Lehre und dem Leben Paramahansa Yoganandas hängt es auch zusammen, daß heute viel darüber geschrieben wird. Der Guru hat persönlich aus seinem engen Jüngerkreise solche ausgewählt, denen er die heilige Verantwortung übertrug, seine Vorträge und Schriften herauszugeben, und die er besonders dafür ausbildete. Diese Jünger gehören jetzt zum »International Publications Council« der Self-Realization Fellowship. Das im Impressum auftauchende Emblem ist von Sri Yogananda selbst entworfen worden und erscheint als Kennzeichen seines Werkes und seiner Lehre in all seinen Büchern. Der Vermerk: »Autorisiert durch International Publications Council, Self-Realization Fellowship« garantiert die Echtheit des Werkes.

SELF-REALIZATION FELLOWSHIP

Los Angeles/Kalifornien
5. Januar 1981

Wahrheitssucher, die an der Lehre Paramahansa Yoganandas und an seinen Lehrbriefen in deutscher Sprache interessiert sind, können einen kostenlosen Prospekt von der *Self-Realization Fellowship* anfordern (3880 San Rafael Avenue, Los Angeles, California 90065, USA).

VORWORT

Von Dr. W. Y. Evans-Wentz (M. A., D. Litt., D. Sc.)
Jesus-Universität, Oxford. Verfasser der Bücher:
*Tibetanisches Totenbuch, Tibets großer Yogi
Milaräpa, Yoga- und Geheimlehren Tibets* u. a.

Der Wert der Autobiographie Yoganandas wird besonders dadurch erhöht, daß sie eines der wenigen englischsprachigen, von den Weisen Indiens handelnden Bücher ist, die nicht von einem Journalisten oder Ausländer, sondern von einem in Indien geborenen und geschulten Verfasser geschrieben wurden, kurz: sie ist ein Buch *von* einem Yogi *über* die Yogis. Als Augenzeugenbericht über das Leben und die außergewöhnlichen Fähigkeiten der neuzeitlichen Hindu-Heiligen kommt diesem Buch sowohl aktuelle als auch zeitlose Bedeutung zu. Mögen die Leser dem Autor dieses Werkes, dem ich sowohl in Indien als auch in Amerika begegnen durfte, die gebührende Anerkennung und Dankbarkeit zollen. Seine außergewöhnliche Lebensgeschichte ist in der Tat einer der aufschlußreichsten Berichte, die jemals im Westen über die Mentalität der Hindus und den geistigen Reichtum Indiens geschrieben wurden.

Ich hatte das große Glück, einem jener Weisen zu begegnen, deren Leben in diesem Buch beschrieben wird, Sri Yukteswar Giri. Ein Bild dieses verehrungswürdigen Heiligen erscheint auf der Umschlagseite meines Buches »Yoga- und Geheimlehren Tibets« *). Ich begegnete Sri Yukteswar in Puri, einem Ort in der Provinz Orissa, an der Bucht von Bengalen. Er war damals das Oberhaupt eines stillen, am Strande gelegenen Aschrams und widmete sich hauptsächlich der Ausbildung mehrerer junger Schüler. Er zeigte lebhaftes Interesse für die Menschen der Vereinigten Staaten und der anderen Länder des amerikanischen Kontinents sowie Englands und erkundigte sich nach seinem in Kalifornien lebenden größten Jünger, Paramahansa Yogananda, den er tief liebte und den er im Jahre 1920 nach Amerika gesandt hatte.

---

*) Englische Ausgabe: Oxford University Press 1935
 Deutsche Ausgabe: Otto Wilhelm Barth-Verlag 1937 u. 1951

Sri Yukteswar hatte ein liebenswürdiges Äußeres und eine wohlklingende Stimme; man fühlte sich in seiner Gegenwart sofort wohl. Er war der spontanen Verehrung, die seine Anhänger ihm zollten, zweifellos würdig. Jeder, der ihn kannte — ganz gleich, ob er zu seiner eigenen Gemeinschaft gehörte oder nicht — empfand größte Hochachtung vor ihm. Ich entsinne mich noch deutlich meiner ersten Begegnung mit ihm, als er vor dem Tor der Einsiedelei stand, um mich zu begrüßen. Seine hochgewachsene, aufrechte und asketische Gestalt war in das safranfarbige Gewand der Entsagenden gekleidet. Sein Haar war lang und leicht gelockt, sein Gesicht bärtig, sein Körper muskulös, jedoch schlank und gut gebaut, und sein Schritt energisch. Als irdischen Wohnsitz hatte er die heilige Stadt Puri gewählt, zu der täglich eine große Anzahl frommer Hindus aus allen Teilen Indiens pilgern, um den berühmten Dschagannath-Tempel, den Tempel des »Herrn der Welt«, aufzusuchen. Und in Puri war es auch, wo Sri Yukteswar im Jahre 1936 seine sterblichen Augen schloß, um in andere Sphären einzugehen; er wußte, daß ihn diese Inkarnation zur höchsten Vollendung geführt hatte.

Es ist mir eine große Freude, Zeugnis von dem edlen Charakter und der Heiligkeit Sri Yukteswars ablegen zu dürfen. Er begnügte sich damit, fern der Menschenmenge zu leben und sich still und rückhaltlos jenem idealen Leben zu widmen, das sein Jünger Paramahansa Yogananda nun für kommende Generationen aufgezeichnet hat.

W. Y. EVANS-WENTZ

Die Flagge des neuen Indien, das 1947 seine Unabhängigkeit gewann, besteht aus einem tiefsafrangelben, einem weißen und einem dunkelgrünen Streifen. Das dunkelblaue »Rad des Gesetzes« *(Dharma Tschakra)* ist eine Nachbildung des Emblems, das auf der im 3. Jahrhundert v. Chr. von Kaiser Aschoka errichteten Sarnath-Steinsäule eingegraben ist.

Dieses Rad, ein Symbol des ewigen Gesetzes der Gerechtigkeit, sollte den edelsten aller Monarchen ehren, von dem der englische Historiker Sir Henry Rawlinson schreibt: »Seine 40jährige Regierungszeit findet in der Geschichte der Menschheit kaum ihresgleichen. Man hat ihn verschiedentlich mit Markus Aurelius, Paulus und Konstantin verglichen... Aschoka hatte den Mut, nach seinem erfolgreichen Feldzug im Jahre 250 v. Chr. seinen Abscheu vor dem Krieg und seine Reue zu bekennen und fortan auf alle kriegerischen Gewaltmaßnahmen zu verzichten.«

Die ererbten Gebiete Aschokas umfaßten Indien, Nepal, Afghanistan und Belutschistan. Er war der erste Herrscher, der für einen religiösen und kulturellen Austausch zwischen den Nationen eintrat und seine Botschafter mit reichen Geschenken und Segenswünschen nach Birma, Ceylon, Ägypten, Syrien und Mazedonien sandte.

»Aschoka, der dritte König der Maurya-Dynastie, war ... einer der großen in der Philosophie bewanderten Könige der Geschichte«, schrieb der Gelehrte Masson-Oursel. »Niemand hat wie er Kraft und Wohlwollen, Gerechtigkeit und Nächstenliebe in sich vereinigt. Er war die lebendige Verkörperung seines eigenen Zeitalters und mutet uns dennoch wie ein Mensch der Neuzeit an. Im Laufe seiner langen Regierungszeit vollbrachte er, was uns noch als ersehnte Zukunftsvision vorschwebt: während er sich der größtmöglichen irdischen Macht erfreute, stiftete er überall Frieden. Über die Grenzen seines eigenen unermeßlichen Herrscherreiches hinaus verwirklichte er den Traum vieler Religionen: die Errichtung einer universellen Ordnung, die die ganze Menschheit einbezieht.«

»*Dharma* (das kosmische Gesetz) erstrebt das Glück aller Lebewesen.«

Durch seine Felsenedikte und Steinsäulen, die bis auf den heutigen Tag erhalten geblieben sind, lehrte Aschoka die Untertanen seines riesigen Imperiums, daß das Glück in Sittlichkeit und Göttlichkeit wurzelt.

Das heutige Indien, das das Ansehen und den Wohlstand, die es seit Jahrtausenden besessen hat, wiederzugewinnen bestrebt ist, bewahrt Aschoka, dem »Liebling der Götter«, in seiner neuen Flagge ein ehrendes Andenken.

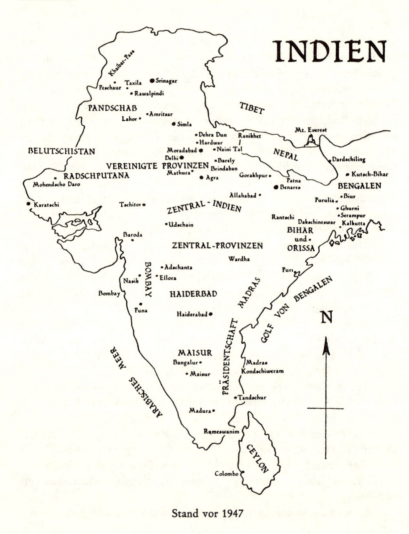

Stand vor 1947

I. KAPITEL

MEINE ELTERN UND MEINE FRÜHESTE KINDHEIT

Für die indische Kultur ist seit alters zweierlei charakteristisch: die Suche nach der letzten Wahrheit und das damit zusammenhängende Verhältnis zwischen Guru *) und Jünger.

Mein eigener Weg führte mich zu einem christusähnlichen Weisen, dessen beispielhaftes Leben ein Markstein für kommende Generationen sein wird. Er gehörte zu jenen großen Meistern, die Indiens wahren Reichtum ausmachen und die in jeder Generation hervorgetreten sind, um ihr Land vor dem Schicksal des alten Ägypten und Babylon zu bewahren.

Zu meinen frühesten Erinnerungen gehören die zusammenhanglosen Bilder aus einer vorherigen Inkarnation. Ich entsann mich deutlich eines früheren Lebens, das ich als Yogi **) im schneebedeckten Himalaja verbracht hatte. Aus diesen Rückblicken in die Vergangenheit ergaben sich auch — wie durch ein transzendentes Band verknüpft — manche Einblicke in die Zukunft.

Noch heute erinnere ich mich deutlich an das demütigende und hilflose Gefühl, das ich als kleines Kind empfand, als ich mir schmerzlich bewußt wurde, weder laufen noch mich richtig verständlich machen zu können. Aufgrund dieser körperlichen Ohnmacht fühlte ich schon früh den unwiderstehlichen Drang zum Beten, und meine stürmischen Gefühle verschafften sich innerlich in verschiedenen Sprachen Ausdruck. Aus diesem inneren Wirrwarr von Sprachen kristallisierten sich allmählich die bengalischen Worte meiner Landsleute heraus, an die ich mich gewöhnen lernte. Welch trügerische Vorstellungen sich doch die Erwachsenen von dem Gesichtskreis eines kleinen Kindes machen, das ihrer Ansicht nach nur mit Spielzeug und Zehenlutschen beschäftigt ist.

---

*) Geistiger Lehrer (»Austreiber der Dunkelheit«). Von den Sanskritwurzeln *gu* = Dunkelheit und *ru* = das, was austreibt.
**) Einer, der Yoga (»Vereinigung«) übt. Yoga ist die altindische Wissenschaft der Meditation über Gott.

Mein innerer Aufruhr und meine körperliche Hilflosigkeit äußerten sich oft in hartnäckigen Weinkrämpfen, und ich entsinne mich noch der allgemeinen Ratlosigkeit meiner Eltern und Geschwister, die vergebens versuchten, mich zu beruhigen. Aber ich habe auch viele glückliche Erinnerungen: die mütterlichen Liebkosungen, die ersten Versuche, Sätze zu formen und auf eigenen Beinen zu stehen. Obgleich man diese kleinen Errungenschaften der frühen Kinderjahre gewöhnlich bald vergißt, bilden sie doch das natürliche Fundament unseres Selbstvertrauens.

Meine weit zurückreichenden Erinnerungen sind kein einzigartiger Fall. Bekanntlich haben viele Yogis ihr Bewußtsein während des dramatischen Übergangs vom Leben zum Tod und umgekehrt ununterbrochen beibehalten. Wäre der Mensch nur ein Körper, so würde sein Dasein in der Tat mit dessen Verlust enden. Wenn aber die Propheten aller Zeitalter die Wahrheit gesprochen haben, so ist der Mensch im wesentlichen eine immaterielle und allgegenwärtige Seele.

Wenn auch klare Erinnerungen an die früheste Kindheit sonderbar anmuten, so sind sie doch nicht allzu selten. Auf meinen vielen Auslandsreisen habe ich öfters aus dem Munde durchaus glaubwürdiger Menschen von ähnlich frühen Erinnerungen gehört.

Ich wurde am 5. Januar 1893 in Gorakhpur geboren, einem Ort im nordöstlichen Teil Indiens, am Fuße des Himalaja-Gebirges, und verbrachte dort die ersten acht Jahre meines Lebens. Wir waren acht Kinder: vier Jungen und vier Mädchen. Ich, Mukunda Lal Ghosch *), war der zweite Sohn und das vierte Kind.

Vater und Mutter waren Bengalen und gehörten der Kschatrija-Kaste **) an. Beide führten einen heiligen Lebenswandel; ihre gegenseitige Liebe war von ruhiger und würdiger Art und verlor sich nie in Leichtfertigkeiten. Diese vollkommene Harmonie der Eltern bildete den ruhigen Mittelpunkt, um den sich das ungestüme Leben acht heranwachsender Kinder bewegte.

Vater — Bhagabati Tscharan Ghosch — war gütig, ernst und zuweilen streng. Wir Kinder liebten ihn sehr, bewahrten jedoch eine gewisse ehrfürchtige Zurückhaltung. Als hervorragender Logiker und Mathematiker ließ er sich hauptsächlich von seinem Verstand leiten. Mutter aber war die Güte selbst und erzog uns nur durch Liebe. Nach

---

*) Als ich 1914 dem Swami-Orden (einem seit alters bestehenden Mönchsorden) beitrat, nahm ich den Namen Yogananda an. Im Jahre 1935 verlieh mir mein Guru den höheren religiösen Titel eines *Paramahansa*. (Siehe Seite 239 und 408)
**) Die zweitoberste Kaste, ursprünglich diejenige der Könige und Krieger

ihrem Tode brachte Vater mehr von seiner inneren Zärtlichkeit zum Ausdruck, und sein Blick erinnerte mich oft an den meiner Mutter.

Mutter machte uns Kinder schon früh mit den Heiligen Schriften bekannt. Sie erzog uns dadurch, daß sie uns ständig Geschichten aus dem *Mahabharata* und *Ramajana**) erzählte, wobei Strafe und Belehrung Hand in Hand gingen.

Als Zeichen der Achtung vor unserem Vater zog Mutter uns jeden Nachmittag sorgfältig um, ehe wir ihn bei seiner Rückkehr aus dem Büro begrüßten. Er bekleidete bei der Bengal-Nagpur-Eisenbahngesellschaft — einer der größten Indiens — eine Stellung, die der eines Vizepräsidenten glich. Seine Tätigkeit erforderte häufigen Ortswechsel, und so lernte ich schon während meiner Kindheit verschiedene Städte kennen.

Mutter hatte stets eine offene Hand und nahm sich gern der Bedürftigen an. Auch Vater war von Natur gütig, doch seine Achtung vor Gesetz und Ordnung erstreckte sich auch auf die Haushaltskasse. Einmal gab Mutter in vierzehn Tagen mehr Geld für die Armen aus, als Vater im Monat verdiente.

»Alles, worum ich dich bitte«, sagte Vater, »ist, daß du deine Mildtätigkeit in vernünftigen Grenzen hältst.« Selbst ein sanfter Vorwurf von ihrem Mann verursachte meiner Mutter Kummer. Ohne uns Kindern etwas von dieser Meinungsverschiedenheit anzudeuten, bestellte sie eine Pferdedroschke.

»Auf Wiedersehen, ich fahre zu meiner Mutter zurück!« Das altbekannte Ultimatum!

Wir erschraken heftig und brachen in lautes Gejammer aus, als zum Glück gerade unser Onkel mütterlicherseits eintraf, der Vater einen uralten, weisen Rat ins Ohr flüsterte. Nachdem Vater dann einige versöhnliche Worte gesprochen hatte, entließ Mutter erleichterten Herzens die Droschke. So endete meines Wissens die einzige Differenz, die meine Eltern je miteinander gehabt haben. Aber ich entsinne mich noch eines anderen bezeichnenden Gesprächs:

»Gib mir bitte zehn Rupien für eine arme, unglückliche Frau, die vor unserer Türe steht!« Mutters Lächeln war von zwingender Überzeugungskraft.

»Warum gleich zehn Rupien? Eine ist genug.« Und, wie um sich zu rechtfertigen, fügte Vater hinzu: »Als mein Vater und meine Großeltern plötzlich starben, erfuhr ich zum ersten Male, was Armut ist. Mein Frühstück vor Antritt eines kilometerweiten Schulwegs bestand aus

---

*) Diese aus dem Altertum stammenden Epen sind eine wahre Fundgrube für alle, die sich für indische Geschichte, Mythologie und Philosophie interessieren.

nichts anderem als einer kleinen Banane. Später, während meiner Studienzeit, war ich in solcher Not, daß ich ein Bittgesuch an einen wohlhabenden Richter stellte und ihn um eine Rupie pro Monat anging. Er lehnte das Gesuch mit der Begründung ab, daß selbst eine Rupie von Bedeutung sei.«

Mutters Herz aber reagierte mit großer Schlagfertigkeit auf seine Worte. »Mit welcher Bitterkeit du dich an die Verweigerung dieser Rupie erinnerst«, sagte sie. »Möchtest du, daß diese Frau sich später ebenso schmerzlich an die Verweigerung der zehn Rupien erinnert, die sie jetzt so dringend braucht?«

»Du hast gesiegt!« Mit der wohlbekannten Geste des resignierenden Ehemannes öffnete er seine Brieftasche. »Hier hast du einen Zehnrupienschein. Gib ihn ihr mit meinen besten Wünschen.«

Vater war geneigt, jeden neuen Vorschlag zunächst abzulehnen. Seine Einstellung der fremden Frau gegenüber, die so schnell Mutters Mitleid erweckt hatte, war ein typisches Zeichen seiner üblichen Vorsicht. Wer nicht sofort seine Zustimmung gibt, ehrt damit nur den Grundsatz: »Erst denken — dann handeln!« Ich habe immer wieder feststellen können, daß Vater ein gesundes, ausgeglichenes Urteilsvermögen besaß. Wenn ich meine Bitte mit ein paar guten Argumenten begründen konnte, stellte er mir das ersehnte Ziel fast immer in Aussicht, ganz gleich, ob es sich um eine Ferienreise oder ein neues Motorrad handelte.

Vater hielt bei seinen Kindern auf strenge Disziplin; sich selbst gegenüber war er geradezu spartanisch. So besuchte er z. B. nie das Theater, sondern verbrachte seine Freizeit mit verschiedenartigen geistigen Übungen und dem Studium der *Bhagawadgita* *). Da er jeden Luxus ablehnte, trug er ein altes Paar Schuhe so lange, bis sie ihm von den Füßen fielen. Seine Söhne kauften sich Autos, als diese zum üblichen Verkehrsmittel wurden, doch Vater begnügte sich damit, täglich mit der Straßenbahn zum Büro zu fahren.

Vater betrachtete das Geld nicht als Machtmittel. Als er die Stadtbank in Kalkutta gegründet hatte, lehnte er es ab, sich selbst am Gewinn zu beteiligen. Er hatte der Öffentlichkeit während seiner Freizeit lediglich einen Dienst erweisen wollen.

Mehrere Jahre nach Vaters Pensionierung kam ein Bücherrevisor aus England nach Indien, um die Bücher der Bengal-Nagpur-Eisenbahn-

---

*) Diese erhabene Sanskrit-Dichtung, ein Teil des *Mahabharata*, ist die Bibel der Hindus. Mahatma Gandhi schrieb folgendes über sie: »Wer über die *Gita* meditiert, wird täglich neue Freude und neue Erkenntnis aus ihr schöpfen. Alle inneren Zweifel können mit Hilfe der *Gita* überwunden werden.«

gesellschaft zu prüfen. Dabei stellte der verblüffte Revisor fest, daß Vater sich nie die fälligen Gratifikationen hatte auszahlen lassen.

»Er hat die Arbeit von drei Personen geleistet«, berichtete der Buchprüfer der Gesellschaft. »Wir schulden ihm noch 125 000 Rupien (ca. DM 100 000).« Daraufhin stellte der Schatzmeister Vater einen Scheck über diese Summe aus. Vater aber schenkte der ganzen Angelegenheit so wenig Beachtung, daß er vergaß, sie seiner Familie gegenüber zu erwähnen. Erst viel später entdeckte mein jüngster Bruder Bischnu diese große Summe auf einem Kontoauszug und fragte ihn deswegen.

»Warum so viel Aufhebens von materiellem Gewinn machen?« erwiderte Vater. »Wer nach innerem Gleichmut strebt, läßt sich weder vom Gewinn berauschen noch vom Verlust niederdrücken, denn er weiß, daß er ohne einen Pfennig auf die Welt gekommen ist und sie auch ebenso arm wieder verlassen muß.«

Schon während ihrer ersten Ehejahre wurden meine Eltern Jünger des großen Meisters Lahiri Mahasaya von Benares; diese Verbindung verstärkte noch die asketische Veranlagung meines Vaters. Mutter machte meiner ältesten Schwester Roma gegenüber einmal folgendes bemerkenswerte Geständnis: »Dein Vater und ich schlafen nur einmal im Jahr zusammen, um Kinder zu haben.«

Vater begegnete Lahiri Mahasaya zum ersten Male durch Vermittlung von Abinasch Babu*), einem Angestellten der Bengal-Nagpur-Eisenbahngesellschaft. Während wir in Gorakhpur wohnten, erzählte mir Abinasch Babu packende Geschichten aus dem Leben der indischen Heiligen, die ich begierig aufnahm. Und jedesmal fügte er einige lobpreisende Worte über seinen eigenen Guru und dessen geistige Größe hinzu.

»Hast du jemals erfahren, unter welch außergewöhnlichen Umständen dein Vater ein Jünger Lahiri Mahasayas wurde?«

Es war ein schwüler Sommernachmittag, als ich mit Abinasch im Garten vor unserem Hause saß und er diese geheimnisvoll lautende Frage an mich richtete. Ich schüttelte den Kopf und sah ihn mit erwartungsvollem Lächeln an.

»Vor vielen Jahren, noch ehe du geboren wurdest, bat ich deinen Vater, der mein Vorgesetzter war, mir eine Woche Urlaub zu geben, damit ich meinen Guru in Benares besuchen könne. Dein Vater aber machte sich über mein Vorhaben lustig.

›Willst du etwa ein religiöser Fanatiker werden?‹ fragte er. ›Wenn

---

*) *Babu* (Herr) wird in der bengalischen Sprache hinter den Namen gesetzt.

du es im Leben zu etwas bringen willst, konzentriere dich auf deine Büroarbeit.‹

Als ich am selben Tag traurig dem Waldrand entlang nach Hause ging, begegnete ich deinem Vater in einer Sänfte. Er entließ seine Diener mitsamt dem Transportmittel und begleitete mich ein Stück zu Fuß. Dabei versuchte er mich zu trösten und mir zu erklären, warum ein Streben nach weltlichem Erfolg so wichtig sei. Doch ich hörte ihm teilnahmslos zu. Mein Herz rief ein über das andere Mal: ›Lahiri Mahasaya, ich kann nicht mehr leben, ohne dich zu sehen!‹

Der Weg führte uns zu einem stillen Feld mit hochgewachsenem Gras, das von den Strahlen der Abendsonne vergoldet wurde. Auf einmal blieben wir überrascht stehen; denn dort auf dem Felde, nur wenige Meter von uns entfernt, erschien plötzlich die Gestalt meines großen Guru *).

Wir trauten unseren Ohren kaum, als er mit klarer Stimme sprach: ›Bhagabati, du bist zu hart gegen deinen Angestellten!‹ Genauso geheimnisvoll, wie er gekommen war, entschwand er wieder. Ich fiel auf die Knie und rief: ›Lahiri Mahasaya! Lahiri Mahasaya!‹ Einige Augenblicke lang stand dein Vater bestürzt und regungslos da. Dann sagte er: ›Abinasch, ich gebe nicht nur *dir* Urlaub, sondern auch *mir selbst*, um morgen nach Benares zu fahren. Ich muß diesen großen Lahiri Mahasaya kennenlernen, der die Fähigkeit hat, sich willkürlich zu materialisieren, um für dich Fürsprache einzulegen. Ich will auch meine Frau mitnehmen und den Meister bitten, uns in seinen geistigen Weg einzuweihen. Willst du uns zu ihm führen?‹

›Selbstverständlich!‹ sagte ich, tief erfreut über die wunderbare Erhörung meines Gebets und die unerwartet günstige Wendung meines Geschicks.

Am nächsten Abend fuhr ich mit deinen Eltern nach Benares. Dort angekommen, nahmen wir am folgenden Morgen ein Fuhrwerk und mußten dann noch zu Fuß durch einige enge Gassen gehen, bis wir das abgelegene Haus meines Guru erreicht hatten. Wir traten in sein kleines Zimmer und verneigten uns vor dem Meister, der, wie üblich, in der Lotosstellung saß. Er blickte uns forschend aus halbgeöffneten Augen an und richtete den Blick dann auf deinen Vater. ›Bhagabati, du bist zu hart gegen deinen Angestellten.‹ Es waren dieselben Worte, die er zwei Tage zuvor auf dem grasbewachsenen Feld gesprochen hatte. Dann fügte er hinzu: ›Ich freue mich, daß du Abinasch die Erlaubnis gegeben hast, mich zu besuchen und daß du ihn mit deiner Frau begleitet hast.‹

---

*) Die außergewöhnlichen Kräfte, über die viele große Meister verfügen, werden im 30. Kapitel *(Die Gesetzmäßigkeit des Wunders)* erklärt.

Zur Freude deiner Eltern weihte er sie beide in die geistige Technik des *Kriya-Yoga* *) ein. Seit jenem denkwürdigen Tage verband mich eine innige Freundschaft mit deinem Vater, der nun ein Bruderschüler von mir geworden war. Lahiri Mahasaya nahm persönlichen Anteil an deiner Geburt. Zweifellos wird dein Leben mit dem seinen verkettet sein, denn der Segen des Meisters bleibt nie aus.«

Lahiri Mahasaya verließ diese Welt, kurz nachdem ich geboren wurde. In allen Wohnungen, die wir im Laufe der Zeit bezogen, schmückte sein Bild im kostbaren Rahmen unseren Familienaltar. Wie oft saßen Mutter und ich morgens und abends vor einem improvisierten Altar, um zu meditieren und unsere in duftende Sandelholzlösung getauchten Blumen dort niederzulegen. Mit Weihrauch und Myrrhe und vor allem mit unserer vereinten Hingabe beteten wir die Gottheit an, die sich uns in solch vollendeter Weise durch Lahiri Mahasaya offenbart hatte.

Sein Bild übte einen ungewöhnlich starken Einfluß auf mich aus. Während ich heranwuchs, beschäftigte ich mich innerlich immer tiefer mit dem Meister. Oft, wenn ich meditierte, sah ich sein Bild aus dem kleinen Rahmen heraustreten und in lebendiger Gestalt vor mir sitzen. Sobald ich aber versuchte, die Füße dieses lichten Körpers zu berühren, verwandelte er sich wieder in das Bild. Mit den Jahren wurde das kleine, im Rahmen eingeschlossene Bild Lahiri Mahasayas zu einer lebendigen und erleuchtenden Gegenwart für mich. Oft betete ich in Augenblicken der Anfechtung oder Verwirrung zu ihm und fühlte dann jedesmal, wie er mich tröstete und leitete.

Zuerst betrübte es mich, daß er nicht mehr in seinem Körper lebte. Doch als ich seine geheime Allgegenwart zu fühlen begann, trauerte ich nicht mehr um ihn. Seinen entfernt lebenden Jüngern, die besonderen Wert darauf legten, ihn zu besuchen, hatte er oft geschrieben: »Warum wollt ihr euch meinen Körper ansehen, wo ich doch ständig im Bereich eures *Kutastha* (eurer geistigen Schau) bin?«

Als ich etwa acht Jahre alt war, erlebte ich eine wunderbare Heilung durch das Bild Lahiri Mahasayas, was meine Liebe noch vertiefte. Wir wohnten damals auf unserem Familienbesitz in Itschapur (Bengalen), und ich wurde plötzlich von der asiatischen Cholera befallen. Die Ärzte wußten sich keinen Rat mehr und hatten mich bereits aufgegeben. Doch Mutter, die an meinem Bett saß, bemühte sich verzweifelt, meinen Blick auf das Bild von Lahiri Mahasaya zu lenken, das über meinem Lager hing.

---

*) Eine von Lahiri Mahasaya gelehrte Yoga-Technik, mit Hilfe deren man die Sinne beruhigen und sich immer mehr auf das kosmische Bewußtsein einstellen kann. (Siehe Kapitel 26)

»Verneige dich im Geiste vor ihm!« Sie wußte, daß ich zu schwach war, um auch nur meine Hände zum Gruß zu erheben. »Wenn du ihm wirklich deine Hingabe zeigst und in Gedanken vor ihm niederkniest, wird er dich heilen.«

Ich blickte unverwandt auf das Bild und bemerkte plötzlich ein blendendes Licht, das meinen Körper und den ganzen Raum einhüllte. Augenblicklich verschwanden meine Übelkeit und die anderen unkontrollierbaren Krankheitssymptome; ich war gesund! Und sogleich fühlte ich mich kräftig genug, um mich nach vorn zu neigen und in Dankbarkeit Mutters Füße zu berühren; denn es war ihr unerschütterlicher Glaube an den Guru, der mir geholfen hatte. Mehrmals preßte Mutter ihre Stirn gegen das kleine Bild:

»O allgegenwärtiger Meister, ich danke Dir, daß Du meinen Sohn durch Dein Licht geheilt hast.«

Da verstand ich, daß auch sie das blendende Licht wahrgenommen hatte, das mich augenblicklich von dieser gewöhnlich tödlichen Krankheit geheilt hatte.

Diese Photographie gehört zu meinem kostbarsten Besitz. Vater hat sie persönlich von Lahiri Mahasaya geschenkt erhalten; sie ist also besonders geheiligt. Das Bild verdankt seine Entstehung einer wundersamen Fügung, wie ich einst von Kali Kumar Ray, einem Mitjünger meines Vaters, erfuhr.

Allem Anschein nach hatte der Meister eine Abneigung dagegen, photographiert zu werden. Trotz seines Protestes wurde einst eine Gruppenaufnahme gemacht, die ihn im Kreise seiner Jünger — darunter auch Kali Kumar Ray — zeigen sollte. Beim Entwickeln stellte der bestürzte Photograph jedoch fest, daß die Platte zwar das Bild aller Jünger klar wiedergab, jedoch in der Mitte, wo normalerweise die Gestalt Lahiri Mahasayas hätte erscheinen müssen, eine leere Stelle aufwies. Dieses Phänomen wurde überall lebhaft diskutiert.

Einer der Schüler aber, Ganga Dhar Babu, der ein erfahrener Photograph war, erklärte recht selbstsicher, daß es ihm bestimmt gelingen werde, die flüchtige Gestalt einzufangen. Am nächsten Morgen, als der Guru im Lotossitz auf einer Holzbank vor einem Wandschirm saß, erschien Ganga Dhar Babu mit seiner Photoausrüstung. Unter Beachtung aller Vorsichtsmaßregeln nahm er hastig zwölf Bilder auf. Und auf jeder photographischen Platte erschien während des Entwickelns die Holzbank und der Wandschirm; doch der Meister fehlte wiederum.

Nun war Ganga Dhar Babus Ehrgeiz gebrochen; mit Tränen in den Augen suchte er seinen Guru auf. Erst nach vielen Stunden brach Lahiri Mahasaya sein Schweigen mit der prägnanten Bemerkung:

»Ich bin GEIST. Kann deine Kamera das allgegenwärtige Unsichtbare wiedergeben?«

»Ich sehe, daß sie es nicht kann, heiliger Meister. Und dennoch sehne ich mich nach einem Bild Eures Körpertempels. Ich gestehe ein, daß meine Sicht begrenzt war und daß ich bis zum heutigen Tage nicht erkannt habe, daß der GEIST voll und ganz in Euch wohnt.«

»Komm morgen früh wieder. Dann kannst du ein Bild von mir aufnehmen.«

Und wieder stellte der Photograph seinen Apparat ein. Diesmal aber blieb die heilige Gestalt nicht mehr verborgen, sondern erschien deutlich sichtbar auf der Platte. Der Meister hat nie wieder ein anderes Bild von sich machen lassen; jedenfalls habe ich keines gesehen.

Die Photographie ist in diesem Buch abgebildet. Lahiri Mahasayas reine Gesichtszüge von universeller Prägung verraten kaum, welcher Rasse er angehörte. Sein rätselhaftes Lächeln bringt in verhaltener Weise die Seligkeit der Gottverbundenheit zum Ausdruck. Durch seine halbgeöffneten Augen bekundet er ein formelles Interesse an dieser Welt; doch diese Augen sind auch halb geschlossen und deuten damit seine Versunkenheit in die innere Glückseligkeit an. Unberührt von den armseligen Verlockungen dieser Welt, war er jederzeit bereit, sich der Wahrheitsucher anzunehmen, die mit ihren Problemen zu ihm kamen und seinen Segen erbaten.

Kurz nach meiner Heilung durch das Gurubild hatte ich eine Vision von nachhaltiger Wirkung. Als ich eines Morgens auf meinem Bett saß, verfiel ich in eine tiefe Träumerei.

»Was befindet sich hinter dem Dunkel der geschlossenen Augen?« Dieser Gedanke tauchte plötzlich in mir auf und ließ mich nicht mehr los. Und sogleich flammte vor meinem inneren Auge ein gewaltiges Licht auf. Gestalten von Heiligen, die meditierend in ihren Berghöhlen saßen, erschienen gleich Miniatur-Filmbildern auf dem weiten Lichtschirm, der sich hinter meiner Stirn ausbreitete. »Wer seid ihr?« fragte ich laut.

»Wir sind die Yogis im Himalaja.« Diese kaum zu beschreibende himmlische Antwort ließ mein Herz vor Freude erzittern.

»Oh, ich möchte zum Himalaja gehen und so werden wie ihr!« Die Vision entschwand — doch die silbernen Strahlen breiteten sich in immer größer werdenden Kreisen bis in die Unendlichkeit aus.

»Woher kommt dieser wunderbare Glanz?«

»Ich bin Iswara*). Ich bin Licht!« Die Stimme klang wie verhallender Donner.

---

*) Ein Sanskritname für Gott, den »Herrscher des Kosmos«; von der Sanskritwurzel *is* = herrschen. In den Hinduschriften gibt es etwa tausend ver-

»Ich will eins mit Dir werden!«

Langsam schwand die göttliche Ekstase dahin. Doch sie hinterließ eine brennende Sehnsucht in mir — die Sehnsucht, Gott zu finden. »Er ist immerwährende, ewig neue Freude!« Die Verzückung klang noch lange in mir nach.

Eine andere Kindheitserinnerung ist ebenfalls bemerkenswert, und sogar im buchstäblichen Sinne, denn bis zum heutigen Tage habe ich eine Narbe davon zurückbehalten. Meine ältere Schwester Uma und ich saßen eines Morgens unter einem Zedrachbaum unseres Gartens in Gorakhpur. Sie half mir beim Lesen der bengalischen Fibel, hatte es aber nicht leicht mit mir, weil ich meine Augen kaum von den Papageien abwenden konnte, die an den reifen Beeren pickten.

Uma klagte über einen Furunkel an ihrem Bein und holte sich eine Dose mit Salbe. Auch ich schmierte mir etwas davon auf den Arm.

»Warum tust du dir Medizin auf einen gesunden Arm?«

»Weil mir so ist, als ob ich morgen auch einen Furunkel haben werde. Ich probiere deine Salbe an der Stelle aus, wo mein Furunkel herauskommen wird.«

»Du kleiner Schwindler!«

»Uma, nenne mich nicht Schwindler, sondern warte erst bis morgen ab!« sagte ich voller Entrüstung.

Doch meine Schwester schien wenig beeindruckt und neckte mich noch dreimal auf die gleiche Weise. Da aber erwiderte ich langsam und mit größter Entschlossenheit:

»Bei der Kraft meines Willens erkläre ich dir, daß ich morgen genau an dieser Stelle einen ziemlich großen Furunkel haben werde. Und *dein* Furunkel wird doppelt so groß sein!«

Am nächsten Morgen hatte ich tatsächlich einen dicken Furunkel an der bezeichneten Stelle, und Umas Furunkel hatte sich um das Doppelte vergrößert. Mit einem Schrei eilte meine Schwester zu Mutter: »Mukunda ist ein Zauberer geworden!« Ernsthaft ermahnte mich Mutter, nie wieder die Kraft des Wortes zu gebrauchen, um anderen Schaden zuzufügen. Ich habe mir ihren Rat sehr zu Herzen genommen und ihn von da an stets befolgt.

Mein Furunkel mußte chirurgisch behandelt werden und hinterließ eine sichtbare Narbe. So trage ich an meinem rechten Arm ein ständiges Mahnzeichen, das mich an die Wirkungskraft des menschlichen Wortes erinnert.

---

schiedene Namen für Gott, von denen jeder eine etwas andere philosophische Bedeutung hat. Gott als *Iswara* erschafft durch Seinen Willen alle Universen in planmäßigen Zyklen und löst sie dann wieder auf.

Diese einfachen und scheinbar harmlosen Sätze, die ich mit tiefer Konzentration an meine Schwester gerichtet hatte, besaßen jedoch so viel verborgene Kraft, daß sie wie ein Geschoß wirkten und wirklichen Schaden anrichteten. Später erkannte ich, daß man die explosive Schwingungskraft des Wortes weise lenken kann, um alle Arten von Hindernissen zu beseitigen, was einem weder Narben noch Vorwürfe einbringt*).

Als unsere Familie nach Lahor im Pandschab umzog, erwarb ich dort ein Bild der Göttlichen Mutter Kali **). Es hatte einen Ehrenplatz auf einem einfachen kleinen Altar auf dem Balkon unseres Hauses. Eine unerschütterliche Überzeugung kam über mich, daß an dieser geheiligten Stelle jedes meiner Gebete erhört werde. Eines Tages stand ich dort mit Uma und beobachtete, wie zwei Jungen ihre Drachen über die Dächer der beiden gegenüberliegenden Häuser fliegen ließen, die nur durch eine enge Gasse von unserem eigenen Haus getrennt waren.

»Warum bist du so still?« fragte Uma, indem sie mich mutwillig anstieß.

»Ich denke gerade, wie wunderbar es ist, daß die Göttliche Mutter mir alles gibt, worum ich Sie bitte.«

»Gibt Sie dir vielleicht auch diese beiden Drachen?« lachte meine Schwester spöttisch.

»Warum nicht?« Schweigend begann ich um die Drachen zu beten.

In Indien führt man Wettspiele mit Papierdrachen aus, deren Schnüre mit Leim und kleinen Glassplittern bedeckt sind. Jeder Spieler versucht, die Schnur, die sein Gegenspieler in der Hand hält, durchzuschneiden. Ein solch freigelassener Drache segelt dann über die Dächer, und es macht großen Spaß, ihn einzufangen. Da Uma und ich auf einem zurückliegenden überdachten Balkon standen, schien es unmöglich, daß ein frei segelnder Drache in unsere Hände gelangen könnte, denn seine Schnur würde selbstverständlich am Dach hängen bleiben.

Die Spieler auf der anderen Seite der Gasse begannen ihren Wettkampf. Als die erste Schnur durchschnitten wurde, segelte der Drache sofort in meine Richtung. Und da der Wind plötzlich nachließ, blieb der Drache einen Augenblick lang in der Luft stehen, wobei sich seine

---

*) Die unendliche Kraft der Töne entspringt dem Schöpferwort *OM,* der kosmischen Schwingungskraft, die aller Atomenergie zugrunde liegt. Jedes aus tiefer Erkenntnis und mit großer Konzentration gesprochene Wort hat die Kraft, sich zu verwirklichen. Das laute oder lautlose Wiederholen von inspirierenden Worten hat sich im Couéismus und ähnlichen psychotherapeutischen Systemen als wirkungsvoll erwiesen. Das Geheimnis dieser Methoden besteht in einer Intensivierung der Schwingungen des menschlichen Geistes.

**) *Kali* ist ein Symbol Gottes, das die ewige Mutter Natur darstellt.

Schnur an einer Kaktuspflanze auf dem Dach des gegenüberliegenden Hauses verfing. Dadurch bildete sich eine vortreffliche, lange Schlinge, bei der ich ihn ergreifen konnte. Sogleich reichte ich Uma meinen Preis hin.
»Das war nur ein merkwürdiger Zufall und keine Antwort auf dein Gebet! Wenn der andere Drache auch zu dir kommt, dann will ich dir glauben.« Doch die erstaunten Augen meiner Schwester verrieten mehr als ihre Worte. Ich setzte meine intensiven Gebete fort. Als der andere Spieler gewaltsam an seinem Drachen zerrte, machte sich dieser frei, segelte auf mich zu und tanzte vor mir im Wind. Mein bereitwilliger Gehilfe, der Kaktus, knüpfte die Schnur wieder zu einer handlichen Schlinge, und ich überreichte Uma meine zweite Trophäe.
»Wahrhaftig, die Göttliche Mutter erhört dich! Das ist mir alles zu unheimlich!« Und meine Schwester floh wie ein erschrecktes Reh davon.

II. KAPITEL

DER TOD MEINER MUTTER
UND DAS GEHEIMNISVOLLE AMULETT

Der sehnlichste Wunsch meiner Mutter war es, meinen älteren Bruder verheiratet zu sehen.»Ach, wenn ich erst das Gesicht von Anantas Frau erblicke, dann habe ich den Himmel auf Erden!« Wie oft hörte ich meine Mutter diese Bemerkung machen, mit der sie das bei den Indern stark ausgeprägte Gefühl für den Fortbestand der Familie zum Ausdruck brachte.

Zur Zeit von Anantas Verlobung war ich elf Jahre alt. Mutter befand sich damals in Kalkutta, wo sie in großer Vorfreude die Hochzeitsvorbereitungen überwachte. Vater und ich blieben indessen allein in unserem Haus in Barely, im nördlichen Indien, zurück, wohin Vater nach einem zweijährigen Aufenthalt in Lahor versetzt worden war.

Schon vorher hatte ich, anläßlich der Vermählung meiner beiden älteren Schwestern Roma und Uma, dem prunkvollen Hochzeitszeremoniell beigewohnt, doch die Vorbereitungen für Ananta, den ältesten Sohn, stellten alles bisherige in den Schatten. Mutter begrüßte zahlreiche Verwandte, die täglich aus entfernteren Gegenden in Kalkutta eintrafen, und brachte sie bequem in einem geräumigen, neu erworbenen Haus in der Amherststraße Nr. 50 unter. Alles war vorbereitet — die erlesenen Speisen für das Bankett, der festlich geschmückte Thron, auf dem mein Bruder zum Hause seiner Braut getragen werden sollte, die farbenprächtige Illumination, die riesigen Elefanten und Kamele aus Pappe, das englische, schottische und indische Orchester, die Unterhaltungskünstler und die Priester, die den herkömmlichen Ritus vollziehen sollten.

Vater und ich waren bereits in Feststimmung und planten, rechtzeitig in Kalkutta einzutreffen, um an den Feierlichkeiten teilzunehmen. Doch noch ehe dieser große Tag herangenaht war, hatte ich eine Vision von übler Vorbedeutung.

Es war gegen Mitternacht, als ich neben Vater auf der Veranda unseres Bungalows schlief und plötzlich von einem merkwürdigen Flattern meines Moskitonetzes aufwachte. Der durchsichtige Vorhang teilte sich, und ich erblickte die geliebte Gestalt meiner Mutter.
»Wecke deinen Vater!« flüsterte sie mit kaum hörbarer Stimme. »Nehmt den nächsten Zug um 4 Uhr morgens und kommt sofort nach Kalkutta, wenn ihr mich noch sehen wollt!« Damit entschwand die geisterhafte Gestalt.
»Vater! Vater! Mutter liegt im Sterben!« Mein entsetzter Ausruf weckte ihn sofort. Schluchzend übermittelte ich ihm die verhängnisvolle Nachricht.
»Das war nichts als eine Halluzination!« sagte Vater mit seiner gewohnten ablehnenden Einstellung gegenüber einer neuen Situation. »Deine Mutter erfreut sich bester Gesundheit. Wenn wir morgen irgendwelche schlechten Nachrichten erhalten sollten, fahren wir sofort ab.«
»Du wirst es dir nie verzeihen, daß wir nicht sofort abgefahren sind«, rief ich aus und fügte in meiner Herzensnot hinzu: »Und auch ich werde dir nie verzeihen!«
Der nächste Morgen brachte uns die traurige Bestätigung: »Mutter in Lebensgefahr. Hochzeit aufgeschoben. Kommt sofort!«
Tief bestürzt reisten Vater und ich ab. Auf einem Umsteigebahnhof trafen wir meinen Onkel, der uns bis dorthin entgegengekommen war. Gerade in diesem Augenblick kam ein Zug mit donnernder Geschwindigkeit auf uns zugerast; ich war innerlich so aufgewühlt, daß ich plötzlich von dem Verlangen erfaßt wurde, mich auf die Schienen zu werfen. Eine innere Gewißheit sagte mir, daß ich meine Mutter bereits verloren hatte, und ohne sie schien mir die Welt auf einmal leer und unerträglich. Mutter war meine innigste Vertraute, der liebste Mensch, den ich auf Erden besaß. Wie oft hatte ich während der kleinen Kümmernisse meiner Kindheit in ihren dunklen Augen Trost und Zuflucht gefunden!
Doch ich hielt inne, um eine letzte Frage an meinen Onkel zu richten: »Lebt sie noch?«
Er konnte mir die Verzweiflung sofort am Gesicht ablesen und antwortete: »Natürlich lebt sie noch!« Aber ich glaubte ihm kaum.
Als wir unser Haus in Kalkutta erreicht hatten, standen wir nur noch dem unfaßbaren Geheimnis des Todes gegenüber. Ich verfiel in einen Zustand innerer Erstarrung. Jahre vergingen, ehe ich mich mit diesem Verlust abfinden konnte. In meinem heftigen Schmerz stürmte ich die Tore des Himmels und rief schließlich die Göttliche Mutter herbei. Ihre Worte brachten meiner alten Wunde endgültige Heilung:
»Ich war es, die dich Leben um Leben mit der Zärtlichkeit vieler

Mütter bewacht hat. In Meinem Blick wirst du die geliebten schwarzen Augen, nach denen du vergeblich suchst, wiederfinden.«

Kurz nach der Feuerbestattung meiner geliebten Mutter kehrten Vater und ich nach Barely zurück. Dort machte ich täglich in aller Frühe einen feierlichen Pilgergang zu dem großen *Scheoli*-Baum, dessen schattige Zweige sich über den sanften, goldgrünen Rasen vor unserem Bungalow erstreckten. In manch poetischen Augenblicken schien es mir, als ob sich die herabfallenden weißen *Scheoli*-Blüten hingebungsvoll auf den grünen Rasenaltar warfen. Während sich meine Tränen mit den Tautropfen vermischten, bemerkte ich oft ein seltsames, überirdisches Licht, das aus der Dämmerung hervorbrach. Dann ergriff mich jedesmal eine schmerzliche Sehnsucht nach Gott, und ich fühlte mich unwiderstehlich zum Himalaja hingezogen.

Um diese Zeit kam einer meiner Vettern, der gerade von einem Aufenthalt in den heiligen Bergen zurückgekehrt war, zu Besuch nach Barely. Begierig lauschte ich seinen Erzählungen über die Yogis und Swamis*), die in den abgelegenen Bergeshöhen wohnten.

»Laß uns von zu Hause fortlaufen und zum Himalaja wandern!« schlug ich eines Tages dem jungen Sohn unseres Hauswirts, Dwarka Prasad, vor. Doch mein Vorschlag fand wenig Anklang bei ihm. Er verriet mich sogar bei meinem älteren Bruder, der gerade eingetroffen war, um Vater zu besuchen. Anstatt diesen phantastischen Plan eines kleinen Jungen mit einem Lächeln abzutun, zog Ananta mich ständig damit auf: »Wo hast du denn dein orangefarbiges Gewand? Ohne das bist du doch kein Swami!«

Merkwürdigerweise überlief mich bei diesen Worten jedesmal ein Freudenschauer; denn ich sah mich im Geiste als Mönch durch ganz Indien wandern. Vielleicht erweckten seine Worte auch Erinnerungen an ein früheres Leben. Auf jeden Fall wußte ich, mit welcher Selbstverständlichkeit ich das Gewand dieses altbekannten Mönchsordens tragen würde.

Eines Morgens, als ich mich mit Dwarka unterhielt, überkam mich die Liebe zu Gott mit lawinenartiger Gewalt. Mein Gefährte schien wenig beeindruckt von meiner Beredsamkeit; dafür aber lauschte ich meinen eigenen Worten mit um so größerer Begeisterung.

Noch am selben Nachmittag unternahm ich einen Fluchtversuch nach Naini-Tal, das am Fuße des Himalaja liegt. Ananta jedoch setzte mir entschlossen nach, und ich mußte traurigen Herzens nach Barely zurück-

---

*) Die tiefere Bedeutung des Sanskritwortes *Swami* ist folgende: »Jemand, der eins mit seinem Selbst *(Swa)* geworden ist.« (Siehe Kapitel 24)

kehren. Die einzige mir vergönnte Wallfahrt bestand aus meinem morgendlichen Gang zum *Scheoli*-Baum. Sehnsüchtig rief ich nach meinen beiden entschwundenen Müttern: der irdischen und der Göttlichen.

Die Lücke, die Mutters Tod in der Familie gerissen hatte, konnte nicht mehr geschlossen werden. Vater heiratete während seiner noch verbleibenden vierzig Lebensjahre nicht wieder. Er war seinen Kindern Vater und Mutter zugleich und wurde zunehmend aufgeschlossener und zärtlicher. Ruhig und einsichtsvoll nahm er sich der verschiedenen Familienprobleme an und zog sich nach seiner Bürotätigkeit stets wie ein Einsiedler in sein Zimmer zurück, um dort in aller Stille und Abgeklärtheit *Kriya-Yoga* zu üben. Lange Zeit nach Mutters Tod versuchte ich, eine englische Haushälterin einzustellen, um meinem Vater das Leben etwas angenehmer zu gestalten. Doch Vater schüttelte den Kopf: »Mit dem Tode deiner Mutter hat jede persönliche Bedienung für mich aufgehört.« Sein Blick, aus dem lebenslängliche Treue und Hingabe sprach, ging in weite Fernen. »Ich werde mich von keiner anderen Frau mehr umsorgen lassen.«

Vierzehn Monate nach Mutters Heimgang erfuhr ich, daß sie mir eine wichtige Botschaft hinterlassen hatte. Ananta, der an ihrem Sterbebett gewesen war, hatte ihre Worte niedergeschrieben. Obgleich sie ihn gebeten hatte, mir die Botschaft nach einem Jahr zu übermitteln, hatte er länger damit gewartet. Erst kurz bevor er Barely verließ, um in Kalkutta das Mädchen zu heiraten, das Mutter für ihn ausgewählt hatte*), rief er mich eines Abends zu sich.

»Mukunda, ich habe bis jetzt gezögert, dir diese seltsame Botschaft zu übermitteln«, sagte er mit leicht resigniertem Unterton, »denn ich fürchtete, daß sie dich in dem Wunsch, von zu Hause fortzulaufen, noch bestärken würde. Doch du brennst vor göttlichem Eifer. Als ich dich kürzlich auf deiner Flucht zum Himalaja einfing, wurde mir klar, daß ich mein feierliches Versprechen nun endlich einlösen muß.« Damit überreichte er mir ein kleines Kästchen und gab mir Mutters Botschaft bekannt.

»Mein geliebter Sohn Mukunda, diese Worte sollen mein letzter Segen für dich sein«, hatte Mutter gesprochen. »Es ist an der Zeit, dir mehrere ungewöhnliche Ereignisse, die sich nach deiner Geburt zutrugen, mitzuteilen. Als du mir zum ersten Male als Neugeborenes in die Arme gelegt wurdest, wußte ich bereits, welcher Weg dir bestimmt war. Ich trug dich zum Haus meines Guru in Benares, wurde dort aber von der

---

*) In Indien suchen die Eltern den Lebensgefährten für ihre Kinder aus, ein Brauch, der dem Wandel der Zeiten standgehalten hat. Es ist bemerkenswert, daß der Prozentsatz glücklicher Ehen in Indien sehr hoch ist.

Menge der Jünger verdeckt, so daß ich Lahiri Mahasaya, der sich in tiefer Versenkung befand, kaum sehen konnte. Während ich dich liebkoste, betete ich, daß der große Guru mich bemerken und dir seinen besonderen Segen geben möge. Als meine schweigende Bitte immer intensiver wurde, öffnete er die Augen und bat mich, nach vorn zu kommen. Die anderen machten mir Platz, so daß ich mich zu seinen heiligen Füßen herabneigen konnte. Lahiri Mahasaya nahm dich auf seinen Schoß und legte seine Hand auf deine Stirn, wie es bei der geistigen Taufe geschieht.

›Kleine Mutter, dein Sohn wird ein Yogi und geistiger Führer werden und vielen Seelen den Weg zum Reich Gottes weisen.‹

Mein Herz jubilierte, als ich durch den allwissenden Guru erfuhr, daß mein heimliches Gebet erhört worden war. Schon kurz vor deiner Geburt hatte er mir gesagt, daß du seinem Weg folgen werdest.

Später, mein Sohn, erfuhren deine Schwester Roma und ich von deiner Vision des Großen Lichts, denn wir hatten dich vom Nebenzimmer aus beobachtet, als du regungslos auf deinem Bett saßest. Dein kleines Gesicht leuchtete, und deine Stimme drückte eiserne Entschlossenheit aus, als du davon sprachst, zum Himalaja zu gehen und Gott zu suchen.

Auf diese Weise, lieber Sohn, erfuhr ich, daß dein Weg abseits von allem weltlichen Ehrgeiz liegt. Dann aber erhielt ich noch eine weitere Bestätigung, und dieses seltsamste aller meiner Erlebnisse ist es, das mich jetzt auf meinem Totenbett zu dieser Botschaft drängt.

Es handelt sich um eine Begegnung mit einem Weisen im Pandschab. Als wir noch in Lahor lebten, kam eines Morgens der Diener in mein Zimmer und sagte: ›Gnädige Frau, ein fremder *Sadhu* *) ist hier und verlangt, die »Mutter von Mukunda« zu sprechen.‹

Diese einfachen Worte berührten mich tief, und ich ging sofort hinaus, um den Besucher zu begrüßen. Als ich mich zu seinen Füßen neigte, fühlte ich, daß dieser Sadhu ein echter Gottgesandter war.

›Mutter‹, sprach er, ›die großen Meister lassen dir sagen, daß deine Lebenszeit auf Erden bald abgelaufen ist. Deine nächste Krankheit wird auch deine letzte sein.‹ **) Daraufhin folgte ein längeres Schweigen, während dessen ich jedoch keine Furcht, sondern nur großen Frieden empfand. Schließlich fuhr er fort:

›Du sollst ein besonderes Silberamulett in Obhut nehmen, das ich dir

---

*) Ein Einsiedler, der einem *Sadhana* (Weg geistiger Disziplin) folgt.
**) Als ich durch diese Worte meiner Mutter erfuhr, daß sie geheime Kenntnis von ihrem frühzeitigen Tod gehabt hatte, verstand ich zum ersten Mal, warum sie sich so sehr mit den Hochzeitsvorbereitungen beeilt hatte. Als Mutter hatte sie den natürlichen Wunsch gehabt, dem Hochzeitszeremoniell beizuwohnen, was ihr allerdings nicht mehr vergönnt war.

heute aber noch nicht geben will. Um die Wahrheit meiner Worte zu beweisen, wird sich der Talisman morgen, während du meditierst, in deinen Händen materialisieren. Auf deinem Totenbett mußt du deinem ältesten Sohn Ananta den Auftrag erteilen, das Amulett ein Jahr lang aufzubewahren und es dann deinem zweiten Sohn zu übergeben. Mukunda wird die Bedeutung des Talismans, der von den großen Meistern kommt, verstehen. Er soll ihn zu der Zeit empfangen, da er bereit ist, allem weltlichen Ehrgeiz zu entsagen und seine Suche nach Gott zu beginnen. Wenn das Amulett nach einigen Jahren seinen Zweck erfüllt hat, wird es wieder entschwinden. Selbst wenn er es in dem entlegensten Versteck aufbewahrt, muß es wieder an seinen Ursprungsort zurückkehren.‹

Ich bot dem Heiligen Almosen an*) und verneigte mich ehrfürchtig vor ihm. Er segnete mich zum Abschied, nahm meine Gabe jedoch nicht an. Am nächsten Abend, als ich mit gefalteten Händen meditierte, materialisierte sich ein silbernes Amulett zwischen meinen Fingern, genau wie der *Sadhu* vorausgesagt hatte. Es fühlte sich kühl und glatt an. Über zwei Jahre habe ich es sorgfältig aufbewahrt und übergebe es jetzt Ananta. Trauere nicht um mich, denn ich werde von meinem großen Guru in die Unendlichkeit heimgeführt. Leb wohl, mein Kind! Möge die Kosmische Mutter dich beschützen!«

Mit dem Empfang des Amuletts kam eine plötzliche Erleuchtung über mich, und viele schlummernde Erinnerungen wurden wach. Der mit Sanskritzeichen bedeckte, runde Talisman war von seltsamer, altertümlicher Art. Ich wußte, daß er von meinen Lehrern aus vergangenen Leben kam, die unsichtbar meine Schritte lenkten. Auch barg er noch ein anderes Geheimnis, das ich hier jedoch nicht enthüllen darf **).

---

*) Ein Brauch, der die Achtung vor den *Sadhus* zum Ausdruck bringt.
**) Das Amulett war astraler Herkunft; und da solche Gegenstände, organisch gesehen, nur von vorübergehender Dauer sind, müssen sie schließlich wieder von der Erde zurückgezogen werden. (Siehe Kapitel 43) Der Talisman war mit einem *Mantra* (einem heiligen Vers) beschriftet. Nirgendwo ist die Macht der Töne und der menschlichen Stimme *(Vac)* so gründlich erforscht worden wie in Indien. So hat z. B. die *OM*-Schwingung, die das ganze Universum durchdringt (das »Wort« oder das »große Wasserrauschen«, das in der Bibel erwähnt wird), drei Manifestationen oder *Gunas:* die der Schöpfung, die des Fortbestands und die des Untergangs. *(Taittirija-Upanischad I, 8)* Bei einem jeden Wort, das man ausspricht, kommt eine der drei Eigenschaften des *OM* zur Wirkung. Dies ist der tiefere Grund für das in allen heiligen Schriften enthaltene Gebot, daß der Mensch die Wahrheit sprechen soll.
Bei korrekter Aussprache sandte das Sanskrit-*Mantra* des Amuletts eine machtvolle geistige Schwingung aus. Das vorbildlich aufgebaute Sanskrit-Alphabet besteht aus 50 Buchstaben, von denen jeder eine feststehende, unveränderliche Aussprache hat. George Bernard Shaw schrieb in seiner

Wie der Talisman schließlich in einer für mich besonders schweren
Zeit wieder verschwand und wie sein Verlust das Nahen meines Guru
ankündigte, soll in diesem Kapitel noch nicht berichtet werden.
Doch der kleine Junge, dessen Pläne, zum Himalaja zu gelangen,
ständig durchkreuzt wurden, reiste auf den Flügeln des Amuletts täglich
in weite Fernen.

---

geistreichen Art eine Abhandlung über das auf dem Lateinischen aufgebaute und phonetisch unzulängliche englische Alphabet, in welchem sich 26 Buchstaben vergeblich bemühen, den vielen Lauten gerecht zu werden. Mit seiner üblichen Kompromißlosigkeit (»Selbst wenn die Einführung eines neuen Alphabets für die englische Sprache einen Bürgerkrieg auslösen sollte ... würde ich es nicht bedauern«) dringt Bernard Shaw darauf, ein neues Alphabet mit 42 Buchstaben einzuführen. (Siehe sein Vorwort zu Wilsons *The Miraculous Birth of Language,* Philosophical Library New York.) Ein solches Alphabet würde annähernd dem phonetisch einwandfreien Sanskrit-Alphabet entsprechen, das mit seinen 50 Buchstaben jede falsche Aussprache verhindert.
Ein Fund von Siegeln im Indus-Tal hat verschiedene Gelehrte dazu veranlaßt, die bisher bestehende Theorie, Indien habe sein Sanskrit-Alphabet semitischen Quellen »entliehen«, fallenzulassen. Vor kurzem sind einige große Hindu-Städte bei Mohendscho Dscharo und Harappa ausgegraben worden. Sie zeugen von einer Hochkultur, »welche eine weit zurückliegende Geschichte auf indischem Boden gehabt haben muß und uns in eine entlegene Epoche zurückführt, deren Datum nur vermutet werden kann.« (Sir John Marshall; aus seinem Buch *Mohenjo-Daro and the Indus Civilization,* 1931)
Wenn die Theorie der Hindus über eine seit ältester Vorzeit bestehende menschliche Kultur auf diesem Planeten stimmt, so erklärt sich daraus auch, daß Sanskrit als *älteste* Sprache der Welt die *vollkommenste* ist. (Siehe Seite 97, Fußnote) »Abgesehen von seinem Alter«, bemerkte Sir William Jones, der Gründer der Asiatischen Gesellschaft, »besitzt das Sanskrit eine bewundernswerte Struktur, die vollkommener als das Griechische und umfassender als das Lateinische ist und an Ausdrucksfeinheit beide übertrifft.«
»Seit der Wiederbelebung des Studiums der Antike«, heißt es in der *Encyclopedia Americana,* »hat es kein Ereignis in der Kulturgeschichte gegeben, dem eine ähnliche Bedeutung zukommt wie der Wiederentdeckung des Sanskrit (durch abendländische Gelehrte) in der zweiten Hälfte des 18. Jahrhunderts. Die Sprachwissenschaft, die vergleichende Grammatik und Mythologie sowie die Religionswissenschaft verdanken ihr Entstehen alle der Entdeckung des Sanskrit oder wurden zumindest weitgehend vom Studium des Sanskrit beeinflußt.«

III. KAPITEL

DER HEILIGE MIT DEN ZWEI KÖRPERN

»Vater, wenn ich dir verspreche, bestimmt wieder nach Hause zurückzukommen, darf ich dann eine Besichtigungsreise nach Benares machen?«

Vater hatte stets Verständnis für meine große Reiselust und ließ mich schon als kleinen Jungen viele Städte und Pilgerorte besuchen, wobei ich gewöhnlich von einigen meiner Freunde begleitet wurde. Seine Stellung als Eisenbahnbeamter kam der wanderlustigen Familie nicht wenig zugute, denn er besorgte uns jedesmal Fahrkarten erster Klasse, die uns ein angenehmes Reisen ermöglichten.

Vater versprach also, sich meine Bitte zu überlegen. Am nächsten Tag rief er mich zu sich und überreichte mir eine Rückfahrkarte nach Benares, einige Rupienscheine und zwei Briefe.

»Ich habe einem meiner Freunde aus Benares, Kedar Nath Babu, ein berufliches Angebot zu machen, habe aber leider seine Adresse verlegt. Doch ich hoffe, daß du ihm diesen Brief durch unseren gemeinsamen Freund Swami Pranabananda zustellen lassen kannst. Der Swami ist ein Bruderschüler von mir und hat eine hohe geistige Entwicklungsstufe erreicht, so daß du von seiner Bekanntschaft profitieren wirst. Der zweite Brief soll dir als Einführungsschreiben dienen.«

Dann fügte er mit einem Augenzwinkern hinzu: »Aber nicht mehr von zu Hause durchbrennen, verstanden?«

Ich machte mich mit der Begeisterung meiner zwölf Jahre auf den Weg — das Alter hat übrigens meine Freude an neuen Schauplätzen nicht vermindert —. In Benares angekommen, suchte ich sofort das Haus des Swami auf. Die Eingangstür stand offen, und so ging ich hinein und stieg zum ersten Stockwerk empor, wo ich einen länglichen, saalähnlichen Raum betrat. Dort erblickte ich auf einer Estrade einen stämmigen Mann im Lotossitz. Er war nur mit einem Lendentuch bekleidet, hatte einen kahlen Kopf und ein faltenloses, glatt rasiertes Gesicht. Ein glückseliges Lächeln spielte um seine Lippen. Er begrüßte mich sofort wie einen alten

Freund und zerstreute damit meine Bedenken, daß ich ihn gestört haben könnte.

»*Baba anand!*« (»Sei gesegnet, mein lieber Freund!«) sagte er mit kindlicher Herzlichkeit. Ich kniete vor ihm nieder und berührte seine Füße.

»Seid Ihr Swami Pranabananda?«

Er nickte. »Bist du Bhagabatis Sohn?« Er sagte dies, noch ehe ich Zeit gehabt hatte, Vaters Brief aus der Tasche zu holen. Verwundert überreichte ich ihm das Einführungsschreiben, das jetzt überflüssig schien.

»Selbstverständlich will ich Kedar Nath Babu für dich ausfindig machen.« Wieder überraschte mich der Heilige mit seiner Hellsichtigkeit. Dann blickte er flüchtig auf den Brief und machte einige liebevolle Bemerkungen über meinen Vater.

»Weißt du auch, daß ich zwei Pensionen genieße? Die eine wird mir auf Empfehlung deines Vaters ausgezahlt, für den ich früher bei der Eisenbahnverwaltung gearbeitet habe, und die andere erhalte ich von meinem Himmlischen Vater, weil ich meine irdischen Pflichten im Leben gewissenhaft erfüllt habe.«

Ich fand diese Bemerkung recht unverständlich. »Was für eine Pension erhaltet Ihr denn vom Himmlischen Vater, Sir? Wirft er Euch Geld in den Schoß?«

Er lachte. »Ich meine eine Pension, die mir ewigen Frieden einbringt — eine Belohnung für viele Jahre tiefer Meditation. An Geld habe ich kein Interesse mehr, denn für meine wenigen materiellen Bedürfnisse ist reichlich gesorgt. Später wirst du die Bedeutung dieser zweiten Pension besser verstehen.«

Dann brach der Heilige die Unterhaltung plötzlich ab und verfiel in eine feierliche Starre, wobei sein Ausdruck etwas Sphinxhaftes annahm. Zuerst glänzten seine Augen, als ob sie etwas Interessantes beobachteten, und wurden dann ausdruckslos. Sein Schweigen brachte mich in Verlegenheit, denn bis jetzt hatte er mir noch nicht gesagt, wo ich Vaters Freund finden würde. Ein wenig beunruhigt schaute ich mich in dem kahlen Raum um, in dem sich außer uns beiden niemand befand. Schließlich blieb mein Blick an seinen hölzernen Sandalen hängen, die vor der Estrade lagen.

»Kleiner Herr *), beunruhige dich nicht. Der Mann, den du sprechen willst, wird in einer halben Stunde hier sein.« Der Yogi hatte meine Gedanken gelesen — ein Kunststück, das im Augenblick nicht allzu schwer schien.

---

*) *Tschoto Mahasaya* (wörtlich: »Kleiner Herr«). So wurde ich von mehreren indischen Heiligen angeredet.

Wiederum verfiel er in unergründliches Schweigen. Als meine Taschenuhr endlich anzeigte, daß dreißig Minuten vergangen waren, erhob sich der Swami plötzlich.

»Ich glaube, Kedar Nath Babu ist da«, sagte er.

Gleich darauf hörte ich jemanden die Treppe heraufkommen und war auf einmal völlig verwirrt. Meine Gedanken jagten wild durcheinander: »Wie kommt es, daß Vaters Freund ohne irgendeinen Boten hierhergerufen wurde? Der Swami hat seit meiner Ankunft doch zu niemandem als zu mir gesprochen!«

Augenblicklich verließ ich den Raum und lief die Treppen hinunter. Auf halbem Wege begegnete ich einem hageren Mann von mittlerer Größe und heller Hautfarbe, der sehr in Eile zu sein schien.

»Seid Ihr Kedar Nath Babu?« fragte ich mit erregter Stimme.

»Ja. Bist du etwa Bhagabatis Sohn, der hier auf mich gewartet hat?« fragte er, indem er mich freundlich anlächelte.

»Wie kommt Ihr hierher, Sir?« Seine unerklärliche Anwesenheit verwirrte mich und rief leichten Unwillen in mir hervor.

»Heute geschehen lauter geheimnisvolle Dinge. Vor einer knappen Stunde, als ich gerade mein Bad im Ganges genommen hatte, kam Swami Pranabananda auf mich zu. Ich habe keine Ahnung, woher er wissen konnte, daß ich mich dort befand.

›Bhagabatis Sohn wartet in meiner Wohnung auf dich‹, sagte er. ›Willst du mit mir kommen?‹ Ich stimmte freudig zu. Doch als wir Hand in Hand vorwärtsgingen, konnte ich zu meinem Erstaunen kaum Schritt mit dem Swami halten, obgleich er schwere Holzsandalen an den Füßen hatte und ich diese festen Wanderschuhe trage.

›Wie lange brauchst du, um mein Haus zu erreichen?‹ fragte Pranabanandadschi, indem er plötzlich innehielt.

›Eine gute halbe Stunde.‹

›Ich habe eben noch etwas anderes zu erledigen und muß dich jetzt zurücklassen‹, sagte er, indem er mir einen rätselhaften Blick zuwarf. ›Du kannst mich in meinem Haus treffen, wo ich dich mit Bhagabatis Sohn erwarte.‹

Ehe ich noch etwas einwenden konnte, hatte er mich bereits überholt und war in der Menge verschwunden. Ich bin dann so schnell, wie ich konnte, hierhergekommen.«

Diese Erklärung steigerte meine Verwirrung nur noch. Ich fragte ihn, wie lange er den Swami kenne.

»Wir sind uns im vorigen Jahr ein paarmal begegnet, aber nicht in letzter Zeit. Darum habe ich mich sehr gefreut, ihn heute am Bade-*Ghat* wiederzusehen.«

»Entweder höre ich nicht richtig — oder ich verliere den Verstand! Seid Ihr ihm in einer Vision begegnet, oder habt Ihr ihn tatsächlich gesehen, seine Hand angefaßt und seine Schritte gehört?«

»Ich weiß nicht, worauf du hinauswillst«, sagte er, indem er vor Ärger leicht errötete, »Ich lüge doch nicht! Siehst du denn nicht ein, daß ich nur durch den Swami erfahren konnte, daß du hier auf mich wartest?«

»Aber der Swami hat sich nicht einen Augenblick lang von der Stelle gerührt, seit ich vor etwa einer Stunde ankam.« Und dann platzte ich mit der ganzen Geschichte heraus.

Mit weit geöffneten Augen hörte er mir zu. »Leben wir wirklich in diesem materiellen Zeitalter, oder träumen wir? Nie habe ich gedacht, daß ich noch einmal Zeuge eines solchen Wunders sein würde. Ich hielt diesen Swami nur für einen gewöhnlichen Menschen und sehe nun, daß er einen zweiten Körper materialisieren und durch ihn wirken kann.«

Gemeinsam betraten wir das Zimmer des Heiligen. Kedar Nath Babu wies auf die Holzsandalen, die vor der Estrade lagen.

»Siehst du, das sind dieselben Sandalen, die er am *Ghat* getragen hat«, flüsterte er. »Und er war nur mit einem Lendentuch bekleidet, genau wie jetzt.«

Als sich der Besucher vor ihm verneigte, lächelte der Heilige mir belustigt zu.

»Warum bist du über all dies so verblüfft? Die verborgene Einheit aller Dinge, die zur Welt der Erscheinungen gehören, hat für den echten Yogi nichts Geheimnisvolles mehr an sich. Ich kann z. B. jederzeit meine Jünger im entfernten Kalkutta sehen und mich mit ihnen unterhalten. Und sie können auf ähnliche Weise jedes grobstoffliche Hindernis überwinden.«

Wahrscheinlich wollte der Swami ein geistiges Feuer in meinem Herzen entfachen und hatte sich deshalb herabgelassen, mir etwas von seinen astralen Fähigkeiten (Hellsehen und Hellhören) zu erzählen [*]. Aber

---

[*] Die Naturwissenschaften bestätigen auf ihre eigene Weise die Gültigkeit jener Gesetze, die von den Yogis auf dem Wege der Geisteswissenschaften entdeckt wurden. So hat man z. B. am 26. November 1934 an der Königlichen Universität zu Rom den Beweis geliefert, daß der Mensch über Fernsehkräfte verfügt. »Dr. Giuseppe Calligaris, Professor der Neurologie und Psychologie, übte auf verschiedene Stellen des menschlichen Körpers einen Druck aus, worauf die betreffende Versuchsperson eine genaue und ausführliche Beschreibung von Personen und Gegenständen abgeben konnte, die sich jenseits der Wand befanden. Dr. Calligaris erklärte den anwesenden Professoren, daß die Versuchsperson in dem Augenblick, da gewisse Hautstellen gereizt werden, übersinnliche Eindrücke empfängt, die sie dazu befähigen, außer Sichtweite liegende Gegenstände zu erblicken. Um die Versuchsperson in die Lage zu versetzen, Dinge jenseits der Wand zu erkennen, drückte Prof. Calligaris ungefähr 15 Minuten lang auf eine Stelle rechts des Brustkorbs. Dr. Calligaris erklärte ferner, daß

anstelle von Begeisterung empfand ich nur ehrfürchtige Scheu. Da es mir bestimmt war, Gott mit Hilfe eines anderen Guru — Swami Sri Yukteswar, dem ich noch nicht begegnet war — zu finden, verspürte ich keinerlei Neigung, Pranabananda als meinen Lehrer anzunehmen. Zweifelnd blickte ich zu ihm auf und fragte mich, ob er es wirklich selbst sei oder nur sein Doppelgänger.

Der Meister versuchte, meine Bedenken zu zerstreuen, indem er mir einen seelenvollen Blick zuwarf und mit Begeisterung einiges über seinen Guru zu erzählen begann.

»Lahiri Mahasaya war der größte Yogi, dem ich je begegnet bin. Er war die fleischgewordene Gottheit.«

Wenn sogar sein Jünger willkürlich einen zweiten Körper materialisieren kann, dachte ich bei mir, welches Wunder gibt es dann, das der Meister nicht vollbringen könnte?

»Ich will dir sagen, wie unvergleichlich die Hilfe eines Guru ist. Damals pflegte ich gemeinsam mit einem anderen Jünger jede Nacht acht Stunden zu meditieren; tagsüber arbeiteten wir in einem Büro der Eisenbahngesellschaft. Mir fiel es jedoch schwer, mich auf meine berufliche Tätigkeit zu konzentrieren; ich sehnte mich danach, meine ganze Zeit nur noch Gott zu widmen. Acht Jahre lang hielt ich es so aus und meditierte die halben Nächte lang. Ich hatte wunderbare Ergebnisse und unbeschreibliche göttliche Wahrnehmungen. Doch immer noch lag ein dünner Schleier zwischen mir und dem Unendlichen. Selbst bei übermenschlicher Anstrengung blieb mir die letzte, unwiderrufliche Vereinigung versagt. Eines Abends suchte ich Lahiri Mahasaya auf und bat ihn um seine göttliche Fürsprache. Die ganze Nacht hindurch ließ ich in meinem Flehen nicht nach.

›Engelhafter Guru, meine seelische Qual ist so groß, daß ich das Leben nicht länger so ertragen kann; ich muß dem Göttlichen Geliebten von Angesicht zu Angesicht begegnen.‹

›Was kann ich für Dich tun? Du mußt eben tiefer meditieren.‹

›Ich flehe Euch an, mein Gott und Meister, der Ihr in materialisierter, körperlicher Gestalt vor mir sitzt. Segnet mich, damit ich Euch in Eurer unendlichen Form erblicke!‹

Da streckte Lahiri Mahasaya mit segnender Geste seine Hand aus. ›Geh jetzt und meditiere. Ich habe bei Brahma *) Fürsprache für dich eingelegt.‹

---

die Versuchspersonen — sobald gewisse Stellen des Körpers gereizt werden — Gegenstände aus jeglicher Entfernung erkennen können, ganz gleich, ob sie sie vorher gesehen haben oder nicht.«

*) Gott in seiner Rolle als Schöpfer; von der Sanskritwurzel *brih* = sich ausdehnen. Als im Jahre 1857 Emersons Gedicht »Brahma« im *Atlantic Monthly*

Erhobenen Geistes kehrte ich nach Hause zurück. In der Meditation dieser Nacht erreichte ich das brennend ersehnte Ziel meines Lebens: nun erfreue ich mich ununterbrochen meiner geistigen Pension. Seit jenem Tage hat sich der segensreiche Schöpfer nie wieder vor mir verborgen.«

Pranabanandas Antlitz erstrahlte in einem überirdischen Glanz. Der Friede einer anderen Welt drang in mein Herz, und alle Furcht war verflogen. Da vertraute mir der Heilige noch etwas anderes an:

»Einige Monate später kehrte ich zu Lahiri Mahasaya zurück, um ihm für sein großes Gnadengeschenk zu danken. Dabei brachte ich ein anderes Problem zur Sprache:

›Göttlicher Guru, ich kann nicht mehr im Büro arbeiten. Bitte, befreit mich davon! Brahma versetzt mich ständig in einen göttlichen Rauschzustand‹.

›Stelle deiner Firma einen Antrag auf Pensionierung.‹

›Was für einen Grund soll ich aber angeben, wenn ich das erforderliche Alter noch nicht erreicht habe?‹

›Sage, was du fühlst.‹

Am nächsten Tage stellte ich meinen Antrag. Der Arzt fragte mich nach dem Grund meiner vorzeitigen Forderung.

›Mitten bei der Arbeit habe ich öfters eine überwältigende Empfindung in der Wirbelsäule, die bis in den Kopf hinaufsteigt *). Mein ganzer Körper wird davon erfaßt, so daß ich meine Arbeit abbrechen muß.‹

Ohne jede weitere Frage stellte mir der Arzt eine Bescheinigung aus, in der er dringend meine Pensionierung empfahl, die man mir auch bald dar-

---

erschien, waren die meisten Leser befremdet. Emerson aber bemerkte lachend: »Sie sollen ›Jehovah‹ anstatt ›Brahma‹ sagen, dann werden sie sich nicht weiter wundern.«

*) Die erste Berührung mit dem GEIST findet — in tiefer Meditation — in der Wirbelsäule, und später auch im Gehirn statt. Die plötzlich hereinbrechende Glückseligkeit ist überwältigend, doch der Yogi lernt, ihre äußeren Symptome zu beherrschen.

Als ich Pranabananda begegnete, war dieser schon ein erleuchteter Meister. Doch das Ende seiner beruflichen Laufbahn hatte bereits viele Jahre vorher stattgefunden, als er den höchsten Zustand des *Nirbikalpa-Samadhi* noch nicht erreicht hatte. (Siehe Seite 255 und 423, Fußnote) In diesem höchsten, unwiderruflichen Bewußtseinszustand fällt es dem Yogi nicht mehr schwer, seine irdischen Pflichten zu erfüllen.

Nach seiner Pensionierung schrieb Pranabananda die *Pranabgita*, einen tiefgründigen Kommentar zur *Bhagawadgita*, der in Hindi und Bengali erschienen ist.

Die Fähigkeit, in mehr als einem Körper zu erscheinen, ist ein *Siddhi* (eine durch Yoga erlangte Fähigkeit), die in Patandschalis *Yoga-Sutras* erwähnt wird. (Siehe Seite 245, Fußnote) Das Phänomen, gleichzeitig in zwei Körpern zu erscheinen, ist seit Jahrhunderten bei vielen Heiligen

auf gewährte. Ich weiß, daß der Arzt und die Eisenbahnbeamten — darunter dein Vater — durch den göttlichen Willen Lahiri Mahasayas gelenkt wurden. Sie folgten automatisch dem geistigen Befehl des großen Guru und gaben mir somit die Gelegenheit, in ständiger Vereinigung mit dem Göttlichen Geliebten zu leben.«

Nach dieser ungewöhnlichen Enthüllung zog sich Swami Pranabananda wieder in längeres Schweigen zurück. Als ich zum Abschied ehrfurchtsvoll seine Füße berührte, segnete er mich.

»Du wirst den Weg des Yoga und der Entsagung gehen. Später werde ich dich mit deinem Vater wiedersehen.« Beide Voraussagungen haben sich nach Jahren erfüllt. *)

Bei einbrechender Dunkelheit machte ich mich mit Kedar Nath Babu auf den Heimweg und übergab ihm Vaters Brief, den er unter einer Straßenlaterne las.

»Dein Vater schlägt mir vor, einen Büroposten bei der Eisenbahngesellschaft in Kalkutta anzunehmen. Wie schön wäre es, sich wenigstens schon auf eine der Pensionen, die Swami Pranabananda genießt, freuen zu können. Aber es geht nicht, ich kann Benares unmöglich verlassen. Und über einen zweiten Körper verfüge ich leider noch nicht.«

---

beobachtet worden. In dem Buch über Therese Neumann von A. P. Schimberg wird verschiedentlich berichtet, wie diese große christliche Heilige der Neuzeit vor entfernt lebenden Personen, die ihrer Hilfe bedurften, erschienen ist und mit ihnen gesprochen hat.

*) Siehe Kapitel 27.

IV. KAPITEL

MEINE VEREITELTE FLUCHT ZUM HIMALAJA

»Verlaß den Klassenraum unter irgendeinem Vorwand, nimm eine Droschke und laß bei uns in der Gasse anhalten — aber so, daß niemand dich von unserem Haus aus sehen kann!«

So lauteten meine letzten Anweisungen für meinen Schulfreund Amar Mitter, der die Absicht hatte, mich zum Himalaja zu begleiten. Unsere Flucht war für den folgenden Tag geplant; doch wir mußten vorsichtig zu Werke gehen, da mein Bruder Ananta mich stets im Auge behielt. Er hegte den berechtigten Verdacht, daß ich mich eifrig mit Fluchtplänen beschäftigte und wollte diese unbedingt durchkreuzen. Das Amulett hatte bereits seine Wirkung auf mich ausgeübt und begann eine Art geistiger »Gärung« in mir hervorzurufen. In den schneebedeckten Bergen des Himalaja hoffte ich dem Meister zu begegnen, der mir so oft in meinen Visionen erschienen war.

Unsere Familie lebte jetzt in Kalkutta, wo Vater eine Dauerstellung erhalten hatte. Dem patriarchalischen indischen Brauch zufolge wohnte Ananta mit seiner Frau in unserem Haus in der Gurparstraße.
Dort meditierte ich täglich in einem kleinen Mansardenzimmer, um mich geistig für die Suche nach Gott vorzubereiten.

Der denkwürdige Morgen war gekommen und brachte als böses Omen einen starken Regenguß. Sowie ich die Räder der Pferdedroschke auf der Straße hörte, band ich geschwind ein Paar Sandalen, zwei Lendentücher, einen Gebetskranz, Lahiri Mahasayas Bild und meine *Bhagawadgita* in eine Decke zusammen und warf das Bündel aus meinem im zweiten Stockwerk gelegenen Fenster hinab. Dann lief ich die Treppen hinunter und stürzte an meinem Onkel vorbei, der gerade an der Tür Fische einkaufte.

»Warum so aufgeregt?« fragte er, indem er mich argwöhnisch musterte.

Ich lächelte ihn möglichst harmlos an und trat auf die Gasse hinaus, wo ich mein Bündel aufnahm und mich, vorsichtig wie ein Verschwörer,

Amar näherte. Unser erstes Ziel war Tschandni Tschauk, das Einkaufszentrum. Schon seit Monaten hatten wir unser Taschengeld gespart, um uns englische Kleidung kaufen zu können. Da ich wußte, daß mein spitzfindiger Bruder sehr gut den Detektiv spielen konnte, wollten wir ihn durch die europäische Kleidung überlisten.

Auf dem Weg zum Bahnhof holten wir meinen Vetter Dschotin Ghosch ab (genannt Dschatinda), der ein neu Bekehrter war und sich ebenfalls nach einem Guru im Himalaja sehnte. Wir überreichten ihm seinen neuen Anzug, in den er sogleich hineinschlüpfte. Nun glaubten wir, gut getarnt zu sein, und ein stolzes Triumphgefühl bemächtigte sich unser.

»Alles, was wir noch brauchen, sind Leinenschuhe«, sagte ich und führte meine Gefährten zu einem Geschäft, in dem Schuhe mit Gummisohlen ausgestellt waren. »Lederartikel, die durch das Schlachten von Tieren gewonnen werden, dürfen nicht auf diese heilige Reise mitgenommen werden.« Damit blieb ich auf der Straße stehen, um den Ledereinband von meiner *Bhagawadgita* und den Lederriemen von meinem *Sola-Topi* (englischen Tropenhelm) abzunehmen.

Auf dem Bahnhof kauften wir uns Fahrkarten nach Burdwan, von wo aus wir nach Hardwar, das am Fuße des Himalaja liegt, weiterfahren wollten. Sobald sich der Zug in voller Fahrt befand, begann ich meinen Gefährten von all dem Wunderbaren zu erzählen, das uns erwartete.

»Stellt euch nur vor«, rief ich aus, »bald werden wir von den Meistern eingeweiht und dürfen die Ekstase des kosmischen Bewußtseins erleben. Dann wird unser Körper von einem so starken Magnetismus erfüllt, daß die wilden Tiere in unserer Gegenwart ganz zahm werden. Die Tiger sind dann unsere Hauskatzen und lassen sich von uns streicheln!«

Dieses Zukunftsbild, das mich buchstäblich in Entzücken versetzte, brachte mir von Amar ein begeistertes Lächeln ein. Doch Dschatinda wandte den Blick ab und schaute durch das Fenster auf die vorbeisausende Landschaft.

»Wir wollen unser Geld in drei Teile teilen«, schlug Dschatinda nach einem längeren Schweigen vor. »Jeder von uns kauft sich seine Fahrkarte in Burdwan selbst; dann schöpft niemand auf dem Bahnhof Verdacht, daß wir zusammen fortgelaufen seien.«

Arglos stimmte ich zu. Bei Einbruch der Dämmerung traf unser Zug in Burdwan ein. Dschatinda ging als erster ins Fahrkartenbüro, während Amar und ich auf dem Bahnsteig sitzen blieben. Wir warteten eine Viertelstunde lang und begannen dann, nach ihm Ausschau zu halten — doch vergeblich! Verzweifelt riefen wir seinen Namen nach allen Himmelsrichtungen aus; aber er schien von der geheimnisvollen Dunkelheit, die den kleinen Bahnhof umgab, verschluckt worden zu sein.

Ich war derart erschüttert, daß ich innerlich vollkommen erstarrte. Wie konnte Gott nur ein solch tragisches Ereignis zulassen! Das romantische Abenteuer meiner ersten, sorgfältig geplanten Flucht, die mich zu Ihm führen sollte, schien plötzlich auf grausame Weise zunichte gemacht.

»Amar, wir müssen nach Hause fahren«, sagte ich und begann zu weinen wie ein Kind. »Dschatindas treuloses Verschwinden ist ein böses Vorzeichen. Diese Reise ist zum Scheitern verurteilt.«

»Ist das deine Liebe zu Gott? Kannst du nicht mal diese kleine Prüfung bestehen, die Gott dir durch einen treulosen Freund auferlegt?«

Amars Bemerkung, wir hätten lediglich eine göttliche Prüfung zu bestehen, festigte mich wieder einigermaßen. Wir stärkten uns mit den berühmten Burdwaner Süßwaren, *Sitabhog* (Nahrung für die Göttin) und *Motitschur* (Klümpchen süßer Perlen) und fuhren nach einigen Stunden über Barely nach Hardwar weiter. Als wir am folgenden Tag in Moghul-Serai umsteigen mußten, besprachen wir auf dem Bahnsteig eine wichtige Angelegenheit.

»Amar, es kann sein, daß wir bald von irgendeinem Eisenbahnbeamten ins Verhör genommen werden. Ich unterschätze die Findigkeit meines Bruders durchaus nicht. Aber ganz gleich, was dabei herauskommt, die Unwahrheit sage ich nicht!«

»Alles, was ich von dir verlange, Mukunda, ist, daß du dich ruhig verhältst und weder lachst noch grinst, während ich spreche.«

In diesem Augenblick kam bereits ein europäischer Bahnhofsbeamter auf mich zu und schwenkte ein Telegramm in der erhobenen Hand, dessen Herkunft ich sofort erraten konnte.

»Habt ihr Streit zu Hause gehabt, daß ihr fortgelaufen seid?«

»Nein!« Ich war froh, daß die Art seiner Fragestellung mir erlaubte, diese bestimmte Antwort zu geben. Kein Streit hatte mich veranlaßt, auf diese unkonventionelle Art fortzulaufen, sondern nur »göttlichste Melancholie«, das wußte ich.

Daraufhin wandte sich der Beamte an Amar. Es fiel mir schwer, während des folgenden geistreichen Wortgefechts ernst zu bleiben und die vorgeschriebene stoische Ruhe zu bewahren.

»Wo ist der dritte Junge?« fragte der Mann, indem er seine Stimme mit voller Autorität erschallen ließ. »Komm schon und sag die Wahrheit!«

»Sir, Ihr tragt doch eine Brille. Könnt Ihr nicht sehen, daß wir nur zwei sind?« antwortete Amar mit frechem Lächeln. »Ich bin leider kein Magier und kann daher keinen dritten Jungen herbeizaubern.«

Sichtlich verwirrt durch dieses dreiste Verhalten, suchte der Beamte nach einem neuen Angriffspunkt. »Wie heißt du?«

»Ich heiße Thomas und bin der Sohn einer englischen Mutter und eines zum Christentum bekehrten indischen Vaters.«

»Und wie heißt dein Freund?«

»Ich nenne ihn Thompson.«

Bei diesen Worten hatte meine innere Heiterkeit ihren Höhepunkt erreicht; ich wandte mich eiligst ab und ging auf den Zug zu, der — wie durch Eingreifen der Vorsehung! — bereits zur Abfahrt pfiff. Amar folgte mit dem Beamten, der in seiner Leichtgläubigkeit so zuvorkommend war, uns in ein europäisches Abteil zu stecken. Offensichtlich tat es ihm weh, zwei halb-englische Jungen in einem Abteil für Eingeborene reisen zu sehen. Nachdem er sich höflich verabschiedet hatte, warf ich mich in den Sitz zurück und lachte aus vollem Halse. Amars Gesicht drückte unverhohlene Befriedigung aus, weil es ihm gelungen war, einen erfahrenen europäischen Beamten hinters Licht zu führen.

Auf dem Bahnsteig war es mir gelungen, das Telegramm, das von meinem Bruder Ananta kam, zu entziffern. Es lautete wie folgt: »Drei bengalische Jungen in englischer Kleidung nach Hardwar via Moghul-Serai geflohen. Bitte sie bis zu meiner Ankunft festzuhalten. Großzügige Belohnung für Ihre Dienste.«

»Amar, ich hatte dir ausdrücklich gesagt, daß du den unterstrichenen Fahrplan nicht zu Hause liegenlassen sollst«, sagte ich mit vorwurfsvollem Blick. »Mein Bruder muß ihn dort gefunden haben.«

Schuldbewußt gab mein Freund sein Versehen zu. Der Zug hielt kurz in Barely, wo Dwarka Prasad [*] uns mit einem Telegramm von Ananta erwartete. Dwarka tat sein möglichstes, um uns zurückzuhalten; doch ich überzeugte ihn davon, daß wir unsere Flucht nicht aus Unbesonnenheit unternommen hatten. Als ich ihn jedoch aufforderte, mit uns zum Himalaja zu kommen, schlug er es, genau wie damals, ab.

In der folgenden Nacht, als unser Zug auf dem Bahnhof stand und ich schon halb eingeschlafen war, wurde Amar wieder von einem Beamten geweckt und ausgefragt. Aber auch dieser wurde ein Opfer der hybridischen Zauberformel von »Thomas und Thompson«. Bei Morgengrauen fuhren wir siegreich in Hardwar ein, wo die majestätischen Berge uns einladend aus der Ferne grüßten. Eilig stürzten wir aus dem Bahnhof hinaus ins Freie und mischten uns unter die Menschenmenge.

---

[*] Auf Seite 27 erwähnt

Zuallererst legten wir wieder einheimische Kleider an, da Ananta auf irgendeine Weise hinter das Geheimnis unserer europäischen Verkleidung gekommen sein mußte. Dennoch lastete ein schwerer seelischer Druck auf mir; ich hatte bereits eine Vorahnung von dem, was kommen würde.

Wir hielten es für ratsam, Hardwar sofort zu verlassen und kauften uns daher Fahrkarten nach dem weiter nördlich gelegenen Rischikesch, das seit jeher durch die Fußspuren vieler Meister geheiligt worden ist. Ich war bereits in den Zug gestiegen, als Amar noch auf dem Bahnsteig einherschlenderte und plötzlich von einem Polizisten angerufen wurde. Gleich darauf führte der unwillkommene Beamte uns beide zum Bungalow der Polizeiwache, wo er uns unser Geld abnahm und höflich erklärte, daß es seine Pflicht sei, uns bis zur Ankunft meines älteren Bruders festzuhalten.

Als der Beamte erfuhr, daß wir beiden Ausreißer vorgehabt hatten, zum Himalaja zu fliehen, erzählte er uns eine seltsame und fesselnde Geschichte.

»Ihr brennt also darauf, den Heiligen zu begegnen. Aber ich sage euch, daß ihr gewiß keinem heiligeren Mann begegnen könnt als dem, den ich erst gestern aufgesucht habe. Vor fünf Tagen sah ich ihn, zusammen mit einem Kameraden, zum ersten Mal. Wir patrouillierten den Ganges ab, um Ausschau nach einem Mörder zu halten, der sich als *Sadhu* verkleidet hatte, um die Pilger auszurauben. Unser Befehl lautete, ihn tot oder lebendig zu fangen. Plötzlich erblickten wir nicht weit von uns entfernt eine Gestalt, die der Beschreibung des Verbrechers genau entsprach. Als er unseren Befehl, anzuhalten, ignorierte, liefen wir ihm nach, um ihn mit Gewalt zu bezwingen. Ich näherte mich ihm von hinten und holte so schwungvoll mit der Axt aus, daß ich ihm den rechten Arm fast gänzlich vom Körper abhieb.

Ohne aufzuschreien oder auch nur einen Blick auf die grausige Wunde zu werfen, setzte der Fremde zu unserem Erstaunen seinen raschen Gang fort. Als wir schließlich vor ihn hinsprangen, sprach er ruhig:

›Ich bin nicht der Mörder, den ihr sucht.‹

Da erkannte ich, daß ich einen göttlichen Weisen verletzt hatte und bereute meine Tat zutiefst. Um Vergebung flehend, warf ich mich zu seinen Füßen nieder und bot ihm mein Turbantuch an, um das heftig hervorstürzende Blut zu stillen.

›Mein Sohn, das war nur ein verzeihlicher Irrtum‹, sprach der Heilige, indem er mich freundlich anblickte. ›Geh nur und mache dir keine Vorwürfe. Die geliebte Mutter wird sich meiner annehmen.‹ Damit schob er seinen herabbaumelnden Arm in den Stumpf, und er blieb tatsächlich haften; auch das Bluten hörte erstaunlicherweise auf.

›Suche mich nach drei Tagen unter diesem Baum hier auf; bis dahin werde ich vollends geheilt sein, so daß du dir keine Gewissensbisse mehr zu machen brauchst.‹

Gestern nun ging ich mit meinem Kameraden zu der angegebenen Stelle, wo uns der *Sadhu* erwartete und uns seinen Arm untersuchen ließ. Er wies nicht die geringste Narbe — nicht einmal die Spur einer Verletzung auf.

›Ich bin jetzt auf dem Wege nach Rischikesch und werde von dort aus in die einsamen Gegenden des Himalaja ziehen‹, sagte er. Dann segnete er uns und ging schnell davon. Diese heilige Begegnung hat mein Leben vollkommen verwandelt.«

Der Beamte endete seinen Bericht mit einem frommen Ausruf. Augenscheinlich hatte ihn dieses Erlebnis auf eine bisher unbekannte Weise erschüttert. Mit feierlicher Geste überreichte er mir einen Zeitungsausschnitt, in dem über dieses Wunder berichtet wurde. Wie in den meisten sensationellen Zeitungsberichten (an denen es leider auch in Indien nicht fehlt) hatte der Reporter leicht übertrieben und erklärt, der *Sadhu* sei so gut wie enthauptet gewesen.

Amar und ich bedauerten lebhaft, diesem großen Yogi, der seinem Verfolger in ganz ähnlicher Weise wie Christus vergeben hatte, nicht begegnet zu sein. Indien, das seit den letzten zwei Jahrhunderten in materieller Hinsicht ein armes Land ist, besitzt noch immer einen unerschöpflichen geistigen Reichtum. Es hat geistige »Wolkenkratzer«, die selbst von weltlichen Menschen, wie z. B. diesem Polizisten, gelegentlich am Wegrand entdeckt werden können.

Wir dankten dem Beamten dafür, daß er uns die unfreiwillige Wartezeit mit seiner wunderbaren Geschichte verkürzt hatte. Wahrscheinlich wollte er uns zu verstehen geben, daß er mehr Glück gehabt hatte als wir; denn er war ohne jegliche Anstrengung einem erleuchteten Heiligen begegnet, während unsere ernsthafte Suche nicht zu Füßen eines Meisters, sondern in einer nüchternen Polizeiwache endete.

So nahe waren wir nun dem Himalaja und doch — als Gefangene — so weit von ihm entfernt! Um so mehr drängte es mich, meine Freiheit wiederzugewinnen. Und so machte ich Amar mit einem ermutigenden Lächeln folgenden Vorschlag:

»Sobald sich die erste Gelegenheit bietet, versuchen wir uns fortzustehlen und gehen einfach zu Fuß nach Rischikesch.«

Doch mein Gefährte war pessimistisch geworden, seit wir unseren finanziellen Rückhalt verloren hatten.

»Wenn wir zu Fuß durch dieses gefährliche Dschungelgebiet gehen, landen wir wahrscheinlich nicht in der Stadt der Heiligen, sondern im Magen eines Tigers!«

Ananta und Amars Bruder trafen nach drei Tagen ein. Amar begrüßte seinen Bruder liebevoll und mit sichtlicher Erleichterung. Doch ich war unversöhnlich und überschüttete Ananta mit bitteren Vorwürfen.

»Ich verstehe, wie dir zumute ist«, sagte mein Bruder besänftigend. »Alles, was ich von dir verlange, ist, daß du mich nach Benares begleitest, wo wir einen weisen Mann aufsuchen wollen, und dann mit mir nach Kalkutta zurückkehrst, um unseren bekümmerten Vater für einige Tage zu besuchen. Danach könnt ihr hier eure Suche nach einem Meister fortsetzen.«

Da mischte sich Amar in die Unterhaltung ein und sagte, daß er nicht die Absicht habe, mit mir nach Hardwar zurückzukehren. Er genoß die Nestwärme der Familie. Ich aber wußte, daß ich meine Suche nach einem Guru niemals aufgeben würde.

Mit dem nächsten Zug fuhren wir nach Benares, wo ich eine sofortige und erstaunliche Antwort auf mein Gebet erhielt.

Ananta hatte sich einen geschickten Plan ausgedacht. Ehe er mich in Hardwar abholte, hatte er seine Reise in Benares unterbrochen und einen Mann, der als Autorität auf dem Gebiet der Heiligen Schriften galt, gebeten, mit mir zu reden. Der Pandit sowie sein Sohn hatten Ananta versprochen, mir davon abzuraten, ein *Sannyasi* *) zu werden.

Ananta führte mich also zum Haus dieses Pandits, wo ein junger Mann von recht aufdringlichem Wesen mich auf dem Hof begrüßte. Er verwickelte mich in ein langes, philosophisches Gespräch und behauptete, hellseherische Fähigkeiten zu haben und mir deshalb abraten zu müssen, Mönch zu werden.

»Du wirst dauernd Fehlschläge erleben und Gott niemals finden, wenn du darauf bestehst, dich deinen irdischen Pflichten zu entziehen. Ohne weltliche Erfahrungen kannst du dein Karma **) nicht sühnen.«

Ich aber antwortete mit den unsterblichen Worten der *Bhagawadgita* ***):

»Selbst wenn ein Mensch ein großer Sünder war
Und sich zu Mir von ganzer Seele wendet,

---

*) Wörtlich: »Entsagender«; aus den Sanskritwortwurzeln »beiseite werfen«
**) Die Auswirkungen ehemaliger Handlungen, die man in diesem oder einem früheren Leben begangen hat. Aus der Sanskritwurzel *kri* = tun.
***) IX, 30-31 (Übersetzung: Dr. Franz Hartmann)

> So ist er zweifellos für gut zu achten,
> Weil er die Wahrheit hoch und heilig hält.
> Auch wird er bald zum rechten Weg gelangen
> Und seinen höchsten Frieden in Mir finden;
> Denn wer in Meinem Herzen Zuflucht nimmt,
> Den werd' ich, wahrlich, nimmermehr verlassen.«

Die eindringlichen Warnungen des jungen Mannes hatten meine Überzeugung jedoch ein wenig erschüttert. Und so betete ich schweigend und mit tiefer Inbrunst zu Gott:

»Gib mir bitte Klarheit und antworte mir hier und jetzt, ob ich ein Leben der Entsagung oder ein weltliches Leben führen soll.«

Gleich darauf bemerkte ich einen *Sadhu* von edler Gestalt, der vor dem Gartentor stehengeblieben war. Offensichtlich hatte der Fremde meine lebhafte Unterhaltung mit dem selbstherrlichen Hellseher mit angehört, denn er rief mich zu sich. Ich fühlte eine gewaltige Kraft von seinen stillen Augen ausgehen.

»Mein Sohn, höre nicht auf diesen Nichtswisser. Der Herr hat mir aufgetragen, dir als Antwort auf dein Gebet zu versichern, daß der einzige Weg für dich in diesem Leben derjenige der Entsagung ist.«

Voller Erstaunen und Dankbarkeit nahm ich diese entscheidende Botschaft auf und lächelte ihn freudig an.

»Laß dich nicht mit diesem Manne ein!« rief der »Nichtswisser« mir vom Hof aus zu. Da erhob der Heilige seine Hand zum Segen und ging langsam davon.

»Der *Sadhu* ist genauso verrückt wie du!« Diese liebenswürdige Bemerkung kam von dem graubärtigen Pandit, der mich ebenso finster anblickte wie sein Sohn. »Ich habe gehört, daß auch er seine Familie verlassen hat und auf der ungewissen Suche nach Gott ist.«

Da wandte ich mich ab und erklärte Ananta, daß ich mich nicht länger mit unseren Gastgebern zu unterhalten wünsche. Mein Bruder war zwar enttäuscht, willigte aber ein, daß wir sofort abreisten; und bald darauf saßen wir im Zug nach Kalkutta.

»Herr Detektiv, wie hast du eigentlich ausfindig gemacht, daß ich mit zwei anderen Gefährten geflohen bin?« machte ich meiner lebhaften Neugier Luft. Ananta lächelte schadenfroh.

»In deiner Schule sagte man mir, daß Amar die Klasse verlassen habe und nicht wiedergekommen sei. Da suchte ich am nächsten Morgen seine Familie auf und entdeckte dort einen angekreuzten Fahrplan. Amars Vater wollte gerade in den Wagen steigen und unterhielt sich mit dem Kutscher.

›Mein Sohn fährt heute morgen nicht mit mir zur Schule‹, sagte er seufzend, ›er ist spurlos verschwunden!‹, woraufhin der Mann erwiderte: ›Ich habe von einem anderen Kutscher gehört, daß Euer Sohn und noch zwei andere in europäischer Kleidung zum Howrah-Bahnhof gefahren und dort in den Zug gestiegen sind. Sie haben dem Kutscher ihre Lederschuhe geschenkt.‹

So hatte ich also drei Anhaltspunkte: den Fahrplan, das Trio und die englische Kleidung.«

Ich hörte mir Anantas Bericht mit gemischten Gefühlen an. Unsere Großzügigkeit dem Kutscher gegenüber war nicht ganz angebracht gewesen.

»Selbstverständlich telegraphierte ich sofort an die Bahnhofsvorsteher aller Stationen, die Amar auf dem Fahrplan angekreuzt hatte. Er hatte auch Barely unterstrichen, und darum telegraphierte ich deinem Freund Dwarka. Aufgrund weiterer Erkundigungen in unserer Nachbarschaft stellte ich fest, daß unser Vetter Dschatinda eine Nacht lang vermißt wurde, aber am folgenden Morgen in europäischer Kleidung wieder aufgetaucht war. Ich suchte ihn auf und lud ihn zum Essen ein, was er — ziemlich entwaffnet durch meine Liebenswürdigkeit — auch annahm und mir arglos folgte. Auf dem Wege führte ich ihn an einer Polizeiwache vorbei, wo er von mehreren Beamten umringt wurde, die ich vorher wegen ihrer grimmigen Erscheinung ausgesucht hatte. Unter ihren drohenden Blicken gestand Dschatinda schließlich alles ein und erklärte uns sein rätselhaftes Verhalten.

›Ich begann die Fahrt zum Himalaja in erhobener geistiger Stimmung‹, sagte er, ›und dachte mit großer Begeisterung daran, wie wir den Meistern begegnen würden. Doch als Mukunda sagte: »Während unserer Ekstase in den Höhlen des Himalaja werden wir die Tiger in Bann schlagen, so daß sie wie Hauskatzen um uns herumsitzen«, überlief es mich eiskalt, und ich fühlte, wie mir der Schweiß auf die Stirn trat. »Was aber«, dachte ich, »wenn unsere geistige Verzückung nicht machtvoll genug ist, um die heimtückischen Tiger zu verwandeln? Ob sie sich dann auch noch wie Hauskatzen verhalten?« Im Geiste sah ich mich schon im Magen eines Tigers, in den ich aber nicht mit einem Male, sondern Stück für Stück hineinbefördert werden würde.‹ «

Mein Ärger über Dschatindas Verhalten verflog augenblicklich, und ich lachte hell auf. Dieser humorvolle Bericht entschädigte mich für alle Qualen, die er mir verursacht hatte. Und ich muß gestehen, daß ich mit leichter Genugtuung feststellte, daß auch Dschatinda nicht ohne eine Begegnung mit der Polizei davongekommen war.

»Ananta *), du bist der geborene Spürhund!« Mein belustigter Blick war nicht ganz ohne Vorwurf. »Ich werde Dschatinda sagen, wie erleichtert ich bin, daß er uns nicht aus Treulosigkeit, sondern nur aus ›Selbsterhaltungstrieb‹ verlassen hat.«

Als ich nach Hause zurückkehrte, bat Vater mich auf rührende Weise, meine Wanderlust wenigstens so lange im Zaum zu halten, bis ich die höhere Schule beendet hatte. Während meiner Abwesenheit hatte er sich liebevoll um einen Ausweg bemüht und einen heiligen Pandit, Swami Kebalananda **), gebeten, regelmäßig in unser Haus zu kommen.

»Der Weise soll dein Sanskritlehrer sein«, sagte Vater zuversichtlich.

Er hoffte, mein religiöses Verlangen dadurch stillen zu können, daß er mich von einem gelehrten Philosophen unterrichten ließ. Doch das Blatt wendete sich ganz unmerklich. Denn mein neuer Lehrer war weit davon entfernt, trockenes, intellektuelles Wissen zu vermitteln und entfachte das glimmende Feuer meiner Gottessehnsucht nur noch mehr. Vater wußte nicht, daß Swami Kebalananda ein weit fortgeschrittener Jünger Lahiri Mahasayas war. Der unvergleichliche Guru hatte durch seinen unwiderstehlichen göttlichen Magnetismus Tausende von Jüngern angezogen. Später erfuhr ich, daß Lahiri Mahasaya Kebalananda oft einen *Rischi* oder erleuchteten Weisen genannt hatte.

Das schöne Antlitz meines Lehrers war von dichten Locken umrahmt. Seine dunklen Augen waren offen und klar wie die eines Kindes. Alle Bewegungen seines schmächtigen Körpers waren von ruhiger Bestimmtheit. Er war stets freundlich und liebenswürdig und mit seinem Bewußtsein fest im Unendlichen verankert. Viele unserer gemeinsamen glücklichen Stunden verbrachten wir in tiefer *Kriya*-Meditation.

Kebalananda war eine bekannte Autorität auf dem Gebiet der alten *Schastras* — der heiligen Bücher. Seine Gelehrsamkeit hatte ihm den Titel eines »Schastri Mahasaya« eingebracht, mit dem er gewöhnlich auch angeredet wurde. Meine eigenen Fortschritte im Sanskrit waren jedoch nicht nennenswert, denn ich nahm jede Gelegenheit wahr, um die prosaische Grammatik zu umgehen und über Yoga oder über Lahiri Maha-

---

*) Ich redete ihn stets mit Ananta-da an. *Da* ist eine Silbe, die Respekt ausdrückt und die die jüngeren Geschwister dem Namen ihres ältesten Bruders anhängen.

**) Als ich Kebalananda begegnete, gehörte er noch nicht dem Swami-Orden an und wurde allgemein »Schastri Mahasaya« genannt. Um jedoch eine Verwechslung mit den Namen »Lahiri Mahasaya« und »Meister Mahasaya« (Kapitel 9) zu vermeiden, nenne ich meinen Sanskritlehrer hier nur bei seinem Mönchsnamen Swami Kebalananda. Kürzlich ist eine Biographie über ihn in bengalischer Sprache erschienen. Kebalananda wurde 1863 im Khulna-Bezirk Bengalens geboren und gab seinen Körper im Alter von 68 Jahren in Benares auf. Sein bürgerlicher Name war Aschutosch Tschatterdschi.

saya zu sprechen. Eines Tages erzählte mir mein Lehrer zu meiner großen Freude einige Erlebnisse, die er mit dem Meister gehabt hatte.

»Ich hatte das seltene Glück, zehn Jahre lang in der Nähe Lahiri Mahasayas zu wohnen; sein Haus in Benares war das Ziel meiner allabendlichen Wallfahrt. Der Guru hielt sich stets in einem kleinen Besuchszimmer im vorderen Teil des Erdgeschosses auf. Dort saß er in Lotosstellung auf einem hölzernen Sitz ohne Lehne, während die Jünger ihn im Halbkreis umringten. Seine Augen, die vor göttlicher Freude sprühten, waren immer halb geschlossen und blickten durch das innere Teleskop in eine Sphäre ewiger Glückseligkeit. Nur selten sprach er für längere Zeit. Doch gelegentlich richtete er den Blick auf einen Schüler, der seine Hilfe brauchte, und dann strömten seine heilenden Worte gleich einer Lichtflut hervor.

Ein unbeschreiblicher Friede kam über mich, sobald ich den Blick des Meisters auf mir ruhen fühlte. Ich wurde von seinem Fluidum durchdrungen wie vom Duft einer göttlichen Lotosblume. Ihm nahe sein zu dürfen, selbst wenn ich tagelang kein Wort mit ihm wechselte, war ein Erlebnis, das mich von Grund aus verwandelte. Wenn meine Konzentration durch irgendein unsichtbares Hindernis beeinträchtigt wurde, meditierte ich zu Füßen des Guru. Dort erreichte ich mit Leichtigkeit die erhabensten Bewußtseinszustände, die mir in Gegenwart anderer Lehrer versagt blieben. Der Meister war ein Tempel des lebendigen Gottes, dessen geheime Türen sich allen aufrichtigen Jüngern öffneten.

Wenn Lahiri Mahasaya die heiligen Schriften auslegte, tat er es nicht mit trockener Gelehrsamkeit, sondern tauchte mühelos in die ›göttliche Bibliothek‹ hinein, um dann aus dem Brunnen seiner Allwissenheit einen unerschöpflichen Reichtum an Worten und Gedanken hervorsprudeln zu lassen. Er besaß den goldenen Schlüssel, der die geheimen Tore der Veden*) öffnete und die seit vielen Jahrhunderten verschüttete Philosophie und Wissenschaft wieder ans Licht brachte. Wenn er gebeten wurde, die verschiedenen Bewußtseinsstufen zu erläutern, die in den alten Texten erwähnt werden, willigte er lächelnd ein.

---

*) Über hundert kanonische Bücher der alten vier Veden sind noch erhalten. In seinem *Journal* äußert sich Emerson wie folgt über das vedische Gedankengut: »Es ist so erhaben wie das Feuer, wie die Nacht oder wie ein windstilles Meer. Es enthält jede erdenkliche religiöse Empfindung und die erhabenen Sittenlehren, die man in jeder großen Dichtung findet ... Es nützt nichts, das Buch beiseite zu legen; selbst wenn ich mich nur dem Wald oder dem Boot auf dem Wasser anheimgebe, so macht die Natur sogleich einen Brahmanen aus mir. Ewige Notwendigkeit, ewiger Ausgleich, unergründliche Macht, ungebrochenes Schweigen ... das ist ihr Glaubensbekenntnis. Sie sagt mir, daß Frieden und Reinheit und vollkommene Selbstaufgabe die Universalmittel sind, die uns von aller Sünde erlösen und uns in die Seligkeit der Acht Götter heimführen.«

›Ich werde mich in diesen Zustand hineinversetzen und euch dann sagen, was ich erlebe.‹ Hierin bestand der grundlegende Unterschied zwischen ihm und anderen Lehrern, die die Schriften nur auswendig lernen und dann über abstrakte, nicht erlebte Begriffe sprechen.

Oft stellte der wortkarge Guru einem in der Nähe sitzenden Jünger folgende Aufgabe: ›Erläutere bitte diese heiligen Verse so, wie du sie verstehst. Ich will deine Gedanken lenken, damit du die richtige Deutung findest.‹ Auf diese Weise wurden viele von Lahiri Mahasayas Wahrnehmungen — oft mit ausführlichen Kommentaren seiner Schüler versehen — niedergeschrieben.

Der Meister war gegen jede Vergewaltigung des Glaubens. ›Worte sind nichts als die äußere Schale‹, pflegte er zu sagen. ›Nur wenn ihr selbst in tiefer Meditation die Freude Gottes erlebt, werdet ihr von Seiner Gegenwart überzeugt sein.‹

Ganz gleich, worin die Probleme seiner Jünger bestehen mochten, der Guru riet ihnen jedesmal, sie durch die *Kriya*-Yoga-Technik zu lösen.

›Dieser Yoga-Schlüssel wird seine Wirksamkeit auch dann behalten, wenn ich nicht mehr körperlich bei euch bin, um euch zu leiten. Man kann diese Technik nicht einbinden, ins Regal stellen und vergessen wie theoretische Textbücher. Übt euren *Kriya-Yoga* beharrlich; seine verborgene Kraft wird sich nur in der Praxis offenbaren.‹«

Kebalananda schloß seinen Bericht mit folgendem aufrichtigen Bekenntnis: »Ich selbst halte den *Kriya* für das wirksamste Mittel zur Selbstbefreiung, das die Menschheit jemals auf ihrer Suche nach dem Unendlichen entwickelt hat. In Heiligen wie Lahiri Mahasaya und einer Anzahl seiner Jünger, die alle diese befreiende Technik übten, hat der in allen Menschen verborgene Gott sich sichtbar verkörpern können.«

Einst vollbrachte Lahiri Mahasaya in Gegenwart Kebalanandas ein ähnliches Wunder wie Christus. Als mein heiliger Lehrer mir diese Geschichte erzählte, gingen seine Augen in weite Fernen, und der aufgeschlagene Sanskrittext blieb unbeachtet.

»Ein blinder Jünger Lahiri Mahasayas mit Namen Ramu erweckte immer mein besonderes Mitgefühl. Sollten seine Augen nie das Licht erblicken, obgleich er unserem Meister, in dem die Göttlichkeit in vollem Glanz erstrahlte, so treulich diente? Eines Morgens nahm ich mir vor, mit Ramu zu sprechen. Dieser jedoch saß stundenlang neben seinem Guru und fächelte ihm geduldig mit einem selbstgemachten Fächer aus Palmenblättern Luft zu. Als der Jünger endlich den Raum verließ, folgte ich ihm.

›Ramu, wie lange bist du schon blind?‹

›Seit meiner Geburt, Sir. Meine Augen haben nie das Licht der Sonne erblickt.‹

›Unser allmächtiger Guru kann dir gewiß helfen. Bitte ihn nur darum.‹

Am folgenden Tag näherte sich Ramu schüchtern seinem Guru. Er schämte sich fast, über seinen geistigen Reichtum hinaus noch körperliches Wohlergehen zu erbitten.

›Meister, der Erleuchter des Kosmos ist in Euch. Ich bitte Euch darum, Sein Licht in meine Augen zu bringen, damit ich den geringeren Glanz der Sonne wahrnehmen kann.‹

›Ramu, hinter dieser Bitte steckt jemand anders, der mich in eine schwierige Lage bringen will. Ich besitze keine Heilkräfte.‹

›Gurudschi, der Unendliche in Euch kann gewiß heilen.‹

›Das ist allerdings etwas anderes, Ramu. Gottes Heilkraft kennt keine Grenzen. Er, der die Sterne und jede Zelle unseres Körpers in geheimnisvollem Glanz erstrahlen läßt, kann auch deinen Augen das Sehvermögen schenken.‹ Damit berührte der Meister Ramus Stirn zwischen den Augenbrauen. *)

›Konzentriere dich auf diese Stelle und singe sieben Tage lang immer wieder den Namen des Propheten Rama **). Dann wird der Glanz der Sonne auch dir erstrahlen.‹

Und wahrhaftig, nach einer Woche erblickte Ramu zum ersten Male das liebliche Antlitz der Natur. Der allwissende Guru hatte seinem Jünger mit untrüglicher Intuition den Rat gegeben, er solle den Namen Ramas wiederholen, den er mehr als alle anderen Heiligen verehrte. Ramus Glaube war der mit Hingabe gepflügte Boden, in dem die vom Guru gesäte Saat der Heilung aufgehen konnte.« Kebalananda schwieg einige Augenblicke und spendete seinem Guru dann noch ein weiteres Lob.

»Bei allen Wundern, die Lahiri Mahasaya vollbrachte, wies er unmißverständlich darauf hin, daß er niemals das eigene Ich ***) für die Ursache hielt. Dadurch aber, daß er sich der heilenden Urkraft vorbehaltlos öffnete, ermöglichte er es ihr, ungehindert durch ihn hindurchzufließen.

Die zahllosen menschlichen Körper, die Lahiri Mahasaya auf wunderbare Weise heilte, wurden schließlich bei der Totenverbrennung ein

---

*) Der Sitz des »einfältigen« oder geistigen Auges. Im Tode richtet sich das Bewußtsein des Menschen meist auf diese heilige Stelle — eine Tatsache, die den nach oben gekehrten Blick der Toten erklärt.

**) Der heilige Titelheld des Sanskrit-Epos *Ramajana*

***) Das Ich *(Ahankara,* wörtlich »ich tue«) ist der Ursprung des Dualismus und der scheinbaren Trennung zwischen Mensch und Schöpfer. *Ahankara* bringt die menschlichen Wesen unter den Einfluß der *Maya* (kosmischen Täuschung), so daß das Subjekt (Ich) fälschlicherweise als Objekt erscheint und die Geschöpfe sich für den Schöpfer halten. (Siehe Seite 54, Fußnote, und Seite 282-283, 292-293, Fußnote).

Opfer der Flammen. Doch die schweigende geistige Erweckung, die er in uns bewirkte, die christusähnlichen Jünger, die er heranbildete — das sind seine unvergänglichen Wunder.«

Ich bin nie ein Sanskritgelehrter geworden; denn Kebalananda lehrte mich eine göttlichere Syntax.

»Denn er erkennt, daß er nicht selber wirkt ...
Ob er die Augen öffnet oder schließt,
In allem sieht er nur der Sinne Spiel
Mit Sinnesgegenständen. (V, 8—9).
Auch wer erkennt, daß das, was die Natur
Hervorbringt, nur durch die Natur geschieht,
Daß nicht die Seele handelnd auftritt, sondern
Nur zusieht und besitzt, auch der sieht klar. (XIII, 29)
In meiner Gottheit bin ich ungeboren,
Unsterblich, ewig, und der Herr von allem,
Was da geboren wird und lebt, und dennoch
Wird meine Form geboren, kommt und geht.
Dem flücht'gen Bild im Spiegel der Natur
Drück ich den Stempel Meiner Menschheit auf
Durch Meines hohen Geistes Zauberkraft. (IV, 6)
Wohl ist es schwer, den Schleier zu durchdringen,
Den Zauberkreis der wechselnden Natur,
Der dir, o Prinz, Mein Angesicht verhüllt;
Doch wer zu Mir allein sich wendet, der
Erhebt sich über ihn und kommt zu Mir. (VII, 14).

Bhagawadgita (aus Edwin Arnolds englischer Übersetzung aus dem Sankrit ins Deutsche übertragen von Dr. Franz Hartmann)

V. KAPITEL

EIN »PARFÜM-HEILIGER« STELLT SEINE WUNDER ZUR SCHAU

»Ein jegliches hat seine Zeit, und alles Vornehmen unter dem Himmel hat seine Stunde.« *)

Ich aber besaß diese Weisheit Salomos, die mich hätte trösten können, noch nicht, sondern schaute auf jedem Ausflug, den ich unternahm, suchend umher, in der Hoffnung, das Antlitz des mir bestimmten Guru zu erblicken. Doch unsere Wege sollten sich nicht eher kreuzen, als bis ich die höhere Schule beendet hatte.

Zwischen meiner Flucht zum Himalaja und dem bedeutsamen Tag, da Sri Yukteswar in mein Leben trat, lagen zwei ganze Jahre. Während dieser Zeit begegnete ich einer Anzahl von Weisen — dem »Parfüm-Heiligen«, dem »Tiger-Swami«, Nagendra Nath Bhaduri, Meister Mahasaya und dem berühmten bengalischen Wissenschaftler Dschagadis Tschandra Bose.

Meine Begegnung mit dem »Parfüm-Heiligen« hatte zwei Vorspiele — ein harmonisches und ein humoristisches.

»Gott ist einfach. Alles andere ist kompliziert. Suche keine absoluten Werte in der relativen Welt der Natur.«

Diese Worte, deren unumstößliche Wahrheit mich angenehm berührte, trafen mein Ohr, als ich schweigend vor einem Tempelbildnis der Kali **) stand. Ich wandte mich um und erblickte einen hochgewachsenen Mann, dessen Gewand (oder besser: Gewandlosigkeit) ihn als einen wandernden *Sadhu* kennzeichnete.

---

*) *Prediger 3, 1*
**) Kali ist das ewige Naturgesetz. In der Überlieferung wird sie als ein vierarmiges Weib dargestellt, das auf der liegenden Gestalt des Gottes Schiwa — der Unendlichkeit — steht; denn alle Tätigkeit der Natur, d. h. der Welt der Erscheinungen, hat ihren Ursprung im unsichtbaren GEIST. Kalis vier Arme symbolisieren ihre vier wichtigsten Eigenschaften — zwei wohltätige und zwei zerstörerische — und bringen das dualistische Wesen der Materie oder Schöpfung zum Ausdruck.

»Ihr habt wahrhaftig meine Gedanken durchschaut«, sagte ich mit dankbarem Lächeln. »Das Nebeneinander von segenbringenden und furchterregenden Erscheinungen in der Natur, wie sie durch Kali symbolisiert werden, hat schon klügere Köpfe als den meinen verwirrt.«

»Und nur wenige werden ihr Geheimnis lösen. Das Leben gleicht einer Sphinx, die jeder Intelligenz das herausfordernde Rätsel von Gut und Böse aufgibt. Da sich die meisten Menschen jedoch um keine Lösung bemühen, müssen sie, wie dereinst in Theben, ihre Unkenntnis mit dem Leben bezahlen. Hie und da erhebt sich eine einzelne, überragende Gestalt, die keine Niederlage gelten läßt und hinter der zwiespältigen *Maya*)* die eine, unteilbare Wahrheit erkennt.«

»Ihr sprecht mit Überzeugung, Sir.«

»Ich habe mich lange in aufrichtiger Selbstbetrachtung geübt — ein äußerst schmerzvolles Verfahren, das jedoch zur Wahrheit führt. Wenn man sich einer schonungslosen Selbstprüfung unterzieht und seine eigenen Gedanken ununterbrochen beobachtet, wird das eigene Selbstbewußtsein in seinen Grundfesten erschüttert. Doch eine solche ehrliche Selbstanalyse bringt mit mathematischer Sicherheit echte Seher hervor. Der andere Weg aber, auf dem man ›sich selbst Ausdruck verleiht‹ und nach persönlicher Anerkennung strebt, verführt die Menschen zum Egoismus, so daß sie sich das Recht nehmen, Gott und das Universum auf ihre eigene Weise zu deuten.«

»Selbstverständlich zieht sich die demütige Wahrheit zurück, wenn sie solch selbstherrlicher Originalität begegnet.« Die Unterhaltung machte mir Spaß.

»Kein Mensch wird die ewigen Wahrheiten verstehen, bevor er sich nicht von jeder Anmaßung befreit hat. Auf dem menschlichen Geist liegt jahrhundertealter Schlamm, in dem es von zahllosen abstoßenden Trugbildern wimmelt. In dem Augenblick, da sich der Mensch zum ersten Male gegen seine inneren Feinde erhebt, erscheinen ihm alle Kämpfe auf den Schlachtfeldern bedeutungslos. Denn hier handelt es sich nicht um menschliche Feinde, die sich von einer starken Armee bezwingen lassen, sondern um die überall vorhandenen, ruhelosen Soldaten primitiver Lust, die den

---

*) Kosmische Täuschung. Wörtlich »die Messende«. *Maya* ist die der Schöpfung innewohnende magische Kraft, die im Unbegrenzten und Unteilbaren scheinbare Begrenzungen und Teilungen hervorruft. Nachstehendes Gedicht von Emerson trägt den Titel »Maya«:
  Der Täuschung Werk ist undurchdringlich,
  Die Netze, die sie webt, sind zahllos,
  Unerschöpflich ihre heitren Bilder,
  Die Schleier über Schleier häufen.
  Ihrem Zauber verfallen alle,
  Die danach dürsten, getäuscht zu werden.

Menschen selbst im Schlaf verfolgen und jeden von uns mit ihren heimtückischen, vergifteten Waffen zu schlagen versuchen. Wie töricht sind diejenigen, die ihre Ideale begraben und sich dem allgemeinen Schicksal ausliefern. Kann man sie anders als Schwächlinge, Holzköpfe und Nichtswürdige nennen?«

»Ehrwürdiger Herr, habt Ihr gar kein Mitleid mit der verirrten Menge?«

Der Weise schwieg einen Augenblick und sagte dann ausweichend: »Es ist nicht immer leicht, sowohl den unsichtbaren Gott, die Quelle aller Tugenden, als auch den sichtbaren Menschen, der augenscheinlich aller Tugenden ledig ist, zu lieben. Doch ein scharfer Verstand ist dieser Verwirrung gewachsen, weil er das Innere erforscht und bald bei allen Menschen dieselbe Denkweise und die gleichen selbstsüchtigen Beweggründe entdeckt. In dieser Hinsicht wenigstens wird die Brüderlichkeit unter den Menschen offenbar. Wer also die Entdeckung gemacht hat, daß fast alle Menschen auf gleicher Stufe stehen, kann sich eines deprimierenden Gefühls der Demütigung nicht erwehren, und aus diesem entwickelt sich allmählich ein Mitgefühl mit allen denen, die noch blind für die unerforschten Heilkräfte der Seele sind.«

»Die Heiligen aller Zeitalter haben, wie Ihr, Erbarmen mit der leidenden Menschheit gehabt, Sir.«

»Nur der oberflächliche Mensch läßt sich von seinem eigenen Schmerz überwältigen und verliert dabei das Gefühl für die Leiden anderer.« Die strengen Gesichtszüge des *Sadhu* hatten sich merklich gemildert. »Wer jedoch schonungslose Selbstkritik übt, wird auch sein Mitgefühl für alle anderen vertiefen und dadurch sein eigenes kleines Ich mit allen seinen Forderungen vergessen. Nur aus einem solchen Boden kann echte Gottesliebe hervorwachsen. Schließlich wendet sich das Geschöpf wieder dem Schöpfer zu, wenn auch nur deshalb, um angstvoll zu fragen: ›Warum, Herr, warum?‹ Die demütigenden Geißelhiebe des Schmerzes treiben den Menschen zu guter Letzt in die Gegenwart des Unendlichen, dessen Schönheit allein ihn verlocken sollte.«

Ich befand mich mit dem Weisen im Kalighat-Tempel von Kalkutta, den ich wegen seiner berühmten Kunstschätze aufgesucht hatte. Doch mit einer wegwerfenden Handbewegung tat mein Gefährte all die prunkvollen Schätze ab.

»Mauersteine und Mörtel können nicht singen; unser Herz öffnet sich nur dem Lied menschlichen Daseins.«

Wir schlenderten dem Eingangsportal zu, von dem uns die Sonne einladend entgegenglänzte; unaufhörlich strömte die Menge der Gläubigen herein und hinaus.

»Du bist noch jung«, sagte der Weise, indem er mich nachdenklich musterte. »Auch Indien ist jung. Die ehrwürdigen Rischis *) haben uns unumstößliche Richtlinien für einen geistigen Lebenswandel hinterlassen. Diese alten Überlieferungen enthalten alles, was unser Zeitalter und unser Land brauchen. Noch heute wird Indien durch diese Erziehungsgrundsätze geprägt, die keineswegs veraltet, sondern den Tücken des Materialismus gewachsen sind. Seit Jahrtausenden — d. h. seit viel längerer Zeit als die verwirrten Gelehrten zugestehen wollen — hat die große Skeptikerin ›Zeit‹ die Gültigkeit der Veden bestätigt. Betrachte diese als dein Erbe!«

Als ich mich ehrfürchtig von dem beredten *Sadhu* verabschiedete, prophezeite er mir: »Du wirst heute, nachdem du den Tempel verlassen hast, noch etwas Außergewöhnliches erleben.«

Ich verließ das Tempelgelände und wanderte ziellos umher. Als ich um eine Straßenecke bog, stieß ich mit einem alten Bekannten zusammen, der für seine Redseligkeit bekannt war und seine Opfer nicht so leicht wieder losließ.

»Ich will dich nicht lange aufhalten«, versicherte er mir, »wenn du mir schnell erzählst, was du in den Jahren, die wir uns nicht gesehen haben, alles erlebt hast.«

»Was für ein Widerspruch! Leider habe ich keine Zeit und muß sofort weiter.«

Doch er hielt mich an der Hand fest und quetschte mich aus wie eine Zitrone. Ich verglich ihn in Gedanken mit einem hungrigen Wolf, denn je mehr ich ihm erzählte, um so gieriger schnappte er nach weiteren Neuigkeiten. Heimlich bat ich die Göttin Kali, mich unter irgendeinem passenden Vorwand entkommen zu lassen.

Kurz darauf verließ mich mein Begleiter völlig unvermittelt. Ich atmete erleichtert auf und beschleunigte meinen Gang, um nicht noch einmal von seinem Redeschwall überflutet zu werden. Als ich erneut Schritte hinter mir hörte, begann ich zu laufen, ohne mich umzusehen. Doch mit einem Sprung war der Bursche wieder neben mir und schlug mir vergnügt auf die Schulter.

»Ich habe ganz vergessen, dir von Gandha Baba (dem Parfüm-Heiligen) zu erzählen, der das Haus dort drüben mit seiner Anwesenheit beehrt.« Damit wies er auf ein Gebäude, das nur wenige Meter entfernt lag. »Du mußt ihn unbedingt kennenlernen, denn er ist riesig interessant. Es wird ein außergewöhnliches Erlebnis für dich sein. Auf Wiedersehen!« Und damit verließ er mich tatsächlich.

---

*) Die *Rischis* (wörtlich »Seher«) sind die Verfasser der aus einer nicht mehr zu ermittelnden grauen Vorzeit stammenden Veden.

Mir fiel sogleich die Vorhersage des *Sadhu* vom Kalighat-Tempel ein, die einen ganz ähnlichen Wortlaut gehabt hatte. Gespannt trat ich in das Haus und wurde in ein geräumiges Empfangszimmer geführt, wo eine Anzahl Leute nach orientalischer Sitte auf einem dicken, orangefarbigen Teppich saßen. Ehrfurchtsvolles Flüstern ertönte neben mir:

»Siehst du dort Gandha Baba auf dem Leopardenfell? Er kann jeder duftlosen Blume den natürlichen Duft irgendeiner anderen Blume verleihen oder eine verwelkte Blüte wieder beleben oder von der Haut irgendeines beliebigen Menschen herrlichen Wohlgeruch ausströmen lassen.«

Ich schaute den Heiligen direkt an; und sogleich traf mich sein rascher Blick. Er war bärtig und von plumper Gestalt, hatte eine dunkle Haut und große, glänzende Augen.

»Mein Sohn, ich freue mich, daß du gekommen bist. Sage mir, was du dir wünschst. Möchtest du irgendein Parfüm haben?«

»Wozu denn?« Ich fand seine Frage recht kindisch.

»Um das Wunder zu erleben, dich an jedem beliebigen Duft zu erfreuen.«

»Ihr macht Euch also Gott dienstbar, um Düfte hervorzubringen?«

»Und warum nicht? Gott erzeugt die Düfte sowieso.«

»Ja, aber Er erschafft zarte Blütenkelche, und zwar immer wieder neue. Könnt Ihr auch Blumen materialisieren?«

»Das kann ich. Aber gewöhnlich erzeuge ich nur Düfte, kleiner Freund.«

»Dann werden die Parfümfabriken bald pleite machen.«

»Ich beeinträchtige den Handel in keiner Weise. Mein Ziel besteht nur darin, die Allmacht Gottes zu beweisen.«

»Sir, ist es nötig, Gott zu beweisen? Vollbringt Er nicht überall und in allen Dingen Seine Wunder?«

»Allerdings. Doch auch wir sollten etwas von Seiner schöpferischen Vielfalt offenbaren.«

»Wie lange habt Ihr dazu gebraucht, um Eure Kunst zu erlernen?«

»Zwölf Jahre.«

»Um auf astrale Weise Düfte hervorzubringen? Ich bin der Ansicht, verehrter Heiliger, daß Ihr zwölf Jahre Eures Lebens vergeudet habt; denn die Düfte, die Ihr erzeugt, könnt Ihr für wenige Rupien in jedem Blumengeschäft kaufen.«

»Der Duft vergeht mit der Blume.«

»Und jeder Duft vergeht im Tode. Warum soll ich mir das wünschen, was nur die Sinne erfreut?«

»Du erfreust meinen Geist, kleiner Philosoph. Strecke mal deine rechte Hand aus.« Dabei machte er eine segnende Geste.

Ich befand mich ungefähr in einem Meter Abstand von Gandha Baba, und niemand anders saß so dicht neben mir, daß er mich hätte anfassen können. Ich streckte meine Hand aus, die der Yogi nicht berührte.

»Welches Parfüm möchtest du?«

»Rose!«

»So sei es!«

Zu meiner großen Überraschung drang sofort berückender Rosenduft aus der Mitte meiner Handfläche. Ich lächelte und nahm eine weiße, duftlose Blume aus einer Vase.

»Könnt Ihr diese duftlose Blume mit Jasmingeruch durchdringen?«

»So sei es!«

Und sofort stieg Jasminduft aus den Blütenblättern auf. Ich dankte dem Wundertäter und setzte mich neben einen seiner Schüler, der mir erzählte, daß Gandha Baba, dessen eigentlicher Name Vischudhananda war, viele seiner erstaunlichen Yogakunststücke von einem Meister in Tibet gelernt hätte. Dieser tibetanische Yogi, so versicherte er mir, hätte ein Alter von über tausend Jahren erreicht.

»Sein Jünger Gandha Baba vollbringt seine Duftkunststücke jedoch nicht immer mit ein paar einfachen Worten, wie du es eben erlebt hast«, fuhr der Schüler mit sichtbarem Stolz auf seinen Meister fort. »Seine Methoden können recht verschieden sein und richten sich ganz nach der Mentalität des einzelnen. Oh, er ist wunderbar! In Kalkutta gehören viele der Gebildeten zu seinem Schülerkreis.«

Ich war innerlich fest entschlossen, mich nicht dazuzugesellen. Ein allzu »wunderbarer« Guru war nicht das, was ich suchte. Und so verabschiedete ich mich höflich dankend von Gandha Baba. Als ich gemächlich nach Hause schlenderte, dachte ich über die drei verschiedenartigen Begegnungen nach, die mir dieser Tag gebracht hatte.

Als ich in unser Haus eintrat, begegnete mir meine Schwester Uma an der Haustür.

»Du wirst ja geradezu modisch und parfümierst dich!«

Schweigend forderte ich sie auf, an meiner Handfläche zu riechen.

»Was für ein herrlicher Rosenduft — und so ungewöhnlich stark!«

Ich fand das Ganze eher »stark ungewöhnlich« und hielt ihr die mit astralem Duft versehene Blüte unter die Nase.

»Oh, ich habe Jasmin so gern!« rief sie aus und nahm die Blume in die Hand. Doch gleich darauf drückte ihr Gesicht drollige Verwunderung aus, als sie mehrmals an der großen Blume roch, die als duftlos bekannt war. Ihre Reaktion befreite mich von dem Verdacht, Gandha

Baba habe mich in einen autosuggestiven Zustand versetzt, so daß nur ich den Duft wahrgenommen hätte.

Später erfuhr ich von einem meiner Freunde, Alakananda, daß der »Parfüm-Heilige« auch noch eine andere Fähigkeit besaß, die ich den hungernden Millionen der Welt wünschen würde.

»Ich befand mich anläßlich einer besonderen Feier mit etwa hundert anderen Gästen in Gandha Babas Haus in Burdwan«, erzählte Alakananda. »Da der Yogi angeblich Gegenstände aus dem Äther materialisieren konnte, fragte ich lachend, ob er uns auch außer der Jahreszeit Mandarinen beschaffen könnte. Sofort blähten sich die *Lutschis* *), die auf allen Bananenblatt-Tellern lagen, auf, und wir fanden in jeder der Teighüllen eine gepellte Mandarine. Ich biß etwas ängstlich in meine hinein, doch sie schmeckte köstlich.«

Jahre später erfuhr ich durch eigene Verwirklichung, wie Gandha Baba diese Materialisationen zustande brachte. Die Methode ist für die hungernden Menschenmassen dieser Welt leider nicht erlernbar.

Die verschiedenen Sinnesreize, auf die der Mensch reagiert — die des Tastsinns, Geschmacks, Gesichts, Gehörs und Geruchs — werden durch die verschiedenen Schwingungen der Elektronen und Protonen hervorgerufen. Diese Schwingungen wiederum werden durch *Prana* (»Biotronen«) reguliert, d. h. durch subtile Lebenskräfte oder Energien, die feiner als Atome sind und als »Intelligenzträger« gelten können, denn sie enthalten die jeweiligen Ideensubstanzen der fünf Sinne.

Gandha Baba, der sich durch bestimmte Yogaübungen mit der pranischen Kraft in Verbindung setzen konnte, besaß die Fähigkeit, die Schwingungsstruktur der »Biotronen« so anzuordnen, daß sie das gewünschte Resultat hervorbrachten. Seine Parfüms, Früchte und anderen Gegenstände waren tatsächlich Materialisationen, d. h. Verdichtungen irdischer Schwingungen, und keine durch Hypnose hervorgerufenen Wahrnehmungen **).

Wundertaten, wie sie der »Parfüm-Heilige« vollbrachte, sind zwar

---

*) Flaches, rundes indisches Brot
**) Der Laie macht sich kaum eine Vorstellung von den erstaunlichen Fortschritten der Wissenschaft im 20. Jahrhundert. Die chemische Umwandlung der Metalle und andere alchimistische Träume werden heute in den wissenschaftlichen Forschungslaboratorien der ganzen Welt verwirklicht. Im Jahre 1928 führte der berühmte französische Chemiker Georges Claude in Fontainebleau eine Reihe von »Wundern« vor, die er durch Sauerstoff-Umwandlungen zustandebrachte. Die *Associated Press* berichtete, daß Claude vor einer wissenschaftlichen Versammlung »eine Handvoll Sand in kostbare Steine und Eisen in einen Zustand verwandelte, der geschmolzener Schokolade glich, daß er ferner Blumen ihrer Farbe beraubte und ihnen dann die Festigkeit von Glas verlieh.«

aufsehenerregend, aber vom geistigen Standpunkt aus wertlos. Da sie kaum einen anderen Zweck als den der Unterhaltung erfüllen, lenken sie nur von der ernsthaften Suche nach Gott ab.

Heutzutage machen mehrere Ärzte von der Hypnose (einer Art geistigen Chloroforms) Gebrauch, und zwar dann, wenn der Patient durch andere Betäubungsmittel gefährdet scheint und es sich nur um kleinere Operationen handelt. Wer sich jedoch oft der Hypnose unterzieht, kann durch die negative psychologische Wirkung, die sie hervorruft, Schaden leiden; mit der Zeit werden sogar seine Gehirnzellen zerrüttet. Die Hypnose bedeutet ein Eindringen in die Bewußtseinssphäre eines anderen Menschen.*) Die sich daraus ergebenden vorübergehenden Phänomene haben jedoch nichts mit den Wundern gemein, die von Menschen mit göttlicher Verwirklichung vollbracht werden. Wahre Heilige, die in Gott erwacht sind, können durch ihren Willen, der sich in Harmonie mit dem Willen des Kosmischen Traumschöpfers**) befindet, tatsächliche Veränderungen in dieser Traumwelt bewirken.

Das Zurschaustellen übernatürlicher Kräfte wird jedoch von den Meistern verurteilt. Der persische Mystiker Abu Said lachte einst über gewisse Fakire (mohammedanische Asketen), die stolz darauf waren, auf dem Wasser wandeln, in der Luft schweben und jede beliebige Entfernung überbrücken zu können.

»Auch ein Frosch ist im Wasser zu Hause«, bemerkte Abu Said mit gutmütigem Spott. »Auch die Krähe und der Aasgeier fliegen mit Leichtigkeit durch die Luft. Und der Teufel ist gleichzeitig in Ost und West gegenwärtig. Nur derjenige ist ein wahrhafter Mensch, der gegen jedermann gerecht ist, ruhig seinen Geschäften nachgeht und Gott dabei keinen Augenblick vergißt.« ***) Ein andermal gab der große persische

---

*) Die abendländische Psychologie beschränkt sich mehr oder weniger auf die Erforschung des Unterbewußtseins und der geistigen Krankheiten, die durch Seelenheilkunde und Psychoanalyse behandelt werden. Aber der Ursprung und die Entwicklung der normalen Geisteszustände sowie der normalen Gefühls- und Willensäußerungen werden kaum erforscht. Dieses fundamentale Fachgebiet ist jedoch von der indischen Philosophie nie übergangen worden. Die *Sankhja*- und *Yoga*-Systeme enthalten eine genaue Klassifizierung der verschiedenen Übergänge von einem Geisteszustand zum anderen; ferner werden die typischen Funktionen des *Buddhi* (unterscheidenden Intellekts), des *Ahankara* (Ich-Bewußtseins) und des *Manas* (Verstandes oder Sinnesbewußtseins) erklärt.

**) »Das Universum wird durch jedes seiner Partikel vertreten. Alles ist aus der einen, geheimen Substanz erschaffen. Die Welt formt sich in einem Tautropfen zur Kugel . . . Die wahre Lehre von der Allgegenwart besagt, daß Gott mit allen Seinen Teilen in jedem Moos und jedem Spinngewebe erscheint.« — Aus *Compensation* (Ausgleich) von Emerson.

***) »Seinen Geschäften nachgehen, Gott jedoch niemals vergessen!« Der ideale Zustand ist der, in dem Hand und Herz harmonisch zusammenarbeiten.

Lehrer seiner Meinung über einen religiösen Lebenswandel wie folgt Ausdruck: »Lege beiseite, was du im Kopf hast (egoistische Wünsche und Bestrebungen); verteile großzügig, was du in Händen hast; und schrecke nie vor den Schlägen des Schicksals zurück!«

Weder der unparteiische Weise im Kalighat-Tempel noch der in Tibet geschulte Yogi hatte meine Sehnsucht nach einem Guru stillen können. Mein Herz brauchte keinen Vormund, um zu wissen, wem es seine Anerkennung schenken sollte. Um so spontaner aber war sein Beifall, wenn es von innen her den Antrieb dazu erhielt. Als ich endlich meinem Meister begegnete, lehrte er mich allein durch sein erhabenes Beispiel, was wahre menschliche Größe ist.

Einige abendländische Schriftsteller behaupten, das Ziel der Hindus bestehe in Weltflucht, Untätigkeit und einer antisozialen Zurückhaltung. In Wirklichkeit aber bietet der vierfältige Weg, den die Veden vorzeichnen, der Masse der Menschen einen idealen Ausgleich. Ihm zufolge soll man die Hälfte seiner Zeit dem Studium und der Familie und die andere Hälfte den Meditationsübungen und Betrachtungen widmen. (Siehe Seite 263, Fußnote)

Abgeschiedenheit ist notwendig, wenn man sich fest im Selbst verankern will. Ist dies erreicht, kehren die Meister in die Welt zurück, um der Menschheit zu dienen. Selbst Heilige, die keine sichtbare Arbeit leisten, tun der Welt durch ihre Gedanken und heiligen Schwingungen mehr Gutes als unerleuchtete Menschen durch ihre eifrige humanitäre Tätigkeit. Die großen Meister bemühen sich, jeder auf seine Art und oft gegen bittere Opposition, ihren Mitmenschen selbstlos zu dienen, sie zu erwecken und zu erheben. Kein religiöses oder gesellschaftliches Ideal der Hindus ist nur vom negativen Standpunkt aus zu verstehen. *Ahimsa* (Nichtverletzen), welches im *Mahabharata* als »vollendete Tugend *(Sakalo Dharma)*« bezeichnet wird, ist insofern eine positive Lehre, als jemand, der seinen Mitmenschen nicht hilft, ihnen in irgendeiner Weise schadet.

In der *Bhagawadgita* (III, 4-7) wird darauf hingewiesen, daß es der natürlichen Veranlagung des Menschen entspricht, tätig zu sein. Trägheit ist demnach nichts anderes als »falsche Tätigkeit«.

Niemand entrinnt
Dem Wirken dadurch, daß er Wirken meidet.
Niemand gewinnt, indem er nur entbehrt.
Auch kann kein Wesen ganz untätig sein;
Selbst nicht für einen kurzen Augenblick.
Zum Wirken zwingt ihn immer die Natur,
Auch ohne daß er's will. Das Denken selbst
Ist Wirken in dem Reiche der Gedanken . . .
Doch wer entschlossen und mit frohem Mut
Dem Höchsten sich in Glaubenskraft ergibt,
Nichts für sich selbst erhoffend, der ist wert,
Daß man ihn schätzt. Erfülle deine Pflicht!

(Aus Edwin Arnolds englischer Übersetzung aus dem Sanskrit ins Deutsche übertragen von Dr. Franz Hartmann)

VI. KAPITEL

DER TIGER-SWAMI

»Ich habe die Adresse des Tiger-Swamis ausfindig gemacht. Wollen wir ihn morgen besuchen?«

Diese willkommene Einladung kam von Tschandi, einem meiner Schulfreunde. Ich brannte natürlich darauf, dem Heiligen zu begegnen, der, ehe er Mönch wurde, mit bloßen Händen Tiger eingefangen und bezwungen hatte, denn meine jugendliche Begeisterung über seine außergewöhnlichen Heldentaten war groß.

Der nächste Tag brachte winterliche Kälte; doch Tschandi und ich machten uns frohgemut auf den Weg. Nach längerem, vergeblichem Umhersuchen in Bhowanipur, einem Vorort Kalkuttas, hatten wir das richtige Haus gefunden. An der Tür hingen zwei Eisenringe, die ich heftig aneinanderschlug. Ungeachtet dieses Lärms näherte sich uns der Diener mit gemächlichen Schritten und gab uns durch sein ironisches Lächeln zu verstehen, daß radaulustige Besucher die Ruhe im Hause eines Heiligen nicht zu stören vermochten.

Wir fühlten den stummen Vorwurf und waren dankbar, eingelassen zu werden. Die nicht endenwollende Wartezeit erfüllte uns jedoch mit Besorgnis. Geduld ist eines der ungeschriebenen Gesetze Indiens, denen sich jeder Wahrheitssucher fügen muß. Oft läßt ein Meister den Besucher absichtlich lange warten, um festzustellen, wie ernst es ihm mit der Begegnung ist — eine psychologische List, die im Abendland häufig von Ärzten und Zahnärzten angewandt wird.

Endlich forderte der Diener Tschandi und mich auf, ihm zu folgen und führte uns in ein Schlafgemach, wo der berühmte Sahong *) Swami auf seinem Bett saß. Der Anblick seines gewaltigen Körpers verschlug uns die Sprache. Stumm standen wir da, während uns die Augen fast

---

*) *Sahong* war sein Mönchsname. Im Volksmund aber hieß er nur der »Tiger-Swami«.

aus dem Kopf traten. Nie zuvor hatten wir einen solchen Brustkorb und solch fußballähnliche Armmuskeln gesehen. Das wilde und doch friedliche Gesicht des Swami ruhte auf einem mächtigen Nacken und war von wallenden Locken, Bart und Schnurrbart umrahmt. In seinen leuchtenden dunklen Augen lag etwas Taubenhaftes und zugleich Tigerartiges. Er war bis auf ein Tigerfell, das seine muskulösen Lenden umgab, unbekleidet.

Nachdem wir die Sprache wiedergefunden hatten, grüßten wir den Mönch und drückten unsere Bewunderung für seinen in der Raubtierarena bewiesenen Heldenmut aus.

»Könnt Ihr uns bitte sagen, wie es möglich ist, den bengalischen Königstiger, das gefährlichste Raubtier des Dschungels, mit bloßen Händen zu bezwingen?«

»Tiger zu bekämpfen, Jungens, ist eine Kleinigkeit für mich. Ich könnte es heute noch, wenn es nötig wäre.« Dabei gab er ein kindliches Lachen von sich. »Ihr seht die Tiger als Tiger an. Für mich aber sind sie nur Kätzchen.«

»Swamidschi*), ich kann vielleicht meinem Unterbewußtsein einreden, daß die Tiger nur Kätzchen sind; ob die Tiger es aber ebenfalls glauben?«

»Kraft ist natürlich auch nötig. Man kann nicht von einem Kinde erwarten, daß es einen Tiger bezwingt, nur weil es ihn für eine Hauskatze hält. Meine starken Hände genügen mir als Waffe.«

Dann forderte er uns auf, mit ihm in den Hof hinunterzugehen, wo er gegen eine Mauerkante schlug. Ein Ziegel fiel krachend zu Boden, so daß man den Himmel durch die Öffnung hindurchschimmern sah. Ich taumelte überrascht zurück. Wer mit einem Schlag einen festgemauerten Ziegel aus einer massiven Steinwand hauen kann, dachte ich, muß wohl auch in der Lage sein, den Tigern die Zähne einzuschlagen.

»Es gibt eine ganze Menge Menschen, die genauso viel Kraft haben wie ich, doch oft fehlt es ihnen an kaltblütigem Selbstvertrauen. Wer nur körperliche Kraft, aber keine geistige Standhaftigkeit besitzt, kann beim bloßen Anblick eines freien Raubtiers in Ohnmacht fallen. Zwischen dem wilden Tiger in seiner natürlichen Umgebung und dem mit Opium betäubten Zirkustier besteht nämlich ein gewaltiger Unterschied.

So mancher Mann, der von einem bengalischen Königstiger angefallen wird, ist trotz seiner Herkuleskräfte vor Schreck wie gelähmt. Der

---

*) *dschi* ist eine gebräuchliche Nachsilbe, die Respekt zum Ausdruck bringt und hauptsächlich in der Anrede verwandt wird, wie z. B.: Swamidschi, Gurudschi, Sri Yukteswardschi usw.

Tiger versetzt den Menschen also in einen kraftlosen Zustand, in dem er sich wie ein hilfloses Kätzchen vorkommt. Ein Mann mit kräftigem Körperbau und unbeugsamer Willenskraft kann den Spieß aber durchaus umkehren und den Tiger davon überzeugen, daß *er* so wehrlos wie ein Kätzchen ist. Wie oft habe ich genau das getan!«

Ich glaubte ohne weiteres, daß der Riese, der da vor mir stand, fähig war, Tiger in Kätzchen zu verwandeln. Augenscheinlich gefiel es ihm, daß wir seinen Belehrungen so ehrfürchtig lauschten, denn er fuhr fort:

»Es ist der Geist, der die Muskeln beherrscht. Die Kraft eines Hammerschlags hängt ganz von der aufgewandten Energie ab; und die Kraft des menschlichen Körpers hängt von der Angriffslust und dem Mut des einzelnen ab. Der Körper wird wahrhaftig vom Geist gebildet und erhalten. Durch die tief verwurzelten Instinkte, die man in früheren Leben entwickelt hat, bildet sich in unserem Bewußtsein allmählich die Vorstellung von Kraft oder Schwäche. Hieraus entwickeln sich bestimmte Gewohnheiten, die in der Folge einen erwünschten oder unerwünschten Körper hervorbringen. Jede körperliche Schwäche hat eine geistige Ursache. Es ist ein unheilvoller Kreislauf: der Körper läßt sich von Gewohnheiten versklaven, und der Geist wird andererseits durch den Körper behindert. Wenn der Meister sich von seinem Diener beherrschen läßt, wird dieser despotisch. Ähnlich verhält es sich, wenn der Geist dem Drängen des Körpers nachgibt und sich von ihm versklaven läßt.«

Auf unsere Bitte hin willigte der imposante Swami ein, uns etwas aus seinem Leben zu erzählen.

»Schon in früher Jugend hatte ich den Ehrgeiz, mit Tigern zu kämpfen. Zwar hatte ich einen stählernen Willen, aber mein Körper war schwach.«

Ich gab einen erstaunten Ausruf von mir, denn es schien kaum faßbar, daß dieser Mann mit den »Atlasschultern« jemals Schwäche gekannt haben sollte.

»Durch die unbezwingbare Kraft meiner Gedanken, die sich unentwegt auf Gesundheit und Macht konzentrierten, überwand ich dieses Hindernis schließlich. Ich habe allen Grund, die Überlegenheit des Geistes zu preisen, die meiner Meinung nach der eigentliche Tigerbändiger ist.«

»Glaubt Ihr, verehrter Swami, daß ich jemals einen Tiger bezwingen könnte?« Es war das erste und einzige Mal, daß ich von diesem seltsamen Ehrgeiz erfaßt wurde.

»Ja«, sagte er lächelnd. »Aber es gibt viele Arten von Tigern. Einige davon halten sich im Dschungel menschlicher Begierden auf. Tiere bewußtlos zu schlagen, bringt uns keinen geistigen Gewinn. Bemühe dich lieber, die Raubtiere in deinem Inneren zu besiegen!«

»Dürfen wir erfahren, Sir, was Euch dazu veranlaßt hat, statt wilder Tiger die wilden Leidenschaften zu bändigen?«

Da verfiel der Tiger-Swami in längeres Schweigen. Sein Blick ging in weite Fernen und schien die Bilder der Vergangenheit heraufzubeschwören. Ich merkte, wie er innerlich mit sich kämpfte und nicht recht wußte, ob er meiner Bitte nachgeben sollte. Schließlich aber willigte er lächelnd ein.

»Als ich auf dem Gipfel meines Ruhmes stand, ließ ich mich vom Hochmut verleiten und nahm mir vor, die Tiger künftig nicht nur zu bekämpfen, sondern auch verschiedene Kunststücke mit ihnen vorzuführen. Ich hatte meinen Ehrgeiz darein gesetzt, die wilden Bestien zu zwingen, sich wie Haustiere zu verhalten. Und so begann ich, öffentliche Vorführungen zu geben, womit ich große Erfolge hatte.

Eines Tages jedoch trat mein Vater mit nachdenklicher Miene in mein Zimmer.

›Mein Sohn, ich muß einmal ernsthaft mit dir reden; denn ich möchte dich gern vor zukünftigem Leid bewahren und verhindern, daß du unter das unbarmherzige Rad von Ursache und Wirkung gerätst.‹

›Bist du zu einem Fatalisten geworden, Vater? Soll ich etwa aus Aberglauben auf meine erfolgreiche Tätigkeit verzichten?‹

›Ich bin kein Fatalist, mein Sohn. Aber ich glaube an das gerechte Gesetz der Vergeltung, wie es in den Heiligen Schriften steht. Die Raubtiere des Dschungels hegen einen tiefen Groll gegen dich, und das kann dir eines Tages teuer zu stehen kommen.‹

›Vater, du versetzt mich wirklich in Erstaunen. Du weißt doch, wie die Tiger sind — schön, aber erbarmungslos. Selbst wenn der Tiger gerade ein armes Tier mit Haut und Haaren verschlungen hat, wird er beim Anblick einer neuen Beute sogleich wieder von Gier erfüllt. Oft ist es eine fröhliche, durch das Gras springende Gazelle; wenn das tückische Raubtier nun über sie herfällt und ihr die weiche Kehle durchbeißt, so will es nur ein wenig Blut lecken und dann munter seiner Wege ziehen.

Die Tiger sind die verächtlichsten Geschöpfe der ganzen Dschungelbrut. Wer weiß, vielleicht hämmern ihnen meine Schläge etwas mehr Rücksichtnahme in die dicken Schädel ein. Ich bin sozusagen der Meister eines Dschungel-Internats, der den Bestien sanftere Manieren beibringt. Sieh mich bitte nie als einen Tigermörder an, Vater, sondern nur als Tigerbändiger. Wie könnte mir diese gute Tätigkeit Unheil bringen? Zwinge mich bitte nicht, meine Lebensweise zu ändern!‹«

Tschandi und ich waren ganz Ohr, denn wir verstanden das Dilemma nur zu gut. In Indien setzen die Kinder dem Willen ihrer Eltern nicht so leicht Widerstand entgegen.

»Mit stoischem Schweigen hörte sich Vater meine Erklärungen an«, fuhr der Tiger-Swami fort. »Dann machte er mir mit ernsthafter Miene folgende Eröffnung:

›Mein Sohn, du zwingst mich dazu, dir von einer unheilvollen Prophezeiung Kenntnis zu geben, die aus dem Munde eines Heiligen kommt. Er näherte sich mir gestern, als ich — wie jeden Tag — auf der Veranda saß und meditierte.

»Lieber Freund«, sagte er, »ich habe eine Botschaft für deinen kriegerischen Sohn. Er soll seine barbarische Tätigkeit einstellen; sonst wird er bei seiner nächsten Begegnung mit einem Tiger schwere Wunden davontragen und monatelang zwischen Leben und Tod schweben. Danach wird er ein neues Leben beginnen und Mönch werden.«‹

Doch dieser Bericht beeindruckte mich wenig. Ich vermutete, daß Vater in seiner Leichtgläubigkeit irgendeinem Fanatiker zum Opfer gefallen war.«

Bei diesem Geständnis machte der Tiger-Swami eine ungeduldige Handbewegung, als ob er sich einer großen Torheit erinnerte. Dann saß er lange Zeit in finsterem Schweigen da und schien unsere Gegenwart völlig vergessen zu haben. Plötzlich aber nahm er mit gedämpfter Stimme den Faden seiner Erzählung wieder auf:

»Nicht lange nach dieser väterlichen Warnung besuchte ich die Hauptstadt von Kutsch-Bihar. Die malerische Landschaft dort war mir noch unbekannt, und so entschloß ich mich, zur Abwechslung einige geruhsame Tage in dieser Gegend zu verbringen. Wie überall, so folgte mir auch hier eine neugierige Menschenmenge auf der Straße nach, und ab und zu fing ich einige ihrer Bemerkungen auf:

›Das ist der Mann, der die wilden Tiger bekämpft!‹

›Seht nur seine Beine — die reinsten Baumstämme!‹

›Und seht euch sein Gesicht an! Er ist bestimmt eine leibhaftige Inkarnation des Tigerkönigs!‹

Ihr wißt, wie die Straßenkinder alle Neuigkeiten ausschreien; und mit welcher Geschwindigkeit werden die sensationellen Nachrichten dann erst durch die Frauen verbreitet! Innerhalb weniger Stunden war die ganze Stadt ob meiner Anwesenheit in Aufruhr.

Als ich mich gegen Abend still zur Ruhe gesetzt hatte, hörte ich plötzlich die Hufe galoppierender Pferde, die vor meinem Haus anhielten. Gleich darauf traten mehrere hochgewachsene Polizisten mit Turban in mein Zimmer.

Ich schaute sie bestürzt an. ›Bei diesen Hütern des Gesetzes ist kein Ding unmöglich‹, dachte ich. ›Vielleicht wollen sie mich wegen irgendeiner Sache zur Rede stellen, von der ich keine Ahnung habe.‹ Doch die Beamten verneigten sich mit ungewöhnlicher Höflichkeit vor mir.

›Verehrter Herr, wir sind gesandt worden, um Euch im Namen des Fürsten von Kutsch-Bihar willkommen zu heißen. Er würde sich freuen, Euch morgen früh in seinem Palast begrüßen zu können.‹

Ich dachte einen Augenblick lang über das Angebot nach. Irgendwie — ich wußte selbst nicht warum — fühlte ich lebhaftes Bedauern über diese Unterbrechung meiner friedlichen Reise. Doch das demütige Verhalten der Polizisten rührte mich, und so willigte ich ein.

Wie überrascht war ich aber, als ich am nächsten Tag fürstliche Diener vor meiner Tür erblickte, die mich zu einer prächtigen, vierspännigen Karosse geleiteten. Einer von ihnen hielt einen kunstvollen Sonnenschirm über meinen Kopf, um mich vor den sengenden Strahlen zu schützen. Ich genoß die angenehme Fahrt durch die Stadt und die waldige Umgebung. Am Tor des Palastes kam mir der Fürst persönlich entgegen, um mich zu begrüßen. Dann bot er mir seinen eigenen, mit Goldbrokat überzogenen Sitz an, während er selbst auf einem einfacheren Sessel Platz nahm.

›All diese Zuvorkommenheit wird mich sicher etwas kosten‹, dachte ich mit wachsendem Erstaunen. Nach einigen belanglosen Bemerkungen rückte der Fürst schließlich mit seinem Vorhaben heraus.

›Meine Stadt ist des Gerüchtes voll, daß Ihr mit bloßen Händen wilde Tiger bezwingen könnt. Stimmt das?‹

›Ja, das stimmt.‹

›Mir jedoch erscheint dies recht unglaubwürdig. Ihr seid ein Bengale aus Kalkutta, der sich — wie die übrige Stadtbevölkerung — von weißem Reis ernährt. Seid einmal aufrichtig: habt Ihr nicht nur kraftlose, mit Opium betäubte Tiger bekämpft?‹ Seine Stimme, die einen provinziellen Tonfall hatte, klang laut und sarkastisch.

Ich ignorierte seine beleidigende Frage und würdigte ihn keiner Antwort.

›Ich fordere Euch hiermit zum Kampf mit meinem kürzlich eingefangenen Tiger Radscha Begum*) heraus. Wenn Ihr ihn erfolgreich niederzwingt, ihn mit einer Kette bindet und den Käfig dann noch in bewußtem Zustand verlassen könnt, sollt Ihr diesen Königstiger als Geschenk erhalten und außerdem noch mehrere tausend Rupien und viele andere

---

*) »Fürst-Fürstin«. Der Name bedeutet, daß diese Bestie die Wildheit des Tigers und der Tigerin in sich vereinigte.

Gaben empfangen. Wenn Ihr den Kampf aber verweigert, werde ich Euch im ganzen Lande als Betrüger brandmarken lassen.‹

Seine unverschämten Worte trafen mich wie ein Peitschenhieb, und ärgerlich schleuderte ich ihm meine Zusage ins Gesicht. Da erhob sich der Fürst vor Erregung halb von seinem Sitz, um sogleich mit sadistischem Lächeln wieder darauf zurückzusinken. Ich mußte an die römischen Kaiser denken, die sich am Anblick der wehrlosen Christen in der Raubtierarena zu weiden pflegten.

›Der Wettkampf soll heute in einer Woche stattfinden. Leider kann ich Euch nicht die Erlaubnis geben, den Tiger vorher zu sehen.‹

Vielleicht hegte der Fürst den Verdacht, daß ich das Tier hypnotisieren oder ihm heimlich Opium geben könnte.

Als ich den Palast verließ, stellte ich belustigt fest, daß diesmal der fürstliche Sonnenschirm und die prunkvolle Karosse fehlten.

Während der folgenden Woche bereitete ich meinen Körper und Geist systematisch auf die kommende Feuerprobe vor. Durch meinen Diener erfuhr ich, daß allerlei phantastische Gerüchte in Umlauf waren. Die unheilvolle Voraussage, die der Heilige meinem Vater gemacht hatte, war irgendwie bekannt geworden und nahm von Tag zu Tag erschreckendere Formen an. Viele der einfachen Dorfleute glaubten, daß ein böser, von den Göttern verbannter Geist sich als Tiger verkörpert habe, der nachts in dämonenhafter Gestalt sein Unwesen trieb, tagsüber jedoch wieder zum gestreiften Tiger wurde. Dieser Tigerdämon war angeblich dazu auserwählt worden, mich zu demütigen.

Eine andere Version dieses Gerüchtes lautete, daß die Tiergebete, die zum Tigerhimmel aufstiegen, erhört worden waren und daß Radscha Begum das Werkzeug war, durch das ich, der kühne Zweifüßler, der das ganze Tigergeschlecht beleidigt hatte, gestraft werden sollte. Ein Mann ohne Fell und Tatzen, der es wagt, einen mit Krallen bewaffneten, mächtigen Tiger herauszufordern! Der zusammengeballte Groll aller gedemütigten Tiere — so sagten die Dorfleute — sei eine ausreichende Triebkraft, um verborgene Gesetze zur Wirkung zu bringen und den Fall des stolzen Tigerbändigers herbeizuführen.

Mein Diener teilte mir ferner mit, daß der Fürst sich als Veranstalter des Nahkampfes zwischen Mensch und Tier in seinem Element fühlte. Er überwachte den Bau eines wetterfesten Pavillons, der mehrere tausend Menschen fassen sollte. In der Mitte desselben befand sich Radscha Begum in einem riesigen Käfig, der von einem äußeren Sicherheitsgeländer umgeben war. Der Gefangene stieß ununterbrochen ein solch furchterregendes Gebrüll aus, daß jedem, der es hörte, das Blut in den Adern gefror. Er wurde nur spärlich gefüttert, damit sein mörderischer

Appetit erhalten blieb. Vielleicht rechnete der Fürst damit, daß ich ihm zur Belohnung als Mahlzeit dienen würde.

Eine riesige Menschenmenge aus der Stadt und den Vororten kaufte sich bereits Eintrittskarten, denn dieser einzigartige Wettkampf war überall durch Ausrufer bekanntgemacht worden. Als der große Tag herangekommen war, mußten Hunderte wieder umkehren, weil sie keinen Sitzplatz mehr erhielten. Viele brachen durch die Öffnungen des Zeltes hindurch oder drängten sich auf engem Raum hinter der Galerie zusammen.«

Als sich die Geschichte des Tiger-Swamis ihrem Höhepunkt näherte, wuchs meine Erregung von Minute zu Minute. Auch Tschandi saß stumm und wie gebannt da.

»Unter dem wütenden Gebrüll von Radscha Begum und dem Tumult der aufgeregten Menge betrat ich gelassen die Arena. Ich war nur spärlich um die Lenden herum bekleidet; der übrige Körper war unbedeckt. Dann schob ich den Riegel der Tür, die zu dem Sicherheitsgelände führte, zurück und schloß die Tür ruhig hinter mir zu. Der Tiger begann Blut zu riechen, sprang mit donnerndem Getöse gegen das Eisengitter und brüllte mir ein grimmiges Willkommen entgegen. Das Publikum verstummte in mitleidsvoller Furcht; im Vergleich mit dieser rasenden Bestie erschien ich wie ein sanftes Lamm.

Im Nu war ich im Käfig. Doch während ich noch die Tür zuschlug, stürzte Radscha Begum bereits ungestüm auf mich zu, und meine rechte Hand wurde grauenvoll zerfetzt. Menschliches Blut, der größte Genuß, den ein Tiger kennt, floß in Strömen hernieder, und die Prophezeiung des Heiligen schien sich zu erfüllen.

Dies war die erste ernstliche Verletzung, die ich bei einem solchen Kampf davongetragen hatte; dennoch hatte ich mich nach dem ersten Schock sogleich wieder gefaßt. Indem ich meine blutigen Finger geschwind unter dem Lendentuch verbarg, holte ich mit der linken Hand zu einem knochenzerschmetternden Schlag aus. Die Bestie taumelte zurück, drehte sich im hinteren Teil des Käfigs um sich selbst und sprang, von Krämpfen geschüttelt, nach vorn. Nun regneten meine berühmten Fausthiebe auf ihren Kopf nieder.

Doch die Kostprobe menschlichen Blutes hatte eine solche berauschende Wirkung auf Radscha Begum gehabt wie der erste Schluck Wein auf einen Alkoholiker nach langer Enthaltsamkeit. Angefeuert von seinem eigenen, ohrenbetäubenden Gebrüll sprang mich das Tier immer tollwütiger an. Weil ich mich mit meiner einen Hand nur unzulänglich verteidigen konnte, war ich gegen seine Tatzen und Krallen nur mangelhaft geschützt. Doch ich erteilte ihm betäubende Vergeltungsschläge. Beide mit Blut befleckt, rangen wir um Leben und Tod. Der Käfig war zur Hölle geworden, und das Blut spritzte in alle Richtungen. Unheimliche Laute des Schmerzes und der Mordgier drangen aus der Kehle der Bestie.

›Schießt ihn tot! Bringt den Tiger um!‹ ertönten Schreie aus dem Publikum. Doch Mensch und Tier bewegten sich so schnell, daß die Kugel eines Wächters fehlging. Ich nahm alle meine Willenskraft zusammen, brüllte wild auf und holte zu einem letzten, zerschmetternden Schlag aus. Der Tiger brach zusammen und blieb regungslos liegen.«

»Wie ein Kätzchen!« warf ich ein.

Der Swami lachte anerkennend und fuhr dann mit seiner spannenden Erzählung fort.

»Radscha Begum war endlich besiegt! Und sein Stolz wurde noch weiter gedemütigt, als ich mit meinen zerfleischten Händen kaltblütig seinen Rachen öffnete und meinen Kopf einen dramatischen Augenblick lang in die gähnende Todesfalle hielt. Dann nahm ich eine Kette vom Boden auf, band den Tiger mit dem Hals an die Gitterstäbe und schritt triumphierend dem Ausgang zu.

Doch Radscha Begum war von einer Zähigkeit, die seiner vermeintlichen dämonischen Herkunft Ehre machte. Mit einem heftigen Ruck sprengte er die Kette und sprang mich von hinten an. Meine Schulter saß fest in seinem Rachen, und ich fiel ruckartig zu Boden. Doch im Nu hatte ich ihn unter mir festgeklemmt und schlug das tückische Tier mit meinen erbarmungslosen Hieben besinnungslos. Dieses Mal band ich ihn fester an. Dann ging ich langsam aus dem Käfig hinaus.

Gleich darauf umgab mich ein neuer Aufruhr, diesmal aber ein erfreulicher. Der Beifall der Menge erscholl wie aus einer einzigen gigantischen Kehle. Wenn ich auch schlimm zugerichtet war, so hatte ich dennoch die drei Bedingungen erfüllt: den Tiger bewußtlos geschlagen, ihn mit einer Kette gebunden und den Käfig ohne fremde Hilfe verlassen. Außerdem hatte ich die angriffslustige Bestie derart eingeschüchtert und zugerichtet, daß sie die Gelegenheit verpaßt hatte, zuzuschnappen, als ich meinen Kopf in ihren Rachen steckte.

Nachdem meine Wunden behandelt worden waren, wurde ich geehrt und mit Girlanden bekränzt. Viele Goldstücke rollten zu meinen Füßen, und in der ganzen Stadt feierte man das Ereignis mehrere Tage lang. Mein Sieg über einen der größten und wildesten Tiger, den man je gesehen hatte, wurde unablässig erörtert. Radscha Begum wurde mir, wie versprochen, zum Geschenk gemacht, doch ich empfand keinerlei Triumphgefühl. Eine innere Wandlung war mit mir vorgegangen, und es schien, als ob ich beim Verlassen des Käfigs auch die Tür zu meinem weltlichen Ehrgeiz hinter mir zugeschlagen hatte.

Eine schwere Zeit folgte nun für mich, denn sechs Monate lang schwebte ich infolge einer Blutvergiftung zwischen Leben und Tod. Sobald ich wieder kräftig genug war, um Kutsch-Bihar zu verlassen, kehrte ich in meine Heimatstadt zurück.

›Ich weiß nun, daß der heilige Mann, der mir die weise Warnung gab, mein Lehrer ist‹, gestand ich meinem Vater demütig ein. ›Ach, wenn ich ihn nur finden könnte!‹ Mein Wunsch war aufrichtig, denn eines Tages traf der Heilige unerwartet bei uns ein.

›Genug der Tigerkämpfe‹, sagte er zu mir und fuhr mit ruhiger Stimme fort: ›Folge mir jetzt, damit ich dich lehren kann, die Bestien der Unwissenheit zu bekämpfen, die im Dschungel des menschlichen Geistes umherschweifen. Da du an ein Publikum gewöhnt bist, sollst du von nun an eine Schar von Engeln mit deinen Yogakünsten unterhalten.‹

Und so wurde ich von meinem heiligen Guru in den geistigen Weg eingeweiht. Er öffnete die Tore meiner Seele, die durch langjährigen Mangel an Gebrauch verrostet und verriegelt waren. Bald darauf machten wir uns Hand in Hand auf den Weg nach dem Himalaja, wo ich meine Schulung erhalten sollte.«

Dankbar verneigten Tschandi und ich uns zu Füßen des Swami, der uns so viel aus seinem bewegten Leben erzählt hatte. Wir fühlten uns reichlich entschädigt für die lange Wartezeit in dem kalten Empfangszimmer.

VII. KAPITEL

DER SCHWEBENDE HEILIGE

»Gestern abend sah ich bei einer Versammlung einen Yogi, der mehrere Fuß hoch über dem Boden schwebte«, erzählte mir mein Freund Upendra Mohan Tschaudhury mit bedeutungsvoller Miene.

Ich lächelte ihn freudig an. »Vielleicht kann ich sogar erraten, wer es ist. Meinst du Bhaduri Mahasaya aus der Oberen Ringstraße?«

Upendra nickte und schien ein wenig enttäuscht, weil er mir keine Neuigkeit hatte mitteilen können. Meine Freunde wußten nämlich, daß ich nie genug über Heilige hören konnte, und freuten sich deshalb immer, wenn sie mich auf eine neue Fährte setzen konnten.

»Der Yogi wohnt ganz in unserer Nähe«, sagte ich, »und ich besuche ihn öfters.« Upendra schien lebhaft interessiert an meinen Worten, so daß ich ihm noch eine weitere vertrauliche Mitteilung machte:

»Ich habe ihn erstaunliche Dinge vollbringen sehen. So beherrscht er u. a. meisterhaft die verschiedenen *Pranayamas* *) des achtfachen Yoga, wie sie von Patandschali **) gelehrt werden. Einmal war ich dabei, als Bhaduri Mahasaya das *Bhastrika-Pranayama* mit solch erstaunlicher Kraft ausführte, daß es schien, als hätte sich ein Wirbelwind im Zimmer erhoben. Danach hielt er den stürmischen Atem an und verharrte regungslos in einem hohen Zustand des Überbewußtseins ***). Diese Atmosphäre des Friedens nach einem Sturm war so eindrucksvoll, daß ich sie nie vergessen werde.«

---

*) Methoden zur Beherrschung der Lebenskraft *(Prana)* durch Regulierung des Atems. Das *Bhastrika* (»Lungen«)-*Pranayama* macht den menschlichen Geist beharrlich.

**) Der hervorragendste Yoga-Interpret des indischen Altertums

***) Im Jahre 1928 gab Professor Jules-Bois von der Sorbonne bekannt, daß französische Psychologen den Zustand des Überbewußtseins erforscht und anerkannt hätten. Dieser ist in seiner Erhabenheit »das genaue Gegenteil des Unterbewußtseins, wie es von Freud verstanden wird, und besitzt Fähigkeiten, die den Menschen zu einem wahren Menschen und nicht nur zu einem

»Ich habe gehört, daß der Heilige niemals seine Wohnung verläßt«, sagte Upendra etwas skeptisch.

»Das stimmt. Er hat während der letzten zwanzig Jahre nur in seinen vier Wänden gelebt. Doch anläßlich der heiligen Feste lockert er diese selbstauferlegte Regel etwas und begibt sich auf den Bürgersteig vor seinem Haus. Dort wird er sogleich von einer Schar Bettler umringt, denn der heilige Bhaduri ist weit und breit wegen seines weichen Herzens bekannt.«

»Wie kann er aber frei in der Luft schweben und dem Gesetz der Schwerkraft trotzen?«

»Der Körper eines Yogi verliert bei Anwendung bestimmter *Pranayamas* seine grobstoffliche Beschaffenheit. Dann ist er in der Lage zu schweben oder wie ein Frosch umherzuhüpfen. Selbst Heilige, die keine Yogatechniken üben, haben sich bekanntlich im Zustand tiefer göttlicher Hingabe vom Boden erhoben.«

»Ich möchte gern mehr über diesen Weisen erfahren. Gehst du regelmäßig zu seinen Abendversammlungen?« fragte Upendra, aus dessen Augen Neugier blitzte.

»Ja, ich gehe öfters hin. Und ich freue mich immer über seinen weisen Humor. Manchmal allerdings störe ich die feierliche Atmosphäre durch mein fortwährendes Lachen. Der Heilige nimmt es mir zwar nicht übel, aber seine Jünger durchbohren mich mit ihren Blicken.«

Am selben Nachmittag kam ich auf meinem Heimweg von der Schule an Bhaduri Mahasayas Einsiedelei vorbei und entschloß mich, ihn zu besuchen. Der Yogi war für die Allgemeinheit nicht zugänglich. Im Erdgeschoß seines Hauses wohnte ein einzelner Jünger, der streng darauf achtete, daß sein Meister nicht gestört wurde. Dieser Schüler, der sich gern wie ein Wachtmeister aufführte, richtete die formelle Frage an

---

höheren Tier machen«. Der französische Gelehrte erklärte ferner, daß die Erweckung des höheren Bewußtseins »nicht mit Couéismus oder Hypnotismus verwechselt werden darf. Die Existenz des Überbewußtseins ist seit langer Zeit von den Philosophen anerkannt worden, denn es ist in Wirklichkeit mit der von Emerson beschriebenen Überseele identisch. Die wissenschaftliche Entdeckung derselben ist jedoch erst vor kurzem erfolgt.« (Siehe Seite 137, Fußnote) In seinem Buch *The Over-Soul* (Die Über-Seele) schreibt Emerson: »Der Mensch gleicht einer Tempelfassade, hinter der alle Weisheit und alles Gute verborgen liegen. Was wir gewöhnlich Mensch nennen — den essenden, trinkenden, pflanzenden, rechnenden Menschen, den wir kennen — stellt den Menschen nicht etwa dar, sondern *entstellt* ihn. Nicht ihn respektieren wir, sondern die Seele, zu deren Organ er wird, wenn er sie durch seine Handlungen zum Ausdruck bringt; vor ihr beugen wir die Knie ... Die eine Seite unseres Wesens ist für die Tiefen der geistigen Natur und für alle göttlichen Eigenschaften empfänglich.«

mich, ob ich »bestellt« worden sei. Sein Guru erschien gerade zur rechten Zeit, um zu verhindern, daß ich kurzerhand vor die Tür gesetzt wurde.

»Laß Mukunda kommen, so oft er will«, sagte der Weise, dessen Augen strahlten. »Ich lebe nicht um meiner eigenen Ruhe willen so zurückgezogen, sondern um anderen ihre Ruhe zu gönnen. Weltliche Menschen finden wenig Geschmack an meinen offenen Worten, weil ich ihnen damit ihre Illusionen raube. Heilige sind nicht nur selten, sondern auch unbequem. Sogar durch ihre schriftlichen Werke bringen sie die Menschen oft in Verlegenheit.«

Ich folgte Bhaduri Mahasaya zu seinem spartanisch einfachen Gemach im obersten Stockwerk, das er nur selten verließ. Die Meister ignorieren oft das bunte, weltliche Panorama, das erst später, wenn es der Vergangenheit angehört, in das richtige Blickfeld gerückt wird. Zu den Zeitgenossen eines Weisen gehören nicht nur solche, die in der begrenzenden Gegenwart leben.

»Maharischi*), Ihr seid der erste Yogi, von dem ich weiß, daß er nie sein Haus verläßt.«

»Gott läßt seine Heiligen manchmal auf ungewöhnlichem Boden wachsen, damit wir nicht denken, daß Er irgendeinem Regelzwang unterliegt.«

Mit diesen Worten setzte sich der Weise in die Lotosstellung. Sein Körper vibrierte vor Energie; obgleich er in den Siebzigern war, sah man ihm weder sein Alter noch seine sitzende Lebensweise an. Er hatte das Antlitz eines *Rischis*, so wie es in den altüberlieferten Texten beschrieben wird. Sein Haupt mit langem Barthaar war edel geformt, seine Gestalt aufrecht und kräftig und sein Blick fest in der Allgegenwart verankert.

Wir versanken beide in einen meditativen Zustand. Nach einer Stunde rief mich seine sanfte Stimme ins gewöhnliche Bewußtsein zurück.

»Du gehst oft in einen Zustand tiefen Schweigens ein; hast du aber schon *Anubhava* **) erlangt?« Mit diesen Worten wollte er mir andeuten, daß ich Gott mehr lieben solle als die Meditation. »Verwechsle nie die Technik mit dem Ziel«, fügte er hinzu.

Dann bot er mir einige Mangos an. Mit dem ihm eigentümlichen geistreichen Humor, der mich bei seinem sonst so ernsten Wesen entzückte, bemerkte er: »Die meisten Menschen fühlen sich mehr zum *Dschala-Yoga* (Vereinigung mit der Nahrung) als zum *Dhyana-Yoga* (Vereinigung mit Gott) hingezogen.«

Dieses yogische Wortspiel versetzte mich in unbändige Heiterkeit.

»Wie du lachen kannst!« sagte er, während er mich zärtlich anblickte.

---
*) »Großer Weiser«
**) Tatsächliche Wahrnehmung Gottes

Sein Gesicht war stets ernst, wenn auch von einem leicht ekstatischen Lächeln verklärt. In seinen großen Lotosaugen lag versteckte, göttliche Heiterkeit.

»Diese Briefe kommen aus dem fernen Amerika«, sagte der Weise, indem er auf mehrere dicke Umschläge wies, die auf einem Tisch lagen. »Ich stehe mit verschiedenen Gesellschaften dieses Landes, die sich für Yoga interessieren, in Briefwechsel. Sie entdecken Indien jetzt aufs neue, und zwar mit einem besseren Orientierungssinn als dereinst Kolumbus. Ich freue mich, wenn ich ihnen helfen kann, denn die Yogawissenschaft gehört — ebenso wie das Tageslicht — der ganzen Menschheit.

Was die *Rischis* als wesentlich für die Erlösung der Menschheit erkannt haben, braucht für das Abendland nicht verwässert zu werden. Morgen- und Abendland sind sich innerlich zutiefst verwandt, wenn auch jedes äußerlich einen anderen Entwicklungsweg gegangen ist. Doch weder Ost noch West werden gedeihen können, wenn sie sich nicht in der einen oder anderen Form einer inneren Disziplin unterwerfen, wie sie durch Yoga geboten wird.«

Die stillen Augen des Heiligen waren unverwandt auf mich gerichtet. Damals wußte ich noch nicht, daß seine prophetischen Worte sich auf meine zukünftige Berufung bezogen. Erst jetzt, da ich dies alles niederschreibe, verstehe ich seine vielen geheimnisvollen Andeutungen, aus denen hervorging, daß ich später einmal die Lehre Indiens nach Amerika bringen würde.

»Maharischi, wollt Ihr nicht ein Buch über Yoga schreiben, aus dem alle Menschen Nutzen ziehen können?«

»Meine Aufgabe besteht darin, Jünger auszubilden. Diese sowie deren Schüler werden meine lebenden Werke sein, die gegen jeden natürlichen Verfall und gegen jede unnatürliche Auslegung der Kritiker gefeit sind.«

Bis zum Abend blieb ich mit dem Yogi allein; dann trafen seine Jünger ein, und Bhaduri Mahasaya hielt einen seiner einzigartigen Vorträge. Gleich einer sanften Flut schwemmten seine Worte allen intellektuellen Schutt hinweg und lenkten die Gedanken seiner Zuhörer zu Gott empor. Er trug seine eindrucksvollen Gleichnisse in einem gewählten Bengali vor.

An jenem Abend sprach Bhaduri über Mirabai — eine mittelalterliche Prinzessin aus Radschputana, die sich ganz vom höfischen Leben zurückgezogen hatte, um in der Gesellschaft von Heiligen zu leben — und erläuterte in diesem Zusammenhang verschiedene philosophische Kernfragen. Ein bekannter *Sannyasi*, Sanatana Goswami, hatte sich geweigert, Mirabai zu empfangen, weil sie eine Frau war. Als man ihm jedoch ihre Antwort überbrachte, gab er sich demütig geschlagen.

»Sage dem Meister«, hatte sie ihm ausrichten lassen, »ich hätte nicht gewußt, daß es außer Gott noch ein anderes männliches Wesen im Universum gebe. Sind wir vor Ihm nicht alle weiblich?« (Den Heiligen Schriften zufolge ist Gott die einzige positive, schöpferische Urkraft, während Seine Schöpfung nichts weiter als die passive *Maya* ist.)

Mirabai hat viele religiöse Lieder verfaßt, die sich noch heute in Indien großer Beliebtheit erfreuen. Eines von ihnen will ich hier übersetzen:

>»Könnte man Gott durch tägliches Baden erkennen,
>Möchte ich gern ein Walfisch der Tiefe sein!
>Könnte man Ihn durch Essen von Wurzeln und Früchten ergründen,
>Nähme ich gern die Gestalt einer Ziege an.
>Könnte das Rosenkranzbeten mir Ihn enthüllen,
>Würde ich meine Gebete an riesigen Perlen abzählen.
>Könnte ein Kniefall vor steinernen Bildnissen Ihn entschleiern,
>Würd' ich in Ehrfurcht die starren Felsen anbeten.
>Könnt' man den Herrn bereits mit der Milch einsaugen,
>Würden wohl viele Kindlein und Kälbchen Ihn kennen.
>Könnte man Gott durch Verzicht auf Frauen erobern,
>Möchten nicht Tausende dann zu Eunuchen werden?
>Mirabai aber weiß, daß der Herr nur zu finden ist,
>Wenn man Ihm eines schenkt: seine ganze Liebe!«

Einige der Schüler legten Rupien in Bhaduris Pantoffeln, die neben ihm auf dem Boden standen, während er selbst in der Yogastellung saß. Dieser in Indien übliche, ehrfürchtige Brauch bedeutet, daß der Jünger dem Guru seine materiellen Güter zu Füßen legt. In Wirklichkeit aber ist es Gott selbst, der die Seinen durch dankbare Freunde versorgen läßt.

»Meister, Ihr seid wunderbar!« bemerkte einer der Schüler beim Abschied, indem er begeistert zu dem patriarchalischen Weisen aufblickte. »Ihr habt Reichtum und Bequemlichkeit aufgegeben, um Gott zu suchen und uns Seine Weisheit zu vermitteln.« Es war allgemein bekannt, daß Bhaduri Mahasaya in seiner Jugend auf eine beträchtliche Erbschaft verzichtet hatte, um sein Leben ganz dem Weg des Yoga zu weihen.

»Der Fall ist genau umgekehrt«, sagte der Heilige mit sanftem Vorwurf. »Ich habe ein paar armselige Rupien und billige Vergnügungen gegen das Kosmische Reich ewig währender Glückseligkeit eingetauscht. Wie könnte ich mir dabei etwas versagt haben? Ich freue mich, wenn ich meinen Reichtum mit anderen teilen kann. Ist das etwa ein Opfer? Die eigentlichen Entsagenden sind die kurzsichtigen weltlichen Menschen, die um des armseligen, irdischen Flitterwerks willen auf unvergleichliche göttliche Reichtümer verzichten.«

Ich lachte still in mich hinein, als ich diese paradoxe Ansicht über den Begriff »Entsagung« hörte, die jeden heiligen Bettler in einen Krösus verwandelt und die stolzen Millionäre zu unbewußten Märtyrern macht.

»Das göttliche Gesetz sorgt weit besser für unsere Zukunft als alle Versicherungsgesellschaften.« Diese Schlußworte des Meisters brachten seinen praktischen, auf Erfahrung beruhenden Glauben zum Ausdruck. »Die Welt ist voll von ängstlichen Menschen, deren Stirn von Sorgen durchfurcht ist und die sich an äußere Sicherheiten klammern. ER jedoch, der uns vom ersten Atemzug an mit Luft und Milch versorgt hat, wird auch Mittel und Wege finden, um seine Kinder am Leben zu erhalten.«

Ich hatte es mir zur Gewohnheit gemacht, den Heiligen täglich nach Schulschluß zu besuchen. Mit schweigender Bereitwilligkeit half er mir, *Anubhava* zu erreichen. Eines Tages zog er jedoch in die Ram-Mohan-Roy-Straße um und rückte somit aus unserer Nachbarschaft fort. Seine getreuen Jünger hatten ihm eine neue Einsiedelei gebaut, die unter dem Namen »Nagendra Math« *) bekannt wurde.

Ich will an dieser Stelle die letzten Worte wiedergeben, die Bhaduri Mahasaya zu mir sprach, obgleich ich meiner Erzählung damit um mehrere Jahre vorgreife. Kurz vor meiner Abreise nach der westlichen Hemisphäre suchte ich ihn auf und kniete demütig vor ihm nieder, um seinen Abschiedssegen zu empfangen.

»Geh nach Amerika, mein Sohn, und nimm die Würde des alten Indien als dein Wappenschild mit. Der Sieg steht dir an der Stirn geschrieben, und die großherzigen Menschen im fernen Lande werden dich freudig willkommen heißen.«

---

*) Sein vollständiger Name war Nagendranath Bhaduri. Ein *Math* ist, genau genommen, ein Kloster; doch manchmal wird auch ein *Aschram* oder eine Einsiedelei so genannt.

Von den »schwebenden Heiligen« der christlichen Welt ist u. a. der im 17. Jahrhundert lebende Heilige Joseph von Cupertino bekannt geworden. Seine Wundertaten wurden von vielen Augenzeugen bestätigt. Die Geistesabwesenheit des Hl. Joseph war in Wirklichkeit göttliche Sammlung. Seine Klosterbrüder ließen sich bei ihren täglichen Mahlzeiten nie von ihm bedienen, weil er oft mitsamt dem Geschirr zur Decke aufstieg. Der Heilige war also einzigartig ungeeignet für irgendein irdisches Amt, da er sich nie für längere Zeit auf der Erde halten konnte. Oft genügte der Anblick einer heiligen Statue, um den Hl. Joseph aufwärts schweben zu lassen. Dann konnte man die beiden Heiligen — den einen aus Stein und den anderen aus Fleisch — hoch in der Luft umeinander kreisen sehen.

Die Heilige Therese von Avila, deren Seele sich zu höchsten Höhen aufschwang, empfand das Emporschweben ihres Körpers als äußerst störend. Vergeblich versuchte sie, die mit vielen organisatorischen Aufgaben betraut war, ihre »erhebenden« Erlebnisse zu verhindern. »Alle kleinen Vorsichtsmaßnahmen sind umsonst«, schrieb sie, »wenn der Herr es anders haben will.« Der Körper der Hl. Therese, der in einer Kirche in Alba (Spanien) aufgebahrt liegt, ist bis heute — vier Jahrhunderte nach ihrem Tode — noch nicht verwest und sendet einen blumenhaften Duft aus. Zahllose Wunder haben sich an diesem Ort zugetragen.

VIII. KAPITEL

INDIENS GROSSER WISSENSCHAFTLER DSCHAGADIS TSCHANDRA BOSE

»Dschagadis Tschandra Bose hat die drahtlose Telegraphie eher erfunden als Marconi!«

Diese herausfordernde Bemerkung, die ich zufällig auffing, kam von einem der Professoren, die zusammen auf dem Bürgersteig diskutierten. Ich gesellte mich sogleich zu ihnen und muß zu meinem Leidwesen gestehen, daß dies vielleicht aus einem gewissen Nationalstolz geschah. Ich kann jedoch nicht leugnen, daß ich jedesmal lebhaftes Interesse zeige, wenn ich höre, daß Indien nicht nur in der Metaphysik, sondern auch in der Physik eine führende Rolle spielen kann.

»Wie meint Ihr das, Sir?«

Da erklärte mir der Professor bereitwillig: »Bose war der erste, der einen drahtlosen Fritter sowie ein Instrument, das die Brechung elektromagnetischer Wellen anzeigt, erfunden hat. Doch der indische Wissenschaftler war nicht daran interessiert, seine Erfindungen kommerziell auszuwerten, und befaßte sich bald mehr mit der organischen als mit der anorganischen Welt. Seine umwälzenden Entdeckungen auf dem Gebiet der Pflanzen-Physiologie übertreffen sogar noch seine Errungenschaften auf dem der Physik.«

Nachdem ich dem Professor höflich gedankt hatte, fügte dieser noch hinzu: »Der große Wissenschaftler ist mein Kollege an der Presidency-Universität.«

Am nächsten Tag suchte ich den Weisen in seiner Wohnung auf, die in der Gurparstraße lag, nicht weit von unserem Haus entfernt. Schon seit langem hatte ich ihn ehrfurchtsvoll aus der Ferne bewundert. Der ernste und zurückhaltende Botaniker begrüßte mich äußerst herzlich. Er war ein gut aussehender, kräftiger Mann in den Fünfzigern mit dichtem Haar, breiter Stirn und dem abwesenden Blick eines Träumers. Seine präzise Ausdrucksweise zeugte von jahrelanger wissenschaftlicher Tätigkeit.

»Ich bin erst vor kurzem von einer Forschungsreise nach dem Westen zurückgekehrt, wo ich mit mehreren wissenschaftlichen Gesellschaften Verbindung aufgenommen habe«, teilte er mir mit. »Sie alle zeigten lebhaftes Interesse an den von mir erfundenen, hochempfindlichen Instrumenten, mit denen die unteilbare Einheit allen Lebens nachgewiesen werden kann*). Der Bose-Crescograph ermöglicht eine zehnmillionenfache Vergrößerung, während das Mikroskop nur einige tausend Male vergrößert. Wohl hat dieses der Biologie einen bedeutenden Aufschwung gegeben; der Crescograph aber eröffnet ihr ungeahnte Möglichkeiten.«

»Es ist zum großen Teil Euer Verdienst, Sir, daß sich Ost und West dank der objektiven Wissenschaft nähergekommen sind.«

»Ich erhielt meine Ausbildung in Cambridge. Wie bewundernswert ist doch die abendländische Methode, alle Theorien durch exakte Experimente zu beweisen oder zu widerlegen. Dieses empirische Verfahren sowie meine Neigung zur Innenschau, die mein morgenländisches Erbteil ist, haben es mir ermöglicht, seit langem unzugängliche Gebiete der Natur zu erforschen. Die Anzeigetabellen meines Crescographen**) können selbst den größten Skeptiker davon überzeugen, daß die Pflanzen ein empfindsames Nervensystem und ein wandlungsfähiges Gefühlsleben haben. Liebe, Haß, Freude, Furcht, Lust, Schmerz, Erregbarkeit, Erstarrung und zahllose andere Reaktionen auf bestimmte Anreize gibt es bei den Pflanzen ebenso wie bei den Tieren.«

»Der eine Pulsschlag des Lebens, der das ganze Weltall durchdringt, kann von nun an nicht mehr als dichterische Einbildung gelten, Sir. Ich kannte einen Heiligen, der es nie übers Herz brachte, eine Blume zu pflücken. ›Soll ich den Rosenstrauch seiner stolzen Schönheit berauben? Soll ich durch meinen rohen Eingriff seine Würde verletzen?‹ Seine feinfühligen Worte werden durch Eure Entdeckungen buchstäblich bestätigt.«

»Der Dichter steht in einem innigen Verhältnis zur Wahrheit, während der Wissenschaftler sich ihr nur unbeholfen nähert. Besuche mich einmal in meinem Laboratorium, um dich mit eigenen Augen von der Wirkung des Crescographen zu überzeugen.«

Dankbar nahm ich die Einladung an und verabschiedete mich. Später

---

*) »Jede Wissenschaft muß transzendent sein, um bestehen zu können. Die Botanik ist im Begriff, sich die richtige Theorie anzueignen — und bald werden es Brahmas Avatare sein, die der Naturwissenschaft als Textbücher dienen.« — *Emerson*.

**) Von dem lateinischen Wort *crescere* = «zunehmen« abgeleitet. Bose wurde für die Erfindung seines Crescographen und andere Entdeckungen im Jahre 1917 zum Ritter geschlagen.

erfuhr ich, daß der Botaniker die Presidency-Universität verlassen hatte, um in Kalkutta ein Forschungsinstitut zu errichten.

Als das Bose-Institut eröffnet wurde, wohnte ich der Einweihungsfeier bei. Hunderte von begeisterten Menschen wanderten durch die Anlage. Ich freute mich an der geistigen Symbolik und der geschmackvollen Einrichtung dieses neuen Heimes der Wissenschaft. Das Eingangstor besteht aus der jahrhundertealten Reliquie eines entfernten Heiligtums. Hinter einem Lotosteich*) steht eine aus Stein gemeißelte weibliche Figur mit einer Fackel in der Hand; sie bringt die Achtung der Inder vor der Frau, der unsterblichen Lichtträgerin, zum Ausdruck. Ein kleiner Tempel im Garten ist dem Absoluten geweiht, das sich jenseits der Welt der Erscheinungen befindet. Das Fehlen jeglicher Altarbilder soll an die Unkörperlichkeit des Göttlichen mahnen.

Boses Ansprache an diesem großen Tag hätte ebensogut von einem erleuchteten *Rischi* des Altertums stammen können.

»Ich weihe dieses Institut heute nicht nur als ein Laboratorium, sondern auch als einen Tempel ein.« Sein feierlicher Ernst nahm die Zuhörer in dem dichtbesetzten Auditorium sichtlich gefangen. »Im Verlauf meiner Forschungen geriet ich unbeabsichtigt in das Grenzgebiet zwischen Physik und Physiologie. Zu meiner Verwunderung stellte ich jedoch fest, daß die Grenzlinien allmählich verschwanden und immer mehr Berührungspunkte zwischen dem Lebenden und dem Nichtlebenden auftauchten. Die anorganische Materie zeigte sich durchaus nicht als gefühllos, sondern erzitterte unter der Einwirkung verschiedenartiger Kräfte.

Eine universelle Reaktionsfähigkeit schien Metalle, Pflanzen und Tiere unter ein gemeinsames Gesetz zu bringen. Sie alle zeigten im wesentlichen dieselben Ermüdungs- und Depressionserscheinungen, dieselbe Fähigkeit, sich zu erholen oder sich zu erregen und den Verlust jeglichen Gefühls beim Eintritt des Todes. Diese erstaunliche Universalität erfüllte mich mit Ehrfurcht, und bald darauf gab ich der Königlichen Akademie voller Hoffnung meine Ergebnisse bekannt — Ergebnisse, die durch Experimente bewiesen worden waren. Doch die anwesenden Physiologen rieten mir, meine Forschungen auf das Gebiet der Physik zu beschränken, auf dem ich schon sichere Erfolge erzielt hatte, und nicht in ihr Territorium einzudringen. Ich war, ohne es zu wissen, in das Gebiet eines unbekannten Kastensystems geraten und hatte dessen Etikette verletzt.

---

*) Die Lotosblume gilt von jeher als göttliches Symbol in Indien. Ihre sich öffnenden Blütenblätter deuten die Entfaltung der Seele an, und ihre aus dem Schlamm aufsteigende reine Schönheit versinnbildlicht eine hohe geistige Verheißung.

Als weiterer Faktor spielte hier noch ein instinktives Vorurteil der Theologen mit, die Unwissenheit mit Glauben verwechseln. Es wird oft vergessen, daß Gott, der uns in diese sich ständig neu entfaltende, geheimnisvolle Welt hineingestellt hat, uns auch den Wunsch eingab, zu fragen und zu verstehen. Ich habe erfahren, daß das Leben eines Jüngers der Wissenschaft endlosen Kampf bedeutet. Er muß sein Leben freudig zum Opfer bringen und Gewinn und Verlust, Erfolg und Mißerfolg gleichmütig hinnehmen.

Mit der Zeit jedoch wurden meine Theorien und praktischen Ergebnisse von den führenden wissenschaftlichen Gesellschaften der ganzen Welt akzeptiert und damit zugleich der bedeutende Beitrag Indiens auf dem Gebiet der Wissenschaft anerkannt*). Hat sich der indische Geist jemals mit irgendwelchen Nichtigkeiten oder Begrenzungen zufriedengegeben? Dieses Land hat sich aufgrund seiner ununterbrochenen, lebendigen Tradition und seiner sich ständig erneuernden Kraft in zahllosen Entwicklungsphasen behauptet. Immer wieder haben sich Inder erhoben, die auf die Gunst des Augenblicks verzichteten und nach der Verwirklichung höchster Ideale strebten — und zwar nicht durch passive Entsagung, sondern durch aktive Bemühungen. Der Schwächling, der jeden Konflikt meidet und nichts erreicht, hat auch nichts, dem er entsagen könnte. Nur wer gekämpft und gesiegt hat, kann die Welt mit den Früchten seiner gewonnenen Erfahrungen bereichern.

Die Versuche, die bereits im Bose-Laboratorium über die Reaktionsfähigkeit der Materie und die überraschenden Entdeckungen im Pflanzenleben durchgeführt werden, haben die Forschungsgebiete der Physik, Physiologie, Medizin, Landwirtschaft und sogar der Psychologie erheb-

---

*) »Augenblicklich wird Indien nur durch reinen Zufall in das Blickfeld amerikanischer Studenten gerückt. Acht Universitäten (Harvard, Yale, Columbia, Princeton, John Hopkins, Pennsylvanien, Chicago und Kalifornien) besitzen einen Lehrstuhl für Indologie oder Sanskrit, doch ist Indien auf den Gebieten der Geschichte, Philosophie, der schönen Künste, der Staatskunde und Sozialwissenschaften oder irgendeiner der anderen geistigen Disziplinen, auf denen es, wie wir gesehen haben, große Beiträge geleistet hat, praktisch nicht vertreten. Wir glauben daher, daß kein Studiengebiet — im besonderen die Geisteswissenschaften — auf den größeren Universitäten als vollwertig gelten kann, solange es keinen gründlich geschulten Spezialisten für indisches Gedankengut hat. Wir sind ferner der Meinung, daß jede Universität, die ihre Studenten für ein intelligentes Wirken in der Welt, in der sie leben sollen, vorbereiten will, in ihrer Dozentenschaft einen zuständigen Gelehrten für das Fachgebiet der indischen Kultur haben muß.« (Auszüge aus einem Artikel von Prof. W. Norman Brown von der Universität Pennsylvanien; erschienen im Mai 1939 im Bulletin des *American Council of Learned Societies,* Washington D. C.)
An den Universitäten Kentucky, Washington, Cornell und Colgate wurde kürzlich ein eigener Lehrstuhl für indische Sprachen errichtet.

lich erweitert. Probleme, die bis dahin als unlösbar galten, sind nun in den Bereich experimenteller Forschung gerückt.

Große Erfolge können jedoch nicht ohne peinliche Genauigkeit erzielt werden. Daher konstruierte ich eine Reihe von hochempfindlichen Instrumenten und Apparaten, die Sie hier in der Eingangshalle in ihren Gehäusen sehen können. Sie zeugen von unseren langjährigen Bemühungen, den trügerischen Schein zu durchbrechen und in die unsichtbare Wirklichkeit vorzustoßen; sie zeugen von der unermüdlichen Arbeit, Ausdauer und Findigkeit, die aufgeboten werden mußten, um die Grenzen des sogenannten Menschenmöglichen zu überschreiten. Alle produktiven Wissenschaftler sind zu der Erkenntnis gekommen, daß der menschliche Geist das eigentliche Laboratorium ist, in dem die hinter allen täuschenden Erscheinungen liegenden Gesetze der Wahrheit entdeckt werden.

Die Vorlesungen, die hier gehalten werden, sollen nicht nur ein Wissen aus zweiter Hand vermitteln, sondern über neue Entdeckungen berichten, die zum ersten Male innerhalb dieser Säle vorgeführt werden. Durch regelmäßige Veröffentlichungen über die an unserem Institut geleistete Arbeit sollen diese Beiträge Indiens in alle Welt gehen und Allgemeingut werden; denn wir werden keine Patente darauf nehmen. Es läßt sich nicht mit dem Geist unserer Kultur vereinbaren, unser Wissen zu profanieren, um persönlichen Gewinn daraus zu ziehen.

Ferner ist es mein Wunsch, daß die Einrichtungen dieses Institutes so weit wie möglich auch den Forschern anderer Länder zur Verfügung stehen. Auf diese Weise will ich versuchen, an die Tradition meines Landes anzuknüpfen, die bereits vor 2500 Jahren begonnen hatte, als Indien auf seinen alten Universitäten Nalanda und Taxila Gelehrte aus allen Teilen der Welt willkommen hieß.

Obgleich die Wissenschaft weder dem Morgen- noch dem Abendland gehört, sondern in ihrer Universalität als international gelten muß, ist Indien besonders dafür geeignet, große Beiträge zu leisten*). Die glü-

---

*) Die atomare Struktur der Materie war den alten Hindus wohlbekannt. Eines der sechs Systeme der indischen Philosophie ist das *Waischeschika* (von der Sanskritwurzel *wischeschas* = »atomare Individualität«). Der vor 2800 Jahren lebende Aulukja, der auch Kanada (der »Atomesser«) genannt wurde, war einer der hervorragendsten Interpreten des *Waischeschika*.
In einem Artikel der Zeitschrift *East-West* vom April 1934 wurde folgende Übersicht über das im *Waischeschika* enthaltene Wissen gegeben: »Obgleich die moderne ›Atomtheorie‹ allgemein als jüngste wissenschaftliche Entdeckung gilt, wurde sie schon in alter Zeit von Kanada, dem ›Atomesser‹, aufs genaueste erläutert. Das Sanskritwort *Anu* kann in der Tat mit ›Atom‹ übersetzt werden, was auf griechisch soviel wie ›ungeschnitten‹ oder ›unteilbar‹ heißt. Andere wissenschaftliche *Waischeschika*-Abhandlungen aus der

hende indische Einbildungskraft, die aus einer Anzahl sich scheinbar widersprechender Tatsachen eine neue Ordnung herzustellen vermag, wird durch systematische Konzentrationsübungen im Zaum gehalten; und diese innere Disziplin ermöglicht es dem Geist, mit unendlicher Geduld nach der Wahrheit zu forschen.«

Tränen traten in meine Augen, als der Wissenschaftler diese Schlußworte sprach. Ist »Geduld« nicht wahrhaftig ein Synonym für Indien und beschämt sowohl die Zeit als auch die Historiker?

Kurz nach der Eröffnung besuchte ich das Forschungsinstitut wieder; und getreu seinem Versprechen führte mich der große Botaniker in sein ruhiges Laboratorium.

»Ich will jetzt den Crescographen an diesem Farn befestigen. Die Vergrößerung ist ungeheuer. Könnte man das Kriechen einer Schnecke im gleichen Maße beschleunigen, so würde sich das Tier mit der Geschwindigkeit eines Eilzuges vorwärtsbewegen.«

Ich richtete den Blick gespannt auf die Leinwand, die den vergrößerten Schatten des Farns wiedergab. Die winzigsten Lebensvorgänge wurden nun deutlich sichtbar — und die Pflanze begann äußerst langsam vor meinen erstaunten Augen zu wachsen. Da berührte der Wissenschaftler die Spitze des Farns mit einem kleinen Metallstab, und die sich vor meinen Augen entfaltende Pantomime kam zu einem plötzlichen Stillstand, nahm ihren beredten Rhythmus aber sogleich wieder auf, als der Stab entfernt wurde.

»Du siehst, wie der geringste äußere Eingriff sich nachteilig auf die empfindsamen Gewebe auswirkt«, bemerkte Bose. »Paß auf! Ich werde

---

Zeit vor Christus behandeln folgende Themen: 1. Die Bewegung der Magnetnadeln, 2. den Kreislauf des Wassers in den Pflanzen, 3. den inaktiven und formlosen Äther als Übertragungsmittel subtiler Kräfte, 4. das Feuer der Sonne als Ursache aller anderen Wärmeformen, 5. Wärme als Ursache molekularer Veränderungen, 6. das Gesetz der Schwerkraft, bedingt durch die besondere Eigenart der Erdatome, die ihnen Anziehungs- oder Schwerkraft verleiht, 7. die kinetische Energie, die stets von der Masse und der Geschwindigkeit eines sich bewegenden Körpers abhängig ist, 8. die Auflösung des Universums durch den Verfall der Atome, 9. die Ausstrahlung von Wärme und Licht — bestehend in einer Fortbewegung verschwindend kleiner Teilchen —, die sich mit unvorstellbarer Geschwindigkeit nach allen Richtungen ausbreiten (die moderne kosmische Strahlentheorie) und 10. die Relativität von Zeit und Raum.
Nach der Lehre des *Waischeschika* ist die Welt aus Atomen entstanden, die ihrem Wesen, d. h. ihrer ursprünglichen Beschaffenheit nach, ewig sind und sich ständig in einem vibrierenden Zustand befinden . . . Die kürzliche Entdeckung, derzufolge jedes Atom ein Miniatur-Sonnensystem darstellt, wäre für die alten *Waischeschika*-Philosophen nichts Neues gewesen, denn ihre kleinste mathematische Zeiteinheit bestand in der Spanne, in der ein Atom seinen eigenen Raum durchmißt.«

die Pflanze jetzt chloroformieren und ihr dann ein Gegenmittel geben.«
Die Wirkung des Chloroforms war derart, daß sie jegliches Wachstum aufhob, während das Gegenmittel wiederbelebend wirkte. Diese Entwicklungsvorgänge auf der Leinwand fesselten mich mehr als der spannendste Film. Mein Gefährte (der hier die Rolle des Bösewichts spielte) durchstach den Farn mit einem spitzen Instrument; sogleich drückte sich durch krampfartiges Flattern eine Schmerzempfindung aus. Als er daraufhin mit einer Rasierklinge einen Teil des Stengels durchschnitt, bewegte sich der Schatten heftig, um dann beim endgültigen Eintritt des Todes stillzustehen.

»Ich habe einen Baum erfolgreich umpflanzen können, indem ich ihn zuvor chloroformierte. Gewöhnlich sterben diese Könige des Waldes bald nach ihrer Umpflanzung ab.« Ein glückliches Lächeln huschte über Boses Gesicht, als er mir von diesem Lebensrettungsmanöver berichtete. »Durch die mit meinen empfindlichen Apparaten erzielten graphischen Darstellungen ist bewiesen worden, daß die Bäume ein Kreislaufsystem haben; die Bewegung ihres Saftes entspricht dem Blutdruck in den Tierkörpern. Das Aufsteigen des Saftes läßt sich nämlich nicht durch eine der üblichen mechanischen Ursachen wie z. B. Kapillarität erklären. Mit Hilfe des Crescographen ist nun bewiesen worden, daß es sich bei dieser Erscheinung um die Tätigkeit lebender röhrenförmiger Zellen handelt, die den Baum in Längsrichtung durchziehen und die Funktion eines Herzens ausüben, indem sie peristaltische Wellen aussenden. Je schärfer unser Wahrnehmungsvermögen wird, um so deutlicher erkennen wir, daß es nur einen universellen Plan gibt, der allen Lebensformen zugrunde liegt.«

Dann wies der große Wissenschaftler auf ein anderes Bose-Instrument.

»Ich will jetzt verschiedene Versuche mit einem verzinnten Eisenblech ausführen. Die Lebenskraft in den Metallen reagiert auf schädliche Reizmittel ganz anders als auf heilsame, was durch entsprechende Tintenmarkierungen aufgezeichnet wird.«

Gespannt verfolgte ich die graphischen Darstellungen, die in charakteristischen Wellenlinien den inneren Bau der Atome wiedergaben. Als der Professor Chloroform auf das Eisenblech tat, hörten die vibrierenden Aufzeichnungen auf; doch als das Metall allmählich seinen Normalzustand wiedererlangte, setzten sie erneut ein. Dann wandte der Professor ein Ätzmittel an. Während das Leben in dem Blech zitternd verlöschte, schrieb die Nadel dramatisch das Todeszeichen auf die Tabelle.

»Mit Hilfe der Bose-Instrumente ist bewiesen worden, daß Metalle, wie z. B. der Stahl, den man zur Herstellung von Scheren und Maschinen verwendet, nach langer Beanspruchung Ermüdungserscheinungen zeigen, jedoch nach einer gewissen Ruhepause wieder leistungsfähig sind. Auch elektrischer Strom oder hoher Druck kann die Lebensschwingung in den Metallen ernstlich gefährden oder sogar vernichten.«

Ich schaute mir die im Raum stehenden, zahlreichen Erfindungen an — beredte Zeugen eines unermüdlichen Forschergeistes.

»Sir, es ist schade, daß Eure wunderbaren Erfindungen nicht in höherem Maße in der Landwirtschaft ausgewertet werden. Könnte man nicht mit einigen Apparaten Laborversuche machen, um festzustellen, was für eine Wirkung die verschiedenen Düngemittel auf das Wachstum der Pflanzen haben?«

»Du hast ganz recht. Zukünftige Generationen werden größeren Nutzen aus den Bose-Instrumenten ziehen. Der Wissenschaftler selbst erntet nur selten den Lohn für seine Bemühungen. Ihm genügt die Freude, schöpferisch dienen zu können.«

Als ich mich mit lebhaften Dankesworten von dem unermüdlich tätigen Weisen verabschiedete, dachte ich bei mir: »Ob sich die Fruchtbarkeit dieses genialen Geistes wohl jemals erschöpft?«

Die nachfolgenden Jahre brachten jedoch keinen Rückgang seiner Leistungen. Bose erfand ein neues, kompliziertes Instrument — den »klingenden Kardiographen«, mit dem er ausgedehnte Versuche an zahlreichen indischen Pflanzen anstellte und auf diese Weise eine Reihe nützlicher Heilmittel entdeckte. Der Kardiograph ist mit einer solchen Exaktheit konstruiert worden, daß er Zeiteinheiten von einer hundertstel Sekunde anzeigt. Seine Tonaufnahmen geben unwahrscheinlich winzige Schwingungen in den pflanzlichen, tierischen und menschlichen Lebensformen wieder. Der große Botaniker sagte voraus, daß man seinen Kardiographen später dazu benutzen würde, Vivisektionen an Pflanzen anstatt an Tieren durchzuführen.

»Wenn man die Aufzeichnungen über die Wirkung eines Medikaments, das gleichzeitig einer Pflanze und einem Tier verabreicht wurde, miteinander vergleicht, gelangt man zu überraschend ähnlichen Ergebnissen«, erklärte er. »Alles, was im Menschen vor sich geht, ist bereits andeutungsweise in der Pflanze vorhanden. Deshalb werden die Versuche mit den Pflanzen dazu beitragen, sowohl das Leiden der Menschen als auch das der Tiere zu verringern.«

Später wurden Boses bahnbrechende Entdeckungen in der Pflanzenwelt durch andere Wissenschaftler ergänzt. So berichtete z. B. die *New York Times* über die im Jahre 1938 an der Columbia-Universität geleistete Arbeit folgendes:

»Im Laufe der letzten Jahre ist man zu der Feststellung gelangt, daß in dem Augenblick, wo die Nerven Empfindungen ins Gehirn oder in andere Körperteile leiten, winzige elektrische Impulse ausgelöst werden. Diese Impulse sind nun durch hochempfindliche Galvanometer gemessen und durch moderne Vergrößerungsapparate millionenfach vergrößert worden. Bis jetzt hat man noch keine zuverlässige Methode gefunden, um den Verlauf dieser Impulse in den Nervenfasern lebender Tiere und Menschen zu untersuchen, was an der hohen Geschwindigkeit liegt, mit der sich diese Impulse fortbewegen.

Die Doktoren Cole und Curtis berichteten über eine ihrer Entdeckungen, derzufolge die einzelnen länglichen Zellen der Süßwasserpflanze Nitella (die oft für Goldfischaquarien benutzt wird) mit denen einzelner Nervenfasern identisch sind. Außerdem entdeckten sie, daß die Nitellafasern, sobald sie erregt werden, elektrische Wellen erzeugen, die — mit Ausnahme ihrer Geschwindigkeit — in jeder Beziehung den Wellen gleichen, die von tierischen und menschlichen Nervenfasern ausgesandt werden. Die elektrischen Nervenimpulse der Pflanzen sind bedeutend langsamer als die der Tiere. Aus diesem Grunde haben sich die Forscher der Columbia-Universität diese Entdeckung zunutze gemacht, um Zeitlupenaufnahmen von dem Verlauf elektrischer Nervenimpulse zu machen.

Die Nitella-Pflanze könnte daher zu einer Art ›Stein von Rosette‹ werden, anhand dessen sich die sorgfältig bewahrten Geheimnisse im Grenzland zwischen Geist und Materie entziffern lassen.«

Der Dichter Rabindranath Tagore war dem indischen Wissenschaftler und Idealisten in enger Freundschaft verbunden und widmete ihm folgende Verse*):

> Rufe, o Einsiedler, mit den verbürgten Worten
> Des alten *Sama*-Hymnus: »Erhebe dich! Erwache!«
> Rufe dem Mann, der mit *schastrischem* Wissen sich rühmt,
> Ruf diesem närrischen Prahler,
> Der durch pedantischen Wortstreit
> Umsonst sich müht,
> Rufe ihm zu, hinauszutreten
> Vor das Antlitz der freien Natur,
> Der unermeßlichen Erde.
> Laß diesen Ruf vor Deinen Gelehrten erschallen,
> Und laß sie alle
> Sich um Dein Feueropfer versammeln.

---

*) Der in Tagores Gedicht erwähnte »*Sama*-Hymnus« ist einer der vier Veden. Die anderen drei sind der *Rigveda*, der *Jadschurveda* und der *Atharwaveda*. Diese heiligen Texte erläutern das Wesen des Schöpfergottes Brahma, der im Menschen eine individualisierte Ausdrucksform (*Atma* = Seele) annimmt. Die Sanskritwurzel des Wortes Brahma ist *brih* = »sich ausdehnen«, was die vedische Auffassung von der göttlichen Kraft spontanen Wachstums, dem Hervorbrechen schöpferischer Tätigkeit ausdrückt. Es heißt, daß der Kosmos — gleich einem Spinnennetz — aus Brahma hervorging *(vikurute)*. Die bewußte Verschmelzung von *Atma* und Brahma — d. h. von Seele und GEIST — macht den eigentlichen Inhalt der Veden aus.

Der *Vedanta* — eine Zusammenfassung der Veden — hat bereits viele

Dann wird Indien, unser uraltes Land,
Heimfinden zu sich selbst,
Zu seiner redlichen Arbeit,
Zu seinen Pflichten, seinen Visionen
Und seiner ernsthaften Meditation.
Laß es noch einmal still und begierdelos,
Ohne Ehrgeiz und voller Reinheit
Als Lehrmeister aller Länder
Auf seinem erhabenen Throne sitzen.

---

große abendländische Denker begeistert. So schrieb z. B. der französische Historiker Victor Cousin: »Wenn wir die denkwürdigen philosophischen Werke des Orients — und besonders Indiens — aufmerksam lesen, entdecken wir dort Wahrheiten von solcher Tiefe . . ., daß wir uns gezwungen sehen, vor der Philosophie des Morgenlandes die Knie zu beugen und in ihr die Wiege der Menschheit, die Geburtsstätte der höchsten Philosophie zu sehen.« Und Schlegel bemerkte: »Auch die höchste Philosophie der Europäer, der Idealismus der Vernunft, so wie ihn griechische Selbstdenker aufstellten, würde wohl, an die Fülle der Kraft und des Lichts in dem orientalischen Idealismus der Religion gehalten, nur als ein schwacher prometheischer Funke gegen die volle himmlische Glut der Sonne erscheinen.« (»Über die Sprache und Weisheit der Inder«)

In der reichhaltigen Literatur Indiens sind die Veden (Wurzel: *vid* = wissen) die einzigen Texte, die keinen Verfasser aufweisen. Der *Rigveda* (X 90, 9) schreibt seine Hymnen und Erzählungen einem göttlichen Ursprung zu und berichtet uns (III 39, 2), daß sie aus »grauer Vorzeit« stammen und später in eine neue Sprache gekleidet wurden. Da die Veden den *Rischis* (Sehern) von einem Zeitalter zum anderen durch göttliche Offenbarungen mitgeteilt wurden, heißt es, daß sie *Nitjatwa*, d. h. »zeitlose Gültigkeit«, besitzen.

Die Veden waren ursprünglich Laut-Offenbarungen, die von den *Rischis* »unmittelbar gehört« *(schruti)* wurden, und enthalten im wesentlichen Lieder und Rezitationen. Diese 100 000 Verse der Veden wurden also mehrere Jahrtausende lang nicht niedergeschrieben, sondern mündlich durch die Brahmanen-Priester weitergegeben. Weder Papier noch Stein sind gegen die zeitlich bedingten Zersetzungserscheinungen gefeit. Die Veden aber haben sich von einem Zeitalter zum anderen erhalten, weil die *Rischis* die Überlegenheit des Geistes über die Materie kannten und wußten, daß die geistige Art der Überlieferung die beste ist. Denn was ließe sich mit den »Tafeln des Herzens« vergleichen?

Indem die Brahmanen sich die besondere Reihenfolge *(Anupurwi)* der vedischen Worte, die phonologischen Regeln der Lautzusammensetzung *(Sandhi)* und die Beziehung der Buchstaben zueinander *(Sanatana)* merkten und indem sie mittels bestimmter mathematischer Methoden die Genauigkeit der auswendig gelernten Texte überprüften, haben sie die ursprüngliche Reinheit der Veden seit grauer Vorzeit bewahrt. Jede Silbe *(Akschara)* eines vedischen Wortes hat eine bestimmte Wirkung und Bedeutung. (Siehe Seite 346)

IX. KAPITEL

DER GLÜCKSELIGE HEILIGE
UND SEIN KOSMISCHES ABENTEUER

»Setze dich bitte, kleiner Herr! Ich spreche gerade mit meiner Göttlichen Mutter.«

In ehrfurchtsvollem Schweigen hatte ich zum ersten Male den Wohnraum Meister Mahasayas betreten, und seine engelhafte Erscheinung blendete mich fast. Mit seinem weißen, seidigen Bart und den großen glänzenden Augen schien er die Verkörperung der Reinheit selbst. Sein erhobenes Kinn und die im Schoß gefalteten Hände verrieten mir, daß mein plötzliches Erscheinen ihn mitten in seiner Andacht gestört hatte.

Seine schlichten Begrüßungsworte hatten eine unerwartet heftige Wirkung auf mich, so wie ich es noch nie zuvor erlebt hatte. Bis dahin war mir der Tod meiner Mutter und die bittere Trennung von ihr als das höchste Ausmaß des Schmerzes erschienen. Jetzt aber empfand ich die Trennung von meiner Göttlichen Mutter als eine unerträgliche geistige Qual. Weinend fiel ich vor ihm nieder.

»Kleiner Herr, beruhige dich«, sagte der Heilige da mit mitfühlender Besorgnis.

Ich aber umklammerte wie ein verzweifelter Schiffbrüchiger seine Füße, die mir das einzige Rettungsfloß zu sein schienen.

»Heiliger Meister, legt bitte Fürsprache für mich ein. Fragt die Göttliche Mutter, ob auch ich Gnade vor Ihren Augen finde.«

Ein solch heiliges Versprechen wird nicht leicht gegeben; darum sah sich der Meister gezwungen zu schweigen.

Ich zweifelte nicht im geringsten daran, daß Meister Mahasaya in einem vertrauten Verhältnis zur Mutter des Universums stand, und es war tief demütigend für mich, erkennen zu müssen, daß ich mit sehenden Augen blind war, während der fehlerlose Blick des Heiligen Sie in diesem selben Augenblick wahrnehmen konnte. Ungeachtet seiner sanften Ermahnungen hielt ich seine Füße hartnäckig fest und flehte ihn immer wieder um seine Vermittlung an.

»Ich will der Geliebten Mutter deine Bitte vortragen«, sagte der Meister schließlich mit einem zögernden, aber mitfühlenden Lächeln.

Was für eine geheimnisvolle Macht lag in diesen wenigen Worten, daß sie mich sogleich von meinem heftigen Schmerz und meinem göttlichen Heimweh befreiten?

»Sir, haltet Euer Versprechen! Ich komme bald wieder, um Ihre Botschaft zu hören!« Freudige Erwartung schwang in meiner Stimme, obgleich ich soeben noch herzzerreißend geschluchzt hatte.

Während ich die lange Treppenflucht hinunterlief, wurde ich plötzlich von Erinnerungen überwältigt. In diesem Hause in der Amherst-Straße 50 — jetzt der Wohnsitz Meister Mahasayas — hatte einst unsere Familie gelebt. Hier war meine Mutter gestorben; hier hatte der Kummer um die entschwundene menschliche Mutter mir fast das Herz gebrochen, und hier war mein Geist soeben durch die Abwesenheit der Göttlichen Mutter gekreuzigt worden. Geheiligte Wände! Stumme Zeugen meiner tiefsten Schmerzen und meiner endgültigen Heilung!

Eiligen Schrittes kehrte ich zu unserem Haus in der Gurparstraße zurück, wo ich mich in mein kleines Mansardenzimmer zurückzog und bis 10 Uhr abends meditierte. Da wurde die Dunkelheit der warmen indischen Nacht plötzlich durch eine wundersame Vision erhellt.

Von überirdischem Glanz umstrahlt, stand die Göttliche Mutter vor mir. Ihr zärtlich lächelndes Antlitz war die Schönheit selbst.

»Immer habe Ich dich geliebt. Immer werde Ich dich lieben!«

Während die himmlischen Laute noch in der Luft verhallten, entschwand Sie.

Kaum hatte sich die Sonne am folgenden Morgen erhoben, als ich Meister Mahasaya auch schon meinen zweiten Besuch abstattete. Ich stieg die Treppen des Hauses empor, das so viele bittere Erinnerungen für mich barg, und blieb vor seinem im dritten Stockwerk gelegenen Zimmer stehen. Der Türknauf war mit einem Tuch umwickelt, zweifellos ein Hinweis, daß der Heilige nicht gestört werden wollte. Während ich noch unschlüssig dastand, öffnete der Meister mir eigenhändig die Tür. Ich kniete zu seinen heiligen Füßen nieder, setzte aber aus Mutwillen eine ernste Miene auf, um meine erhobene Stimmung zu verbergen.

»Sir, ich muß gestehen, daß ich ein wenig früh gekommen bin, um Eure Botschaft zu hören. Hat die Göttliche Mutter irgend etwas über mich gesagt?«

»Du kleiner Schelm!«

Das war alles, was er sagte. Anscheinend vermochte mein geheuchelter Ernst ihn nicht zu beeindrucken.

»Warum seid Ihr so ausweichend und geheimnisvoll? Sprechen die

Heiligen niemals deutlich?« Vielleicht war ich etwas zu herausfordernd.

»Mußt du mich wirklich prüfen?« Seine ruhigen Augen waren voller Verständnis. »Kann ich der Versicherung, die du gestern abend um 10 Uhr von der Wunderbaren Mutter selbst erhalten hast, heute morgen noch ein einziges Wort hinzufügen?«

Meister Mahasaya verstand es meisterhaft, meine ungestüme Seele im Zaum zu halten. Wiederum warf ich mich ihm zu Füßen; doch diesmal vergoß ich nur noch Tränen der Glückseligkeit.

»Dachtest du etwa, daß deine tiefe Hingabe nicht imstande wäre, das Herz der Gnadenvollen Mutter zu bewegen? Sie, die du sowohl in menschlicher als auch in göttlicher Form angebetet hast, konnte deinen verzweifelten Ruf niemals unbeantwortet lassen.«

Wer war dieser einfache Heilige, dessen geringste Bitte an den Allumfassenden GEIST mit solch liebender Bereitwilligkeit erfüllt wurde? In den Augen der Welt spielte er nur eine bescheidene Rolle, so wie es sich für den demütigsten Menschen, den ich je gekannt habe, ziemte. In diesem Haus der Amherst-Straße leitete Meister Mahasaya*) eine kleine Privatschule für Knaben. Kein tadelndes Wort kam je über seine Lippen; weder Regeln noch Rute hielten die Disziplin aufrecht. In diesen bescheidenen Klassenräumen wurde eine höhere Mathematik und eine Chemie der Liebe gelehrt, die in keinen Textbüchern steht. Er vermittelte seine Weisheit durch geistige Ausstrahlung und nicht durch strenge Vorschriften. Da er völlig in der Liebe zur Göttlichen Mutter aufging, erwartete er ebensowenig wie ein Kind, daß man ihm äußeren Respekt zollte.

»Ich bin nicht dein Guru«, sagte er zu mir. »Du wirst ihm etwas später begegnen und unter seiner Anleitung lernen, deine göttliche Liebe und Hingabe in die Sprache seiner unergründlichen Weisheit zu übertragen.«

Jeden Spätnachmittag fand ich mich jetzt in der Amherst-Straße ein; mich verlangte nach Meister Mahasayas göttlichem Kelch, der bis zum Rande gefüllt war und seine Tropfen täglich auf mich überfließen ließ. Nie zuvor hatte ich mich mit solch uneingeschränkter Ehrfurcht vor jemandem verneigt. Ich empfand es sogar als ein unvergleichliches Vorrecht, denselben Boden betreten zu dürfen, der von Meister Mahasayas Füßen geheiligt worden war.

Eines Abends brachte ich ihm eine Blumengirlande. »Sir, darf ich Euch diese *Tschampak*-Girlande umhängen? Ich habe sie extra für Euch

---

*) Dies sind respektvolle Titel, mit denen er gewöhnlich angeredet wurde. Sein eigentlicher Name war Mahendra Nath Gupta. Er unterzeichnete seine literarischen Werke stets nur mit einem »M«.

geflochten.« Doch er wandte sich scheu ab und weigerte sich wiederholt, diese Ehrung anzunehmen. Als er aber merkte, wie sehr er mich dadurch enttäuschte, willigte er schließlich lächelnd ein.

»Da wir beide die Göttliche Mutter lieben, darfst du die Girlande um diesen Körpertempel hängen — als eine Gabe für Sie, die in unserem Inneren wohnt.« In seinem umfassenden Geist blieb kein Raum für irgendwelche selbstsüchtigen Erwägungen.

»Wir wollen morgen nach Dakschineswar fahren und den Kali-Tempel aufsuchen, der für immer durch meinen Guru geheiligt worden ist.« Meister Mahasaya war ein Jünger des christusähnlichen Meisters Sri Ramakrischna Paramahansa.

Am folgenden Morgen legten wir die vier Meilen mit einem Boot auf dem Ganges zurück und betraten dann den neunkuppeligen Tempel der Kali. Dort ruhen die Gestalten Schiwas und der Göttlichen Mutter auf einem silbergetriebenen Lotos, dessen tausend Blütenblätter mit größter Sorgfalt ausgehämmert sind. Meister Mahasayas Antlitz drückte selige Entrücktheit aus; er war ganz und gar in den inneren Anblick der Geliebten Mutter versunken. Als er leise Ihren Namen sang, wollte mir das Herz vor Seligkeit fast zerspringen.

Später wanderten wir durch das heilige Tempelgelände und hielten uns eine Weile in einem Tamariskenhain auf. Das besondere Manna, das von diesem Baum abgesondert wird, erinnerte mich an die himmlische Nahrung, die Meister Mahasaya austeilte. Während er mit seinen göttlichen Anrufungen fortfuhr, saß ich still und regungslos im Gras zwischen den rosa gefiederten Tamariskenblüten. Zeitweilig verließ ich meinen Körper und schwebte zu überirdischen Höhen empor.

Dies war die erste von vielen Pilgerfahrten nach Dakschineswar, die ich in Begleitung des heiligen Lehrers unternahm. Durch ihn lernte ich die Lieblichkeit Gottes in der Form der Mutter — oder der Göttlichen Gnade — kennen. Dieser kindliche Heilige fühlte sich wenig von der väterlichen Natur Gottes — der Göttlichen Gerechtigkeit — angezogen, denn ein streng mathematisches Urteilen war seinem sanften Wesen fremd.

»Er ist das irdische Urbild eines himmlischen Engels«, dachte ich liebevoll, während ich ihn eines Tages beim Beten beobachtete. Seine Augen — seit langem mit der paradiesischen Reinheit vertraut — blickten ohne den geringsten Vorwurf oder Tadel auf diese Welt herab. Sein Körper und Geist, seine Worte und Handlungen brachten die innere Harmonie und Einfachheit seiner Seele zum Ausdruck.

Jedesmal, wenn der Heilige einen weisen Rat erteilt hatte, fügte er hinzu: »Mein Meister sagte mir dies.« Dadurch wollte er den Anschein vermeiden, daß der Rat von ihm persönlich stammen könne. Er identifizierte sich so sehr mit Sri Ramakrischna, daß er sogar seine Gedanken nicht mehr als seine eigenen betrachtete.

Eines Abends wanderte ich mit dem Heiligen Hand in Hand um den Häuserblock seiner Schule. Meine Freude wurde jedoch getrübt, als wir einem Bekannten begegneten, der sehr von sich selbst eingenommen war und uns mit einem endlosen Wortschwall überschüttete.

»Ich sehe, daß dir dieser Mann nicht zusagt«, flüsterte mir der Heilige zu, ohne daß unser überheblicher Begleiter, der sich an seinem eigenen Monolog berauschte, ihn hörte. »Ich habe es der Göttlichen Mutter gesagt, und Sie hat Verständnis für unsere bedauerliche Lage. Sobald wir das rote Haus dort drüben erreichen, wird Sie ihn an eine dringende Angelegenheit erinnern.«

Meine Blicke hingen wie festgebannt an dem rettenden Haus. Und wahrhaftig! Als wir das rote Tor erreichten, wandte sich der Mann plötzlich ohne jede weitere Erklärung um und ging davon. Er hatte weder seinen Satz beendet noch sich von uns verabschiedet. Friede breitete sich über die gestörte Atmosphäre aus.

Ein andermal wanderte ich allein in der Nähe des Howrah-Bahnhofs einher und blieb einige Augenblicke vor einem Tempel stehen, um dort mit stummer Kritik eine Gruppe von Männern zu beobachten, die heftig ihre Trommeln und Zymbeln schlugen und aus voller Kehle ein Lied heruntersangen.

»Wie mechanisch und gefühllos sie den Namen Gottes wiederholen«, dachte ich. Plötzlich erblickte ich zu meinem Erstaunen Meister Mahasaya, der sich mir mit raschen Schritten näherte.

»Sir, wie kommt Ihr hierher?«

Der Heilige überhörte meine Frage und antwortete statt dessen auf meine Gedanken. »Meinst du nicht auch, kleiner Herr, daß der Name des geliebten Gottes immer angenehm klingt, ganz gleich, ob er aus dem Mund eines Unwissenden oder eines Weisen kommt?« Dabei legte er zärtlich den Arm um meine Schultern und trug mich sogleich wie auf einem Zauberteppich in die barmherzige Göttliche Gegenwart.

»Möchtest du gern ein Bioskop sehen?« fragte Meister Mahasaya mich eines Nachmittags. Ich war verblüfft, daß der sonst so zurückgezogene Meister mich hierzu aufforderte; denn mit »Bioskop« bezeichnete man damals das Filmtheater in Indien. Ich willigte jedoch ein, weil ich mich über jede Gelegenheit freute, mit ihm zusammensein zu können. Nach einem flotten Spaziergang betraten wir die Universitätsanlagen. Mein Begleiter deutete auf eine Bank, die am Ufer des *Goldighi* (Teiches) stand.

»Wir wollen uns hier ein paar Minuten niedersetzen. Mein Meister hat mir geraten, jedesmal, wenn ich eine Wasserfläche sehe, eine Weile zu meditieren. Denn die Stille des Wasserspiegels erinnert uns an die unendliche Stille Gottes. So wie sich alle Dinge im Wasser widerspiegeln, so spiegelt sich das ganze Universum im See des Kosmischen GEISTES wider, sagte mein Gurudewa.«

Bald darauf betraten wir einen Hörsaal der Universität, wo gerade ein Vortrag gehalten wurde. Ich fand ihn langweilig, wenn er auch gelegentlich durch Lichtbilder — die aber ebenso uninteressant waren! — unterbrochen wurde.

»Das also ist das Bioskop, das der Meister mir zeigen wollte«, dachte ich mit leichter Ungeduld. Ich wollte den Heiligen jedoch nicht dadurch verletzen, daß ich mir meine Langeweile anmerken ließ. Er aber hatte meine Gedanken durchschaut und flüsterte mir vertraulich zu:

»Ich sehe, kleiner Herr, daß dir das Bioskop nicht gefällt. Ich habe es der Göttlichen Mutter gesagt, und wir tun Ihr beide leid. Darum will Sie sogleich für kurze Zeit das Licht ausgehen lassen, damit wir unbemerkt entkommen können.«

Sowie er sein Flüstern beendet hatte, wurde der Raum plötzlich in Dunkelheit gehüllt, und der Professor, dessen scharfe Stimme einen Augenblick lang erstaunt verstummte, bemerkte: »Die elektrische Leitung im Saal scheint gestört zu sein.« Unterdessen hatten Meister Mahasaya und ich die Schwelle schon überschritten. Als ich vom Flur aus zurückschaute, sah ich, daß der Raum wieder erleuchtet war.

»Das Bioskop hat dich enttäuscht, kleiner Herr, aber ich kann dir ein anderes zeigen, das dir besser gefallen wird.« Wir standen auf dem Bürgersteig vor dem Universitätsgebäude, als der Heilige diese Worte zu mir sprach und mir dabei in der Gegend des Herzens leicht auf die Brust schlug.

Augenblicklich setzte eine verwandelnde Stille ein. So wie ein Tonfilm plötzlich zum Stummfilm werden kann, wenn der Lautsprecher versagt, so wurde mit einem Male jeder irdische Lärm durch die Göttliche Hand zum Schweigen gebracht. Die Fußgänger, die Busse und Autos, die Ochsenkarren und Pferdedroschken mit ihren eisenbeschlagenen Rädern — sie alle glitten lautlos an mir vorbei. Ich erblickte die Szenen, die sich hinter mir und beiderseitig von mir abspielten, ebenso mühelos wie die Szenen vor mir — so als ob ich ein allgegenwärtiges Auge besäße. Das ganze geschäftige Treiben in diesem kleinen Ausschnitt von Kalkutta zog ohne den geringsten Laut an mir vorüber. Ähnlich wie man unter einer dünnen Schicht Asche das Feuer glimmen sieht, sah ich, wie dieses Panorama von einem matten Glanz durchdrungen war.

Mein eigener Körper schien nur noch einer der vielen Schatten zu sein

— mit dem Unterschied, daß er regungslos war, während die anderen Schatten lautlos hin- und herglitten. Mehrere meiner Freunde kamen auf mich zu und gingen vorüber; obgleich sie mich direkt anblickten, erkannten sie mich nicht.

Diese einzigartige Pantomime versetzte mich in einen unbeschreiblichen ekstatischen Zustand. In tiefen Zügen trank ich aus einer seligen Quelle. Plötzlich erhielt meine Brust einen weiteren sanften Schlag von Meister Mahasayas Hand, und der Höllenlärm der Welt brach erneut über mich herein. Ich taumelte, als sei ich grausam aus einem himmlischen Traum gerissen worden. Der berauschende Wein befand sich wieder außer Reichweite.

»Kleiner Herr, ich sehe, daß das zweite Bioskop*) mehr nach deinem Geschmack war«, sagte der Heilige lächelnd. Ich wollte aus Dankbarkeit vor ihm niederknien, doch er sagte: »Das darfst du jetzt nicht mehr tun. Du weißt, daß Gott auch in deinem Tempel wohnt. Ich lasse es nicht zu, daß die Göttliche Mutter mit deinen Händen meine Füße berührt.«

Wer den unscheinbaren Meister und mich beobachtet hätte, als wir uns langsam von dem belebten Bürgersteig entfernten, würde uns wahrscheinlich der Trunkenheit verdächtigt haben. Mir war, als ob selbst die Abendschatten göttlich trunken waren und unsere Seligkeit teilten.

Während ich mit unzulänglichen Worten versuche, der grenzenlosen Güte Meister Mahasayas gerecht zu werden, frage ich mich, ob er und andere Heilige, die meinen Weg kreuzten, wohl gewußt haben, daß ich viele Jahre später in einem westlichen Lande etwas über ihr Leben und ihre große Liebe zu Gott schreiben würde. Ihre Hellsichtigkeit würde mich jedenfalls nicht überraschen und sicher auch nicht meine Leser, die mir bis hierher gefolgt sind.

Heilige aller Religionen haben durch die einfache Methode, sich den Kosmischen Geliebten ständig im Innern zu vergegenwärtigen, Gottverwirklichung erlangt. Da das Absolute »ohne Eigenschaften« *(nirguna)* und »unfaßbar« *(acintja)* ist, hat der menschliche Geist, oder die menschliche Sehnsucht, Es sich stets in der Form einer Universellen Mutter vorzustellen versucht. Die Verschmelzung des Theismus (des Glaubens an einen persönlichen Gott) mit der Philosophie des Absoluten ist eine Errungenschaft hinduistischen Denkens, die bereits in den Veden und der *Bhagawadgita* zum Ausdruck kommt. Diese »Versöhnung der Gegensätze«

---

*) Im *Oxford English Dictionary* (Wörterbuch) wird unter *Bioskop* als »seltene Bedeutung« angeführt: »Eine Ansicht des Lebens; das, was eine solche vermittelt.« Das von Meister Mahasaya gewählte Wort war daher besonders zutreffend.

befriedigt sowohl das Herz als auch den Verstand. *Bhakti* (Hingabe) und *Jnana* (Weisheit) sind im Grunde ein und dasselbe. Denn *prapatti* (in Gott Zuflucht suchen) und *saranagati* (auf das göttliche Erbarmen vertrauen) sind Wege der höchsten Erkenntnis.

Die Demut Meister Mahasayas und aller anderen Heiligen entspringt der Erkenntnis ihrer völligen Abhängigkeit *(Seschatwa)* von Gott, dem einzigen Leben und dem einzigen Richter. Da die wahre Natur Gottes Glückseligkeit ist, erlebt der Mensch, der sich mit Ihm in Harmonie befindet, die ihm angeborene grenzenlose Freude der Seele. »Die erste Leidenschaft der Seele und des Willens ist die Freude!«*)

Gottesfürchtige aller Zeitalter, die sich der Mutter mit kindlichem Vertrauen näherten, haben uns versichert, daß Sie ständig Ihr Spiel mit ihnen treibt. Im Leben Meister Mahasayas offenbarte sich dieses göttliche Spiel sowohl bei bedeutenden als auch bei unbedeutenden Ereignissen. Denn in Gottes Augen gibt es kein Groß oder Klein. Hätte Er das Atom nicht mit solcher Genauigkeit konstruiert, wie könnte der Himmel die königliche Wega und den stolzen Arkturus tragen? Unterscheidungen von »wichtig« und »unwichtig« sind dem Herrn gewiß unbekannt, denn wenn nur eine Stecknadel fehlte, bräche der ganze Kosmos zusammen.

---

*) Johannes vom Kreuz. Der Körper dieses liebenswerten christlichen Heiligen, der 1591 starb, wurde 1859 ausgegraben und in unverwestem Zustand vorgefunden.
Sir Francis Younghusband berichtete (im *Atlantic Monthly*, Dezember 1936), wie er selbst einmal die kosmische Freude erlebte: »Etwas kam über mich, was weit mehr war als Erhebung oder Heiterkeit. Ich wurde von einer solch intensiven Freude erfüllt, daß ich außer mir war. Und im selben Augenblick, da ich diese unbeschreibliche und fast unerträgliche Freude fühlte, kam mir die Offenbarung, daß diese Welt im wesentlichen gut ist. Ich hegte keinen Zweifel darüber, daß die Menschen im Grunde ihres Herzens gut sind und daß alle ihre schlechten Eigenschaften nur an der Oberfläche liegen.«

X. KAPITEL

ICH BEGEGNE MEINEM MEISTER
SRI YUKTESWAR

»Der Glaube an Gott kann jedes Wunder vollbringen, nur eines nicht: daß man ein Examen besteht, ohne fleißig studiert zu haben.« Ärgerlich klappte ich das »inspirierende« Buch zu, das ich in einem müßigen Augenblick zur Hand genommen hatte.

»Die Ausnahme, die der Verfasser da macht, beweist, wie sehr es ihm an Glauben mangelt«, dachte ich. »Bedauernswerter Mensch! Er scheint große Hochachtung vor den Studenten zu haben, die bis in die Nacht arbeiten.«

Ich hatte Vater versprochen, die höhere Schule zu absolvieren; doch ich kann nicht behaupten, fleißig gewesen zu sein. Die Monate waren dahingegangen, ohne daß ich mich viel in der Schule hatte sehen lassen; dafür suchte ich aber um so öfter die einsamen Bade-*Ghats* von Kalkutta auf. Die dort in der Nähe liegenden Leichenverbrennungsstätten, die besonders bei Nacht schauerlich wirken, üben eine besondere Anziehungskraft auf den Yogi aus. Wer das Unsterbliche Selbst finden will, darf nicht vor ein paar hohlen Schädeln zurückschrecken. An diesen unheimlichen, mit Knochen besäten Stätten wird einem die Unzulänglichkeit alles Menschlichen offenbar, und so sahen meine Nachtwachen ganz anders aus als die eines Studierenden.

Die Woche des Abiturientenexamens am Hindu-Gymnasium stand dicht vor der Tür. Besonders die mündliche Prüfung kann ein ähnliches Entsetzen hervorrufen wie die von Geistern heimgesuchten Grabstätten. Dennoch war ich innerlich ruhig. Durch meine mutige Begegnung mit den Dämonen hatte ich ein Wissen ausgegraben, das man in keinem Schulzimmer erlernen kann. Doch leider mangelte es mir an der Fähigkeit, die Swami Pranabananda besaß: ich konnte nicht an zwei Orten zu gleicher Zeit erscheinen. Ich sagte mir aber (was vielleicht vielen als unlogisch erscheinen mag), daß der Herr mein Dilemma bemerken und mir irgendwie beistehen würde. Diese Vernunftwidrigkeit der Gläubigen ist auf die Tatsache zurückzuführen, daß Gott ihnen bereits unzählige Male in Zeiten der Not geholfen hat.

»Heda, Mukunda! Ich bekomme dich dieser Tage kaum noch zu sehen!« rief mich eines Nachmittags ein Klassenkamerad in der Gurparstraße an.

»Wie geht's, Nantu? Mein Fernbleiben von der Schule hat mich dort in eine recht fatale Lage gebracht.« Durch seinen freundlichen Blick ermutigt, begann ich ihm mein Herz auszuschütten.

Nantu, der ein hervorragender Schüler war, lachte herzlich, denn meine Lage hatte wirklich etwas Komisches an sich.

»Du bist völlig unvorbereitet für die Prüfung«, sagte er. »Ich glaube, ich muß dir helfen.«

Seine einfachen Worte klangen mir wie eine göttliche Verheißung, und bald suchte ich meinen Freund voller Hoffnung in seiner Wohnung auf. Er zeigte mir bereitwillig die Lösungen verschiedener Aufgaben, die vermutlich in der Prüfung vorkommen würden.

»Diese Fragen sind die Fallen, die den Prüflingen gestellt werden. Präge dir die Antworten gut ein, dann wirst du glimpflich davonkommen.«

Es war spät in der Nacht, als ich — vor ungewohnter Gelehrsamkeit strotzend — den Heimweg antrat. Aufrichtigen Herzens betete ich darum, daß ich mein Wissen während der folgenden kritischen Tage behalten möge. Nantu hatte mir verschiedene Sachgebiete eingepaukt, jedoch in der Eile meinen Sanskritkursus vergessen. Eindringlich machte ich Gott auf dieses Versehen aufmerksam.

Am nächsten Morgen unternahm ich einen kleinen Spaziergang, um mein neu erworbenes Wissen zu verdauen. Als ich mir den Weg abkürzen wollte und über ein mit Unkraut bewachsenes Eckgrundstück schritt, fiel mein Blick auf ein paar lose, bedruckte Blätter. Ein triumphierender Griff, und in meiner Hand befanden sich Sanskritverse! Ich suchte sofort einen Pandit auf, der mir bei meiner Interpretation, die recht lückenhaft war, helfen sollte. Er las mir auch sogleich mit erhobener Stimme die Verse in der alten, melodischen Sprache vor.*)

»Diese ausgefallenen Verse können dir aber unmöglich bei deiner Sanskritprüfung helfen«, meinte der Gelehrte skeptisch, als er mir die Blätter zurückgab.

Und doch verdankte ich es nur der Kenntnis dieses Gedichtes, daß

---

*) *Sanskrita* = »geschliffen, vollkommen«. Sanskrit ist die älteste aller indogermanischen Sprachen. Sein Alphabet wird *Dewanagari* (wörtlich: göttliche Stätte) genannt. »Wer meine Grammatik kennt, der kennt Gott.« Diese ehrfurchtsvollen Worte, die sich auf die mathematische und psychologische Vollkommenheit des Sanskrit beziehen, stammen von Panini, einem Philologen des indischen Altertums. Wer die Sprache bis zu ihrem Ursprung verfolgt, muß in der Tat allwissend werden.

ich am nächsten Tag meine Sanskritprüfung bestand. Dank der meisterhaften Hilfe Nantus erhielt ich auch in allen anderen Fächern die erforderlichen Mindestzensuren.

Vater freute sich, daß ich Wort gehalten und die höhere Schule beendet hatte. Ich aber dankte sogleich meinem himmlischen Vater, denn nur Er hatte mir Nantu zugeführt und mich auf meinem Spaziergang auf das schuttbeladene Grundstück geleitet. Spielerisch hatte Er diese doppelte Rettungsaktion inszeniert, um mir zur rechten Zeit zu helfen.

Kurze Zeit darauf fiel mir wieder das Buch in die Hände, dessen Verfasser die Priorität Gottes im Prüfungssaal abgestritten hatte. Mit innerer Belustigung dachte ich: »Es würde ihn nur noch mehr verwirren, wenn ich ihm erzählte, daß das Meditieren inmitten von Leichen ein abgekürztes Studienverfahren ist.«

Im Bewußtsein meiner neuen Würde bereitete ich mich nun offen darauf vor, mein Elternhaus zu verlassen. Ich hatte mich, gemeinsam mit meinem Freund Dschitendra Masumdar*), entschlossen, in eine Einsiedelei (Sri Bharat Dharma Mahamandal) zu Benares einzutreten, um dort meine geistige Schulung zu empfangen.

Eines Tages aber überkam mich bei dem Gedanken an die bevorstehende Trennung von meiner Familie große Traurigkeit. Seit Mutters Tod hatte ich mich mit besonderer Zärtlichkeit meiner beiden jüngeren Brüder Sananda und Bischnu und meiner jüngsten Schwester Thamu angenommen. Ich eilte zu meinem Zufluchtsort, der kleinen Mansarde, die schon so viele Phasen meines stürmischen Sadhana**) mit angesehen hatte. Nach einer zweistündigen Tränenflut fühlte ich mich wunderbar erleichtert — als sei ich durch einen alchimistischen Läuterungsprozeß gegangen. Jedes Gefühl von Anhänglichkeit ***) war verschwunden, und ich war fest entschlossen, nur noch Gott — den einzig wahren Freund — zu suchen.

»Ich will dich noch ein letztes Mal bitten, mich und deine traurigen Geschwister nicht zu verlassen«, sagte Vater mit betrübter Miene, als ich vor ihm stand, um seinen Segen zu empfangen.

---

*) Dies ist nicht Dschatinda (Dschotin Ghosch), den wir wegen seiner rechtzeitigen Furcht vor Tigern in Erinnerung haben.
**) Weg, oder anfänglicher Weg, der zu Gott führt
***) Die Hinduschriften lehren, daß Anhänglichkeit an die Familie eine Täuschung sein kann, und zwar dann, wenn sie den Gottsucher davon abhält, den Geber aller Gaben — zu denen auch die Familienangehörigen und nicht zuletzt das Leben selbst zählen — zu suchen. Jesus lehrte das gleiche mit ähnlichen Worten: »Wer Vater oder Mutter mehr liebt denn mich, der ist mein nicht wert.« *(Matth. 10, 37)*

»Geliebter Vater, es fällt mir schwer, meine Liebe zu dir in Worte zu fassen. Aber noch größer ist meine Liebe zum Himmlischen Vater, der mir einen solch vollkommenen irdischen Vater gegeben hat. Laß mich gehen, damit ich eines Tages mit höheren göttlichen Erkenntnissen zu dir zurückkehre.«

Nachdem Vater mir widerstrebend seine Einwilligung gegeben hatte, machte ich mich auf den Weg, um Dschitendra nachzureisen, der sich schon in der Einsiedelei zu Benares befand. Dort wurde ich herzlich von dem jungen Oberhaupt, Swami Dayananda, begrüßt. Er war von hoher, schlanker Gestalt und hatte ein vergeistigtes Antlitz, so daß ich mich gleich zu ihm hingezogen fühlte. In seinem blassen Gesicht spiegelte sich eine buddhaähnliche Gelassenheit.

Ich stellte mit Freuden fest, daß mein neues Heim ebenfalls ein Mansardenzimmer hatte, wo ich während der Morgen- und Abendstunden meditieren konnte. Die Bewohner des Aschrams jedoch, die nicht viel von Meditationsübungen hielten, waren der Meinung, daß ich meine ganze Zeit organisatorischen Aufgaben widmen müsse; sie waren sehr mit meiner Büroarbeit zufrieden, die ich jeden Nachmittag erledigte.

»Beeile dich nicht allzusehr, Gott zu finden«, rief mir ein Mitschüler spöttisch nach, als er mich eines Morgens früh in die Mansarde hinaufsteigen sah. Ich suchte daraufhin Dayananda in seinem kleinen Studierzimmer auf, dessen Fenster auf den Ganges hinausführten.

»Swamidschi, ich weiß nicht recht, was hier von mir verlangt wird. Ich bemühe mich um ein unmittelbares Gotteserleben. Ohne Ihn können mich weder Religion noch Glaubensbekenntnisse noch gute Werke befriedigen.«

Der Geistliche in seiner orangefarbenen Robe gab mir einen liebevollen Klaps. Dann erteilte er einigen in der Nähe stehenden Jüngern eine fingierte Rüge, indem er sagte: »Laßt Mukunda in Ruhe. Er wird sich schon an unsere Lebensweise gewöhnen.«

Ich war höflich genug, meine Zweifel zu verschweigen. Unterdessen verließen die anderen Schüler den Raum, ohne vom Tadel sichtlich geknickt zu sein. Nun wandte sich Dayananda wieder mir zu:

»Mukunda, ich habe bemerkt, daß dein Vater dir regelmäßig Geld schickt. Sende es ihm bitte zurück, denn du brauchst hier keins. Und eine weitere disziplinarische Vorschrift betrifft das Essen: selbst wenn du Hunger hast, erwähne es nicht!«

Ich weiß nicht, ob ich wie ein Verschmachtender dreinblickte, ich weiß nur, daß ich großen Hunger hatte. Die erste Mahlzeit in der Einsiedelei wurde um 12 Uhr mittags eingenommen; ich aber war von Hause aus gewohnt, um 9 Uhr ausgiebig zu frühstücken.

Diese dreistündige Wartezeit erschien mir von Tag zu Tag unerträglicher. Vorüber waren die goldenen Tage von Kalkutta, wo ich dem Koch wegen einer Verspätung von 10 Minuten Vorwürfe machen konnte. Um meinen Appetit beherrschen zu lernen, unternahm ich schließlich ein 24stündiges Fasten. Mit desto größerer Vorfreude erwartete ich danach das nächste Mittagsmahl.

Doch Dschitendra überbrachte mir eine niederschmetternde Nachricht: »Dayanandadschis Zug hat Verspätung; wir warten daher mit dem Essen, bis er kommt!« Als Willkommensgruß für den Swami, der zwei Wochen lang unterwegs gewesen war, hatte man besondere Leckerbissen vorbereitet, und ein appetitanregendes Aroma erfüllte bereits die Luft. Da dies alles war, was mir geboten wurde, mußte ich mit meinem Stolz über mein gestriges Fasten vorliebnehmen.

»Lieber Gott, laß den Zug schneller fahren!« Das Schweigegebot, das mir Dayananda auferlegt hatte, bezog sich gewiß nicht auf den Himmlischen Versorger! Doch die Göttliche Aufmerksamkeit schien auf andere Dinge gerichtet zu sein. Träge schlichen die Uhrzeiger dahin und zeigten eine Stunde nach der anderen an, bis es schließlich Abend geworden war. Da endlich trat unser Leiter zur Tür herein, und ich begrüßte ihn mit unverhohlener Freude.

»Dayanandadschi will zuerst baden und meditieren, darum können wir noch nicht auftragen.« Wieder war es Dschitendra, der mir diese Hiobsbotschaft überbrachte.

Ich war dem Zusammenbruch nahe. Mein junger Magen, der an solche Entbehrungen nicht gewöhnt war, erhob heftigen Protest. Bilder, die ich einst von Opfern des Hungertodes gesehen hatte, zogen schemenhaft an mir vorüber.

»Der nächste Hungertod in Benares wird sogleich in dieser Einsiedelei stattfinden«, dachte ich. Doch um 9 Uhr abends entging ich dem drohenden Verhängnis. Ambrosische Aufforderung! Im Rückblick auf jene Abendmahlzeit muß ich sagen, daß sie zu den erfreulichsten Stunden meines Lebens gehörte.

Obgleich ich mich auf meinen Teller konzentrierte, fand ich dennoch Zeit, Dayananda zu beobachten, der nur geistesabwesend an einigen Speisen nippte. Im Gegensatz zu mir schien er über alle materiellen Freuden erhaben zu sein.

»Swamidschi, wart Ihr nicht hungrig?« fragte ich unseren Leiter, als ich mich nach einer überreichlichen Mahlzeit allein mit ihm in seinem Arbeitszimmer befand.

»Doch«, sagte er. »Ich habe die letzten vier Tage weder gegessen noch getrunken, denn wenn ich in der Eisenbahn sitze, die mit den fremden

Schwingungen weltlicher Menschen erfüllt ist, nehme ich nie etwas zu mir. Hierin befolge ich strikt die *schastrischen**) Mönchsregeln meines Ordens.

Gewisse organisatorische Probleme machen mir augenblicklich zu schaffen; darum habe ich heute mein Essen vernachlässigt. Wozu die Eile? Morgen werde ich darauf achten, daß ich eine ordentliche Mahlzeit zu mir nehme.« Dabei lachte er fröhlich.

Ein beklemmendes Schamgefühl begann in mir aufzusteigen. Und doch konnte ich diesen qualvollen Tag nicht so leicht vergessen und wagte daher noch eine weitere Frage:

»Swamidschi, mir ist nicht ganz klar, inwieweit ich Euren Rat befolgen soll. Angenommen, daß ich niemals um Nahrung bitte und daß niemand mir etwas gibt; dann würde ich ja vor Hunger sterben.«

»Dann stirb!« lautete die alarmierende Antwort, die die Luft erzittern ließ. »Stirb, wenn es sein muß, Mukunda. Aber glaube niemals, daß du von Nahrung und nicht von der Kraft Gottes lebst. Er, der jede Art von Nahrung erschaffen und uns den Appetit gegeben hat, wird Seine Kinder auch zu erhalten wissen. Bilde dir nicht ein, daß du von Reis ernährt wirst oder daß du von Geld und Menschen abhängig bist. Können sie dir etwa helfen, wenn Gott dein Leben zurückfordert? Sie sind nichts weiter als Seine Werkzeuge. Oder kannst du die Nahrung in deinem Magen aus eigener Kraft verdauen? Gebrauche das Schwert der Unterscheidungskraft, Mukunda! Sprenge die irdischen Fesseln und erkenne den Urgrund aller Dinge!«

Diese Worte schnitten tief in meine Seele ein. Verschwunden war die alte Wahnvorstellung, daß sich die Seele den Forderungen des Körpers unterwerfen müsse. In jenem Augenblick kostete ich die All-Genügsamkeit des GEISTES. In wie vielen fremden Städten, die ich später bereisen mußte, hatte ich Gelegenheit, von dieser in der Einsiedelei zu Benares empfangenen Lehre Gebrauch zu machen!

Der einzige kostbare Besitz, den ich aus Kalkutta mitgebracht hatte,

---

*) Von *Schastras*, wörtlich: »Heilige Bücher«, die in vier Kategorien aufgeteilt worden sind: *Schruti*, *Smriti*, *Purana* und *Tantra*. In diesen umfangreichen Werken werden alle Aspekte des religiösen und gesellschaftlichen Lebens sowie die Gebiete der Rechtswissenschaft, Medizin, Architektur, Kunst usw. behandelt. Die *Schrutis* sind die »direkt vernommenen« oder »offenbarten« Werke — die Veden. Die *Smritis* oder »im Gedächtnis bewahrten« Kenntnisse wurden bereits in ferner Vergangenheit niedergeschrieben und stellen die ältesten Epen der Welt dar: das *Mahabharata* und das *Ramajana*. Die *Puranas* (18 an der Zahl) sind, wörtlich genommen, »aus alten Zeiten stammende« Allegorien, und *Tantras* bedeutet wörtlich »Riten« oder »Rituale«. Diese Abhandlungen enthalten tiefe Wahrheiten, die von einer ausführlichen Symbolik verschleiert werden.

war das silberne Amulett des *Sadhu,* das mir meine Mutter hinterlassen hatte. Jahrelang hatte ich es gehütet und hielt es nun sorgfältig in meinem Zimmer versteckt. Eines Morgens wollte ich mich wieder am Anblick des Talismans erfreuen und öffnete das verschlossene Kästchen. Obgleich das versiegelte Kuvert unangetastet schien, war das Amulett verschwunden. Betrübt riß ich den Umschlag auf, um mich zu vergewissern. Doch getreu der Vorhersage des *Sadhu* hatte es sich wieder im Äther, aus dem es gekommen war, aufgelöst.

Mein Verhältnis zu den Schülern Dayanandas verschlechterte sich von Tag zu Tag. Alle Hausbewohner fühlten sich durch meine bewußte Absonderung befremdet und verletzt. Mein striktes Festhalten an der Meditation, dem einzigen Ideal, um dessentwillen ich meiner Familie und allem weltlichen Ehrgeiz entsagt hatte, brachte mir von allen Seiten engstirnige Kritik ein.

In meiner tiefen seelischen Qual suchte ich eines Morgens das Mansardenzimmer auf und nahm mir fest vor, so lange zu beten, bis ich eine Antwort erhielt.

»Barmherzige Mutter des Alls, lehre Du mich selbst durch Visionen oder sende mir einen Guru!«

Stunden vergingen, ohne daß meine von Schluchzen unterbrochenen Gebete erhört wurden. Plötzlich aber fühlte ich mich — sogar körperlich — in eine unermeßlich weite Sphäre emporgehoben.

»Dein Meister kommt noch heute!« erklang eine göttliche Frauenstimme, die von überall und nirgends herzukommen schien.

In diesem Augenblick wurde mein übernatürliches Erlebnis durch einen Ruf unterbrochen, der allerdings aus einer ganz bestimmten Richtung kam. Ein junger Priester mit dem Spitznamen Habu rief mich aus der Küche im unteren Stockwerk.

»Mukunda! Schluß mit dem Meditieren! Wir brauchen dich für eine Besorgung.«

Zu jeder anderen Zeit hätte ich vielleicht eine ungeduldige Antwort gegeben. Heute aber wischte ich mir nur die Tränen aus dem verschwollenen Gesicht und kam ohne weiteres herunter. Habu führte mich zu einem entfernt gelegenen Marktplatz im bengalischen Stadtteil von Benares. Die unbarmherzige indische Sonne stand noch nicht im Zenit, als wir unsere Einkäufe in den Bazars machten und uns durch eine bunte Menschenmenge von Hausfrauen, Fremdenführern, Priestern, einfach gekleideten Witwen, würdigen Brahmanen und die unvermeidlichen heiligen Kühe schoben. Während wir uns mühsam unseren Weg bahnten, wandte ich plötzlich den Kopf und musterte mit prüfendem Blick eine unauffällige, enge Gasse.

Ein christusähnlicher Mann im ockerfarbenen Swami-Gewand stand regungslos am Ende der Gasse. Der Heilige kam mir sogleich altvertraut vor, und einen Augenblick lang verschlang ich ihn mit meinen Blicken. Doch dann kamen mir wieder Zweifel.

»Du verwechselst diesen wandernden Mönch mit irgendeinem Bekannten«, dachte ich. »Geh weiter, Träumer.«

Nach zehn Minuten aber fühlte ich plötzlich eine bleierne Schwere in den Beinen, so daß ich mich kaum vorwärts bewegen konnte. Als ich mich mühsam umwandte, verhielten sich meine Füße sofort wieder normal. Doch sobald ich die entgegengesetzte Richtung einschlug, fühlte ich wiederum das unerklärliche Gewicht in den Beinen.

»Der Heilige zieht mich magnetisch zu sich«, dachte ich und drückte Habu kurz entschlossen meine Pakete in den Arm. Er hatte das merkwürdige Manöver meiner Füße verwundert beobachtet und brach jetzt in lautes Lachen aus.

»Was fehlt dir? Bist du verrückt geworden?«

Meine innere Erregung war jedoch so groß, daß ich nicht antworten konnte; und so lief ich, ohne ein Wort zu sagen, davon.

Wie von Flügeln getragen, eilte ich denselben Weg zurück, bis ich die enge Gasse erreicht hatte. Mein Blick fiel sofort auf die ruhige Gestalt, die unverwandt in meine Richtung schaute. Noch ein paar ungeduldige Schritte, und ich lag zu seinen Füßen.

»Gurudewa!«*) Dies war dasselbe göttliche Antlitz, das ich in zahllosen Visionen erblickt hatte — derselbe löwenartige Kopf mit dem zugespitzten Bart und dem wallenden Haar, dieselben stillen Augen, die so oft im Dunkel meiner nächtlichen Träume aufgetaucht waren und mir etwas zu versprechen schienen, was ich nie ganz verstanden hatte.

»Endlich bist du gekommen, mein Kind!« Ein über das andere Mal wiederholte mein Guru diese Worte in bengalischer Sprache, während tiefe Freude in seiner Stimme schwang. »Wie viele Jahre habe ich auf dich gewartet!«

Wir schwiegen in stiller Übereinstimmung, denn jede weitere Äußerung schien überflüssig. Es war ein Lied ohne Worte, das vom Herzen des Meisters zum Herzen des Jüngers floß. Mit unumstößlicher Gewißheit hatte ich gespürt, daß mein Guru mit Gott vereint war und mich zu Ihm führen werde. Blasse Erinnerungen an vergangene Inkarnationen dämmerten in mir auf und lichteten den Schleier, der bis dahin über meinem Leben gehangen hatte. Das gewaltige Drama der Zeit mit ihren

---

*) Göttlicher Lehrer, die übliche Sanskritbezeichnung für den geistigen Erzieher. Im Englischen habe ich es einfach mit »Master« (Meister) übersetzt.

sich ständig wiederholenden Zyklen von Vergangenheit, Gegenwart und Zukunft rollte vor meinem inneren Auge ab. Dies war nicht das erste Mal, daß ich zu seinen heiligen Füßen lag!

Da nahm der Guru mich bei der Hand und führte mich zu seiner derzeitigen Wohnung im Rana-Mahal-Bezirk der Stadt. Er hatte einen athletischen Körper und bewegte sich festen Schrittes vorwärts. Trotz seiner 55 Jahre besaß er die Energie und Tatkraft eines jungen Mannes. Seine schönen großen Augen waren dunkel und von unergründlicher Weisheit. Das leicht gelockte Haar milderte sein majestätisches Antlitz, das zugleich Kraft und Güte ausstrahlte.

Als wir zu dem steinernen Balkon des am Ganges gelegenen Hauses emporstiegen, sagte er liebevoll:

»Ich werde dir meine Einsiedelei und meinen ganzen Besitz schenken.«

»Ich möchte bei Euch Weisheit und Gottverwirklichung finden, Sir. Das sind Eure wahren Schätze, auf die ich es abgesehen habe.«

Die Schatten der Abenddämmerung senkten sich bereits herab, als mein Meister endlich wieder sprach. In seinen Augen lag unaussprechliche Zärtlichkeit.

»Ich schenke dir meine bedingungslose Liebe.«

Welch unvergeßliche Worte! Ein Vierteljahrhundert sollte vergehen, ehe er mir von neuem seine Liebe versicherte. Gefühlvolle Äußerungen waren seinem Wesen fremd; sein unermeßliches Herz liebte das Schweigen.

»Willst du mir dieselbe bedingungslose Liebe schenken?« fragte er, indem er mich mit kindlichem Vertrauen anblickte.

»Ich werde Euch in alle Ewigkeit lieben, Gurudewa!«

»Gewöhnliche Liebe ist selbstsüchtig und haftet an Begierde und Genuß. Göttliche Liebe aber ist bedingungslos, grenzenlos und unvergänglich. Die verwandelnde Kraft reiner Liebe hebt alle Unruhe des menschlichen Herzens für immer auf.« Und demütig fügte er hinzu: »Solltest du mich jemals vom Zustand der Gottverwirklichung herabfallen sehen, so mußt du meinen Kopf auf deinen Schoß nehmen und versuchen, mich zu dem Kosmischen Geliebten, den wir beide anbeten, zurückzuführen.«

Als es dunkel geworden war, erhob er sich und führte mich ins Haus. Während wir Mangos und eine Mandelspeise aßen, flocht er einige Bemerkungen in die Unterhaltung ein, aus denen ich ersah, wie genau er meine Eigenarten kannte. Seine erhabene Weisheit und seine natürliche Demut, die vollkommen miteinander in Einklang standen, erfüllten mich mit Ehrfurcht.

»Traure nicht deinem Amulett nach; es hat seinen Zweck erfüllt.« Anscheinend konnte der Guru, gleich einem göttlichen Spiegel, mein ganzes Leben überblicken.

»Die Freude, in Eurer lebendigen Gegenwart sein zu dürfen, Meister, bedarf keines Symbols mehr.«

»Es ist an der Zeit, daß wir eine Änderung vornehmen, denn in der Einsiedelei bist du nicht am richtigen Platz.«

Ich hatte ihm keinerlei Angaben über mein Leben gemacht; und jetzt schienen sie überflüssig zu sein. Durch sein natürliches, allem Pathos abholdes Verhalten gab mir der Meister zu verstehen, daß er keine erstaunten Ausrufe über seine Hellsichtigkeit wünsche.

»Du solltest nach Kalkutta zurückkehren. Warum willst du deine Angehörigen von deiner Liebe zur Menschheit ausschließen?«

Sein Vorschlag entsetzte mich. Meine Familie hatte nämlich meine Rückkehr vorausgesagt, obgleich ich mich allen brieflichen Bitten gegenüber taub gestellt hatte. »Laß den jungen Vogel ruhig zum metaphysischen Himmel emporfliegen«, hatte Ananta bemerkt. »Die Flügel werden ihm in der drückenden Atmosphäre schon lahm werden. Schließlich wird er auf unser Haus niederschießen, demütig seine Flügel falten und sich im Nest der Familie zur Ruhe setzen.« Diesen abschreckenden Vergleich hatte ich noch frisch in Erinnerung und war daher fest entschlossen, niemals in Richtung Kalkutta »niederzuschießen«.

»Meister, nach Hause gehe ich nicht zurück. Sonst aber will ich Euch überallhin folgen. Gebt mir bitte Euren Namen und Eure Adresse.«

»Swami Sri Yukteswar Giri. Mein Hauptsitz ist in Serampur, wo ich in der Rhai-Ghat-Gasse eine Einsiedelei habe. Ich bin hier nur ein paar Tage bei meiner Mutter zu Besuch.«

Staunend wurde mir bewußt, welch ein kompliziertes Spiel Gott doch mit Seinen Kindern treibt. Serampur liegt nur 20 Kilometer von Kalkutta entfernt, und dennoch hatte ich meinen Guru in dieser Gegend niemals zu Gesicht bekommen. Wir mußten beide in die alte Stadt Kaschi (Benares) fahren, die so viele heilige Erinnerungen an Lahiri Mahasaya birgt, um uns zu begegnen. Auch ist diese Stadt durch Buddha, Schankaratscharya*) und viele andere christusähnliche Yogis geheiligt worden.

---

*) Schankaratscharya (Schankara), der bedeutendste Philosoph Indiens, war ein Jünger von Govinda Dschati und dessen Guru, Gaudapada. Schankara schrieb einen berühmt gewordenen Kommentar über ein Werk Gaudapadas, *Mandukja Karika*. Mit unvergleichlicher Logik und in einem gefälligen, geschliffenen Stil legt Schankara den Vedanta ganz und gar im Geist des *Adwaita* (Nicht-Zweiheit, Monismus) aus. Der große Monist verfaßte aber auch Gedichte, die von seiner Liebe und Hingabe zeugen. Sein »Gebet an die

»In vier Wochen wirst du zu mir zurückkehren.« Zum ersten Male klang Sri Yukteswars Stimme streng. »Jetzt, da ich dir von meiner ewigen Liebe und meiner Wiedersehensfreude gesprochen habe, nimmst du dir heraus, meine Wünsche zu mißachten. Beim nächsten Mal wirst du mein Interesse erst von neuem erwecken müssen, denn ich nehme dich nicht ohne weiteres als Jünger an. Meine Schulung ist streng, und ich verlange absoluten Gehorsam.«

Göttliche Mutter zur Vergebung der Sünden« hat folgenden Kehrreim: »Gibt es auch viele schlechte Söhne, so gab es doch nie eine schlechte Mutter.«
Ein Jünger Schankaras, Sananda, schrieb einst einen Kommentar zu den *Brahma Sutras* (Philosophie des Vedanta). Das Manuskript wurde durch Feuer vernichtet, doch Schankara (der es nur einmal durchgesehen hatte) wiederholte es seinem Jünger Wort für Wort. Dieser Text, der als *Pantschapadika* bekannt geworden ist, dient den Gelehrten bis zum heutigen Tage als Studienmaterial.
Sananda erhielt später aufgrund eines wunderbaren Erlebnisses einen neuen Namen. Als er eines Tages am Flußufer saß, hörte er, wie Schankara ihn vom gegenüberliegenden Ufer aus rief und ging daraufhin sofort ins Wasser. Sein Glaube wurde unverzüglich belohnt: denn unter seinen Füßen bildeten sich sogleich eine Anzahl von Lotosblumen, die Schankara in dem tosenden Fluß materialisiert hatte. Danach wurde der Jünger nur noch Padmapada (der Lotosfüßige) genannt.
Im *Pantschapadika* spricht Padmapada des öfteren mit tiefer Liebe und Ehrfurcht von seinem Guru. Und Schankara selbst schrieb die folgenden, unvergleichlichen Zeilen: »Nichts in den drei Welten läßt sich mit einem wahren Guru vergleichen. Wenn es den Stein der Weisen wirklich gäbe, so könnte er — nicht aber in einen zweiten Stein der Weisen verwandeln. Der verehrte Lehrer dagegen hebt den Jünger, der zu seinen Füßen Zuflucht sucht, auf die gleiche Stufe, auf der er selber steht. Darum ist ein Guru etwas Unvergleichliches, ja Überirdisches.« (*Hundert Verse*, 1)
Schankara war nicht nur ein Heiliger, sondern — was selten gleichzeitig der Fall ist — auch ein Gelehrter und ein Mann der Tat. Obgleich er nur 32 Jahre alt wurde, hat er einen großen Teil seines Lebens damit verbracht, ganz Indien zu durchwandern und überall seine Lehre des *Adwaita* zu verbreiten. Millionen von begeisterten Menschen versammelten sich überall, um die weisen, trostreichen Reden dieses barfüßigen jungen Mönches zu hören.
Schankaras reformatorische Bemühungen führten auch zur Neugründung des alten Swami-Mönchsordens (siehe Seite 239-240). Außerdem gründete er in vier verschiedenen Gebieten Indiens — Maisur im Süden, Puri im Osten, Dwarka im Westen und Badrinath im nördlichen Himalaja — je einen *Math* (klösterliche Bildungsstätte).
Diese vier *Maths* des großen Monisten, die in großzügiger Weise von den Fürsten und dem Volk unterhalten wurden, erteilten freien Unterricht in Sanskrit, Logik und der Vedanta-Philosophie. Mit der Gründung seiner *Maths* in vier verschiedenen Gegenden beabsichtigte Schankara, das ganze Land vom religiösen und nationalen Standpunkt aus zu vereinigen. Genau wie früher findet der fromme Hindu auch heute noch in den *Tschaultries* und *Sattrams* (Ruheplätzen), die an den Pilgerstraßen liegen und vom Gemeinwesen unterhalten werden, freie Unterkunft und Verpflegung.

Ich schwieg hartnäckig. Mein Guru durchschaute meine Schwierigkeit sofort.

»Hast du Angst, daß deine Familie dich auslacht?«
»Ich gehe nicht zurück!«
»Du wirst in 30 Tagen zurückkehren.«
»Niemals!«

Ohne die durch meinen Widerspruch entstandene Spannung beseitigt zu haben, neigte ich mich ehrfürchtig zu seinen Füßen und ging davon. Als ich durch das nächtliche Dunkel zur Einsiedelei zurückwanderte, fragte ich mich, warum diese wundersame Begegnung so disharmonisch enden mußte. Oh, die zwiefache Waagschale der *Maya*, die jede Freude mit einem Kummer aufwiegt! Mein junges Herz war noch nicht geschmeidig genug für die verwandelnde Hand meines Guru.

Am nächsten Morgen bemerkte ich, daß das Verhalten der Aschram-Bewohner mir gegenüber noch feindseliger geworden war. Sie vergällten mir die Tage mit ihren ständigen Grobheiten. Drei Wochen später verließ Dayananda den Aschram, um an einer Konferenz in Bombay teilzunehmen, und über mein wehrloses Haupt brach die Hölle herein.

»Mukunda ist ein Schmarotzer, der die Gastfreundschaft der Einsiedelei genießt, ohne irgendetwas dafür zu leisten.« Als ich diese Bemerkung hörte, bedauerte ich zum ersten Male, daß ich Vaters Geld zurückgeschickt hatte. Schweren Herzens suchte ich meinen einzigen Freund Dschitendra auf.

»Ich gehe fort. Übermittele Dayanandadschi bitte meine ehrfürchtigen Grüße, wenn er zurückkehrt.«

»Ich bleibe auch nicht hier, denn ich habe mit meinen Meditationsversuchen nicht viel mehr Glück gehabt als du«, sagte Dschitendra mit entschlossener Miene.

»Ich bin neulich einem christusähnlichen Heiligen begegnet, der in Serampur wohnt. Laß uns zu ihm gehen!«

Und so bereitete sich der »Vogel« darauf vor, in gefährlicher Nähe von Kalkutta »niederzuschießen«.

XI. KAPITEL

ZWEI JUNGE BURSCHEN
OHNE EINEN PFENNIG IN BRINDABAN

»Es geschähe dir recht, Mukunda, wenn Vater dich enterbte! Wie sinnlos du dein Leben vergeudest!«

Mit dieser Strafpredigt wurde ich von meinem älteren Bruder empfangen, als ich mit Dschitendra, frisch vom Zug kommend (frisch ist zuviel gesagt, denn wir waren beide staubbedeckt), bei ihm eintraf. Ananta wohnte nicht mehr in Kalkutta, sondern war in die alte Stadt Agra versetzt worden, wo er einen Posten als Hauptbücherrevisor bei der Regierung übernommen hatte.

»Du weißt sehr wohl, Ananta, daß ich mein Erbteil nur beim Himmlischen Vater suche.«

»Zuerst das Geld — und dann Gott. Wer weiß, ob das Leben nicht zu lang wird.«

»Zuerst Gott! Das Geld ist Sein Sklave. Wer kann sagen, ob das Leben nicht zu kurz ist?«

Es war das Erfordernis des Augenblicks, das mir diese Antwort eingab, und kein bestimmtes Vorgefühl. (Leider starb Ananta schon in jungen Jahren.) *

»Eine Weisheit, die du wahrscheinlich aus der Einsiedelei mitgebracht hast. Wie ich aber sehe, hast du Benares verlassen.« Anantas Augen blitzten vor Genugtuung; er hoffte noch immer, den flüchtigen Vogel ins Nest der Familie zurückzulocken.

»Mein Aufenthalt in Benares war nicht umsonst. Ich habe dort alles gefunden, wonach mein Herz sich seit jeher sehnte. Und du kannst sicher sein, daß es weder dein Pandit noch sein Sohn war!«

In Erinnerung an dieses Erlebnis mußten wir beide lachen; denn Ananta konnte nicht umhin zuzugeben, daß er damals in Benares einen recht kurzsichtigen »Hellseher« ausgesucht hatte.

»Und was sind deine weiteren Pläne, mein wanderlustiger Bruder?«

---

*) Siehe Kapitel 25

»Dschitendra hat mich dazu überredet, mit ihm nach Agra zu fahren, damit wir uns das herrliche Tadsch Mahal*) ansehen«, erklärte ich. »Danach fahren wir zu meinem Guru, den ich vor kurzem gefunden habe; er hat seine Einsiedelei in Serampur.«

Ananta nahm uns gastfreundlich auf und sorgte für unsere Bequemlichkeit. Ich bemerkte jedoch, wie seine Augen an diesem Abend mehrmals nachdenklich auf mir ruhten.

»Ich kenne diesen Blick«, dachte ich. »Er ist dabei, irgendeinen Plan auszuhecken.«

Am nächsten Morgen während des Frühstücks sollte ich dann auch das Ergebnis erfahren.

»Du fühlst dich also recht unabhängig von Vaters Geld«, bemerkte Ananta mit harmloser Miene und griff damit das heikle Thema unserer gestrigen Unterhaltung wieder auf.

»Ich weiß, daß ich nur von Gott abhängig bin.«

»Das sind leere Worte. Bisher bist du stets behütet gewesen. Wie wäre es aber, wenn du dich plötzlich gezwungen sähest, auf die Unsichtbare Hand zu vertrauen, um Nahrung und Unterkunft zu finden? Dann würdest du bald mit der Bettelschale durch die Straßen ziehen.«

»Niemals! Ich würde den Vorübergehenden nicht mehr vertrauen als Gott. Er braucht Seine Kinder nicht betteln zu lassen, sondern kann tausend andere Hilfsquellen ersinnen.«

»Noch mehr schöne Worte! Was würdest du aber zu meinem Vorschlag sagen, deine großsprecherische Philosophie auf dem Boden der Tatsachen zu erproben?«

»Damit wäre ich einverstanden. Oder meinst du etwa, daß Gott nur in unserer Einbildung existiert?«

»Wir werden sehen. Du wirst noch heute Gelegenheit haben, meinen Horizont zu erweitern — oder aber dich zu meiner Ansicht zu bekehren.« Ananta machte eine dramatische Pause und fuhr dann ernst und bedächtig fort:

»Ich schlage vor, daß du mit deinem Bruderschüler Dschitendra heute morgen nach dem nahe gelegenen Brindaban fährst. Ihr dürft keine einzige Rupie mitnehmen; ihr dürft weder um Nahrung noch um Geld betteln; ihr dürft eure Lage niemandem schildern; ihr dürft dabei aber keine Mahlzeit auslassen und nicht in Brindaban hängenbleiben. Wenn ihr vor Mitternacht zu meinem Bungalow zurückkehrt und alle Bedingungen erfüllt habt, werde ich der erstaunteste Mann in ganz Agra sein.«

»Ich nehme die Herausforderung an!« sagte ich, ohne eine Sekunde

---

*) Das weltberühmte Mausoleum

zu zögern. Dankbar gedachte ich der vielen Ereignisse in meinem Leben, die mir Gottes unmittelbare Hilfe bewiesen hatten: meine Heilung von der Cholera, als ich das Bild von Lahiri Mahasaya anrief; das spielerische Geschenk der beiden Drachen, das ich auf dem Dach in Lahor erhalten hatte; der Empfang des vielversprechenden Amuletts während meiner tiefen Verzweiflung in Barely; die wichtige Botschaft des *Sadhu* auf dem Hof des Pandits in Benares; die Vision der Göttlichen Mutter und Ihre unvergeßlichen Worte der Liebe, Ihr sofortiges Eingreifen durch Meister Mahasaya, dem ich mich in meiner kindlichen Verwirrung anvertraut hatte; die Belehrung in letzter Minute, die mir zum Reifezeugnis verhalf; und die letzte und höchste Gnade — mein lebendiger Meister, der aus dem Nebel meiner jahrelangen Träume aufgetaucht war. Nie würde ich zugeben, daß meine »Philosophie« sich auf dem rauhen Versuchsgelände der Welt nicht bewähren könne.

»Deine Bereitwilligkeit macht dir Ehre«, sagte Ananta. »Ich werde euch sogleich an den Zug bringen.«

Dann wandte er sich an Dschitendra, der mit offenem Mund zugehört hatte. »Du mußt als Zeuge, und höchstwahrscheinlich auch als zweites Opfer, mitfahren!«

Eine halbe Stunde später waren Dschitendra und ich je im Besitz einer einfachen Fahrkarte nach Brindaban. In einem abgelegenen Winkel des Bahnhofs führte Ananta eine Leibesvisitation an uns durch und stellte befriedigt fest, daß wir keine verborgenen Schätze bei uns hatten. Unsere einfachen *Dhotis**) verdeckten nur das Allernotwendigste.

Als der Glaube sich jedoch auch auf das wichtige Gebiet der Finanzen zu erstrecken begann, erhob mein Freund Einspruch: »Ananta, gib mir zur Sicherheit wenigstens ein oder zwei Rupien mit; dann kann ich dir telegraphieren, falls irgendetwas passiert.«

»Dschitendra!« rief ich im Ton tiefster Entrüstung aus. »Ich gehe nicht auf die Prüfung ein, wenn du auch nur die geringste Summe mitnimmst!«

»Das Klingen von Münzen hat etwas Beruhigendes an sich«, meinte Dschitendra, sagte aber auf meinen strengen Blick hin nichts mehr.

»Ich bin kein Unmensch, Mukunda«, bemerkte Ananta da mit einem Anflug von Demut. Vielleicht plagte ihn das Gewissen, weil er zwei junge Burschen ohne einen Pfennig in eine fremde Stadt schickte — vielleicht schämte er sich auch, weil er in religiösen Dingen so skeptisch war. »Wenn du durch Zufall oder Gnade diese Prüfung in Brindaban bestehen solltest, werde ich dich bitten, mich als deinen Jünger anzunehmen und mich in den geistigen Weg einzuweihen.«

---

*) Das *Dhoti*-Tuch wird um die Hüften geknotet und fällt über die Beine herab.

Dieses Versprechen war völlig traditionswidrig und nur der ungewöhnlichen Situation zuzuschreiben. In Indien folgt der ältere Bruder nur selten seinen jüngeren Geschwistern, weil diese ihm fast denselben Respekt und Gehorsam erweisen wie dem Vater. Ich hatte jedoch keine Zeit mehr, etwas zu erwidern, denn der Zug setzte sich langsam in Bewegung.

Dschitendra verharrte in düsterem Schweigen, während wir Meile um Meile zurücklegten. Endlich rührte er sich, beugte sich vor und kniff mich an einer empfindlichen Stelle.

»Ich sehe noch kein Zeichen, daß Gott für unsere nächste Mahlzeit sorgt.«

»Sei still, ungläubiger Thomas. Der Herr bereitet schon alles für uns vor.«

»Kannst du auch dafür sorgen, daß Er sich beeilt? Ich bin schon jetzt am Verhungern, wenn ich nur daran denke, was uns bevorsteht. Übrigens habe ich Benares verlassen, um das Tadsch-Mausoleum zu besichtigen, und nicht, um selbst in einem Mausoleum zu landen.«

»Beruhige dich, Dschitendra. Haben wir nicht gleich zum ersten Mal Gelegenheit, das wunderbare Brindaban*) kennenzulernen? Ich freue mich unbändig darauf, den heiligen Boden betreten zu können, über den einst Sri Krischna gewandelt ist.«

Auf der vorletzten Station öffnete sich die Tür zu unserem Abteil, und zwei Herren nahmen Platz.

»Habt ihr Freunde in Brindaban, Jungens?« fragte der Fremde, der mir gegenüber saß und sich überraschenderweise für uns zu interessieren schien.

»Das geht Euch nichts an«, sagte ich nicht gerade höflich, indem ich den Blick abwandte.

»Ihr seid sicher von zu Hause durchgebrannt, weil euch der Dieb aller Herzen**) bezaubert hat. Ich bin selbst eine religiöse Natur und werde auf jeden Fall dafür sorgen, daß ihr zu essen bekommt und bei dieser unerträglichen Hitze Unterkunft findet.«

»Das ist sehr freundlich von Euch, Sir, aber laßt uns bitte allein. Ihr irrt Euch, wenn Ihr glaubt, daß wir von zu Hause fortgelaufen sind.«

Keine weitere Unterhaltung erfolgte, bis der Zug hielt. Doch sobald

---

*) Brindaban an der Dschamna ist das Jerusalem der Hindus. Hier vollbrachte der Avatar Sri Krischna seine Wundertaten zum Segen der ganzen Menschheit.
**) *Hari*, ein Kosename für Krischna, der oft von seinen Anhängern gebraucht wird

Dschitendra und ich ausgestiegen waren, hakten unsere Reisegefährten sich bei uns ein und winkten einer Pferdedroschke.

Vor einer stattlichen Einsiedelei, die inmitten eines gepflegten Gartens lag und von immergrünen Bäumen umrahmt wurde, hielten wir an. Unsere Wohltäter waren anscheinend hier bekannt, denn wir wurden von einem lächelnden jungen Mann ohne jede Frage in das Empfangszimmer geführt. Bald darauf gesellte sich eine vornehm aussehende, ältere Dame zu uns.

»Gauri Ma, die Fürsten können zu ihrem großen Bedauern nicht kommen«, sagte einer der Herren zu der Gastgeberin des Aschrams. »Im letzten Augenblick kam etwas dazwischen, und sie lassen sich entschuldigen. Aber wir bringen Euch zwei andere Gäste mit, die wir im Zug kennengelernt haben. Ich fühlte mich sofort zu ihnen hingezogen, weil es zweifellos Anhänger Sri Krischnas sind.«

»Lebt wohl, junge Freunde«, riefen unsere Bekannten uns dann zu, indem sie sich zum Gehen wandten. »So Gott will, werden wir uns wiedersehen.«

Gauri Ma begrüßte uns mit mütterlichem Lächeln. »Seid mir willkommen«, sagte sie. »Ihr hättet euch keinen besseren Tag aussuchen können, denn ich erwartete zwei königliche Schutzherren dieser Einsiedelei. Es wäre schade gewesen, wenn meine Kochkünste keine Anerkennung gefunden hätten.«

Diese liebevollen Worte hatten eine überraschende Wirkung auf Dschitendra; er brach in Tränen aus. Das gefürchtete Schicksal, das ihn in Brindaban erwartete, entpuppte sich als wahrhaft königliche Bewirtung. Diese plötzliche innere Umstellung war zu viel für ihn. Unsere Gastgeberin schaute ihn etwas neugierig an, machte jedoch keinerlei Bemerkung. Vielleicht hatte sie schon ähnliche Anwandlungen bei Jugendlichen erlebt.

Als das Essen angekündigt wurde, führte Gauri Ma uns in den Speiseraum, der von lieblichem Gewürzduft erfüllt war. Dann verschwand sie in der anliegenden Küche.

Auf diesen Augenblick hatte ich gewartet. Ich suchte mir dieselbe Stelle an Dschitendras Körper aus und gab ihm den schmerzhaften Kniff zurück.

»Zweifelnder Thomas, der Herr hat alles vorbereitet, und sogar recht schnell!«

Da erschien unsere Gastgeberin wieder, diesmal mit einem Fächer in der Hand. Während wir uns auf den kostbaren Kissen am Boden niederließen, fächelte sie uns nach orientalischer Sitte Kühlung zu. Die Jünger des Aschrams liefen hin und her und tischten nicht weniger als

30 Gänge auf. Dies konnte nicht mehr als »Mahlzeit«, sondern nur als »auserlesenes Festmahl« bezeichnet werden. Seit Dschitendra und ich auf diesem Planeten lebten, hatten wir noch nie solch auserwählte Leckerbissen gekostet.

»Dies sind in der Tat Speisen, die eines Fürsten wert sind, verehrte Mutter. Ich kann mir nicht denken, was Euren königlichen Schutzherren wichtiger erscheinen konnte als dieses Bankett. Diesen Tag werden wir in unserem ganzen Leben nicht vergessen.«

Da wir durch Anantas Bedingungen zum Schweigen gezwungen waren, konnten wir der liebenswürdigen Dame leider nicht erklären, warum wir einen ganz besonderen Grund zur Dankbarkeit hatten. Doch unsere Aufrichtigkeit war überzeugend. Wir erhielten zum Abschied ihren Segen und die verlockende Einladung, den Aschram wieder zu besuchen.

Draußen herrschte eine unerträgliche Hitze. Ich suchte mit meinem Freund unter einem majestätischen *Cadamba*-Baum am Tor des Aschrams Zuflucht. Dort gerieten wir in einen heftigen Wortwechsel, weil Dschitendra wieder von Zweifeln angefallen wurde.

»Du hast mir da etwas Schönes eingebrockt! Unsere Mittagsmahlzeit haben wir nur einem glücklichen Zufall zu verdanken. Wie können wir ohne einen Heller in der Tasche die Stadt besichtigen? Und wie willst du mich jemals zum Haus deines Bruders zurückbringen?«

»Jetzt, wo dein Magen voll ist, vergißt du Gott sehr schnell«, sagte ich vorwurfsvoll, wenn auch ohne Bitterkeit. Wie leicht vergißt doch der Mensch die göttlichen Gunstbeweise! Dabei gibt es niemanden, dem nicht gewisse Gebete erfüllt worden wären.

»Eines werde ich nie vergessen, und das ist meine Torheit, mich mit einem Tollkopf, wie du es bist, in dieses Abenteuer eingelassen zu haben.«

»Beruhige dich, Dschitendra! Derselbe Herr, der uns gespeist hat, wird uns auch Brindaban zeigen und uns nach Agra zurückführen.«

Da näherte sich uns raschen Schrittes ein schmächtiger, junger Mann von sympathischem Aussehen. Als er unseren Baum erreicht hatte, blieb er stehen und verneigte sich vor mir.

»Lieber Freund, Ihr und Euer Gefährte seid hier wahrscheinlich fremd. Erlaubt mir bitte, Euer Gastgeber und Führer zu sein.«

Was bei einem Inder kaum möglich ist, geschah: Dschitendras Gesicht wurde plötzlich leichenblaß. Ich aber lehnte das Angebot höflich ab.

»Ihr werdet mich doch nicht abweisen?« Dieser erschrockene Ausruf des Fremden hätte unter anderen Umständen bestimmt komisch gewirkt.

»Und warum nicht?«

»Ihr seid mein Guru«, sagte er, während er mich vertrauensvoll anblickte. »Als ich heute mittag meine gewohnte Andacht hielt, erschien mir der geliebte Herr Krischna in einer Vision und zeigte mir zwei einsame Gestalten unter diesem Baum. Das eine Gesicht war Eures — das meines Meisters, das ich schon oft in meinen Meditationen erblickt habe. Es wäre eine große Freude für mich, wenn Ihr meine bescheidenen Dienste annehmen würdet.«

»Auch ich freue mich, daß Ihr mich gefunden habt. Weder Gott noch die Menschen haben uns verlassen.« Obgleich ich ruhig sitzenblieb und dem eifrigen jungen Mann zulächelte, warf ich mich innerlich Gott zu Füßen.

»Liebe Freunde, darf ich die Ehre haben, Euch in mein Haus zu bitten?«

»Das ist sehr gütig von Euch; aber es läßt sich leider nicht einrichten. Wir sind bereits Gäste meines Bruders in Agra.«

»Dann gebt mir aber wenigstens Gelegenheit, Euch Brindaban zu zeigen, damit ich eine Erinnerung an diesen Tag habe.«

Ich stimmte freudig zu. Der junge Mann nannte uns seinen Namen, Pratap Tschatterdschi, und rief eine Pferdedroschke herbei. Dann besichtigten wir den Madanamohana-Tempel und andere Schreine, die Sri Krischna geweiht waren. Es war bereits Abend, als wir unsere Andacht in den verschiedenen Tempeln beendet hatten.

»Entschuldigt mich bitte einen Augenblick, damit ich etwas *Sandesch* *) besorge.« Damit verschwand Pratap in einem Laden in der Nähe des Bahnhofs, während Dschitendra und ich die breite Hauptstraße entlangschlenderten, die jetzt während der verhältnismäßig kühlen Tageszeit ziemlich belebt war. Unser Freund blieb einige Zeit fort und kehrte dann mit allerlei Süßspeisen zurück.

»Erlaubt mir bitte, dieses Vorrecht für mich in Anspruch zu nehmen«, sagte Pratap, indem er mich bittend anlächelte und mir ein Bündel Rupienscheine sowie zwei Fahrkarten nach Agra überreichte, die er soeben gekauft hatte.

Während ich die Gabe dankend entgegennahm, gedachte ich ehrfurchtsvoll der von Ananta verspotteten Unsichtbaren Hand, die so großzügig gewesen war, daß sie uns weit mehr als das Notwendigste gegeben hatte.

Danach suchten wir eine einsame Stelle in der Nähe des Bahnhofs auf.

»Pratap, ich will dich in die *Kriya*-Technik einweihen, die von Lahiri Mahasaya, dem größten Yogi der Neuzeit, gelehrt wurde. Diese Technik wird dein Guru sein.«

In einer halben Stunde war die Einweihung beendet. »*Kriya* ist dein

---

*) Eine indische Süßspeise

Tschintamani«,*) erklärte ich dem neuen Schüler. »Wie du siehst, ist diese Technik einfach; dennoch beschleunigt sie unsere geistige Entwicklung erheblich. Die Hinduschriften lehren, daß wir uns ständig wieder verkörpern müssen und eine Million Jahre benötigen, um uns von der *Maya* zu befreien. Diese von der Natur gesetzte Zeitspanne wird durch den *Kriya-Yoga* beträchtlich verkürzt. Genauso wie man den Pflanzen zu schnellerem Wachstum verhelfen kann (was Dschagadis Tschandra Bose bewiesen hat), so kann auch die seelische Entwicklung des Menschen durch wissenschaftliche Methoden beschleunigt werden. Wenn du diese Technik beharrlich übst, wirst du dem Guru aller Gurus immer näherkommen.«

»Ich bin unendlich glücklich, endlich den Yogaschlüssel gefunden zu haben, nach dem ich so lange gesucht habe«, sagte Pratap mit bewegter Stimme. »Diese wirksame Technik wird mir zweifellos helfen, die Fesseln der Sinne zu sprengen und mich für höhere Sphären reif zu machen. Die Erscheinung von Sri Krischna heute morgen konnte ja nur das Allerbeste für mich bedeuten.«

Eine Weile blieben wir noch in schweigendem Einvernehmen sitzen und gingen dann langsam zum Bahnhof. Große Freude erfüllte mein Herz, als ich den Zug bestieg; doch für Dschitendra war dies ein Tag der Tränen. Während ich mich liebevoll von Pratap verabschiedete, versuchten meine beiden Gefährten vergeblich, ihr Schluchzen zu unterdrücken. Auf der Rückfahrt vergoß Dschitendra weitere Tränenbäche, diesmal aber nicht aus Mitleid mit sich selbst, sondern aus Reue.

»Wie kleingläubig ich gewesen bin! Mein Herz war wie versteinert! In Zukunft werde ich nie wieder an Gottes Schutz zweifeln!«

Kurz vor Mitternacht betraten die beiden »Aschenputtel«, die ohne einen Pfennig »ausgesetzt« worden waren, Anantas Schlafzimmer. Genau wie er vorausgesagt hatte, starrte er uns entgeistert an. Ohne ein Wort zu sagen, ließ ich meine Rupienscheine auf den Tisch flattern.

»Dschitendra, sag die Wahrheit«, rief Ananta in scherzhaftem Ton aus. »Hat dieser Bursche nicht einen Überfall ausgeführt?«

Als dann die ganze Geschichte zutage kam, wurde das Gesicht meines Bruders immer ernster und schließlich sogar feierlich.

»Das Prinzip von Nachfrage und Angebot reicht in höhere Gefilde, als ich mir hätte träumen lassen«, sagte er mit einer inneren Begeisterung, die ich nie zuvor an ihm wahrgenommen hatte. »Zum ersten Male verstehe ich, warum du so gleichgültig gegen weltliches Hab und Gut bist.«

---

*) Eine mythologische Gemme, der die Macht zugesprochen wird, Wünsche zu erfüllen. Ebenfalls ein Name Gottes.

Trotz der späten Stunde bestand mein Bruder darauf, *Diksha**) in den *Kriya-Yoga* zu empfangen; und so mußte der »Guru« Mukunda in einer einzigen Nacht die Verantwortung für zwei unerwartete »Jünger« auf sich nehmen.

Das Frühstück am folgenden Morgen wurde — im Gegensatz zum vorherigen Tage — in großer Harmonie eingenommen.

Lächelnd sagte ich zu Dschitendra: »Du sollst nicht um das Tadsch betrogen werden. Wir wollen es heute besichtigen, ehe wir nach Serampur weiterfahren.«

Nachdem wir uns von Ananta verabschiedet hatten, suchten wir das Wahrzeichen von Agra — das Tadsch Mahal — auf. Mit seinem weißen, in der Sonne schimmernden Marmor und seinen symmetrischen Linien wirkt es wie ein Traumgebilde. Dunkle Zypressen, glatte Rasenflächen und stille Lagunen bilden den vollendet schönen Hintergrund. Das Innere mit seinen filigranartigen Schnitzereien, die mit Halbedelsteinen besetzt sind, ist von erlesener Schönheit. Zierliche Girlanden und Spiralen quellen in verschlungenen Ornamenten aus dem braunen und violetten Marmor hervor. Das aus der Kuppel kommende Licht fällt auf die Ehrenmäler des Kaisers Schah Dschahan und der Königin seines Herzens: Mumtaz-i-Mahal.

Doch genug der Besichtigungen! Ich sehnte mich nach meinem Guru. Bald darauf saßen Dschitendra und ich wieder im Zug, der uns gen Süden — nach Bengalen führte.

»Mukunda, ich habe es mir anders überlegt, denn ich habe meine Familie seit Monaten nicht gesehen. Vielleicht suche ich deinen Meister später einmal in Serampur auf.«

Und so verließ mich mein Freund, den ich — milde gesagt — als wankelmütig bezeichnen möchte, in Kalkutta. Ich aber erreichte bald mit der Kleinbahn Serampur, das 20 Kilometer weiter nördlich liegt.

Wie groß war jedoch mein Erstaunen, als ich feststellte, daß 28 Tage seit der Begegnung mit meinem Guru vergangen waren. »In vier Wochen wirst du zu mir zurückkehren!« Und hier war ich und stand klopfenden Herzens auf seinem Hof in der stillen Rai-Ghat-Gasse. Zum ersten Male betrat ich die Einsiedelei, wo ich den größten Teil der nächsten zehn Jahre mit Indiens Jnanavatar, der »Inkarnation der Weisheit«, verbringen sollte.

---

*) Geistige Einweihung; aus der Sanskrit-Verbwurzel *diksch* = sich widmen

XII. KAPITEL

JAHRE IN DER EINSIEDELEI MEINES MEISTERS

»Du bist also gekommen?« begrüßte mich Sri Yukteswar, der auf einem Tigerfell in seinem Balkonzimmer saß. Seine Stimme klang kühl, seine Miene war unbewegt.
»Ja, lieber Meister, ich bin gekommen, um Euch zu folgen.« Mit diesen Worten kniete ich nieder und berührte seine Füße.
»Wie ist das möglich, wenn du meine Wünsche mißachtest?«
»Nie mehr, Gurudschi! Euer Wille ist mir Gesetz!«
»Das hört sich besser an. Jetzt kann ich die Verantwortung für Dein Leben übernehmen.«
»Ich übergebe Euch diese Last gern, Meister.«
»Meine erste Forderung ist also, daß du zu deiner Familie zurückkehrst. Ich möchte, daß du deine Ausbildung fortsetzt und dich an der Universität Kalkutta immatrikulieren läßt.«
»Wenn Ihr es wünscht, Meister«, sagte ich, indem ich mein Entsetzen zu verbergen suchte. Sollten mich die verhaßten Bücher in alle Ewigkeit verfolgen? Zuerst Vater — und nun Sri Yukteswar!
»Später wirst du in westliche Länder reisen, und die Menschen dort werden empfänglicher für die alte Weisheit Indiens sein, wenn der fremde Hindulehrer einen akademischen Grad besitzt.«
»Ihr wißt es am besten, Gurudschi.« Meine trübe Stimmung war verflogen. Wenn mir auch der Gedanke an die westlichen Länder fernlag und irgendwie unverständlich schien, so überwog doch der Wunsch, den Guru durch meinen Gehorsam zufriedenzustellen, in diesem Augenblick alles andere.
»Kalkutta ist nicht weit von hier; komm her, so oft du Zeit hast.«
»Wenn möglich, jeden Tag, Meister. Dankbar will ich mich in allen Einzelheiten Eurer Führung überlassen — jedoch unter einer Bedingung.«
»Und die wäre?«
»Daß Ihr mir Gott offenbart!«

Nun folgte ein Wortgefecht, das etwa eine Stunde lang anhielt. Das Wort eines Meisters ist unwiderruflich und wird daher nicht leicht gegeben. Ein derartiges Versprechen öffnet einem das Tor zu unermeßlichen metaphysischen Bereichen, und ein Guru muß tatsächlich in einem vertrauten Verhältnis zum Schöpfer stehen, um Ihn dazu bewegen zu können, sich zu offenbaren. Ich fühlte, daß Sri Yukteswar Gottverwirklichung besaß, und war daher fest entschlossen, als sein Jünger mir das zunutze zu machen.

»Du hast ein sehr anspruchsvolles Wesen«, sagte der Meister. Doch dann siegte sein Mitgefühl, und er gab mir seine endgültige Zustimmung: »Dein Wunsch soll auch mein Wunsch sein!«

Ich fühlte, wie eine schwere Last von mir abfiel. Die ungewisse Suche war nun vorbei; ich hatte Zuflucht bei einem wahren Guru gefunden.

»Komm, ich will dir die Einsiedelei zeigen«, sagte der Meister, indem er sich von seinem Tigerfell erhob. Als ich im Raum umherblickte, bemerkte ich an der Wand ein mit Jasminzweigen bekränztes Bild.

»Lahiri Mahasaya!« rief ich überrascht aus.

»Ja, mein göttlicher Guru!« Große Ehrfurcht schwang in Sri Yukteswars Stimme. »Er war der größte aller Menschen und Yogis, denen ich auf meiner Suche nach Gott begegnet bin.«

Schweigend verneigte ich mich vor dem vertrauten Bild und dankte dem unvergleichlichen Meister, der mich von Kindheit an gesegnet und meine Schritte bis zu dieser Stunde gelenkt hatte, aus tiefster Seele.

Dann führte mich der Guru durch das ganze Gebäude und über das Grundstück. Die Einsiedelei bestand aus einem geräumigen und fest gebauten, alten Haus, das von einer massiven Säulenhalle umgeben war. Die Mauern waren mit Moos bewachsen, und auf dem flachen, grauen Dach flatterten Tauben umher, die ungeniert das Logis mit uns teilten. Der hintere Teil des Gartens war besonders anziehend durch seine Brot-, Mango- und Bananenbäume. Die nach drei Seiten des Hofes hinausliegenden Zimmer des oberen Stockwerks hatten überdachte Balkons. Ein geräumiger Saal im Erdgeschoß mit einem hohen, von Kolonnaden gestützten Gewölbe diente hauptsächlich als Versammlungsraum während des jährlichen *Durgapudscha*-Festes *), wie mir der Meister sagte. Eine schmale Treppe führte zu Sri Yukteswars Wohnzimmer, dessen kleiner Balkon auf die

---

*) »Anbetung der Durga«, das größte Fest des bengalischen Jahres, das gegen Ende September gefeiert wird und neun Tage dauert. Anschließend folgt das zehntägige Fest des *Daschahara* (des, »der zehn Sünden vergibt« — drei des Körpers, drei des Geistes und vier der Rede). Beide *Pudschas* sind der Durga (wörtlich »der Unzugänglichen«) geweiht, die eine Erscheinungsform der Göttlichen Mutter *(Schakti)* — eine Personifizierung der schöpferischen Kraft ist.

Straße hinausging. Der Aschram war einfach möbliert; alles war schlicht, sauber und praktisch. Auch mehrere Stühle, Bänke und Tische europäischen Stils waren vorhanden.

Der Meister bat mich, über Nacht dazubleiben, und zwei Jünger des Aschrams servierten uns ein Curry-Gericht mit Gemüse.

»Gurudschi, erzählt mir etwas aus Eurem Leben«, bat ich, indem ich mich auf eine Strohmatte neben seinem Tigerfell niederließ. Die freundlichen Sterne schienen ganz nah über dem Balkon zu flimmern.

»Mein bürgerlicher Name war Priya Nath Karar. Ich bin hier in Serampur geboren *), wo mein Vater ein wohlhabender Geschäftsmann war. Er hinterließ mir dieses Haus meiner Vorfahren, das jetzt meine Einsiedelei ist. Ich habe keinen regelrechten Schulunterricht erhalten, weil ich ihn langweilig und oberflächlich fand. Als junger Mann gründete ich eine eigene Familie und habe eine Tochter, die jetzt verheiratet ist. Meine mittleren Jahre verbrachte ich unter der segensreichen Führung Lahiri Mahasayas. Als meine Frau starb, trat ich in den Swami-Orden ein und erhielt den neuen Namen Sri Yukteswar Giri **). Das ist mein einfacher Lebenslauf.«

Der Meister lächelte über mein erwartungsvolles Gesicht. Wie alle biographischen Skizzen, hatten seine Worte nur die äußeren Tatsachen geschildert, ohne den inneren Menschen zu enthüllen.

»Gurudschi, ich hätte gern einige Geschichten aus Eurer Kindheit gehört.«

»Ich will dir ein paar erzählen, die eine besondere Moral enthalten.« Sri Yukteswar zwinkerte verschmitzt, als er diese warnende Ankündigung machte. »Meine Mutter versuchte mir einmal Angst zu machen, indem sie mir von einem Geist erzählte, der in einem dunklen Zimmer hauste. Ich lief sofort in das betreffende Zimmer und war enttäuscht, den Geist nicht anzutreffen. Meine Mutter erzählte mir nie wieder eine ähnliche Schauergeschichte. Moral: Sieh der Furcht ins Angesicht, dann wird sie dich nicht mehr schrecken können!

Eine andere Kindheitserinnerung betrifft meine Liebe zu dem häßlichen Hund unseres Nachbarn. Wochenlang hielt ich das ganze Haus in Aufruhr, um in den Besitz dieses Hundes zu gelangen. Obgleich man mir ein viel schöneres Tier in Aussicht stellte, war ich gegen alle Ratschläge taub. Moral: Anhänglichkeit ist blind und verleiht dem Wunschobjekt einen falschen Heiligenschein.

---

*) Sri Yukteswar wurde am 10. Mai 1855 geboren.
**) *Yukteswar* bedeutet »mit Ischwar (ein Name Gottes) vereint«. *Giri* ist die Bezeichnung für einen der zehn Zweige des Swami-Ordens. *Sri* bedeutet sowohl für Männer als auch für Frauen »heilig« und ist kein Name, sondern ein respektvoller Titel.

Die dritte Geschichte handelt von der Eindrucksfähigkeit des jugendlichen Geistes. Gelegentlich hörte ich meine Mutter die Bemerkung machen: ›Wer als Angestellter bei jemand arbeitet, ist ein Sklave.‹ Diese Worte hatten sich meinem Geist so unauslöschlich eingeprägt, daß ich selbst nach meiner Heirat alle Stellenangebote ausschlug. Ich bestritt meinen Lebensunterhalt dadurch, daß ich mein Erbteil in Grund und Boden anlegte. Moral: Man soll vor den empfänglichen Ohren der Kinder nur gute und positive Ratschläge laut werden lassen; denn die frühesten Kindheitseindrücke bleiben lange im Gedächtnis haften.«

Nach diesen Worten versank der Meister in tiefes Schweigen. Gegen Mitternacht führte er mich zu einer schmalen Bettstelle, und ich schlief die erste Nacht unter dem Dach meines Gurus fest und süß.

Am folgenden Morgen weihte mich Sri Yukteswar in den *Kriya-Yoga* ein. Ich hatte die Technik bereits von zwei anderen Jüngern Lahiri Mahasayas erhalten — von Vater und von meinem Lehrer Swami Kebalananda. Doch der Meister besaß die Macht, mich durch seine Berührung zu verwandeln. Ein großes Licht erstrahlte in meinem Inneren — gleich dem Feuer zahlloser Sonnen, das sich zu einer einzigen Flamme vereinigt. Ich wurde bis ins Innerste von einer unbeschreiblichen Glückseligkeit durchflutet.

Erst am späten Nachmittag des folgenden Tages konnte ich mich dazu entschließen, die Einsiedelei zu verlassen.

»Du wirst in 30 Tagen zurückkehren!« Diese Vorhersage des Meisters kam mir wieder in den Sinn, als ich mein Elternhaus in Kalkutta betrat. Keiner meiner Angehörigen machte die von mir befürchteten spitzen Bemerkungen über die Heimkehr des »hochfliegenden Vogels«.

Ich stieg zu meinem kleinen Mansardenzimmer empor und betrachtete es wie einen lieben Freund. »Du bist Zeuge meiner Meditationen und meiner Tränen und aller Krisen meines *Sadhana* gewesen. Nun endlich habe ich meinen göttlichen Lehrer gefunden und den sicheren Hafen erreicht.«

»Mein Sohn, ich freue mich für uns beide«, sagte Vater, als wir am Abend still beieinandersaßen. »Du hast deinen Guru auf ebenso wunderbare Weise gefunden wie ich damals den meinen; denn wir stehen beide unter dem heiligen Schutz Lahiri Mahasayas. Dein Meister ist kein unerreichbarer Heiliger im Himalaja, sondern wohnt hier in der Nähe. Das bedeutet, daß meine Gebete erhört worden sind und daß du mir auf deiner Suche nach Gott nicht für immer aus den Augen gerückt bist.«

Vater freute sich ebenfalls darüber, daß ich meine akademische Ausbildung fortsetzen werde und traf alle nötigen Vorbereitungen. Am nächsten Tag wurde ich an der *Scottish-Church*-Universität in Kalkutta, die ganz in unserer Nähe lag, immatrikuliert.

Es folgten glückliche Monate. Meine Leser werden zweifellos den begründeten Verdacht hegen, daß ich mich in den Vorlesungssälen nur selten sehen ließ. Dagegen übte die Einsiedelei zu Serampur eine unwiderstehliche Anziehungskraft auf mich aus. Der Meister erhob auch keinen Einspruch gegen meine ständige Anwesenheit und erwähnte die Vorlesungen zu meiner Beruhigung nur selten. Obgleich es offensichtlich war, daß ich nie einen Gelehrten abgeben würde, brachte ich es dennoch fertig, von Zeit zu Zeit befriedigende Noten zu erhalten, die mich zur Fortsetzung des Studiums berechtigten.

Das Leben im Aschram floß gleichmäßig dahin und brachte nur selten eine Änderung. Mein Guru erwachte vor Morgengrauen. Noch im Liegen oder auf dem Bett sitzend ging er in den Zustand des *Samadhi* ein.*) Es war höchst einfach festzustellen, wenn der Meister erwacht war: sein gewaltiges Schnarchen brach plötzlich ab.**) Es folgten ein oder zwei Seufzer, zuweilen eine körperliche Bewegung — und dann der lautlose Zustand der Atemlosigkeit; er befand sich in tiefer Yoga-Ekstase.

Noch wurde nicht gefrühstückt, denn zuerst kam ein langer Spaziergang am Ganges. Oh, diese morgendlichen Wanderungen mit meinem Guru — wie lebendig sie mir in Erinnerung sind! Oft noch sehe ich mich an seiner Seite dahingehen, während die Morgensonne den Strom erwärmt und er uns mit seiner klangvollen Stimme tiefe Weisheit vermittelt.

Dann folgte ein Bad und danach das Mittagsmahl, das nach den täglichen Anweisungen des Meisters von einigen Jüngern zubereitet wurde. Mein Guru war Vegetarier, hatte aber, ehe er Mönch wurde, auch Eier und Fisch gegessen. Er empfahl seinen Schülern eine möglichst einfache Kost, die sich nach ihrer jeweiligen Konstitution richtete.

Der Meister aß nur wenig. Oft bestand seine Mahlzeit aus Reis, der mit Gelbwurz, Spinat oder Rübensaft gefärbt und leicht mit Büffel-*Ghi* (zerlassener Butter) übergossen war. Ein andermal aß er Linsen-*Dhal* oder *Tschanna-Curry****) mit Gemüse. Zum Nachtisch gab es Reis-

---

*) Wörtlich: »zusammenführen«. *Samadhi* ist ein überbewußter Zustand der Glückseligkeit, in dem sich der Yogi der Einheit seiner individuellen Seele mit dem Kosmischen GEIST bewußt wird.
**) Schnarchen ist, nach Ansicht der Physiologen, ein Zeichen vollkommener Entspannung.
***) *Dhal* ist eine dicke Suppe aus Erbsen und anderen Hülsenfrüchten. *Tschanna* ist ein weißer Käse aus frisch geronnener Milch, der oft in Würfel geschnitten und zusammen mit Curry und Kartoffeln gekocht wird.

pudding mit Mangos, Apfelsinen oder Saft von den Brotbaumfrüchten.

Am Nachmittag kamen gewöhnlich Besucher. Ein steter Strom von Menschen ergoß sich aus der Welt in die stille Einsiedelei. Mein Guru behandelte alle Gäste zuvorkommend und gütig. In den Augen eines Meisters, der sich aufgrund eigener Verwirklichung nicht mehr mit dem Körper oder dem kleinen Ich, sondern nur noch mit seiner allgegenwärtigen Seele identifiziert, sind sich alle Menschen auffallend ähnlich.

Die Unvoreingenommenheit der Heiligen wurzelt in ihrer Weisheit. Da sie nicht mehr unter dem Einfluß der zwiespältigen *Maya* stehen, sind sie auch frei von den Zuneigungen und Abneigungen, die das Urteilsvermögen aller unerleuchteten Menschen beeinträchtigen. Sri Yukteswar erwies den Wohlhabenden, Einflußreichen und Gebildeten keine besonderen Aufmerksamkeiten; noch achtete er jemanden gering, weil dieser arm oder unwissend war. Er respektierte die Worte eines Kindes, wenn sie von Weisheit zeugten, und ignorierte öffentlich manchen eingebildeten Pandit.

Um 8 Uhr gab es Abendbrot, an dem gelegentlich auch Gäste teilnahmen, die noch nicht aufgebrochen waren. Mein Guru zog sich nie zurück, um allein zu essen; keiner verließ seinen Aschram hungrig oder unbefriedigt. Auch wenn unerwartete Besucher kamen, geriet Sri Yukteswar niemals in Verlegenheit. Unter seiner praktischen Anleitung zauberten die Jünger aus wenigen Nahrungsresten ein Bankett hervor. Und dennoch war er sparsam; seine bescheidenen Mittel reichten weit. »Lebt nie über eure Verhältnisse«, sagte er oft. »Verschwendung bringt stets Verdruß.« Ob es sich um die Unterhaltung und Bewirtung der Gäste, um Bauprojekte und Reparaturen oder um andere praktische Dinge handelte, der Meister offenbarte in allem, was er tat, seinen originellen, schöpferischen Geist.

In den stillen Abendstunden hörten wir oft eine seiner Ansprachen, mit denen er uns unvergängliche geistige Schätze vermittelte. Jede Äußerung war von tiefer Weisheit geprägt. Seine Rede zeichnete sich durch überlegene Selbstsicherheit aus — sie war einzigartig! Er sprach, wie ich nie wieder jemanden habe sprechen hören. Ehe er seine Gedanken in das äußere Gewand der Sprache kleidete, wog er sie auf der inneren Waage seiner Unterscheidungskraft ab. Gleich einem zarten Hauch drang die Essenz der Wahrheit aus seiner Seele und erfüllte allen Raum, ja schien fast körperlich wahrnehmbar. Ich war mir jederzeit bewußt, daß ich mich einer lebendigen Verkörperung Gottes gegenüber befand. Das Gewicht seiner Göttlichkeit beugte mein Haupt ganz von selbst vor ihm nieder.

Wenn die Gäste bemerkten, daß Sri Yukteswar sich in der Betrachtung des Unendlichen verlor, verwickelte er sie sogleich in eine Unterhaltung. Es war nicht seine Art, eine Pose einzunehmen oder seine innere Versunkenheit zur Schau zu stellen. Da er bereits eins mit Gott war, brauchte er keine besondere Zeit, um sich mit Ihm in Verbindung zu setzen. Ein erleuchteter Meister hat die Stufen der Meditation bereits hinter sich gelassen. »Die Blume verblüht, die Frucht muß treiben.« Oft aber fahren die Heiligen absichtlich mit ihren geistigen Übungen fort, um ihren Jüngern ein Beispiel zu geben.

Gegen Mitternacht fiel mein Guru oft mit kindlicher Natürlichkeit in leichten Schlummer. Sein Lager mußte nicht besonders hergerichtet werden. Oft legte er sich ohne Kissen auf das schmale Sofa nieder, vor dem sein viel benutztes Tigerfell lag.

Nicht selten hielt eine philosophische Diskussion die ganze Nacht an. Jeder Jünger konnte sie durch sein geistiges Interesse hervorrufen. Ich fühlte dann keine Müdigkeit, kein Verlangen nach Schlaf; die lebendigen Worte des Meisters genügten mir. »Oh, es dämmert schon! Laßt uns zum Ganges hinuntergehen!« So endete manche Nacht geistiger Erbauung.

Während meiner ersten Monate im Aschram erteilte mir Sri Yukteswar eine heilsame Lehre, die für mich den Höhepunkt meiner bisherigen Schulung bedeutete: »Wie man die Moskitos überlistet.« Zu Hause pflegten wir nachts immer Moskitonetze aufzuspannen. Wie ich jedoch beunruhigt feststellte, wurde diese Vorsichtsmaßnahme in der Einsiedelei nie getroffen. Dabei waren die Insekten in Massen vertreten, so daß ich von Kopf bis Fuß zerstochen wurde. Mein Guru hatte Mitleid mit mir:

»Kauf dir ein Netz und bringe mir auch eins mit«, sagte er und fügte lachend hinzu: »Wenn du nur eins für dich kaufst, stürzen sich die Moskitos alle auf mich!«

Dankbaren Herzens kam ich dieser Aufforderung nach. Von da an gab mir der Guru jedesmal, wenn ich über Nacht in Serampur blieb, den Auftrag, die Netze aufzuspannen.

Eines Abends jedoch, als wir von einem Schwarm Moskitos umgeben waren, versäumte der Meister, seine gewohnte Anweisung zu geben. Besorgt lauschte ich dem unheilverkündenden Summen der Insekten. Als ich mich schließlich zu Bett legte, sandte ich ein Stoßgebet in die ungefähre Richtung der Moskitos. Eine halbe Stunde später hustete ich absichtlich, um die Aufmerksamkeit meines Guru zu erwecken. Die Moskitostiche und vor allem das unaufhörliche Summen, mit dem die Insekten ihren blutdürstigen Ritus vollzogen, machten mich fast wahnsinnig.

Doch der Meister reagierte nicht darauf, sondern blieb unbeweglich liegen. Vorsichtig näherte ich mich ihm und stellte fest, daß er überhaupt nicht atmete. Es war das erste Mal, daß ich ihn aus nächster Nähe im Yoga-Trancezustand erblickte, und mir wurde unheimlich.

»Sein Herz schlägt nicht mehr«, dachte ich und hielt ihm einen Spiegel unter die Nase. Kein Atemhauch war darauf zu erkennen. Um mich doppelt zu vergewissern, hielt ich ihm minutenlang mit den Fingern Mund und Nase zu. Sein Körper war kalt und regungslos. Bestürzt lief ich zur Tür, um Hilfe herbeizuholen.

»So! Du bist ja ein vielversprechender Experimentator! Meine arme Nase!« rief der Meister da, der sich vor Lachen nicht mehr halten konnte. »Warum gehst du nicht zu Bett? Soll sich etwa die ganze Welt deinetwegen ändern? Ändere dich selbst und befreie dich von dem Moskito-Komplex!«

Mit hängendem Kopf kehrte ich in mein Bett zurück; und kein Insekt wagte sich mehr in meine Nähe. Da verstand ich, daß der Guru die Netze nur meinetwegen hatte besorgen lassen; er selbst kannte keine Furcht vor Moskitos. Er konnte sich innerlich immun machen oder durch Anwendung bestimmter Yogamethoden verhindern, daß sie ihn stachen.

»Er hat mir ein Beispiel geben wollen«, dachte ich. »Das ist der Yogazustand, den ich erreichen muß.« Ein echter Yogi kann jederzeit ins Überbewußtsein eingehen und trotz der vielen Ablenkungen, die es immer auf dieser Erde geben wird — z. B. das Summen der Insekten oder das grelle Tageslicht —, in diesem Zustand verharren. Im ersten Stadium des *Samadhi (Sabikalpa)* reagiert der Gottsucher auf keine äußeren Sinnesreize mehr, wird aber durch Laute und Bilder aus den inneren Gefilden entschädigt, die selbst das ursprüngliche Eden*) an Herrlichkeit übertreffen.

Die lehrreichen Moskitos waren auch der Anlaß einer weiteren Lektion, die ich schon früh im Aschram erhielt. Es war um die Zeit der Abenddämmerung, als mein Guru in seiner unnachahmlichen Weise die heiligen Schriften auslegte. Ich saß friedlich zu seinen Füßen, als ein unverschämter Moskito in das Idyll einbrach und meine Aufmerksamkeit beanspruchte. Als er seine giftige »Injektionsnadel« in meinen Schenkel bohrte, erhob ich automatisch die Hand zur Rache. Doch dann schob ich die Hinrichtung auf, weil mir gerade in diesem Augenblick ein Aphorismus des Patandschali über *Ahimsa***) (Nicht-Verletzen) einfiel.

---

*) Die Fähigkeiten eines allgegenwärtigen Yogi, der ohne Gebrauch seiner Sinnesorgane sehen, schmecken, riechen, fühlen und hören kann, werden im *Taittirija Aranyaka* wie folgt beschrieben: »Der blinde Mann durchbohrte die Perle; der fingerlose zog einen Faden hindurch; der halslose trug sie; und der stimmlose lobte sie.«

**) »In Gegenwart eines Menschen, der Meisterschaft im *Ahimsa* (Gewalt-

»Warum führst du dein Werk nicht zu Ende?«
»Meister! Billigt Ihr etwa, daß man einem Tier das Leben nimmt?«
»Nein. Aber in Gedanken hast du ihm den Todeshieb bereits versetzt.«
»Das verstehe ich nicht!«
»Mit *Ahimsa* meint Patandschali, daß man den *Wunsch* zu töten überwinden muß.« Sri Yukteswar las in meiner Seele wie in einem aufgeschlagenen Buch. »Diese Welt ist nicht so eingerichtet, daß man *Ahimsa* buchstäblich üben kann. Die Menschen sehen sich oft gezwungen, schädliche Tiere auszurotten. Doch sie stehen unter keinem ähnlichen Zwang, Zorn oder Haß zu empfinden. Alle Lebewesen haben dasselbe Recht, die Luft der *Maya* zu atmen. Der Heilige, der die Geheimnisse der Schöpfung entschleiert hat, lebt auch in Harmonie mit den zahllosen, rätselhaften Ausdrucksformen der Natur. Jeder Mensch wird diese Wahrheit erkennen, sobald er seine Zerstörungslust überwunden hat.«

»Gurudschi, soll man sich lieber selbst opfern, als ein wildes Tier zu töten?«

»Nein, der menschliche Körper ist wertvoller, weil er aufgrund seiner einzigartigen Gehirn- und Rückenmarkszentren die höchste Entwicklungsmöglichkeit bietet. Diese Zentren ermöglichen es dem fortgeschrittenen Yogi, das Göttliche in Seinen erhabensten Ausdrucksformen zu erfassen und zu offenbaren. Es stimmt zwar, daß der Mensch eine gewisse Schuld auf sich lädt, wenn er gezwungen ist, ein Tier oder ein anderes Lebewesen zu töten. Doch die heiligen *Schastras* lehren andererseits, daß man sich schwer gegen das karmische Gesetz vergeht, wenn man sein Leben leichtfertig aufs Spiel setzt.«

Ich atmete erleichtert auf; denn es geschieht nicht allzu oft, daß man durch die heiligen Schriften in seinen natürlichen Instinkten bestärkt wird.

Meines Wissens begegnete der Meister niemals einem Leoparden oder Tiger aus nächster Nähe. Doch einmal befand er sich einer giftigen Kobra gegenüber, die er nur durch die Kraft seiner Liebe besiegte. Der Vorfall trug sich in Puri zu, wo mein Guru eine Einsiedelei am Meer hatte. Prafulla, ein kleiner Jünger, den Sri Yukteswar noch während seiner letzten Lebensjahre annahm, war Zeuge dieser Begebenheit und erzählte sie mir später mit folgenden Worten:

»Wir saßen draußen im Freien, nicht weit vom Aschram entfernt, als eine vier Fuß lange Kobra — ein erschreckender Anblick — ganz in

---

losigkeit) erlangt hat, kann keine Feindschaft (in irgendeinem Lebewesen) entstehen.« *Yoga-Sutras*, II, 35

unserer Nähe auftauchte. Mit zornig gespreiztem Hals stürzte sie auf uns zu. Der Meister empfing sie mit einem fröhlichen Ausruf, als ob es sich um ein kleines Kind handelte. Ich erstarrte fast, als ich sah, wie Sri Yukteswardschi rhythmisch mit den Händen zu klatschen begann,*) um die unheimliche Besucherin zu unterhalten. Regungslos blieb ich sitzen und sandte inbrünstige Stoßgebete zum Himmel. Die Schlange, die sich jetzt dicht vor dem Meister befand, rührte sich nicht mehr und schien von seinem zärtlichen Gebaren wie magnetisiert. Der zornig aufgeblähte Hals zog sich langsam zusammen; dann glitt die Schlange zwischen Sri Yukteswardschis Füßen hindurch und verschwand im Gebüsch.

Wie es kam, daß die Kobra den Meister nicht angriff, als er die Hände bewegte, war mir damals unbegreiflich«, sagte Prafulla abschließend. »Doch später wurde mir klar, daß unser göttlicher Guru völlig frei von der Furcht war, irgendein Lebewesen könne ihn verletzen.«

Eines Nachmittags während meiner ersten Zeit im Aschram bemerkte ich, daß Sri Yukteswar mich mit durchdringendem Blick musterte.

»Du bist zu dünn, Mukunda!«

Seine Worte berührten einen wunden Punkt, denn meine eingesunkenen Augen und meine abgemagerte Gestalt gefielen mir selbst nicht. Seit frühester Kindheit litt ich an chronischer Verdauungsschwäche. Viele Fläschchen mit Stärkungsmitteln standen auf dem Regal meines Zimmers in der Gurparstraße, doch keines von ihnen hatte mir geholfen. Gelegentlich fragte ich mich deprimiert, ob das Leben in einem solch ungesunden Körper überhaupt lebenswert sei.

»Die Wirkung der Medikamente ist begrenzt; doch Gottes schöpferische Lebenskraft ist unbegrenzt. Glaube daran, und du wirst gesund und kräftig werden.«

Die Worte des Meisters überzeugten mich augenblicklich, und ich gewann die feste Zuversicht, daß diese Wahrheit sich auch auf mein eigenes Leben anwenden ließ. Kein anderer Heiler (und ich hatte viele ausprobiert) hatte die Fähigkeit besessen, einen solch tiefen Glauben in mir zu erwecken.

Von Tag zu Tag wurde ich nun gesünder und kräftiger. Sri Yukteswars geheimer Segen bewirkte, daß ich innerhalb zweier Wochen beträchtlich an Gewicht zunahm, was mir in den vergangenen Jahren trotz aller Bemühungen nicht möglich gewesen war. Meine Magenbeschwerden waren für immer verschwunden.

---

*) Die Kobra greift sofort jeden in ihrer Reichweite befindlichen Gegenstand an, der sich bewegt. Daher ist vollkommene Regungslosigkeit meist das einzige Rettungsmittel. Die Kobra wird in Indien, wo sie jährlich an die 5000 Todesfälle verursacht, allgemein gefürchtet.

Später durfte ich noch öfter Augenzeuge vieler göttlicher Heilungen sein, die mein Guru in Fällen von Zuckerkrankheit, Fallsucht, Tuberkulose und Lähmungen bewirkte.

»Vor vielen Jahren hatte auch ich den Wunsch, an Gewicht zuzunehmen«, sagte mir der Meister, kurz nachdem er mich geheilt hatte. »Ich war zum ersten Male nach längerer Krankheit aufgestanden, um Lahiri Mahasaya in Benares zu besuchen.

›Meister‹, sagte ich, ›während meiner schweren Krankheit habe ich stark abgenommen.‹

›Ich sehe, Yukteswar*), daß du dich selbst krank gemacht hast und jetzt glaubst, daß du abgemagert seist.‹

Diese Antwort entsprach in keiner Weise meinen Erwartungen. Mein Guru fügte jedoch ermutigend hinzu:

›Laß sehen — ich glaube bestimmt, daß es dir morgen besser geht.‹

Mein empfänglicher Geist faßte seine Worte als heimlichen Hinweis auf, daß er mich heilen wollte. Als ich ihn am nächsten Morgen aufsuchte, rief ich ihm freudestrahlend zu: ›Gurudschi, heute geht es mir viel besser!‹

›Tatsächlich! Heute hast du dich gestärkt.‹

›Nein, Meister‹, wandte ich ein. ›Ihr seid es, der mir geholfen hat. Dies ist das erste Mal seit Wochen, daß ich etwas Kraft in mir fühle.‹

›Allerdings; du hast immerhin eine schwere Krankheit hinter dir, und dein Körper ist noch nicht widerstandsfähig genug. Wer weiß, wie es morgen sein wird?‹

Bei dem bloßen Gedanken an einen möglichen Rückfall überfiel mich ein Schauder. Am nächsten Morgen konnte ich mich kaum zu Lahiri Mahasayas Haus hinschleppen.

›Meister, heute geht es mir wieder sehr schlecht.‹

Der Guru blickte mich belustigt an. ›So! Du hast dich also wieder krank gemacht!‹

Da aber war meine Geduld zu Ende. ›Gurudewa‹, sagte ich, ›ich glaube, Ihr habt Euch die ganze Zeit lustig über mich gemacht. Ich weiß nicht, warum Ihr meinen ehrlichen Worten keinen Glauben schenkt.‹

›Es sind wirklich nur deine Gedanken, die dich abwechselnd krank und gesund gemacht haben‹, sagte mein Guru, indem er mich liebevoll anblickte. ›Du siehst, wie dein Gesundheitszustand sich genau nach dei-

---

*) Lahiri Mahasaya sagte in Wirklichkeit »Priya« (der Vorname des Meisters) und nicht »Yukteswar« (sein Mönchsname, den er während Lahiri Mahasayas Lebzeiten noch nicht angenommen hatte. Siehe Seite 119). An dieser wie auch an anderen Stellen des Buches steht jedoch »Yukteswar«, damit der Leser nicht durch die verschiedenen Namen verwirrt wird.

nen unterbewußten Erwartungen gerichtet hat. Gedanken sind Kräfte — genau wie die Elektrizität oder die Schwerkraft. Der menschliche Geist ist ein Funke des allmächtigen Bewußtseins Gottes. Ich wollte dir lediglich zeigen, daß alles, woran dein machtvoller Geist fest glaubt, sofort eintrifft.‹

Da ich wußte, daß Lahiri Mahasaya niemals leere Worte machte, fragte ich ihn ehrfürchtig: ›Meister, wenn ich glaube, daß ich jetzt gesund bin und mein früheres Gewicht wiedererlangt habe, wird es dann geschehen?‹

›Es *ist* bereits geschehen‹, sagte mein Guru ernst, indem er mich fest anblickte.

Sofort fühlte ich nicht nur eine Zunahme an Kräften, sondern auch an Gewicht. Lahiri Mahasaya versank daraufhin in tiefes Schweigen. Nachdem ich einige Stunden zu seinen Füßen meditiert hatte, kehrte ich zu meiner Mutter zurück, bei der ich während meines Aufenthalts in Benares wohnte. Sie traute ihren Augen nicht, als sie mich sah.

›Was ist denn mit dir geschehen, mein Sohn? Hast du die Wassersucht?‹ rief sie aus. Denn mein Körper sah genauso voll und kräftig aus wie vor meiner Krankheit.

Ich wog mich und stellte fest, daß ich an einem Tage 50 Pfund zugenommen hatte; und dieses Gewicht habe ich seither beibehalten. Meine Freunde und Bekannten, die mich vorher in abgemagertem Zustand gesehen hatten, waren vor Staunen fassungslos. Einige waren von diesem Wunder so beeindruckt, daß sie ein neues Leben begannen und Jünger von Lahiri Mahasaya wurden.

Mein in Gott erwachter Guru wußte, daß diese Welt nichts als ein manifestierter Traum des Schöpfers ist. Da er sich allezeit seiner Einheit mit dem Göttlichen Träumer bewußt war, konnte er die Traumatome dieser Welt der Erscheinungen jederzeit materialisieren oder entmaterialisieren oder sie beliebig neu zusammensetzen.*)

Das ganze Universum ist bestimmten Gesetzen unterworfen«, sagte Sri Yukteswar abschließend. »Die Kräfte, die das sichtbare, von der Wissenschaft erforschbare Universum regieren, werden Naturgesetze genannt. Doch es gibt feinere Gesetze, welche die verborgenen geistigen Bereiche und die inneren Räume des Bewußtseins regieren; diese können von der Yogawissenschaft erforscht werden. Nicht der Physiker, son-

---

*) »Alles, was ihr bittet in eurem Gebet, glaubet nur, daß ihr's empfangen werdet, so wird's euch werden.« *Markus 11, 24.* — In Gott erwachte Meister wie Lahiri Mahasaya sind durchaus in der Lage, ihre göttlichen Erkenntnisse auf einen ihrer fortgeschrittenen Jünger — in diesem Falle Sri Yukteswar — zu übertragen.

dern der erleuchtete Meister kennt das wahre Wesen der Materie. Aufgrund dieses Wissens konnte Christus das Ohr des Knechtes heilen, das einer seiner Jünger abgeschlagen hatte.« *)

Mein Guru war ein unvergleichlicher Interpret der heiligen Schriften. Viele meiner glücklichsten Stunden verbrachte ich damit, ihm zuzuhören. Aber er verschwendete seine Worte nie an Unwürdige. Eine unruhige Bewegung oder die geringste Geistesabwesenheit genügten, um ihn mitten im Satz abbrechen zu lassen.

»Du hörst nicht richtig zu«, bemerkte Sri Yukteswar eines Nachmittags, indem er seine Rede unterbrach. Wie gewöhnlich hatte er schonungslos meine Gedanken verfolgt.

»Gurudschi!« sagte ich entrüstet. »Ich habe ganz still gesessen und nicht einmal die Augenlider bewegt; ich kann jedes Eurer Worte wiederholen.«

»Und dennoch warst du nicht hundertprozentig dabei. Dein Einwand zwingt mich zu erwähnen, daß du in Gedanken soeben drei Institute errichtet hast: eines im waldigen Flachland, ein anderes auf einem Hügel und ein drittes am Meer.«

Diese kaum formulierten Gedanken waren mir tatsächlich — wenn auch mehr unterbewußt — durch den Kopf gegangen. Ich schaute ihn reumütig an.

»Was mache ich mit einem Meister, der meine geheimsten Gedanken durchschaut?«

»Du hast mir das Recht dazu gegeben. Die subtilen Wahrheiten, die ich zu erklären versuche, können nur mit äußerster Konzentration erfaßt werden. Wenn es nicht nötig ist, dringe ich nicht in den Gedankenbereich anderer ein. Jeder Mensch hat das Recht, sich im privaten Territorium seiner Gedanken aufzuhalten. Selbst Gott tritt dort nicht ungebeten ein; viel weniger würde ich es wagen.«

»Ihr seid immer willkommen, Meister.«

»Deine architektonischen Träume werden sich später verwirklichen. Jetzt aber bist du zum Lernen hier!«

In seiner schlichten Art hatte mir der Guru hiermit ganz beiläufig drei wichtige Ereignisse meines Lebens prophezeit. Schon seit frühester Kindheit waren vor meinem inneren Auge immer wieder die verschwommenen Bilder von drei Gebäuden aufgetaucht, jedes von ihnen in einer anderen Landschaft. Diese Visionen verwirklichten sich später in der von Sri Yukteswar angegebenen Reihenfolge. Zuerst gründete ich

---

*) »Und einer aus ihnen schlug des Hohenpriesters Knecht und hieb ihm sein rechtes Ohr ab. Jesus aber antwortete und sprach: Lasset sie doch so machen! Und er rührte sein Ohr an und heilte ihn.« *Lukas 22, 50-51*

eine Knabenschule in Rantschi, dann das amerikanische Mutterzentrum auf einem Hügel in Los Angeles, und schließlich eine Einsiedelei in Encinitas (Kalifornien) unmittelbar am Pazifik.

Der Meister maßte sich niemals an zu sagen: »Ich prophezeie dir dieses oder jenes«, sondern machte nur etwa folgende Andeutung: »Meinst du nicht, daß es so kommen könnte?« Doch in seinen einfachen Worten lag eine prophetische Kraft. Er brauchte sich nie zu widerrufen, denn seine leicht verschleierten Voraussagen trafen unweigerlich ein.

Sri Yukteswar war von Natur zurückhaltend und nüchtern und erging sich nie — wie viele einfältige Visionäre — in vagen Andeutungen. Er stand mit beiden Beinen fest auf der Erde, während sein Haupt in den Himmel ragte. Praktische Menschen erregten seine Bewunderung. »Heiligkeit bedeutet nicht Dummheit, und göttliche Wahrnehmungen machen den Menschen nicht unbeholfen«, pflegte er zu sagen. »Wer der Tugend tatkräftig Ausdruck verleiht, wird auch seinen Verstand aufs höchste entwickeln.«

Mein Guru sprach nur ungern über die transzendenten Bereiche. Das einzig »Wunderbare« an ihm war seine vollkommene Einfachheit. In der Unterhaltung vermied er alle aufsehenerregenden Anspielungen, ließ aber um so mehr seine Taten sprechen. Es gibt Lehrer, die viel über Wunder sprechen, aber keines vollbringen können. Sri Yukteswar erwähnte die feinstofflichen Gesetze nur selten; insgeheim aber wandte er sie nach Belieben an.

»Ein Erleuchteter vollbringt nur dann Wunder, wenn das innere Gesetz es ihm gebietet«, erklärte der Meister. »Es liegt nicht in Gottes Willen, die Geheimnisse Seiner Schöpfung allen unterschiedslos zu enthüllen.*) Außerdem hat jeder Mensch das Recht, von seinem freien Willen Gebrauch zu machen. Ein Heiliger wird niemandem diese Unabhängigkeit streitig machen.«

Der Grund für Sri Yukteswars übliche Schweigsamkeit lag in seinen tiefen Wahrnehmungen des Unendlichen. Im Gegensatz zu anderen Lehrern, die keine Selbstverwirklichung besitzen, verbrachte er seine Zeit nicht mit endlosen »Offenbarungen«. Ein Hindusprichwort lautet: »In einem oberflächlichen Menschen verursachen die kleinen Fische der Gedanken lebhafte Wellen; in einem tiefen Geist rufen die Wale der Inspiration kaum ein Kräuseln hervor.«

Da mein Guru sich stets so unauffällig wie möglich verhielt, sahen nur wenige seiner Zeitgenossen einen Übermenschen in ihm. Das Sprich-

---

*) »Ihr sollt das Heiligtum nicht den Hunden geben, und eure Perlen sollt ihr nicht vor die Säue werfen, auf daß sie dieselben nicht zertreten mit ihren Füßen und sich wenden und euch zerreißen.« *Matthäus 7, 6*

wort: »Wer seine Weisheit nicht verbergen kann, ist ein Narr« trifft gewiß nicht für meinen stillen und unergründlichen Meister zu.

Obgleich Sri Yukteswar, wie alle anderen, als Mensch geboren wurde, hatte er sich längst mit dem Herrscher von Raum und Zeit vereinigt. Bei ihm verschmolzen Menschliches und Göttliches in eins, und ich erkannte, daß jede Trennungslinie, die die geistig träge Menschheit hier zu sehen glaubt, illusorisch ist.

Jedesmal, wenn ich die heiligen Füße Sri Yukteswars berührte, durchlief mich ein andächtiger Schauer. Ein Jünger, der seinen Meister ehrfurchtsvoll berührt, kann geistig von ihm magnetisiert werden. Dabei wird ein feiner Strom erzeugt, der die Spuren der unerwünschten Gewohnheiten im Gehirn oft beseitigt und die tief verwurzelten weltlichen Neigungen schwächt. Dann lüftet sich — zumindest für einen Augenblick — der geheime Schleier der *Maya* und gewährt ihm einen Einblick in die glückselige Wirklichkeit. Mein ganzer Körper wurde von einer läuternden Glut durchdrungen, wenn ich nach indischer Sitte vor meinem Guru niederkniete.

»Selbst wenn Lahiri Mahasaya schwieg«, sagte der Meister, »oder wenn er sich über andere als rein religiöse Themen unterhielt, vermittelte er mir dennoch unvergleichliches Wissen.«

Einen ganz ähnlichen Einfluß übte Sri Yukteswar auf mich aus. Wenn ich in gedrückter oder gleichgültiger Stimmung zum Aschram kam, vollzog sich bald eine unmerkliche Wandlung mit mir. Ich brauchte meinen Guru nur anzublicken, und schon kam eine wohltuende Ruhe über mich. Jeder Tag, den ich bei ihm verleben durfte, brachte mir neuen Reichtum an Freude, Frieden und Weisheit. Niemals sah ich ihn einer Täuschung anheimfallen oder irgendeiner Gemütsbewegung wie Lust, Ärger oder menschlicher Anhänglichkeit Raum geben.

»Die Dunkelheit der *Maya* naht heimlich heran. Laßt uns nach innen gehen, wo wir wirklich zu Hause sind.« Mit diesen mahnenden Worten hielt der Meister seine Jünger fortwährend zur *Kriya-Yoga*-Übung an. Neue Schüler fragten sich manchmal, ob sie es überhaupt wert seien, Yoga zu üben.

»Vergeßt die Vergangenheit«, pflegte Sri Yukteswar sie zu trösten. »Die hinter uns liegenden Leben weisen manche Schandflecke auf. Solange der Mensch noch nicht fest im Göttlichen verankert ist, wird sein Verhalten immer unberechenbar sein. Alles wird sich in Zukunft zum besten wenden, wenn ihr jetzt die nötigen geistigen Anstrengungen macht.«

Der Meister hatte stets junge *Tschelas* (Jünger) in seinem Aschram. Sein ganzes Interesse galt ihrer geistigen und seelischen Erziehung. Selbst kurz vor seinem Heimgang nahm er noch zwei sechsjährige Knaben und einen Jüngling von 16 Jahren in der Einsiedelei auf. Jeder, der ihm anvertraut wurde, erhielt eine gründliche Schulung.

Alle Aschrambewohner liebten und verehrten ihren Guru. Er brauchte nur leicht in die Hände zu klatschen, und schon waren sie an seiner Seite. Wenn er sich schweigend nach innen zurückzog, wagte niemand zu sprechen. Doch wenn sein fröhliches Lachen erklang, betrachteten ihn die Kinder als ihren besten Freund.

Nur selten bat Sri Yukteswar jemanden, ihm einen persönlichen Dienst zu erweisen; auch akzeptierte er die Dienste eines *Tschela* nur dann, wenn dieser sie ihm freudig anbot. Der Meister wusch seine Kleider selbst aus, wenn die Jünger es vergaßen, ihm diesen Liebesdienst zu erweisen.

Seine übliche Kleidung war das traditionelle Swami-Gewand. Im Haus trug er Schuhe ohne Schnürbänder, die nach einem Brauch der Yogis aus Tiger- oder Hirschfell hergestellt waren.

Sri Yukteswar sprach fließend englisch, französisch, Bengali und Hindi und besaß außerdem gute Sanskritkenntnisse. Geduldig brachte er seinen Jüngern einige selbsterdachte, geniale Methoden bei, um ihnen das Studium des Englischen und des Sanskrit zu erleichtern.

Der Meister schenkte seinem Körper nur wenig Beachtung. Andererseits vernachlässigte er ihn aber auch nicht. Er vertrat den Standpunkt, daß das Göttliche sich durch körperliche und geistige Gesundheit Ausdruck verleiht. Alle extremen Maßnahmen lehnte er ab. Einem Jünger, der besonders lange fasten wollte, sagte er lachend: »Wirf dem Hund ruhig einen Knochen hin!« *)

Sri Yukteswar erfreute sich einer ausgezeichneten Gesundheit; ich kann mich nicht entsinnen, ihn jemals unpäßlich gesehen zu haben. **) Er achtete alle bestehenden Bräuche und erlaubte seinen Schülern daher, auf Wunsch ärztlichen Rat einzuholen. »Das Werk der Ärzte besteht darin«, sagte er, »den Körper durch die von Gott geschaffenen physikalischen Gesetze zu heilen.« Doch er pries die Überlegenheit der geistigen Therapie und sagte wiederholt: »Weisheit ist die beste Heilquelle.« Seinen *Tschelas* gab er folgenden Rat:

»Der Körper ist ein trügerischer Freund; gebt ihm nur das, was er braucht, und nicht mehr. Schmerz und Lust sind vorübergehende Zustände; gewöhnt euch daran, alle Gegensätze gleichmütig hinzunehmen,

---

*) Mein Guru hielt das Fasten für die beste natürliche Entschlackungskur. Dieser Jünger jedoch war zu sehr mit seinem Körper beschäftigt.
**) Er war einmal krank, als ich nicht bei ihm war, und zwar während seines Aufenthaltes in Kaschmir. (Siehe Seite 217)

während ihr zur selben Zeit versucht, euch ihrem Einfluß zu entziehen. Die Kraft der Einbildung ist so groß, daß sie sowohl Krankheit als auch Gesundheit hervorrufen kann. Selbst wenn ihr krank seid, glaubt nicht an die Wirklichkeit eurer Krankheit, denn ein unbeachteter Gast zieht sich bald wieder zurück.«

Unter den Jüngern des Meisters waren auch viele Ärzte. »Wer Physiologie studiert hat, soll danach einen Schritt weitergehen und die Wissenschaft der Seele studieren«, sagte er ihnen. »Hinter der körperlichen Form verbirgt sich ein feiner geistiger Mechanismus.« *)

Sri Yukteswar riet seinen Schülern, die Tugenden des Abend- und Morgenlandes in sich zu vereinen. Er selbst war in seinen äußeren Gewohnheiten ein ausgesprochener Abendländer; innerlich aber war er der geistige Orientale. Er pries das Abendland für seine Fortschrittlichkeit, Gründlichkeit und Hygiene und das Morgenland für seine religiösen Ideale, denen es seit Jahrhunderten seinen geistigen Ruhm zu verdanken hat.

Disziplin war mir von Hause aus nichts Ungewohntes. Vater war sehr streng, Ananta oft hart. Sri Yukteswars Schulung kann jedoch nicht anders als drastisch bezeichnet werden. Mein Guru, der in allen Dingen nach Vollkommenheit strebte, war seinen Jüngern gegenüber überkritisch, ganz gleich, ob es sich um wichtige Angelegenheiten oder um kleine Vergehen im Betragen handelte.

»Gute Manieren ohne Aufrichtigkeit gleichen einer schönen Frau, die leblos im Sarg liegt«, sagte er bei entsprechenden Anlässen. »Aufrichtigkeit ohne Manieren gleicht dem Messer eines Chirurgen, das zwar seine Wirkung tut, aber äußerst unangenehm ist. Doch Ehrlichkeit, gepaart mit Höflichkeit, ist nicht nur heilsam, sondern auch bewundernswert.«

Der Meister schien mit meinen geistigen Fortschritten zufrieden zu

---

*) Ein beherzter Mediziner, Charles Robert Richet, der den Nobelpreis für Physiologie erhielt, schrieb folgendes: »Die Metaphysik ist noch keine öffentlich anerkannte Wissenschaft, wird es aber dereinst sein ... In Edinburgh wagte ich vor hundert Physiologen die Behauptung, daß unsere fünf Sinne nicht die einzigen Erkenntniswerkzeuge sind und daß unsere Intelligenz auch auf anderen Wegen Bruchteile der Wahrheit empfängt ... Daß eine Tatsache selten ist, berechtigt noch lange nicht zu der Annahme, daß sie nicht existiert. Soll man ein Sachgebiet etwa deshalb nicht studieren, weil es schwierig ist? ... Diejenigen, die die okkulte Wissenschaft der Metaphysik verspotten, werden dereinst genauso beschämt sein wie diejenigen, die über die Chemie lästerten und behaupteten, daß jedes Forschen nach dem Stein der Weisen illusorisch sei ... Was Grundsätze anbelangt, so brauchen wir uns nur an Lavoisier, Claude Bernard und Pasteur zu halten, die sich immer und überall auf Experimente beriefen. Darum begrüßen wir die neue Wissenschaft, die dem menschlichen Denken eine neue Richtung weisen wird.«

sein, denn er machte nur selten eine Bemerkung darüber. Doch wegen anderer Dinge machte er mir häufig Vorwürfe. Meine hauptsächlichen Vergehen waren Geistesabwesenheit, zeitweilige traurige Stimmungen, Nichtbeachtung gewisser Anstandsregeln und gelegentlicher Mangel an Methodik.

»Nimm dir ein Beispiel an deinem Vater Bhagabati, der ein vorbildlich ausgeglichenes Leben führt und seine Arbeit richtig einzuteilen weiß«, sagte mein Guru. Die beiden Jünger Lahiri Mahasayas waren sich bald nach meinem ersten Besuch in der Einsiedelei begegnet und schätzten einander sehr. Beide hatten ihr inneres Leben auf geistigen Granit gebaut, der vom Wechsel der Zeiten nicht berührt wurde.

Von einem Lehrer meiner Kindheit hatte ich einige irrige Ansichten übernommen. Ein *Tschela,* so wurde mir damals gesagt, brauche sich nicht allzu gründlich mit seinen irdischen Pflichten zu befassen. Wenn ich die mir übertragenen Aufgaben vernachlässigte oder nicht sorgfältig genug ausführte, wurde ich nie getadelt. Die menschliche Natur folgt derartigen Anweisungen nur allzu gern. Doch unter der strengen Zucht des Meisters erwachte ich recht bald von meinem angenehmen Traum der Verantwortungslosigkeit.

»Diejenigen, die zu gut für diese Welt sind, befinden sich schon längst in einer anderen«, bemerkte Sri Yukteswar eines Tages. »Solange du die freie Luft der Erde einatmest, bist du ihr auch zu Dank verpflichtet und mußt ihr gewisse Dienste leisten. Nur wer den atemlosen Zustand *) erreicht hat, ist den Gesetzen des Kosmos nicht mehr unterworfen.« Und trocken fügte er hinzu: »Ich werde nicht versäumen, dir mitzuteilen, wenn du das letzte Ziel erreicht hast.«

Mein Guru ließ sich durch nichts bestechen, nicht einmal durch Liebe. Er übte keine besondere Nachsicht mit denen, die, wie ich, freiwillig als Jünger zu ihm gekommen waren. Ob der Meister mit mir allein oder von Schülern und Fremden umgeben war, immer sagte er alles frei heraus und tadelte streng. Nicht das geringste Abgleiten in Oberflächlichkeit, nicht die kleinste Inkonsequenz entging seiner Kritik. Diese das Ich zermalmende Behandlung war schwer zu ertragen, doch ich war fest entschlossen, mir von Sri Yukteswar alle Eigenwilligkeiten austreiben zu lassen. Während er an dieser gigantischen Umformung arbeitete, erzitterte ich viele Male unter dem Gewicht seiner disziplinarischen Hammerschläge.

»Wenn dir meine Worte nicht passen, steht es dir jederzeit frei zu gehen«, versicherte mir der Meister. »Ich will nichts anderes als deinen Fortschritt. Bleibe nur, wenn du fühlst, daß du dadurch gewinnst.«

---

*) *Samadhi* = Überbewußtsein

Ich bin ihm unendlich dankbar für die demütigenden Hiebe, die er meiner Eitelkeit versetzte. Manchmal war mir zumute, als ob er — metaphorisch gesehen — jeden kranken Zahn in meinem Kiefer entdeckte und ihn mit der Wurzel ausriß. Die harte Schale des Egoismus läßt sich ohne rauhe Eingriffe nur schwer entfernen. Sobald er aber beseitigt ist, kann sich das Göttliche, das vergeblich durch die von Selbstsucht versteinerten Herzen zu fließen versucht, ungehindert Bahn brechen.

Sri Yukteswars Intuition war unfehlbar. Oft ignorierte er unsere Bemerkungen und antwortete statt dessen auf unsere Gedanken. Die Worte, die man spricht, und die Gedanken, die sich dahinter verbergen, können oft grundverschieden sein. »Versucht, durch eure innere Ruhe die Gedanken zu erfühlen, die hinter dem Wirrwarr menschlicher Worte liegen«, sagte mein Guru.

Was der göttliche Scharfsinn schonungslos aufdeckt, ist oft recht peinlich für weltliche Menschen. Bei oberflächlichen Schülern war der Meister daher nicht beliebt. Doch die einsichtsvollen, von denen es immer nur wenige gibt, verehrten ihn zutiefst.

Ich wage zu behaupten, daß Sri Yukteswar der beliebteste Guru in ganz Indien hätte sein können, wenn er in seinen Äußerungen nicht so offen und kompromißlos gewesen wäre.

»Ich mache es denen, die sich von mir schulen lassen wollen, nicht leicht«, gestand er mir einmal. »Doch das ist meine Art. Finde dich damit ab oder nicht! Ich mache keine Kompromisse. Du wirst später viel gütiger zu deinen Jüngern sein, denn deine Art ist anders. Ich versuche sie allein im Feuer der Strenge zu läutern, und das verursacht Brandwunden, die der gewöhnliche Mensch nicht ertragen kann. Doch auch die sanftere Methode der Liebe hat die Kraft, andere zu verwandeln. Die strengen wie die milden Methoden sind gleich wirkungsvoll, wenn sie mit Weisheit angewandt werden.« Und er fügte hinzu: »Du wirst später in fremde Länder gehen, wo man kein Verständnis für die rauhe Behandlung des Ich hat. Nur ein Lehrer, der über ungewöhnliche Anpassungsfähigkeit, Geduld und Nachsicht verfügt, kann die Botschaft Indiens im Abendland verbreiten.« (Ich will nicht erwähnen, wie oft ich in Amerika an diese Worte des Meisters habe denken müssen!)

Obgleich mein freimütiger Guru zu seinen Lebzeiten keine große Anhängerschaft hatte, lebt sein Geist dennoch fort, denn die Zahl aufrichtiger Schüler, die seiner Lehre folgen, nimmt immer mehr zu. Krieger wie Alexander der Große trachten danach, die Welt zu erobern; Meister wie Sri Yukteswar dagegen erobern das unermeßliche Reich der menschlichen Seele.

Es war des Meisters Art, die kleinen, belanglosen Schwächen seiner

Jünger wie schwerwiegende Vergehen darzustellen. Eines Tages kam mein Vater nach Serampur, um Sri Yukteswar seine Aufwartung zu machen. Wahrscheinlich hatte er gehofft, daß mein Guru einige anerkennende Worte über mich sagen werde und war daher entsetzt, nur einen langen Bericht über meine Unvollkommenheiten zu hören. Er eilte auf der Stelle zu mir und sagte:

»Aus den Bemerkungen deines Gurus muß ich schließen, daß du ein völliger Versager bist!« Dabei wußte er nicht, ob er lachen oder weinen sollte.

Der einzige Anlaß, der zu jener Zeit Sri Yukteswars Unwillen hervorrief, war die Tatsache, daß ich trotz seiner sanften Warnung versucht hatte, einen bestimmten Mann auf den geistigen Weg zu führen.

Voller Entrüstung suchte ich sogleich meinen Guru auf. Er empfing mich mit niedergeschlagenen Augen, als ob er sich seiner Schuld bewußt wäre. Es war das einzige Mal, daß sich der göttliche Löwe mir gegenüber so demütig verhielt, und diesen einzigartigen Augenblick kostete ich bis zur Neige aus.

»Gurudschi, warum habt Ihr mich bei meinem Vater so hart angeklagt? War das gerecht?«

»Ich will es nicht wieder tun«, sagte der Meister einlenkend.

Sofort war ich entwaffnet. Wie bereitwillig dieser große Mann seinen Irrtum zugab! Obgleich der Meister meinem Vater nie wieder seinen inneren Frieden raubte, fuhr er dennoch fort, mich jederzeit, wenn er es für angebracht hielt, schonungslos zu »sezieren«.

Einige der neuen Jünger versuchten Sri Yukteswar manchmal nachzuahmen, indem sie andere ständig kritisierten. Sie glaubten, weise wie der Guru zu sein — Musterexemplare einwandfreier Unterscheidungskraft. Aber wer angreift, muß sich auch verteidigen können. Sobald der Meister in aller Öffentlichkeit einige analytische Pfeile in ihre Richtung schoß, flohen diese tadelsüchtigen Schüler eilends davon.

»Charakterschwächen, die nicht einmal milde Kritik vertragen, gleichen wunden Körperstellen, die bei der leisesten Berührung zusammenzucken«, lautete Sri Yukteswars belustigter Kommentar über die entflohenen Schüler.

Viele Jünger haben bereits eine vorgefaßte Meinung von einem Guru und beurteilen dementsprechend alle seine Worte und Handlungen. Solche Personen beklagten sich oft darüber, daß sie Sri Yukteswar nicht verstanden.

»Ebensowenig verstehst du Gott«, antwortete ich einem von ihnen. »Wenn du einen Heiligen verstehen könntest, wärest du selber einer!« Können wir, die wir von Abermillionen Geheimnissen umgeben sind und jede Sekunde die unerklärbare Luft einatmen, uns anmaßen, das unergründliche Wesen eines Meisters sofort verstehen zu wollen?

Neue Schüler kamen und gingen meistens wieder. Diejenigen, die nach einem leichten Weg suchten und sogleich Mitgefühl und liebevolle Anerkennung ihrer Leistungen erwarteten, fanden in der Einsiedelei nicht das, was sie suchten. Der Meister bot seinen Jüngern Schutz und Zuflucht in alle Ewigkeit; doch viele Schüler waren so habsüchtig, daß sie obendrein noch Balsam für ihr liebes Ich verlangten. Und so reisten sie wieder ab und zogen es vor, die zahllosen Demütigungen des Lebens hinzunehmen, anstatt selber Demut zu lernen. Sri Yukteswars sengende Strahlen, das freie, durchdringende Sonnenlicht seiner Weisheit waren ein zu machtvolles Heilmittel für ihre kranke Seele. Deshalb suchten sie sich einen weniger anspruchsvollen Lehrer, der sie mit seinen schmeichelnden Worten einlullte und sie im unruhigen Schlaf der Täuschung verharren ließ.

Während meiner ersten Monate im Aschram war ich äußerst empfindlich gegen den scharfen Tadel des Meisters. Bald aber merkte ich, daß er seine mündlichen »Vivisektionen« nur an solchen Jüngern durchführte, die ihn, ebenso wie ich, um seine Disziplin gebeten hatten. Wenn irgendein Schüler zu empfindlich war und Einspruch erhob, hüllte sich Sri Yukteswar in Schweigen, ohne verletzt zu sein. Seine Worte waren niemals zornig, sondern stets unpersönlich und voller Weisheit.

Besucher, die gelegentlich zum Aschram kamen, wurden jedoch nicht vom Meister zurechtgewiesen. Selbst wenn ihre Schwächen offensichtlich waren, machte er nur selten eine Bemerkung darüber. Aber für seine Schüler, die ihn um seine Führung gebeten hatten, fühlte Sri Yukteswar große Verantwortung. Ein Guru, der es unternimmt, das rohe Erz der vom Ich verblendeten Menschheit umzuformen, muß in der Tat Mut haben. Diese Unerschrockenheit der Heiligen entspringt ihrem Mitgefühl mit der von der *Maya* verwirrten Menschheit — den strauchelnden Blinden dieser Welt.

Nachdem ich meine anfängliche Empfindlichkeit überwunden hatte, stellte ich fest, daß ich viel weniger getadelt wurde. Auf fast unmerkliche Weise wurde der Meister mir gegenüber bedeutend milder. Mit der Zeit riß ich alle Schranken des rationalistischen Denkens und der unterbewußten*) Vorbehalte nieder, hinter denen sich die menschliche Persön-

---

*) »Unser bewußtes und unterbewußtes Sein wird vom Überbewußtsein gekrönt«, sagte der Rabbi Israel H. Levinthal bei einem Vortrag in New York. »Vor vielen Jahren wies der englische Psychologe F. W. H. Myers darauf hin, daß sich ›tief verborgen in unserem Wesen sowohl ein Schutthaufen als auch eine Schatzkammer befindet‹. Im Gegensatz zur Psycho-

lichkeit gewöhnlich verschanzt. Die Belohnung dafür war eine mühelose Übereinstimmung mit meinem Guru. Ich fand ihn vertrauensvoll und nachsichtig und fühlte seine schweigende Liebe. Da er jedoch von Natur zurückhaltend war, brachte er seine Zuneigung nie in Worten zum Ausdruck.

Ich selbst hatte eine vorwiegend hingebungsvolle Natur. Daher verwirrte es mich am Anfang, daß mein vom *Jnana* durchdrungener Guru, scheinbar des *Bhakti* *) entbehrte und sich vorwiegend in Gedankenbildern erging, die ich als mathematisch und gefühlsarm empfand. Als ich mich jedoch auf seine Wesensart eingestellt hatte, merkte ich, daß meine Hingabe an Gott keineswegs nachließ, sondern sich eher noch vertiefte. Ein erleuchteter Meister ist durchaus in der Lage, jeden seiner Jünger individuell zu leiten und seine natürlichen Neigungen zu berücksichtigen.

Obgleich mein Verhältnis zu Sri Yukteswar ziemlich wortkarg war, entbehrte es nicht einer verborgenen Beredsamkeit. Oft spürte ich, daß meine Gedanken den Stempel seines Geistes trugen, so daß jedes Wort überflüssig schien. Und wenn ich schweigend neben ihm saß, fühlte ich, wie seine unermeßliche Güte sich über mein ganzes Wesen ergoß.

Während meiner ersten Sommer-Semesterferien hatte ich Gelegenheit, das unparteiische Urteil des Meisters zu bewundern. Schon lange hatte ich mich auf diese ungestörten Monate mit meinem Guru gefreut.

»Du sollst die Aufsicht über die Einsiedelei übernehmen«, sagte Sri Yukteswar, der sich über die Begeisterung freute, die ich bei meiner Ankunft zeigte. »Deine Aufgabe besteht darin, Gäste zu empfangen und die Tätigkeit der anderen Jünger zu überwachen.«

Vierzehn Tage später wurde Kumar, ein junger Dörfler aus Ost-Bengalen, zur Schulung in die Einsiedelei aufgenommen. Da er auffallend intelligent war, gewann er rasch die Zuneigung des Meisters. Aus irgendeinem unerklärlichen Grunde war Sri Yukteswar dem neuen Schüler gegenüber weniger kritisch.

Nachdem der neue Junge einen Monat lang bei uns gewesen war, erklärte mir der Meister eines Tages: »Mukunda, laß Kumar von jetzt an deine Pflichten übernehmen und kümmere du dich selbst um das Kochen und Saubermachen.«

---

logie, die alle ihre Nachforschungen auf das Unterbewußtsein des Menschen richtet, beschäftigt sich die neue Psychologie des Überbewußtseins mit der Schatzkammer — mit jener Sphäre, die als einzige alle großen, selbstlosen und heroischen Taten des Menschen zu erklären vermag.«

*) *Jnana* (Weisheit) und *Bhakti* (Hingabe) sind zwei der meistbegangenen Wege, die zu Gott führen.

Kumar, dem seine neue Position zu Kopf gestiegen war, entwickelte sich bald zu einem Haustyrannen. In schweigender Auflehnung kamen die anderen Jünger weiterhin zu mir, um täglich meinen Rat zu holen. Nachdem dieser Zustand drei Wochen lang angehalten hatte, fing ich zufällig eine Unterhaltung zwischen Kumar und dem Meister auf.

»Mukunda ist unmöglich«, beschwerte sich der Junge. »Ihr habt mich zum Aufseher bestimmt, und dennoch gehen sie alle zu ihm und gehorchen ihm!«

»Darum habe ich ihn in die Küche und dich ins Empfangszimmer gesetzt, damit du einsehen lernst, daß ein richtiger Führer nicht den Wunsch hat, zu herrschen, sondern zu dienen«, erwiderte Sri Yukteswar. Sein scharfer Ton war Kumar fremd. »Du wolltest Mukundas Amt haben, konntest dich aber dessen nicht würdig erweisen. Übernimm jetzt wieder deine frühere Arbeit als Küchengehilfe.«

Nach diesem demütigenden Zwischenfall zeigte der Meister Kumar gegenüber wieder dieselbe ungewöhnliche Nachsicht. Wer kann das Geheimnis der Anziehungskraft ergründen? Kumar war für unseren Guru — wenn auch nicht für die anderen Jünger — ein Quell des Ergötzens. Obgleich der neue Junge unverkennbar Sri Yukteswars Lieblingsschüler war, fühlte ich keinerlei Unwillen darüber. Selbst die Meister haben ihre persönlichen Eigenheiten, was das Drama des Lebens so abwechslungsreich macht. Nebenerscheinungen dieser Art haben mich nie berühren können. Außerdem suchte ich bei Sri Yukteswar größere Schätze als äußere Anerkennung.

Eines Tages sprach Kumar ohne jeden Grund sehr gehässig zu mir, so daß ich tief verletzt war.

»Du bist derart aufgeblasen, daß du nächstens noch platzt«, sagte ich und fügte warnend hinzu: »Wenn sich dein Verhalten nicht ändert, wird man dich eines Tages auffordern, den Aschram zu verlassen.« Ich war intuitiv von der Wahrheit meiner Worte überzeugt.

Kumar lachte jedoch spöttisch und wiederholte meine Bemerkung dem Guru, der gerade ins Zimmer trat. Ich erwartete mit Sicherheit, gescholten zu werden und zog mich still in einen Winkel des Zimmers zurück.

Doch der Meister sagte mit ungewöhnlicher Kühle: »Vielleicht hat Mukunda recht.«

Ein Jahr später fuhr Kumar zu einem Besuch nach Hause, um seine Familie wiederzusehen. Er ignorierte die stumme Mißbilligung Sri Yukteswars, der niemals gebieterisch in das Handeln seiner Jünger eingriff. Als der Junge nach einigen Monaten nach Serampur zurückkehrte, hatte er sich sichtlich zu seinem Nachteil verändert. Das war nicht mehr der stattliche Kumar mit dem klaren, heiteren Antlitz. Vor uns stand ein gewöhnlicher Bauernjunge, der sich kürzlich eine Menge schlechter Gewohnheiten angeeignet hatte.

Da ließ der Meister mich zu sich rufen, um den Fall mit mir zu besprechen; er war zu der traurigen Erkenntnis gekommen, daß der Junge sich jetzt nicht mehr für das klösterliche Leben in der Einsiedelei eigne.

»Mukunda, ich überlasse es dir, Kumar mitzuteilen, daß er den Aschram morgen verlassen soll; ich kann es nicht.« Tränen standen in Sri Yukteswars Augen, doch er faßte sich sogleich wieder. »Der Junge wäre nie so tief gefallen, wenn er auf mich gehört hätte; statt dessen ist er fortgegangen und in schlechte Gesellschaft geraten. Er hat meine schützende Hand zurückgewiesen; darum muß die unbarmherzige Welt noch sein Guru sein.«

Kumars Abreise brachte mir keinerlei Genugtuung. Traurig fragte ich mich, wie jemand, der die Macht besessen hatte, die Liebe eines Meisters zu gewinnen, so schnell weltlichen Versuchungen anheimfallen konnte. Das Verlangen nach Wein und sexuellen Vergnügungen ist dem Menschen angeboren; um an diesen Freuden Gefallen zu finden, braucht er kein höheres Wahrnehmungsvermögen. Die Sinnenreize gleichen dem immergrünen Oleander: seine farbenprächtigen Blüten strömen einen süßen Duft aus, und doch ist jeder Teil dieser Pflanze giftig.*) Das Reich der Heilung liegt im Inneren des Menschen; dort erwartet ihn das wahre Glück, das er in seiner Blindheit in tausend anderen Richtungen sucht.

»Ein scharfer Verstand ist wie ein zweischneidiges Schwert, das man richtig und falsch handhaben kann«, sagte der Meister einmal, indem er auf Kumars regen Intellekt anspielte. »Man kann es benutzen, um den Drachen der Unwissenheit zu erschlagen, oder man kann sich selbst den Kopf damit abhacken. Erst wenn der Mensch die geistigen Gesetze nicht mehr zu umgehen versucht, kann er seine Intelligenz in die richtigen Bahnen leiten.«

Mein Guru hatte sowohl männliche als auch weibliche Jünger und behandelte sie alle wie seine Kinder. Er machte keinen Unterschied zwischen den Geschlechtern, weil er in allen Menschen nur die Seele sah.

»Im Schlaf wißt ihr nicht, ob ihr Mann oder Frau seid«, sagte er.

---

*) »Im Wachzustand versucht der Mensch auf jede erdenkliche Weise, den größtmöglichen Genuß aus den Sinnesfreuden zu ziehen; doch wenn seine Sinnesorgane ermüden, vergißt er selbst die einfachsten Bedürfnisse und sinkt in tiefen Schlaf, wo er Ruhe in seiner Seele, in seiner eigenen Natur findet«, schrieb Schankara, der große Kenner des Vedanta. »Die Glückseligkeit jenseits der Sinne ist daher spielend leicht zu erreichen und ist den stets in Widerwillen endenden Sinnenfreuden weit überlegen.«

»Ebenso wie ein Mann, der auf der Bühne die Rolle einer Frau spielt, dadurch nicht selbst zur Frau wird, so bleibt auch die Seele, die sich als Mann oder Frau verkörpert, unverändert. Die Seele ist das unwandelbare, vollkommene Ebenbild Gottes.«

Sri Yukteswar mied die Frauen nicht, noch machte er ihnen den Vorwurf, die Ursache des »Sündenfalls« zu sein. Er behauptete, daß auch die Frauen der Versuchung durch das andere Geschlecht ausgesetzt seien. Einst fragte ich den Meister, warum ein großer Heiliger des Altertums die Frauen als das »Tor zur Hölle« bezeichnet hatte.

»Wahrscheinlich hat ihm irgendein Mädchen in seiner Jugend den Kopf verdreht«, erwiderte mein Guru ironisch. »Sonst hätte er nicht das weibliche Geschlecht, sondern seine eigene Unbeherrschtheit dafür verantwortlich gemacht.«

Wenn ein Besucher es wagte, zweideutige Geschichten in der Einsiedelei zu erzählen, reagierte der Meister mit eisigem Schweigen darauf. »Laßt euch nicht von einem hübschen Gesicht in die Falle locken und euch dadurch unnötigen Qualen aussetzen«, sagte er seinen Jüngern. »Wie können die Sklaven der Sinne in dieser Welt glücklich werden? Alle höheren Freuden entgehen ihnen, wenn sie unten im Schlamm wühlen. Wer seinen Trieben freien Lauf läßt, verliert jedes feinere Unterscheidungsvermögen.«

Alle Schüler, die ernsthaft bemüht waren, sich der Macht der *Maya* zu entziehen und ihren sexuellen Trieb zu beherrschen, erhielten von Sri Yukteswar verständnisvolle Ratschläge.

»Genauso wie der Hunger einen bestimmten Zweck erfüllt, die Gier aber verurteilt werden muß, so ist es auch mit dem Geschlechtstrieb. Er wurde uns von der Natur nur zum Zweck der Fortpflanzung und nicht zur Befriedigung unersättlicher Begierden gegeben«, sagte er. »Wenn ihr euch nicht jetzt von den lästigen Trieben befreit, werden sie euch auch später noch verfolgen, nachdem der Astralkörper sich von der physischen Hülle gelöst hat. Selbst wenn das Fleisch schwach ist, muß der Geist stark bleiben. Jedesmal, wenn ihr von Versuchungen angefallen werdet, müßt ihr ihnen durch eure objektive Einstellung und eiserne Willenskraft Widerstand leisten. Es gibt keine natürliche Leidenschaft, die sich nicht bezwingen ließe!

Vergeudet eure Kräfte nicht. Seid wie das tiefe Meer, das die Ströme der Sinne schweigend absorbiert. Wer seine Begierden jeden Tag von neuem nährt, untergräbt seinen inneren Frieden. Es sind die Begierden, die unseren Frieden durchlöchern und das lebendige Wasser austropfen lassen, so daß es im Wüstensand des Materialismus versickert. Die sinnlichen Triebe sind unsere ärgsten Widersacher, die uns daran hindern, wahres Glück zu finden. Schreitet wie ein Löwe der Selbstbeherrschung durch diese Welt und laßt euch nicht auf ein Katz- und Mausspiel mit den trügerischen Sinnen ein!«

Wer Gott wirklich liebt, wird schließlich von allem Zwang der Instinkte befreit. Er sehnt sich nicht mehr nach menschlicher Liebe, sondern nur noch nach der Liebe Gottes, die allgegenwärtig und darum einzigartig ist.

Sri Yukteswars Mutter lebte im Rana-Mahal-Bezirk von Benares, wo ich meinen Guru zum ersten Male besucht hatte. Obgleich sie freundlich und gütig war, hatte sie dennoch einen eigenwilligen Kopf. Eines Tages, als ich auf ihrem Balkon stand, fing ich eine Unterhaltung zwischen Mutter und Sohn auf. In seiner ruhigen, vernünftigen Art versuchte der Meister ihr etwas zu erklären. Doch anscheinend hatte er keinen Erfolg, denn sie schüttelte heftig mit dem Kopf.

»Nein, nein, mein Sohn, geh jetzt nur! Deine weisen Worte taugen nicht für mich. Ich bin nicht deine Jüngerin.«

Und Sri Yukteswar zog sich ohne jede weitere Gegenbemerkung zurück wie ein gescholtenes Kind. Diese große Achtung, die er vor seiner Mutter empfand, rührte mich tief. Sie sah in ihm nur ihren kleinen Jungen und nicht den Weisen. Dieser an sich unbedeutende Zwischenfall entbehrte nicht eines gewissen Reizes, denn er verschaffte mir einen weiteren Einblick in das ungewöhnliche Wesen meines Guru, der äußerlich unnachgiebig, innerlich aber tief demütig war.

Die klösterliche Regel verbietet es dem Swami, mit der Welt in Verbindung zu bleiben, nachdem er ihr öffentlich entsagt hat. Aus diesem Grunde darf er auch keine religiösen Feiern innerhalb der Familie abhalten, was zu den Pflichten eines Hausvaters gehört. Schankara jedoch, der den alten Swami-Orden reorganisierte, hielt sich nicht an diese Vorschrift. Als seine geliebte Mutter starb, verbrannte er ihren Körper in einem himmlischen Feuer, das seiner erhobenen Hand entsprang.

Auch Sri Yukteswar ignorierte dieses Verbot, wenngleich auf weniger aufsehenerregende Weise. Als seine Mutter starb, leitete er am heiligen Ganges in Benares die Einäscherungsfeier und speiste viele Brahmanen, wie es der Brauch von einem Familienoberhaupt verlangt.

Die *schastrischen* Verbote sollen dem Swami helfen, sich nicht mehr mit seinem ehemaligen begrenzten Wirkungskreis zu identifizieren. Schankara und Sri Yukteswar jedoch, die mit ihrem ganzen Sein im überpersönlichen GEIST aufgegangen waren, benötigten keinerlei helfende Regeln mehr. Zuweilen läßt ein Meister eine Regel absichtlich außer acht, um zu zeigen, daß der Grundsatz wichtiger ist als die äußere Form. So raufte z. B. Jesus am Sabbat Ähren aus und sagte den unverbesserlichen Krittlern: »Der Sabbat ist um des Menschen willen gemacht, und nicht der Mensch um des Sabbats willen.«*)

Mit Ausnahme der heiligen Schriften las Sri Yukteswar nur wenig. Und dennoch war er stets mit den neuesten Entdeckungen der Wissenschaft und anderen modernen Errungenschaften vertraut.**) Er war ein ausgezeichneter Gesellschafter und ließ sich gern auf einen Meinungsaustausch mit seinen Gästen ein, wobei die verschiedensten Themen zur Sprache kamen. Die Schlagfertigkeit und das ansteckende Lachen meines Guru belebten jede Unterhaltung. Obgleich der Meister oft ernst war, wirkte er jedoch nie finster. »Wer Gott sucht, braucht sein Angesicht nicht zu verstellen«, pflegte er zu sagen, indem er auf ein Bibelwort***) anspielte. »Gott zu finden, bedeutet das Ende aller Sorgen!«

Unter den Philosophen, Professoren, Rechtsanwälten und Wissenschaftlern, die zum ersten Male in die Einsiedelei kamen, befanden sich auch einige, die den Meister für einen orthodoxen Frömmler hielten. Oft verriet ein hochmütiges Lächeln oder ein halb belustigter, halb toleranter Blick, daß sie nicht mehr als ein paar fromme Redensarten erwarteten. Sobald sie aber mit Sri Yukteswar ins Gespräch kamen und merkten, daß er auch genaue Kenntnisse auf ihrem Fachgebiet besaß, nahmen sie nur ungern Abschied.

Mein Guru war fast immer freundlich und liebenswürdig zu seinen Gästen und hieß sie mit aufrichtiger Herzlichkeit willkommen. Unverbesserliche Egoisten erlitten jedoch manchmal einen heilsamen Schock. Ihnen begegnete der Meister entweder mit kalter Gleichgültigkeit oder mit scharfer Opposition — mit Eis oder Eisen!

Einst ließ sich ein bekannter Chemiker in ein Wortgefecht mit Sri Yukteswar ein. Er wollte die Existenz Gottes nicht zugeben, weil die Wissenschaft noch kein Mittel gefunden hatte, Ihn zu beweisen.

»Es ist Euch also unbegreiflicherweise nicht gelungen, die Allmacht in Euren Versuchsröhren zu isolieren«, sagte der Meister mit unbewegtem Blick. »Ich schlage Euch ein anderes Experiment vor: beobachtet einmal 24 Stunden lang ununterbrochen Eure Gedanken. Dann werdet Ihr Euch nicht mehr über Gottes Abwesenheit wundern.«

Einen ähnlichen Stoß erlitt ein berühmter Gelehrter während seines Besuches im Aschram. Er rezitierte mit schallender Stimme Auszüge aus

---

*) *Markus 2, 27*
**) Der Meister konnte sich jederzeit auf die Gedanken anderer einstellen (eine Fähigkeit, die man durch bestimmte Yogaübungen erlangt. Sie wird in Patandschalis *Yoga-Sutras III, 19* näher erläutert). Über seine Fähigkeit, als menschliches Radio zu fungieren, und über die Beschaffenheit der Gedanken wird auf Seite 167-168 berichtet.
***) *Matthäus 6, 16*

dem *Mahabharata,* den *Upanischaden**) und den *Bhasyas* (Kommentaren) von Schankara.

»Ich warte darauf, daß Ihr etwas sagt«, bemerkte Sri Yukteswar fragend, als ob die ganze Zeit Schweigen geherrscht hätte. Der Pandit schien verwirrt.

»Zitate haben wir in Hülle und Fülle gehabt«, sagte der Meister, während ich mich vor Lachen nicht halten konnte. Glücklicherweise saß ich in respektvoller Entfernung in einer Ecke des Zimmers. »Was habt Ihr nun selbst dazu zu sagen? Welche heiligen Texte habt Ihr wirklich erfaßt und Euch zu eigen gemacht? Auf welche Weise haben diese zeitlosen Wahrheiten Euch innerlich verwandelt? Oder genügt es Euch, wie ein Schallplattenapparat die Worte anderer zu wiederholen?«

»Ich gebe es auf«, sagte der Gelehrte da mit komischer Verzweiflung. »Ich besitze keine innere Verwirklichung.«

Vielleicht verstand er zum ersten Male in seinem Leben, daß das korrekte Anbringen eines Kommas kein geistiges Koma aufwiegen kann.

»Diese blutleeren Pedanten tun sich viel auf ihre Bücherweisheit zugute«, bemerkte mein Guru, nachdem der gerügte Besucher fort war. »Für sie ist die Philosophie nur ein angenehmer Denksport. Ihre erhabenen Gedanken stehen in keinem Verhältnis zu ihren gewöhnlichen Handlungen und ihrer inneren Disziplinlosigkeit.«

Auch bei anderen Gelegenheiten betonte der Meister, daß bloße Bücherweisheit zwecklos sei.

»Verwechselt einen umfangreichen Wortschatz nicht mit Wissen«, bemerkte er einmal. »Die heiligen Schriften sind uns insofern dienlich, als sie den Wunsch nach innerer Verwirklichung in uns wachrufen. Sie nützen uns jedoch nur dann, wenn wir einen Abschnitt nach dem anderen langsam in uns verarbeiten. Andernfalls führt jedes ausgedehnte, intellektuelle Studium nur zu Eitelkeit, falschem Stolz und unverdauten Kenntnissen.«

Daraufhin berichtete Sri Yukteswar, wie er selbst einmal in den Heiligen Schriften unterrichtet wurde. Er pflegte eine Waldeinsiedelei im östlichen Bengalen aufzusuchen, wo er den berühmten Lehrer Dabru Ballav beim Unterricht beobachtete. Seine einfache und zugleich schwierige Methode war im alten Indien weit verbreitet.

---

*) Die *Upanischaden* oder der *Vedanta* (wörtlich: »Ende der Veden«) sind verschiedenen Teilen der vier Veden entnommen und stellen eine Zusammenfassung aller wichtigen Lehrsätze der Hindureligion dar. Schopenhauer lobte ihre »tiefen, originellen und erhabenen Gedanken« und sagte: »Der uns durch die Upanischaden eröffnete Zugang zu den Veden ist in meinen Augen der größte Vorzug, den dieses noch junge Jahrhundert vor den früheren aufzuweisen hat.« *(Die Welt als Wille und Vorstellung)*

Dabru Ballav unterrichtete seine Jünger oft im Freien — in der Einsamkeit des Waldes. Die heilige *Bhagawadgita* lag aufgeschlagen vor ihnen. Ununterbrochen schauten sie eine halbe Stunde lang auf einen Abschnitt und schlossen dann die Augen. Nach einer weiteren halben Stunde gab der Meister eine kurze Erläuterung. Dann meditierten sie wieder eine Stunde lang in unbewegter Stellung. Schließlich fragte der Guru:

»Versteht ihr diesen Abschnitt jetzt?«

»Ja, Sir!« wagte einer der Schüler zu behaupten.

»Nein, noch nicht ganz. Konzentriert euch jetzt auf die geistige Kraft dieser Worte, die Indien befähigt hat, sich in jedem Jahrhundert geistig zu erneuern.« Eine weitere Stunde verging in tiefem Schweigen. Dann entließ der Meister die Schüler und wandte sich an Sri Yukteswar:

»Kennst du die *Bhagawadgita?*«

»Nein, Sir, noch nicht richtig, obgleich ich sie oft gelesen und mich viel mit ihrem Inhalt beschäftigt habe.«

»Tausende haben mir eine andere Antwort gegeben«, sagte der große Weise lächelnd, indem er meinen Meister segnend anblickte. »Wer nur mit seinen geistigen Kenntnissen renommieren will, wird kaum Zeit finden, schweigend nach innen zu tauchen, um die kostbaren Perlen der Verwirklichung ans Licht zu bringen.«

Im Unterricht mit seinen eigenen Jüngern wandte Sri Yukteswar dieselbe konzentrierte Methode an. »Man nimmt die Weisheit nicht mit den Augen, sondern mit jedem Atom in sich auf«, sagte er. »Wenn ihr eine Wahrheit nicht nur mit dem Verstand, sondern mit eurem ganzen Wesen erfaßt habt, könnt ihr langsam daran denken, für sie einzustehen.« Er machte seine Schüler immer wieder darauf aufmerksam, daß Bücherweisheit allein nicht zu geistiger Verwirklichung führt.

»Die *Rischis* drückten in einem einzigen Satz solch tiefe Gedanken aus, daß die Gelehrten schon seit vielen Generationen damit beschäftigt sind, Kommentare darüber zu schreiben«, sagte er. »Endlose literarische Diskussionen taugen nur für einen trägen Geist. Gibt es irgendeinen Gedanken, der uns schneller befreit als ›Gott ist‹ — oder sogar nur ›Gott‹?«

Doch der Mensch ist nicht so leicht gewillt, zur Einfachheit zurückzukehren. Einem Intellektuellen kommt es weniger auf »Gott« an als auf ein Prunken mit seinem Wissen. Es schmeichelt seiner Eitelkeit, daß sein Gehirn soviel Gelehrsamkeit aufnehmen kann.

Menschen, die sich etwas auf ihren Reichtum oder Rang einbildeten, lernten in der Gegenwart des Meisters oft etwas weit Wertvolleres, nämlich Bescheidenheit. Einmal kam der ortsansässige Magistrat in unsere Strandeinsiedelei in Puri und verlangte Sri Yukteswar zu sprechen. Es lag durchaus in der Macht dieses als skrupellos bekannten Mannes, uns des Aschrams zu berauben, und ich erwähnte dies meinem Guru gegenüber. Der Meister setzte sich jedoch mit unnachgiebiger Miene nieder und erhob sich nicht einmal, um den Besucher zu begrüßen.

Leicht beunruhigt kauerte ich in der Nähe der Tür am Boden. Sri Yukteswar hatte mir auch nicht aufgetragen, einen Stuhl für den Magistrat zu holen, so daß dieser mit einer Holzkiste vorliebnehmen mußte. Die offensichtliche Erwartung des Mannes, daß man ihn aufgrund seiner hohen Stellung besonders aufmerksam behandeln würde, erfüllte sich nicht.

Dann folgte eine metaphysische Diskussion, in der der Gast mehrere Schnitzer beging, weil er die heiligen Schriften nicht richtig auslegte. Je mehr er sich in Widersprüche verwickelte, um so wütender wurde er.

»Wißt Ihr, daß ich mein Staatsexamen als Bester bestanden habe?« schrie er schließlich, von aller Vernunft verlassen.

»Herr Magistrat, Ihr vergeßt, daß Ihr hier nicht in Eurem Gerichtssaal seid«, erwiderte der Meister ruhig. »Aus Euren kindischen Bemerkungen muß man schließen, daß Ihr nur eine unbedeutende akademische Laufbahn gehabt habt. Außerdem hat ein Universitätsdiplom nichts mit vedischer Verwirklichung zu tun. Heilige werden nicht jedes Semester in Massen erzeugt wie Buchhalter.«

Der Besucher schwieg einen Augenblick verblüfft und lachte dann herzlich.

»Dies ist meine erste Begegnung mit einem himmlischen Magistrat«, sagte er. Später reichte er einen formellen Antrag ein, den er in der ihm eigenen juristischen Sprache abgefaßt hatte, und bat, »versuchsweise« als Jünger angenommen zu werden.

Wie Lahiri Mahasaya, so riet auch Sri Yukteswar allen »unreifen« Schülern davon ab, in den Swami-Orden einzutreten. »Menschen, denen es an göttlicher Verwirklichung fehlt, sollten das ockerfarbene Gewand nicht tragen, denn dadurch wird die menschliche Gesellschaft nur irregeführt«, sagten beide Meister. »Vergeßt die äußeren Symbole der Entsagung, die allzu leicht falschen Stolz in euch erwecken können. Wichtig ist vor allem euer täglicher geistiger Fortschritt, und den könnt ihr durch gewissenhaftes Üben des *Kriya-Yoga* erreichen.«

Die Heiligen beurteilen den Wert eines Menschen anhand eines unveränderlichen Kriteriums, das sich wesentlich von den veränderlichen Maßstäben der Welt unterscheidet. Die Menschheit, die sich selbst für so vielschichtig hält, besteht in den Augen eines Meisters nur aus zwei Gattungen: aus den Unwissenden, die Gott nicht suchen, und den Weisen, die Gott suchen.

Mein Guru kümmerte sich persönlich um alle Angelegenheiten, die mit der Verwaltung seines Besitzes zusammenhingen. Einige skrupellose Personen versuchten mehrmals, das dem Meister als Erbteil zugesprochene Land zu annektieren. Doch mit Beharrlichkeit besiegte Sri Yukteswar alle seine Gegner, wobei er es sogar auf eine Gerichtsverhandlung ankommen ließ. Er setzte sich diesen Unannehmlichkeiten nur deshalb aus, um niemals zu einem bettelnden Guru zu werden, der seinen Jüngern zur Last fällt.

Die finanzielle Unabhängigkeit meines Meisters trug mit dazu bei, daß er so erschreckend offen und so wenig diplomatisch war. Im Gegensatz zu den Lehrern, die ihren Wohltätern schmeicheln müssen, ließ sich mein Guru nicht im geringsten vom Reichtum der Menschen beeinflussen. Niemals hörte ich ihn für einen bestimmten Zweck um Geld bitten oder auch nur eine Andeutung in dieser Richtung machen. Alle Jünger in der Einsiedelei erhielten ihre Schulung frei.

Eines Tages erschien ein Gerichtsbevollmächtigter im Aschram zu Serampur, um eine Vorladung zu überbringen. Kanai, ein Bruderschüler, und ich führten ihn zu unserem Meister.

Das Verhalten dieses Beamten gegen Sri Yukteswar war beleidigend. »Es wird Euch gut tun, aus Eurer finsteren Behausung herauszukommen und die saubere Luft des Gerichtssaals einzuatmen«, bemerkte er verächtlich.

Ich konnte nicht an mich halten: »Noch so eine unverschämte Bemerkung, und Ihr liegt am Boden!« rief ich aus, indem ich drohend auf ihn zuging.

Kanai machte sich ebenfalls empört Luft: »Ihr Lump! Untersteht Euch, diesen heiligen Aschram mit Euren Schmähungen zu entweihen!«

Doch der Meister stellte sich schützend vor seinen Lästerer hin und sprach: »Regt euch nicht unnötig auf. Dieser Mann tut nur seine amtliche Pflicht.«

Sichtlich verwirrt von diesem unerwarteten Empfang, entschuldigte sich der Beamte höflich und eilte davon.

Es war erstaunlich, wie ein Meister mit solch feurigem Willen innerlich so ruhig sein konnte. Auf ihn trifft die vedische Definition eines Gottmenschen zu: »Sanfter als die Blume, wenn es sich um Güte handelt; stärker als der Donner, wenn es um Grundsätze geht.«

Doch es gibt immer Menschen, die — laut Browning — »kein Licht ertragen können, weil sie selbst finster sind.« Gelegentlich glaubte irgendein Außenstehender, einen Grund zur Klage zu haben, und machte Sri Yukteswar bittere Vorwürfe. Dann hörte mein Guru höflich und gelassen zu und prüfte sich ehrlich, um festzustellen, ob irgendein Körnchen Wahrheit an dem Gesagten war. Bei derartigen Szenen fiel mir stets eine unvergleichliche Bemerkung des Meisters ein: »Einige Leute versuchen dadurch größer zu werden, daß sie anderen den Kopf abschlagen.«

Die unerschütterliche Ruhe des Heiligen ist eindrucksvoller als alle Predigten. »Ein Geduldiger ist besser denn ein Starker, und der seines Mutes Herr ist, denn der Städte gewinnt.« *)

Ich habe oft denken müssen, daß mein majestätischer Meister mit Leichtigkeit ein Kaiser oder berühmter Feldherr hätte werden können, wenn er nach Ruhm oder weltlichen Errungenschaften getrachtet hätte. Statt dessen hat er es vorgezogen, die innere Festung des Zorns und des Egoismus zu stürmen, durch deren Fall der Mensch seine wahre Größe erlangt.

---

*) Sprüche 16, 32

XIII. KAPITEL

DER HEILIGE OHNE SCHLAF

»Bitte, laßt mich zum Himalaja gehen! Ich hoffe, daß es mir dort in der ungestörten Einsamkeit eher gelingen wird, Gott zu finden.«

Diese undankbaren Worte richtete ich tatsächlich einmal an meinen Meister. Wie so viele andere Gottsucher war auch ich einer der unvorhergesehenen Täuschungen anheimgefallen und fühlte, daß das Universitätsstudium und die Aschrampflichten eine wachsende Ungeduld in mir hervorriefen. Als mildernder Umstand kann vielleicht gelten, daß ich diesen Vorschlag zu einer Zeit machte, da ich Sri Yukteswar erst sechs Monate kannte und mir seiner überragenden Größe noch nicht voll bewußt war.

»Viele Bergbewohner leben im Himalaja, ohne Gott zu kennen«, erwiderte mein Guru einfach und gelassen. »Weisheit muß man bei einem erleuchteten Meister suchen, und nicht bei leblosen Bergen.«

Ich aber überhörte den deutlichen Hinweis des Meisters, daß er, und nicht irgendein Berg, mein Lehrer sei, und wiederholte meine Bitte. Doch Sri Yukteswar gab mir keine Antwort mehr. Ich legte sein Schweigen als Zustimmung aus — eine recht bequeme, wenn auch fragwürdige Deutung.

Noch am selben Abend bereitete ich zu Hause alles für meine Reise vor. Ich schnürte mehrere Sachen in eine Decke und mußte dabei an ein ähnliches Bündel denken, das ich vor einigen Jahren verstohlen aus meinem Mansardenfenster geworfen hatte. Unwillkürlich drängte sich mir die Frage auf, ob diese Flucht zum Himalaja wohl unter ähnlich ungünstigen Voraussetzungen begann. Damals hatte mich ein geistiges Hochgefühl erfüllt; heute abend jedoch plagte mich das Gewissen bei dem Gedanken, meinen Guru zu verlassen.

Am folgenden Morgen suchte ich Behari Pandit, meinen Sanskrit-Professor an der *Scottish-Church*-Universität, auf.

»Sir, Ihr habt mir einmal von einem großen Jünger Lahiri Mahasayas erzählt, mit dem Ihr befreundet seid. Könnt Ihr mir bitte seine Adresse geben?«

»Du meinst sicher Ram Gopal Masumdar. Ich nenne ihn den ›Heiligen ohne Schlaf‹, weil er ständig in einem hellwachen, ekstatischen Bewußtseinszustand lebt. Er wohnt in Ranbadschpur in der Nähe von Tarakeswar.«

Ich dankte dem Pandit und nahm sofort den nächsten Zug nach Tarakeswar. Heimlich hoffte ich, daß mir der »Heilige ohne Schlaf« die Erlaubnis geben würde, in der Einsamkeit des Himalaja zu meditieren, damit ich mein Gewissen beschwichtigen konnte. Von Behari Pandit hatte ich erfahren, daß Ram Gopal seine geistige Erleuchtung dadurch erreicht hatte, daß er viele Jahre lang in den einsamen Höhlen Bengalens gelebt und unentwegt *Kriya-Yoga* geübt hatte.

In Tarakeswar suchte ich einen berühmten Tempel auf, den die Hindus mit derselben Ehrfurcht betreten wie die Katholiken das Heiligtum in Lourdes. Zahllose Gläubige haben in diesem Tempel Wunderheilungen erlebt, darunter auch einer meiner Familienangehörigen.

»Ich saß damals eine ganze Woche lang in diesem Tempel«, erzählte mir meine Tante, »um für deinen Onkel Sarada zu beten, der unter einer chronischen Krankheit litt. Während dieser Zeit hielt ich strenges Fasten ein. Am siebenten Tag materialisierte sich plötzlich ein Kraut in meiner Hand; ich braute einen Tee daraus und gab ihn deinem Onkel zu trinken. Seine Krankheit verschwand augenblicklich und ist nie wiedergekommen.«

Ich betrat den heiligen Tempel zu Tarakeswar, dessen Altar nur aus einem runden Stein besteht. Mit seiner kreisförmigen Oberfläche, die keinen Anfang und kein Ende erkennen läßt, versinnbildlicht er das Unendliche. In Indien werden derartig abstrakte Darstellungen selbst von den ungebildeten Bauern verstanden; die Abendländer machen ihnen sogar oft den Vorwurf, nur von Abstraktionen zu leben.

Ich selbst war in diesem Augenblick ziemlich nüchterner Stimmung und verspürte keine Neigung, mich vor dem Steinsymbol zu verneigen. Gott, so sagte ich mir, kann man nur in der eigenen Seele finden.

Und so verließ ich den Tempel, ohne die Knie gebeugt zu haben, und wanderte mit raschen Schritten dem abgelegenen Dorf Ranbadschpur entgegen. Da ich mir des Weges nicht ganz sicher war, bat ich einen Vorübergehenden um Auskunft, der daraufhin in langes Nachdenken versank.

Schließlich antwortete er mit orakelhafter Stimme: »Wenn Ihr an die nächste Kreuzung kommt, müßt Ihr nach rechts abbiegen und dann immer geradeaus gehen.«

Ich folgte seinen Anweisungen und wanderte am Ufer eines Kanals entlang. Bald brach die Dunkelheit herein, und am Rande des vor mir liegenden Dschungeldorfes flimmerten Tausende von Leuchtkäfern, während ganz in der Nähe das Heulen der Schakale ertönte. Das Mondlicht war zu schwach, um mir behilflich zu sein, und so strauchelte ich zwei Stunden lang mühsam dahin.

Endlich hörte ich zu meiner Freude das Läuten einer Kuhglocke, und meine wiederholten Rufe lockten schließlich einen Bauern herbei.

»Ich bin auf der Suche nach Ram Gopal Babu.«

»In unserem Dorf wohnt niemand, der so heißt«, sagte der Mann mürrisch. »Ihr seid sicher ein Detektiv, der nicht mit der Wahrheit heraus will.« Offensichtlich spukten politische Nachrichten durch seinen Kopf.

Ich bemühte mich, seinen Verdacht zu zerstreuen, indem ich ihm meine Lage so ergreifend wie möglich schilderte. Er führte mich daraufhin auch in sein Haus, wo ich gastfreundlich aufgenommen wurde.

»Nach Ranbadschpur ist es noch eine ganz schöne Strecke«, sagte er. »Bei der Kreuzung hättet Ihr nach links und nicht nach rechts abbiegen müssen.«

Der Mann, der mich zuerst beraten hatte, dachte ich trübselig, bedeutet entschieden eine Gefahr für die Reisenden. Nach einem köstlichen Mahl, das aus Vollreis, Linsen, Kartoffeln mit Curry und Bananen bestand, begab ich mich in einer kleinen Hütte am Rande des Hofes zur Ruhe. In einiger Entfernung sangen die Dorfleute, begleitet vom dröhnenden Klang der *Mridangas**) und Zymbeln. An Schlaf war diese Nacht nicht zu denken; und so betete ich inbrünstig darum, zu dem abgeschieden lebenden Yogi Ram Gopal geführt zu werden.

Als das erste fahle Tageslicht durch die Ritzen der Hütte drang, machte ich mich auf den Weg nach Ranbadschpur, der mich über holprige Reisfelder führte. Nur mühsam konnte ich mich über die Stümpfe der abgesichelten, stacheligen Pflanzen und über die trockenen Lehmhügel vorwärtsbewegen. Wenn ich ab und zu einem Bauern begegnete, so versicherte mir dieser jedes Mal, daß mein Ziel »nur noch eine *Kroscha*« (3 km) weit entfernt sei. Sechs Stunden waren vergangen, und die Sonne stand bereits im Mittag; mir aber war zumute, als ob ich ewig eine *Kroscha* weit von Ranbadschpur entfernt bleiben würde.

Am Nachmittag stapfte ich noch immer in dem endlosen Reisfeld umher, das keinerlei Schutz gegen die sengende Hitze bot; mir war, als ob ich jeden Augenblick zusammenbrechen müßte. Da sah ich einen

---

*) Handpauken, die nur für religiöse Musik gebraucht werden

Mann mit gemächlichen Schritten auf mich zukommen. Ich wagte kaum, meine übliche Frage zu wiederholen, aus Furcht, wieder das monotone »nur noch eine *Kroscha*« zu hören.

Der Fremde blieb vor mir stehen. Er war klein und schmächtig und — abgesehen von seinen ungewöhnlich durchdringenden, schwarzen Augen — keine eindrucksvolle Erscheinung.

»Ich hatte vor, Ranbadschpur zu verlassen, aber da du in guter Absicht herkommst, habe ich auf dich gewartet.« Dabei bewegte er drohend seinen Zeigefinger vor meinem verblüfften Gesicht hin und her. »Du kommst dir wohl sehr gescheit vor, mich einfach so unangemeldet zu überfallen? Professor Behari hatte kein Recht, dir meine Adresse zu geben.«

Da es vollkommen überflüssig schien, mich diesem Meister vorzustellen, stand ich nur sprachlos da — ein wenig verletzt durch diesen Empfang. Da fragte er mich ziemlich schroff:

»Wo glaubst du, daß Gott sich befindet?«

»Nun — Er ist in mir und überall.« Sicher konnte er mir meine Verwirrung am Gesicht ablesen.

»Allgegenwärtig, was?« Der Heilige schmunzelte. »Warum hast du es dann unterlassen, junger Herr, dich gestern vor dem Unendlichen zu verneigen, das auch in dem steinernen Symbol von Tarakeswar verkörpert ist? *) Zur Strafe für deinen falschen Stolz bist du von einem Passanten, der rechts und links nicht unterscheiden konnte, auf den verkehrten Weg geführt worden. Auch heute ist es dir nicht gerade angenehm ergangen.«

Ich stimmte ihm von ganzem Herzen zu und staunte über das allsehende Auge, das sich in diesem unscheinbaren Körper verbarg. Eine heilende Kraft ging von dem Yogi aus, so daß ich mich trotz der glühenden Hitze sofort erfrischt fühlte.

»Die meisten Gottsucher neigen dazu, ihren Weg zu Gott als den einzig richtigen anzusehen«, sagte er. »Der Weg des Yoga, der uns dazu verhilft, Gott im eigenen Inneren zu finden, ist zweifellos der höchste, wie Lahiri Mahasaya uns versichert hat. Doch wenn wir Gott in uns selbst gefunden haben, können wir Ihn auch in der Außenwelt wahrnehmen. Heilige Tempel wie derjenige in Tarakeswar werden mit Recht als geistige Mittelpunkte verehrt.«

Dann aber wurde der Heilige bedeutend milder; er schaute mich warm und mitfühlend an und klopfte mir freundschaftlich auf die Schulter.

---

*) Ein Mensch, der sich vor nichts verneigt, kann niemals die Last seines eigenen Ich tragen.« (Aus »Der Besessene« von Dostojewski)

»Junger Yogi, ich sehe, daß du deinem Meister davonläufst. Er hat alles, was du brauchst; du mußt zu ihm zurückkehren. Und er fügte hinzu: »Die Berge können nicht dein Guru sein!« — derselbe Gedanke, den Sri Yukteswar zwei Tage zuvor ausgesprochen hatte!

»Kein kosmisches Gesetz zwingt die Meister dazu, ausschließlich in den Bergen zu leben«, fuhr mein Begleiter fort, indem er mir einen belustigten Blick zuwarf. »Der Himalaja in Indien oder Tibet besitzt kein Monopol auf die Heiligen. Was man nicht durch fortgesetzte Bemühungen im eigenen Inneren findet, kann man auch nicht entdecken, wenn man seinen Körper hierhin oder dorthin schleppt. Sobald der Gottsucher aber fest entschlossen ist, bis ans Ende der Welt zu gehen, um geistige Erleuchtung zu finden, taucht sein Guru ganz in der Nähe auf.«

Ich stimmte ihm schweigend zu und dachte an mein Gebet in der Einsiedelei zu Benares und meine darauffolgende Begegnung mit Sri Yukteswar in der belebten Gasse.

»Hast du ein kleines Zimmer, wo du die Tür hinter dir zuschließen und allein sein kannst?«

»Ja.« Mir fiel auf, mit welch verblüffender Schnelligkeit dieser Heilige vom Allgemeinen zum Besonderen schritt.

»Das ist deine Höhle«, sagte der Yogi, indem er mir einen erleuchtenden Blick schenkte, den ich nie vergessen werde. »Das ist dein heiliger Berg. Dort wirst du das Reich Gottes finden.«

Seine einfachen Worte befreiten mich augenblicklich von meiner jahrelangen Besessenheit, den Himalaja zu erreichen. Hier in einem glühend heißen Reisfeld erwachte ich aus dem Traum der Berge und des ewigen Schnees.

»Junger Herr, dein göttlicher Hunger ist lobenswert. Ich fühle mich sehr zu dir hingezogen«, sagte Ram Gopal, indem er meine Hand nahm und mich zu einem seltsamen Weiler inmitten einer Dschungellichtung führte. Die aus Luftziegeln erbauten Häuser waren mit Palmenzweigen bedeckt und die Eingänge nach ländlicher Sitte mit frischen tropischen Blumen geschmückt.

Der Heilige ließ mich auf der Terrasse vor seiner kleinen Hütte Platz nehmen, wo ich im kühlen Schatten der Bambussträucher saß, und reichte mir gesüßten Zitronensaft und ein Stück Kandiszucker. Danach traten wir in den Hof und ließen uns dort im Lotossitz nieder. Vier Stunden vergingen in tiefer Meditation. Als ich die Augen wieder öffnete, sah ich im Mondlicht die noch regungslose Gestalt des Yogi. Gerade versuchte ich meinen Magen energisch daran zu erinnern, daß der Mensch nicht vom Brot allein lebt, als sich Ram Gopal von seinem Sitz erhob.

»Ich weiß, daß du ziemlich ausgehungert bist«, sagte er. »Das Essen wird nicht lange auf sich warten lassen.«

Dann machte er sich an einem auf dem Hof stehenden Lehmofen zu schaffen und zündete dort ein Feuer an. Bald darauf aßen wir Reis mit *Dhal*, der auf großen Bananenblättern serviert wurde. Mein Gastgeber hatte jede Hilfe beim Kochen höflich abgelehnt. Das Hindu-Sprichwort: »Der Gast ist Gott« wird in Indien seit undenklichen Zeiten befolgt. Bei meinen späteren Reisen im Ausland stellte ich erfreut fest, daß man in allen ländlichen Gegenden dem Gast eine ähnliche Ehre erweist. Bei den Stadtbewohnern dagegen, die täglich einer Menge fremder Gesichter begegnen, ist das Gefühl für die Gastfreundschaft schon abgestumpft.

Wie unsagbar fern schienen mir die lärmenden Stätten der Menschen, als ich neben dem Yogi in der Einsamkeit des kleinen Dschungeldorfes saß. Das Innere der Hütte war von einem geheimnisvollen matten Glanz erfüllt. Ram Gopal breitete einige zerrissene Wolldecken am Boden aus, auf denen ich schlafen sollte, und setzte sich selbst auf eine Strohmatte nieder. Überwältigt von seinem geistigen Magnetismus wagte ich eine Bitte an ihn:

»Sir, könnt Ihr mir nicht einen *Samadhi* gewähren?«

»Liebes Kind, wie gern würde ich dir diese göttliche Vereinigung vermitteln, doch das ist nicht meine Aufgabe«, sagte der Heilige, indem er mich aus halbgeschlossenen Augen anblickte. »Dein Meister wird dir dieses Erlebnis in Kürze schenken. Im Augenblick ist dein Körper noch nicht ganz darauf vorbereitet. Ähnlich wie eine kleine Glühbirne unter hoher elektrischer Spannung durchbrennt, so können auch deine Nerven durch den starken kosmischen Strom Schaden leiden. Wenn ich dir die göttliche Ekstase jetzt gewährte, würde dein Körper brennen, als ob er in Flammen stünde.

Du bittest mich um Erleuchtung«, fuhr der Yogi nachdenklich fort, »während ich mich frage — unbedeutend, wie ich bin, und so wenig, wie ich meditiert habe —, ob es mir gelungen sei, Gott zufriedenzustellen, und ob ich dereinst vor Seinem Richterstuhl bestehen werde.«

»Sir, habt Ihr Gott denn nicht seit langer Zeit und von ganzem Herzen gesucht?«

»Was ich getan habe, ist nicht viel. Wahrscheinlich hat Behari dir etwas aus meinem Leben erzählt. 20 Jahre habe ich in einer verborgenen Grotte gelebt, wo ich jeden Tag 18 Stunden meditierte. Dann zog ich mich in eine noch einsamere Höhle zurück, wo ich 25 Jahre lang blieb und täglich 20 Stunden in Yoga-Ekstase verbrachte. Ich brauchte keinen Schlaf mehr, denn ich war immer bei Gott. Mein Körper fand in der vollkommenen Stille des Überbewußtseins größere Ruhe als in der unvollkommenen Entspannung des unterbewußten Zustands.

Die Muskeln zwar entspannen sich während des Schlafs; doch Herz, Lunge und Kreislauf arbeiten ständig weiter und ruhen nie. Im Zustand des Überbewußtseins dagegen wird die Lebenstätigkeit aller Organe unterbrochen, weil diese dann unmittelbar von der kosmischen Energie aufgeladen werden. Dank solcher Methoden habe ich schon seit Jahren keinen Schlaf mehr gebraucht.« Er fügte hinzu: »Die Zeit wird kommen, da auch du ohne Schlaf auskommen kannst.«

»Du lieber Himmel, Ihr habt so lange meditiert und seid Euch der Gunst des Herrn nicht einmal sicher«, rief ich erstaunt aus. »Was sollen wir armen Sterblichen denn erst sagen?«

»Verstehst du denn nicht, mein lieber Junge, daß Gott die Ewigkeit selbst ist? Es wäre widersinnig zu glauben, daß man Ihn durch 45 Jahre Meditation bis ins letzte ergründen könnte. Babadschi versichert uns jedoch, daß selbst ein wenig Meditation uns von der üblichen Furcht vor dem Tode und dem Zustand nach dem Tode befreit. Mache nicht die begrenzten Berge zu deinem geistigen Ziel, sondern strebe immer nach höchster göttlicher Vollkommenheit. Wenn du dich ernsthaft bemühst, wirst du dein Ziel erreichen.«

Diese Zukunftsaussicht begeisterte mich so sehr, daß ich ihn um weitere erleuchtende Worte bat. Da erzählte er mir die wunderbare Geschichte von seiner ersten Begegnung mit Babadschi,*) dem Guru Lahiri Mahasayas. Gegen Mitternacht versank Ram Gopal in Schweigen, und ich legte mich auf meine Decken nieder. Als ich jedoch die Augen schloß, sah ich flammende Blitze vor mir aufleuchten, und die unermeßliche Weite in meinem Inneren verwandelte sich in eine Sphäre geschmolzenen Lichts. Ich öffnete die Augen und nahm dieselbe blendende Helligkeit wahr. Das Zimmer wurde zu einem Teil des unendlichen Gewölbes, das ich in meiner inneren Vision schaute.

»Warum schläfst du nicht?« fragte der Yogi.

»Sir, wie kann ich schlafen, wenn ich von leuchtenden Blitzen umgeben bin, ganz gleich, ob ich die Augen öffne oder schließe?«

»Du bist gesegnet, daß du dies erleben darfst; denn die geistigen Strahlungen sind nicht leicht wahrnehmbar«, sagte der Heilige und fügte noch einige liebevolle Worte hinzu.

Als der Morgen anbrach, gab mir Ram Gopal etwas Kandiszucker und sagte, daß ich nun gehen müsse. Mir fiel der Abschied von ihm so schwer, daß mir die Tränen über die Wangen liefen.

---

*) Siehe Seite 319-322

»Ich will dich nicht mit leeren Händen gehen lassen«, sagte der Yogi gütig. »Ich will etwas für dich tun.«

Dabei lächelte er und sah mich mit festem Blick an. Sogleich wurde mein Körper regungslos, so daß ich wie angewachsen dastand. Dann fühlte ich Wellen des Friedens von dem Heiligen ausgehen, die mein ganzes Sein überfluteten. Und im selben Augenblick wurde ich von einem Schmerz im Rücken geheilt, der mich seit Jahren wiederholt gequält hatte.

Ich fühlte mich wie neugeboren — wie in ein Meer von Licht getaucht, und meine Tränen versiegten. Nachdem ich Ram Gopals Füße berührt hatte, wanderte ich durch den Dschungel zurück, wo ich mir einen Weg durch das tropische Gewächs und die vielen Reisfelder bahnen mußte.

Als ich Tarakeswar erreicht hatte, suchte ich noch einmal den berühmten Tempel auf; diesmal aber warf ich mich der Länge nach vor dem Altar nieder. Da erweiterte sich der runde Stein vor meinem inneren Blick zu einer kosmischen Sphäre: Kreis um Kreis — Zone um Zone, die alle im göttlichen Sein aufgingen.

In froher Stimmung bestieg ich eine Stunde später den Zug nach Kalkutta. Und so endete meine Reise nicht in den erhabenen Bergen, sondern in Serampur bei meinem Meister, der mein Himalaja war.

XIV. KAPITEL

DAS ERLEBNIS DES KOSMISCHEN BEWUSSTSEINS

»Hier bin ich wieder, Gurudschi!« Mein beschämtes Gesicht verriet mehr als meine Worte.

»Komm mit mir in die Küche; wir wollen sehen, ob wir etwas zu essen finden«, sagte Sri Yukteswar. Er verhielt sich so ungezwungen, als seien Stunden und nicht Tage vergangen, seit wir uns gesehen hatten.

»Meister, ich habe Euch bestimmt durch meine plötzliche Abreise und mein Pflichtversäumnis enttäuscht; ich dachte, Ihr würdet ärgerlich auf mich sein.«

»Keineswegs! Ärger entspringt nur unerfüllten Wünschen. Da ich aber nie etwas von anderen erwarte, kann auch niemand meinen Wünschen zuwiderhandeln. Ich würde dich nie für meine eigenen Zwecke ausnutzen, denn ich bin nur dann glücklich, wenn ich *dich* wahrhaft glücklich sehe.«

»Gurudschi, es wird so viel über göttliche Liebe geredet; Ihr aber habt mir heute durch Euer engelhaftes Verhalten ein konkretes Beispiel gegeben. In der Welt vergibt selbst der Vater seinem Sohn nicht so leicht, wenn dieser das elterliche Geschäft ohne vorherigen Bescheid verläßt. Ihr aber zeigt nicht den geringsten Unwillen, obgleich ich Euch durch meine unerledigten Aufgaben hier in große Verlegenheit gebracht haben muß.«

Wir schauten uns schweigend an, und unsere Augen wurden feucht. Eine Welle der Glückseligkeit überflutete mich, und ich fühlte, wie Gott selbst — in Gestalt meines Guru — die kleine Flamme meines Herzens zum allumfassenden Feuer kosmischer Liebe erweiterte.

Einige Tage darauf begab ich mich schon am frühen Morgen in das leere Wohnzimmer des Meisters, um dort zu meditieren. Doch meine widerspenstigen Gedanken verhielten sich wie aufgescheuchte Vögel und machten meinen lobenswerten Vorsatz zunichte.

»Mukunda!« ertönte Sri Yukteswars Stimme da von einem abgelegenen Balkon.

Ich war ebenso rebellisch wie meine Gedanken. »Der Meister hält mich immer zum Meditieren an«, murmelte ich vor mich hin, »dann soll er mich auch nicht stören, wenn er weiß, warum ich in dieses Zimmer gekommen bin.«

Kurz darauf rief er mich wieder, aber ich schwieg hartnäckig. Beim dritten Mal jedoch klang seine Stimme vorwurfsvoll.

»Meister, ich meditiere!« rief ich protestierend.

»Ich weiß, *wie* du meditierst«, rief mein Guru zurück. »Deine Gedanken flattern wie Blätter im Sturm umher. Komm jetzt zu mir herüber!«

Ich fühlte mich bloßgestellt und ging traurig zu ihm hin.

»Armer Junge, die Berge können dir nicht geben, wonach du dich sehnst«, sagte der Meister tröstend und voller Zärtlichkeit. Sein Blick war still und unergründlich, als er fortfuhr: »Dein Herzenswunsch soll in Erfüllung gehen!«

Sri Yukteswar sprach selten in Rätseln, und so wußte ich nicht, wie ich seine Worte verstehen sollte. Da schlug er mir in der Gegend des Herzens sanft auf die Brust.

Sogleich stand ich wie festgewurzelt da. Der Atem wurde mir, wie von einem gewaltigen Magneten, aus der Lunge gesogen. Geist und Seele sprengten augenblicklich ihre irdischen Fesseln und strömten gleich einer blendenden Lichtflut aus jeder Pore meines Körpers. Das Fleisch fühlte sich wie abgestorben an, und dennoch war ich im Besitz intensiver Wahrnehmungskraft und wußte, daß ich nie so lebendig gewesen war. Mein Ichbewußtsein beschränkte sich nicht mehr auf den Körper, sondern umfaßte alle in meinem Bereich liegenden Atome. Menschen aus fernen Straßen tauchten plötzlich in meinem Blickfeld auf, das sich ins Unermeßliche erstreckte. Die Wurzeln der Pflanzen und Bäume schimmerten durch den transparent gewordenen Boden hindurch, und ich konnte den inneren Saftstrom erkennen.

Die ganze nähere Umgebung lag unverhüllt vor mir da. Meine gewöhnliche Sicht erweiterte sich zur unermeßlichen sphärischen Sicht, so daß ich alles gleichzeitig wahrnehmen konnte. Durch meinen Hinterkopf sah ich einige Menschen bis zum Ende der Rai-Ghat-Gasse hinuntergehen und bemerkte u. a. eine weiße Kuh, die sich gemächlich unserem Hause näherte. Als sie das offene Tor des Aschrams erreicht hatte, sah ich sie wie mit meinen physischen Augen. Auch als sie hinter der Ziegelmauer des Hofes verschwand, konnte ich sie immer noch genau erkennen.

Alle Gegenstände innerhalb meines panoramischen Blickfeldes zitterten und vibrierten wie Filmbilder. Mein Körper, der Körper des Meisters, der von Säulen umstandene Hof, die Möbel und der Fußboden, die Bäume und der Sonnenschein gerieten zeitweise in heftige Bewegung, bis sie sich alle in einem leuchtenden Meer auflösten — ganz ähnlich wie Zuckerkristalle in einem Glas Wasser zergehen, wenn sie geschüttelt werden. Das vereinigende Licht und die mannigfaltigen Formen wechselten ständig miteinander ab — eine Metamorphose, die mir das im Universum herrschende Gesetz von Ursache und Wirkung vor Augen führte.

Eine überwältigende Freude ergoß sich über die stillen, endlosen Ufer meiner Seele. Ich erkannte, daß der göttliche GEIST unerschöpfliche Glückseligkeit ist und daß Sein Körper aus zahllosen Lichtgeweben besteht. Die sich in meinem Inneren ausbreitende Seligkeit begann Städte, Kontinente, die Erde, Sonnen- und Sternsysteme, ätherische Urnebel und schwebende Universen zu umfassen. Der ganze Kosmos flimmerte wie eine ferne, nächtliche Stadt in der Unendlichkeit meines eigenen Selbst. Das blendende Licht jenseits der scharf gezeichneten Horizontlinie verblaßte leicht an den äußeren Rändern und wurde dort zu einem gleichbleibenden, milden Glanz von unsagbarer Feinheit. Die Bilder der Planeten dagegen wurden von einem gröberen Licht gebildet. *)

Die göttlichen Strahlen ergossen sich aus einem ewigen Quell nach allen Richtungen und bildeten Milchstraßensysteme, die von einem unbeschreiblichen Glanz verklärt wurden. Immer wieder sah ich, wie sich die schöpferischen Strahlen zu Konstellationen verdichteten und sich dann in ein transparentes Flammenmeer auflösten. In rhythmischem Wechsel gingen Abermillionen Welten in diesem durchsichtigen Glanz auf — wurde das Feuer wieder zum Firmament.

Ich fühlte, daß das Zentrum dieses Feuerhimmels in meinem eigenen Herzen lag — daß es der Kern meiner intuitiven Wahrnehmung war. Strahlender Glanz ergoß sich aus diesem inneren Kern in jeden Teil des Universums. Segensreicher *Amrita*, der Nektar der Unsterblichkeit, pulsierte gleich einer quecksilbrigen Flüssigkeit in mir. Ich hörte das Schöpferwort OM **) — den Laut des vibrierenden Kosmischen »Motors«.

---

*) Näheres über das Licht — als Grundstoff der Schöpfung — wird in Kapitel 30 erläutert.
**) »Im Anfang war das Wort, und das Wort war bei Gott, und Gott war das Wort.« *Joh. 1,1*

Plötzlich kehrte der Atem in meine Lunge zurück. Mit fast unerträglicher Enttäuschung fühlte ich, daß ich meine Unermeßlichkeit verloren hatte. Wiederum sah ich mich in einem elenden, körperlichen Käfig eingesperrt, der sich nur schwer zum GEIST aufzuschwingen vermag. Gleich einem verlorenen Sohn war ich aus meiner makrokosmischen Heimat fortgelaufen und hatte mich im beengenden Mikrokosmos eingeschlossen.

Mein Guru stand unbeweglich vor mir. Ich wollte ihm aus Dankbarkeit für das Erlebnis des Kosmischen Bewußtseins, das ich seit langem leidenschaftlich herbeigesehnt hatte, zu Füßen fallen. Er aber fing mich auf und sagte ruhig:

»Laß dich nicht zu sehr von der Ekstase trunken machen. Für dich gibt es noch viel Arbeit in dieser Welt. Komm, wir wollen den Balkon fegen und dann zum Ganges hinuntergehen.«

Ich holte gehorsam einen Besen herbei, denn ich verstand, daß der Meister mich das Geheimnis eines ausgeglichenen Lebens lehren wollte. Die Seele muß sich über kosmogonische Abgründe hinausschwingen können, während der Körper seinen täglichen Pflichten nachgeht.

Als ich etwas später mit Sri Yukteswar spazierenging, befand ich mich noch immer in einem Zustand unbeschreiblicher Entrücktheit. Unsere beiden Körper glichen zwei Astralbildern, die sich an einem Strom aus reinem Licht entlangbewegten.

»Alle Formen und Kräfte im Universum werden allein vom GEIST Gottes belebt und aufrechterhalten; und dennoch befindet Er sich in der glückseligen, unerschaffenen Leere jenseits der vibrierenden Welt der Erscheinungen, wo er uns fern und transzendent scheint« *), erklärte

---

*) »Denn der Vater richtet niemand; sondern alles Gericht hat er dem Sohn gegeben.« *Joh. 5, 22* — »Niemand hat Gott je gesehen; der eingeborene Sohn, der in des Vaters Schoß ist, der hat es uns verkündet.« *Joh. 1, 18* — »Gott, . . . der alle Dinge geschaffen hat durch Jesum Christum . . .« *Ephes. 3,9* — »Wer an mich glaubt, der wird die Werke auch tun, die ich tue, und wird größere als diese tun; denn ich gehe zum Vater.« *Joh. 14, 12* — »Aber der Tröster, der heilige Geist, welchen mein Vater senden wird in meinem Namen, der wird euch alles lehren und euch erinnern alles des, das ich euch gesagt habe.« *Joh. 14, 26* — Diese Bibelworte beziehen sich auf die Dreifaltigkeit Gottes: Vater, Sohn und Heiliger Geist *(Sat, Tat, OM* in den Hinduschriften). Gottvater ist das Absolute, Unmanifestierte, das *jenseits* der vibrierenden Schöpfung existiert. Gott, der Sohn, ist das Christusbewußtsein (Brahma oder *Kutastha Tschaitanya),* das *innerhalb* der vibrierenden Schöpfung besteht; dieses Christusbewußtsein ist die »eingeborene« oder einzige Widerspiegelung des unerschaffenen Unendlichen. Die äußere Offenbarung des allgegenwärtigen Christusbewußtseins wird »Zeuge« *(Offenb. 3, 14),* OM, Wort oder Heiliger Geist genannt; dieser ist

der Meister. »Wer hier auf Erden Selbstverwirklichung erreicht hat, führt ein ähnliches Doppelleben. Er erfüllt gewissenhaft seine Aufgaben in der Welt, bleibt dabei aber stets in innere Glückseligkeit versunken. Gott hat alle Menschen aus der grenzenlosen Freude Seines eigenen Seins erschaffen. Obgleich die Menschen, die Er sich zum Bilde geschaffen hat, in einen engen Körper eingezwängt worden sind, erwartet Gott dennoch, daß sie sich dereinst über alle Sinnestäuschungen erheben und sich wieder mit Ihm vereinigen.«

Ich zog viele unvergeßliche Lehren aus meiner kosmischen Vision. Jeden Tag brachte ich nun meine Gedanken zum Schweigen und machte mich innerlich frei von der trügerischen Vorstellung, daß mein Körper eine Masse von Fleisch und Knochen sei, die sich über den festen Boden der Materie bewegt. Ich erkannte, daß der Atem und der ruhelose Geist Sturmwinden gleichen, die das Meer des Lichts aufpeitschen und die stofflichen Wellen — Erde, Himmel, Menschen, Tiere, Vögel und Bäume — hervorrufen. Nur wer diesen Sturm stillt, kann das Unendliche als das all-einige Licht wahrnehmen.

Jedesmal, wenn ich meinen Atem und meine Gedanken vollkommen zur Ruhe gebracht hatte, sah ich die vielgestaltigen Wellen der Schöpfung in ein leuchtendes Meer zerfließen — ähnlich wie sich die bewegte See nach dem Sturm wieder glättet.

Ein Meister verleiht seinem Jünger das Erlebnis des kosmischen Bewußtseins erst dann, wenn dieser seinen Geist durch Meditation so weit gefestigt hat, daß ihn die unermeßliche innere Schau nicht mehr überwältigt. Verstandesmäßige Bereitschaft und geistige Aufgeschlossenheit allein genügen nicht. Nur eine entsprechende Ausdehnung des Bewußtseins, die man durch Yoga und hingebungsvolle *Bhakti* erlangt, kann einen darauf vorbereiten, den befreienden Schock der Allgegenwart zu ertragen.

Dieses göttliche Erlebnis wird jedem aufrichtigen Gottsucher irgendwann einmal zuteil werden. Sobald seine Sehnsucht nach Gott so stark wird, daß er Ihn in seinen Bewußtseinsbereich ziehen kann, wird er die Kosmische Vision schauen können.

Jahre später schrieb ich nachfolgendes Gedicht »Samadhi«, in dem ich versucht habe, dem Leser eine kleine Vorstellung von diesem seligen Zustand zu geben:

---

die unsichtbare göttliche Macht, der einzig Handelnde, die einzige Schöpferkraft, die das ganze Universum durch Schwingungen aufrechterhält. *OM*, der segensreiche Tröster, kann in der Meditation gehört werden; er enthüllt dem Gottsucher die letzte Wahrheit und »wird euch erinnern all des, das ich euch gesagt habe.«

Entschwunden die Schleier von Licht und Schatten,
Zerflossen die Nebel all meiner Schmerzen,
Verblichen das Morgenrot flüchtiger Freuden,
Zerronnen die Fata Morgana der Sinne.
Liebe und Haß, Gesundheit und Krankheit, Leben und Tod,
Sie alle verschwinden — gleich flüchtigen Schatten —
Von der Leinwand der Dualität.
Der Zauberstab tiefer Intuition
Hat den Sturm der *Maya* gestillt.
Vergangenheit, Gegenwart, Zukunft,
Sie existieren nicht mehr!
Doch überall gegenwärtig, überall schwebend bin ich.
Planeten und Sonnen, Spiralnebel und die Erde,
Vulkanausbrüche und Sintflut des Jüngsten Gerichts,
Der flammende Ofen der Schöpfung
Und die Gletscher schweigender Röntgenstrahlen,
Das glühende Meer der Elektronen
Und die Gedanken der Menschen,
Die waren und sind und kommen werden,
Jeder Grashalm, ich selbst, das ganze Menschengeschlecht,
Jedes Stäubchen im Universum,
Zorn und Habgier, Gutes und Böses, Begierde, Erlösung —
Sie alle verschling' und verwandele ich
Im unermeßlichen Meer meines Blutes,
Meines all-einigen Seins.

Die schwelende Freude, die — oft entfacht durch die Meditation —
Meine tränenden Augen blendet,
Lodert in endlosen Flammen der Seligkeit auf,
Verzehrt meine Tränen, mein Fleisch, mein alles!
Du bist ich, und ich bin Du!
Erkennen, Erkennender und Erkannter sind Eins!
Ruhige, immerwährende Seligkeit,
Ewiges Leben, unvergänglicher Friede,
Freude jenseits aller Vorstellungskraft —
Seligkeit des Samadhi!
Kein unterbewußter Zustand und keine Narkose des Geistes,
Die mir den freien Rückweg verwehrt;
Samadhi erweitert das Reich des Bewußtseins
Über die Grenzen des sterblichen Körpers hinaus
Bis zu den fernsten Gestaden der Ewigkeit,
Wo Ich — als das Kosmische Meer —
Das winzige Ich gewahre, das in Mir schwimmt,
Und das Raunen aller Atome höre.
Die dunkle Erde, die Berge und Täler,
Siehe! sie alle schmelzen dahin!
Fließende Seen werden zu dampfenden Nebeln,
Das OM weht durch dichten Nebeldunst
Und bläst die mystischen Schleier beiseite —
Enthüllt das Lichtmeer der Elektronen,

Bis beim Klang der kosmischen Trommel*)
Das gröbere Licht in die ewigen Strahlen
Allumfassender Seligkeit taucht.

Aus Freude bin ich gekommen,
Aus Freude will ich leben,
In heilige Freude gehe ich wieder ein.
Geistmeer bin ich, das alle Wellen der Schöpfung trinkt.
Erde und Wasser, Dampf und Licht —
Die vier dichten Schleier —
Lösen sich auf.
Ich selbst bin in allen Dingen
Und verschmelze mit meinem Großen Selbst.
Die launischen Schatten menschlichen Denkens,
Für immer sind sie entschwunden,
Ungetrübt ist mein geistiger Himmel
Unter mir, vor mir, hoch über mir;
Ich und die Ewigkeit — ein vereinigter Strahl!
Ich selbst, eine winzige Welle des Lachens,
Werde zum Meer aller Seligkeit!

Sri Yukteswar lehrte mich, dieses glückselige Erlebnis beliebig oft herbeizurufen und es auch anderen, deren Intuition entsprechend entwickelt ist, zu vermitteln. **)
Während der ersten Monate nach diesem Erlebnis ging ich oft in den Zustand göttlicher Ekstase ein und begriff täglich aufs neue, warum die *Upanischaden* Gott als *Rasa* (das Köstlichste) bezeichnen. Eines Morgens kam ich jedoch mit einem Problem zu meinem Meister.

»Gurudschi, wann glaubt Ihr, daß ich Gott finden werde?«

»Du hast Ihn bereits gefunden.«

»O nein, Meister, das glaube ich nicht!«

Mein Guru lächelte. »Ich weiß, daß du dir unter Gott keine ehrwürdige Persönlichkeit vorstellst, die in einem unzugänglichen Winkel des Kosmos thront. Anscheinend aber glaubst du, daß jemand, der Gott gefunden hat, fähig sein muß, Wunder zu vollbringen. Aber selbst wenn man Macht über den ganzen Kosmos gewönne, kann Gott sich einem immer noch entziehen. Geistiger Fortschritt läßt sich nicht daran messen, daß jemand übernatürliche Kräfte zur Schau stellt, sondern allein an der Tiefe und Glückseligkeit der Meditation.

Gott ist ewig neue Freude. Er kann sich niemals erschöpfen. Wenn du Jahr für Jahr fortfährst, tief zu meditieren, wird Er dich durch Seinen

---

*) *OM*, die schöpferische Schwingung, die die Struktur der ganzen Schöpfung bildet

**) Ich habe diese Kosmische Vision einer Anzahl von *Kriya-Yogis* im Morgen- und Abendland vermittelt, darunter auch James Lynn, der in diesem Buch im überbewußten Zustand des *Samadhi* abgebildet ist.

unendlichen Einfallsreichtum bezaubern. Wer, wie du, Gott gefunden hat, wird Ihn nie für irgendein anderes Glück eintauschen. Er ist so verführerisch, daß niemand Ihm den Rang streitig machen kann.

Wie schnell werden wir aller irdischen Freuden überdrüssig! Die von unersättlichen Begierden getriebenen Menschen finden nirgendwo wahre Befriedigung, sondern verfolgen ein Ziel nach dem anderen. Dieses ›andere‹, das sie suchen, ist Gott, der Einzige, der ihnen immerwährende Freude schenken kann.

Es sind die irdischen Wünsche, die uns aus dem inneren Eden vertreiben; sie gaukeln uns trügerische Freuden vor, die wir irrtümlicherweise für wahres Glück halten. Das verlorene Paradies kann jedoch bald wiedergewonnen werden, wenn wir lernen, über Gott zu meditieren. Da Gott unerschöpflich und ewig neu ist, können wir Seiner nie überdrüssig werden. Oder könnten wir jemals einer sich in alle Ewigkeit erneuernden Glückseligkeit müde werden?«

»Jetzt verstehe ich, Meister, warum die Heiligen sagen, Gott sei nicht zu ergründen. Selbst das ewige Leben würde nicht ausreichen, um auf den Grund Seines Wesens zu dringen.«

»Das stimmt. Und dennoch fühlen wir Seine Liebe und Seine Nähe. Wenn wir uns mit Hilfe des *Kriya-Yoga* über alle von den Sinnen hervorgerufene Täuschung erhoben haben, erhalten wir in der Meditation einen zweifachen Beweis der Gegenwart Gottes. Der erste überzeugende Beweis Seiner Existenz ist die ewig neue Freude, die jede Zelle unseres Körpers durchdringt; und der zweite Beweis besteht darin, daß wir in der Meditation unmittelbar von Ihm geführt werden und jedesmal, wenn wir in einer schwierigen Lage sind, die richtige Antwort erhalten.«

»Ihr habt mein Problem gelöst, Gurudschi«, sagte ich mit dankbarem Lächeln. »Ich weiß jetzt, daß ich Gott gefunden habe; denn jedesmal, wenn ich während meiner täglichen Arbeit die Freude der Meditation aus meinem Unterbewußtsein aufsteigen fühle, werde ich bei allem, was ich tue, selbst in unbedeutenden Einzelheiten, richtig geleitet.«

»Solange die Menschen noch nicht gelernt haben, sich auf den Göttlichen Willen einzustellen, werden sie immer wieder leiden müssen«, sagte der Meister. »Denn was ›Gott lenkt‹, entspricht nicht immer dem, was der ichbetonte, intelligente ›Mensch denkt‹.

Gott allein kann unfehlbaren Rat erteilen; denn Er ist es, und kein anderer, der die Last des Kosmos trägt.«

XV. KAPITEL

DER BLUMENKOHLDIEBSTAHL

»Meister, hier ist ein Geschenk für Euch! Ich habe diese sechs riesigen Blumenkohlköpfe mit eigenen Händen gepflanzt und sie mit mütterlicher Sorgfalt großgezogen.« Mit einer zeremoniellen Geste überreichte ich meinem Guru den Korb mit dem Gemüse.

»Ich danke dir«, sagte Sri Yukteswar mit anerkennendem Lächeln. »Bewahre sie bitte in deinem Zimmer auf; morgen werde ich ein besonderes Gericht davon machen lassen.«

Ich war soeben in Puri*) eingetroffen, um meine sommerlichen Semesterferien in der Strandeinsiedelei meines Guru zu verbringen. Das vom Meister und seinen Jüngern erbaute einstöckige, freundliche Haus lag direkt an der Bucht von Bengalen.

Am nächsten Morgen wachte ich schon früh auf und fühlte mich angenehm erfrischt durch die salzige Seeluft und den stillen Zauber des Aschrams. Bald darauf hörte ich die melodische Stimme meines Guru, der nach mir rief. Ich warf einen Blick auf meine kostbaren Blumenkohlköpfe und verbarg sie dann sorgfältig unter meinem Bett.

»Wir wollen zum Strand hinuntergehen«, sagte der Meister und begann uns anzuführen. Eine verstreute Gruppe von jungen Schülern, darunter auch ich, folgte ihm. Der Guru sah uns mit leichter Mißbilligung an und sagte dann:

»Wenn eure westlichen Brüder auf eine Wanderung gehen, setzen sie gewöhnlich ihren Stolz darein, in Reih und Glied zu marschieren. Bildet jetzt einmal zwei Reihen und versucht, im Gleichschritt zu gehen.« Sri Yukteswar beobachtete uns, während wir seinem Wunsch nachkamen, und begann dann zu singen: »Jungen marschieren in Reih und Glied, singen ein frohes, munteres Lied.« Ich konnte nicht umhin, den Meister

---

*) Puri, das ungefähr 500 km südlich von Kalkutta liegt, ist ein berühmter Wallfahrtsort, in dem jährlich zwei große Feste zu Ehren Krischnas veranstaltet werden — das *Snanajatra* und das *Rathajatra*.

zu bewundern, der so mühelos mit seinen rasch dahinwandernden Schülern Schritt hielt.

»Halt!« rief der Guru da plötzlich, indem er mich prüfend anblickte. »Hast du daran gedacht, die Hintertür abzuschließen?«

»Ich glaube ja, Meister.«

Sri Yukteswar schwieg einige Minuten lang, während ein verdächtiges Lächeln um seine Lippen spielte. »Nein«, sagte er schließlich, »du hast es vergessen. Göttliche Betrachtungen sind keine Entschuldigung für äußere Nachlässigkeit. Du hast deine Pflicht, den Aschram zu sichern, vernachlässigt und mußt daher bestraft werden.«

Ich dachte, daß er nur einen Scherz machen wollte, als er fortfuhr: »Von deinen sechs Blumenkohlköpfen werden bald nur noch fünf übrig sein.«

Dann hieß der Meister uns alle umkehren und bis dicht vor die Einsiedelei zurückmarschieren.

»Ruht euch hier ein Weilchen aus«, sagte er. »Und du, Mukunda, schau einmal nach links und behalte die Straße hinter unserem Grundstück im Auge. Dort wird gleich ein gewisser Mann auftauchen, der als Werkzeug deiner Bestrafung dienen soll.«

Ich versuchte meinen Ärger über diese rätselhaften Anspielungen zu verbergen. Bald aber erschien tatsächlich ein Bauer auf der Straße, der in grotesker Weise dahintanzte und sinnlos mit den Armen schlenkerte. Mit gespannter Neugier verfolgte ich sein lächerliches Gebaren. Als der Mann an eine Wegbiegung kam, wo er unserer Sicht entschwinden mußte, bemerkte Sri Yukteswar: »Jetzt kehrt er gleich um.«

Und sofort schlug der Bauer die entgegengesetzte Richtung ein und näherte sich der Rückseite des Aschrams. Auf einem schmalen Sandweg gelangte er zur Hintertür des Gebäudes und ging hinein. Ich hatte sie tatsächlich offen gelassen, wie der Guru behauptet hatte. Kurz darauf trat der Mann wieder heraus und hielt einen meiner kostbaren Blumenkohlköpfe im Arm. Diesmal jedoch schritt er mit sichtlichem Stolz auf seinen Besitz würdevoll von dannen.

Die sich vor meinen Augen abspielende Komödie, in der ich die Rolle des verwirrten Opfers zu spielen schien, hatte mich jedoch nicht so weit aus der Fassung gebracht, daß ich es versäumte, den Dieb empört zu verfolgen. Ich war schon halb auf der Straße, als der Meister mich zurückrief. Er wollte sich vor Lachen ausschütten.

»Dieser arme Irre hat sich so sehr nach einem Blumenkohl gesehnt«, erklärte er zwischen Heiterkeitsausbrüchen. »Und da dachte ich, daß es ein guter Gedanke wäre, ihm einen von deinen schlecht bewachten zu überlassen.«

Ich stürzte in mein Zimmer und sah, daß der Dieb, der augenscheinlich von einem Gemüsewahn besessen war, mein Geld, meine Taschenuhr und meine goldenen Ringe, die offen auf der Bettdecke lagen, unberührt gelassen hatte. Statt dessen war er unter das Bett gekrochen, wo sich — allen Blicken verborgen — der Korb mit dem Blumenkohl befand, und hatte dort seinen Herzenswunsch befriedigt.

Am Abend bat ich Sri Yukteswar, mir den rätselhaften Vorfall zu erklären.

Doch mein Guru schüttelte bedächtig den Kopf. »Eines Tages wirst du es verstehen. Die Wissenschaft wird bald eine Anzahl dieser verborgenen Gesetze entdecken.«

Als einige Jahre später alle Welt über die Entdeckung des Radios in Erstaunen geriet, erinnerte ich mich der Vorhersage meines Meisters. Die tief eingewurzelten Vorstellungen von Zeit und Raum waren plötzlich zunichte gemacht; London und Kalkutta konnten jetzt auch in die engste Hütte dringen, und selbst der stumpfsinnigste Geist erhellte sich angesichts der unbestreitbaren Tatsache, daß der Mensch wenigstens in einer Hinsicht allgegenwärtig geworden war.

Die geheimnisvolle »Blumenkohl-Komödie« läßt sich am besten an einem radiotechnischen Beispiel erklären. Mein Guru war ein vollkommenes menschliches Radio *). Gedanken sind nichts anderes als äußerst

---

*) Der im Jahre 1939 erfundene Mikroradiometer enthüllte eine neue Welt bisher unbekannter Strahlen. »Nicht nur der Mensch selbst, sondern auch die scheinbar leblose Materie sendet unaufhörlich Strahlen aus, die dieses Instrument ›sieht‹«, berichtete die *Associated Press*. »Diejenigen, die an Telepathie, das zweite Gesicht und Hellsehen glauben, erhalten durch diese Eröffnung den ersten wissenschaftlichen Beweis von der Existenz unsichtbarer Strahlen, die in der Tat von einem Menschen zum anderen wandern. Diese Radioanlage ist in Wirklichkeit ein Radiospektrograph. Er bewirkt bei der kalten, nicht-leuchtenden Materie dasselbe wie der Spektrograph, der die atomare Beschaffenheit der Himmelskörper feststellt, bei den Fixsternen . . . Die Existenz solcher Strahlen, die von allen Menschen und allen Lebewesen ausgehen, wurde von den Wissenschaftlern seit vielen Jahren vermutet. Heute aber haben wir den ersten experimentellen Beweis ihrer Existenz. Diese Entdeckung zeigt, daß jedes Atom und jedes Molekül eine pausenlos arbeitende Funkstation ist . . . Sogar nach Eintritt des Todes fährt die Substanz, aus der der menschliche Körper besteht, fort, feine Strahlen auszusenden. Die Wellenlänge dieser Strahlen reicht von den kürzesten (wie sie bisher noch nie bei Kurzwellensendern verwandt worden sind) bis zu den längsten Radiowellen. Das Durcheinander dieser Wellen, von denen es Millionen gibt, ist unvorstellbar. Ein einziges großes Molekül kann gleichzeitig 1 000 000 verschieden lange Wellen aussenden. Die längeren dieser Wellen bewegen sich mit der Leichtigkeit und Geschwindigkeit von Radiowellen fort . . . Ein erstaunlicher Unterschied zwischen den neuen Radiostrahlen und den bekannten Strahlen besteht darin, daß diese Radiowellen Tausende von Jahren, also bedeutend länger als z. B. die Lichtstrahlen, von der unbeeinflußten Materie ausgesandt werden.«

feine Schwingungen, die sich durch den Äther bewegen. Ebenso wie ein richtig eingestelltes Radio das gewünschte musikalische Programm unter tausend anderen Programmen heraussuchen kann, so konnte auch Sri Yukteswar aufgrund seiner Sensibilität unter den zahlreichen menschlichen »Gedankensendern« einen passenden auswählen (nämlich den des schwachsinnigen Mannes, der großes Verlangen nach einem Blumenkohl hatte). Als der Meister während unseres Spaziergangs zum Strand den harmlosen Wunsch dieses Bauern auffing, war er sogleich gewillt, ihn zu erfüllen. Sri Yukteswars göttliches Auge hatte den dahintorkelnden Mann schon lange, ehe er den Jüngern sichtbar wurde, erblickt. Und meine Nachlässigkeit beim Abschließen des Aschrams hatte dem Meister eine willkommene Entschuldigung gegeben, mich eines meiner prachtvollen Blumenkohlköpfe zu berauben.

Nachdem Sri Yukteswar so als Empfangsgerät gewirkt hatte, machte er sich nun, durch Anwendung seines machtvollen Willens, zur Funkstation oder zum Sender.*) Auf diese Weise war es ihm möglich, den Bauern zum Umkehren zu bewegen, ihn in einen bestimmten Raum zu lenken und ihn dort einen einzigen Blumenkohl ergreifen zu lassen.

Wenn der menschliche Geist vollkommen ruhig ist, erwacht die Intuition — die wegweisende Stimme der Seele — ganz von selbst. Fast jeder hat schon die Erfahrung gemacht, daß er zuweilen eine unerklärliche »Vorahnung« hatte, die sich später bewahrheitete, oder daß er seine Gedanken auf einen anderen Menschen übertragen konnte.

Sobald der menschliche Geist also die »Störungen« der Ruhelosigkeit beseitigt hat, kann er alle Funktionen eines komplizierten Radiomechanismus ausführen, d. h., er kann Gedanken aussenden oder empfangen oder unerwünschte Gedanken abschalten. Ähnlich wie die Stärke eines Rundfunksenders von der verfügbaren elektrischen Leistung bestimmt wird, so hängt die Wirkungskraft eines menschlichen Radios von der menschlichen Willenskraft ab.

Alle Gedankenschwingungen bleiben ewig im Kosmos bestehen. Bei tiefer Konzentration kann ein Meister die Gedanken aller Menschen, der lebenden wie auch der toten, auffangen. Gedanken sind universell und nicht individuell verwurzelt; d. h., eine Wahrheit kann nicht erschaffen, sondern nur wahrgenommen werden. Jeder unrichtige Gedanke ist mehr oder weniger ein Ergebnis mangelnder Unterscheidungskraft. Ziel der Yoga-Wissenschaft ist es also, den Geist zu beruhigen, damit er den unfehlbaren Rat der inneren Stimme vernehmen kann.

Durch Rundfunk und Fernsehen ist es möglich geworden, die Stim-

---

*) Siehe Fußnote auf Seite 273

men und Erscheinungen weit entfernter Personen gleichzeitig in Millionen Häuser zu bringen. Dies ist die erste zaghafte Andeutung von der Wissenschaft, aus der man schließen kann, daß der Mensch ein allgegenwärtiges Geistwesen ist. Wenn auch das barbarische Ich den Menschen ständig zu versklaven sucht, so ist dieser im wesentlichen doch kein raumgebundener Körper, sondern eine allgegenwärtige Seele.

»Höchst seltsame, wunderbare und unglaubwürdige Phänomene werden noch zutage treten, über die wir uns, wenn sie einmal bekannt geworden sind, nicht viel mehr wundern werden als über alles das, was uns die Wissenschaft im letzten Jahrhundert gelehrt hat«, erklärte der Physiologe und Nobelpreisträger Charles Robert Richet. »Es wird allgemein angenommen, daß die Phänomene, die wir jetzt ohne weiteres hinnehmen, uns deshalb nicht in Erstaunen setzen, weil wir sie verstehen. Doch das ist durchaus nicht der Fall. Wenn wir uns nicht mehr über sie wundern, so nicht etwa deshalb, weil wir sie verstehen, sondern weil wir uns an sie gewöhnt haben. Denn wenn uns das, was wir nicht verstehen, verwundern würde, so müßte uns alles verwundern: das Herabfallen eines in die Luft geworfenen Steins, die zu einer Eiche werdende Eichel, das sich bei Erhitzung ausdehnende Quecksilber, die von einem Magneten angezogenen Eisenstäubchen.

Die Wissenschaft von heute ist noch eine einfache Angelegenheit ... und doch sind wir bereits von den erstaunlichen Wahrheiten, die unsere Nachkommen entdecken werden, umgeben; sie starren uns sozusagen ins Gesicht, und dennoch sehen wir sie nicht. Doch nicht genug damit, daß wir sie nicht sehen: wir *wollen* sie nicht sehen, denn sobald eine unerwartete und ungewöhnliche Tatsache auftaucht, versuchen wir sie in den Rahmen unseres bisherigen, bereits akzeptierten Wissens einzuordnen und sind entrüstet, wenn irgend jemand es wagt, tiefer zu forschen.«

Einige Tage, nachdem ich auf so unwahrscheinliche Art eines Blumenkohlkopfes beraubt worden war, trug sich ein weiterer belustigender Vorfall zu. Eine gewisse Kerosinlampe war verschwunden. Da ich gerade erst den allwissenden Scharfsinn meines Gurus hatte bewundern dürfen, dachte ich, er würde uns zeigen, was für ein Kinderspiel es sei, die Lampe wiederzufinden.

Der Meister durchschaute meine Erwartungen. Mit übertriebenem Ernst fragte er alle Aschrambewohner aus. Ein kleiner Jünger gestand, daß er die Lampe zum Brunnen im hinteren Teil des Gartens getragen hatte.

Daraufhin befahl Sri Yukteswar mit feierlicher Stimme: »Sucht die Lampe in der Nähe des Brunnens.«

Ich lief sofort hin — doch keine Lampe war da! Niedergeschlagen kehrte ich zu meinem Guru zurück, der nun von Herzen lachte, ohne sich um meine Enttäuschung zu kümmern.

»Zu schade, daß ich dich nicht zu der verschwundenen Lampe hinlenken konnte; aber ich bin nun einmal kein Wahrsager.« Und mit einem Augenzwinkern fügte er hinzu: »Ich bin noch nicht einmal ein guter Sherlock Holmes.«

Da begriff ich, daß der Meister seine übernatürlichen Fähigkeiten niemals zur Schau stellte, wenn man ihn dazu herausforderte oder wenn es sich um eine banale Sache handelte.

Es folgten herrliche Wochen. Sri Yukteswar hatte einen religiösen Umzug geplant und mich gebeten, die Jünger durch die Stadt und am Strand von Puri entlang zu führen. Als der festliche Tag der Sommersonnenwende herangenaht war, herrschte schon am frühen Morgen große Hitze.

»Gurudschi, wie kann ich die barfüßigen Schüler über den glühenden Sand führen?« fragte ich verzweifelt.

»Ich will dir ein Geheimnis verraten«, erwiderte der Meister. »Der Herr wird einen Wolkenschirm senden, so daß ihr unbehindert wandern könnt.«

Freudig ging ich nun daran, die Prozession aufzustellen. Wir begannen unseren Umzug vom Aschram aus, wo wir uns alle gruppiert hatten. Vor uns flatterte das von Sri Yukteswar entworfene *Satsanga*-Banner*), in welches das Symbol des »einfältigen«**) Auges — des teleskopischen Auges der Intuition — eingezeichnet war.

Kaum hatten wir die Einsiedelei verlassen, als sich der Himmel — wie durch ein Wunder — mit Wolken bezog. Erstaunte Ausrufe wurden laut, als ein leichter Regenschauer herabfiel, der die Straßen und den heißen Sand abkühlte.

Während der beiden Stunden des Umzugs fielen die erquickenden Tropfen unaufhörlich auf uns hernieder; doch in dem Augenblick, als unsere Gruppe wieder den Aschram erreicht hatte, waren Regen und Wolken spurlos verschwunden.

»Siehst du, wie Gott mit uns fühlt«, sagte der Meister, nachdem ich ihm meine Dankbarkeit bekundet hatte. »Er erhört alle und sorgt für alle. So wie Er heute auf meine Bitte hin den Regen gesandt hat, so erfüllt Er jeden aufrichtigen Wunsch Seiner Kinder. Die meisten Menschen wissen gar nicht, wie oft Gott ihre Gebete erhört. Er bevorzugt nicht einige we-

---

*) *Sat* bedeutet wörtlich »Sein«, daher auch »Essenz, Wirklichkeit«. *Sanga* bedeutet »Bund«. Sri Yukteswar nannte seine religiöse Organisation »Satsanga« (Gemeinschaft mit der Wahrheit).

**) »Wenn dein Auge einfältig ist, so wird dein ganzer Leib licht sein.« *Matth. 6, 22* — In tiefer Meditation wird das »einfältige« oder geistige Auge in der Mitte der Stirn sichtbar. Dieses allgegenwärtige Auge hat in den Heiligen Schriften verschiedene Bezeichnungen, so z. B. drittes Auge, Stern im Morgenland, inneres Auge, vom Himmel herabsteigende Taube, Auge Schiwas, Auge der Intuition usw.

nige, sondern erhört jeden, der sich vertrauensvoll an Ihn wendet. Die Menschenkinder sollten niemals an der Liebe und Güte ihres Himmlischen Vaters zweifeln.« *)

Sri Yukteswar veranstaltete vier große Feste im Jahr — die Tag- und Nachtgleiche und die Sommer- und Wintersonnenwende, zu denen jedesmal viele seiner Schüler von nah und fern herbeikamen. Die erste Wintersonnenwende, die ich in Serampur mitmachte, brachte mir einen dauerhaften Segen.

Die Feier begann morgens mit einer barfüßigen Prozession durch die Straßen der Stadt. Aus hundert Kehlen erklangen innige religiöse Lieder, während einige Musikanten uns mit Flöten und *Khol-Kartal* (Trommeln und Zymbeln) begleiteten. Die begeisterte Bevölkerung streute uns Blumen auf den Weg, froh darüber, durch unseren Lobgesang von ihren prosaischen Pflichten abgelenkt zu werden. Der lange Umzug endete im Hof der Einsiedelei, wo wir unseren Guru umringten, während die Schüler auf den oberen Balkonen uns mit Ringelblumen überschütteten.

Viele der Gäste begaben sich nach oben, wo ihnen ein Pudding aus *Tschanna* und Orangen serviert wurde. Ich drängte mich durch die Menge und gesellte mich zu einer Gruppe von Jüngern, die heute als Köche tätig waren. Bei solch großen Versammlungen wurde gewöhnlich in riesigen Kesseln im Freien gekocht. Die improvisierten Herde aus Ziegelsteinen, in denen Holzfeuer brannten, rauchten, daß uns die Augen tränten; doch wir lachten fröhlich bei unserer Arbeit. Religiöse Feste werden in Indien niemals als anstrengend empfunden. Jeder Gläubige trägt freudig seinen Teil dazu bei, sei es durch Geld, durch Sachspenden wie Reis und Gemüse oder durch persönliche Arbeitsleistung.

Bald war der Meister mitten unter uns und überwachte die einzelnen Vorbereitungen. Er war unermüdlich tätig und nahm es mit den tatkräftigsten seiner jungen Schüler auf.

Im ersten Stock war ein *Sankirtan* (Gruppengesang) im Gange, das von Handpauken und einem indischen Harmonium begleitet wurde. Sri Yukteswar hörte anerkennend zu; er hatte ein vortreffliches musikalisches Gehör.

»Sie sind in der falschen Tonart«, sagte er plötzlich und verließ die Küche, um sich zu den Musikanten zu begeben. Wiederum erklang die Melodie, diesmal aber korrekt.

Die frühesten geschichtlichen Aufzeichnungen über die Musikwissenschaft befinden sich im *Sama-Veda*. In Indien werden Musik, Malerei

---

*) »Der das Ohr gepflanzt hat, sollte der nicht hören? Der das Auge gemacht hat, sollte der nicht sehen? ... *Psalm 94,9*

und Bühnendichtung als göttliche Künste angesehen. Brahma, Wischnu und Schiwa — die Ewige Dreieinigkeit — waren die ersten Musiker. Den heiligen Schriften zufolge hat Schiwa in seiner Erscheinungsform als *Nataradscha* (Göttlicher Tänzer) die unendlichen rhythmischen Formen festgelegt; denn Er ist es, der das Universum mit Seinem Tanz ins Leben ruft, der es erhält und schließlich wieder zerstört. Brahma und Wischnu dagegen bestimmten den Takt, wobei Brahma die Zymbeln und Wischnu die heilige *Mridanga* (Trommel) schlug.

Saraswati, die Göttin der Weisheit, wird in symbolischen Darstellungen mit einer *Wina*, der Mutter aller Saiteninstrumente, gezeigt, und Krischna, eine Inkarnation Wischnus, mit einer Flöte; denn es heißt, daß er durch seine berückenden Melodien die in der *Maya* (Täuschung) umherirrenden Seelen in ihre wahre Heimat zurückruft.

Die *Ragas* oder feststehenden melodischen Tonleitern bilden das Fundament der Hindu-Musik. Die sechs Grund-*Ragas* verzweigen sich in 126 abgeleitete *Raginis* (Ehefrauen) und *Putras* (Söhne). Jedes *Raga* hat eine Mindestzahl von fünf Tönen: einen Grundton *(Wadi* oder König), einen sekundären Ton *(Samawadi* oder Premierminister), Hilfstöne *(Anuwadi* oder Höflinge) und einen dissonierenden Ton *(Wiwadi* oder Feind).

Jedes der sechs Grund-*Ragas* hat eine natürliche Beziehung zu einer bestimmten Tages- oder Jahreszeit und einer Schutzgottheit, die besondere Eigenschaften verleiht. So ist z. B. das *Hindole-Raga*, das allumfassende Liebe erwecken soll, nur während der Morgendämmerung im Frühling zu hören. Das *Dipaka-Raga* wird während der Sommerabende gespielt, um Mitleid zu erregen. Das *Megha-Raga* ist eine Melodie für den Mittag in der Regenzeit und soll den Mut stärken. Das *Bhairava-Raga* spielt man morgens im August, September und Oktober, um Ruhe zu erlangen. Das *Sri-Raga* bleibt der Abenddämmerung im Herbst vorbehalten und soll reine Liebe erzeugen. Und das *Malkaunsa-Raga* erklingt um die Mitternachtszeit im Winter, um Tapferkeit hervorzurufen.

Diese Gesetze über die Lautverwandtschaft zwischen Mensch und Natur wurden bereits von den alten Rischis entdeckt. Da die Natur nichts anderes als der Form und Gestalt gewordene Urton *OM* ist — die heilige Schwingung, die der ganzen Schöpfung zugrunde liegt —, kann der Mensch bei Anwendung bestimmter *Mantras* [*]) oder Lieder Herrschaft

---

[*]) Im Volkstum aller Nationen findet man Zaubersprüche, die dem Menschen Macht über die Naturgewalten verleihen. So sind z. B. die Indianer für ihre Laut-Rituale bekannt, mit denen sie Wind und Regen beeinflussen. Tan Sen, der große Hindu-Musiker, besaß die Fähigkeit, durch die Kraft

über alle Naturerscheinungen erlangen. Geschichtliche Dokumente aus dem 16. Jahrhundert berichten von den erstaunlichen Fähigkeiten, die der am Hofe Akbar des Großen lebende Musiker Mijan Tan Sen besaß. Als er vom Kaiser aufgefordert wurde, ein nächtliches *Raga* zu singen, obgleich die Sonne noch hoch am Himmel stand, wurde die ganze Umgebung des Palastes plötzlich in Dunkelheit gehüllt.

In der indischen Musik wird die Oktave in 22 *Srutis* oder Vierteltöne unterteilt. Diese Mikro-Intervalle machen feinste Schattierungen im musikalischen Ausdruck möglich, die durch die abendländische chromatische Tonleiter von zwölf Halbtönen nicht erreicht werden können. Jeder der sieben Grundtöne der Oktave wird in der Hindu-Mythologie mit einer Farbe und dem Ruf eines Vogels oder anderen Tieres in Beziehung gesetzt: *do* mit grün und dem Pfau; *re* mit rot und der Feldlerche; *mi* mit gold und der Ziege; *fa* mit weiß-gelb und dem Reiher; *sol* mit schwarz und der Nachtigall; *la* mit gelb und dem Pferd; *ti* mit der Summe aller Farben und dem Elefanten.

In der indischen Musik haben wir 72 *Thatas* (Tonleitern). Der Musiker besitzt die Freiheit, beliebig zu improvisieren, wobei er das *Raga*, d. h. die feststehende, überlieferte Melodie, als Grundthema nimmt. Er konzentriert sich auf die besondere Stimmung des Themas und verziert es dann innerhalb des Spielraums, den ihm seine eigene Improvisationsgabe gewährt. Der Hindu-Musiker spielt nicht nach Noten. Er bekleidet das Gerippe des *Raga* jedesmal von neuem, wobei er sich oft auf eine einzige Melodienfolge beschränkt und durch ständige Abwandlung derselben alle ihre Mikrotöne und feinen rhythmischen Variationen zur Geltung bringt. Unter den abendländischen Komponisten war es besonders Bach, dem die faszinierende Wirkung einer sich ständig wiederholenden Tonfolge, die in hundert variierten Formen wiederkehrt, bekannt war.

In der Sanskrit-Literatur werden 120 *Talas* oder Zeitmaße beschrieben. Der Überlieferung nach hat Bharata, der Begründer der Hindu-Musik, allein im Lied der Lerche 32 verschiedene Arten von *Talas* ent-

---

seines Gesanges Feuer zu löschen. Der kalifornische Naturforscher Charles Kellogg gab im Jahre 1926 vor einer Versammlung von New Yorker Feuerwehrmännern eine Vorführung über die Wirkung von Lautschwingungen auf das Feuer. »Als er mit einem Bogen, der einem vergrößerten Violinbogen glich, rasch über eine Stimmgabel aus Aluminium strich, erzeugte er einen hohen, kreischenden Ton wie bei einer starken Radiostörung. Augenblicklich sank die gelbe Gasflamme, die einen halben Meter weit in eine hohle Glasröhre hineinragte, auf 15 cm zusammen und verwandelte sich in ein sprühendes blaues Licht. Ein weiterer Versuch mit dem Bogen, der wiederum einen kreischenden Laut zur Folge hatte, brachte die Flamme zum Erlöschen.«

deckt. *Tala,* der Rhythmus, ist aus den menschlichen Bewegungen abgeleitet worden: aus dem Zweitakt des Gehens und dem Dreitakt der Atmung während des Schlafs, wenn die Einatmung zweimal so lang ist wie die Ausatmung.

In Indien wird die menschliche Stimme seit jeher als das vollkommenste aller Instrumente angesehen. Daher beschränkt sich die Hindu-Musik im allgemeinen auf den Umfang von drei Oktaven, welcher dem der menschlichen Stimme entspricht. Aus demselben Grunde wird auch mehr Wert auf die Melodie (Beziehung zwischen den aufeinanderfolgenden Tönen) und nicht so sehr auf die Harmonie (Beziehung zwischen den gleichzeitig erfolgenden Tönen) gelegt.

Die Hindu-Musik ist eine verinnerlichte, geistliche und individualistische Kunst, die sich nicht um symphonische Klangschönheit, sondern um eine persönliche Harmonie mit der Überseele bemüht. Alle berühmten Lieder Indiens sind von gottesfürchtigen Menschen komponiert worden. Das Sanskritwort für »Musiker« ist *Bhagavathar* (einer, der Gott lobsingt).

Die *Sankirtans* (musikalischen Versammlungen) stellen in gewisser Hinsicht eine Art geistiger Disziplin (Yoga) dar, weil sie tiefste Konzentration, d. h. ein Aufgehen in dem Leitgedanken und musikalischen Thema, verlangen. Da der Mensch selbst ein Ausdruck des Schöpferwortes ist, haben alle Laute eine unmittelbare und starke Wirkung auf ihn. Alle gute geistliche Musik des Morgen- und Abendlandes löst ein Gefühl der Freude in ihm aus, weil sie durch ihre Schwingungen vorübergehend eines der okkulten Zentren in der Wirbelsäule*) erweckt.

---

*) Die Erweckung der okkulten, zerebrospinalen Zentren (der *Tschakras* oder astralen Lotosblüten) ist das hohe Ziel aller Yogis. Den abendländischen Bibelforschern ist nicht bekannt, daß die »Offenbarung des Johannes« im Neuen Testament eine symbolische Darlegung der Yogawissenschaft enthält, die Jesus in seinem engeren Jüngerkreis, zu dem auch Johannes gehörte, gelehrt hat. Johannes erwähnt *(Offenbarung 1, 20)* das »Geheimnis der sieben Sterne« und »der sieben Gemeinden«. Diese symbolischen Bezeichnungen beziehen sich auf die sieben Lotosblüten des Lichts, die in verschiedenen Yoga-Abhandlungen als die sieben »Falltüren« der Gehirn- und Rückenmarksachse beschrieben werden. Durch diese von Gott geplanten »Ausgänge« kann der Yogi, der wissenschaftlich fundierte Meditationstechniken übt, seinem körperlichen Gefängnis entrinnen und sich wieder mit dem GEIST vereinigen. (Siehe Kapitel 26) Das siebente Zentrum, der »tausendblättrige Lotos«, ist das Gehirn, der Sitz des unendlichen Bewußtseins. Im Zustand göttlicher Erleuchtung, so heißt es, schaut der Yogi den Schöpfergott (Brahma) als *Padmadscha* (»der im Lotos geboren ward«). Der »Lotossitz« verdankt seinen Namen einer seit alters überlieferten Körperstellung, in welcher der Yogi die mehrfarbigen Lotosblüten *(Padmas)* in den Gehirn- und Rückenmarkszentren schauen kann. Jeder Lotos hat eine bestimmte Anzahl von Blütenblättern oder Strahlen, die aus *Prana* (Lebenskraft) bestehen. Die *Padmas* werden auch »*Tschakras*« (Räder) genannt. (Siehe Seite 255 und 378–379, Fußnote)

In solchen segensvollen Augenblicken wird er sich seines göttlichen Ursprungs bewußt.

Das *Sankirtan*, das an diesem festlichen Tage aus Sri Yukteswars Wohnzimmer im ersten Stock erklang, begeisterte die Köche inmitten der dampfenden Töpfe. Fröhlich sangen wir den Refrain mit und klatschten mit den Händen den Takt.

Bei Sonnenuntergang hatten wir Hunderte von Besuchern mit *Khitschuri* (Reis und Linsen), Curry-Gemüse und Reispudding gespeist. Danach legten wir Baumwolldecken auf den Hof, und bald saß die ganze Versammlung unter dem sternübersäten Himmel und lauschte gebannt den Worten der Weisheit, die von Sri Yukteswars Lippen kamen. In seinen öffentlichen Ansprachen wies er stets auf die Bedeutung des *Kriya-Yoga* hin und ermahnte seine Jünger, Selbstvertrauen, innere Ruhe und Zielstrebigkeit zu entwickeln, sich an eine einfache Kost zu halten und sich täglich körperliche Bewegung zu verschaffen.

Zum Abschluß sang eine Gruppe kleiner Jünger einige Hymnen, und dann wurde die Versammlung mit einem begeisterten *Sankirtan* beendet. Von 10 Uhr abends bis Mitternacht waren die Aschrambewohner damit beschäftigt, Kochtöpfe abzuwaschen und den Hof sauberzumachen. Als wir fertig waren, rief der Guru mich zu sich.

»Ich habe mich heute über dich gefreut, weil dir die Arbeit so fröhlich von der Hand gegangen ist und du seit Wochen alles so meisterhaft vorbereitet hattest. Du kannst heute nacht bei mir bleiben und in meinem Bett schlafen.«

Das war eine Auszeichnung, die meine kühnsten Träume übertraf. Wir saßen noch eine Weile in tiefem göttlichem Schweigen beieinander. Ungefähr zehn Minuten, nachdem wir uns niedergelegt hatten, stand der Meister jedoch wieder auf und begann sich anzukleiden.

»Was gibt es, Meister?« fragte ich. Das freudige Gefühl, neben meinem Guru schlafen zu dürfen, hatte plötzlich etwas Unwirkliches an sich.

»Ich glaube, daß einige Schüler, die den Anschluß an ihren Zug verpaßt haben, gleich hier sein werden. Wir wollen ihnen etwas zu essen machen.«

»Gurudschi, wer sollte denn um ein Uhr morgens noch kommen?«

»Bleib du ruhig liegen; du hast heute schwer genug gearbeitet. Ich aber werde ihnen etwas zurechtmachen.«

Sri Yukteswars entschlossener Ton ließ mich sofort aufspringen und ihm in die kleine Küche folgen, die neben der Veranda im ersten Stock lag. Bald brodelten Reis und *Dhal* auf dem Feuer.

Der Guru lächelte mich liebevoll an. »Heute nacht hast du dich trotz großer Ermüdung überwunden und dich nicht vor schwerer Arbeit gescheut. Nie wieder sollst du in Zukunft von ihnen geplagt werden.«

Während er diese sich auf mein ganzes Leben auswirkenden Segensworte sprach, erklangen Schritte im Hof. Ich lief hinunter, um eine Gruppe von Schülern einzulassen.

»Lieber Bruder«, sagte einer der Besucher, »wie leid tut es uns, den Meister zu dieser späten Stunde zu stören. Wir haben uns im Eisenbahnfahrplan geirrt, wollten aber nicht zurückfahren, ohne unseren Guru wenigstens gesehen zu haben.«

»Er hat euch schon erwartet und bereitet gerade etwas zu essen für euch vor.«

Da ertönte auch schon Sri Yukteswars Willkommensgruß aus der Küche, und ich führte die erstaunten Besucher zum Meister. Mit schelmischem Lächeln flüsterte er mir zu:

»Wenn du jetzt das Für und Wider bedenkst, bist du sicher froh, daß die Gäste tatsächlich ihren Zug versäumt haben, nicht wahr?«

Eine halbe Stunde später folgte ich ihm mit großer Vorfreude in sein Schlafzimmer, wo ich die Ehre haben durfte, neben einem gottgleichen Guru zu schlafen.

XVI. KAPITEL

WIE MAN DIE STERNE ÜBERLISTET

»Mukunda, warum besorgst du dir nicht einen astrologischen Armreifen?«
»Soll ich das, Meister? Ich glaube aber nicht an die Astrologie.«
»Ob du daran glaubst oder nicht, hat wenig zu bedeuten. Man muß sich zu wissenschaftlichem Denken erziehen und feststellen, ob eine Sache *wahr* ist. Das Gesetz der Schwerkraft wirkte z. B. *vor* Newtons Entdeckung mit derselben Präzision wie danach. Der Kosmos würde sich in einem ziemlichen Chaos befinden, wenn seine Gesetze nicht eher zur Wirkung gelangen könnten, als bis sie vom menschlichen Glauben sanktioniert werden.

Scharlatane haben die alte Wissenschaft von den Sternen in Mißkredit gebracht, so daß sie heute nur noch wenig Anerkennung findet. Die Astrologie ist sowohl in ihrem mathematischen *) als auch in ihrem

---

*) Anhand astronomischer Aufzeichnungen in der alten Hindu-Literatur ist es den Gelehrten möglich gewesen, sich über die Daten der Autoren zu vergewissern. Demzufolge besaßen die Rischis erstaunliche wissenschaftliche Kenntnisse. Im *Kauschitaki Brahmana* finden wir präzise astronomische Abhandlungen, die darauf hindeuten, daß die Hindus bereits 3100 v. Chr. umfassende Kenntnisse auf dem Gebiet der Astronomie hatten und diese praktisch verwerteten, um die günstigen Zeiten für astrologische Zeremonien festzulegen. In einem Artikel der Zeitschrift »East-West« vom Februar 1934 wird folgendes über den *Dschyotisch* — die Gesamtheit der astronomischen Abhandlungen in den Veden — berichtet: »Er enthält jene wissenschaftlichen Werke, die Indien an die Spitze sämtlicher Völker des Altertums stellten und es zum Mekka der Wahrheitssucher machten. Eines der *Dschyotisch*-Bücher, der *Brahmagupta*, ist eine astronomische Abhandlung, die sich mit Themen wie der heliozentrischen Bewegung der Planeten, der Berechnung der Sonnen- und Mondfinsternisse, der Kugelgestalt der Erde, dem reflektierten Licht des Mondes, der täglichen Drehung der Erde um ihre eigene Achse, der Existenz von Fixsternen in der Milchstraße, dem Gesetz der Schwerkraft und anderen wissenschaftlichen Tatsachen befaßt, die im Abendland erst zur Zeit von Kopernikus und Newton bekannt wurden.«
Die sogenannten »arabischen Ziffern«, ohne die eine Entwicklung der abendländischen Mathematik gar nicht denkbar gewesen wäre, kamen im 9. Jahrhundert aus Indien — über Arabien — nach Europa; in Indien ist dieses Zahlensystem schon seit undenklichen Zeiten angewandt worden.

philosophischen Gehalt derart umfangreich, daß nur ein Weiser sie richtig verstehen kann. Wir dürfen uns daher bei der Unvollkommenheit dieser Welt nicht wundern, wenn unwissende Menschen die Himmelskarte falsch deuten und statt einer lesbaren Schrift nur ein unleserliches Gekritzel sehen; d. h., wir dürfen die Weisheit nicht verwerfen, weil die ›Weisen‹ nichts mehr taugen.

Alle Bereiche der Schöpfung durchdringen und beeinflussen sich gegenseitig«, fuhr mein Guru fort. »Der ausgeglichene Rhythmus des Universums beruht auf Wechselseitigkeit. Als sterbliches Wesen hat der Mensch mit zwei Arten von Kräften zu kämpfen: einerseits mit dem Tumult in seinem Inneren, der durch die Mischung der Elemente — Erde, Wasser, Feuer, Luft und Äther — verursacht wird, und andererseits mit den zersetzenden Naturkräften, die von außen auf ihn einwirken. Solange der Mensch gegen seine Sterblichkeit anzukämpfen hat, wird er auch von den Myriaden Veränderungen, die am Himmel und auf Erden vor sich gehen, beeinflußt.

Die Wissenschaft der Astrologie beschäftigt sich mit der Reaktion des Menschen auf die planetarischen Einflüsse. Die Sterne selbst sind weder wohlwollend noch feindselig, sondern senden nur positive und negative Strahlen aus; d. h., sie können den Menschen weder nützen noch schaden, sondern nur — als Werkzeuge des Gesetzes von Ursache und Wirkung — den äußeren Ablauf der Ereignisse regeln, für die jeder Mensch aufgrund seiner ehemaligen Taten selbst verantwortlich ist. Ein Kind wird an dem Tag und zu der Stunde geboren, da die Strahlen der Gestirne mit mathematischer Genauigkeit seinem individuellen Karma entsprechen. Sein Horoskop ist also eine herausfordernde Darstellung seiner unabänderlichen Vergangenheit und der sich wahrscheinlich daraus entwickelnden Zukunft. Doch nur Menschen, die über außergewöhnliche Intuition und Weisheit verfügen — und deren gibt es wenige — können die Geburtskonstellation richtig deuten.

Die Botschaft, die im Augenblick der Geburt in leuchtender Schrift am Himmel geschrieben steht, soll nicht etwa das Schicksal — die Folgen der ehemaligen guten oder bösen Taten — betonen, sondern den Menschen dazu anspornen, sich aus seiner irdischen Knechtschaft zu befreien. Was er getan hat, kann er auch wiedergutmachen. Kein anderer als er selbst ist der Urheber der Ereignisse, die jetzt in seinem Leben zur Auswirkung kommen. Er kann alle Hindernisse aus dem Weg räumen, weil er sie selbst durch sein Handeln errichtet hat und weil ihm außerdem geistige Hilfsquellen zur Verfügung stehen, die keinen planetarischen Einflüssen unterliegen.

Abergläubische Furcht vor der Astrologie macht den Menschen zu einer willenlosen Marionette, die sich völlig auf eine mechanische Führung verläßt. Der Weise aber besiegt die Sterne — d. h. seine Vergangenheit —, indem er sich nicht länger zur Schöpfung, sondern nur noch zum Schöpfer bekennt. Je mehr er sich seiner Einheit mit dem GEIST bewußt wird, um so weniger Macht wird die Materie über ihn haben. Die Seele ist ewig frei; sie kennt weder Tod noch Geburt und kann daher auch nicht von den Sternen regiert werden.

Der Mensch *ist* eine Seele und *hat* einen Körper. Sobald er seine wahre Identität festgestellt hat, ist er nicht länger der Macht des Schicksals ausgeliefert. Doch solange er im dunklen Seelenzustand der Gottvergessenheit lebt, wird er auch die ihm von seiner Umgebung auferlegten feinen Fesseln des Gesetzes spüren.

Gott ist Harmonie. Daher kann der Gottsucher, der sich auf Ihn einstellt, niemals fehlgehen. Er wird ganz von selbst zur richtigen Zeit richtig handeln und damit den astrologischen Gesetzen entsprechen. Wer konzentriert betet und meditiert, geht in einen göttlichen Bewußtseinszustand ein und genießt dadurch einen inneren Schutz, der stärker ist als alle anderen Gewalten.«

»Warum wollt Ihr dann aber, daß ich einen astrologischen Armreifen trage, lieber Meister?« fragte ich nach einem längeren Schweigen. Ich hatte inzwischen versucht, Sri Yukteswars vortreffliche Erläuterungen, die viele neue Gedanken für mich enthielten, zu verarbeiten.

»Erst wenn der Reisende sein Ziel erreicht hat, kann er mit gutem Gewissen alle Landkarten beiseite legen. Während der Reise aber zieht er aus jeder zweckmäßigen Abkürzung Nutzen. Die alten Rischis entdeckten viele Methoden, mit denen sich die Zeitspanne, die der Mensch normalerweise im Exil der Täuschung zubringen muß, verkürzen läßt; denn das karmische Gesetz bedient sich bestimmter Mechanismen, die mit den Fingern der Weisheit geschickt reguliert werden können.

Alle menschlichen Leiden entstehen durch irgendeine Übertretung der kosmischen Gesetze. Die heiligen Schriften erklären, daß der Mensch einerseits den Naturgesetzen Genüge leisten muß, andererseits aber auch an die göttliche Allmacht glauben soll. Er soll wie folgt beten: ›Herr, ich vertraue auf Dich und weiß, daß Du mir helfen kannst; aber auch ich will mein Bestes tun, um alles Unrecht, das ich begangen habe, wiedergutzumachen.‹ Es gibt verschiedene Mittel, die man anwenden kann, um die nachteilige Wirkung unserer ehemaligen Taten auf ein Minimum zu beschränken oder sogar aufzuheben, und dazu gehören: Gebet, Willenskraft, Yoga-Meditation, Aussprache mit den Heiligen und das Tragen astrologischer Armreifen.

Ähnlich wie man ein Haus mit einem Blitzableiter versehen kann, so kann man auch den Körpertempel durch bestimmte Maßnahmen schützen. Die unaufhörlich im Weltall kreisenden elektrischen und magnetischen Strahlungen können einen günstigen oder ungünstigen Einfluß auf den menschlichen Körper ausüben. Schon vor vielen Zeitaltern machten unsere Rischis sich Gedanken darüber, wie man den nachteiligen Einflüssen aus dem Kosmos entgegenwirken könne. Sie entdeckten dann auch, daß reine Metalle ein astrales Licht aussenden, welches die negativen planetarischen Einflüsse stark vermindert. Auch bestimmte Pflanzenverbindungen erwiesen sich als nützlich. Am wirksamsten jedoch sind reine Juwelen von nicht weniger als zwei Karat.

Außerhalb Indiens hat man sich nur selten ernsthaft mit solchen praktischen Maßnahmen zur Verhütung ungünstiger astrologischer Einflüsse befaßt. Eine wenig bekannte Tatsache z. B. ist, daß die entsprechenden Juwelen, Metalle und Pflanzenpräparate wertlos sind, wenn sie nicht das erforderliche Gewicht haben und wenn der schutzbringende Gegenstand nicht auf der bloßen Haut getragen wird.«

»Meister, natürlich werde ich Euren Rat befolgen und mir einen Armreifen besorgen. Der Gedanke, die Sterne zu überlisten, macht mir Spaß.«

»Für allgemeine Zwecke empfehle ich einen Armreifen aus Gold, Silber und Kupfer. Doch aus einem bestimmten Grunde möchte ich, daß du dir einen aus Silber und Blei anschaffst.« Dann gab Sri Yukteswar mir noch einige zusätzliche Anweisungen.

»Gurudschi, um was für einen ›bestimmten Grund‹ handelt es sich?«

»Die Sterne werden sich bald in ›wenig freundlicher‹ Weise für dich interessieren, Mukunda. Doch du bist beschützt und hast nichts zu fürchten. In etwa einem Monat wird dir deine Leber allerhand zu schaffen machen. Die Krankheit, die normalerweise sechs Monate dauern würde, wird durch den astrologischen Armreifen jedoch auf 24 Tage verkürzt werden.«

Ich suchte am nächsten Tag einen Juwelier auf, der mir bald darauf den vorgeschriebenen Armreifen anfertigte. Ich erfreute mich bester Gesundheit und vergaß vollkommen die Vorhersage des Meisters, der inzwischen Serampur verlassen hatte, um einen Besuch in Benares zu machen. 30 Tage nach unserer Unterhaltung jedoch fühlte ich plötzlich einen heftigen Schmerz in der Lebergegend; und in den nächsten Wochen stand ich wahre Folterqualen aus. Da ich meinen Guru nicht gern belästigen wollte, nahm ich mir vor, die Prüfung tapfer allein zu ertragen.

Nach 23 qualvollen Tagen jedoch geriet mein Vorsatz ins Wanken; ich setzte mich kurzerhand in den Zug und fuhr nach Benares. Sri Yukteswar begrüßte mich mit ungewohnter Herzlichkeit, gab mir aber keine Gelegenheit, ihn allein zu sprechen und ihm von meinem Leiden zu berichten. Viele Schüler suchten den Meister an diesem Tag auf, nur um ein *Darschan* *) von ihm zu erhalten. Krank und unbeachtet saß ich in einer Ecke. Erst nach dem Abendessen, als die letzten Gäste gegangen waren, rief der Guru mich auf den achteckigen Balkon des Hauses zu sich.

»Du bist sicher wegen deiner Leberbeschwerden hergekommen«, sagte er mit abgewandtem Blick. Dann ging er auf und nieder, wobei seine Gestalt zuweilen das Mondlicht verdeckte. »Laß sehen, du leidest seit 24 Tagen unter diesen Schmerzen, nicht wahr?«

»Ja, Meister.«

»Mach bitte die Magenübung, die ich dir gezeigt habe.«

»Meister, wenn Ihr wüßtet, was für heftige Schmerzen ich habe, würdet Ihr mir nicht raten, Übungen zu machen!« Dennoch unternahm ich einen schwachen Versuch, ihm zu gehorchen.

»Du sagst, daß du Schmerzen hast; ich sage, daß du keine hast. Wie erklärst du dir diesen Widerspruch?« fragte der Guru, indem er mich forschend anblickte.

Im ersten Augenblick war ich wie benommen, dann aber überkam mich ein freudiges Gefühl der Erleichterung. Ich spürte den stechenden quälenden Schmerz, der mich seit Wochen kaum hatte schlafen lassen, nicht mehr. Bei Sri Yukteswars Worten verschwanden meine Beschwerden urplötzlich, als wären sie nie gewesen.

Ich wollte ihm voller Dankbarkeit zu Füßen fallen, doch er hielt mich zurück.

»Sei nicht kindisch! Steh auf und schau dir das herrliche Mondlicht auf dem Ganges an!« Während wir schweigend nebeneinander standen, bemerkte ich jedoch ein glückliches Leuchten in den Augen des Meisters; da wußte ich, er wollte mir durch sein Verhalten zu verstehen geben, daß in Wirklichkeit nicht er, sondern Gott der Heilende war.

Noch heute trage ich den schweren Armreifen aus Silber und Blei als Erinnerung an den längst vergangenen, unvergeßlichen Tag, da ich mir von neuem bewußt wurde, mit einem wahrhaft übermenschlichen Wesen zusammenzuleben. Auch später, wenn ich meine Freunde zu Sri Yukteswar brachte, damit er sie heilen sollte, empfahl er stets Juwelen oder Armreifen **), weil er diese vom astrologischen Standpunkt aus für nützlich hielt.

Ich hatte von Kindheit an ein Vorurteil gegen die Astrologie gehabt,

---

*) Der Segen, den man beim bloßen Anblick eines Heiligen empfängt
**) Siehe Seite 251, Fußnote

teils, weil ich beobachtet hatte, daß so viele Menschen ihr blindgläubig anhingen, und teils, weil unser Haus-Astrologe mir vorausgesagt hatte: »Du wirst dreimal heiraten und zweimal Witwer werden.« Ich dachte oft über diese Prophezeiung nach und kam mir vor wie ein Opfertier, das dreimal vor den Traualtar geschleift werden sollte.

»Ergib dich ruhig in dein Schicksal«, bemerkte mein Bruder Ananta. »In deinem Horoskop steht auch genau vermerkt, daß du als Kind von Hause fortlaufen und zum Himalaja fliehen würdest, daß man dich aber zurückholen würde. Daher wird sich die Vorhersage über deine Ehen genauso erfüllen.«

Eines Nachts jedoch erlangte ich die intuitive Gewißheit, daß diese Prophezeiung völlig falsch war. Und so verbrannte ich die Horoskoprolle, schüttelte die Asche in eine Papiertüte und schrieb darauf: »Die Saat des Karma kann nicht mehr aufgehen, wenn sie im Feuer göttlicher Weisheit verbrannt wird.« Dann legte ich die Tüte an einen auffälligen Platz, wo Ananta sie auch sogleich entdeckte und meinen herausfordernden Kommentar las.

»Du kannst die Wahrheit nicht so leicht vernichten wie diese Papierrolle«, bemerkte er mit spöttischem Lächeln.

Tatsächlich hat meine Familie, noch ehe ich das Mannesalter erreichte, dreimal versucht, mich zu verloben. Jedesmal aber weigerte ich mich, auf ihre Pläne einzugehen*), weil ich wußte, daß meine Liebe zu Gott stärker war als alle astrologischen Einflüsse.

»Je weiter man auf dem Weg der Selbstverwirklichung fortschreitet, um so mehr kann man durch seine verfeinerten geistigen Schwingungen auf das ganze Universum einwirken, und um so weniger wird man selbst vom Wechsel der Ereignisse berührt.« Diese Worte des Meisters begeisterten mich immer wieder aufs neue.

Gelegentlich bat ich einen Astrologen, die für mich ungünstigen Konstellationen festzustellen, führte aber dennoch alle geplanten Vorhaben durch. Es stimmt, daß ich während solcher Zeiten mein Ziel nur nach Überwindung außerordentlicher Schwierigkeiten erreichte; doch meine Überzeugung, daß unser Vertrauen auf den göttlichen Schutz und der richtige Gebrauch unserer gottgegebenen Willenskraft weit mächtigere Kräfte sind als die Einflüsse der Himmelskörper, hat sich immer wieder bestätigt.

Ich erkannte, daß das Tierkreiszeichen, unter dem man geboren wird,

---

*) Eines der Mädchen, das meine Familie als mögliche Braut für mich ausgesucht hatte, heiratete später meinen Vetter Prabhas Tschandra Ghose, den jetzigen Vizepräsidenten der *Yogoda Satsanga Society* in Indien (die der Gemeinschaft der Selbst-Verwirklichung angegliedert ist).

einen keinesfalls zur Marionette seiner Vergangenheit macht. Die Botschaft der Sterne sollte vielmehr den Ehrgeiz des Menschen anstacheln, weil sogar der Himmel ihn dazu drängt, sich von allen irdischen Begrenzungen zu befreien. Gott erschuf jeden Menschen als individuelle Seele, und als solche ist er ein wesentlicher Bestandteil des Kosmos, ganz gleich, ob er in seiner gegenwärtigen Rolle zu den Stützen oder den Nutznießern des Universums gehört. Wenn er es will, kann er schon in diesem Augenblick endgültige Befreiung erlangen, denn diese hängt nicht von äußeren, sondern von inneren Siegen ab.

Sri Yukteswar entdeckte die mathematische Anwendbarkeit eines Äquinoktial-Zyklus von 24 000 Jahren, mit Hilfe dessen sich unser gegenwärtiges Zeitalter berechnen läßt.*) Dieser Zyklus besteht aus einem aufsteigenden und einem absteigenden Bogen, von denen jeder 12 000 Jahre währt. Jeder dieser Bogen zerfällt in vier *Yugas* (Zeitalter), die *Kali*, *Dwapara*, *Treta* und *Satya* genannt werden, was der griechischen Vorstellung vom eisernen, bronzenen, silbernen und goldenen Zeitalter entspricht.

Mein Guru stellte durch verschiedenartige Berechnungen fest, daß das letzte *Kali-Yuga* oder eiserne Zeitalter des aufsteigenden Bogens um 500 n. Chr. begann. Das 1200 Jahre dauernde eiserne Zeitalter, eine Epoche des Materialismus, endete mit dem Jahre 1700 n. Chr., und im selben Jahr wurde das 2400 währende *Dwapara-Yuga* geboren, das eine erstaunliche Entwicklung auf den Gebieten der Elektrizität und Atomenergie bringen wird; es ist das Zeitalter der Telegraphie, des Radios, des Flugzeugs und anderer Erfindungen, mit denen man den Raum überwinden kann.

Das 3600 Jahre währende *Treta-Yuga* wird 4100 n. Chr. beginnen und sich durch weit verbreitete telepathische Fähigkeiten und andere zeitsparende Entdeckungen auszeichnen. Während der 4800 Jahre des *Satya-Yuga*, des letzten Zeitalters des aufsteigenden Bogens, wird der menschliche Geist seine höchste Entwicklungsstufe erreichen und in völliger Übereinstimmung mit dem göttlichen Plan arbeiten.

Dann beginnt mit dem absteigenden goldenen Zeitalter von 4800 Jahren (12 500 n. Chr.) der 12 000 Jahre währende absteigende Bogen, in dem die Menschheit allmählich wieder in Unwissenheit versinkt. Diese Zyklen stellen den ewigen Kreislauf der *Maya* dar, die Gegensätzlichkeit und Relativität der Welt der Erscheinungen.**) Doch ein Mensch

---

*) Diese Zyklen werden im ersten Teil des Buches »Die Heilige Wissenschaft« von Swami Sri Yukteswar erklärt. (Erhältlich beim Otto-Wilhelm-Barth-Verlag, Bern / München / Wien.)

**) Die Hinduschriften stellen das gegenwärtige Zeitalter in das *Kali-Yuga* eines viel länger währenden Weltall-Zyklus hinein, der nicht dem einfachen 24 000 Jahre währenden Zyklus entspricht, mit dem Sri Yukteswar

nach dem anderen wird dem Kerker der dualistischen Schöpfung entrinnen und zum Bewußtsein seiner unauflöslichen Einheit mit dem Schöpfer gelangen.

Der Meister verhalf mir nicht nur zu einem tieferen Verständnis der Astrologie, sondern auch der heiligen Schriften aller Welt. Er breitete die heiligen Texte auf dem fleckenlosen Tisch seines Geistes aus und zergliederte sie mit dem Seziermesser seines intuitiven Urteilens; auf diese Weise war es ihm möglich, die von den Gelehrten begangenen Irrtümer und Textfälschungen von den Wahrheiten, die ursprünglich von den Propheten verkündet wurden, zu unterscheiden.

»Seinen Blick auf die Nasenspitze richten.« An dieser unrichtigen Auslegung eines Verses der *Bhagawadgita*[1]), die sowohl von morgenländischen Pandits als auch von abendländischen Übersetzern weitgehend akzeptiert wird, übte der Meister stets humorvolle Kritik.

»Der Weg eines Yogi ist schon ausgefallen genug«, bemerkte er. »Warum soll man ihm obendrein noch beibringen zu schielen? Die wirkliche Bedeutung von *Nasikagram* ist ›Ursprung der Nase‹, nicht ›Ende der Nase‹. Die Nase beginnt zwischen den Augenbrauen, dem Sitz des geistigen Auges.[2])

---

sich befaßte. Der Zyklus eines Weltalls beträgt, den heiligen Schriften zufolge, 4 300 560 000 Jahre und stellt einen Tag der Schöpfung, d. h. die Zeitdauer unseres in seiner gegenwärtigen Form bestehenden Planetensystems, dar. Diese von den Rischis angegebene gewaltige Zahl beruht auf der Beziehung, die zwischen einem Sonnenjahr und einem Vielfachen von Pi (3,1416 — dem Verhältnis des Kreisumfangs zum Kreisdurchmesser) besteht.

Den alten Sehern zufolge beträgt die Zeitspanne des gesamten Universums 314 159 000 000 000 Sonnenjahre, die »einem Zeitalter Brahmas« entsprechen.

In den Hl. Schriften der Hindus wird erklärt, daß ein Planet wie unsere Erde aus zweierlei Gründen aufgelöst werden kann: entweder werden seine Bewohner im höchsten Grade gut oder im höchsten Grade lasterhaft. Die in der Welt vorherrschende Geisteshaltung erzeugt also eine Kraft, welche die zur Erde zusammengefügten Atome freigibt.

Oft schon sind unheilvolle Prophezeiungen über ein baldiges »Ende der Welt« veröffentlicht worden. Die Planetenzyklen sind jedoch einem geordneten göttlichen Plan unterworfen. Keine Auflösung der Erde ist bisher in Sicht. Unser Planet wird noch viele auf- und absteigende Äquinoktialzyklen durchlaufen.

[1]) Kapitel VI, 13

[2]) »Das Auge ist des Leibes Licht. Wenn nun dein Auge einfältig ist, so ist dein ganzer Leib licht; so aber dein Auge ein Schalk ist, so ist auch dein Leib finster. So schaue darauf, daß nicht das Licht in dir Finsternis sei.« *Lukas 11, 34-35*

Einer der Sankhja-Aphorismen[1]) lautet: »*Iswar Aschidha*«[2]) (»Der Herr der Schöpfung ist nicht deduzierbar« oder »Gott kann nicht bewiesen werden.«) Hauptsächlich aufgrund dieses Satzes halten die meisten Gelehrten das ganze philosophische System für atheistisch.

»Dieser Vers ist keineswegs atheistisch«, erklärte Sri Yukteswar. »Er weist lediglich darauf hin, daß unerleuchtete Menschen, die nur nach ihren Sinneseindrücken urteilen, die Existenz Gottes nicht beweisen können und Ihn daher als nichtexistent betrachten. Die echten Kenner des *Sankhja* jedoch, die auf dem Wege der Meditation zu tiefen Erkenntnissen gelangt sind, wissen sehr wohl, daß Gott existiert und daß Er wahrnehmbar ist.«

Der Meister erläuterte auch die christliche Bibel mit kristallener Klarheit. Durch meinen Hindu-Guru, der keiner christlichen Gemeinschaft angehörte, lernte ich den zeitlosen Gehalt der Bibel kennen und die Wahrheit des radikalsten und gewaltigsten Christuswortes verstehen: »Himmel und Erde werden vergehen, aber meine Worte werden nicht vergehen.«[3])

Die großen Meister Indiens haben, wie Jesus, die höchsten göttlichen Ideale verwirklicht und sind deshalb — wie Christus selbst verkündete — seine wahren Brüder: »Denn wer den Willen tut meines Vaters im Himmel, der ist mein Bruder, Schwester und Mutter.«[4]) »So ihr bleiben werdet an meiner Rede«, sprach Christus, »so seid ihr meine rechten Jünger und werdet die Wahrheit erkennen, und die Wahrheit wird euch frei machen.«[5]) Die christusähnlichen Yogis Indiens, alles Meister und Herren ihrer selbst, gehören zur unsterblichen Bruderschaft derer, die das befreiende Wissen vom Einen Gott erlangt haben.

»Die Geschichte von Adam und Eva ist mir unverständlich!« bemerkte ich eines Tages etwas hitzig, nachdem ich mich vergeblich bemüht hatte, diese Allegorie zu verstehen. »Warum bestrafte Gott nicht nur das schuldige Paar, sondern auch die unschuldigen, ungeborenen Nachkommen?«

---

[1]) Eines der sechs Systeme der Hindu-Philosophie. *Sankhja* lehrt, daß man seine endgültige Befreiung durch die Kenntnis von 25 Prinzipien, beginnend mit *Pakriti* (Natur) und endend mit *Puruscha* (Seele), erlangen kann.
[2]) *Sankhja-Aphorismen I, 92*
[3]) *Matthäus 24, 35*
[4]) *Matthäus 12, 50*
[5]) *Johannes 8, 31—32*. Johannes bezeugte: »Wieviele ihn aber aufnahmen, denen gab er Macht, Gottes Kinder zu werden, die an seinen Namen glauben (die im allgegenwärtigen Christusbewußtsein verankert sind).« *Johannes 1, 12*

Meine Heftigkeit belustigte den Meister mehr als meine Unwissenheit. »Das 1. Buch Mose ist tief symbolisch und darf nicht wörtlich ausgelegt werden«, erklärte er. »Der darin erwähnte ›Baum des Lebens‹ ist der menschliche Körper; denn das menschliche Rückgrat gleicht einem umgekehrten Baum: die Haare sind seine Wurzeln und die motorischen und sensorischen Nerven seine Äste. Der Baum des Nervensystems trägt viele genießbare Früchte, nämlich die Sinneswahrnehmungen (Gesicht, Gehör, Geruch, Geschmack und Tastsinn). Diese darf der Mensch rechtmäßig genießen; doch der Geschlechtsgenuß, die ›Frucht‹ in der Mitte des Körpers (›mitten im Garten‹)[1]) wurde ihm untersagt.

Die ›Schlange‹ ist die zusammengerollte Energie am Ende der Wirbelsäule, welche die Geschlechtsnerven anregt. ›Adam‹ ist die Vernunft und ›Eva‹ das Gefühl. Wenn das Gefühl (das Eva-Bewußtsein) des Menschen von sexuellen Impulsen beherrscht wird, kapituliert auch seine Vernunft (Adam).[2])

Als Gott das Menschengeschlecht erschuf, materialisierte er kraft Seines Willens männliche und weibliche Körper und verlieh den neuen Lebewesen die Fähigkeit, sich auf ähnliche ›unbefleckte‹ oder göttliche Weise zu vermehren.[3]) Da alle individuellen Seelen bis dahin nur in instinktgebundenen Tierkörpern gelebt hatten, wo sie ihre Vernunft nicht voll entfalten konnten, erschuf Gott nun die ersten menschlichen Körper, die symbolisch Adam und Eva genannt werden. Diesen hauchte Er die Seelen oder göttlichen Wesenheiten zweier Tiere ein[4]) und gab ihnen damit die Möglichkeit zur Höherentwicklung. In Adam, dem Manne, herrschte die Vernunft vor, und in Eva, der Frau, überwog das Gefühl, womit auch hier das Prinzip der Dualität oder Polarität, das der ganzen Welt der Erscheinungen zugrunde liegt, ausgedrückt wurde. Solange sich der menschliche Geist nicht von der Schlangenkraft tierischer

---

[1]) »Wir essen von den Früchten der Bäume im Garten, aber von den Früchten des Baumes mitten im Garten hat Gott gesagt: Esset nicht davon, rühret's auch nicht an, daß ihr nicht sterbet.« *1. Mose 3, 2-3*

[2]) »Das Weib, das du mir zugesellt hast, gab mir von dem Baum, und ich aß ... Das Weib sprach: Die Schlange betrog mich also, daß ich aß.« *1. Mose 3, 12-13*

[3]) »Und Gott schuf den Menschen ihm zum Bilde, zum Bilde Gottes schuf er ihn; und schuf sie einen Mann und ein Weib. Und Gott segnete sie und sprach zu ihnen: Seid fruchtbar und mehret euch und füllet die Erde und macht sie euch untertan.« *1. Mose 1, 27-28*

[4]) »Und Gott der Herr machte den Menschen aus einem Erdenkloß, und er blies ihm ein den lebendigen Odem in seine Nase. Und also ward der Mensch eine lebendige Seele.« *1. Mose 2, 7*

Gelüste verlocken läßt, verbleiben Vernunft und Gefühl gemeinsam im Himmel der Freude.*)

Der menschliche Körper ist also nicht nur auf dem Wege der Evolution aus der Tierwelt hervorgegangen, sondern wurde durch einen besonderen Schöpfungsakt Gottes erschaffen. Die tierischen Formen waren zu primitiv, um der Göttlichkeit voll Ausdruck zu verleihen; den ersten Menschen wurden als einzigen Lebewesen die okkulten Zentren der Wirbelsäule und der potentielle, allwissende ›tausendblättrige Lotos‹ des Gehirns gegeben.

Gott — das göttliche Bewußtsein in dem ersten erschaffenen Paar — riet ihnen, alle Sinnesfreuden zu genießen, mit einer einzigen Ausnahme: dem Geschlechtsgenuß. Dieser war ihnen untersagt, damit die Menschheit nicht in die niedrigere, tierische Zeugungsart zurückfalle. Doch Adam und Eva beachteten die Warnung nicht und erweckten ihre im Unterbewußtsein schlummernden tierischen Instinkte, die sie dazu verleiteten, die primitive Art der Fortpflanzung wieder aufzunehmen. Und so verloren sie die paradiesische Freude, die den ersten, vollkommenen Menschen noch zu eigen war. Da wußten sie, ›daß sie nackt waren‹ und verloren das Bewußtsein ihrer Unsterblichkeit — wovor Gott sie gewarnt hatte. Sie unterwarfen sich damit dem physischen Gesetz, bei dem jeder körperlichen Geburt ein körperlicher Tod folgt.

Das Wissen um ›Gut und Böse‹, das Eva von der ›Schlange‹ versprochen wurde, bezieht sich auf die relativen und gegensätzlichen Erfahrungen, denen alle unter dem Einfluß der *Maya* stehenden Menschen ausgeliefert sind. Als der Mensch durch Mißbrauch seines Gefühls und seiner Vernunft (des Eva- und Adam-Bewußtseins) unter den Einfluß der *Maya* geriet, verzichtete er damit auf sein Recht, den himmlischen Garten der Selbstgenügsamkeit zu betreten.**) Jedes menschliche Wesen ist also persönlich verantwortlich dafür, seine ›Eltern‹, d. h. seine zwiespältige Natur, zu einer harmonischen Einheit oder zum Garten Eden zurückzuführen.«

Als Sri Yukteswar seine Erklärungen beendet hatte, blickte ich mit neuer Ehrfurcht auf die Seiten des Alten Testaments.

---

*) »Und die Schlange (der Geschlechtstrieb) war listiger denn alle Tiere auf dem Felde (als alle anderen körperlichen Sinne).« *1. Mose 3, 1*

**) »Und Gott der Herr pflanzte einen Garten in Eden gegen Morgen, und setzte den Menschen hinein, den er gemacht hatte.« *1. Mose 2, 8.* »Da wies ihn Gott der Herr aus dem Garten Eden, daß er das Feld baute, davon er gekommen ist.« *1. Mose 3, 23.* Der göttliche Mensch, wie er zuerst von Gott erschaffen wurde, hatte sein Bewußtsein auf das allmächtige »einfältige« Auge in der Stirn (gen Osten) gerichtet. Die auf diesen Punkt konzentrierte all-schöpferische Kraft seines Willens ging dem Menschen verloren, als er »das Feld baute«, d. h., als er seiner niedrigeren Natur nachgab. Von da an unterlag er dem irdischen Gesetz, das auf den körperlichen Tod wieder eine körperliche Geburt folgen läßt.

»Lieber Meister«, sagte ich, »zum ersten Male fühle ich Adam und Eva gegenüber so etwas wie eine Kindespflicht.«*)

---

*) Die »Adam- und Eva-Geschichte« der Hindus wird in dem uralten *Purana*, der *Srimad Bhagawata*, beschrieben. Der erste Mann (in körperlicher Form) wird dort *Swajambhuva Manu* (Mensch vom Schöpfer geboren) und sein Weib *Satarupa* (wahres Ebenbild) genannt. Ihre fünf Kinder heirateten die *Pradschapatis* (vollendete Wesen, die körperliche Form annehmen konnten); aus diesen ersten göttlichen Familien entstand das Menschengeschlecht.
Nie wieder bin ich im Osten oder Westen irgendjemandem begegnet, der die christliche Bibel mit einer solch tiefen göttlichen Einsicht erläutern konnte wie Sri Yukteswar. »Viele Theologen haben die Worte Christi falsch ausgelegt«, sagte der Meister, »so u. a. folgendes: ›Ich bin der Weg und die Wahrheit und das Leben; niemand kommt zum Vater denn durch mich.‹ *(Joh. 14, 6).* Jesus wollte damit keineswegs behaupten, daß er der einzige Sohn Gottes sei, sondern daß kein Mensch das unvergleichliche Absolute, den transzendenten Vater *jenseits* der Schöpfung, erreichen kann, ehe er nicht den ›Sohn‹, d. h. das aktivierende Christusbewußtsein *innerhalb* der Schöpfung offenbart hat. Jesus, der vollkommen im Christusbewußtsein aufgegangen war, identifizierte sich bereits mit diesem, denn sein Ich hatte sich schon lange aufgelöst.« (Siehe Seite 160, Fußnote)
Die Worte des Paulus: »Gott . . . der alle Dinge geschaffen hat durch Jesum Christum« *(Ephes. 3, 9)* und die Worte Jesu: »Ehe denn Abraham ward, bin ich« *(Joh. 8, 58)* sind ihrem tieferen Sinne nach überpersönlich.
Eine gewisse Feigheit des Gemüts hat viele weltliche Menschen zu dem bequemen Glauben geführt, daß nur ein einziger Mensch Gottes Sohn war. »Christus wurde auf einzigartige Weise erschaffen«, erklären sie. »Wie kann also ich, der ich nur ein Sterblicher bin, Ihm gleich werden?« Dennoch sind alle Menschen als göttliche Wesen erschaffen worden und müssen eines Tages Christi Gebot befolgen, das besagt: »Darum sollt ihr vollkommen sein, gleich wie euer Vater im Himmel vollkommen ist.« *(Matth. 5, 48)* »Sehet, welch eine Liebe hat uns der Vater erzeigt, daß wir Gottes Kinder sollen heißen!« *(1. Joh. 3, 1)*
In zahlreichen Bibelstellen wird auf das Gesetz des Karma und seine logische Folge, die Wiedergeburt (siehe Seite 274, Fußnote, 336-337 u. Kap. 43) angespielt, so z. B. in folgender: »Wer Menschenblut vergießt, des Blut soll auch durch Menschen vergossen werden.« *(1. Mose 9, 6)* Wenn jeder Mörder selbst »durch Menschen« getötet werden muß, so wird diese Vergeltungsmaßnahme in den meisten Fällen mehr als eine einzige Lebensspanne in Anspruch nehmen. Die heutige Polizei ist einfach nicht schnell genug!
Die frühe christliche Kirche hatte die Lehre von der Wiedergeburt akzeptiert. Sie wurde von den Gnostikern und zahlreichen Kirchenvätern, darunter Klemens von Alexandria, dem berühmten Origines (beide aus dem 3. Jahrhundert) und dem Heiligen Hieronymus (5. Jahrhundert) erläutert. Im Jahre 553 n. Chr. wurde diese Lehre im Zweiten Konzil zu Konstantinopel zum ersten Male für einen Irrglauben erklärt. Zu jener Zeit glaubten viele Christen, daß die Lehre von der Wiedergeburt dem Menschen eine zu lange Zeit- und Raumspanne gewähre und sie deshalb nicht genügend antreibe, sich schon jetzt um Erlösung zu bemühen. Doch die Unterdrückung der Wahrheit führte zu einer Reihe erschreckender Irrtümer. Denn Millionen Menschen haben ihre »einmalige Lebenszeit« nicht ausgenutzt, um Gott zu suchen, sondern um diese Welt, die sie auf so einzigartige Weise gewonnen hatten und bald auf ewig verlieren würden, in vollen Zügen zu genießen. In Wirklichkeit aber muß sich der Mensch solange auf Erden wiederverkörpern, bis er von neuem zum Bewußtsein seiner Gotteskindschaft erwacht.

XVII. KAPITEL

SASI UND DIE DREI SAPHIRE

»Da du — ebenso wie mein Sohn — eine so hohe Meinung von Sri Yukteswar hast, will ich ihn mir einmal ansehen«, sagte Dr. Narajan Tschander Ray eines Tages zu mir. Doch sein Ton verriet, daß er sich nur herabließ, zwei halbwüchsigen Narren einen Gefallen zu tun. Ich verhielt mich wie ein geschickter »Missionar« und ließ mir meinen Unwillen nicht anmerken.

Dr. Ray, von Beruf Tierarzt, war ein überzeugter Agnostiker, und sein Sohn Santosch hatte mich flehentlich gebeten, doch auf seinen Vater einzuwirken. Leider war bisher von meinem guten Einfluß nicht viel zu merken gewesen.

Am folgenden Tag jedoch fuhr Dr. Ray mit mir nach Serampur. Nachdem der Meister ihm eine kurze Unterredung gewährt hatte, die größtenteils aus beiderseitigem stoischem Schweigen bestand, brach der Besucher unvermittelt auf.

»Warum bringst du mir einen Toten in den Aschram?« fragte Sri Yukteswar, sobald der Skeptiker aus der Tür war.

»Meister! Der Doktor ist im höchsten Grade lebendig!«

»Er wird aber binnen kurzem sterben.«

Ich war zutiefst erschrocken. »Gurudschi, das wird ein furchtbarer Schlag für seinen Sohn sein. Santosch hofft noch immer, daß sich die materielle Einstellung seines Vaters mit der Zeit ändert. Bitte, Meister, helft diesem Mann!«

»Gut — dir zuliebe will ich es tun«, sagte mein Guru mit unbewegter Miene. »Der stolze Pferdedoktor ist hochgradig zuckerkrank, obwohl er nichts davon weiß. In 15 Tagen wird er sich niederlegen müssen, und die Ärzte werden ihn aufgeben. Genau heute in sechs Wochen ist seine Zeit gekommen, die Erde zu verlassen. Doch aufgrund deiner Fürbitte wird er an diesem Tag genesen — allerdings nur unter einer Bedingung: du mußt ihn dazu bewegen, einen astrologischen Armreifen zu tragen.«

Und lachend fügte der Meister hinzu: »Er wird sich wahrscheinlich genauso wild dagegen sträuben wie seine Pferde gegen eine Operation.«

Als ich mir gerade schweigend überlegte, wie Santosch und ich den Doktor wohl am besten dazu überreden könnten, machte Sri Yukteswar mir noch weitere Mitteilungen:

»Sobald er wieder gesund wird, rate ihm, kein Fleisch mehr zu essen. Er wird den Rat jedoch nicht befolgen und in sechs Monaten, gerade dann, wenn er sich am besten fühlt, plötzlich tot umfallen.« Dann fügte der Guru hinzu: »Diese sechsmonatige Verlängerung seines Lebens wird ihm nur aufgrund deiner Bitte gewährt.«

Am folgenden Tag riet ich Santosch, einen Armreifen beim Juwelier zu bestellen, der auch in einer Woche fertig war. Doch Dr. Ray weigerte sich, ihn zu tragen.

»Mir geht es gesundheitlich ausgezeichnet«, sagte er, indem er mir einen kriegerischen Blick zuwarf. »Ihr werdet mich nie von diesem astrologischen Aberglauben überzeugen können!«

Mit heimlicher Belustigung mußte ich an die Worte des Meisters denken, der diesen Mann mit einem störrischen Pferd verglichen hatte. Nach sieben Tagen wurde der Doktor plötzlich krank und erklärte sich endlich bereit, den Armreifen anzulegen. Zwei Wochen später teilte mir der diensthabende Arzt mit, daß die Krankheit des Patienten ein hoffnungsloser Fall sei und gab mir nähere Einzelheiten über die verheerenden Wirkungen der Diabetes bekannt.

Ich aber schüttelte den Kopf. »Mein Guru hat gesagt, daß Dr. Ray nach einem Monat von seiner Krankheit genesen wird.«

Der Arzt starrte mich ungläubig an. Vierzehn Tage später jedoch suchte er mich mit reumütiger Miene auf.

»Dr. Ray ist vollkommen wiederhergestellt«, rief er aus. »Ein derartiger Fall ist mir in meiner Praxis noch nicht vorgekommen. Nie habe ich erlebt, daß ein Sterbender auf solch unerklärliche Weise zum Leben zurückkehrt. Euer Guru muß in der Tat ein Prophet sein, der über große Heilkräfte verfügt.«

Kurz darauf hatte ich eine Unterredung mit Dr. Ray und mahnte ihn erneut, die von Sri Yukteswar empfohlene fleischlose Kost einzuhalten. Danach sah ich ihn sechs Monate nicht mehr. Eines Abends jedoch, als ich auf der Veranda meines Elternhauses in der Gurparstraße saß, kam er vorbei und blieb einen Augenblick stehen, um sich mit mir zu unterhalten.

»Sag deinem Lehrer, daß ich durch häufigen Fleischgenuß meine Kraft voll und ganz wiedergewonnen habe. Glücklicherweise habe ich mich nicht von seinen unwissenschaftlichen Ideen über Ernährung beeinflussen lassen.« Dr. Ray sah in der Tat aus wie das blühende Leben.

Am folgenden Tag jedoch kam Santosch, der im anliegenden Häuserblock wohnte, eilig zu mir herübergestürzt. »Heute morgen ist Vater tot umgefallen!«

Dies war eines der seltsamsten Erlebnisse, die mir durch den Meister zuteil wurden. Er hatte den rebellischen Tierarzt trotz seines Unglaubens geheilt und sein Leben um sechs Monate verlängert, nur weil ich ihn dringend darum gebeten hatte. Sri Yukteswars Güte war grenzenlos, wenn es darum ging, die aufrichtige Bitte eines Schülers zu erhören.

Ich betrachtete es immer als ein besonderes Vorrecht, wenn ich meine Universitätsfreunde zu Sri Yukteswar führen durfte. Viele von ihnen legten — zumindest im Aschram — ihren bei der modernen akademischen Jugend üblichen Skeptizismus ab.

Einer meiner Freunde namens Sasi verbrachte manch glückliches Wochenende in Serampur. Der Meister empfand eine besondere Zuneigung zu dem Jungen und bedauerte nur, daß er ein so unstetes und liederliches Leben führte.

»Sasi, wenn du dich nicht besserst, wirst du über ein Jahr schwer krank werden«, sagte Sri Yukteswar eines Tages, indem er meinen Freund zärtlich und zugleich vorwurfsvoll anblickte. »Mukunda ist mein Zeuge. Sage später nicht, daß ich dich nicht gewarnt hätte.«

Sasi lachte. »Meister, ich bin ein hoffnungsloser Fall und überlasse es daher ganz Euch, den Kosmos zur Barmherzigkeit zu bewegen. Mein Geist ist willig, aber mein Wille ist schwach. Ihr seid meine einzige Rettung auf Erden; ich glaube an nichts anderes als an Euch!«

»Du müßtest wenigstens einen blauen Saphir von zwei Karat tragen; der würde dir helfen.«

»Ich kann mir keinen leisten. Aber was auch kommen mag, lieber Gurudschi, ich glaube fest daran, daß Ihr mich beschützen werdet, wenn ich in Schwierigkeiten gerate.«

»In einem Jahr wirst du mir drei Saphire bringen«, erwiderte Sri Yukteswar. »Doch dann werden sie dir nichts mehr nützen.«

Ähnliche Unterhaltungen wiederholten sich des öfteren. Und jedesmal erwiderte Sasi mit komischer Verzweiflung: »Ich kann mich nicht bessern. Und mein Vertrauen zu Euch, Meister, ist meiner Ansicht nach mehr wert als alle Edelsteine.«

Ein Jahr war vergangen; da besuchte ich meinen Guru eines Tages im Hause seines Jüngers Naren Babu in Kalkutta. Gegen 10 Uhr morgens, als ich mit Sri Yukteswar im Wohnzimmer des oberen Stockwerks saß, hörte ich die Eingangstür gehen. Und im selben Augenblick nahm der Meister eine starre Haltung an.

»Das ist Sasi«, sagte er ernst. »Das Jahr ist herum, und seine beiden

Lungenflügel sind zerstört. Er hat meinen Rat unbeachtet gelassen. Sage ihm, daß ich ihn nicht sehen will.«

Tief erschrocken über Sri Yukteswars strengen Ton rannte ich die Treppe hinunter, die Sasi gerade heraufkam.

»O Mukunda, hoffentlich ist der Meister da! Ich hatte so ein Gefühl, als ob ich ihn hier antreffen würde.«

»Ja, aber er möchte nicht gestört werden.«

Sasi brach in Tränen aus und stürmte an mir vorbei. Dann warf er sich Sri Yukteswar zu Füßen und legte drei wunderschöne Saphire vor ihn hin.

»Allwissender Guru, die Ärzte sagen, daß ich Lungentuberkulose habe und geben mir nur noch drei Monate zu leben. Ich flehe Euch demütig an, mir zu helfen; ich weiß, daß Ihr mich heilen könnt.«

»Ist es jetzt nicht ein wenig spät, dir Gedanken über dein Leben zu machen? Nimm deine Juwelen und geh! Die Zeit, wo sie dir nützlich sein konnten, ist vorbei.« Dann saß der Meister, wie eine Sphinx, in unnachgiebigem Schweigen da; nur das Schluchzen des um Gnade flehenden Jungen unterbrach hin und wieder die Stille.

Meine Intuition sagte mir, daß Sri Yukteswar Sasis Glauben an die göttliche Heilkraft nur auf die Probe stellen wollte. Und so war ich nicht weiter überrascht, als der Meister nach einer bangen Stunde mitfühlend auf meinen Freund herabblickte, der noch immer zu seinen Füßen lag.

»Steh auf, Sasi! Was für einen Aufruhr du hier im Hause eines Fremden machst. Bring dem Juwelier die Saphire zurück, denn sie bedeuten jetzt nur noch eine unnötige Ausgabe. Besorge dir statt dessen einen astrologischen Armreifen und trage ihn ständig. Fürchte dich nicht; in einigen Wochen wirst du gesund sein.«

Da erhellte sich Sasis tränenüberströmtes Antlitz wie eine Regenlandschaft beim plötzlichen Durchbruch der Sonne. »Geliebter Guru, soll ich die von den Ärzten verordnete Medizin einnehmen?«

»Wie du willst. Nimm sie oder laß sie stehen. Das hat nichts mehr zu bedeuten. Eher werden Sonne und Mond ihren Platz am Himmel vertauschen, als daß du an Tuberkulose stirbst.« Dann aber fügte Sri Yukteswar brüsk hinzu: »Geh jetzt, ehe ich mich anders besinne!«

Da verneigte sich mein Freund hastig und eilte davon. Während der folgenden Wochen besuchte ich ihn mehrmals und sah mit Schrecken, daß sich sein Zustand von Tag zu Tag verschlechterte.

»Sasi wird die Nacht nicht überleben«, sagte mir sein Arzt eines Tages. Mein Freund war in der Tat zum Skelett abgemagert, so daß ich erschrocken zu Sri Yukteswar nach Serampur eilte. Der Guru hörte sich meinen tränenreichen Bericht teilnahmslos an.

»Warum kommst du eigens her und belästigst mich deswegen? Wie du bereits gehört hast, habe ich Sasi die Versicherung gegeben, daß er gesund werden wird.«

Ich verneigte mich ehrfürchtig vor ihm und ging zur Tür. Sri Yukteswar sprach kein Wort des Abschieds, sondern versank in tiefes Schweigen. Seine halbgeöffneten Augen bewegten sich nicht; sie waren auf eine andere Welt gerichtet.

Ich fuhr sofort nach Kalkutta zurück und suchte meinen Freund auf. Zu meinem Erstaunen sah ich ihn im Bett sitzen und Milch trinken.

»O Mukunda, ein Wunder ist geschehen! Vor vier Stunden fühlte ich die Gegenwart des Meisters in meinem Zimmer, und die furchtbaren Symptome verschwanden sofort. Ich weiß, daß ich nur durch seine Gnade gesund geworden bin.«

Einige Wochen später war Sasi kräftiger und gesünder als je zuvor.[*] Er zeigte sich jedoch wenig dankbar für seine Heilung und besuchte Sri Yukteswar nur noch selten. Eines Tages erklärte er mir, daß er seinen ehemaligen Lebenswandel so sehr bereue, daß er sich schäme, dem Meister unter die Augen zu treten.

Ich konnte daraus nur schließen, daß seine Krankheit die widersprüchliche Wirkung gehabt hatte, seinen Willen zu stärken und seine Manieren zu verschlechtern.

Meine ersten beiden Studienjahre an der *Scottish-Church*-Universität näherten sich ihrem Ende. Ich hatte die Vorlesungen ziemlich unregelmäßig besucht und nur ab und zu ein wenig studiert, um meine Familie zufriedenzustellen. Meine beiden Privatlehrer kamen zwar regelmäßig ins Haus, doch ich war regelmäßig abwesend. Dies ist die einzige Regelmäßigkeit während meiner Studienzeit, an die ich mich erinnern kann.

In Indien erhält der Student nach erfolgreichem Abschluß der ersten vier Semester ein Vordiplom. Danach muß er noch weitere vier Semester studieren, ehe er seine eigentliche Diplomprüfung ablegen konnte.

Ich sah das Vorexamen wie eine drohende Gewitterwolke auf mich zukommen und flüchtete zu meinem Guru, der sich gerade für einige Wochen in Puri aufhielt. Ich erklärte ihm sogleich, wie unvorbereitet ich sei und hoffte heimlich, daß er sagen würde, ich brauche nicht zur Prüfung zu erscheinen.

Doch Sri Yukteswar lächelte und sagte tröstend: »Du hast dich mit ganzer Seele auf deine geistigen Pflichten konzentriert und daher dein Universitätsstudium vernachlässigen müssen. Wenn du dich aber in der

---

[*] 1936 hörte ich von einem Freund, daß Sasi sich noch immer bester Gesundheit erfreute.

nächsten Woche fleißig mit deinen Büchern beschäftigst, wirst du die Prüfung mit Sicherheit bestehen.«

Ich kehrte nach Kalkutta zurück und versuchte alle vernünftigen, begründeten Zweifel, die hin und wieder in mir aufstiegen, energisch zu unterdrücken. Als ich mir jedoch die Berge von Büchern auf meinem Tisch ansah, kam ich mir vor wie ein Wanderer, der sich im Urwald verlaufen hat.

Nach einer langen Meditation kam mir schließlich eine Eingebung, die mir viel Arbeit ersparte. Ich öffnete jedes Buch aufs Geratewohl und beschäftigte mich nur mit den Seiten, die aufgeschlagen vor mir lagen. Nachdem ich auf diese Weise eine Woche lang täglich 18 Stunden lang studiert hatte, hielt ich mich für einen Experten in der Kunst des Einpaukens.

Die folgenden Tage in den Prüfungssälen rechtfertigten dann auch meine scheinbar auf gut Glück ausprobierte Methode. Ich bestand alle Prüfungen — wenn auch nur mit knapper Mühe und Not. Meine Freunde und Familienangehörigen beglückwünschten mich unter Scherzworten und erstaunten Ausrufen.

Als Sri Yukteswar aus Puri zurückkehrte, brachte er mir eine freudigüberraschende Nachricht mit.

»Deine Studienjahre in Kalkutta sind nun vorüber«, sagte er. »Ich werde dafür sorgen, daß du die letzten beiden Universitätsjahre hier in Serampur verbringst.«

»Meister«, sagte ich verblüfft, »hier gibt es aber doch keine Abschlußstufe der philosophischen Fakultät.« Die Universität in Serampur war die einzige Hochschule am Ort und bot nur den zweijährigen Lehrgang der Unter- und Mittelstufe.

Der Meister lächelte verschmitzt. »Ich bin zu alt, um selbst herumzugehen und Spenden für den Aufbau der philosophischen Fakultät einzusammeln. Darum werde ich die Angelegenheit wohl durch jemand anders erledigen lassen müssen.«

Zwei Monate später gab Professor Howells, der Rektor der Universität, öffentlich bekannt, daß es ihm gelungen sei, einen Fonds zu schaffen, der den Studenten von nun an ein vierjähriges Universitätsstudium ermöglichte. Damit wurde die Universität von Serampur zu einem vollwertigen Zweiginstitut der Universität Kalkutta. Ich war einer der ersten Studenten, die sich in Serampur für die Oberstufe immatrikulieren ließen.

»Gurudschi, Ihr seid so gut zu mir! Schon immer habe ich mir gewünscht, jeden Tag bei Euch in Serampur sein zu können. Professor Howells hat keine Ahnung, wieviel er Eurer schweigenden Hilfe zu verdanken hat.«

Sri Yukteswar schaute mich mit gezwungenem Ernst an: »Jetzt, wo du nicht mehr so viele Stunden im Zug zu sitzen brauchst, hast du viel freie Zeit für dein Studium. Sicher wirst du dir dein Wissen nun nicht mehr in letzter Minute einpauken, sondern dich endlich zu einem richtigen Studenten entwickeln.«
Irgendwie aber mangelte es seinem Ton an Überzeugung *).

---

*) Gleich vielen anderen weisen Männern bedauerte auch Sri Yukteswar die ganz auf den Materialismus ausgerichteten modernen Erziehungsmethoden. Es gibt kaum noch Schulen, in denen man die Gesetze, die zum wahren Glück führen, erwähnt und die Schüler lehrt, daß Weisheit nur durch ein »gottesfürchtiges« Leben erlangt werden kann.
Heutzutage lernen die Jugendlichen in den Schulen und auf den Universitäten, daß der Mensch nichts als ein »höher entwickeltes Tier« ist, und werden daher oft zu Atheisten. Aus diesem Grunde haben sie auch nicht das Verlangen, ihre Seele zu erforschen und wissen nicht, daß sie ihrem ureigensten Wesen nach »Ebenbilder Gottes« sind. Emerson bemerkte einmal: »Nur das, was *in* uns liegt, können wir auch in der Außenwelt wahrnehmen. Wenn wir keinen Göttern begegnen, so deshalb nicht, weil wir keine in uns tragen.« Wer also von der Wirklichkeit seiner tierischen Natur überzeugt ist, schaltet von vornherein jede göttliche Höherentwicklung aus.
Ein Erziehungssystem, das nicht den GEIST in den Mittelpunkt des menschlichen Lebens stellt, lehrt *Avidya*, d. h. falsches Wissen. »Du sprichst: Ich bin reich und habe gar satt und bedarf nichts! und weißt nicht, daß du bist elend und jämmerlich, arm, blind und bloß.« *(Offenb. 3, 17)*
Ideal war die Erziehung, die die Jugend im alten Indien genoß. Im Alter von 9 Jahren wurde der Schüler als »Sohn« in einem Gurukula (Wohnsitz des Guru und zugleich Lehranstalt) aufgenommen. »Der Junge der Neuzeit verbringt (jährlich) ein Achtel seiner Zeit in der Schule; der indische Junge aber verbrachte seine ganze Zeit dort«, schreibt Prof. Venkateswara in seinem Buch *Indian Culture through the Ages* (Die indische Kultur vom Altertum bis zur Neuzeit). »Der Schüler fühlte sich ganz natürlich als Glied einer größeren Gemeinschaft und verantwortlich für diese. Auch hatte er weitgehend die Möglichkeit, sich seiner Individualität entsprechend zu entwickeln und dadurch Selbstvertrauen zu gewinnen. Die Anforderungen in bezug auf geistige Bildung, freiwillige Disziplin, Pflichtbewußtsein, Selbstlosigkeit und Opfersinn waren sehr hoch. Selbstachtung ging Hand in Hand mit Ehrfurcht vor dem Nächsten. Auf ebenso hohem Niveau stand die akademische Würde ... und die Menschen wußten um die Hoheit und den tiefen Sinn des Lebens.«

XVIII. KAPITEL

DER MOHAMMEDANISCHE MAGIER

»Vor vielen Jahren führte mir ein mohammedanischer Magier in diesem selben Zimmer, das du jetzt bewohnst, vier Zauberkunststücke vor«, sagte Sri Yukteswar zu meiner großen Überraschung, als er mich das erste Mal in meinem neuen Logis besuchte. Ich hatte mir gleich nach meiner Immatrikulation an der Universität Serampur ein Zimmer in der nahegelegenen *Panthi*-Pension, einem altmodischen Backsteingebäude am Ganges, gemietet.

»Meister, was für ein merkwürdiger Zufall! Können diese frisch gestrichenen Wände wirklich von alten Erinnerungen reden?« Ich schaute mich mit plötzlichem Interesse in dem einfach möblierten Raum um.

»Das ist eine lange Geschichte«, sagte mein Guru mit versonnenem Lächeln. »Der Name des Fakirs*), der seine außergewöhnlichen Fähigkeiten einer zufälligen Begegnung mit einem Hindu-Yogi verdankte, war Afzal Khan.

Afzal war noch ein Kind und lebte in einem kleinen Dorf in Ost-Bengalen, als er eines Tages von einem staubbedeckten *Sannyasi* angesprochen wurde: ›Mein Sohn, ich bin durstig; hol mir etwas Wasser!‹

›Meister, ich bin ein Mohammedaner. Wie könnt Ihr als Hindu einen Trank aus meiner Hand entgegennehmen?‹

›Deine Aufrichtigkeit gefällt mir, mein Kind. Ich kümmere mich jedoch nicht um die strengen Gesetze religiöser Fanatiker. Geh und bring mir schnell etwas Wasser!‹

Als Afzal dem Yogi ehrfürchtig gehorchte, belohnte ihn dieser mit einem liebevollen Blick.

›Du besitzt gutes Karma aus früheren Leben‹, sagte er dann mit feierlicher Stimme. ›Ich werde dich eine bestimmte Yogamethode lehren, die

---

*) Ein mohammedanischer Yogi; von dem arabischen Wort *faqir* = arm abgeleitet. Ursprünglich nur auf Derwische angewandt, die das Gelübde der Armut abgelegt hatten.

dir Herrschaft über eines der unsichtbaren Gebiete verleiht. Du darfst die außergewöhnlichen Kräfte, die dir dadurch zuteil werden, jedoch nur zu edlen Zwecken gebrauchen und keinen persönlichen Nutzen daraus ziehen. Ich sehe leider auch, daß du von vergangenen Leben her noch den Keim der Zerstörungslust in dir trägst. Hüte dich davor, ihn durch weitere böse Taten zu nähren. Dein Karma ist so verwickelt, daß du dein jetziges Leben ausnutzen mußt, um deine Yogakünste mit höchsten humanitären Zielen zu verbinden.‹

Dann weihte der Meister den erstaunten Jungen in eine komplizierte Yogatechnik ein und verschwand.

Zwanzig Jahre lang übte Afzal getreulich seine Yogatechnik und wurde bald wegen seiner Wundertaten weit und breit bekannt. Er schien ständig in Begleitung eines körperlosen Geistes zu sein, den er ›Hazrat‹ nannte. Dieses unsichtbare Wesen besaß die Fähigkeit, jeden Wunsch des Fakirs zu erfüllen.

Schließlich aber begann Afzal die Warnung seines Meisters in den Wind zu schlagen und seine Kräfte zu mißbrauchen. Jeder Gegenstand, den er in die Hand nahm und dann wieder an Ort und Stelle legte, verschwand kurz darauf spurlos. Diese beunruhigende Tatsache machte den Mohammedaner überall zu einem unerwünschten Gast.

Von Zeit zu Zeit suchte er in Kalkutta große Juweliergeschäfte auf und gab vor, am Kauf gewisser Schmuckstücke interessiert zu sein. Jeder Edelstein, den er berührte, verschwand, kurz nachdem er den Laden verlassen hatte.

Afzal war oft von einer Schar Schüler umringt, die alle hofften, ihm sein Geheimnis abzulauschen. Manchmal forderte der Fakir sie auf, ihn auf seinen Reisen zu begleiten. Auf dem Bahnhof gelang es ihm, einen Stoß Fahrkarten zu berühren, die er dem Beamten etwas später mit den Worten zurückgab: ›Ich habe es mir anders überlegt, ich brauche sie doch nicht.‹ Sobald Afzal aber mit seinem Gefolge den Zug bestieg, war er im Besitz der nötigen Fahrkarten *).

Diese »Heldentaten« riefen überall helle Empörung hervor. Die Juweliere und Fahrkartenverkäufer in Bengalen waren einem Nervenzusammenbruch nahe. Und die Polizei, die Afzal zu verhaften versuchte, war machtlos, weil der Fakir jedes Beweisstück entfernen konnte, indem er sprach: ›Hazrat, nimm dies fort!‹«

Sri Yukteswar erhob sich und trat auf den Balkon meines Zimmers, der zum Ganges hinausführte. Ich folgte ihm, begierig, mehr von den erstaunlichen Kunststücken des Mohammedaners zu erfahren.

---

*) Mein Vater erzählte mir später, daß seine Firma, die Bengal-Nagpur-Eisenbahngesellschaft, ebenfalls zu den Opfern Afzal Khans gehört hatte.

»Dieses *Panthi*-Haus gehörte früher einem meiner Freunde, der die Bekanntschaft Afzals gemacht hatte und ihn eines Tages in sein Haus bat. Außerdem lud mein Freund noch etwa zwanzig Nachbarn ein, darunter auch mich. Ich war damals noch jung und daher recht neugierig auf den berühmten Fakir«, sagte der Meister lachend. »Aber ich war vorsichtig genug, keine Wertsachen bei mir zu tragen. Afzal schaute mich forschend an und sagte dann:

›Du hast kräftige Hände. Geh hinunter in den Garten, such dir einen glatten Stein und schreibe mit Kreide deinen Namen darauf. Dann wirf den Stein so weit wie möglich in den Ganges hinaus!‹

Ich gehorchte. Sobald der Stein in den fernen Wellen untergegangen war, wandte sich der Mohammedaner wiederum an mich:

›Geh jetzt vors Haus und bringe einen Krug mit Gangeswasser herauf!‹

Als ich mit dem vollen Gefäß zurückkehrte, rief der Fakir: ›Hazrat, tu den Stein in den Krug!‹

Und sogleich wurde der Stein sichtbar. Ich nahm ihn aus dem Gefäß heraus und erkannte deutlich meine Unterschrift auf ihm wieder.

Einer meiner Freunde, Babu*), der sich ebenfalls mit im Raum befand, trug eine altertümliche, schwere goldene Uhr mit Kette. Der Fakir untersuchte sie voller Bewunderung, was uns von übler Vorbedeutung schien. Bald darauf war sie denn auch verschwunden.

›Afzal, gib mir bitte mein kostbares Erbstück zurück‹, sagte Babu, den Tränen nahe.

Der Mohammedaner schwieg eine Weile beharrlich und sagte dann: ›Du hast 500 Rupien in einem eisernen Safe. Bring sie mir, dann will ich dir sagen, wo du deine Uhr wiederfinden kannst.‹

Völlig verstört begab sich Babu nach Hause und kam kurz darauf zurück, um Afzal die geforderte Summe auszuhändigen.

›Geh zu der kleinen Brücke vor deinem Haus‹, sagte der Fakir zu Babu, ›und rufe dort nach Hazrat, damit er dir Uhr und Kette zurückgibt.‹

Babu eilte davon. Als er zurückkehrte, lächelte er erleichtert, hatte aber kein einziges Schmuckstück mehr bei sich.

›Als ich Hazrat den entsprechenden Befehl gab‹, erklärte er, ›fiel meine Uhr aus der Luft herab in meine rechte Hand. Ihr könnt euch darauf verlassen, daß ich das Erbstück sofort in meinem Safe verschloß, ehe ich wieder herkam.‹

Babus Freunde, die Zeugen dieser tragikomischen Auslösung gewesen

---

*) Ich besinne mich nicht mehr auf den Namen von Sri Yukteswars Freund und nenne ihn daher einfach »Babu« (Herr).

waren, starrten Afzal feindselig an. Dieser aber versuchte sie schnell zu versöhnen, indem er sprach:

›Sagt mir, was ihr zu trinken haben wollt. Hazrat wird es sofort herbeischaffen.‹

Einige baten um Milch, andere um Obstsaft. Ich war nicht sonderlich überrascht, als der entnervte Babu um Whisky bat. Dann gab der Mohammedaner den Auftrag weiter, und der verbindliche Hazrat sandte versiegelte Gefäße aus der Luft herab, die dumpf auf dem Boden aufprallten. Jeder fand darunter das von ihm gewünschte Getränk.

Das vierte Zauberkunststück des Tages kam unserem Gastgeber zweifellos sehr gelegen: Afzal erbot sich, im Nu eine Mahlzeit herbeizuzaubern.

›Wir wollen die teuersten Gerichte bestellen‹, schlug Babu mit finsterer Miene vor. ›Ich verlange ein auserlesenes Mahl für meine 500 Rupien. Und alles soll auf goldenen Tellern serviert werden!‹

Sobald jeder seine Wünsche geäußert hatte, wandte sich der Fakir an den unerschöpflichen Hazrat; und gleich darauf ertönte ein lautes Geklapper. Goldene Teller mit ungewöhnlich schmackhaftem Curry, warmen *Lutschis* und vielen Früchten außer der Jahreszeit kamen aus der Luft herabgesegelt und landeten zu unseren Füßen. Alle Gerichte waren köstlich, und das Festmahl dauerte etwa eine Stunde. Als wir uns schließlich erhoben und den Raum verließen, setzte plötzlich ein ungeheurer Lärm ein, als würden Teller übereinandergestapelt. Erschrocken drehten wir uns alle um, und siehe da! die funkelnden Teller und die Überbleibsel der Mahlzeit waren spurlos verschwunden.«

»Gurudschi«, unterbrach ich ihn. »Wenn Afzal mühelos solche Dinge wie goldene Teller herbeizaubern konnte, warum trachtete er dann nach dem Eigentum anderer?«

»Der Fakir war geistig noch nicht hoch entwickelt«, erklärte Sri Yukteswar. »Da er aber eine bestimmte Yogatechnik beherrschte, hatte er Zugang zu einer astralen Sphäre, in der sich jeder Wunsch augenblicklich verwirklicht. Durch Vermittlung eines astralen Wesens namens Hazrat sowie durch seinen eigenen machtvollen Willen konnte der Mohammedaner die Atome, die zur Materialisierung eines bestimmten Gegenstandes benötigt werden, aus der Energie des Äthers herbeiziehen. Doch diese durch astrale Methoden erzeugten Gegenstände sind organisch nur von kurzer Dauer; man kann sie nicht lange behalten*). Afzal ver-

---

*) Auch mein silbernes Amulett, das astraler Herkunft war, mußte schließlich wieder von dieser Erde verschwinden. (Die Astralwelt wird in Kapitel 43 beschrieben.)

langte noch nach irdischen Gütern, die, obwohl schwieriger zu erwerben, von verläßlicherer Dauer sind.«

Ich lachte. »Auch diese verschwinden manchmal auf unerklärliche Weise!«

»Afzal besaß keine Gottverwirklichung«, fuhr der Meister fort. »Dauerhafte, segenbringende Wunder können nur von großen Heiligen vollbracht werden, die sich in vollkommener Harmonie mit dem allmächtigen Schöpfer befinden. Afzal war nur ein gewöhnlicher Mensch, der die außergewöhnliche Macht besaß, in subtilere Bereiche einzudringen, zu denen die Sterblichen meist erst nach ihrem Tode Zutritt erhalten.«

»Jetzt verstehe ich, Gurudschi. Das Jenseits scheint mancherlei Anziehungspunkte zu haben.«

Der Meister stimmte mir zu. »Ich sah Afzal nach diesem Tage nie wieder. Einige Jahre später jedoch brachte mir Babu einen Zeitungsausschnitt, der die öffentliche Beichte des Mohammedaners enthielt. Diesem Artikel entnahm ich auch, daß Afzal schon in jungen Jahren von einem Hindu-Guru eingeweiht worden war.«

Der letzte Teil dieser Bekanntmachung lautete, soweit Sri Yukteswar sich entsinnen konnte, wie folgt: »Ich, Afzal Khan, schreibe nachfolgenden Bericht freiwillig nieder, um öffentlich Buße zu tun und um alle diejenigen, die nach dem Besitz übernatürlicher Kräfte streben, zu warnen. Jahrelang habe ich die außergewöhnlichen Fähigkeiten, die mir durch die Gnade Gottes und meines Meisters zuteil geworden waren, mißbraucht. Vom Rausch der Selbstsucht erfaßt, glaubte ich, über alle menschlichen Sittengesetze erhaben zu sein. Dann aber kam der Tag der Abrechnung für mich.

Unlängst begegnete ich auf einer Landstraße, kurz vor Kalkutta, einem alten Mann, der sich nur mühsam hinkend fortbewegte. Er trug einen glänzenden Gegenstand in der Hand, der wie Gold aussah. Voller Habgier redete ich ihn an:

›Ich bin Afzal Khan, der große Fakir. Was trägst du da?‹

›Dieser Goldklumpen ist mein einziger irdischer Besitz und hat für einen Fakir sicherlich keinen Wert. Ich bitte Euch aber flehentlich, Herr, mich von meiner Lähmung zu heilen.‹

Doch ich berührte nur den Goldklumpen und ging weiter, ohne ihn einer Antwort zu würdigen. Der alte Mann humpelte mir nach und schrie bald darauf entsetzt auf: ›Mein Gold ist verschwunden!‹

Als ich ihm jedoch keinerlei Beachtung schenkte, sprach er plötzlich mit einer gewaltigen Stimme, die man seinem gebrechlichen Körper kaum zugetraut hätte:

›Erkennst du mich nicht?‹

Sprachlos vor Schreck blieb ich stehen, denn ich erkannte zu spät, daß dieser unscheinbare alte Krüppel niemand anders war als der große Heilige, der mich vor langer, langer Zeit in den Yoga eingeweiht hatte. Er richtete sich nun auf und nahm augenblicklich wieder seine kraftvolle, jugendliche Gestalt an.

›So!‹ sagte mein Guru mit zornigem Blick, ›ich sehe jetzt mit eigenen Augen, daß du deine Kräfte nicht dazu gebrauchst, um der leidenden Menschheit zu helfen, sondern um sie wie ein gewöhnlicher Dieb auszurauben. Ich nehme hiermit deine okkulten Fähigkeiten zurück, und Hazrat steht dir von jetzt an nicht mehr zur Verfügung. Nicht länger mehr sollst du das Schreckgespenst von Bengalen sein!‹

Mit angstvoller Stimme rief ich nach Hazrat, doch zum erstenmal erschien er nicht vor meinem inneren Blick. Aber ein dunkler Schleier wurde mir plötzlich von der Seele gerissen, so daß ich mein lasterhaftes Leben klar überblicken konnte.

›Mein Guru, ich danke Euch, daß Ihr gekommen seid, um mich von meiner langjährigen Täuschung zu befreien‹, schluchzte ich, indem ich ihm zu Füßen fiel. ›Ich verspreche, allem weltlichen Ehrgeiz zu entsagen und mich in die Berge zurückzuziehen, um dort in der Einsamkeit über Gott zu meditieren. Auf diese Weise hoffe ich, meine bösen Taten sühnen zu können.‹

Mein Meister schaute mich schweigend und mitfühlend an. ›Ich bin von deiner Aufrichtigkeit überzeugt‹, sagte er schließlich. ›Weil du in deinen jungen Jahren strengen Gehorsam geübt hast und jetzt ehrliche Reue empfindest, will ich dir eine Gnade gewähren: alle anderen Kräfte sind dir genommen, doch jedesmal, wenn du Nahrung oder Kleidung brauchst, steht Hazrat dir noch zur Verfügung. Widme dich in der Einsamkeit der Berge von ganzem Herzen der Suche nach Gott.‹

Damit entschwand mein Guru und überließ mich meinen tränenreichen Betrachtungen. Lebe wohl, o Welt! Ich nehme Abschied von dir, um Vergebung beim Kosmischen Geliebten zu suchen.«

XIX. KAPITEL

MEIN IN KALKUTTA WEILENDER MEISTER ERSCHEINT IN SERAMPUR

»Es kann sein, daß ich ein Atheist bin, denn ich werde so oft von Zweifeln angefallen. Und dennoch verfolgt mich immer der Gedanke, ob der Seele nicht noch ungeahnte Möglichkeiten offenstehen, ob der Mensch nicht seine eigentliche Bestimmung verfehlt, wenn er es versäumt, sie zu erforschen?«

Diese Bemerkungen kamen von Didschen Babu, meinem Zimmergenossen aus der *Panthi*-Pension, den ich soeben aufgefordert hatte, meinen Guru zu besuchen.

»Sri Yukteswardschi wird dich in den *Kriya-Yoga* einweihen«, erwiderte ich; »dadurch wirst du eine innere Gewißheit erlangen, die allen Zwiespalt beseitigt.«

Noch am selben Abend begleitete mich Didschen zur Einsiedelei und fühlte in der Gegenwart des Meisters einen solch tiefen Frieden, daß er bald zu den ständigen Besuchern des Aschrams zählte.

Unsere alltäglichen Beschäftigungen können uns im Innersten nicht befriedigen, denn in jedem Menschen schlummert der Drang nach höheren Erkenntnissen. Sri Yukteswars Worte hatten Didschen angespornt, nach dem wahren Selbst zu suchen, das in unserem eigenen Innern liegt und nicht mit dem oberflächlichen Ich dieser vergänglichen Inkarnation verwechselt werden darf.

Da Didschen und ich beide die Vorlesungen der philosophischen Fakultät besuchten, hatten wir es uns zur Gewohnheit gemacht, nach dem Kolleg gemeinsam zum Aschram zu gehen. Oft blickte Sri Yukteswar uns schon vom Balkon aus entgegen und hieß uns lächelnd willkommen.

Eines Nachmittags jedoch empfing uns Kanai, ein junger Schüler der Einsiedelei, mit einer enttäuschenden Nachricht an der Tür.

»Der Meister ist nicht hier; er hat einen Eilbrief erhalten und ist gleich darauf nach Kalkutta gefahren.«

Am nächsten Tag erhielt ich eine Postkarte von meinem Guru, auf der er mir folgendes mitteilte: »Ich verlasse Kalkutta Mittwoch früh.

Du kannst mich mit Didschen um 9 Uhr morgens vom Bahnhof abholen.«

Doch am Mittwochmorgen um halb 9 Uhr empfing ich blitzartig folgende telepathische Botschaft von Sri Yukteswar: »Ich bin aufgehalten worden. Kommt nicht zum 9-Uhr-Zug!«

Ich teilte Didschen, der sich gerade zum Gehen fertigmachte, die soeben erhaltene Nachricht mit.

»Du mit deiner Intuition!« rief mein Freund spöttisch aus. »Ich verlasse mich lieber auf das geschriebene Wort des Meisters.«

Ich zuckte die Schultern und setzte mich dann ruhig und entschlossen nieder. Didschen aber murmelte ärgerlich vor sich hin und ging hinaus, wobei er die Tür geräuschvoll hinter sich zuschlug.

Da es ziemlich dunkel im Zimmer war, setzte ich mich ans Fenster, das auf die Straße hinausging. Plötzlich verwandelte sich das spärliche Sonnenlicht in eine strahlende Helligkeit, in der das vergitterte Fenster vollkommen verschwand. Und gegen diesen leuchtenden Hintergrund hob sich klar und deutlich die materialisierte Gestalt Sri Yukteswars ab.

Verwirrt und fast erschrocken erhob ich mich von meinem Stuhl und kniete vor meinem Guru nieder, um mit der üblichen ehrfurchtsvollen Geste seine Füße zu berühren. Er trug die mir bekannten orangenen Leinenschuhe mit den aus Stricken geformten Sohlen. Seine ockerfarbene Swami-Robe streifte mich, und ich fühlte deutlich den Stoff des Gewandes, die rauhe Oberfläche der Schuhe und den Druck der darunterliegenden Zehen. Zu überrascht, um ein Wort hervorbringen zu können, stand ich auf und schaute ihn fragend an.

»Ich freue mich, daß du meine telepathische Botschaft erhalten hast«, sagte der Meister ruhig und mit völlig normaler Stimme. »Ich habe jetzt meine Geschäfte in Kalkutta erledigt und treffe mit dem 10-Uhr-Zug in Serampur ein.«

Während ich ihn noch sprachlos anstaunte, fuhr er fort: »Dies ist keine Erscheinung, sondern mein wirklicher Körper. Ich erhielt den göttlichen Auftrag, dir dieses Erlebnis zu vermitteln, das nur sehr wenigen auf Erden vergönnt ist. Geh jetzt mit Didschen zum Bahnhof! Dort werdet ihr mich beide in derselben Kleidung, die ich jetzt trage, auf euch zukommen sehen. Vor mir wird ein kleiner Junge mit einem silbernen Krug gehen.«

Dann legte der Guru mir die Hände auf den Kopf und sprach leise einige Segensworte. Als er mit den Worten »*Taba asi*« *) schloß, hörte

---

*) Das bengalische »Auf Wiedersehen«. In seiner wörtlichen Bedeutung ist es ein hoffnungsvolles Paradoxon: »Dann komme ich!«

ich ein seltsames, dumpfes Rollen*), und gleich danach begann sich sein Körper in dem blendenden Licht aufzulösen. Zuerst entschwanden seine Füße und Beine, dann sein Rumpf und sein Kopf — so als ob eine Papierrolle aufgewickelt wurde. Noch bis zuletzt konnte ich seine Finger spüren, die leicht auf meinem Haar ruhten. Dann schwand der Glanz dahin, und vor meinen Augen befand sich nur noch das vergitterte Fenster und ein Streifen spärlichen Sonnenlichts.

Ich stand wie benommen da und fragte mich, ob ich auch nicht einer Halluzination zum Opfer gefallen sei. Kurz darauf trat Didschen mit enttäuschter Miene ins Zimmer.

»Der Meister ist weder mit dem 9-Uhr-Zug noch mit dem um 9.30 Uhr gekommen«, sagte er, wie um sich zu entschuldigen.

»Dann komm jetzt mit mir, ich weiß nämlich, daß er um 10 Uhr eintrifft«, sagte ich, indem ich den widerstrebenden Didschen bei der Hand faßte und ihn gewaltsam mit mir fortzog. In etwa 10 Minuten waren wir am Bahnhof, wo der Zug gerade donnernd einrollte.

»Der ganze Zug ist von der lichten Aura des Meisters erfüllt. Er ist da!« rief ich freudig aus.

»Du träumst wohl!« bemerkte Didschen mit spöttischem Lächeln.

»Wir wollen hier stehenbleiben und warten«, sagte ich und erzählte meinem Freund dann in allen Einzelheiten, wie der Guru auf uns zukommen würde. Als ich mit meiner Beschreibung fertig war, tauchte Sri Yukteswar aus der Menge auf und trug dieselbe Kleidung, die ich kurz vorher an ihm gesehen hatte. Er ging langsam hinter einem kleinen Jungen her, der einen silbernen Krug trug.

Einen Augenblick lang überlief mich angesichts dieses unwahrscheinlichen Erlebnisses ein kalter Schauer. Das materialistische 20. Jahrhundert schien zu versinken, und ich fühlte mich in jene Zeiten zurückversetzt, da Jesus seinem Jünger Petrus auf dem Meer erschien.

Als Sri Yukteswar (ein Christus und Yogi der Neuzeit) sich der Stelle näherte, wo Didschen und ich sprachlos dastanden, sagte er lächelnd zu meinem Freund:

»Ich hatte auch dir eine Botschaft gesandt; aber du hast sie nicht verstanden.«

Didschen schwieg, warf mir aber einen mißtrauischen Blick zu. Nachdem wir unseren Guru bis zur Einsiedelei begleitet hatten, machten wir uns auf den Weg zur Universität. Plötzlich blieb Didschen mitten auf der Straße stehen und stieß mit bebender Stimme hervor:

---

*) Der charakteristische Laut sich entmaterialisierender körperlicher Atome

»So! Der Meister hat also auch mir eine Botschaft gesandt, und du hast sie versteckt gehalten. Ich verlange eine Erklärung!«

»Ist es etwa meine Schuld, wenn der Spiegel deines Geistes so stark vibriert, daß du die Botschaft des Guru nicht ablesen kannst?« antwortete ich.

Da wich aller Ärger aus Didschens Gesicht, und er sagte reumütig: »Ach, so ist das gemeint! Aber sage mir nur eines: Wie konntest du von dem Kind mit dem Krug wissen?«

Als ich meinem Freund dann die wundersame Geschichte von dem Erscheinen des Meisters erzählt hatte, waren wir vor dem Universitätsgebäude angelangt.

»Nach allem, was ich soeben über die Fähigkeiten unseres Guru erfahren habe«, sagte Didschen, »sind die Universitäten dieser Welt nichts als Kindergärten.« *)

---

*) »Mir sind derartige Dinge offenbart worden, daß mir von nun an alles, was ich geschrieben habe, wie Stroh erscheint.«
So lautete die Antwort, die Thomas von Aquino, der »Fürst der Scholastik«, seinem Sekretär gab, als dieser ihn drängte, sein Werk *Summa theologica* zu beenden. Im Jahre 1273 erlebte Thomas während der Messe in einer neapolitanischen Kirche eine tiefe mystische Schau. Das dadurch gewonnene übernatürliche Wissen überwältigte ihn derart, daß er jegliches Interesse an intellektuellen Dingen verlor.
Vgl. die Worte des Sokrates (in Platos *Phaidros*): »Ich weiß, daß ich nichts weiß.«

XX. KAPITEL

WIR FAHREN NICHT NACH KASCHMIR

»Vater, ich möchte gern den Meister und vier Freunde während der Sommerferien zu einer Reise einladen und mit ihnen ins Vorgebirge des Himalaja fahren. Würdest du so gut sein und mir sechs Fahrkarten nach Kaschmir und genug Geld für die Aufenthaltskosten geben?«

Wie ich erwartet hatte, begann Vater herzlich zu lachen. »Dies ist das dritte Mal, daß du mir dasselbe Ammenmärchen erzählst. Hast du mich nicht schon letzten und vorletzten Sommer darum gebeten? Und jedesmal weigert sich Sri Yukteswar im letzten Augenblick zu fahren.«

»Das stimmt schon, Vater. Ich weiß nicht, warum der Guru mir keine bestimmte Zusage für Kaschmir geben will. *) Aber wenn ich ihm sage, daß ich bereits die Fahrkarten von dir habe, wird er dieses Mal vielleicht doch reisen.«

Vater schien im Augenblick zwar nicht überzeugt, händigte mir aber am nächsten Tag nach einigen gutmütigen Neckereien sechs Fahrkarten und ein Bündel Zehnrupienscheine aus.

»Ich glaube allerdings kaum, daß deine theoretische Reise dieser praktischen Mittel bedarf«, bemerkte er, »aber hier hast du sie.«

Noch am selben Nachmittag zeigte ich Sri Yukteswar meine Beute. Er lächelte zwar über meine Begeisterung, gab mir aber keine bindende Zusage. »Ich möchte schon gern fahren; wir werden sehen.« Er erhob jedoch keinen Einspruch, als ich seinen kleinen Jünger Kanai bat, uns zu begleiten. Außer ihm lud ich noch drei andere Freunde ein, Radschendra Nath Mitra, Dschotin Oddy und einen anderen Jungen. Als Abfahrtstag wurde der folgende Montag festgelegt.

Über Sonnabend und Sonntag blieb ich in Kalkutta, wo in meinem

---

*) Der Meister selbst hat keine Erklärung hierzu abgegeben; doch es ist möglich, daß er einen besonderen Grund hatte, während dieser beiden Sommer nicht nach Kaschmir zu reisen. Er mag geahnt haben, daß die Zeit für seine dortige Krankheit noch nicht gekommen war. (Siehe Seite 217 ff.)

Elternhaus die Hochzeit eines meiner Vettern gefeiert wurde, und traf Montag morgen in aller Frühe mit meinem Gepäck in Serampur ein. Radschendra kam mir an der Tür zur Einsiedelei entgegen.

»Der Meister ist spazierengegangen. Er will nicht fahren.«

Ich war tief enttäuscht, blieb aber hartnäckig. »Ich werde Vater nicht zum dritten Mal Gelegenheit geben, mich wegen meiner Phantasiereisen nach Kaschmir aufzuziehen. Wir anderen wollen wenigstens fahren.«

Radschendra stimmte zu, und ich machte mich auf die Suche nach einem Diener, denn ich wußte, daß Kanai nicht ohne den Meister fahren würde. Wir brauchten also jemanden, der sich um das Gepäck kümmerte. Da fiel mir Bihari ein, der früher einmal in meinem Elternhaus gedient hatte und nun bei einem Lehrer in Serampur angestellt war. Als ich eilig die Straße hinunterlief, begegnete ich vor der christlichen Kirche, nicht weit vom Gerichtsgebäude, meinem Guru.

»Wo willst du hin?« fragte Sri Yukteswar mit ernster Miene.

»Meister, ich habe gehört, daß Ihr nicht mitfahren wollt, wie wir es geplant hatten, und Kanai auch nicht. Darum will ich jetzt zu Bihari. Ihr erinnert Euch sicher, daß er uns voriges Jahr seine Dienste sogar ohne Bezahlung anbot, weil er so gern nach Kaschmir fahren wollte.«

»Ich erinnere mich. Aber ich glaube kaum, daß Bihari diesmal mitfahren will.«

»Er wartet nur auf eine solche Gelegenheit«, erwiderte ich leicht gereizt.

Mein Guru schwieg und setzte seinen Spaziergang fort, während ich zum Haus des Lehrers weiterging. Bihari stand im Hof und begrüßte mich äußerst herzlich. Doch sein Verhalten änderte sich sofort, als ich Kaschmir erwähnte. Er murmelte ein paar Worte der Entschuldigung, ließ mich dann stehen und ging ins Haus. Ich wartete eine halbe Stunde auf ihn und versuchte mich mit dem Gedanken zu beruhigen, daß Bihari sich für die Reise fertigmachte und daher so lange brauchte. Schließlich aber klopfte ich an die Haustür.

Ein Mann öffnete mir und sagte mit verhaltenem Grinsen: »Bihari ist vor ungefähr einer halben Stunde über die Hintertreppe weggegangen.«

Ich kehrte betrübt um und fragte mich, ob ich meine Einladung vielleicht zu überstürzt hervorgebracht hatte oder ob etwa der unsichtbare Einfluß des Meisters am Werk war. Als ich an der christlichen Kirche vorüberging, sah ich meinen Guru wieder langsam auf mich zukommen. Ohne meinen Bericht abzuwarten, rief er mir entgegen:

»Bihari will also nicht fahren. Was planst du nun als nächstes?«
Ich kam mir vor wie ein widerspenstiges Kind, das sich in den Kopf gesetzt hat, seinem despotischen Vater zu trotzen. »Ich will jetzt meinen Onkel fragen, Gurudschi, ob er mir seinen Diener Lal Dhari ausleihen kann.«
»Frage deinen Onkel nur, wenn du magst«, sagte Sri Yukteswar, in sich hineinlächelnd. »Ich glaube jedoch kaum, daß dir der Besuch Freude machen wird.«
Leicht beunruhigt, aber immer noch rebellisch, verließ ich meinen Guru und begab mich in das Gerichtsgebäude von Serampur, wo mein Onkel väterlicherseits, Sarada Ghosch, als Staatsanwalt tätig war. Er hieß mich herzlich willkommen.
»Ich fahre heute mit einigen Freunden nach Kaschmir«, erzählte ich ihm. »Schon seit Jahren habe ich mich auf diese Reise zum Himalaja gefreut.«
»Ich freue mich mit dir, Mukunda. Kann ich irgendetwas zur Annehmlichkeit deiner Reise beitragen?«
»Lieber Onkel«, fragte ich, ermutigt durch seine freundlichen Worte, »kannst du mir während dieser Zeit vielleicht deinen Diener Lal Dhari überlassen?«
Meine einfache Bitte wirkte jedoch wie ein Erdbebenstoß. Der Onkel sprang so heftig auf, daß sein Stuhl umkippte, die Papiere auf seinem Pult nach allen Richtungen flatterten und seine lange Wasserpfeife mit dem Kokosholzstiel klirrend zu Boden fiel.
»Du egoistischer Bengel!« schrie er, indem er vor Wut bebte. »Was für eine anmaßende Idee! Wer soll sich denn um mich kümmern, wenn du meinen Diener auf deine Vergnügungsreisen mitnimmst?«
Ich versuchte mein Erstaunen zu verbergen und sagte mir, daß dieser plötzliche Stimmungsumschwung meines sonst so liebenswürdigen Onkels ebenso rätselhaft war wie alle anderen Ereignisse dieses ungewöhnlichen Tages. Eilig, wenn auch nicht gerade würdevoll, verließ ich das Gerichtsgebäude.
Ich kehrte nun zur Einsiedelei zurück, wo meine Freunde erwartungsvoll versammelt waren. Allmählich gelangte ich zu der Überzeugung, daß das Verhalten des Meisters einen zwingenden, wenn auch verborgenen Grund hatte und machte mir Vorwürfe, weil ich versucht hatte, mich seinem Willen zu widersetzen.
»Mukunda, willst du nicht noch ein Weilchen bei mir bleiben?« fragte Sri Yukteswar. »Radschendra und die anderen können vorausfahren und in Kalkutta auf dich warten. Ihr habt noch reichlich Zeit, um den letzten Abendzug nach Kaschmir zu erreichen.«

»Meister, ohne Euch mag ich nicht fahren«, sagte ich niedergeschlagen. Meine Freunde schenkten meiner Bemerkung jedoch keine Beachtung, sondern bestellten eine Droschke und fuhren mit allem Gepäck davon. Kanai und ich saßen still zu Füßen unseres Gurus. Nach einer halben Stunde gemeinsamen Schweigens erhob sich der Meister und ging auf die Veranda im ersten Stock, die als Speiseraum diente.

»Kanai, bring bitte Mukundas Essen. Er muß jetzt bald zum Zug.«

Als ich mich von meinem Deckensitz erhob, begann ich plötzlich zu taumeln; mir wurde sehr übel, und ich fühlte ein starkes Brennen in der Magengegend. Gleich darauf überfielen mich die Schmerzen mit solcher Heftigkeit, daß es mir vorkam, als sei ich ins Höllenfeuer geworfen worden. Ich tastete nach meinem Guru und brach mit allen Anzeichen der furchtbaren asiatischen Cholera vor ihm zusammen. Sri Yukteswar und Kanai trugen mich ins Wohnzimmer.

Unter großen Qualen rief ich aus: »Meister, ich lege mein Leben in Eure Hände!« denn ich glaubte wirklich, daß es zu Ende mit mir gehe.

Sri Yukteswar nahm meinen Kopf auf seinen Schoß und strich mir zärtlich über die Stirn.

»Du siehst nun, was geschehen wäre, wenn du jetzt mit deinen Freunden auf dem Bahnsteig gestanden hättest«, sagte er. »Ich mußte dich auf diese eigenartige Weise bewachen, weil du an meinem Urteil gezweifelt hast und die Reise unbedingt jetzt unternehmen wolltest.«

Nun endlich verstand ich ihn. Die großen Meister stellen ihre Kräfte nicht gern zur Schau, und ein zufälliger Beobachter hätte die Ereignisse dieses Tages als ganz normal empfunden. Das Eingreifen meines Guru war so unmerklich geschehen, daß niemand etwas davon geahnt hatte. Ganz unauffällig hatte er Bihar, meinen Onkel, Radschendra und andere nach seinem Willen handeln lassen, so daß wahrscheinlich alle außer mir die verschiedenen Situationen für ganz natürlich und folgerichtig gehalten hatten.

Da Sri Yukteswar es nie versäumte, seinen bürgerlichen Verpflichtungen nachzukommen, gebot er Kanai, einen Arzt zu rufen und meinen Onkel zu benachrichtigen.

»Meister«, wandte ich ein, »nur Ihr könnt mich heilen. Für einen Arzt bin ich schon ein hoffnungsloser Fall.«

»Kind, du stehst unter dem Schutz der Göttlichen Gnade. Mach dir keine Gedanken wegen des Arztes, denn er wird dich nicht mehr in diesem Zustand vorfinden. Du bist bereits geheilt.«

Bei diesen Worten meines Guru ließ der unerträgliche Schmerz plötzlich nach, und ich konnte mich schwach aufrichten. Bald erschien der Arzt, der mich gründlich untersuchte.

»Ihr scheint das Schlimmste überstanden zu haben«, sagte er. »Ich werde aber zur Sicherheit einige Proben für mein Labor mitnehmen.«

Am folgenden Morgen kehrte der Arzt in größter Eile zurück. Ich saß bereits auf und war in bester Stimmung.

»Ist das möglich? Hier sitzt Ihr lächelnd und plaudernd, als ob Ihr nicht soeben noch in den Krallen des Todes gewesen wäret!« Er klopfte mir liebevoll auf die Hände. »Ich habe kaum noch erwartet, Euch am Leben zu finden, nachdem ich aus den Proben ersah, daß Ihr die asiatische Cholera hattet. Ihr könnt Euch glücklich schätzen, junger Mann, einen Guru zu haben, der über göttliche Heilkräfte verfügt; denn davon bin ich überzeugt.«

Ich stimmte ihm von ganzem Herzen zu. Als der Arzt gerade aufbrechen wollte, erschienen Radschendra und Oddy an der Tür. Ihr Groll verwandelte sich sofort in Mitleid, als sie den Arzt erblickten und mich mit blassem Gesicht dasitzen sahen.

»Wir waren ärgerlich auf dich, weil du nicht mit dem nächsten Zug nachkamst. Bist du krank gewesen?«

»Allerdings.« Ich mußte unwillkürlich lachen, als meine Freunde das Gepäck in dieselbe Ecke stellten, in der es gestern gestanden hatte, und zitierte dann:

»Es lief ein Schiff nach Spanien aus; bevor es ankam, war's wieder zu Haus!«

Da trat der Meister ins Zimmer. Als Genesender erlaubte ich mir, liebevoll seine Hand zu ergreifen.

»Gurudschi«, sagte ich, »seit meinem zwölften Lebensjahr habe ich viele erfolglose Versuche unternommen, den Himalaja zu erreichen. Jetzt bin ich endlich davon überzeugt, daß mich die Göttin Parvati *) nicht ohne Euren Segen empfangen wird.«

---

*) Wörtlich: »vom Berge«. In der Hindu-Mythologie ist Parvati die Tochter des Königs vom Himalaja (wörtl. = Stätte des Schnees), dessen Wohnstatt sich auf einem bestimmten Berggipfel in der Nähe der tibetanischen Grenze befindet. Reisende, die am Fuße dieses unzugänglichen steilen Berges vorüberfahren, erblicken in der Ferne eine gewaltige Schneeformation, die einem mit Zinnen und Türmen versehenen Eispalast ähnelt.
Parvati, Kali, Durga, Uma und andere Göttinnen sind Erscheinungsformen der Dschaganmatri — der »Göttlichen Weltenmutter«. Die verschiedenen Namen kennzeichnen ihr vielseitiges Wirken. Gott oder Schiwa (s. Seite 311, Fußnote) ist in Seiner transzendenten Wesenheit *(Para)* in der Schöpfung untätig. Er hat Seine Energie, d. h. treibende Kraft *(Schakti)*, Seinen »Gemahlinnen«, den produktiven »weiblichen« Kräften übertragen, die den Kosmos mit seinen mannigfaltigen Formen zur Entfaltung bringen.
In den mythologischen Erzählungen der *Puranas* wird der Himalaja als das Reich Schiwas dargestellt. Es heißt, daß Ganga unmittelbar vom Himmel herabstieg und zur Schutzgöttin des im Himalaja entspringenden Ganges wurde. In dichterischer Sprache ausgedrückt, fließt der Ganges

vom Himmel, durch das Haar Schiwas, zur Erde herab. Schiwa ist der »König der Yogis« und der Zerstörer und Erneuerer der Trinität. Kalidasa, der »indische Shakespeare«, beschreibt den Himalaja als das »massive Lachen Schiwas«. »Der Leser vermag sich vielleicht die Reihe überdimensionaler weißer Zähne vorzustellen«, schreibt F. W. Thomas in *The Legacy of India* (Das Vermächtnis Indiens). »Doch den tieferen Sinn wird er erst dann erfassen, wenn er sich die Gestalt des großen Asketen vergegenwärtigt, der ewig in der erhabenen Bergwelt thront, der den vom Himmel herabfließenden Ganges in seinen verflochtenen Haaren auffängt und der in Seinen dunklen Locken die schimmernde Mondsichel trägt.« In der Hindukunst wird Schiwa oft mit einem samtschwarzen Antilopenfell — dem einzigen Gewand des »Ätherbekleideten« — gezeigt, das die dunkle, geheimnisvolle Nacht symbolisiert. Gewisse Schiwa-Sekten tragen zu Ehren des Herrn, dem nichts — und dennoch alles — gehört, keinerlei Kleidung.

Eine der Schutzheiligen Kaschmirs, die im 14. Jahrhundert lebende Lalla Yogiswari (Höchste Meisterin im Yoga) war eine »ätherbekleidete« Schiwa-Anhängerin. Einer ihrer Zeitgenossen, der daran Anstoß nahm, fragte die Heilige, warum sie stets nackt einhergehe. »Warum nicht?« erwiderte Lalla ironisch. »Ich sehe keinen Mann in der Nähe.« Nach Lallas etwas drastischer Auffassung war keiner, der Gott noch nicht verwirklicht hatte, ein richtiger »Mann«. Sie übte eine dem *Kriya-Yoga* verwandte Technik, deren befreiende Wirkung sie in zahlreichen Vierzeilern pries. Ich übersetze hier einen von ihnen:

»Wie oft hab' ich schon den bitteren Kelch des Leidens geleert,
Wie viele Geburten und Tode hab' ich durchlebt!
Doch siehe! nichts als Nektar ist in dem Becher,
Den ich durch Atemkunst auf einen Zug leere.«

Die Heilige starb keines natürlichen Todes, sondern löste sich in Flammen auf. Später erschien sie ihren trauernden Landsleuten in lebendiger Gestalt, und zwar — endlich voll bekleidet — in goldene Gewänder gehüllt.

XXI. KAPITEL

UNSERE REISE NACH KASCHMIR

»Jetzt bist du kräftig genug, um zu reisen, und ich werde mit euch nach Kaschmir fahren«, erklärte mir Sri Yukteswar zwei Tage nach meiner wunderbaren Heilung von der asiatischen Cholera.

Noch am selben Abend bestieg unsere Gruppe, die nun aus sechs Teilnehmern bestand, den Zug nach Norden. Unser erster Aufenthalt war in Simla, einer Stadt im Vorgebirge des Himalaja, die königlich auf der Höhe eines Berges thront. Gemächlich wanderten wir durch die steilen Straßen und bewunderten die herrliche Aussicht, die sich uns überall bot.

»Englische Erdbeeren!« rief eine alte Frau, die auf einem malerischen Marktplatz hockte.

Der Meister interessierte sich für die sonderbaren kleinen und roten Früchte und kaufte einen ganzen Korb voll, den er mir und Kanai schenkte. Ich kostete eine der Beeren, spuckte sie aber sofort wieder aus.

»Meister, wie sauer die sind! Ich werde mir nie etwas aus Erdbeeren machen!«

Mein Guru lachte. »Oh, du wirst sie eines Tages schon mögen — und zwar in Amerika. Dort wird deine Gastgeberin sie dir bei einem Diner mit Zucker und Sahne servieren. Nachdem sie die Beeren mit einer Gabel zerdrückt hat, wirst du sie kosten und sagen: ›Was für köstliche Erdbeeren!‹ Und dann wirst du dich an diesen Tag in Simla erinnern.«

Ich hatte Sri Yukteswars Vorhersage bald vergessen; doch viele Jahre später fiel sie mir wieder ein, und zwar kurz nach meiner Ankunft in Amerika. Ich war bei Frau Alice Hasey (Schwester Yogmata) in West Sommerville, Massachusetts, zum Essen geladen. Als zum Nachtisch Erdbeeren aufgetischt wurden, nahm meine Gastgeberin ihre Gabel, zerdrückte meine Beeren damit und tat etwas Sahne und Zucker hinzu. »Diese Frucht ist etwas herb; ich glaube, so wird sie Ihnen besser munden«, bemerkte sie.

Ich probierte ein wenig davon und rief aus: »Was für köstliche Erdbeeren!« Und sofort entsann ich mich der vor langer Zeit in Simla gemachten Voraussage meines Guru. Tiefe Ehrfurcht ergriff mich, als ich erkannte, daß Sri Yukteswars gotterfüllter Geist schon lange vorher den Ablauf karmischer Ereignisse überblickt hatte, der damals noch im Äther der Zukunft schwebte.

Wir blieben nur kurze Zeit in Simla und fuhren dann mit der Eisenbahn nach Rawalpindi weiter. Dort mieteten wir uns einen zweispännigen, überdachten Landauer, um für sieben Tage nach Srinagar, der Hauptstadt von Kaschmir, zu fahren. Am zweiten Tage unserer nach Norden gehenden Fahrt bekamen wir die gewaltigen Ausmaße des Himalaja zu Gesicht. Während die eisenbeschlagenen Räder unseres Wagens über die heiße, steinige Landstraße ratterten, genossen wir das ständig wechselnde Panorama dieser erhabenen Bergwelt.

»Gurudschi«, sagte Oddy zum Meister, »ich freue mich so, diese herrliche Landschaft in Eurer heiligen Gegenwart genießen zu dürfen.«

Ich vernahm diese anerkennenden Worte Oddys mit großer Genugtuung, denn ich hatte die anderen ja zu dieser Reise eingeladen. Sri Yukteswar fing meine Gedanken auf und flüsterte mir leise zu:

»Fühle dich nicht zu sehr geschmeichelt; Oddy ist weniger entzückt von der Landschaft als von der Aussicht, sich bald einen Augenblick zurückziehen zu können, um eine Zigarette zu rauchen.« *)

Ich war entsetzt. »Gurudschi«, flüsterte ich zurück, »stört unsere Harmonie bitte nicht durch solch ernüchternde Vorstellungen. Ich kann mir kaum denken, daß Oddy das Bedürfnis hat zu rauchen!« Besorgt blickte ich zu meinem Guru auf, an dessen Worten gewöhnlich nicht zu rütteln war.

»Gut, ich werde nichts zu Oddy sagen«, versprach der Meister mit unverhohlener Heiterkeit. »Du wirst gleich sehen, wie er die Gelegenheit wahrnimmt, wenn der Landauer hält.«

Als der Wagen eine kleine Karawanenherberge erreicht hatte und unsere Pferde zur Tränke geführt wurden, fragte Oddy: »Sir, ist es Euch recht, wenn ich eine Weile neben dem Kutscher sitze? Ich möchte gern ein wenig frische Luft schnappen.«

Sri Yukteswar willigte ein, machte mir gegenüber aber die Bemerkung: »Ihm liegt weniger an der frischen Luft als am frischen Rauch.«

Der Landauer nahm seine geräuschvolle Fahrt über die staubigen Straßen wieder auf. Da zwinkerte der Meister mir zu und sagte: »Steck

---

*) In Indien gilt es als respektlos, in Gegenwart von älteren Leuten oder Vorgesetzten zu rauchen.

mal deinen Kopf zum Wagenfenster hinaus und sieh, was Oddy mit der frischen Luft macht.«

Ich gehorchte und war verblüfft, Oddy große Rauchringe ausstoßen zu sehen. Reumütig blickte ich Sri Yukteswar an.

»Ihr habt recht, Meister, wie immer! Oddy genießt paffenderweise das Panorama.« Wahrscheinlich hatte der Kutscher Oddy die Zigarette geschenkt, denn ich wußte, daß er keine aus Kalkutta mitgebracht hatte.

Weiter ging es auf verschlungenen Wegen, vorbei an malerischen Flüssen und Tälern, an steilen Abhängen und zahllosen Bergketten. Die Nächte verbrachten wir in ländlichen Herbergen, wo wir uns das Essen selbst kochten. Sri Yukteswar kümmerte sich besonders um meine Kost und bestand darauf, daß ich zu jeder Mahlzeit Zitronensaft trank. Ich war noch nicht wieder ganz bei Kräften, doch von Tag zu Tag ging es mir besser — trotz unseres klapprigen Wagens, der speziell dazu konstruiert schien, den Passagieren größtmögliche Unbequemlichkeiten zu bereiten.

Mit großer Vorfreude im Herzen näherten wir uns dem Inneren Kaschmirs, dem paradiesischen Land der Lotosseen, der schwimmenden Gärten und des blumigen Weidelands, der Wohnschiffe mit den bunten Baldachinen und des Dschihlam-Flusses mit seinen zahlreichen Brücken — alle von den Bergen des Himalaja eingerahmt.

Durch eine Allee mit hohen, stattlichen Bäumen fuhren wir in Srinagar ein und mieteten in einer zweistöckigen Herberge, die einen herrlichen Ausblick auf die majestätischen Berge bot, mehrere Zimmer. Da es kein fließendes Wasser dort gab, mußten wir uns den Vorrat von einem nahegelegenen Brunnen holen. Das Sommerwetter mit seinen warmen Tagen und kühlen Nächten war geradezu ideal.

Wir unternahmen auch eine Pilgerfahrt zu dem alten Tempel in Srinagar, der Swami Schankara geweiht ist. Als ich zu der Einsiedelei, die auf einem hohen Berggipfel liegt, emporblickte, verfiel ich in einen ekstatischen Trancezustand. Da erschien mir in einer Vision ein prachtvolles Haus, das auf einem Hügel in einer fremden Landschaft lag. Der hoch in den Himmel ragende Schankaratempel in Srinagar verwandelte sich vor meinen Augen in das Gebäude, in dem ich Jahre später das Mutterzentrum der Gemeinschaft der Selbst-Verwirklichung in Amerika gründen sollte. Als ich Los Angeles zum ersten Male besuchte und das stattliche Gebäude auf dem Mount Washington sah, erkannte ich es sofort aus meinen früheren Visionen in Kaschmir und anderswo wieder.

Nach einigen Tagen Aufenthalt in Srinagar ging es weiter nach dem 1800 m hoch gelegenen Gulmarg (»Blumiger Bergweg«). Dort ritt ich zum ersten Male auf einem großen Pferd. Radschendra bestieg einen feurigen kleinen Traber, dem es nicht schnell genug vorangehen konnte. Wir wagten uns sogar auf den steilen Khilanmarg hinauf und bahnten uns einen Weg durch das dichte Unterholz mit den pilzbewachsenen Bäumen, wo es oft über gefährliche, vom Nebel verhüllte Pfade ging. Doch Radschendras kleines Rennpferd gönnte meinem großen Tier keine Ruhe, auch nicht an den gefährlichsten Kurven. Unermüdlich drängte es vorwärts, als gelte es, ein Wettrennen zu gewinnen.

Unser anstrengender Ritt wurde jedoch durch eine atemberaubende Aussicht belohnt. Zum ersten Male in diesem Leben erblickte ich, soweit das Auge reichte, nichts als schneebedeckte Berge, die wie Silhouetten gigantischer Eisbären dicht aneinandergereiht lagen. Meine Augen weideten sich am Anblick der ewigen Schneeberge, die in den sonnigen, blauen Himmel ragten.

Dann rollten wir in unseren Mänteln übermütig die glitzernden, weißen Hänge hinab. Beim Abstieg erblickten wir von fern einen gelben Blumenteppich, der einen lebhaften Kontrast zu den kahlen Bergwänden bildete.

Unser nächster Ausflug galt den berühmten königlichen »Lustgärten« des Kaisers Dschehangir in Schalimar und Nischat Bagh. Der altertümliche Palast in Nischat Bagh ist direkt über einem natürlichen Wasserfall erbaut worden. Durch geschickte Umleitungen wird der vom Gebirge herabstürzende Strom über die farbenprächtigen Terrassen geführt, wo er inmitten leuchtender Blumenbeete als Springbrunnen emporstäubt. Er fließt auch durch mehrere Räume des Palastes und ergießt sich schließlich wie ein feenhaftes Gebilde in den tiefer liegenden See. In den weitverzweigten Gärten blühen Rosen, Jasmin, Lilien, Löwenmäulchen, Stiefmütterchen, Lavendel und Mohn in kräftigen Farben, und die symmetrischen Reihen der *Tschinars**), Zypressen und Kirschbäume bilden einen smaragdgrünen Rahmen, hinter dem sich die majestätischen, weißen Himalajaberge erheben.

Die berühmten Kaschmir-Trauben gelten in Kalkutta als besondere Delikatesse. Radschendra, der schon so viel von unserem »Traubenfest« in Kaschmir geschwärmt hatte, war enttäuscht, keine großen Weingärten vorzufinden. Ab und zu zog ich ihn deswegen auf.

»Oh, ich habe mich so vollgegessen an Trauben, daß ich kaum noch gehen kann«, sagte ich, oder: »Die unsichtbaren Trauben gären bereits in mir.« Später hörten wir, daß diese süßen Trauben hauptsächlich in Kabul, im westlichen Kaschmir, wachsen. Und so trösteten wir uns mit

---

*) Die morgenländische Platane

Speiseeis, das aus *Rabri* (stark kondensierter Milch) und ganzen Pistazien hergestellt wird.

Wir machten auch mehrere Fahrten mit den *Schikaras* (Wohnschiffen), wo wir im Schatten rotgestickter Baldachine saßen und über den verzweigten Dal-See glitten, der mit seinem Netzwerk von Kanälen einem wässerigen Spinnengewebe gleicht. Erstaunlich ist der Anblick der zahlreichen schwimmenden Gärten, die provisorisch aus Baumstämmen und Erde zusammengefügt sind, denn man erwartet nicht, inmitten eines riesigen Gewässers Gemüse und Melonen wachsen zu sehen. Hin und wieder begegnet man auch einem nicht »bodenständigen« Bauern, der sein viereckiges »Grundstück« zu einer anderen Stelle des verästelten Sees steuert.

In diesem sagenumwobenen Tal findet man eine Auslese aller Schönheiten der Welt. Kaschmir gleicht einer Edeldame, deren Haupt von Bergen gekrönt wird, deren Gewand mit schimmernden Seen bestickt ist und deren Füße über einen Teppich von Blumen schreiten. Später, nachdem ich viele Länder bereist hatte, verstand ich, warum Kaschmir oft als das schönste Land der Erde bezeichnet wird. Es besitzt etwas vom Zauber der Schweizer Alpen, des Loch Lemond in Schottland und der wunderbaren englischen Seen. Ein amerikanischer Reisender findet in Kaschmir vieles, was ihn an die zerklüfteten Gebirge Alaskas und den Pike's Peak bei Denver erinnert.

Bei einem Schönheitswettbewerb der Landschaften würde ich für den ersten Preis entweder das herrliche Panorama bei Xochimilco in Mexiko vorschlagen, wo Himmel, Berge und Pappeln sich zwischen spielenden Fischen in Myriaden Wasserstraßen widerspiegeln, oder die Seen von Kaschmir, die — schönen Mägdlein gleich — von den strengen Hütern der Himalajaberge bewacht werden. Diese beiden Gegenden habe ich als die schönsten der ganzen Welt in Erinnerung.

Doch mit der gleichen Ehrfurcht stand ich vor dem Grand Canyon des Colorado und vor den Naturwundern Alaskas und des Yellowstone-Nationalparks. Yellowstone ist vielleicht der einzige Ort der Erde, wo man zahlreiche Geiser mit der Regelmäßigkeit einer Uhr in die Höhe schießen sieht. In dieser vulkanischen Gegend hat sich die Vorzeit noch erhalten; hier bringt die Natur noch heiße Schwefelquellen, opalene und saphirblaue Teiche, sprühende Geiser und frei umherstreifende Bären, Wölfe, Büffel und andere wilde Tiere hervor. Als ich auf den Straßen Wyomings zum »Devil's Paint Pot« (Farbtopf des Teufels) fuhr, der aus brodelndem heißen Schlamm besteht, und mir die glucksenden Quellen, speienden Geiser und dampfenden Fontänen ansah, war ich überzeugt davon, daß Yellowstone einen besonderen Preis für seine Einzigartigkeit verdient.

Im Yosemite-Park in Kalifornien wachsen die majestätischen Riesen-Mammutbäume, deren gewaltige Stämme gleich Säulen in den Himmel ragen und deren grüne Kronen natürliche Kathedralen bilden, die nicht von Menschenhand geschaffen sind. Obgleich es im Orient wunderbare Wasserfälle gibt, kann sich an Schönheit keiner mit dem Niagarafall im Staate New York (an der kanadischen Grenze) messen. Die Mammuthöhlen in Kentucky und die Carlsbader Höhlen in New Mexiko muten wie seltsame Feenländer an. Lange Stalaktiten, die von der Decke der Höhle herabhängen und sich in den unterirdischen Wassern widerspiegeln, vermitteln uns einen Einblick in andere Welten, wie sie sich nur die Phantasie auszumalen vermag.

Viele Einwohner von Kaschmir, die für ihre Schönheit bekannt sind, haben eine weiße Haut wie die Europäer und sind ihnen auch im Gesichtsschnitt und Knochenbau ähnlich. Einige haben sogar blaue Augen und blondes Haar und unterscheiden sich, wenn sie nach westlicher Mode gekleidet sind, nicht viel von den Amerikanern. Das kalte Klima des Himalaja schützt die Kaschmiri vor der brennenden Sonne, so daß ihre Haut hell bleibt. Je weiter man nach Süden in die tropischen Gebiete Indiens kommt, um so dunkler wird die Hautfarbe der Menschen.

Nach einigen glücklichen Wochen in Kaschmir mußte ich leider zum Beginn des Herbstsemesters nach Bengalen zurück. Sri Yukteswar, Kanai und Oddy blieben noch etwas länger in Srinagar. Kurz bevor ich abfuhr, deutete mir der Meister an, daß er in Kaschmir erkranken würde.

»Meister, Ihr seht aus wie das blühende Leben!« wandte ich ein.

»Es ist sogar möglich, daß ich diese Erde verlasse.«

»Gurudschi«, rief ich flehend aus, indem ich mich ihm zu Füßen warf. »Bitte, versprecht mir, daß Ihr Euren Körper jetzt noch nicht verlassen wollt. Ich bin gänzlich unvorbereitet, ohne Euch weiterzuleben.«

Sri Yukteswar schwieg, lächelte aber so mitfühlend, daß ich mich wieder beruhigte. Nur schweren Herzens verließ ich ihn.

Kurz nachdem ich nach Serampur zurückgekehrt war, erreichte mich folgendes Telegramm von Oddy: »Meister lebensgefährlich erkrankt.«

»Gurudschi«, telegraphierte ich ihm verzweifelt, »ich habe Euch um das Versprechen gebeten, mich nicht zu verlassen. Wenn Ihr Euren Körper aufgebt, werde auch ich sterben.«

»Es sei, wie du wünschst«, lautete die Antwort des Meisters aus Kaschmir.

Nach einigen Tagen traf ein Brief von Oddy ein, in dem er mir mitteilte, daß der Meister genesen sei. Als mein Guru in der übernächsten Woche nach Serampur zurückkehrte, stellte ich besorgt fest, daß er die Hälfte seines üblichen Gewichts verloren hatte.

Sri Yukteswar hatte durch seine Fieberkrankheit in Kaschmir viele Sünden seiner Jünger »verbrannt«, um ihnen dadurch zu helfen. Hoch entwickelte Yogis können mit Hilfe metaphysischer Methoden die Krankheiten anderer Menschen auf ihren eigenen Körper lenken. Ebenso wie ein starker Mann einem schwächeren beim Tragen seiner schweren Bürde helfen kann, so kann auch ein geistiger Übermensch die körperlichen und seelischen Leiden seiner Jünger mildern, indem er einen Teil ihres Karma auf sich nimmt. Und so wie ein reicher Mann gern einen Teil seines eigenen Geldes opfert, um die Schulden seines »verlorenen Sohnes« zu bezahlen und ihn damit vor den Folgen seiner Torheit zu bewahren, so opfert auch ein Meister seine Gesundheit, um das Leiden seiner Jünger zu vermindern. *)

Durch Anwendung einer geheimen Yogamethode kann der Heilige seinen Geist und Astralkörper mit dem eines leidenden Menschen in Verbindung bringen. Dann wird die Krankheit entweder ganz oder teilweise auf den Körper des Yogi übertragen. Ein Meister, der Gott während seines jetzigen Erdendaseins gefunden hat, sorgt sich nicht mehr um seinen Körper. Selbst wenn er ihn krank werden läßt, um anderen Menschen zu helfen, wird sein ungebundener Geist davon nicht berührt. Er schätzt sich glücklich, anderen diese Hilfe geben zu können. Sobald man seine endgültige Befreiung in Gott erlangt hat, ist der Zweck des menschlichen Körpers erfüllt; dann kann ein Meister nach Belieben über ihn verfügen.

Die Aufgabe eines in der Welt lebenden Gurus besteht darin, das Leiden der Menschheit zu lindern; und das kann er auf verschiedene Art und Weise tun: durch geistige Techniken, weise Ratschläge, durch seinen starken Willen oder durch Übernahme körperlicher Krankheiten. Obgleich ein Meister jederzeit ins Überbewußtsein eingehen und seine Krankheit vergessen kann, zieht er es oft vor, seinen Jüngern ein Beispiel zu geben, indem er körperliche Schmerzen tapfer erträgt. Dadurch, daß ein Yogi — sozusagen als Stellvertreter — die Krankheiten anderer auf sich nimmt, tut er dem karmischen Gesetz von Ursache und Wirkung Genüge. Dieses Gesetz arbeitet mit mechanischer und mathematischer Genauigkeit, und ein göttlicher Weiser, der die richtigen wissenschaftlichen Methoden anwendet, kann ohne weiteres in sein Räderwerk eingreifen.

Die geistigen Gesetze verlangen von einem Meister jedoch nicht, daß er jedesmal krank wird, wenn er einen Menschen heilen will. Gewöhn-

---

*) Vielen christlichen Heiligen, darunter auch Therese Neumann (siehe Seite 380), war die metaphysische Methode der Krankheitsübernahme bekannt.

lich heilen die Meister direkt, ohne selbst in Mitleidenschaft gezogen zu werden. In seltenen Fällen jedoch, wenn ein Meister die Entwicklung seiner Jünger besonders beschleunigen will, trägt er einen großen Teil ihres schlechten Karma an seinem eigenen Körper ab.

Jesus sagte von sich selbst, daß er gekommen sei, um sein Leben zur Erlösung für viele zu geben. Er hätte die Kreuzigung aufgrund seiner übernatürlichen Kräfte ohne weiteres abwenden können *), doch er unterwarf sich freiwillig dem unaufhaltsamen kosmischen Gesetz von Ursache und Wirkung. Denn dadurch hatte er Gelegenheit, das Karma anderer Menschen, insbesondere das seiner Jünger, abzutragen und sie so weit zu läutern, daß sie später imstande waren, den auf sie herabsteigenden Heiligen Geist zu empfangen. **)

Nur ein Meister, der Gott verwirklicht hat, kann seine Lebenskraft auf andere übertragen oder die Krankheiten anderer auf seinen eigenen Körper lenken. Gewöhnliche Menschen können diese Yoga-Heilmethode nicht anwenden. Auch wäre es nicht gut, wenn sie es täten, weil der kranke Körper sie daran hindern würde, tief zu meditieren. Die Hinduschriften lehren, daß jeder Mensch die unumgängliche Pflicht habe, seinen Körper gesund zu erhalten, weil sich der Geist sonst nicht in tiefer Konzentration und Hingabe üben kann.

Ein starker Geist kann sich natürlich über alle körperlichen Schwierigkeiten hinwegsetzen und Gott verwirklichen. Viele Heilige haben Gott ungeachtet ihrer Krankheiten gefunden. Der Hl. Franziskus z. B., der selbst unter schweren Krankheiten litt, konnte andere Menschen heilen und sogar vom Tode erwecken.

Ich kannte einen indischen Heiligen, dessen eine Körperhälfte während seiner Jugend mit furchtbaren Geschwüren bedeckt war. Außerdem war seine Zuckerkrankheit so weit fortgeschritten, daß es ihm schwerfiel, länger als eine Viertelstunde stillzusitzen. Aber er ließ sich von seinem geistigen Ziel nicht abhalten. »Herr«, betete er, »willst Du nicht in meinen zerfallenen Körpertempel kommen?« Da er einen unerschütterlichen Willen hatte, gelang es ihm allmählich, täglich 18 Stunden lang in der Lotosstellung zu sitzen und in ekstatische Trance einzugehen. »Und nach drei Jahren«, erzählte er mir, »erlebte ich das Innere Licht. Während ich mich in seinem Glanz sonnte, vergaß ich den Körper vollkommen. Erst später bemerkte ich, daß ich durch Gottes Gnade vollständig geheilt worden war.«

---

*) Christus sprach, kurz bevor er zur Kreuzigung geführt wurde: »Oder meinst du, daß ich nicht könnte meinen Vater bitten, daß er mir zuschickte mehr denn zwölf Legionen Engel? Wie würde aber die Schrift erfüllet? Es muß also gehen.« *Matth. 26, 53–54*
**) *Apostelgeschichte 1, 8 und 2, 1–4*

Eine historisch bekannt gewordene Heilung betrifft König Babur (1483—1530), den Begründer der Moghul-Dynastie in Indien. Als sein Sohn Humajun ernsthaft erkrankte, betete der Vater in tiefer Verzweiflung darum, daß die Krankheit auf ihn übertragen werden möge, damit sein Sohn am Leben bliebe. Humajun *) genas, während Babur zu gleicher Zeit erkrankte und an demselben Leiden, das zuvor seinen Sohn befallen hatte, starb.

Viele Leute glauben, daß ein großer Meister so stark und gesund wie ein Herkules sein müsse — eine Annahme, die völlig unbegründet ist. Wenn ein Guru einen kränklichen Körper hat, so bedeutet das noch lange nicht, daß es ihm an göttlichen Kräften fehlt; denn umgekehrt besitzt auch nicht jeder, der sein Leben lang kerngesund ist, innere Erleuchtung. Die hervorstechenden Merkmale eines Meisters sind geistiger, und nicht körperlicher Art.

Viele geistige Sucher im Abendland sind der Meinung, daß jeder begabte Redner und Schriftsteller auf dem Gebiet der Metaphysik auch ein Meister sein müsse. In Wirklichkeit ist aber nur derjenige ein Meister, der jederzeit in den atemlosen Zustand *(Sabikalpa-Samadhi)* eingehen kann oder ständig im Zustand unwandelbarer Glückseligkeit *(Nirbikalpa-Samadhi)* lebt. **) Nach den Aussagen der Rischis kann ein Mensch nur durch diese Fähigkeiten beweisen, daß er die *Maya*, d. h. die dualistische, kosmische Täuschung, überwunden hat. Nur dann kann er aufgrund eigener Verwirklichung sagen: »*Ekam sat*« (»Nur das Eine besteht«)!

»Der Unwissende, der unter dem Einfluß der Gegensätze steht, meint, alle Dinge unterschieden sich vom Selbst«, schrieb der große Monist Schankara. »Wenn man aber in allen Dingen das Selbst erkennt, unterscheidet sich nicht einmal ein Atom mehr vom Selbst... Sobald wir in der Wirklichkeit leben, können sich unsere ehemaligen Taten, die in der Unwirklichkeit des Körpers wurzeln, nicht mehr auswirken, ebenso wie man auch nach dem Erwachen nicht mehr träumen kann.«

---

*) Humajun war der Vater Akbar des Großen. Anfänglich verfolgte der dem islamischen Glauben angehörende Akbar die Hindus mit großem Eifer. »Als ich jedoch an Weisheit zunahm, überwältigte mich die Scham«, sagte er später. »Wunder geschehen in den Tempeln aller Religionen.« Er veranlaßte, daß die *Bhagawadgita* ins Persische übersetzt wurde und lud auch mehrere Jesuitenpater aus Rom an seinen Hof. Folgenden Ausspruch (der in die Siegessäule der von Akbar gegründeten Stadt Fathpur Sikri eingehauen wurde) hat Akbar irrtümlicherweise, wenn auch in bester Absicht, Christus zugeschrieben: »Jesus, der Sohn der Maria (Friede sei mit ihr!), sprach: *»Die Welt ist eine Brücke. Überquere sie, aber baue auf ihr kein Haus.«*
**) Siehe Seite 255 und 423, Fußnote

Nur große Gurus besitzen die Fähigkeit, das Karma ihrer Jünger auf sich zu nehmen. Sri Yukteswar wäre in Srinagar*) nicht erkrankt, wenn er von Gott nicht die Einwilligung erhalten hätte, seinen Jüngern auf diese ungewöhnliche Art zu helfen. Nur wenige Heilige konnten einen göttlichen Befehl mit solcher Feinfühligkeit aufspüren wie mein gottverbundener, weiser Meister.

Als ich einige mitfühlende Worte über die abgemagerte Gestalt meines Guru äußerte, bemerkte er heiter:

»Die Sache hat auch ihr Gutes. Jetzt passe ich wenigstens wieder in einige enge *Gandschis* (Unterhemden) hinein, die ich seit Jahren nicht mehr getragen habe.«

Als ich das fröhliche Lachen meines Guru hörte, fielen mir die Worte des Hl. Franz von Sales ein: »Ein Heiliger, der traurig ist, ist ein trauriger Heiliger.«

---

*) Srinagar, die Hauptstadt Kaschmirs, wurde im 3. Jahrhundert v. Chr. von Kaiser Asoka erbaut. Er errichtete dort 500 Klöster, von denen noch 100 standen, als der chinesische Pilger Hieuen Tsiang 1000 Jahre später Kaschmir besuchte. Ein anderer chinesischer Schriftsteller, Fa-Hsien (5. Jahrhundert) besuchte die Ruinen des von Asoka bewohnten, geräumigen Palastes in Pataliputra (jetzt Patna) und berichtete uns, daß die Architektur und die den Bau ausschmückenden Bildhauerwerke von solch unwahrscheinlicher Schönheit seien, daß sie »nicht das Werk von Menschenhand sein konnten«.

XXII. KAPITEL

DAS BESEELTE STEINBILD

»Als treue Hindufrau will ich mich nicht über meinen Mann beklagen. Aber ich wünsche mir so sehr, daß er seine materialistische Einstellung aufgibt. Er macht sich ständig über die Heiligenbilder in meinem Meditationsraum lustig. Lieber Bruder, ich bin fest davon überzeugt, daß du ihm helfen kannst. Willst du es tun?«

Mit diesen Worten blickte mich meine älteste Schwester Roma flehend an. Ich war gerade zu einem kurzen Besuch in ihrem Haus eingetroffen, das in der Girisch-Vidyaratna-Gasse in Kalkutta lag. Ihre Bitte bewegte mich tief, denn sie hatte während meiner Kindheit einen großen geistigen Einfluß auf mich ausgeübt und liebevoll versucht, die schmerzliche Lücke, die Mutters Tod in der Familie hinterlassen hatte, zu schließen.

»Ich will gern alles tun, was in meinen Kräften steht, liebe Schwester«, sagte ich. Dabei lächelte ich ihr ermutigend zu, um die schmerzlichen Gedanken, die ihr sonst so ruhiges und heiteres Antlitz wie ein Schatten überzogen, zu verscheuchen.

Dann saßen wir eine Weile schweigend beieinander und beteten um göttliche Führung. Vor einem Jahr hatte meine Schwester mich gebeten, sie in den *Kriya-Yoga* einzuweihen, in dem sie seither erstaunliche Fortschritte gemacht hatte.

Plötzlich kam mir eine Eingebung. »Ich habe vor, morgen zum Kalitempel nach Dakschineswar zu fahren«, sagte ich. »Wie wäre es, wenn du mit mir kommst und deinen Mann dazu überredest, uns zu begleiten? Ich habe das Gefühl, daß die Göttliche Mutter ihn in der heiligen Atmosphäre des Tempels umstimmen wird. Verrate ihm aber nichts von unserer Absicht.«

Meine Schwester willigte voller Hoffnung ein. Am nächsten Morgen bemerkte ich zu meiner Freude, daß Roma und ihr Mann sich schon früh zur Ausfahrt fertigmachten. Als unsere Droschke etwas später die Obere Ringstraße in Richtung Dakschineswar entlangratterte, begann mein Schwager, Satisch Tschandra Bose, sich ein Vergnügen daraus zu machen, die Gurus zu verspotten. Ich sah, wie Roma still vor sich hinweinte.

»Nur Mut, Schwester«, flüsterte ich ihr zu. »Gib deinem Mann nicht noch die Genugtuung, seine Sticheleien ernst zu nehmen.«

»Wie kannst du nur diese Scharlatane bewundern, Mukunda?« bemerkte Satisch. »Schon der Anblick eines *Sadhu* ist abstoßend. Entweder ist er dünn wie ein Skelett oder dick wie ein Elefant.«

Ich schüttelte mich vor Lachen — eine Reaktion, die Satisch verdroß, so daß er sich in finsteres Schweigen hüllte. Als unsere Kutsche in das Tempelgelände von Dakschineswar einfuhr, bemerkte er mit sarkastischem Lächeln:

»Dieser Ausflug ist wahrscheinlich geplant worden, um mich zu bekehren?«

Als ich mich ohne Antwort abwandte, faßte er mich am Arm. »Junger Mönch«, sagte er, »vergiß nicht, uns bei der Tempelverwaltung zum Mittagessen anzumelden.« Satisch selbst vermied nämlich gern jede Unterhaltung mit den Priestern.

»Ich will jetzt meditieren«, erwiderte ich brüsk. »Mach dir keine Gedanken wegen des Mittagessens. Die Göttliche Mutter wird schon dafür sorgen.«

»Ich traue der Göttlichen Mutter in keiner Weise, sondern mache dich für meine Verpflegung verantwortlich«, sagte Satisch in drohendem Ton.

Ich ging allein bis zur Säulenhalle weiter, die dem riesigen Kalitempel gegenüberliegt. (Kali oder »Mutter Natur« ist eine der vielen Erscheinungsformen Gottes.) Dort suchte ich mir einen schattigen Platz in der Nähe einer Säule und setzte mich im Lotossitz nieder. Obgleich es erst sieben Uhr morgens war, begann die Hitze schon drückend zu werden.

Bald jedoch befand ich mich in einem Zustand seliger Verzückung, so daß die Welt für mich versank; meine ganze Aufmerksamkeit war auf die Göttin Kali gerichtet. Hier in Dakschineswar hatte der große Meister Sri Ramakrischna Paramahansa gelebt, der das Tempelbildnis der Kali zum besonderen Gegenstand seiner Anbetung gemacht hatte. Auf sein flehendes Bitten hin hatte das steinerne Bildnis oft lebendige Gestalt angenommen und mit ihm gesprochen.

»Schweigsame Mutter aus Stein«, betete ich. »Du hast die Bitte Deines geliebten Sohnes Ramakrischna erfüllt und bist ihm in lebendiger Gestalt erschienen; warum erhörst du nicht auch das Flehen dieses Sohnes, der sich so sehr nach Dir sehnt?«

Mein inneres Verlangen wurde immer stärker, und zugleich breitete sich ein tiefer göttlicher Friede über mich aus. Als jedoch fünf Stunden vergangen waren, ohne daß die Göttin, die ich mir innerlich vergegenwärtigte, geantwortet hätte, fühlte ich mich etwas entmutigt. Manchmal zögert Gott Seine Antwort hinaus, um uns zu prüfen. Wenn der Gläubige aber beharrlich bleibt, erscheint Gott ihm schließlich in der Gestalt, die seinem Herzen am nächsten steht. Ein frommer Christ erblickt Jesus, ein Hindu schaut Krischna oder die Göttin Kali oder — falls seine Anbetung überpersönlicher Art ist — ein sich ausbreitendes Licht.

Widerstrebend öffnete ich die Augen und sah, daß ein Priester gerade dabei war, die Tempeltore zu schließen, wie es während der Mittagszeit üblich ist. Ich erhob mich von meinem abgelegenen Sitz in der Säulenhalle und trat auf den Hof hinaus. Der Steinfußboden glühte in der Mittagssonne, so daß meine bloßen Fußsohlen schmerzhaft zu brennen begannen.

»Göttliche Mutter«, klagte ich schweigend. »Du bist mir nicht erschienen, und nun verbirgst Du Dich hinter den verschlossenen Tempeltüren. Dabei wollte ich heute mit einem besonderen Anliegen zu Dir kommen und Dich für meinen Schwager um Hilfe bitten.«

Meine Anrufung wurde sofort erhört. Zuerst fühlte ich, wie mir eine angenehm kühle Welle über den Rücken bis unter die Füße lief, so daß jedes Unbehagen verschwand. Dann erweiterte sich der Tempel vor meinen erstaunten Blicken ins Unermeßliche. Seine weiten Tore öffneten sich langsam und enthüllten das steinerne Bildnis der Göttin Kali. Allmählich nahm die Statue Leben an und nickte mir lächelnd und grüßend zu. Unbeschreibliche Freude erfüllte mich. Wie von einem geheimnisvollen Sog erfaßt, wich aller Atem aus meiner Lunge, und mein Körper wurde regungslos, ohne jedoch leblos zu werden.

Dann folgte eine ekstatische Erweiterung des Bewußtseins. Ich konnte mehrere Meilen weit nach links über den Ganges schauen und jenseits des Tempelgeländes den ganzen Bezirk von Dakschineswar überblicken. Die Mauern sämtlicher Gebäude wurden durchsichtig, so daß ich das Kommen und Gehen der Menschen in einem Umkreis von mehreren Quadratkilometern beobachten konnte.

Obgleich ich nicht atmete und mein Körper sich in einem sonderbar ruhigen Zustand befand, konnte ich meine Hände und Füße frei bewegen. Mehrere Minuten lang öffnete und schloß ich mehrmals hintereinander die Augen; doch sowohl mit offenen als auch mit geschlossenen Augen sah ich deutlich das ganze Panorama von Dakschineswar vor mir.

Das geistige Sehvermögen dringt gleich Röntgenstrahlen durch alle Materie hindurch; denn das göttliche Auge ist überall Mittelpunkt und kennt keine Peripherie. Während ich dort auf dem sonnigen Hof stand, erkannte ich von neuem, daß der Mensch in dem Augenblick, da er aufhört, ein »verlorener Sohn« zu sein und sich an die irdische Traumwelt zu klammern, das Erbe seines Ewigen Reiches antritt. Wenn heutzutage die Flucht vor dem Ich zu einer inneren Notwendigkeit wird, gibt es dann eine bessere Zuflucht als die Allgegenwart?

Die einzigen überdimensionalen Gegenstände während meines heiligen Erlebnisses in Dakschineswar waren der Tempel und die Gestalt der Göttin. Alle anderen Dinge hatten ihre normalen Ausmaße beibehalten, waren jedoch von einem zarten Strahlenkranz umgeben, der aus weißem und blauem Licht und anderen zarten Regenbogenfarben bestand. Mein Körper schien nur noch aus einer ätherischen Substanz zu bestehen — dem Boden kaum noch verhaftet. Und dennoch war ich mir meiner irdischen Umgebung deutlich bewußt; ich konnte umherblicken und einige Schritte vorwärts tun, ohne daß die glückselige Vision dadurch beeinträchtigt wurde.

Da erblickte ich hinter den Tempelmauern meinen Schwager, der unter den dornigen Zweigen eines heiligen *Bel*-Baumes*) saß. Ich konnte mühelos seine Gedanken verfolgen. Irgendwie hatte ihn die heilige Atmosphäre von Dakschineswar beeindruckt; aber er hegte immer noch einen Groll gegen mich. Ich wandte mich unmittelbar an die liebliche Gestalt der Göttin.

»Göttliche Mutter«, betete ich, »kannst Du nicht eine geistige Wandlung an meinem Schwager vollziehen?«

Das schöne Bildnis, das bisher stumm gewesen war, begann endlich zu sprechen: »Dein Wunsch soll erfüllt werden.«

Freudig schaute ich zu Satisch hinüber. Als fühlte er instinktiv, daß eine geistige Kraft am Werke war, erhob er sich ärgerlich vom Boden. Ich sah ihn hinter der Tempelmauer entlanglaufen und dann mit geballten Fäusten auf mich zukommen.

Die allumfassende Vision entschwand, und ich konnte die strahlende Göttin nicht mehr sehen. Der Tempel hatte seine Durchsichtigkeit verloren und wieder seine gewöhnlichen Dimensionen angenommen. Und nun fühlte ich auch wieder die drückende Hitze und die sengenden Sonnenstrahlen. Schnell begab ich mich in die schattige Säulenhalle, wohin Satisch mir ärgerlich folgte. Als ich auf meine Uhr blickte, sah ich, daß es bereits eins war; die göttliche Vision hatte eine ganze Stunde gedauert.

»Du Narr!« stieß mein Schwager hervor. »Du hast da stundenlang mit gekreuzten Beinen und verdrehten Augen gesessen. Ich bin immer

---

*) Die bengalische Quitte

wieder an dir vorbeigegangen und habe dich angeschaut. Wo bleibt unser Essen? Jetzt ist der Tempel geschlossen. Du hast es versäumt, uns bei der Verwaltung anzumelden, und nun ist es zu spät für eine Mahlzeit.«

Die Erhebung, die ich in der Gegenwart der Göttin gefühlt hatte, schwang noch in mir nach, und ich rief: „Die Göttliche Mutter wird uns speisen.«

»Ich möchte ein für allemal erleben«, schrie Satisch, »wie deine Göttliche Mutter uns hier speisen will, wenn wir uns nicht vorher angemeldet haben!«

Kaum hatte er diese Worte ausgesprochen, als wir einen Priester geradewegs auf uns zukommen sahen.

»Mein Sohn«, sagte er zu mir, »ich habe dein entrücktes Gesicht während deiner stundenlangen Meditation beobachtet, und da ich wußte, daß du mit deinen Begleitern heute früh angekommen warst, nahm ich mir vor, genug Essen für euch zurückzustellen. Es ist zwar gegen die Tempelregel, jemandem eine Mahlzeit anzubieten, der sich nicht vorher angemeldet hat, aber bei dir mache ich eine Ausnahme.«

Ich dankte ihm und schaute Satisch geradewegs in die Augen. Dem war vor Erregung das Blut ins Gesicht gestiegen, und er senkte in schweigender Reue den Blick. Als uns dann ein köstliches Mahl serviert wurde, das sogar Mangos enthielt, die es zu dieser Jahreszeit sonst nicht gab, bemerkte ich, daß mein Schwager keinen rechten Appetit hatte. Er schien verwirrt und tief in Gedanken versunken.

Auf unserer Rückfahrt nach Kalkutta warf Satisch mir mehrmals einen sanften und fast flehentlichen Blick zu. Doch seit dem Augenblick, da der Priester gewissermaßen als Antwort auf seine Herausforderung erschienen war, um uns zum Essen einzuladen, hatte er kein Wort mehr gesprochen.

Am folgenden Nachmittag besuchte ich meine Schwester, die mich zärtlich begrüßte.

»Lieber Bruder«, rief sie aus, »ein Wunder ist geschehen! Gestern abend hat mein Mann aufrichtig geweint.

›Geliebte Dewi‹,*) sagte er, ›ich kann dir kaum sagen, wie glücklich ich bin, daß der Bekehrungsplan deines Bruders gelungen ist. Ich will jetzt alles, was ich dir angetan habe, wiedergutmachen. Von heute ab wollen wir unser großes Schlafzimmer nur noch zur Andacht benutzen und dein kleines Meditationszimmer zu unserem Schlafraum machen.

---

*) Göttin (angebetete Frau). Wörtlich: »Die Leuchtende«, aus der Sanskrit-Verbwurzel *diw* = scheinen.

Es tut mir aufrichtig leid, daß ich deinen Bruder verspottet habe. Weil ich mich ihm gegenüber so schändlich benommen habe, will ich mir selbst die Strafe auferlegen, nicht eher zu ihm zu sprechen, als bis ich einige Fortschritte auf dem geistigen Weg gemacht habe. Von nun an will ich die Göttliche Mutter von ganzem Herzen suchen; eines Tages werde ich Sie sicher finden.‹«

Viele Jahre später (1936) besuchte ich Satisch in Delhi und sah zu meiner großen Freude, daß er bereits eine hohe Stufe der Selbstverwirklichung erreicht hatte. Auch ihm war die Göttliche Mutter inzwischen in einer Vision erschienen. Während meines Aufenthaltes bei ihm bemerkte ich, daß er den größeren Teil der Nacht heimlich in tiefer Meditation verbrachte, obgleich er unter einer schweren Krankheit litt und tagsüber im Büro arbeiten mußte.

Plötzlich kam mir die Gewißheit, daß mein Schwager nicht mehr lange leben würde. Roma mußte meine Gedanken erraten haben.

»Lieber Bruder«, sagte sie, »obwohl es mir gesundheitlich gut geht und mein Mann krank ist, sollst du wissen, daß ich als treue Hindufrau vor ihm sterben werde.*) Es wird nicht mehr lange dauern, bis ich heimgehe.«

Ich erschrak über ihre unheilvollen Worte, fühlte aber, daß sie die schmerzliche Wahrheit enthielten. Als meine Schwester etwa eineinhalb Jahre später starb, war ich in Amerika. Mein jüngster Bruder Bischnu teilte mir später nähere Einzelheiten über ihr Ableben mit.

»Roma befand sich zum Zeitpunkt ihres Todes mit Satisch in Kalkutta«, berichtete Bischnu. »Am Morgen jenes Tages legte sie ihr Hochzeitsgewand an.

›Warum diese festliche Tracht?‹ fragte Satisch.

›Dies ist der letzte Tag, an dem ich dir auf Erden diene‹, erwiderte Roma. Kurze Zeit danach erlitt sie einen Herzanfall. Als ihr Sohn Hilfe herbeirufen wollte, sagte sie:

›Verlaß mich jetzt nicht, mein Sohn. Es hat keinen Zweck mehr. Ehe der Arzt kommt, werde ich hinübergegangen sein.‹ Zehn Minuten später umfaßte Roma ehrfürchtig die Füße ihres Mannes und verließ ihren Körper freudig und bei vollem Bewußtsein — ohne zu leiden.

Satisch lebte nach dem Tode seiner Frau sehr zurückgezogen«, fuhr Bischnu fort. »Eines Tages schauten wir uns beide eine Photographie der lächelnden Roma an.

›Warum lächelst du?‹ rief Satisch plötzlich aus, als ob seine Frau persönlich anwesend wäre. ›Du hältst dich wohl für sehr gescheit, weil es dir

---

*) Eine Hindufrau sieht es als Zeichen geistigen Fortschritts an, wenn sie vor ihrem Mann stirbt, d. h., wenn sie »mitten aus der Arbeit abberufen wird«; denn das gilt als Beweis ihrer Treue und Ergebenheit.

gelungen ist, vor mir zu gehen. Aber ich werde dir beweisen, daß du nicht lange ohne mich sein kannst; bald werde ich bei dir sein.‹

Obwohl Satisch sich damals vollkommen von seiner Krankheit erholt hatte und sich bester Gesundheit erfreute, starb er kurze Zeit darauf ohne irgendeinen sichtbaren Grund.«

So haben meine geliebte Schwester Roma und ihr Mann, der weltlich gesinnte Satisch, der in Dakschineswar zu einem schweigsamen Heiligen geworden war, beide ihren Tod vorausgesehen.

XXIII. KAPITEL

ICH BESTEHE MEIN STAATSEXAMEN

»Ich sehe, daß du die Aufgaben in den philosophischen Lehrbüchern einfach ignorierst. Wahrscheinlich glaubst du, dich in der Prüfung auf deine ›Intuition‹ verlassen zu können. Doch wenn du dich nicht endlich ernsthafter mit deinen Studien beschäftigst, werde ich dafür sorgen, daß du das Examen nicht bestehst!«

Diese strengen Worte kamen von Professor Ghoschal, dessen Vorlesungen in Serampur ich belegt hatte. Wenn ich bei seiner letzten Klausur nicht befriedigend abschnitt, konnte ich nicht zum Staatsexamen zugelassen werden. Die Fragen für diese Prüfung werden von der Fakultät in Kalkutta bestimmt, da Serampur ein Zweiginstitut der Universität Kalkutta ist. In Indien muß ein Student, der beim Staatsexamen in nur einem Fach versagt, im nächsten Jahr in allen Fächern noch einmal geprüft werden.

Die Dozenten an der Universität Serampur behandelten mich gewöhnlich wohlwollend, wenn sie sich auch gelegentlich über mich lustig machten und sagten: »Mukunda läßt sich zu sehr von der Religion berauschen.« Da sie diese feste Meinung von mir hatten, waren sie taktvoll genug, mir im Seminar keine Fragen zu stellen; wahrscheinlich hofften sie, daß ich nach dem schriftlichen Examen sowieso von der Liste der Prüfungskandidaten gestrichen würde. Die Meinung, die meine Kommilitonen von mir hatten, ist an dem Spitznamen zu erkennen, den sie mir gegeben hatten: »Närrischer Mönch.«

Mir war ein genialer Einfall gekommen, um Professor Ghoschals Vorhaben, mich in Philosophie durchfallen zu lassen, zu vereiteln. Kurz bevor die Ergebnisse der letzten schriftlichen Arbeit bekanntgegeben werden sollten, bat ich einen Kommilitonen, mich zum Arbeitszimmer des Professors zu begleiten.

»Komm bitte mit mir, denn ich brauche einen Zeugen«, sagte ich ihm. »Es sollte mich wirklich wundern, wenn es mir nicht gelungen wäre, den Dozenten zu überlisten.«

Als ich Professor Ghoschal fragte, welche Zensur er meiner Arbeit gegeben hätte, schüttelte er nur den Kopf.

»Du bist nicht unter denen, die bestanden haben«, sagte er triumphierend. Dann sah er einen großen Stoß von Blättern durch, die auf seinem Pult lagen. »Dein Blatt ist gar nicht dabei; du hast also sowieso nicht bestanden, weil du nicht zum Examen erschienen bist.«

»Herr Professor, ich bin aber dagewesen«, sagte ich, heimlich in mich hineinlachend. »Darf ich den Stoß mal selbst durchsehen?«

Der Professor sah sich in die Enge getrieben und mußte wohl oder übel einwilligen. Ich fand mein Blatt, auf dem ich vorsorglich jede Identifizierung mit Ausnahme der Kennziffer unterlassen hatte, auch gleich heraus. Da mein Name, der wie ein rotes Tuch auf den Dozenten gewirkt hätte, nicht auf dem Blatt stand, hatte er meiner Arbeit eine ausgezeichnete Zensur gegeben, obgleich sie nicht mit Zitaten aus den Textbüchern gespickt war.*)

Als er meine List durchschaute, donnerte er mich an: »Du hast nur ganz unverschämtes Glück gehabt!« und fügte hoffnungsvoll hinzu: »Im Schlußexamen wirst du aber bestimmt durchfallen.«

Zur Prüfung in den anderen Fächern ließ ich mich, hauptsächlich durch meinen lieben Freund und Vetter Prabhas Tschandra Ghosh (den Sohn meines Onkels Sarada) einpauken. Mühsam wand ich mich durch alle Abschlußprüfungen hindurch und erreichte auch tatsächlich die erforderliche Mindestpunktzahl.

Und nun, nach vierjährigem Universitätsstudium, wurde ich zum Staatsexamen der philosophischen Fakultät zugelassen. Ich hatte allerdings kaum die Absicht, von diesem Vorrecht Gebrauch zu machen. Die Abschlußprüfungen an der Universität Serampur waren ein Kinderspiel im Vergleich zu dem weit schwierigeren Staatsexamen an der Universität Kalkutta. Meine fast täglichen Besuche bei Sri Yukteswar hatten mir wenig Zeit gelassen, die Vorlesungen zu besuchen, und mein Erscheinen in den Hörsälen löste jedesmal Rufe des Erstaunens bei meinen Kommilitonen aus.

Mein Tagesprogramm begann jeden Morgen gegen halb 10 Uhr, wenn ich mich auf mein Fahrrad schwang, um zur Einsiedelei zu fahren. In der einen Hand hielt ich stets ein paar Blumen aus dem Garten der

---

*) Ich muß Professor Ghoschal insofern rechtfertigen, als er keine Schuld an unserem gespannten Verhältnis trug; dieses rührte nur davon her, daß ich während der Vorlesungen geistesabwesend war oder sie überhaupt nicht besuchte.
Prof. Ghoschal ist ein gewandter Redner, der umfassende Kenntnisse in der Philosophie besitzt. In späteren Jahren bestand zwischen uns ein herzliches Einvernehmen.

Panthi-Pension — eine Gabe für meinen Guru. Nachdem der Meister mich herzlich begrüßt hatte, lud er mich zu einem Imbiß ein, und jedesmal folgte ich seiner Aufforderung mit Freuden und verbannte alle Gedanken an die Universität. Hatte ich dann den ganzen Tag bei Sri Yukteswar zugebracht, seinen unvergleichlichen Worten der Weisheit gelauscht und im Aschram geholfen, brach ich gegen Mitternacht widerstrebend auf, um zur *Panthi*-Pension zurückzukehren. Gelegentlich blieb ich die ganze Nacht bei meinem Guru, weil wir so sehr in unser Gespräch vertieft waren, daß ich in meiner Seligkeit gar nicht bemerkte, daß es Morgen wurde.

Eines Abends gegen 11 Uhr, als ich gerade meine Schuhe anzog,*) um zur Pension zurückzufahren, fragte der Meister mit ernster Miene:

»Wann beginnen die Prüfungen für das Staatsexamen?«

»In fünf Tagen, Gurudschi.«

»Ich hoffe, daß du entsprechend vorbereitet bist.«

Starr vor Schreck blieb ich stehen, den einen Schuh noch in der Hand haltend. »Meister«, rief ich protestierend, »Ihr wißt, daß ich meine Tage bei Euch und nicht bei den Professoren zugebracht habe. Wie kann ich den anderen jetzt das Schauspiel geben, zu diesen schwierigen Prüfungen zu erscheinen?«

Sri Yukteswar schaute mich mit durchdringendem Blick an. »Du mußt hingehen«, sagte er in einem Ton, der keine Widerrede duldete. »Wir dürfen deinem Vater und deinen Verwandten keinen Anlaß zur Kritik geben, denn sie wissen, daß du dich oft hier im Aschram aufgehalten hast. Versprich mir nur, daß du zum Examen erscheinen willst, und antworte dann, so gut du kannst.«

Ohne daß ich es verhindern konnte, stürzten mir die Tränen aus den Augen; ich hielt den Befehl des Meisters für vernunftwidrig und fand, daß sein Interesse — um es milde auszudrücken — reichlich spät kam.

»Ich kann hingehen, wenn Ihr es wünscht«, sagte ich unter Schluchzen. »Aber ich habe keine Zeit mehr, mich richtig vorzubereiten.« Und dann murmelte ich vor mich hin: »Anstatt auf die Fragen zu antworten, werde ich die Blätter mit Euren Lehren vollschreiben.«

Am folgenden Tag erschien ich zur gewohnten Stunde in der Einsiedelei und überreichte Sri Yukteswar mit trübseliger Miene meinen Blumenstrauß. Er lachte über mein bekümmertes Gesicht.

»Mukunda, hat dich der Herr jemals bei einer Prüfung oder sonstwie im Stich gelassen?«

»Nein, Gurudschi«, erwiderte ich beschämt, während eine Flut von

---

*) In Indien zieht ein Jünger immer die Schuhe aus, bevor er eine Einsiedelei betritt.

Erinnerungen in mir aufstieg und mich mit tiefer Dankbarkeit erfüllte.

»Nicht Trägheit, sondern unstillbares Verlangen nach Gott hat dich davon abgehalten, nach akademischen Ehren zu trachten«, sagte mein Guru liebevoll. Und nach einem kurzen Schweigen zitierte er: »Trachtet am ersten nach dem Reich Gottes und nach seiner Gerechtigkeit, so wird euch solches alles zufallen.«*)

Wie schon unzählige Male, so fühlte ich auch jetzt in der Gegenwart des Meisters eine schwere Last von mir abfallen. Als wir unser Frühstück beendet hatten, schlug er mir vor, zur *Panthi*-Pension zurückzukehren.

»Wohnt dein Freund Romesch Tschandra Datt noch in der Pension?«

»Ja, Meister.«

»Dann setze dich mit ihm in Verbindung; Gott wird ihm eingeben, wie er dir beim Examen helfen kann.«

»Gut, Meister. Aber Romesch ist außerordentlich beschäftigt. Er will sein Examen mit Auszeichnung machen und hat mehr zu studieren als die anderen.«

Doch der Meister schob meinen Einwand beiseite. »Romesch wird Zeit für dich finden. Geh jetzt.«

Ich radelte zum *Panthi*-Haus zurück, und der erste, der mir dort im Garten begegnete, war der gelehrsame Romesch. Schüchtern trug ich ihm meine Bitte vor, und als ob er weiter nichts zu tun hätte, willigte er sofort ein.

»Aber natürlich! Ich stehe dir gern zur Verfügung.« Täglich brachte er nun mehrere Stunden damit zu, mir die verschiedenen Themen einzupauken.

»Ich nehme an, daß sich viele Prüfungsfragen in englischer Literatur diesmal auf die Reise von ›Junker Harold‹ beziehen werden«, meinte er. »Wir müssen uns sofort einen Atlas besorgen.«

Ich eilte zum Hause meines Onkels und borgte mir einen Atlas. Dann vermerkte Romesch auf der Europakarte alle Orte, die Byrons romantischer Reisender besucht hatte.

Einige Kommilitonen hatten sich um uns versammelt, um dem Unterricht zu folgen. »Romesch hat dich nicht gut beraten«, sagte mir jemand am Ende einer solchen Sitzung. »Meistens werden nur 50 % der Fragen über das Buch gestellt und die anderen über das Leben des Dichters.«

Als ich aber zur englischen Literaturprüfung erschien und einen Blick auf die Fragen warf, liefen mir sogleich Tränen der Dankbarkeit aus den Augen und tropften auf das Papier. Der Aufseher kam an mein Pult und fragte mitfühlend, was mir fehle.

---

*) *Matthäus 6, 33*

»Mein großer Guru hat vorausgesagt, daß Romesch mir helfen würde«, erklärte ich. »Und jetzt stehen tatsächlich dieselben Fragen, die Romesch mir genannt hat, auf dem Prüfungsbogen.« Erleichtert fügte ich hinzu: »Gott sei Dank werden dieses Jahr nur wenige Fragen über das Leben der englischen Dichter gestellt, das für mich in völliges Dunkel gehüllt ist.«

Als ich heimkehrte, war die ganze Pension in Aufruhr. Die Burschen, die mich zuvor ausgelacht hatten, weil ich dem Einpauken Romeschs vertraute, empfingen mich nun mit ohrenbetäubenden Glückwünschen. Während der ganzen Examenswoche verbrachte ich jede freie Minute mit Romesch, der die Fragen so formulierte, wie sie seiner Meinung nach von den Professoren gestellt werden könnten. Und Tag für Tag erschienen Romeschs Fragen in fast demselben Wortlaut auf den Prüfungsbogen.

An der Universität hatte sich die Kunde, daß etwas Wunderähnliches im Gange sei und daß der geistesabwesende »närrische Mönch« wahrscheinlich erfolgreich abschließen werde, wie ein Lauffeuer verbreitet. Ich unternahm auch gar keinen Versuch, die Tatsachen zu verheimlichen, denn die hiesigen Professoren waren nicht befugt, die Fragen, die von der Fakultät in Kalkutta festgelegt worden waren, abzuändern.

Als ich mir die Examensfragen in englischer Literatur eines Morgens noch einmal durch den Kopf gehen ließ, fiel mir ein, daß ich einen schwerwiegenden Fehler begangen hatte. Verschiedene Fragen waren zur Auswahl gestellt worden, so daß man sich für A oder B und C oder D entscheiden konnte. Anstatt nun eine Frage aus jeder Gruppe zu beantworten, hatte ich *beide* Fragen der ersten Gruppe beantwortet und die beiden der zweiten Gruppe versehentlich übergangen. Die höchste Punktzahl, die ich nun noch erreichen konnte, war 33 — drei Punkte weniger als die erforderliche Mindestpunktzahl 36.

Ich eilte sogleich zum Meister und schüttete ihm mein Herz aus.

»Gurudschi, ich habe einen unverzeihlichen Fehler begangen. Ich verdiene die göttliche Hilfe durch Romesch nicht. Ich bin ihrer einfach nicht wert!«

»Beruhige dich, Mukunda«, sagte Sri Yukteswar mit heiterer und unbekümmerter Stimme. Dann wies er auf das blaue Himmelsgewölbe und sprach: »Eher vertauschen Sonne und Mond ihren Platz am Himmel, als daß du durchs Staatsexamen fällst.«

Einigermaßen beruhigt verließ ich die Einsiedelei, obgleich es praktisch unmöglich war, daß ich die Prüfung noch bestehen konnte. Ein oder zweimal schaute ich besorgt zum Himmel empor; doch das Tagesgestirn schien unbeirrt seine gewohnte Bahn zu ziehen.

Im *Panthi*-Haus angekommen, hörte ich einen Kommilitonen bemerken: »Ich habe gerade erfahren, daß die Punktzahl für englische Literatur in diesem Jahr zum ersten Mal herabgesetzt worden ist.«

Da stürzte ich so hastig in das Zimmer des Burschen, daß dieser erschrocken hochfuhr. Eifrig fragte ich ihn aus.

»Langhaariger Mönch«, erwiderte er lachend, »warum dieses plötzliche Interesse an akademischen Fragen? Warum dieser Aufruhr in letzter Minute? Aber es stimmt, daß die Mindestpunktzahl jetzt 33 beträgt.«

Mit freudigen Sprüngen kehrte ich in mein Zimmer zurück, wo ich sofort auf die Knie fiel und meinem Göttlichen Vater für Seine Präzisionsarbeit dankte.

Jedesmal, wenn Romesch mich unterrichtete, hatte ich das freudige Gefühl, von einer unsichtbaren Göttlichen Kraft geleitet zu werden. Ein bemerkenswerter Vorfall ereignete sich bei der Prüfung in Bengali, einem Fach, in dem Romesch mich nicht unterwiesen hatte. Als ich eines Morgens gerade die Pension verließ, um meinen gewohnten Gang zum Prüfungssaal anzutreten, hörte ich, wie Romesch mir etwas nachrief.

»Romesch ruft dich«, sagte ein Kommilitone ungeduldig. »Geh aber nicht zurück, wir kommen sonst zu spät.«

Entgegen seinem Rat kehrte ich jedoch auf der Stelle um.

»Meistens bestehen unsere bengalischen Studenten diese Prüfung ohne Schwierigkeiten«, sagte Romesch. »Aber ich habe das Gefühl, als ob die Professoren die Prüflinge dieses Jahr aufs Glatteis führen wollen, indem sie Fragen über die vorgeschriebene Lektüre stellen.« Dann umriß er mir zwei Episoden aus dem Leben Vidjasagars, eines bekannten bengalischen Philantropen des 19. Jahrhunderts.

Ich dankte Romesch und radelte schnell zur Universität. Als ich den Prüfungsbogen zur Hand nahm, sah ich, daß er aus zwei Teilen bestand. Die erste Aufgabe lautete: »Führe zwei Beispiele für die Nächstenliebe Vidjasagars an.« *) Als ich mein in letzter Minute erworbenes Wissen zu Papier brachte, flüsterte ich heimliche Dankesworte und beglückwünschte mich, weil ich dem Ruf Romeschs gefolgt war. Ohne etwas von den Wohltaten Vidjasagars zu wissen (dem nun auch ich zu Dank verpflichtet war) hätte ich die Prüfung in Bengali nicht bestehen können.

---

*) Ich habe die genaue Formulierung der Aufgabe vergessen, erinnere mich aber, daß sie dieselben Begebenheiten aus dem Leben Vidjasagars betraf, die Romesch mir gerade zuvor erzählt hatte. Pandit Ischwar Tschandra ist aufgrund seiner Gelehrsamkeit in ganz Bengalen unter dem Namen *Vidjasagar* (Meer des Wissens) bekannt geworden.

Die zweite Aufgabe lautete: »Schreibe in bengalischer Sprache einen Bericht über das Leben desjenigen Menschen, der dich am tiefsten beeindruckt hat.« Lieber Leser, ich brauche dir wohl nicht zu sagen, wen ich beschrieben habe. Während ich ein seitenlanges Loblied auf meinen Guru sang, dachte ich lächelnd an meine gemurmelte Prophezeiung: »Ich werde die Blätter mit Euren Lehren vollschreiben.«

Ich hatte es nicht für nötig befunden, Romeschs Hilfe für die Prüfung in Philosophie zu beanspruchen, weil ich mich hier auf die von Sri Yukteswar empfangene langjährige Schulung verließ. Aus diesem Grunde hatte ich mir die Erklärungen in den Textbüchern gar nicht angesehen. In Philosophie erhielt ich dann auch die beste Note, während ich in allen anderen Fächern nur die erforderliche Mindestpunktzahl erreichte.

Mit besonderer Freude kann ich berichten, daß mein selbstloser Freund Romesch sein Examen *cum laude* bestand.

Vaters Gesicht strahlte vor Stolz, als ich ihm mein Diplom zeigte. »Ich habe kaum geglaubt, daß du es schaffen würdest, Mukunda«, gestand er mir, »denn du hast so viel Zeit bei deinem Guru zugebracht.« Der Meister hatte in der Tat den stummen Vorwurf meines Vaters gefühlt.

Jahrelang hatte ich daran gezweifelt, daß einmal der Tag kommen würde, da ich die Buchstaben A. B. (Bakkalaureus der philosophischen Fakultät) hinter meinen Namen setzen könnte. Ich gebrauche diesen Titel fast nie, ohne daran zu denken, daß er ein göttliches Geschenk ist, das mir aus geheimnisvollen Gründen in den Schoß gefallen ist. Gelegentlich höre ich Akademiker bemerken, daß sie nach dem Examen nur sehr wenig von dem eingepaukten Wissen im Gedächtnis behalten. Dieses Geständnis tröstet mich etwas über meine offensichtlichen akademischen Bildungslücken hinweg.

An jenem Junitag des Jahres 1914, als ich mein Staatsexamen an der Universität Kalkutta bestanden hatte, kniete ich vor meinem Guru nieder, um ihm für alle Segnungen zu danken, mit denen er mich im Laufe der Jahre überschüttet hatte *).

---

*) Die Macht, auf die Gedanken anderer und den Lauf der Ereignisse einzuwirken, ist ein *Vibhuti* (eine durch Yoga erworbene Fähigkeit), die in Patandschalis *Yoga-Sutras III, 24* als ein Ergebnis »allumfassenden Mitgefühls« beschrieben wird.
Alle Heiligen Schriften verkünden, daß der allmächtige Gott den Menschen nach Seinem Bilde geschaffen hat. Macht über den ganzen Kosmos zu besitzen, scheint die übernatürliche Fähigkeit zu sein. In Wirklichkeit aber ist sie für alle, die sich ihres göttlichen Ursprungs »richtig erinnern«, eine ganz natürliche Gabe. Wer, wie Sri Yukteswar, eins mit Gott ist, hat kein Ich *(Ahankara)* und daher auch keine persönlichen

»Steh auf, Mukunda«, sagte er liebevoll. »Der Herr hat es nur einfacher gefunden, dich im Staatsexamen durchzubringen, als den Lauf von Sonne und Mond zu ändern.«

Wünsche mehr. Aus diesem Grunde stimmen die Handlungen der großen Meister ganz von selbst mit *Rita*, der natürlichen Gerechtigkeit, überein. Nach Emersons Worten werden alle Großen »nicht nur tugendhaft, sondern zur Tugend selbst. Dann ist der Endzweck des Universums erreicht und Gott zufriedengestellt.«
Jeder Mensch, der Gottverwirklichung erreicht hat, kann auch Wunder vollbringen, weil er — ebenso wie Christus — die unumgänglichen Gesetze des Kosmos kennt; doch nicht alle Meister machen von ihren übernatürlichen Kräften Gebrauch. (Siehe Seite 244-245, Fußnote.) Jeder Heilige reflektiert Gott auf seine Weise, denn in dieser Welt, in der nicht einmal zwei Sandkörnchen einander genau gleichen, ist es wichtig, daß sich die Individualität Ausdruck verschaffen kann.
Über erleuchtete Heilige lassen sich keine festen Regeln aufstellen; einige vollbringen Wunder und andere nicht. Einige sind untätig, während andere (wie König Dschanaka im alten Indien und die Hl. Therese von Avila) sich großen Aufgaben widmen. Einige reisen, geben Unterricht und nehmen Jünger an, während andere ein stilles, unauffälliges Dasein im Verborgenen führen. Kein weltlicher Kritiker kann die geheime Pergamentrolle des Karma (ehemaliger Taten) entziffern, die für jeden Heiligen in einer anderen Schrift abgefaßt ist.

XXIV. KAPITEL

ICH WERDE MÖNCH DES SWAMI-ORDENS

»Meister, meinem Vater ist sehr daran gelegen, daß ich einen leitenden Posten bei der Bengal-Nagpur-Eisenbahngesellschaft annehme. Aber ich habe endgültig nein gesagt.« Dann blickte ich meinen Guru erwartungsvoll an und fragte: »Meister, wollt Ihr mich nicht als Mönch in den Swami-Orden aufnehmen?« In den vergangenen Jahren hatte er mir diese Bitte mehrmals abgeschlagen, um zu prüfen, wie ernst es mir mit meinem Entschluß war; heute aber willigte er lächelnd ein.

»Gut, ich will dich morgen zum Swami weihen«, sagte er und fuhr dann bedächtig fort: »Ich freue mich, daß du deinem Vorsatz, Mönch zu werden, treu geblieben bist. Lahiri Mahasaya sagte oft: ›Wenn du Gott nicht im Sommer deines Lebens einlädst, wird Er auch im Winter nicht dein Gast sein.‹«

»Lieber Meister, ich könnte niemals den Wunsch aufgeben, gleich Euch dem Swami-Orden anzugehören«, erwiderte ich, indem ich ihn mit grenzenloser Liebe anblickte.

»Wer ledig ist, der sorgt, was dem Herrn angehört, wie er dem Herrn gefalle; wer aber freit, der sorgt, was der Welt angehört, wie er dem Weibe gefalle.« *) Ich wußte, wie es einigen meiner Freunde ergangen war, die sich zuerst einer gewissen geistigen Disziplin unterzogen hatten und später heirateten. Sobald sie in den Trubel weltlicher Pflichten hineingerieten, vergaßen sie ihren Entschluß, tief zu meditieren.

Gott den zweiten Platz in meinem Leben zu geben, schien mir unfaßbar **). Er, dem alle Dinge im Himmel und auf Erden gehören, überschüttet den Menschen von Leben zu Leben schweigend mit Seinen Gaben. Es gibt nur eine Gegengabe, die der Mensch ihm anbieten

---

*) *1. Korinther 7, 32-33*
**) »Wer Gott den zweiten Platz anbietet, räumt Ihm gar keinen Platz ein.«
 Ruskin

kann — und das ist seine Liebe. Doch jedem steht es frei, sie Gott vorzuenthalten oder zu schenken.

Da der Schöpfer so viel Mühe darauf verwandte, sich hinter dem geheimnisvollen Schleier der Schöpfung zu verbergen, konnte er nur einen Beweggrund — nur einen sehnlichen Wunsch haben: daß der Mensch Ihn aus freiem Antrieb suchen möge. Er hat die eiserne Hand Seiner Allmacht wahrlich mit dem Samthandschuh der Demut bedeckt!

Der folgende Tag war einer der denkwürdigsten meines Lebens. Ich weiß noch, daß es ein sonniger Donnerstag im Juli 1915 war — einige Wochen, nachdem ich mein Staatsexamen bestanden hatte. Auf dem Balkon der Hofseite stand der Meister und tauchte ein Stück neuer weißer Seide in eine ockerfarbene Lösung — die traditionelle Farbe des Swami-Ordens. Nachdem das Tuch getrocknet war, kleidete der Guru mich in das neue Gewand der Entsagung.

»Später wirst du nach dem Westen reisen, wo man Seide bevorzugt«, sagte er. »Darum habe ich statt der üblichen Baumwolle diesen Seidenstoff für dich ausgesucht.«

In Indien, wo die Mönche dem Ideal der Armut folgen, bietet ein in Seide gekleideter Swami einen ungewöhnlichen Anblick. Viele Yogis tragen jedoch Seidenstoffe, weil diese die feinen körperlichen Energien besser bewahren als Baumwolle.

»Ich bin kein Freund von Zeremonien«, bemerkte Sri Yukteswar. »Darum will ich dich auf *Bidwat*-Art (unzeremonielle Art) zum Swami machen.«

Die *Bibidisa* oder zeremonielle Swamiweihe schließt eine Feuerzeremonie ein, die einen symbolischen Verbrennungsvorgang darstellt. Der physische Körper des Jüngers »stirbt« und wird von den Flammen der Weisheit verzehrt. Daraufhin wird dem neuen Swami ein Lied gesungen, wie z. B. »Dieses *Atman* ist Brahman«*) oder »Du bist DAS« oder »Ich bin ER«. Sri Yukteswar jedoch liebte die Einfachheit und verzichtete daher auf alle traditionellen Riten; er forderte mich lediglich auf, einen neuen Namen zu wählen.

»Du sollst das Vorrecht haben, ihn dir selbst auszusuchen«, sagte er lächelnd.

»Yogananda«,**) erwiderte ich nach kurzem Nachdenken. Dieser Name bedeutet »Glückseligkeit *(Ananda)* durch Vereinigung mit Gott *(Yoga)*«.

---

*) Wörtlich: »Diese Seele ist GEIST.« Der höchste GEIST ist das Unerschaffene, Absolute *(neti neti* = weder dies noch das), wird aber im *Vedanta* oft als *Sat-Tschit-Ananda* (Sein, Intelligenz, Glückseligkeit) bezeichnet.

**) Yogananda ist für Swamis ein recht gebräuchlicher Name.

»So sei es. Hiermit gibst du deinen bürgerlichen Namen Mukunda Lal Ghosch auf und heißt fortan Yogananda vom Giri-Zweig des Swami-Ordens.«

Als ich vor Sri Yukteswar niederkniete und ihn zum ersten Male meinen neuen Namen aussprechen hörte, wollte mir das Herz vor Dankbarkeit überfließen. Wie viel Liebe und Mühe hatte er aufgewandt, damit eines Tages aus dem Knaben Mukunda der Mönch Yogananda werden konnte! Freudig sang ich einige Verse der von Schankaratscharya *) verfaßten langen Sanskrithymne:

> Sinne, Verstand, Gefühl bin ich nicht,
> Himmel, Erde, Gestein bin ich nicht,
> Ich bin Er, ich bin Er, ich bin GEIST, ich bin Er!
> Weder Tod noch Geburt noch Kaste kenn' ich,
> Vater, Mutter habe ich nicht,
> Ich bin Er, ich bin Er, ich bin GEIST, ich bin Er!
>
> Jenseits des Flugs meiner Phantasie,
> Gestaltlos und formlos bin ich,
> Alles, was lebt, durchdringe ich,
> Keine Knechtschaft fürchte ich,
> Ich bin frei — ewig frei,
> Ich bin Er, ich bin Er, ich bin GEIST, ich bin Er!

Alle Swamis gehören dem einen Mönchsorden an, der in Indien seit undenklichen Zeiten in hohem Ansehen steht. Seit Schankaratscharya ihn vor vielen Jahrhunderten reorganisierte, hat er fortwährend unter der Leitung heiliger Männer gestanden, von denen jeder den Titel Dschagadguru Sri Schankaratscharya trägt. Die Zahl der Mönche, die diesem hei-

---

*) Schankara wird oft Schankaratscharya genannt, denn *Atscharya* bedeutet »religiöser Lehrer«. Wie bei vielen anderen, streiten sich die Gelehrten auch über sein Geburtsdatum. Einige Unterlagen zeigen, daß der unvergleichliche Monist im 6. Jahrhundert v. Chr. lebte; der Weise Anandagiri erwähnt die Daten 44-12 v. Chr. Westliche Geschichtsforscher behaupten, Schankara habe im 8. Jahrhundert *n. Chr.* gelebt. Er scheint auf jedes Jahrhundert eine Anziehungskraft ausgeübt zu haben!
Der inzwischen verstorbene Dschagadguru Sri Schankaratscharya vom historischen Gowardhan Math in Puri, Seine Heiligkeit Bharati Krischna Tirth, fuhr im Jahre 1958 für einen dreimonatigen Besuch nach Amerika. Während seiner historischen Reise wurde er von der Gemeinschaft der Selbst-Verwirklichung *(Self-Realization Fellowship)* und der *Yogoda Satsanga Society* — den von Yogananda gegründeten Organisationen — betreut. Es war das erste Mal, daß ein Schankaratscharya nach dem Westen reiste. Er sprach an den führenden Universitäten Amerikas und nahm an einer öffentlichen Diskussion mit dem berühmten Historiker Dr. Arnold Toynbee über das Thema »Weltfriede« teil.
1959 erteilte Sri Schankaratscharya zwei Mönchen des *Yogoda Satsanga* die Swamiweihe. Er leitete die Feier im YSS-Grabtempel Sri Yukteswars in Puri.
(Anmerkung des Herausgebers)

ligen Orden angehören, beträgt schätzungsweise eine Million. Wer dem Swami-Orden beitreten will, muß die Weihe von einem anderen Swami erhalten. Auf diese Weise können alle Mönche des Swami-Ordens ihre geistige Herkunft auf einen gemeinsamen Guru — Sri Schankara — zurückverfolgen. Sie nehmen das Gelübde der Armut (inneres Freisein vom Besitz), der Keuschheit und des Gehorsams (gegenüber dem Leiter oder der geistlichen Obrigkeit des Ordens) auf sich. In vieler Hinsicht ähnelt der Swami-Orden den später entstandenen christlich-katholischen Mönchsorden.

Der Swami fügt seinem neuen Namen noch ein weiteres Wort hinzu, das seine äußere Zugehörigkeit zu einer der zehn Unterabteilungen des Swami-Ordens kennzeichnet. Einige dieser *Dasanamis* (zehn Beinamen) sind: *Giri* (Berg), zu dem Swami Sri Yukteswar Giri und daher auch ich gehören, *Sagar* (Meer), *Bharati* (Land), *Puri* (Acker), *Saraswati* (Weisheit der Natur), *Tirth* (Pilgerort) und *Aranja* (Wald).

Der Mönchsname eines Swami, der gewöhnlich auf *Ananda* (höchste Glückseligkeit) endet, bedeutet, daß der Träger desselben sich mittels eines bestimmten Weges, Zustands oder einer besonderen göttlichen Eigenschaft (z. B. Liebe, Weisheit, Unterscheidungskraft, Hingabe, Dienstbereitschaft, Yoga) um seine Befreiung bemüht.

Ein Swami ist bestrebt, der ganzen Menschheit zu dienen und allem persönlichen Ehrgeiz sowie allen weltlichen Bindungen zu entsagen. Darum betätigt er sich in Indien (und gelegentlich auch in anderen Ländern) hauptsächlich auf humanitärem und erzieherischem Gebiet. Ein Swami ist über alle Vorurteile, die sich auf Kaste, Glaube, Rang, Hautfarbe, Rasse und Geschlecht beziehen, erhaben und hält sich einzig und allein an das Gesetz menschlicher Brüderlichkeit. Sein Ziel ist die endgültige Vereinigung mit dem GEIST. Dadurch, daß er sein Bewußtsein im Wachen wie im Schlafen mit dem Gedanken »Ich bin ER« erfüllt, lebt er zufrieden in der Welt, ohne ihr jedoch anzugehören. Nur dann trägt er den Titel eines *Swami*, d. h. eines Menschen, der sich bemüht, Vereinigung mit dem *Swa* oder Selbst zu erlangen, mit Recht.

Sri Yukteswar war sowohl ein Swami als auch ein Yogi. Ein Swami, der dem altehrwürdigen Mönchsorden angehört, braucht nicht immer ein Yogi zu sein. Dagegen ist jeder, der sich wissenschaftlicher Techniken bedient, um Gott zu verwirklichen, ein Yogi. Er kann verheiratet oder ledig sein, kann einen verantwortungsvollen Posten in der Welt haben oder in einem religiösen Orden leben.

Ein Swami mag gegebenenfalls nur dem Weg trockener Vernunft und äußerer Entsagung folgen, während ein Yogi ganz bestimmte, stufenweise Methoden anwendet, um Körper und Geist zu disziplinieren und dadurch schließlich seine Seele zu befreien. Ein Yogi verläßt sich nicht nur auf sein Gefühl oder seinen Glauben, sondern hält sich an eine Reihe erprobter geistlicher Übungen, die bereits von den Rischis des indischen Altertums entwickelt wurden. In jedem Zeitalter hat es in Indien christusähnliche Yogis gegeben, die durch Yoga höchste Vollendung erreichten.

Wie jede andere Wissenschaft, kann auch der Yoga von den Menschen aller Länder und aller Zeiten angewandt werden. Die von mehreren unkundigen Schriftstellern gemachte Behauptung, daß Yoga »gefährlich« oder »ungeeignet« für den Abendländer sei, entbehrt jeder Grundlage und hat bedauerlicherweise viele aufrichtige Sucher davon abgehalten, sich näher mit ihm zu befassen und seine segenbringende Wirkung an sich zu erfahren.

Yoga ist eine Methode, welche die ruhelosen Gedanken zum Schweigen bringt. Ohne eine solche Methode ist es dem Menschen — ganz gleich, in welchem Lande er lebt — nahezu unmöglich, seine wahre göttliche Natur zu erkennen. Wie das heilende Licht der Sonne die gleiche wohltuende Wirkung auf alle Menschen — im Osten und im Westen — ausübt, so auch der Yoga. Die Gedanken der meisten Menschen sind ruhelos und schwer zu bändigen. Daher ist Yoga, die Wissenschaft der Gedankenbeherrschung, fast zu einer Notwendigkeit für alle geworden.

Der ehrwürdige Rischi Patandschali *) bezeichnete Yoga als ein »Neutralisieren der ständig wechselnden Bewußtseinswellen«**). Sein kurzes Meisterwerk (die *Yoga-Sutras*) bildet eines der sechs Systeme der Hindu-Philosophie. Im Unterschied zur Philosophie des Abendlandes enthalten alle sechs Hindu-Systeme nicht nur theoretische, sondern auch praktische

---

*) Patandschalis Geburtsdatum ist unbekannt, wenn auch viele Gelehrte das 2. Jahrhundert v. Chr. angeben. Die Abhandlungen, die die Rischis über eine große Anzahl von Themen verfaßt haben, enthalten derartig tiefe Weisheiten, daß sie in keinem nachfolgenden Jahrhundert übertroffen werden konnten. Zum Erstaunen späterer Geschichtsschreiber hatten die Heiligen es jedoch nicht der Mühe wert gefunden, ihre literarischen Werke mit Namen oder Datum zu versehen. Sie wußten, daß ihre kurze Lebensspanne nichts als ein Aufflackern des Großen, Unendlichen Lebens war, daß die Wahrheit kein persönliches Eigentum ist, sondern zeitlose Gültigkeit hat und deshalb nicht den Stempel einer Persönlichkeit tragen kann.

**) »*Tschitta Vritti Nirodha*« *(Yoga-Sutra 1, 2)*, was man auch mit »Aufhebung der Veränderungen des Geiststoffes« übersetzen kann. Das Wort *Tschitta* ist von umfassender Bedeutung und heißt soviel wie Denkkraft, worin auch die pranischen Lebenskräfte, *Manas* (Verstand oder Sinnesbewußtsein), *Ahankara* (Ich-Bewußtsein) und *Buddhi* (intuitives Erkenntnisvermögen) eingeschlossen sind. *Vritti* (wörtlich »Strudel«) bezieht sich auf die Wellen der Gedanken und Gefühle, die sich ununterbrochen im Bewußtsein des Menschen erheben und wieder senken. *Nirodha* heißt Aufhebung, Stillstand, Kontrolle.

Lehren. Diese sechs philosophischen Systeme wurden mit Hilfe aller erdenklichen ontologischen Untersuchungen entwickelt und erstreben die Aufhebung des Leidens und das Eingehen in die ewige Glückseligkeit.

Die später entstandenen Upanischaden heben von allen sechs Systemen*) besonders die *Yoga-Sutras* hervor, weil diese die wirksamsten Methoden enthalten, mit denen man die Wahrheit unmittelbar erleben kann. Mit Hilfe der praktischen Yoga-Techniken kann man sich über alle unfruchtbaren Spekulationen hinwegsetzen und durch eigenes Erleben in den Urgrund aller Dinge eindringen.

Das Yoga-System des Patandschali ist unter der Bezeichnung »Achtfacher Weg« bekannt geworden**). Die ersten beiden Stufen bestehen aus 1. *Yama,* sittlichem Verhalten, und 2. *Niyama,* religiösen Geboten. *Yama* wird erfüllt, wenn man keinem Lebewesen irgendetwas zuleide tut, wahrhaftig ist, nicht stiehlt, in allen Dingen Maß hält und frei von Habgier ist. Die *Niyama*-Gebote lauten: Reinheit des Körpers und des Geistes, Zufriedenheit in allen Lebenslagen, Selbstzucht, Selbsterforschung (Kontemplation) und Hingabe an Gott und den Guru.

Die nächsten Stufen sind folgende: 3. *Asana* (richtige Haltung); die Wirbelsäule muß gerade gehalten werden, und der Körper muß sich während der Meditation in einer unbeweglichen, aber bequemen Stellung befinden; 4. *Pranayama* (Herrschaft über das *Prana,* die feinen Ströme der Lebenskraft); und 5. *Pratyahara* (Abkehr der Sinne von den Gegenständen der Außenwelt).

Die letzten drei Stufen sind Formen des eigentlichen Yoga: 6. *Dharana* (Konzentration); der Geist muß auf einen einzigen Gegenstand gerichtet sein; 7. *Dhyana* (Meditation) und 8. *Samadhi* (Erleben des Überbewußtseins). Dieser achtfache Yogaweg führt den Yogi zum höchsten aller Ziele: *Kaivalya* (dem Absoluten), wo er die Warheit, die jenseits aller Vorstellungskraft liegt, erkennt.

»Wer ist größer«, könnte man fragen, »ein Swami oder ein Yogi?« Sobald man jedoch mit Gott eins geworden ist, werden alle Unterschiede zwischen den einzelnen Wegen bedeutungslos. Die *Bhagawadgita* hebt allerdings die Universalität der Yoga-Methoden hervor und erklärt, daß diese nicht nur für gewisse Menschentypen (z. B. für Mönche),

---

*) Die sechs orthodoxen (auf den Veden beruhenden) Systeme sind *Sankhja, Yoga, Vedanta, Mimamsa, Njaja* und *Waischeschika.*
**) Nicht zu verwechseln mit dem »heiligen achtfachen Pfad« Buddhas (Richtlinien für einen vorbildlichen Lebenswandel): 1. rechte Anschauung, 2. rechte Gesinnung, 3. rechtes Reden, 4. rechtes Handeln, 5. rechtes Leben, 6. rechtes Streben, 7. rechtes Denken (an das Selbst) und 8. rechtes Sichversenken *(Samadhi).*

sondern für alle bestimmt sind. Um Yoga üben zu können, braucht man kein Ordensgelübde abzulegen. Gerade weil die Wissenschaft des Yoga ein allgemein bestehendes Bedürfnis befriedigen kann, übt sie eine so große Anziehungskraft auf die Menschen aus.

Ein echter Yogi kann mitten im weltlichen Leben stehen und alle seine Pflichten erfüllen. Er gleicht der Butter, die auf dem Wasser schwimmt, ohne sich mit ihm zu vermischen — und nicht der unverarbeiteten Milch, die vom Wasser verdünnt wird. Weltliche Verpflichtungen brauchen einen nicht von Gott fernzuhalten; man muß sich nur von allen egoistischen Beweggründen frei machen und die einem für dieses Leben von Gott zugeteilte Rolle willig spielen.

Es gibt eine ganze Anzahl Menschen in Amerika, Europa und anderen nicht-hinduistischen Ländern, die vielleicht noch nie etwas über Yogis oder Swamis gehört haben, die aber dennoch als Musterbeispiel derselben gelten können. Durch ihr selbstloses Dienen an der Menschheit, durch Herrschaft über ihre Gedanken und Leidenschaften, durch ihre tiefe Liebe zu Gott oder durch die Kraft ihrer Konzentration sind sie im eigentlichen Sinne des Wortes Yogis geworden, denn sie streben das Ziel des Yoga — Selbstbeherrschung — an. Diese Menschen könnten ihre Fähigkeiten noch besser entfalten, wenn sie bestimmte wissenschaftliche Yogatechniken erlernten, mit deren Hilfe jeder sein Leben und seine geistige Entwicklung bewußt in die richtigen Bahnen lenken kann.

Yoga ist von gewissen westlichen Schriftstellern, die nur oberflächliche Kenntnisse auf diesem Gebiet besitzen, falsch interpretiert worden; doch diese Kritiker haben selbst nie irgendeinen Yogaweg beschritten. Von den vielen geistvollen Abhandlungen indessen, die über Yoga erschienen sind, will ich hier eine des berühmten Schweizer Psychologen Dr. Carl Gustav Jung wiedergeben:

»Wenn sich daher eine ›religiöse‹ Methode zugleich als ›wissenschaftlich‹ empfiehlt, so kann sie im Westen ihres Publikums sicher sein, schreibt Dr. Jung *). »Der Yoga erfüllt diese Erwartung. Ganz abgesehen vom Reiz des Neuen und von der Faszination des Halbverstandenen, hat der Yoga aus guten Gründen viele Anhänger. Er gibt die Möglichkeit kontrollierbarer Erfahrung und befriedigt damit das wissenschaftliche Bedürfnis nach ›Tatsachen‹, und überdies verspricht er vermöge seiner Weite und Tiefe, seines ehrwürdigen Alters und seiner alle Gebiete des Lebens umfassenden Lehre und Methodik ungeahnte Möglichkeiten.

---

*) Dr. Jung nahm im Jahre 1937 am Indischen Kongreß der Wissenschaften teil und wurde zum Ehrendoktor der Universität Kalkutta ernannt.

Jede religiöse oder philosophische Praktik bedeutet eine psychologische Disziplinierung, also eine Methode seelischer Hygiene. Die vielfachen, rein körperlichen Prozeduren des Yoga*) bedeuten auch physiologische Hygiene, die insofern der gewöhnlichen Gymnastik der Atmungsübung überlegen ist, als sie nicht bloß mechanistisch-wissenschaftlich, sondern auch zugleich philosophisch ist. Denn sie verbindet den Körper in diesen Übungen mit dem Ganzen des Geistes, was z. B. deutlich ist bei den Übungen des Pranayama, wo Prana zugleich der Atem und die universale Dynamik des Kosmos ist ...

Die Yogapraxis ... wäre unwirksam ohne die Yogavorstellungen. Sie arbeitet Körperliches und Geistiges ineinander in einer selten vollkommenen Weise.

Im Osten, wo diese Ideen und Praktiken entstanden sind und wo seit vier Jahrtausenden eine ununterbrochene Tradition alle nötigen geistigen Voraussetzungen geschaffen hat, ist der Yoga, wie ich mir leicht denken kann, der adäquate Ausdruck und die lückenlos passende Methodik, Körper und Geist zusammenzuschmelzen, daß sie eine schwer zu bezweifelnde Einheit bilden und damit eine psychologische Disposition schaffen, welche bewußtseinstranszendente Ahnungen ermöglicht.«

Auch für die westliche Welt wird der Tag kommen, da man die innere Kunst der Selbstbeherrschung für ebenso notwendig erachtet wie die äußere Unterjochung der Natur. Das Atomzeitalter wird den Menschen zum Nachdenken zwingen und ihn angesichts der wissenschaftlich unbestreitbaren Tatsache, daß alle Materie nichts als verdichtete Energie ist, ernüchtern, zugleich aber seinen Gesichtskreis erweitern. Der menschliche Geist kann und muß in sich selbst Energien freimachen, die größer sind als die in den Steinen und Metallen schlummernden; sonst wird der kürzlich entfesselte, materielle Atomriese die Welt in den Abgrund sinnloser Zerstörung treiben. Ein indirekter Segen, den die Angst vor der Atombombe möglicherweise bewirkt hat, ist das ständig anwachsende Interesse an der Yogawissenschaft**), einer wahrhaft »bombensicheren Zuflucht«.

---

*) Dr. Jung bezieht sich hier auf den *Hatha-Yoga*, ein Spezialgebiet, das sich mit bestimmten Körperstellungen und Techniken befaßt, die dem Menschen Gesundheit und ein langes Leben verschaffen. Durch *Hatha* kann man seinen Körper stählen und erstaunliche Ergebnisse erzielen. Yogis, die sich um die Befreiung ihrer Seele bemühen, wenden ihn jedoch nur selten an.

**) Viele falsch unterrichtete Menschen stellen sich unter Yoga irgendwelche »Zauberkünste« oder geheimnisvolle Riten vor, durch die man aufsehenerregende Fähigkeiten erlangen kann. Wenn aber die Gelehrten von Yoga

sprechen, so beziehen sie sich auf das System, das in den *Yoga-Sutras* (auch als »Aphorismen des Patandschali« bekannt) dargelegt wird. Diese philosophische Abhandlung enthält Gedanken von solcher Tiefe, daß einige der größten indischen Denker Kommentare darüber geschrieben haben, unter anderen auch der erleuchtete Meister Sadasivendra (siehe Seite 403, Fußnote).
Ebenso wie in den anderen fünf orthodoxen (auf den Veden beruhenden) philosophischen Systemen, wird auch in den *Yoga-Sutras* behauptet, daß die unerläßliche Voraussetzung für eine gründliche philosophische Forschungsarbeit die »Zauberformel«: sittliche Reinheit (d. h. Befolgung der »Zehn Gebote« des *Yama* und *Niyama*) ist. Dieser an jeden einzelnen gestellten Forderung (auf der im Abendland nicht bestanden wird) verdanken wir es, daß die sechs indischen Systeme die Jahrhunderte überdauert haben. Die kosmische Ordnung *(Rita)*, die das ganze Universum aufrechterhält, unterscheidet sich in nichts von der sittlichen Ordnung, die das Schicksal des einzelnen regiert. Wer nicht gewillt ist, die allgemeinen Sittengesetze zu befolgen, ist auch nicht ernsthaft an der Wahrheit interessiert.
Im dritten Teil der *Yoga-Sutras* werden verschiedene übersinnliche Yogakräfte *(Vibhutis* und *Siddhis)* beschrieben. Echtes Wissen ist immer gleichbedeutend mit Macht. Der Weg des Yoga besteht aus vier Stufen, von denen jede ein *Vibhuti* verleiht. Sobald der Yogi also eine bestimmte Fähigkeit erlangt, weiß er, daß er die auf einer bestimmten Stufe gestellte Aufgabe erfüllt hat. Diese charakteristischen Fähigkeiten sind kennzeichnend für die wissenschaftliche Struktur des Yogasystems, in dem es keine eingebildeten »geistigen Fortschritte« gibt; es werden Beweise verlangt!
Patandschali warnt den Gottsucher jedoch davor, nach dem Besitz von *Vibhutis* zu trachten, die nur Blumen am Wegrand darstellen, und ermahnt ihn statt dessen, als alleiniges Ziel die Vereinigung mit dem GEIST anzustreben. Man soll den Ewigen Geber selbst — nicht Seine Wundergaben suchen! Gott offenbart sich niemandem, der sich mit irgendetwas Geringerem als Ihm zufrieden gibt. Der zielbewußte Yogi hütet sich daher, von seinen übernatürlichen Kräften Gebrauch zu machen, die nur allzu leicht falschen Stolz in ihm erwecken und ihn daran hindern können, das höchste Bewußtseinsstadium, *Kaivalya,* zu erlangen.
Wenn der Yogi sein höchstes Ziel erreicht hat, kann er die *Vibhutis* beliebig anwenden oder nicht. Dann haben weder seine alltäglichen Handlungen noch seine Wundertaten irgendwelche karmischen Folgen mehr, denn die Eisenspäne des Karma werden nur vom Magneten des Egoismus angezogen.

XXV. KAPITEL

MEINE GESCHWISTER ANANTA UND NALINI

»Anantas Tage sind gezählt; die Sanduhr seines Karma ist für diesmal abgelaufen.«

Diese schicksalhaften Worte drangen eines Morgens, als ich in tiefer Meditation saß, in mein Bewußtsein. Ich befand mich gerade in meinem Geburtsort Gorakhpur, den ich kurz nach meiner Aufnahme in den Swami-Orden aufgesucht hatte, und war dort bei meinem älteren Bruder Ananta zu Gast. Eine plötzliche Krankheit hatte ihn bettlägerig gemacht, und ich pflegte ihn liebevoll.

Die ernste innere Gewißheit bereitete mir großen Schmerz. Ich glaubte es nicht ertragen zu können, in Gorakhpur zu bleiben und hilflos dem Sterben meines Bruders zuzusehen. Trotz der verständnislosen Kritik meiner Verwandten verließ ich Indien mit dem ersten besten Schiff und fuhr an der birmanischen Küste entlang durch das Chinesische Meer nach Japan. In Kobe ging ich an Land, blieb aber nur wenige Tage dort. Das Herz war mir zu schwer, um Besichtigungen zu machen.

Auf der Rückfahrt nach Indien legte das Schiff in Schanghai an. Dort suchte ich in Begleitung des Schiffsarztes Dr. Misra mehrere Raritätengeschäfte auf, um Geschenke für Sri Yukteswar, meine Angehörigen und einige meiner Freunde auszusuchen. Für Ananta kaufte ich ein großes Schnitzwerk aus Bambus. Doch kaum hatte mir der chinesische Verkäufer das Andenken ausgehändigt, als ich es fallen ließ und ausrief: »Dies Geschenk war für meinen geliebten verstorbenen Bruder bestimmt!«

Denn im selben Augenblick hatte ich die unmißverständliche Botschaft empfangen, daß seine befreite Seele soeben ihre Reise in die Unendlichkeit angetreten hatte. Das Andenken hatte durch den Fall einen scharfen Sprung erhalten, der in der Tat symbolisch schien. Von Schluchzen unterbrochen, schrieb ich auf die Oberfläche des Bambusstückes: »Für meinen geliebten Ananta, der soeben heimgegangen ist.«

Mein Begleiter hatte mich mit spöttischem Lächeln beobachtet.

»Warum spart Ihr Euch Eure Tränen nicht«, bemerkte er, »bis Ihr wirklich wißt, ob er tot ist?«

Als unser Schiff in den Hafen von Kalkutta eingelaufen war, ging Dr. Misra wieder zusammen mit mir von Bord. Mein jüngster Bruder Bischnu war zum Anlegeplatz gekommen, um mich zu begrüßen.

»Ich weiß, daß Ananta nicht mehr lebt«, sagte ich zu Bischnu, noch ehe dieser dazu kam, ein Wort hervorzubringen. »Sag mir bitte hier in Gegenwart des Doktors, wann Ananta gestorben ist.«

Und Bischnu nannte denselben Tag, an dem ich die Andenken in Schanghai gekauft hatte.

»Hört mal!« rief Dr. Misra da aus, »Erzählt dies bitte nicht weiter! Sonst hängen die Professoren dem Medizinstudium, das ohnehin schon lange genug dauert, noch einige Semester Telepathie an.«

Vater umarmte mich liebevoll, als ich nach Hause kam. »Du bist wieder da«, sagte er zärtlich, während ihm zwei große Tränen über die Wangen rollten. Es war das erste Mal, daß mir mein sonst so zurückhaltender Vater ein äußeres Zeichen seiner Zuneigung gab. Obwohl er sich nach außen hin streng gab, hatte er dennoch das weiche Herz einer Mutter und spielte bei allen Familienangelegenheiten diese elterliche Doppelrolle.

Bald nach Anantas Hinscheiden wurde meine jüngere Schwester Nalini durch eine göttliche Heilung dem Tode entrissen. Doch bevor ich davon berichte, muß ich etwas weiter ausholen.

Als Kinder standen Nalini und ich auf etwas gespanntem Fuß miteinander. Ich war sehr mager; sie aber war noch viel magerer als ich. Aus einem mir unbewußten, naheliegenden Motiv, das für die Psychologen sicher nicht schwer zu deuten sein dürfte, zog ich meine Schwester oft wegen ihres Aussehens auf. Sie antwortete mit derselben unbarmherzigen Offenheit, wie sie Kindern nun einmal zu eigen ist. Manchmal griff Mutter ein und beendete unseren kindischen Streit, indem sie mir (als dem älteren) einen leichten Klaps gab.

Als Nalini die Schule absolviert hatte, wurde sie mit Dr. Pantschanon Bose, einem sympathischen jungen Arzt aus Kalkutta, verlobt, und zur festgesetzten Zeit fand die prunkvolle Hochzeitsfeier statt. Ich gesellte mich am Abend dieses Tages zu den zahlreichen Verwandten, die fröhlich im Wonnzimmer meines Elternhauses versammelt waren. Der Bräutigam lehnte an einem riesigen Kissen aus Goldbrokat, und Nalini saß an seiner Seite. Leider konnte der prächtige, purpurfarbene Seiden-Sari*) ihre eckigen Formen nicht ganz verdecken. Ich setzte mich mög-

---

*) Das anmutig gefaltete indische Frauengewand

lichst unauffällig hinter das Kissen meines neuen Schwagers und schmunzelte ihn freundschaftlich an. Er hatte Nalini vor der Hochzeitszeremonie nicht zu Gesicht bekommen und sah erst jetzt, was ihm das Ehelos zugeworfen hatte.

Dr. Bose schien meine Anteilnahme zu fühlen, denn er wies verstohlen auf Nalini und flüsterte mir zu: »Sag mal, was ist das eigentlich?«

»Herr Doktor«, erwiderte ich, »das ist ein Skelett für Eure Studien!«

Mit den Jahren gewann unsere Familie Dr. Bose immer lieber und zog ihn bei allen Krankheitsfällen zu Rate. Wir beide wurden gute Freunde und hatten oft unseren Spaß miteinander, wobei wir gewöhnlich Nalini zur Zielscheibe unseres Witzes machten.

»Sie ist eine medizinische Kuriosität«, sagte mir mein Schwager eines Tages. »Ich habe alles an deiner mageren Schwester ausprobiert: Lebertran, Butter, Malz, Honig, Fisch, Fleisch, Eier, Stärkungsmittel. Und trotzdem hat sie nicht ein Gramm zugenommen.«

Nicht lange danach suchte ich die Bose-Familie auf. Ich hatte nur einige Minuten dort zu tun und wollte — ehe Nalini mich bemerkte — wieder gehen. Als ich schon an der Haustür war, hörte ich, wie sie in herzlichem, aber bestimmtem Ton nach mir rief.

»Komm zurück, Bruder! Diesmal sollst Du mir nicht entwischen! Ich habe mit dir zu reden.«

Ich stieg die Treppe zu ihrem Zimmer hinauf und fand sie zu meiner Überraschung in Tränen aufgelöst.

»Lieber Bruder«, sagte sie, »wir wollen das alte Kriegsbeil begraben. Ich sehe, daß du jetzt fest auf dem geistigen Weg verankert bist und möchte dir in allem gleich werden.« Dann fuhr sie mit hoffnungsvoller Stimme fort: »Du bist körperlich so kräftig geworden; kannst du mir nicht helfen? Mein Mann nähert sich mir nie, obgleich ich ihn so sehr liebe. Doch vor allem möchte ich jetzt Fortschritte in der Gottverwirklichung machen, auch wenn ich mein Leben lang mager und reizlos bleiben muß *).

Ihre Bitte ging mir tief zu Herzen, und von jener Zeit an wurden wir immer bessere Freunde. Eines Tages bat sie mich, sie als Jüngerin anzunehmen.

»Schule mich, wie du willst! Ich werde von jetzt ab nur noch auf Gott vertrauen und meine Hoffnung nicht mehr auf Stärkungsmittel setzen.« Damit ergriff sie alle ihre Medizinflaschen und goß deren Inhalt in die Dachrinne vor ihrem Fenster.

---

*) Da die meisten Inder sehr dünn sind, gilt eine mäßige Korpulenz als begehrenswert.

Um ihren Glauben zu prüfen, befahl ich ihr, weder Fisch noch Fleisch noch Eier zu essen.

Nachdem Nalini meine Anweisungen mehrere Monate lang streng befolgt und trotz großer Schwierigkeiten die vegetarische Diät eingehalten hatte, besuchte ich sie wieder.

»Schwesterlein, du hast die geistigen Vorschriften gewissenhaft befolgt, und deine Belohnung steht vor der Tür.« Dann fragte ich sie mit spitzbübischem Lächeln: »Wie dick möchtest du gern werden? So dick wie unsere Tante, die seit Jahren ihre eigenen Füße nicht mehr gesehen hat?«

»Nein! Aber ich möchte so kräftig werden wie du!«

Da erwiderte ich mit feierlicher Stimme: »So wie ich stets die reine Wahrheit gesprochen habe, so sage ich durch Gottes Gnade auch jetzt die Wahrheit *). Mit Gottes Segen wird sich dein Körper von heute an verwandeln und in einem Monat dasselbe Gewicht haben wie meiner.«

Diese aus dem Herzen gesprochenen Worte verwirklichten sich bald. Nach dreißig Tagen hatte Nalini dasselbe Gewicht erreicht wie ich. Die rundlichen Formen verliehen ihr eine neue Anmut, so daß sich ihr Mann zum ersten Male in sie verliebte und die Ehe, die unter so ungünstigen Voraussetzungen begonnen hatte, äußerst glücklich wurde.

Als ich nun von Japan zurückkehrte, erfuhr ich, daß Nalini während meiner Abwesenheit vom Typhus befallen worden war. Ich eilte sofort zu ihr hin und war entsetzt über ihre abgezehrte Gestalt. Sie lag bereits im Koma.

Mein Schwager teilte mir folgendes mit: »Solange ihr Geist noch klar war, sagte sie oft: ›Wenn nur Mukunda hier wäre, dann würde es mir

---

*) In den Hinduschriften steht, daß Menschen, die immer die Wahrheit sprechen, schließlich die Fähigkeit entwickeln, ihre Worte zu verwirklichen. Alles, was sie aus tiefstem Herzen behaupten, trifft ein. *(Yoga-Sutras II, 36)*
Da das ganze Weltall auf dem Fundament der Wahrheit ruht, heben alle Heiligen Schriften diese Tugend besonders hervor, denn sie ermöglicht es uns, unser Leben mit dem Unendlichen in Einklang zu bringen. Mahatma Gandhi sagte des öfteren: »Wahrheit ist Gott.« Sein ganzes Leben lang strebte er in Gedanken, Worten und Handlungen nach vollkommener Wahrheit. In der hinduistischen Gesellschaft ist das Ideal der Wahrheit *(Satya)* seit jeher tief verwurzelt. Marco Polo berichtet, daß die Brahmanen »unter keinen Umständen eine Lüge aussprechen.« Ein englischer Richter in Indien, William Sleeman, schrieb in seinem Buch »Reise durch Oud in den Jahren 1849—50« *(Journey Through Oudh in 1849/50)*: »In Hunderten von Fällen habe ich erlebt, daß Besitz, Freiheit, ja sogar das Leben eines Mannes von einer Lüge abhing; und dennoch weigerte er sich, sie auszusprechen.«

nicht so elend gehen!«« Und mit Tränen in den Augen fuhr er fort: »Die anderen Ärzte haben ebenfalls keine Hoffnung mehr. Nach dem heftigen Typhusanfall hat jetzt auch noch die Ruhr begonnen.«

Ich setzte mit meinen Gebeten alle Kräfte im Himmel und auf Erden in Bewegung. Unterstützt von einer anglo-indischen Krankenschwester probierte ich verschiedene Yoga-Heilmethoden an meiner Schwester aus, bis die rote Ruhr verschwand.

Dr. Bose aber schüttelte traurig den Kopf. »Sie hat einfach keinen Tropfen Blut mehr im Leib.«

»Sie wird sich erholen«, erwiderte ich mit fester Stimme. »In sieben Tagen ist das Fieber verschwunden.«

Eine Woche später schlug Nalini zu meiner Freude die Augen auf und warf mir einen liebevollen Blick des Erkennens zu. Von da an erholte sie sich schnell. Obgleich sie ihr früheres Gewicht wiedererlangte, hatte die schwere Krankheit beide Beine gelähmt. Indische und englische Fachärzte erklärten, daß sie zeitlebens ein Krüppel bleiben werde.

Ich war von dem pausenlosen Kampf um ihr Leben erschöpft und fuhr deshalb nach Serampur, um Sri Yukteswars Hilfe zu erbitten. Tiefes Mitgefühl lag in seinem Blick, als ich ihm Nalinis Zustand schilderte.

»In einem Monat werden ihre Beine geheilt sein«, sagte er und fügte hinzu: »Sie soll einen Reif mit einer undurchlochten Perle von zwei Karat auf der Haut tragen; die Perle kann von einer Klammer gehalten werden.«

Freudig und erleichtert fiel ich ihm zu Füßen.

»Gurudschi, Ihr seid ein Meister. Ein Wort von Euch genügt, sie gesund werden zu lassen. Doch wenn Ihr darauf besteht, werde ich sofort die Perle besorgen.«

Mein Guru nickte. »Ja, tue das!« Dann beschrieb er mir in allen Einzelheiten die körperlichen und geistigen Merkmale Nalinis, obgleich er sie nie im Leben gesehen hatte.

»Meister«, fragte ich, »ist das eine astrologische Analyse? Ihr wißt doch weder ihren Geburtstag noch ihre Geburtsstunde.«

Sri Yukteswar lächelte. »Es gibt eine höhere Astrologie, die weder vom Kalender noch von der Uhr abhängig ist. Jeder Mensch ist ein Teil des Schöpfers — des Kosmischen Menschen — und hat sowohl einen himmlischen als auch einen irdischen Körper. Menschliche Augen sehen nur die körperliche Form, aber das innere Auge dringt tiefer und überblickt das ganze kosmische Drama, in dem jeder Mensch eine wesentliche, individuelle Rolle zu spielen hat.«

Ich kehrte nach Kalkutta zurück und kaufte eine Perle*) für Nalini. Nach einem Monat waren ihre Beine vollkommen geheilt.

Meine Schwester bat mich, Sri Yukteswar ihre tiefste Dankbarkeit zu übermitteln. Er hörte sich ihre Botschaft schweigend an. Als ich mich später von ihm verabschiedete, machte er jedoch eine überraschende Bemerkung:

»Viele Ärzte haben deiner Schwester gesagt, daß sie niemals Kinder haben wird. Versichere ihr jedoch, daß sie innerhalb weniger Jahre zwei Töchtern das Leben schenken wird.«

Nach einigen Jahren gebar Nalini zu ihrer großen Freude ein Mädchen und nach drei weiteren Jahren eine zweite Tochter.

---

*) Perlen und andere Juwelen sowie Metalle und Pflanzen, die in direkte Berührung mit der Haut kommen, üben einen elektromagnetischen Einfluß auf die körperlichen Zellen aus. Denn der menschliche Körper enthält — genau wie die Pflanzen, Metalle und Edelsteine — Kohlenstoff und andere metallische Elemente. Eines Tages werden die auf diesem Gebiet gemachten Entdeckungen der Rischis zweifellos von den Physiologen bestätigt werden. Der feinnervige menschliche Körper mit seinen elektrischen Strömungen der Lebenskraft birgt viele noch unerforschte Geheimnisse.
Obgleich Edelsteine und metallene Armreife eine heilende Wirkung auf den Körper ausüben, empfahl Sri Yukteswar sie noch aus einem anderen Grunde. Die Meister treten nie gern als Wundertäter auf, weil es in Wirklichkeit Gott ist, der heilt. Und so verbergen sie aus Demut die ihnen von Gott verliehenen Kräfte, indem sie einen anderen Grund vorschieben. Die Menschen glauben gewöhnlich an Dinge, die sie sehen und berühren können. Wenn sich jemand an meinen Guru wandte, um geheilt zu werden, riet er ihm immer, einen Armreif oder Edelstein zu tragen. Dadurch stärkte er einerseits den Glauben des Betreffenden und lenkte andererseits die Aufmerksamkeit von sich selbst ab. Diese Armreife und Juwelen enthielten außer ihrer elektromagnetischen Heilkraft den verborgenen geistigen Segen des Meisters.

XXVI. KAPITEL

DIE WISSENSCHAFT DES KRIYA-YOGA

Die in diesem Buch so oft erwähnte Wissenschaft des *Kriya-Yoga* ist im heutigen Indien durch Lahiri Mahasaya, den Guru meines Guru, weithin bekannt geworden. Die Sanskritwurzel des Wortes *Kriya* ist *kri* (tun, handeln oder reagieren). Dieselbe Wurzel finden wir in dem Wort *Karma* (»Kausalprinzip« oder »Ursache und Wirkung«). *Kriya-Yoga* bedeutet also »Vereinigung *(Yoga)* mit dem Unendlichen durch eine bestimmte Handlung oder einen bestimmten Ritus *(Kriya)*.« Ein Yogi, der diese Technik getreulich übt, wird allmählich von seinem Karma, d. h. von der gesetzmäßigen Kette der Ursachen und Wirkungen, befreit.

Aufgrund bestimmter, seit alters bestehender Yogavorschriften kann ich den *Kriya-Yoga* in diesem für eine weite Leserschaft bestimmten Buch nicht in allen Einzelheiten erklären. Die eigentliche Technik wird von einem bevollmächtigten SRF-YSS-*Kriyaban (Kriya-Yogi)* gelehrt. Hier jedoch soll ein umfassender Überblick genügen.

Kriya-Yoga ist eine einfache, psychophysiologische Methode, mit Hilfe deren dem menschlichen Blut Kohlendioxyd entzogen und Sauerstoff zugeführt wird. Diese zusätzlichen Sauerstoffatome werden in einen »Lebensstrom« verwandelt, der das Gehirn und die Rückenmarkszentren neu belebt. Dadurch, daß der Yogi die Anhäufung venösen Blutes verhindert, kann er den Verfall der Zellen reduzieren oder sogar aufheben. Ein fortgeschrittener Yogi verwandelt seine Körperzellen in reine Energie. Elias, Jesus, Kabir und andere Propheten der Vergangenheit waren Meister im *Kriya* oder einer ähnlichen Technik, die es ihnen ermöglichte, ihren Körper beliebig zu materialisieren oder zu entmaterialisieren.

Kriya ist eine uralte Wissenschaft, die Lahiri Mahasaya von seinem großen Guru Babadschi empfing. Dieser hatte die im frühen Mittelalter verlorengegangene Technik wiederentdeckt, neu formuliert und ihr die einfache Bezeichnung »*Kriya-Yoga*« gegeben.

»Der *Kriya-Yoga*, den ich der Welt in diesem 19. Jahrhundert durch dich übergebe«, sagte Babadschi zu Lahiri Mahasaya, »ist eine Wiederbelebung derselben Wissenschaft, die Krischna vor mehreren Jahrtausenden Ardschuna vermittelte und die später auch Patandschali und Christus sowie Johannes, Paulus und anderen Jüngern bekannt wurde.«

Der *Kriya-Yoga* wird von Krischna, dem größten Propheten Indiens, zweimal in der *Bhagawadgita* erwähnt. Ein Vers lautet wie folgt: »Indem der Yogi die Einatmung der Ausatmung und die Ausatmung der Einatmung darbringt, hebt er sie beide auf; damit befreit er das *Prana* vom Herzen und gewinnt Herrschaft über seine Lebenskraft.«[1] Diese Worte sind wie folgt zu verstehen: »Der Yogi hält den Verfall seines Körpers auf, indem er sich durch Beruhigung der Lungen- und Herztätigkeit einen zusätzlichen Vorrat an *Prana* (Lebenskraft) verschafft. Außerdem wirkt er den wachstumsbedingten Veränderungen im Körper durch Beherrschung des *Apana* (ausscheidenden Stromes) entgegen. Indem der Yogi auf diese Weise Verfall und Wachstum neutralisiert, erlangt er Herrschaft über seine Lebenskraft.«

Ein anderer *Gita*-Vers lautet: »Wer der Meditation kundig ist (der *Muni*), wer das höchste Ziel verfolgt und sich von allen äußeren Erscheinungen abkehrt, indem er den Blick auf die Stelle zwischen den Augenbrauen richtet und die gleichmäßigen Ströme des *Prana* und *Apana* (die) innerhalb der Nase und der Lunge (fließen) neutralisiert, wer sein Sinnesbewußtsein und seine Geisteskräfte beherrscht und Begierde, Furcht und Zorn überwindet, erlangt ewige Freiheit.«[2]

Außerdem berichtet Krischna[3], daß er es war, der (in einer früheren Inkarnation) die zeitlose Yogatechnik Vivasvat, einem erleuchteten Seher des Altertums, übermittelte, welcher sie an Manu, den großen Gesetzgeber,[4] weitergab. Dieser lehrte sie seinerseits Ikschwaku, den Begründer der indischen Krieger- und Sonnendynastie. So wurde der königliche Yoga von einer Generation zur anderen weitergegeben und von den Rischis bis zum Beginn des materialistischen Zeitalters bewahrt[5]. Von da ab jedoch wurde die heilige Lehre immer unzugänglicher, was

---

[1] *Bhagawadgita IV*, 29
[2] *Bhagawadgita V*, 27-28. Siehe Seite 494 und 496-497 betr. weiterer Erläuterungen über wissenschaftliche Atmungsmethoden.
[3] *Bhagawadgita IV*, 1-2
[4] Der aus der Vorzeit stammende Verfasser der *Manava Dharma Schastras* (»Gesetze des Manu«). Diese gewohnheitsrechtlichen, kanonischen Satzungen haben bis zum heutigen Tage Rechtsgültigkeit in Indien.
[5] Das materialistische Zeitalter begann, den Hinduschriften zufolge, im Jahre 3102 v. Chr., als das letzte absteigende *Dwapara-Yuga* des Äquinoktialzyklus und auch das *Kali-Yuga* des Universalzyklus einsetzte. (Siehe Seite 183 u. Fußnote) Die meisten neuzeitlichen Gelehrten nehmen

einerseits an der zunehmenden Gleichgültigkeit der Menschen lag und andererseits durch die Tatsache bedingt war, daß die Priester diese Technik geheimzuhalten begannen.

Der *Kriya-Yoga* wird zweimal von dem ehrwürdigen Weisen Patandschali, dem hervorragendsten Yoga-Interpreten, erwähnt, der folgendes schreibt: »Der *Kriya-Yoga* besteht aus Disziplinierung des Körpers, Herrschaft über die Gedanken und Meditation über OM.«[1]) Patandschali bezeichnet Gott als den Kosmischen Laut *OM*, den man in der Meditation hören kann.[2]) *OM* ist das Schöpferwort, das Summen des kosmischen Motors, der Zeuge[3]) der Göttlichen Gegenwart. Selbst der Anfänger im Yoga kann in seinem Inneren bald den wundersamen Laut *OM* erklingen hören und gewinnt aufgrund dieses freudigen, geistigen Erlebnisses die Überzeugung, mit übernatürlichen Bereichen in Verbindung zu stehen.

Ein andermal erwähnt Patandschali die *Kriya*-Technik (Herrschaft über die Lebenskraft) wie folgt: »Befreiung kann durch jenen *Pranayama* erlangt werden, der die Einatmung von der Ausatmung trennt.«[4])

Auch dem Apostel Paulus war der *Kriya-Yoga* oder eine ähnliche Technik bekannt, mit deren Hilfe er die Lebensströme in den Sinnesorganen beliebig an- oder abschalten konnte. Deshalb behauptete er: »Bei unserm Ruhm, den ich habe in Christo Jesu, unserm Herrn, ich sterbe täglich.«[5]) Aufgrund dieser Methode, welche die ganze Lebenskraft des Körpers (die gewöhnlich nach außen auf die Sinnenwelt gerichtet ist und ihr somit eine scheinbare Gültigkeit verleiht) nach innen

---

an, daß die Menschheit vor 10 000 Jahren in einem barbarischen Steinzeitalter lebte und lehnen daher die weitverbreitete mündliche Überlieferung, die von einer uralten Kultur in Lemuria, Atlantis, Indien, China, Japan, Ägypten, Mexiko und vielen anderen Ländern berichtet, kurzerhand als »Mythus« ab.

[1]) *Yoga-Sutras II, 1.* Wenn Patandschali die Bezeichnung »*Kriya-Yoga*« gebrauchte, so bezieht er sich entweder auf dieselbe Technik, die später von Babadschi gelehrt wurde, oder auf eine sehr ähnliche. Daß Patandschali von einer ganz bestimmten Technik spricht, die Herrschaft über die Lebenskraft verleiht, geht aus seinem Aphorismus II, 49 in den *Yoga-Sutras* hervor (auch weiter unten erwähnt).

[2]) *Yoga-Sutras I, 27*

[3]) »Das sagt, der Amen heißt, der treue und wahrhaftige Zeuge, der Anfang der Kreatur Gottes.« *Offenbarung 3, 14* — »Im Anfang war das Wort, und das Wort war bei Gott, und Gott war das Wort . . . Alle Dinge sind durch dasselbe gemacht, und ohne dasselbe ist nichts gemacht, was gemacht ist.« *Johannes I, 1-3* — Das *OM* der Veden wurde zum heiligen Wort *Hum* der Tibetaner, *Amin* der Mohammedaner und *Amen* der Ägypter, Griechen, Römer, Juden und Christen. Auf hebräisch bedeutet es: »sicher, treu«.

[4]) *Yoga-Sutras II, 49*

[5]) *1. Korinther 15, 31*

Tafel 1

PARAMAHANSA YOGANANDA

(1893–1952)

Tafel 2

SRI YUKTESWAR (1855–1936)
Jünger von Lahiri Mahasaya und Guru von Sri Yogananda

LAHIRI MAHASAYA (1828–1895)
Jünger von Babadschi und Guru von Sri Yukteswar

BABADSCHI
Ein Mahavatar – eine »göttliche Inkarnation«

Guru von Lahiri Mahasaya
Sri Yogananda half einer Zeichenkünstlerin, dieses Bild anzufertigen.

Tafel 5

BHAGABATI CHARAN GHOSH (1853–1942)

Vater Sri Yoganandas und
Jünger von Lahiri Mahasaya

GURRU GHOSH (1868–1904)

Mutter Sri Yoganandas und
Jüngerin von Lahiri Mahasaya

Tafel 6

Sri Yogananda im Alter von
6 Jahren

Sri Yoganandas ältere Schwester
Uma in Gorakhpur

Sri Yogananda (stehend) als
Gymnasiast mit seinem älteren Bruder Ananta

Sri Yogananda mit seiner ältesten Schwester
Roma und seiner jüngeren Schwester Nalini,
1935 in Kalkutta

Tafel 7

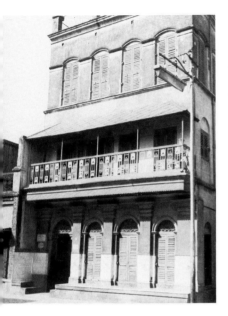

Sri Yoganandas Elternhaus
in Kalkutta

JITENDRA MAZUMDAR

Sri Yoganandas Gefährte auf der
»Reise ohne einen Pfennig« nach
Brindaban

KASCHI
Schüler in der Rantschi-Schule

Tafel 8

SWAMI PRANABANANDA

Der »Heilige mit den zwei Körpern« in Benares

SWAMI KEBALANANDA

Sri Yoganandas geliebter Sanskritlehrer

NAGENDRA NATH BHADURI

»Der schwebende Heilige«

MEISTER MAHASAYA

»Der glückselige Heilige«

Tafel 9

Unterricht im Freien im *Yogoda-Brahmatscharya-Vidyalaya* – einem Internat für Knaben, das 1918 von Sri Yogananda gegründet wurde

YOGODA MATH IN DAKSCHINESWAR/INDIEN

Das 1938 von Paramahansa Yogananda gegründete Hauptzentrum der *Yogoda Satsanga Society* am Ganges bei Kalkutta

Tafel 10

Sri Yogananda (zweiter von rechts) mit einigen anderen Delegierten auf dem Kongreß der Freireligiösen Bewegung Amerikas in Boston 1920

INTERNATIONALES MUTTERZENTRUM DER
SELF-REALIZATION FELLOWSHIP

in Los Angeles/Kalifornien – 1925 von Sri Yogananda gegründet

Tafel 11

Luther Burbank und Sri Yogananda in Santa Rosa, 1924

Sri Yogananda während eines Vortrags im Philharmonischen Auditorium
von Los Angeles im Januar 1925

Tafel 12

Therese Neumann (links), Sri Yogananda (rechts) und dessen Sekretär Richard Wright im Juli 1935 in Eichstätt

Die Yogini Schankari Mai Dschiu, die einzige noch lebende Jüngerin von Trailanga Swami. Das Bild wurde während des *Kumbha-Mela* in Hardwar im Jahre 1938 aufgenommen, als die Yogini bereits 112 Jahre alt war.

Tafel 13

Die als Speiseraum dienende offene Veranda im 1. Stock der Einsiedelei Sri Yukteswars in Serampur (1935). Sri Yogananda (Mitte) sitzt neben seinem Guru (rechts stehend).

Letzte, von Sri Yukteswar gehaltene Sonnenwendfeier im Hof seiner Einsiedelei in Serampur, Dezember 1935. Sri Yogananda und Sri Yukteswar in der Mitte des Bildes am Tisch

Tafel 14

SRI YUKTESWAR UND
SRI YOGANANDA
im Jahre 1935 in Kalkutta

Gedächtnistempel
über dem Grab Sri Yukteswars in Puri, Indien

Tafel 15

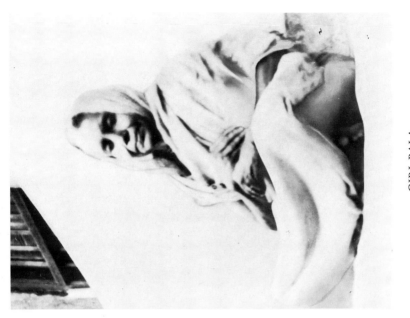

GIRI BALA
Die Heilige, die ohne Nahrung lebt

Sri Yogananda (rechts) mit Ananda Moyi Ma und
ihrem Gatten Molanath – 1936

Tafel 16

Swami Keschabananda (links, stehend), ein 90jähriger jüngerer Lahiri Mahasayas, mit Sri Yogananda und dessen Sekretär Richard Wright in Keschabanandas Aschram in Brindaban, im Jahre 1936

Im Jahre 1958 besuchte das Oberhaupt des indischen Swami-Ordens, der verstorbene Sri Schankaratscharya Sri Dschagadguru von Puri, die Vereinigten Staaten und war während dieser Zeit Gast der Self-Realization Fellowship. Dies war das erste Mal, daß ein Schankaratscharya nach dem Westen reiste.

Tafel 17

Sri Yogananda mit Mahatma Gandhi in Wardha, 1935

Der indische Botschafter in den Vereinigten Staaten, Sri Binay R. Sen und Sri Yogananda im Mutterzentrum der Self-Realization Fellowship, Los Angeles 1952. Botschafter Sen erwähnte in einer Ansprache: »Hätten wir heute einen Mann wie Paramahansa Yogananda in den Vereinten Nationen, sähe es wahrscheinlich besser in der Welt aus.«

Tafel 18

Luftaufnahme von der Einsiedelei der *Self-Realization Fellowship* in Encinitas/ Kalifornien am Pazifischen Ozean

Luftaufnahme vom »Schrein am See« der *Self-Realization Fellowship* mit dem Gandhi-Weltfriedens-Denkmal in Pacific Palisades bei Los Angeles

Tafel 19

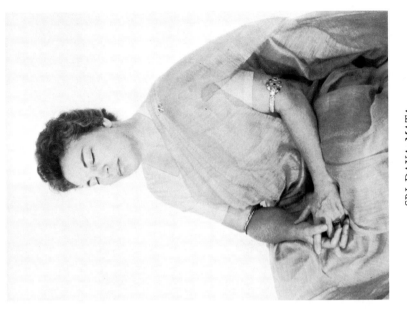

SRI DAYA MATA
(Präsidentin der *Self-Realization Fellowship*)

in tiefer Meditation

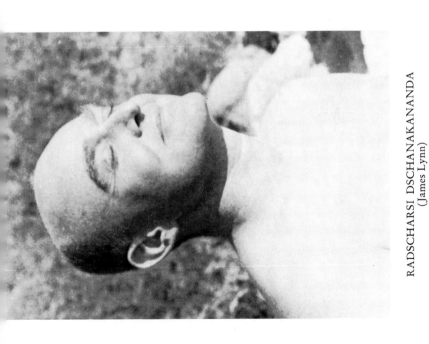

RADSCHARSI DSCHANAKANANDA
(James Lynn)

Ein westlicher Yogi im Samadhi

PARAMAHANSA YOGANANDA – »DAS LETZTE LÄCHELN«

Diese Aufnahme wurde am 7. März 1952, eine Stunde vor seinem Mahasamadhi (dem endgültigen, bewußten Verlassen seines Körpers) aufgenommen, als er an einem Bankett zu Ehren des indischen Botschafters Binay Sen in Los Angeles teilnahm.

richtet, erlebte Paulus täglich die wahre Yoga-Vereinigung mit dem »Ruhm« (der Glückseligkeit) des Christusbewußtseins. In diesem glückseligen Zustand fühlte er, daß er in der Welt der Sinnestäuschungen *(Maya)* »gestorben«, d. h. ihrer ledig geworden war.

In den anfänglichen Stadien der Gottvereinigung *(Sabikalpa-Samadhi)* verschmilzt das Bewußtsein des Meditierenden mit dem Kosmischen GEIST; seine Lebenskraft wird vom Körper zurückgezogen, der »tot«, d. h. starr und leblos, erscheint. Dabei ist sich der Yogi der aufgehobenen Lebenstätigkeit seines Körpers vollkommen bewußt. Wenn er jedoch höhere geistige Bewußtseinsstadien erreicht *(Nirbikalpa-Samadhi)*, ist er auch im normalen Wachzustand, ja, selbst bei intensiver weltlicher Tätigkeit*) mit Gott verbunden, ohne daß der Körper dabei erstarrt.

»Mit Hilfe des *Kriya-Yoga* kann die menschliche Entwicklung erheblich beschleunigt werden«, erklärte Sri Yukteswar seinen Schülern. »Die Yogis des Altertums entdeckten, daß der Schlüssel zum Kosmischen Bewußtsein hauptsächlich in der Herrschaft über den Atem liegt. Hierin besteht Indiens einzigartiger und zeitloser Beitrag zum Wissensschatz der Welt. Die Lebenskraft, die gewöhnlich durch die Herztätigkeit verausgabt wird, muß mit Hilfe einer atemberuhigenden Methode für höhere Funktionen frei gemacht werden.«

Der *Kriya-Yogi* lernt, seine Lebenskraft geistig in einem Bogen um die sechs Rückenmarkszentren auf- und abwärts kreisen zu lassen (das Mark-, Nacken-, Herz-, Lenden-, Kreuzbein- und Steißbeinzentrum) — die den zwölf astralen Tierkreiszeichen, d. h. dem symbolischen Kosmischen Menschen, entsprechen. Diese eine halbe Minute lang um das empfindsame Rückenmark des Menschen fließende Energie bewirkt einen subtilen Fortschritt in seiner Evolution; denn eine halbe Minute *Kriya* entspricht einem Jahr natürlicher geistiger Entwicklung.

Das astrale Nervensystem des Menschen mit seinen sechs (durch Polarität zwölf) inneren Konstellationen, die um die Sonne des allwissenden geistigen Auges kreisen, steht in Wechselbeziehung zur physischen Sonne und den zwölf Tierkreiszeichen. Alle Menschen unterliegen daher dem Einfluß eines inneren und eines äußeren Universums. Die alten Rischis entdeckten, daß der Mensch sowohl durch seine irdische als auch durch seine himmlische Umgebung in einer Reihe von Zwölf-

---

*) Das Sanskritwort *Bikalpa* bedeutet »Unterschied, Ungleichheit.« *Sabikalpa* ist der *Samadhi*-Zustand »mit Unterschied«, *Nirbikalpa* der Zustand »ohne Unterschied«; d. h., im *Sabikalpa-Samadhi* fühlt der Gottsucher noch eine geringe Trennung von Gott, während er im *Nirbikalpa-Samadhi* voll und ganz im GEIST aufgegangen ist.

Jahres-Zyklen auf dem natürlichen Entwicklungsweg vorangetrieben wird. Den Heiligen Schriften zufolge benötigt der Mensch normalerweise eine Million Jahre krankheitsfreier Entwicklung, um sein menschliches Gehirn zu vervollkommnen und in das kosmische Bewußtsein einzugehen.

Tausend in achteinhalb Stunden geübte *Kriyas* ermöglichen es dem Yogi, an einem einzigen Tag den gleichen Fortschritt zu erzielen, für den er auf dem natürlichen Entwicklungsweg tausend Jahre gebraucht hätte; mit anderen Worten: 365 000 Jahre geistiger Entwicklung in einem Jahr. In drei Jahren kann der *Kriya-Yogi* daher durch anhaltende geistige Bemühungen dasselbe Ergebnis erzielen, wozu die Natur eine Million Jahre benötigt. Dieser abgekürzte *Kriya*-Weg kann selbstverständlich nur von hoch entwickelten Yogis beschritten werden, die ihren Körper und ihr Gehirn unter der Führung eines Guru sorgfältig vorbereitet haben und somit der Energie, die durch ein derartig intensives Üben erzeugt wird, standhalten können.

Der Anfänger im *Kriya* übt seine Yogatechnik morgens und abends nur 14 bis 24 mal. Im allgemeinen erreichen die Yogis ihre Befreiung nach 6, 12, 24 oder 48 Jahren. Wenn ein Yogi stirbt, bevor er höchste Verwirklichung erreicht hat, wird er aufgrund seines guten Karmas (das er durch gewissenhaftes Üben des *Kriya* erworben hat) im nächsten Leben ganz von selbst wieder dem höchsten Ziel entgegenstreben.

Der Körper des Durchschnittsmenschen kann beispielshalber mit einer 50-Watt-Birne verglichen werden, die nicht auf einen Stromdurchgang von Milliarden Watt, wie er bei einem übermäßigen *Kriya*-Üben erfolgt, eingerichtet ist. Wenn dagegen die einfachen und absolut ungefährlichen *Kriya*-Übungen allmählich und regelmäßig gesteigert werden, finden täglich astrale Veränderungen im menschlichen Körper statt, bis dieser schließlich die unbegrenzte kosmische Energie — die erste physische Ausdrucksform des GEISTES — zu offenbaren vermag.

Kriya-Yoga hat nichts mit den unwissenschaftlichen Atemübungen gemein, die von einer Anzahl irregeleiteter Fanatiker gelehrt werden. Jeder Versuch, den Atem gewaltsam in der Lunge zurückzuhalten, ist unnatürlich und außerdem sehr unangenehm. Den *Kriya* dagegen begleitet von Anfang an ein Gefühl des Friedens und eine angenehme, belebende Empfindung in der Wirbelsäule.

Durch diese von alters her überlieferte Yogatechnik wird der Atem in Geiststoff verwandelt. Bei höherer geistiger Entwicklung kann man den Atem als einen rein geistigen Vorgang oder eine geistige Vorstellung, d. h. als »Traum-Atem«, erkennen.

Viele Beispiele für die mathematische Beziehung zwischen der Atemgeschwindigkeit und den unterschiedlichen menschlichen Bewußtseinsstadien könnten hier angeführt werden. Wer sich tief auf etwas konzentriert, d. h. wer einer anstrengenden geistigen Debatte folgt oder ein schwieriges körperliches Kunststück ausführen will, wird ganz automatisch viel langsamer atmen. Anhaltende Aufmerksamkeit ist immer von verlangsamter Atmung abhängig. Dagegen ist schnelles oder unregelmäßiges Atmen ein untrügliches Zeichen schädlicher Gemütsbewegungen wie Furcht, Wollust oder Zorn. Der ruhelose Affe atmet 32mal in der Minute, der Durchschnittsmensch jedoch nur 18mal. Die Atemgeschwindigkeit des Elefanten, der Schildkröte, der Schlange und anderer für ihre Langlebigkeit bekannter Tiere liegt noch unter der des Menschen. Die Riesenschildkröte z. B., die ein Alter von 300 Jahren erreichen kann, atmet nur 4mal in der Minute.

Die verjüngende Wirkung des Schlafs beruht darauf, daß der Mensch seinen Körper und seinen Atem vorübergehend vergißt. Der Schlafende wird also zu einem unfreiwilligen Yogi und vollzieht jede Nacht unbewußt einen Yoga-Ritus, wobei er sich von jeder Identifizierung mit dem Körper frei macht und seine Lebenskraft in die heilenden Ströme der Haupthirnregion und ihrer sechs Nebendynamos, der Rückenmarkszentren, führt. Auf diese Weise wird der Schlafende, ohne daß er es weiß, von der lebenspendenden kosmischen Energie aufgeladen.

Der »freiwillige« Yogi hingegen wendet voll bewußt (und nicht unbewußt wie der Schläfer) ein einfaches und natürliches Verfahren an. Wenn z. B. der *Kriya-Yogi* seine Technik übt, erfüllt er alle seine Körperzellen mit unvergänglichem Licht und erhält sie dadurch in einem geistig magnetisierten Zustand. Er macht also mit einer wissenschaftlichen Methode das Atmen überflüssig, ohne daß er während des Übens in einen passiven Zustand (Schlaf, Unterbewußtsein oder Tod) eingeht.

In Menschen, die unter dem Einfluß der *Maya* (der Naturgesetze) stehen, fließt die Lebenskraft nach außen und wird durch die Sinne vergeudet und mißbraucht. Beim Üben des *Kriya* aber fließen die Lebensströme in umgekehrter Richtung, d. h., die Lebenskraft wird auf geistigem Wege zum inneren Kosmos gelenkt, wo sie sich mit den feinen Energien der Wirbelsäule verbindet. Derart verstärkt, wirkt sie wie ein geistiges Elixier, das die Körper- und Gehirnzellen des Yogi neu belebt.

Menschen, die sich nur von der im All wirkenden natürlichen Kraft führen lassen, werden nach einer Million Jahren Selbstverwirklichung erlangen, wenn sie sich richtig ernähren, genug Sonnenlicht aufnehmen und harmonische Gedanken hegen. Man braucht zwölf Jahre, um nur die geringste Verfeinerung in der Gehirnstruktur zu bewirken, und eine Million Sonnenjahre, um das Gehirn soweit zu veredeln, daß es kosmisches Bewußtsein auszudrücken vermag. Ein *Kriya-Yogi* jedoch, der eine wissenschaftliche geistige Technik übt, hat es nicht mehr nötig, sich für derart lange Zeit den Naturgesetzen zu unterwerfen.

Der Atem ist das Band, das die Seele an den Körper fesselt; *Kriya* aber durchschneidet dieses Band und bewirkt somit eine Verlängerung des Lebens und eine unendliche Erweiterung des Bewußtseins. Das ständige »Tauziehen«, das zwischen dem Geist und den körperverhafteten Sinnen stattfindet, kann durch Anwendung der Yogatechnik beendet werden. Dann ist der Gottsucher endlich frei und kann das Erbe seines ewigen Reiches antreten. Dann weiß er, daß sein wahres Selbst weder an die körperliche Hülle noch an den Atem — Sinnbild seiner Versklavung durch den Sauerstoff und die natürlichen Triebe — gebunden ist.

Hat der *Kriya-Yogi* einmal Herrschaft über Körper und Geist erlangt, siegt er schließlich auch über seinen »letzten Feind«, den Tod *).

> Du lebst vom Tod so, wie vom Menschen er,
> Und wenn der Tod stirbt, gibt's kein Sterben mehr. **)

Innenschau oder »schweigendes Stillsitzen« sind unwissenschaftliche Methoden, mit denen man meist vergeblich versucht, den Geist von den Sinnen (mit denen er durch die Lebenskraft verknüpft ist) zu lösen. Denn der kontemplative Geist, der sich bemüht, zu Gott zurückzukehren, wird durch die Lebenskraft ständig wieder zu den Sinnen hingezogen. Das einfachste, wirkungsvollste und wissenschaftlichste Mittel, sich dem Unendlichen zu nähern, ist der *Kriya*, der durch seine direkte Einwirkung auf die Lebenskraft auch Herrschaft über den Geist ausübt. Im Vergleich zu dem langsamen, unsicheren »Ochsenkarren« der

---

*) »Der letzte Feind, der aufgehoben wird, ist der Tod.« *1. Korinther 15, 26*. Der unverweste Körper Paramahansa Yoganandas (siehe Seite 6) beweist, daß er ein vollendeter *Kriya-Yogi* war. Doch nicht alle großen Meister bewahren nach ihrem Tode einen unverweslichen Körper. (Siehe Seite 322, Fußnote) Solche Wunder geschehen, wie in den Hinduschriften erklärt wird, nur zu einem besonderen Zweck. Im Falle Paramahansadschis war der »besondere Zweck« zweifellos der, den Westen vom Wert des Yoga zu überzeugen. Yoganandadschi kam im Auftrag Babadschis und Sri Yukteswars nach dem Westen, um den dort lebenden Menschen zu helfen, und blieb seiner Aufgabe bis über den Tod hinaus treu. *(Anmerkung des Herausgebers)*

**) Shakespeare: Sonett 146 (Deutsche Übersetzung von Friedrich Bodenstedt)

Theologie kann der *Kriya-Yoga* mit Recht als der »Flugweg« zu Gott bezeichnet werden.

Die Yoga-Wissenschaft beruht auf einer Anzahl erprobter Konzentrations- und Meditationsmethoden, mit Hilfe deren man den Strom der Lebenskraft willkürlich in die fünf »Sinnestelephone« (Gesicht, Gehör, Geruch, Geschmack und Tastsinn) leiten und ihn wieder von ihnen zurückziehen kann. Wenn der Yogi seine Sinne derart »an- und abschalten« kann, ist er auch in der Lage, sich je nach Belieben auf die göttlichen Sphären oder auf die irdische Welt einzustellen; d. h., er kann nicht mehr gegen seinen Willen in den Bereich sinnlicher Empfindungen und ruheloser Gedanken zurückgezogen werden.

Das Leben eines fortgeschrittenen *Kriya-Yogi* wird nicht von den Auswirkungen seiner früheren Taten, sondern nur noch von der Seele regiert. Ihm genügt es nicht, lediglich aus den Folgen seiner guten oder bösen Taten zu lernen und sich dadurch allmählich höherzuentwickeln; denn ein solches Schneckentempo ist dem Adlerflug seines Geistes nicht angemessen.

Dank seinem geistigen Lebenswandel vermag der Yogi aus dem Kerker seines eigenen Ich hinauszutreten und die reine Luft der Allgegenwart zu atmen. Damit verglichen ist das »natürliche Leben« ein Sklavendasein, in dem die Entwicklung wahrhaft beschämend voranschleicht. Wer sich nur auf den normalen Evolutionsvorgang verläßt, kann von der Natur keine Eile verlangen. Selbst wenn er nie gegen irgendein physisches oder geistiges Gesetz verstößt, muß er sich dennoch eine Million Jahre immer wieder in neue Körper kleiden, bis er seine endgültige Befreiung erlangt.

Die weitsichtigen Yoga-Methoden, die einem dazu verhelfen, sich weder mit seinem Körper noch mit seinem Geist, sondern nur noch mit seiner Seele zu identifizieren, sind daher allen denen zu empfehlen, die sich gegen die tausend und aber tausend Jahre auflehnen. Und diese Zeitspanne verlängert sich noch für den Durchschnittsmenschen, der nicht einmal mit der Natur, geschweige denn mit seiner Seele im Einklang ist, sondern ein naturwidriges Leben führt und den physischen und geistigen Gesetzen zuwiderhandelt. Ihm genügen kaum zwei Millionen Jahre für die Befreiung.

Primitive Menschen erkennen selten oder nie, daß ihr Körper ein Königreich ist, das von der Seele regiert wird; sie wissen nicht, daß die Seele auf dem Thron des Großhirns sitzt und über sechs Hilfsregenten in den Rückenmarkszentren (Bewußtseinssphären) befiehlt. Diese Theokratie herrscht über eine Menge gehorsamer Untertanen: 27 000 000 000 000 Zellen (die mit einer unfehlbaren, wenn auch scheinbar automatischen Intelligenz begabt sind und das Wachstum, den Stoffwechsel und den Zerfall im Körper bewirken) und 50 000 000 primäre Gedanken, Gemütsbewegungen und wechselnde Bewußtseinsphasen bei einer durchschnittlichen Lebensdauer von 60 Jahren.

Jede sichtbare Auflehnung des Körpers oder Geistes gegen die Regentin Seele in Form von Krankheit oder Unvernunft kann nicht etwa den treuen Untertanen zur Last gelegt werden, sondern nur dem Menschen selbst, der jetzt oder früher keinen richtigen Gebrauch von seiner Individualität, d. h. seinem freien Willen, gemacht hat. Dieser wurde ihm gleichzeitig mit seiner Seele verliehen und kann ihm nie wieder genommen werden.

Solange sich der Mensch mit seinem oberflächlichen Ich identifiziert, glaubt er auch, daß er es ist, der denkt, will, fühlt, Nahrung verdaut und sich am Leben erhält, und wird niemals zugeben (und nur ein wenig Nachdenken würde genügen!), daß er im täglichen Leben nichts als eine Marionette ist, deren Verhalten vom Karma (ehemaligen Handlungen), von der Natur und von der Umgebung bestimmt wird. Alle verstandesmäßigen Reaktionen, Gefühle, Stimmungen und Gewohnheiten sind nichts anderes als die Wirkungen der jetzt oder in früheren Leben von ihm selbst erzeugten Ursachen. Die königliche Seele jedoch ist über alle diese Einflüsse erhaben. Darum kämpft sich der *Kriya-Yogi*, der an keiner ephemeren Wahrheit oder Freiheit interessiert ist, durch alle Täuschungen hindurch, bis er zum Selbst — zur wahren Freiheit — vorgestoßen ist. Die Heiligen Schriften aller Religionen erklären, daß der Mensch kein vergänglicher Körper, sondern eine lebendige Seele ist; der *Kriya-Yoga* aber liefert den Beweis hierfür.

»Man kann die Unwissenheit nicht durch religiöse Riten aufheben, weil diese nicht im Gegensatz zu ihr stehen«, schrieb Schankara in seinen berühmten »Hundert Versen«. »Unwissenheit kann nur durch wahres Wissen beseitigt werden. Und Wissen gewinnt man nur durch Nachforschen. ›Wer bin ich? Wie ist dieses Universum entstanden? Wer hat es erschaffen? Wie entstand die Materie?‹ Von dieser Art Nachforschung spreche ich.« Da der Intellekt keine Antwort auf diese Fragen geben kann, entwickelten die Rischis die geistigen Forschungsmethoden des Yoga.

Der wahre Yogi, dessen Denken, Wollen und Fühlen nicht mehr von körperlichen Trieben bestimmt wird, verbindet seinen Geist mit den überbewußten Kräften der Wirbelsäule und lebt in dieser Welt so, wie es Gott für ihn geplant hat, d. h., er läßt sich weder von seinen alten Gewohnheiten noch von neuen unvernünftigen Beweggründen zwingen. Er hat seine höchste Erfüllung gefunden und ruht geborgen im letzten Hafen — in der unerschöpflichen Glückseligkeit des GEISTES.

Krischna hat die unfehlbare Wirkung der praktischen Yogamethoden mit folgenden Worten hervorgehoben: »Der Yogi ist größer als der enthaltsam lebende Asket, größer selbst als der Schüler auf dem Wege der Weisheit *(Jnana-Yoga)* oder dem Wege des Handelns *(Karma-Yoga)*. Darum sei du, o mein Jünger Ardschuna, ein Yogi.«*

Kriya-Yoga ist der echte »Feuerritus«, der oft in der Gita erwähnt wird. Der Yogi wirft all seine menschlichen Begierden in ein monotheistisches Freudenfeuer, das dem Einzigen Gott geweiht ist. Dies ist die wahre Feuerzeremonie des Yoga, in der alle ehemaligen und gegenwärtigen Wünsche als Brennstoff dienen und von den Flammen der göttlichen Liebe verzehrt werden. Die Letzte Flamme empfängt das Opfer allen menschlichen Wahns und befreit den Menschen von sämtlichen Schlacken. Wenn dann das begehrliche Fleisch von seinen Knochen abgefallen und sein karmisches Skelett von der keimtötenden Sonne der Weisheit gebleicht worden ist, steht er endlich makellos und rein vor Mensch und Schöpfer da.

---

*) *Bhagawadgita VI, 46*
Die moderne Wissenschaft ist dabei, die erstaunlichen Heilwirkungen festzustellen, die durch Stillegung des Atems erreicht werden können und sich sowohl auf den Körper als auch auf den Geist erstrecken. Dr. Alvan Barach von der medizinisch-chirurgischen Fakultät der Universität New York hat eine örtliche Lungenrast-Therapie eingerichtet, die vielen Tuberkulosekranken Genesung bringt. Der Aufenthalt in einer Druckausgleichskammer ermöglicht es dem Patienten, mit Atmen auszusetzen. Folgende Erklärung Dr. Barachs wurde am 1. Februar 1947 von der *New York Times* veröffentlicht: »Die Wirkung, die durch Aussetzen der Atmung auf das zentrale Nervensystem ausgeübt wird, ist von bemerkenswertem Interesse. Die Bewegungsimpulse der willkürlichen Muskeln in den Extremitäten sind derart vermindert, daß der Patient stundenlang in der Kammer liegen kann, ohne seine Hände zu bewegen oder seine Stellung zu ändern. Sobald die willkürliche Atmung stillgelegt wird, haben die Patienten kein Verlangen nach Rauchen mehr, und zwar auch solche nicht, die durchschnittlich zwei Päckchen Zigaretten am Tag verbrauchten. In vielen Fällen ist die Entspannung derart, daß der Patient nach keiner Abwechslung verlangt.« 1951 bestätigte Dr. Barach in aller Öffentlichkeit die Wirksamkeit seiner Behandlungsmethode, die, wie er sagte, »nicht nur der Lunge, sondern dem ganzen Körper und anscheinend auch dem Geist Ruhe verschafft. So wird z. B. die Herztätigkeit um ein Drittel verlangsamt. Unsere Patienten haben keine Sorgen mehr, und niemand von ihnen kennt Langeweile.«
Lassen wir diese Tatsachen sprechen, so beginnen wir zu verstehen, wie es den Yogis möglich ist, lange Zeit stillzusitzen, ohne unruhig zu werden und sich nach geistiger oder körperlicher Tätigkeit zu sehnen. Nur in solcher Stille kann die Seele ihren Weg zu Gott zurückfinden. Wenn auch der Durchschnittsmensch noch in einer Druckausgleichskammer bleiben muß, um Gewinn aus der Stillegung der Atmung zu ziehen, so braucht der Yogi nichts anderes als die *Kriya-Yoga*-Technik, um die dadurch erzielte wohltuende Wirkung auf seinen Körper, seinen Geist und seine Seele festzustellen.

XXVII. KAPITEL

GRÜNDUNG EINER YOGASCHULE IN RANTSCHI

»Warum hast du eigentlich eine solche Abneigung gegen organisatorische Tätigkeit?«

Diese Frage des Meisters verblüffte mich ein wenig. Es stimmt, daß ich damals insgeheim der Meinung war, Organisationen seien nichts als »Wespennester«.

»Weil es eine undankbare Aufgabe ist, Meister«, erwiderte ich. »Ganz gleich, was der Leiter tut oder nicht tut, er wird immer kritisiert.«

»Willst du den ganzen göttlichen *Tschanna* (weißen Käse) für dich allein behalten?« fragte mein Guru da, indem er mich ernst anblickte. »Wäre irgendein Mensch — du selbst mit einbegriffen — imstande, Gott mit Hilfe des Yoga zu finden, wenn nicht eine Reihe großherziger Meister bereit gewesen wäre, ihr Wissen an andere weiterzugeben?« Dann fuhr er fort: »Gott ist der Honig, und die Organisation ist der Bienenstock. Beide sind notwendig. Natürlich ist die äußere Form wertlos, wenn sie nicht vom Geist erfüllt ist. Warum willst du aber nicht produktive Bienenstöcke errichten und sie mit geistigem Nektar füllen?«

Seine Worte gingen mir tief zu Herzen. Wenn ich auch im Augenblick nichts erwiderte, so fühlte ich dennoch einen heiligen Entschluß in meinem Herzen aufsteigen: ich würde, soweit es in meiner Macht lag, die befreienden Wahrheiten, die ich zu Füßen meines Guru gelernt hatte, an andere Menschen weitergeben. »Herr«, betete ich, »laß Deine Liebe immer im Heiligtum meiner Hingabe leuchten und gib mir die Fähigkeit, Deine Liebe in allen Herzen zu erwecken.«

Vor längerer Zeit, noch ehe ich in den Mönchsorden eingetreten war, hatte Sri Yukteswar eine überraschende Frage an mich gestellt.

»Wenn du erst älter bist, wirst du sicher eine Lebensgefährtin entbehren. Meinst du nicht auch, daß ein Familienvater, der eine nützliche Aufgabe in der Welt erfüllt und Frau und Kinder versorgt, ein gottgefälliges Leben führt?«

»Gurudschi!« hatte ich entrüstet ausgerufen. »Ihr wißt, daß meine ganze Sehnsucht in diesem Leben dem Kosmischen Geliebten gilt!«

Da hatte der Meister so herzlich gelacht, daß ich merkte, er hatte mich durch seine Worte nur prüfen wollen.

Dann aber hatte er mit ernster Miene hinzugefügt: »Vergiß nicht, daß derjenige, der den üblichen weltlichen Pflichten entsagt, sich nur dadurch rechtfertigen kann, daß er in irgendeiner Form die Verantwortung für eine viel größere Familie übernimmt.«

Die Erziehung der Jugend hatte mir schon immer sehr am Herzen gelegen, denn ich wußte nur zu gut, wie unzulänglich die allgemeine Schulbildung war, die allein auf eine Entwicklung des Körpers und Intellekts zielte. Was dem Lehrplan fehlte, waren die sittlichen und geistigen Werte, ohne deren Anerkennung es kein wahres Glück geben kann. Ich entschloß mich also, eine Schule zu gründen, in der die Knaben sich zu höchster menschlicher Reife entwickeln konnten, und unternahm meinen ersten Versuch mit sieben Kindern in Dihika, einer kleinen Ortschaft in Bengalen.

Ein Jahr später, im Jahre 1917, konnte ich dank der großzügigen Hilfe des Maharadscha von Kasimbasar, Sri Manindra Tschandra Nandy, mit meiner schnell anwachsenden Knabenschar nach Rantschi übersiedeln. Diese Stadt in Bihar, die etwa 300 km südlich von Kalkutta liegt, hat ein für Indien besonders gesundes Klima. Der Kasimbasar-Palast in Rantschi wurde zum Hauptgebäude der neuen Schule, der ich den Namen *Yogoda-Satsanga-Brahmatscharya-Vidyalaya* gab*).

Ich stellte je einen Lehrplan für Volksschulunterricht und Gymnasialunterricht auf, der landwirtschaftliche, gewerbliche, kaufmännische und akademische Fächer umfaßte. Getreu dem Erziehungsideal der alten Rischis (deren Wald-Aschrams der indischen Jugend als weltliche und göttliche Lehranstalten dienten) sorgte ich dafür, daß der größte Teil des Unterrichts im Freien abgehalten wurde.

Die Rantschi-Schüler werden auch in Yoga-Meditation und der einzigartigen »Yogoda«-Methode zur Ertüchtigung und Gesunderhaltung des Körpers unterrichtet, deren Prinzip ich 1916 entdeckt hatte.

---

*) *Vidyalaya* = Schule. *Brahmatscharya* bezieht sich hier auf einen der vier in den Veden beschriebenen Lebensabschnitte: 1. Der ledige Schüler (*Brahmatschari*); 2. der Familienvater, der seine irdischen Pflichten erfüllt (*Grihastha*); 3. der Einsiedler (*Vanaprastha*); 4. der Waldbewohner oder Wanderer, der frei von allen weltlichen Sorgen ist (*Sannyasi*). Dieses ideale System der Lebensführung wird im heutigen Indien nicht mehr allgemein befolgt, obgleich es noch viele treue Anhänger hat. In allen vier Stadien, d. h. sein ganzes Leben lang, steht man unter der Leitung eines Guru.
Weitere Mitteilungen über die Schule in Rantschi sind in Kapitel 40 zu finden.

Da ich wußte, daß der menschliche Körper einer elektrischen Batterie gleicht, folgerte ich daraus, daß er unmittelbar durch den Willen mit Energie aufgeladen werden kann. Bei allem, was wir tun, müssen wir Willenskraft anwenden. Diese natürliche Triebkraft des Willens können wir uns auch zunutze machen, um unserem Körper neue Kraft zuzuführen — und zwar ohne alle Geräte oder rein mechanische Übungen. Mittels der einfachen »Yogoda«-Technik kann man den unbegrenzten Vorrat an kosmischer Energie anzapfen und seine Lebenskraft (die sich im verlängerten Mark konzentriert) jederzeit bewußt erneuern.

Die Jungen in Rantschi gediehen prächtig unter der »Yogoda«-Schulung und entwickelten die erstaunliche Fähigkeit, ihre Lebenskraft willentlich von einem Körperteil in den anderen zu verlagern und selbst die schwierigsten *Asanas* (Körperstellungen) zu meistern.*) Sie legten Proben von Kraft und Ausdauer ab, zu denen sogar viele kräftige Erwachsene nicht fähig waren.

Mein jüngster Bruder Bischnu Tscharan Ghosch trat ebenfalls in die Rantschi-Schule ein und wurde später ein bekannter Meister auf dem Gebiet der Körperkultur. In den Jahren 1938—39 bereiste er mit einem seiner Schüler mehrere Länder des Westens, wo er die Professoren der Columbia-Universität in New York sowie vieler anderer Universitäten Amerikas und Europas durch seine Kraftleistungen und athletischen Kunststücke, mit denen er die Macht des Geistes über den Körper bewies, in Erstaunen versetzte. **)

Nach einem Jahr war die Zahl der Anmeldungen für die Rantschi-Schule bereits auf 2000 angestiegen. Doch die Schule, die damals nur auf Internatsbetrieb eingestellt war, konnte nicht mehr als hundert Kinder unterbringen. Bald wurde daher noch eine Tagesschule angebaut.

Im *Vidyalaya* mußte ich für die Kleinen Vater und Mutter zugleich sein und mich außerdem mit vielen organisatorischen Fragen befassen. Dabei kamen mir oft folgende Worte Christi in den Sinn: »Wahrlich, ich sage euch: Es ist niemand, so er verläßt Haus oder Brüder oder Schwestern oder Vater oder Mutter oder Weib oder Kinder oder Äcker um meinetwillen und um des Evangeliums willen, der nicht hundertfältig empfange: jetzt in dieser Zeit Häuser und Brüder und Schwestern

---

*) Da die *Asanas* (Yogastellungen zur Förderung der Gesundheit) immer mehr Interesse in den westlichen Ländern finden, sind mehrere illustrierte Bücher hierüber veröffentlicht worden.
**) Bischnu Tscharan Ghosch starb am 9. Juli 1970 in Kalkutta.

und Mütter und Kinder und Äcker mitten unter Verfolgungen, und in der zukünftigen Welt das ewige Leben.« *)

Sri Yukteswar hatte diese Worte wie folgt ausgelegt: »Der Gottsucher, der auf Ehe und Familienleben verzichtet, um eine größere Verantwortung für die menschliche Gesellschaft (»hundertfältig jetzt in dieser Zeit Häuser und Brüder«) zu übernehmen, wird von der Welt oft mißverstanden und verfolgt. Weil er sich aber einer größeren Gemeinschaft zugehörig fühlt, fällt es ihm leichter, seine Selbstsucht zu überwinden und göttlichen Lohn zu ernten.«

Eines Tages kam mein Vater nach Rantschi, um mir seinen Segen zu geben; er hatte lange damit gezögert, weil ich die mir zugedachte Stellung bei der Bengal-Nagpur-Eisenbahngesellschaft ausgeschlagen und ihn dadurch verletzt hatte.

»Mein Sohn«, sagte er, »ich habe mich jetzt mit deinem Lebensweg ausgesöhnt. Und ich freue mich, dich inmitten dieser glücklichen, begeisterten Kinder zu sehen. Hier paßt du besser hin als zu den leblosen Eisenbahnfahrplänen.« Er wies auf ein Dutzend kleiner Wichte, die sich an meine Fersen hefteten. »Ich hatte nur acht Kinder«, bemerkte er mit leuchtenden Augen, »aber ich weiß, wie dir zumute ist.«

Da wir zehn Hektar fruchtbaren Ackerlands besaßen, arbeiteten Schüler, Lehrer und auch ich täglich im Garten, was uns viel Freude machte. Wir hatten auch mehrere Haustiere, darunter ein junges Reh, das die Kinder abgöttisch liebten. Auch ich hatte das Rehkitz so gern, daß ich es sogar in meinem Zimmer schlafen ließ. Schon beim ersten Dämmerlicht pflegte das kleine Wesen an mein Bett zu tappen, um sich einen zärtlichen Gutenmorgengruß zu holen.

Eines Tages fütterte ich das Reh früher als gewöhnlich, weil ich wegen einiger Geschäfte in die Stadt mußte. Ich gebot den Jungen, das Tier nicht vor meiner Rückkehr zu füttern. Einer der Knaben war jedoch ungehorsam und gab ihm eine Menge Milch. Als ich abends heimkam, empfing man mich mit der Nachricht: »Das Reh ist überfüttert worden und liegt im Sterben.«

Tränenden Auges nahm ich das leblos daliegende Tier auf meinen Schoß und betete flehentlich zu Gott, daß Er es am Leben erhalten möge. Als es dann nach einigen Stunden tatsächlich die Augen öffnete, sich langsam erhob und ein paar unsichere Schritte tat, brach die ganze Schule in Jubelrufe aus.

Doch in derselben Nacht wurde mir eine ernste Lehre erteilt, die ich nie vergessen werde. Ich wachte bis 2 Uhr morgens bei dem Tier und

---

*) *Markus 10, 29-30*

schlief dann ein. Da erschien mir das Reh im Traum und sprach zu mir:
»Du hältst mich zurück. Laß mich gehen! Bitte, laß mich gehen!«
»Ja«, antwortete ich im Traum.

Gleich danach wachte ich auf und rief: »Kinder, das Reh stirbt!« Die Jungen kamen sofort in mein Zimmer gestürzt, und ich lief in die Ecke, wo ich das Tier hingebettet hatte. Es machte einen letzten Versuch, sich zu erheben, taumelte auf mich zu und fiel dann tot zu meinen Füßen nieder.

Dem Massenkarma zufolge, welches das Schicksal der Tiere regiert, war das Leben des Rehs zu Ende, und es war bereit, in eine höhere Daseinsform überzugehen. Doch durch meine tiefe Anhänglichkeit, die — wie ich später einsah — selbstsüchtig war, und durch meine inbrünstigen Gebete war es mir möglich gewesen, es in seiner begrenzten tierischen Form, aus der es sich zu lösen versuchte, zurückzuhalten. Deshalb wandte sich die Seele des Rehs im Traum an mich, denn ohne meine liebende Einwilligung wollte oder konnte es nicht gehen. Sobald ich es aber freigab, verschied es.

All mein Kummer war verflogen. Ich erkannte von neuem, daß Gott von Seinen Kindern erwartet, alle Geschöpfe als einen Teil Seines Selbst zu lieben und nicht der Täuschung anheimzufallen, mit dem Tode sei alles zu Ende. Der unwissende Mensch sieht nur die unüberwindliche Mauer des Todes, hinter der seine geliebten Freunde scheinbar auf immer verborgen bleiben. Doch wer sich innerlich an niemanden bindet und alles Erschaffene als eine Ausdrucksform Gottes liebt, versteht auch, daß seine Lieben im Tode nur für eine selige Atempause zu Ihm zurückkehren.

Aus der anfangs kleinen und bescheidenen Rantschi-Schule entwickelte sich mit der Zeit ein Institut, das jetzt in ganz Bihar und Bengalen bekannt ist. Einige Fachgruppen der Schule werden von Wohltätern, die am Fortbestehen der altindischen Erziehungsideale interessiert sind, finanziell unterstützt. Blühende Zweigschulen entstanden in Midnapur und Lakschmanpur.

Die Zentrale in Rantschi unterhält u. a. auch eine Sanitätsstation, die die Armen aus der Umgebung kostenlos mit Medikamenten und ärztlicher Hilfe versorgt. Die Anzahl der Patienten, die dort jährlich behandelt werden, beläuft sich auf etwa 18 000. Der *Vidyalaya* ist in vielen Sportwettbewerben als Sieger hervorgegangen und hat auch Höchstleistungen in wissenschaftlichen Fächern erzielt. Zahlreiche Rantschi-Abiturienten haben sich später während ihrer akademischen Laufbahn ausgezeichnet.

In den letzten drei Jahrzehnten ist die Rantschi-Schule des öfteren von hochstehenden Persönlichkeiten aus Ost und West besucht worden. Swami Pranabananda, der »Heilige mit den zwei Körpern« aus Benares, kam 1918 für einige Tage nach Rantschi. Als der große Meister die malerische Schülergruppe unter den Bäumen sah und ihrem Unterricht beiwohnte und als er beobachtete, wie die Knaben abends mehrere Stunden lang unbeweglich im Yogasitz meditierten, war er zutiefst gerührt.

»Was für eine Herzensfreude es für mich ist zu sehen, daß Lahiri Mahasayas Erziehungsideale in diesem Institut verwirklicht werden«, sagte er. »Möge der Segen meines Guru immerdar auf ihm ruhen.«

Ein junger Bursche, der neben mir saß, wagte eine Frage an den großen Yogi zu richten:

»Sir«, fragte er, »werde ich später auch Mönch werden und mein Leben Gott weihen?«

Swami Pranabananda lächelte gütig, während seine Augen in die Zukunft drangen.

»Kind«, erwiderte er, »wenn du herangewachsen bist, wartet eine schöne Braut auf dich.« (Obgleich der Junge viele Jahre lang geplant hatte, in den Swami-Orden einzutreten, heiratete er schließlich).

Einige Zeit nach dem Besuch Swami Pranabanandas in Rantschi begleitete ich meinen Vater nach Kalkutta, um den großen Yogi, der sich vorübergehend dort aufhielt, zu besuchen. Dabei kam mir die vor vielen Jahren gemachte Prophezeiung Pranabanandas wieder in den Sinn: »Ich werde dich später mit deinem Vater wiedersehen.«

Als wir das Zimmer des Swami betraten, erhob sich der große Yogi und umarmte meinen Vater liebevoll.

»Bhagabati«, sagte er, »wie steht es mit deinem geistigen Fortschritt? Siehst du nicht, wie dein Sohn dem Unendlichen entgegenstürmt?« Ich errötete, als ich so unvermutet in Gegenwart meines Vaters gelobt wurde. Der Swami aber fuhr fort: »Du erinnerst dich sicher der Worte, die unser gesegneter Guru uns ständig ans Herz legte: ›Banat, banat, ban dschai!‹ [*] Übe unentwegt *Kriya-Yoga*, damit du bald die Tore des Himmels erreichst.«

Pranabanandas Körper, der während meines ersten Besuches in Benares soviel Kraft und Gesundheit ausgestrahlt hatte, zeigte nun deutliche Spuren des Alters, obgleich der Yogi sich noch immer bewundernswert aufrecht hielt.

---

[*] Worte, die Lahiri Mahasaya besonders oft an seine Schüler richtete, um sie zu immer tieferer Meditation anzuspornen. Die wörtliche Übersetzung lautet: »Tun, tun, eines Tages getan!« Man kann diesen Gedanken auch freier übertragen: »Strebend, strebend, immer strebend gelangst du an das Göttliche Ziel.«

»Swamidschi«, fragte ich, indem ich ihm gerade in die Augen blickte, »fühlt Ihr nicht das Herannahen des Alters? Leiden Eure göttlichen Wahrnehmungen in irgendeiner Weise darunter, daß der Körper schwächer wird?«

Mit engelhaftem Lächeln erwiderte er: »Der Geliebte ist mir jetzt näher als je zuvor.« Diese mit tiefster Überzeugung gesprochenen Worte hatten eine überwältigende Wirkung auf mich. Dann fuhr er fort: »Ich erfreue mich noch immer der beiden Pensionen, der einen von Bhagabati und der anderen von droben.« Dabei wies der Heilige mit der Hand gen Himmel und verfiel für kurze Zeit in Ekstase, wobei sein Antlitz von einem göttlichen Licht übergossen wurde. Eine deutliche Antwort auf meine Frage!

Ich bemerkte mehrere Pflanzen und Samenpäckchen in Pranabanandas Zimmer und fragte ihn nach ihrem Zweck.

»Ich habe Benares für immer verlassen«, sagte er, »und befinde mich jetzt auf dem Weg zum Himalaja, wo ich einen Aschram für meine Jünger errichten will. Mit diesem Samen wollen wir Spinat und anderes Gemüse anbauen. Meine Lieben werden einfach leben und ihre Zeit in seliger Gottverbundenheit zubringen. Mehr brauchen sie nicht.«

Da fragte Vater seinen Mitjünger, wann er wieder nach Kalkutta kommen werde.

»Nie mehr«, erwiderte der Heilige. »Dies ist das Jahr, in dem ich — wie Lahiri Mahasaya vorausgesagt hat — mein geliebtes Benares für immer verlasse und zum Himalaja gehe, um dort meine sterbliche Hülle abzuwerfen.«

Als er dies sagte, füllten sich meine Augen mit Tränen; doch der Swami lächelte friedlich. Er erinnerte mich an ein himmlisches Kind, das geborgen im Schoß der Göttlichen Mutter ruht. Ein großer Yogi, der im Vollbesitz seiner geistigen Kräfte ist, fühlt die Bürde der Jahre nicht. Er hat die Fähigkeit, seinen Körper jederzeit zu verjüngen. Doch manchmal liegt ihm nichts daran, den Vorgang des Alterns aufzuhalten, und er zieht es vor, sein gesamtes Karma abzutragen, d. h., seinen gegenwärtigen Körper als zeitsparendes Mittel zu benutzen, um nicht in einem neuen Körper das restliche Karma ausarbeiten zu müssen.

Monate später begegnete ich einem alten Freund, Sanandan, der zu Pranabanandas engem Jüngerkreis gehörte.

»Mein geliebter Guru ist heimgegangen«, berichtete er mir schluchzend. »Er hatte in der Nähe von Rischikesch eine Einsiedelei erbaut, wo er uns mit großer Liebe schulte. Als wir uns gut eingelebt hatten und in seiner Gegenwart beachtliche geistige Fortschritte machten, schlug er eines Tages vor, eine große Menschenmenge aus Rischikesch zu speisen. Ich fragte, warum er eine solch große Anzahl wünsche.

›Weil dies mein letztes Fest ist‹, sagte er. Ich verstand die tiefere Bedeutung seiner Worte jedoch nicht.

Pranabanandadschi half uns beim Kochen großer Nahrungsmengen, und wir speisten etwa 2000 Gäste. Nach dem Festmahl saß er auf einer erhöhten Tribüne und hielt eine inspirierende Ansprache über das Unendliche. Als er geendet hatte, wandte er sich vor den Blicken der vielköpfigen Menschenmenge an mich — ich saß neben ihm auf der Tribüne — und sprach mit ungewöhnlicher Kraft:

›Sanandan, bereite dich vor! Ich sprenge jetzt die Hülle!‹ *)

Ich schwieg einen Augenblick wie betäubt und rief dann laut aus: ›Meister, tut es nicht! Bitte tut es nicht!‹ Die Menge verharrte in Schweigen, da sie nicht wußte, wie sie meine Worte deuten sollte. Pranabanandadschi lächelte mir zu, doch seine Augen blickten bereits in die Ewigkeit.

›Sei nicht selbstsüchtig‹, sagte er, ›und klage nicht um mich. Ich habe euch allen lange und gern gedient. Darum freut euch nun und wünscht mir eine gesegnete Reise. Ich gehe zu meinem Kosmischen Geliebten.‹ Und flüsternd fuhr Pranabanandadschi fort: ›Ich werde bald wiedergeboren. Wenn ich mich einige Zeit der Unendlichen Glückseligkeit erfreut habe, werde ich zur Erde zurückkehren und mich Babadschi **) anschließen. Du wirst bald erfahren, wann und wo meine Seele sich in einem neuen Körper inkarniert hat.‹

Dann rief er wiederum aus: ›Sanandan, jetzt sprenge ich mit dem zweiten *Kriya-Yoga* ***) die Hülle!‹

Er blickte auf das unübersehbare Meer von Gesichtern herab und segnete die Menge. Dann richtete er den Blick nach innen auf das geistige Auge, und sein Körper wurde regungslos. Während die verstörte Menschenmenge noch glaubte, daß er in tiefer Ekstase meditierte, hatte

---

*) D. h. »ich gebe den Körper auf«.
**) Lahiri Mahasayas Guru, der heute noch lebt. (Siehe Kapitel 33)
***) Der von Lahiri Mahasaya gelehrte zweite *Kriya* befähigt diejenigen, die Meisterschaft in dieser Technik erlangt haben, ihren Körper jederzeit bewußt zu verlassen. Fortgeschrittene Yogis wenden die zweite *Kriya*-Technik an, wenn sie ihren Körper im Tode endgültig verlassen, denn der Zeitpunkt ist ihnen stets im voraus bekannt.
Große Yogis können, so oft sie wollen, in das geistige Auge eingehen und das sternförmige, pranische Tor durchschreiten, das in die Freiheit führt. Christus sprach: »Ich bin die Tür; so jemand durch mich eingeht, der wird selig werden und wird ein und aus gehen und Weide finden. Ein Dieb *(Maya,* Täuschung) kommt nur, daß er stehle, würge und umbringe. Ich (das Christusbewußtsein) bin gekommen, daß sie das Leben und volle Genüge haben sollen.« *(Johannes 10, 9-10)*

er bereits die körperliche Hülle verlassen und seine Seele in die unendliche kosmische Heimat geführt. Als die Jünger schließlich seinen in der Lotosstellung sitzenden Körper berührten, war er schon erkaltet. Nichts als ein erstarrter Rahmen war zurückgeblieben; der Bewohner war in die Gefilde der Unsterblichkeit entflohen.«

Als Sanandan seine Erzählung beendet hatte, dachte ich: »Der glückselige ›Heilige mit den zwei Körpern‹ starb ebenso dramatisch, wie er lebte.«

Dann erkundigte ich mich, wo Pranabananda wiedergeboren werden sollte.

»Ich betrachte dies als ein heiliges Geheimnis«, erwiderte Sanandan, »und möchte es deshalb niemandem mitteilen. Vielleicht kannst du es auf andere Weise erfahren.«

Jahre später hörte ich von Swami Keschabananda *), daß Pranabananda sich einige Jahre nach seiner Wiedergeburt nach Badrinarayan im Himalaja aufgemacht hatte, um sich dort der Gruppe von Heiligen, die den großen Babadschi umgeben, anzuschließen.

---

*) Meine Begegnung mit Keschabananda wird auf Seite 413-416 beschrieben.

XXVIII. KAPITEL

DER WIEDERGEBORENE UND WIEDERGEFUNDENE KASCHI

»Geht bitte nicht ins Wasser! Wir wollen uns lieber mit Eimern begießen«, mahnte ich meine Schüler aus Rantschi, mit denen ich mich auf einer Wanderung zu einem 12 km entfernt gelegenen Hügel befand. Obgleich der vor uns liegende Teich zum Baden verlockte, hatte ich eine instinktive Abneigung gegen ihn. Die meisten Jungen begannen ihre Eimer zu füllen, doch ein paar Burschen konnten der Versuchung des kühlen Wassers nicht widerstehen und tauchten hinein. Doch sogleich wurden sie von großen Wasserschlangen umringt und stürzten mit drolligem Gebaren kreischend und planschend wieder ans Ufer.

Als wir unseren Bestimmungsort erreicht hatten, hielten wir dort ein fröhliches Picknick. Ich saß, von den Jungen umringt, unter einem Baum; und da sie mich in angeregter Stimmung fanden, bestürmten sie mich mit Fragen.

»Sir«, fragte einer der Jungen, »werde ich immer mit Euch auf dem Weg der Entsagung bleiben?«

»O nein«, erwiderte ich. »Du wirst gegen deinen Willen nach Hause gerufen werden und später heiraten.«

Er wollte mir nicht glauben und erhob lebhaften Einspruch. »Nur tot kann man mich nach Hause bringen!« (Innerhalb weniger Monate jedoch kamen seine Eltern und nahmen ihn trotz seiner Tränen und seines Widerstandes mit. Einige Jahre später heiratete er.)

Nachdem ich viele Fragen beantwortet hatte, wandte sich ein etwa 12jähriger Junge namens Kaschi an mich. Er war ein ausgezeichneter Schüler und bei allen Klassenkameraden beliebt.

»Sir«, fragte er, »was wird mein Schicksal sein?«

»Du wirst bald sterben.« Es war, als ob eine unwiderstehliche Macht diese Worte auf meine Lippen gezwungen hätte.

Diese Eröffnung verursachte sowohl mir selbst als auch allen anderen Kummer und Schrecken. Innerlich schalt ich mich ein *enfant terrible* und lehnte es ab, irgendwelche weiteren Fragen zu beantworten.

Als wir zur Schule zurückgekehrt waren, suchte Kaschi mich in meinem Zimmer auf.

»Wenn ich sterben muß, würdet Ihr mich dann bitte suchen, sobald ich wiedergeboren werde, und mich wieder auf den geistigen Weg führen?« fragte er unter Schluchzen.

Ich sah mich gezwungen, diese schwere okkulte Verantwortung abzulehnen. Doch Kaschi blieb hartnäckig. Wochenlang ließ er in seinem Drängen nicht nach. Als ich schließlich sah, daß er vor Verzweiflung fast zusammenbrach, tröstete ich ihn mit folgendem Versprechen:

»Wenn der Himmlische Vater mir dabei hilft, werde ich versuchen, dich wiederzufinden.«

Während der Sommerferien unternahm ich eine kurze Reise, konnte Kaschi aber leider nicht mit mir nehmen. Ehe ich abfuhr, rief ich ihn jedoch zu mir und warnte ihn dringend davor, sich aus dem geistigen Schwingungsbereich der Schule zu entfernen; er sollte allen Überredungskünsten zum Trotz standhaft bleiben. Irgendwie fühlte ich, daß das drohende Unheil abgewandt werden könne, wenn er diesmal nicht nach Hause fuhr.

Sobald ich abgefahren war, traf Kaschis Vater in Rantschi ein. Fünfzehn Tage lang versuchte er, den Willen seines Sohnes zu brechen, und erklärte ihm, daß er nur für vier Tage nach Kalkutta mitzukommen brauche, um seine Mutter zu besuchen, und dann wieder zurückkehren könne. Aber Kaschi weigerte sich beharrlich. Schließlich bestand der Vater darauf, den Jungen durch die Polizei nach Hause bringen zu lassen. Diese Drohung beängstigte Kaschi, denn er wollte keinen öffentlichen Skandal in der Schule heraufbeschwören. Und so sah er keinen anderen Ausweg, als mitzufahren.

Als ich einige Tage später nach Rantschi zurückkehrte und hörte, auf welche Weise Kaschi fortgeschafft worden war, nahm ich sofort den nächsten Zug nach Kalkutta und mietete mir, dort angekommen, eine Droschke. Die ersten Personen, denen ich überraschenderweise begegnete, als ich über die Howrah-Brücke fuhr, waren Kaschis Vater und einige seiner Familienangehörigen in Trauerkleidung. Ich befahl dem Kutscher zu halten, sprang vom Wagen herab und sah den unglücklichen Vater durchdringend an.

»Mörder!« rief ich ein wenig hitzig aus, »Ihr habt meinen Jungen getötet!«

Der Vater hatte bereits eingesehen, was für ein Unrecht er begangen hatte. Während der kurzen Zeit, die der Junge gegen seinen Willen in Kalkutta zubrachte, hatte er sich durch Essen unreiner Nahrung die Cholera zugezogen und war daran gestorben.

Meine Liebe zu Kaschi und mein Versprechen, ihn nach seinem Tode wiederzufinden, ließen mir Tag und Nacht keine Ruhe. Wo ich auch hinging, tauchte sein Gesicht vor mir auf. Und so unternahm ich eine denkwürdige Suchaktion, ähnlich wie vor vielen Jahren, als ich meine Mutter verloren hatte.

Ich fühlte, daß ich die mir von Gott verliehene Vernunft und meine ganze Kraft zum Einsatz bringen müsse, um die transzendenten Gesetze aufzuspüren, mit Hilfe deren ich den astralen Aufenthaltsort des Jungen bestimmen konnte. Seine vor unerfülltem Verlangen zitternde Seele schwebte irgendwo als eine Lichtmasse unter Millionen von anderen leuchtenden Seelen im Astralreich — soviel wußte ich. Wie konnte ich mich aber bei der Unmenge vibrierender Seelenlichter auf ihn einstellen?

Ich versuchte es mit einer geheimen Yogatechnik und sandte Kaschis Seele durch das »Mikrophon« meines geistigen Auges (das in der Stirn zwischen den Augenbrauen liegt) * liebevolle Gedanken. Intuitiv fühlte ich, daß Kaschi bald zur Erde zurückkehren würde und daß seine Seele meinen ununterbrochenen Ruf vernehmen müsse. Auch wußte ich, daß ich den leisesten Impuls, der von Kaschi ausging, in den Nerven meiner Finger, meiner Arme und meines Rückgrats spüren würde.

Indem ich meine erhobenen Hände als Antennen benutzte, drehte ich mich oftmals im Kreise, um die Richtung festzustellen, wo er — wie ich fühlte — bereits als Embryo wiedergeboren worden war. Durch tiefe Konzentration auf das »Radio« meines Herzens hoffte ich, seine Antwort empfangen zu können.

Etwa sechs Monate lang wandte ich diese Yogatechnik mit unvermindertem Eifer an. Als ich eines Morgens mit einigen Freunden durch das bevölkerte Bowbazar-Viertel von Kalkutta ging, hob ich meine Hände wieder in der üblichen Weise hoch. Da empfing ich zu meiner Freude zum ersten Mal eine Antwort: ein elektrisches Prickeln begann sich in meinen Fingern und Handflächen bemerkbar zu machen. Diese Ströme formten sich zu Worten, die mit überwältigender Gewißheit in meinem Bewußtsein widerhallten: »Ich bin Kaschi, ich bin Kaschi! Komm zu mir!«

Als ich mich auf das Radio meines Herzens konzentrierte, wurde der

---

*) Der Wille, der vom Punkt zwischen den Augenbrauen ausgestrahlt wird, ist die Sendestation der Gedanken. Das still im Herzen konzentrierte Gefühl dagegen macht den Menschen zu einem geistigen Radio, das die Botschaften anderer Personen von nah und fern *empfangen* kann. In der Telepathie werden die feinen Gedankenschwingungen eines Menschen zunächst durch den feineren Astraläther und danach durch den gröberen irdischen Äther übertragen, wo sie elektrische Wellen erzeugen, die sich ihrerseits im Geist eines anderen Menschen zu Gedankenwellen formen.

Gedanke fast hörbar. Immer wieder vernahm ich seinen Ruf in der ihm eigenen heiseren Flüsterstimme. *) Ich ergriff den Arm eines meiner Begleiter, Prokasch Das, und lächelte ihn freudig an.

»Ich glaube, ich habe Kaschi gefunden!«

Dann begann ich mich, zur unverhohlenen Belustigung meiner Freunde und der Vorübergehenden, mehrmals im Kreise zu drehen. Die elektrischen Impulse liefen nur dann durch meine Finger, wenn ich mich einer in der Nähe gelegenen Straße zuwandte, die den Namen »Serpentinengasse« trug; sie verschwanden jedoch, wenn ich eine andere Richtung einschlug.

»Ah!« rief ich aus, »Kaschis Seele muß in den Schoß einer Mutter eingegangen sein, die in dieser Gasse wohnt.«

Während ich mich mit meinen Gefährten der Serpentinengasse näherte, wurden die Schwingungen in meinen erhobenen Händen immer stärker. Wie von einer magnetischen Kraft angezogen, ging ich auf die rechte Straßenseite. Als ich an das Tor eines gewissen Hauses kam, blieb ich zu meiner Überraschung wie festgenagelt stehen. Mit größter Spannung klopfte ich an die Haustür und hielt dann den Atem an. Ich fühlte, daß meine lange und ungewöhnliche Suche zu einem erfolgreichen Abschluß gekommen war.

Eine Dienerin öffnete mir und sagte, daß die Herrschaft zu Hause sei. Bald darauf kam der Hausherr vom ersten Stock herab und lächelte mich verwundert an. Ich wußte kaum, wie ich meine Frage, die zugleich schicklich und unschicklich war, formulieren sollte.

»Stimmt es, Sir, daß Eure Frau seit etwa sechs Monaten ein Kind erwartet?« **)

---

*) Jede Seele ist in ihrem reinen Urzustand allwissend. Kaschis Seele erinnerte sich aller charakteristischen Merkmale des Knaben Kaschi und ahmte daher die heisere Stimme nach, um sich mir in Erinnerung zu bringen.

**) Obgleich viele Menschen nach ihrem physischen Tode 500 oder sogar 1000 Jahre in der Astralwelt bleiben, gibt es keine gemeingültige Regel für die Zeitdauer zwischen den einzelnen Inkarnationen. (Siehe Kapitel 43) Die dem Menschen zugemessene Zeitspanne in der irdischen oder astralen Welt wird von seinem Karma bestimmt.

Der Tod wie auch der Schlaf — der »kleine Tod« — sind eine Notwendigkeit in der irdischen Welt, weil sie den unerleuchteten Menschen vorübergehend von den Fesseln der Sinne befreien. Da der Mensch seinem innersten Wesen nach GEIST ist, erfährt er durch den Schlaf wie auch durch den Tod eine gewisse Erneuerung — eine Erinnerung an sein unkörperliches Dasein.

Das ausgleichende Gesetz des Karma ist, wie in den Hinduschriften erklärt wird, das Gesetz von Aktion und Reaktion, von Ursache und Wirkung, von Säen und Ernten. Die natürliche Gerechtigkeit *(Rita)* sorgt dafür, daß jeder Mensch aufgrund seiner Gedanken und Handlungen zum eigenen Urheber seines Schicksals wird. Die Kräfte, die er durch seine weisen oder

»Ja, das stimmt.« Da er sah, daß ich ein Swami — d. h. ein Mönch — war und die traditionelle orangenfarbige Robe trug, fügte er höflich hinzu: »Würdet Ihr mir bitte verraten, wie Ihr das erfahren habt?«

Als er dann die Geschichte von Kaschi und dem Versprechen, das ich ihm gegeben hatte, hörte, war er zutiefst erstaunt, schenkte meinem Bericht aber Glauben.

»Euch wird ein Knabe von ziemlich heller Hautfarbe geboren werden«, erklärte ich ihm. »Er wird ein breites Gesicht mit einer hochstehenden Haarlocke über der Stirn haben, und seine Interessen werden vorwiegend auf geistigem Gebiet liegen.« Ich war überzeugt, daß das noch ungeborene Kind diese Ähnlichkeit mit Kaschi aufweisen würde.

Später besuchte ich den Jungen, dessen Eltern ihm den alten Namen Kaschi wiedergegeben hatten. Schon als Baby glich er auffallend meinem lieben Rantschi-Schüler. Das Kind faßte sofort eine tiefe Zuneigung zu mir, denn die Anziehungskraft, die zwischen uns bestand, kam nun in verstärktem Maße zum Durchbruch.

Jahre später, als Kaschi das Jünglingsalter erreicht hatte und ich schon in Amerika war, schrieb er mir von seinem aufrichtigen Wunsch, den Weg der Entsagung zu gehen. Ich verwies ihn an einen Meister im Himalaja, der den wiedergeborenen Kaschi als Jünger annahm.

---

törichten Taten selbst in Bewegung gesetzt hat, müssen zu ihm als dem Ausgangspunkt zurückkehren und gleichen somit einem Kreis, der sich unerbittlich schließt. »Die Welt mutet mich wie eine mathematische Gleichung an, die man umkehren kann, wie man will, und die sich doch immer gleich bleibt. Schweigend und unfehlbar wird jedes Geheimnis enthüllt, jedes Verbrechen bestraft, jede Tugend belohnt, jedes Unrecht wiedergutgemacht.« *Emerson* (in *Compensation* = Ausgleich). Kenntnis vom Gesetz des Karma — der trotz aller Ungleichheiten regierenden Gerechtigkeit — ermöglicht es dem menschlichen Geist, sich von seinem Groll gegen Gott und die Menschen zu befreien. (Siehe Seite 188, Fußnote)

XXIX. KAPITEL

EIN GESPRÄCH MIT RABINDRANATH TAGORE ÜBER UNSERE SCHULEN

»Rabindranath Tagore lehrte uns, so mühelos wie die Vögel zu singen — ganz so, wie unser Gefühl es uns eingibt«, erklärte mir Bhola Nath, ein vierzehnjähriger Knabe der Rantschi-Schule, den ich gerade wegen seines melodischen Singens gelobt hatte. Bei ihm bedurfte es keiner Aufforderung; er nahm jede Gelegenheit wahr, um einen Strom von Melodien aus seiner Kehle hervorbrechen zu lassen. Ehe er zu uns kam, hatte er die berühmte Tagore-Schule »Santiniketan« (Hafen des Friedens) in Bolpur besucht.

»Ich kenne Rabindranaths Lieder seit frühester Kindheit«, erzählte ich meinem Schüler. »Alle Bengalen — sogar die unbelesenen Bauern — begeistern sich an seinen Versen.«

Dann sangen Bhola und ich gemeinsam einige Refrains von Tagore, der Tausende von indischen Gedichten — sowohl seine eigenen als auch solche aus altindischen Quellen — selbst vertont hat.

»Ich begegnete Rabindranath, kurz nachdem er den Nobelpreis für Literatur erhalten hatte«, sagte ich, als wir unser Lied beendet hatten, und fuhr dann lächelnd fort: »Ich wollte gern den Mann kennenlernen, der sich mit solch bewundernswerter Zivilcourage seiner Kritiker entledigt hatte.«

Bhola horchte neugierig auf und bat mich, ihm die Geschichte zu erzählen.

»Die Sprachgelehrten ließen kein gutes Haar an Tagore«, begann ich, »weil er einen neuen Stil in die bengalische Dichtkunst eingeführt hatte. Er verschmolz Worte der Umgangssprache mit klassischen Ausdrucksformen, ohne sich an die vorgeschriebenen Regeln zu halten, die den Pandits so sehr am Herzen liegen. Seine Lieder drücken tiefe philosophische Wahrheiten aus, und zwar in einer Sprache, die an das Gefühl appelliert und sich nur wenig nach den überlieferten Versmaßen richtet.

Ein einflußreicher Kritiker bezeichnete Rabindranath verächtlich als einen ›Gimpel, der sein gedrucktes Gezwitscher für eine Rupie verkauft‹. Doch Tagores Revanche ließ nicht lange auf sich warten. Kurz nachdem er seinen *Gitanjali* (Sangesopfer) ins Englische übersetzt hatte, lag ihm die ganze literarische Welt des Abendlandes zu Füßen. Und nun traf ein ganzer Waggon voller Pandits, darunter auch seine einstigen Kritiker, in Santiniketan ein, um ihm ihre Glückwünsche darzubringen.

Rabindranath empfing seine Gäste erst nach einer absichtlich langen Wartezeit und hörte sich ihre Lobpreisungen dann schweigend an, ohne eine Miene zu verziehen. Schließlich schlug er sie mit ihrer eigenen Waffe — der Ironie.

›Meine Herren, der Weihrauch, den Sie mir hier streuen, paßt nicht gut zum üblen Geruch Ihrer früheren Verachtung. Besteht vielleicht irgendeine Beziehung zwischen dem mir kürzlich verliehenen Nobelpreis und Ihrer plötzlichen Geschmacksverfeinerung? Ich bin noch derselbe Dichter, der Ihnen mißfiel, als er seine ersten bescheidenen Blumen auf den Altar Bengalens legte.‹

Die kühne Zurechtweisung, die Tagore seinen Kritikern erteilt hatte, wurde in mehreren Zeitungen veröffentlicht. Ich bewunderte die Offenheit dieses Mannes, der sich nicht durch Schmeicheleien blenden ließ«, fuhr ich fort. »Später lernte ich Rabindranath in Kalkutta kennen, und zwar durch seinen Sekretär, Herrn Andrews[*]), der nur mit einem einfachen *Dhoti* bekleidet war und Tagore liebevoll seinen *Gurudewa* nannte.

Rabindranath empfing mich mit großer Herzlichkeit. Ein besonderes Fluidum ging von seiner Persönlichkeit aus — eine Mischung von Charme, feingeistiger Bildung und Liebenswürdigkeit. Auf meine Frage nach seinem dichterischen Werdegang erzählte mir Tagore, daß es hauptsächlich unsere religiösen Epen und die Werke Vidyapatis, eines volkstümlichen Dichters des 14. Jahrhunderts, gewesen waren, die einen maßgebenden Einfluß auf ihn ausgeübt hatten.«

Angeregt durch diese Erinnerungen begann ich Tagores Neufassung eines alten bengalischen Liedes (»Zünde die Lampe Deiner Liebe an«) zu singen. Bhola stimmte freudig ein, und wir wanderten singend durch die Anlagen des *Vidyalaya*.

Etwa zwei Jahre nach der Gründung meiner Schule in Rantschi erhielt ich eine Einladung von Rabindranath nach Santiniketan; er war an einem Gedankenaustausch über unsere Erziehungsideale interessiert.

---

[*]) Der englische Schriftsteller und Publizist, der eng mit Mahatma Gandhi befreundet war. Andrews genießt in seiner Wahlheimat Indien, der er große Dienste erwiesen hat, allgemeine Verehrung.

Ich sagte freudig zu. Der Dichter saß in seinem Arbeitszimmer, als ich eintraf. Wie bei unserer ersten Begegnung, so kam mir auch jetzt wieder der Gedanke, daß er der Inbegriff reifer, männlicher Schönheit war — ein Modell, das jeden Maler begeistert hätte: das edel geschnittene Patriziergesicht, das von langem Haar und wallendem Bart umrahmt war, die großen, seelenvollen Augen, das engelhafte Lächeln und die melodische Stimme, die im wahrsten Sinne des Wortes bezaubern konnte. Obgleich er von hoher und kräftiger Gestalt war, besaß er dennoch eine fast frauliche Zartheit und eine herzerfrischende, kindliche Ursprünglichkeit. Er war in jeder Hinsicht die ideale Verkörperung eines Dichters.

Tagore und ich waren bald in ein angeregtes Gespräch über unsere Schulen vertieft, die beide unkonventionelle Grundsätze verfolgten. Wir entdeckten viele gemeinsame Richtlinien: Unterricht im Freien, einfaches Leben, freier Spielraum für die schöpferische Gestaltungskraft des Kindes. Rabindranath legte jedoch besonderen Wert auf das Studium der Literatur und Dichtkunst und auf freie Ausdrucksgestaltung in Musik und Gesang, wie ich schon bei Bhola bemerkt hatte. Die Kinder in Santiniketan hielten Schweigezeiten ein, empfingen aber keinen besonderen Yogaunterricht.

Der Dichter hörte mit schmeichelhafter Aufmerksamkeit zu, als ich ihm die »Yogoda«-Methode zur Energieversorgung und die Yoga-Konzentrationstechniken beschrieb, die von allen Schülern in Rantschi geübt werden.

Er erzählte mir daraufhin, welche Schwierigkeiten er selbst während seiner Jugendjahre gehabt hatte. »Ich lief schon als Sextaner von der Schule fort«, gestand er mir lachend. Ich konnte mir gut vorstellen, wie sich seine poetische, feinfühlige Natur gegen die strenge Disziplin und die nüchterne Atmosphäre des Klassenzimmers aufgelehnt hatte.

»Darum errichtete ich Santiniketan unter den schattigen Bäumen und dem strahlenden Himmel«, sagte er und wies mit beredter Geste auf eine kleine Gruppe, die in einem malerischen Winkel des Gartens beim Unterricht saß. »Inmitten von Blumen und Singvögeln befindet sich das Kind in seiner natürlichen Umgebung. Dort kann es den verborgenen Reichtum seiner Seele viel leichter entfalten. Denn wahre Bildung wird nicht eingetrichtert oder von außen hineingepumpt, sondern bringt den unendlichen Wissensschatz, der bereits im Innern schlummert, ans Licht.« *)

---

*) »Da die Seele oft wiedergeboren wird oder, wie die Hindus sagen, ›in Tausenden von Geburten auf den Wegen des Daseins dahinwandert‹ ... gibt es nichts, wovon sie noch keine Kenntnis hätte; ist es daher verwunderlich, daß sie sich an Dinge erinnern kann ..., die sie früher bereits

Ich stimmte ihm lebhaft zu und sagte: »In den meisten Schulen läßt man die heroischen Gedanken und Ideale der Jugend verkümmern, weil man ihr nicht viel mehr als Statistiken und chronologische Geschichtsdaten bietet.«

Der Dichter sprach mit großer Liebe von seinem Vater, Devendranath, der die Gründung von Santiniketan angeregt hatte.

»Vater schenkte mir dieses fruchtbare Land, auf dem er bereits ein Gästehaus und einen Tempel errichtet hatte«, erzählte Rabindranath. »1901 begann ich hier meine Erziehungsversuche mit nicht mehr als zehn Knaben. Die 8000 Pfund, die ich mit dem Nobelpreis erhielt, wurden alle für die Aufrechterhaltung der Schule verwendet.«

Wie aus der Autobiographie des älteren Tagore, Devendranath, hervorgeht, war dieser eine solch angesehene Persönlichkeit, daß er weit und breit nur »Maharischi« genannt wurde. Zwei Jahre seines Lebens verbrachte er meditierend im Himalaja. Auch sein Vater, Dwarkanath Tagore, war in ganz Bengalen wegen seiner Großherzigkeit und öffentlichen Wohltaten bekannt. Diesem erlauchten Stamm entsprang eine ganze Familie von Genies. Nicht nur Rabindranath, sondern auch alle seine Verwandten haben sich auf künstlerischem Gebiet hervorgetan. Seine Neffen Gogonendra und Abanindra gehören zu den bekanntesten Malern Indiens *). Rabindranaths Bruder Dwidschendra war ein geistvoller Philosoph, den sogar die Vögel und Tiere des Waldes liebten.

Rabindranath forderte mich auf, über Nacht im Gästehaus zu bleiben. Am Abend saß der Dichter, von seinen Schülern umringt, auf der Terrasse des Hauses — ein Bild, das ich nie vergessen werde. Ich fühlte mich um Jahrhunderte zurückversetzt; denn die Szene erinnerte mich an eine Einsiedelei des Altertums: der fröhliche Sänger im Kreise seiner Schüler, alle von einer Aura göttlicher Liebe umgeben. Tagore knüpfte seine Freundschaftsbande mit den Fingern der Harmonie. Er drängte sich niemals auf, sondern eroberte alle Herzen durch seine unwiderstehliche Anziehungskraft. Die seltenen Blüten der Dichtkunst, die er im Garten des Herrn wachsen ließ, zogen jedermann durch ihren natürlichen Duft an.

Mit seiner melodischen Stimme trug Rabindranath uns einige seiner kürzlich verfaßten meisterhaften Gedichte vor. Der größte Teil seiner Lieder und Dramen, die er zur Erbauung seiner Schüler schrieb, ist in

---

wußte? Denn alles Fragen und Lernen ist nichts weiter als Erinnerung.«
Emerson (in *Representative Men* = Ideale Menschen).

*) Auch Rabindranath begann noch in den Sechzigern, sich ernsthaft mit der Malerei zu beschäftigen. Seine unter dem Einfluß des Futurismus stehenden Arbeiten wurden vor einigen Jahren in den Hauptstädten Europas und in New York ausgestellt.

Santiniketan entstanden. Für mich liegt der besondere Reiz seiner Verse darin, daß er sich in fast jeder Strophe an Gott wendet, Seinen heiligen Namen aber nur selten erwähnt. »Trunken von der Freude des Singens«, so schrieb er, »vergesse ich mich und nenne Dich Freund, der Du mein Herr bist.«

Am folgenden Tag nach dem Mittagsmahl nahm ich widerstrebend Abschied von dem Dichter. Ich freue mich, daß seine kleine Schule inzwischen zu einer internationalen Universität, *Visva-Bharati* *) angewachsen ist — eine ideale Bildungsstätte für Studenten aus aller Herren Ländern.

»Wo der Geist ohne Furcht ist und man das Haupt erhoben trägt,
Wo man das Wissen frei verschenkt,
Wo die Welt nicht durch enge Grenzen zerstückelt wird,
Wo die Worte dem Quellgrund der Wahrheit entspringen,
Wo die Hände in unermüdlichem Streben nach der Vollendung greifen,
Wo der klare Strom der Vernunft nicht im Wüstensand trockner
                                       Gewohnheit versiegt,
Wo Du den Geist zu immer edlerem Denken und Handeln bewegst,
In diesem Himmel der Freiheit, o Vater, lasse mein Land erwachen!«

Rabindranath Tagore

---

*) Der von allen geliebte Dichter starb im Jahre 1941; doch sein *Visva-Bharati*-Institut steht nach wie vor in voller Blüte. Im Januar 1950 trafen 65 Lehrer und Schüler aus Santiniketan zu einem zehntägigen Besuch in der *Yogoda-Satsanga*-Schule in Rantschi ein. Die Gruppe stand unter der Leitung des Rektors der *Visva-Bharati*-Schule, Sri Ghosal, und überraschte die Rantschi-Schüler mit einer Aufführung des wunderschönen Versdramas »Pudscharini« von Tagore.

XXX. KAPITEL

DIE GESETZMÄSSIGKEIT DES WUNDERS

Der große Romanschriftsteller Leo Tolstoi *) schrieb eine köstliche Geschichte, »Die drei Einsiedler«, die sein Freund Nikolaus Roerich in folgender Kurzfassung wiedergegeben hat:
»Es waren einmal drei alte Einsiedler, die auf einer einsamen Insel lebten. Die waren so einfach, daß sie immer nur dasselbe Gebet sprachen, nämlich: ›Wir sind drei — Du bist drei; erbarme Dich unser!‹ Und dennoch geschahen oft große Wunder aufgrund dieses naiven Gebets.
Als der zuständige Bischof **) von diesen drei Einsiedlern und ihrem unstatthaften Gebet erfuhr, entschloß er sich, sie aufzusuchen, um sie die kanonischen Anrufungen zu lehren. Er landete also auf der Insel, erklärte den Einsiedlern, daß ihr an den Himmel gerichtetes Gebet jeder Würde entbehre und lehrte sie viele der herkömmlichen Invokationen. Danach bestieg er wieder sein Schiff und verließ das Eiland. Doch plötzlich bemerkte er ein strahlendes Licht, das dem Schiff nachfolgte. Als es sich näherte, erkannte er die drei Einsiedler, die sich an den Händen hielten und eilig über die Wellen liefen, um das Fahrzeug einzuholen.
›Wir haben die Gebete vergessen, die Ihr uns gelehrt habt‹, riefen sie, als sie den Bischof erreicht hatten. ›Darum sind wir Euch nachgelaufen; könnt Ihr sie uns bitte wiederholen?‹ Doch der Bischof schüttelte ehrfürchtig sein Haupt.

---
*) Tolstoi und Mahatma Gandhi, die miteinander über das Thema der Gewaltlosigkeit korrespondierten, hatten viele gemeinsame Ideale. Nach Tolstois Auffassung liegt der Kernpunkt der Lehre Christi in dem Wort: »Widerstrebt nicht dem Übel!« *(Matth. 5, 39)*, d. h., man soll dem Übel nur mit dem einzig logischen und daher auch wirksamen Gegenmittel — Güte oder Liebe — »widerstehen«.
**) Diese Erzählung scheint eine historische Grundlage zu haben. Eine Anmerkung des Herausgebers besagt, daß der Bischof die drei Mönche auf einer Seereise, die ihn von Archangelsk nach dem Slovetzki-Kloster an der Mündung der Düna führte, aufgesucht habe.

›Liebe Brüder‹, erwiderte er demütig, ›sprecht euer altes Gebet weiter!‹«

Wie konnten die drei Heiligen über das Wasser laufen? Wie konnte Christus seinen gekreuzigten Körper auferstehen lassen? Wie vollbrachten Lahiri Mahasaya und Sri Yukteswar ihre Wunder?

Die moderne Wissenschaft hat bisher noch keine Antwort hierauf gefunden, obgleich sich der menschliche Gesichtskreis mit dem Herannahen des Atomzeitalters beträchtlich erweitert hat und das Wort »unmöglich« im menschlichen Sprachschatz immer mehr an Bedeutung verliert.

Die vedischen Schriften erklären, daß das physische Weltall einem grundlegenden Gesetz — *Maya,* auch Dualitäts- und Relativitätsprinzip genannt — unterworfen ist. Gott, das Einzige Leben, ist absolute Einheit. Um aber als verschiedenartige und voneinander getrennte Formen der Schöpfung in Erscheinung treten zu können, muß Er sich mit einem unwirklichen oder trügerischen Schleier umgeben. Dieser illusorische, dualistische Schleier ist *Maya* *). Eine Anzahl großer wissenschaftlicher Entdeckungen der Neuzeit bestätigen diese einfache Erklärung der alten Rischis.

Newtons Bewegungsgesetz ist ein Gesetz der *Maya:* »Jede Kraft erzeugt eine Gegenkraft, die ... gleich groß und entgegengesetzt gerichtet ist; die beiden Kräfte, die zwei Körper gegenseitig aufeinander ausüben ... sind gleich groß und entgegengesetzt gerichtet.« Bewegung und Gegenbewegung entsprechen sich daher genau. »Eine einzelne Kraft gibt es nicht. Alle Kräfte erscheinen paarweise als gleich große und entgegengesetzt gerichtete Kräfte.«

Die in der Natur wirkenden Kräfte verraten alle ihren »mayischen« Ursprung. So ist z. B. die Elektrizität ein Vorgang der Abstoßung und Anziehung; denn die Elektronen und Protonen sind entgegengesetzte elektrische Pole. Ein anderes Beispiel: das Atom, das kleinste Teilchen der Materie, ist — wie die Erde selbst — ein Magnet mit einem positiven und einem negativen Pol. Die ganze Welt der Erscheinungen steht unter der unabänderlichen Gewalt der Polarität. Es gibt kein physikalisches, chemisches oder anderes wissenschaftliches Gesetz, nicht vom Prinzip der Gegensätzlichkeit beherrscht würde.

Daraus folgert, daß die Physik keine Gesetze außerhalb der *Maya,* der eigentlichen Substanz und Struktur des Universums, formulieren kann. Denn die Natur selbst ist *Maya,* und die Naturwissenschaften müssen sich wohl oder übel mit dieser unbestreitbaren Tatsache abfin-

---

*) Siehe Seite 51, Fußnote, und 54, Fußnote

den. In ihrem eigenen Bereich ist die Natur ewig und unerschöpflich, und auch die Wissenschaftler der Zukunft können nicht mehr tun, als nach und nach ihre mannigfaltigen Ausdrucksformen zu erforschen. Somit befindet sich die Wissenschaft beständig im Fluß, ohne je das Endziel zu erreichen; d. h., sie ist zweifellos in der Lage, die Gesetze eines bereits existierenden und funktionierenden Kosmos zu entdecken, aber sie ist machtlos, wenn es darum geht, den Gesetzgeber und alleinigen Urheber zu ermitteln. Die erstaunlichen Wirkungen der Schwerkraft und Elektrizität sind bekannt geworden; aber was Schwerkraft und Elektrizität wirklich sind, hat noch kein Sterblicher ergründet *).

Seit jeher haben die Propheten die Menschen dazu aufgerufen, sich über die *Maya* zu erheben und ein neues, besseres Zeitalter herbeizuführen. Die Dualität der Schöpfung zu überwinden und seine Einheit mit Gott zu erkennen, galt als höchstes Ziel des Menschen. Diejenigen, die sich an die kosmische Illusion klammern, müssen sich auch ihrem Grundgesetz, der Polarität, unterwerfen, und das bedeutet: Ebbe und Flut, Aufstieg und Verfall, Tag und Nacht, Lust und Schmerz, Gut und Böse, Geburt und Tod. Wenn ein Mensch aber schon Tausende von Inkarnationen hinter sich hat, wird ihm dieser monotone Kreislauf unerträglich; dann beginnt er seine Hoffnung auf eine Welt zu setzen, die jenseits der *Maya* und des von ihr ausgeübten Zwanges liegt.

Den Schleier der *Maya* zu lüften, bedeutet, die Geheimnisse der Schöpfung aufzudecken. Nur wer das Universum auf diese Weise entschleiert hat, ist ein wahrer Monotheist. Alle anderen sind Götzenanbeter. Solange der Mensch noch den dualistischen Täuschungen der Natur unterliegt, ist die doppelköpfige *Maya* seine Göttin, und der eine wahre Gott bleibt ihm verborgen.

Maya, die Illusion, von der die ganze Welt beherrscht wird, äußert sich im Menschen als *Avidya*, wörtlich: »Nichtwissen«, d. h. Unwissenheit, Täuschung. *Maya* und *Avidya* können niemals durch den analysierenden Verstand oder durch bloße Überzeugung überwunden werden, sondern einzig und allein dadurch, daß man den Bewußtseinszustand des *Nirbikalpa-Samadhi* erreicht. Die Propheten des Alten Testaments und die Seher aller Länder und aller Zeiten sprachen von dieser höchsten geistigen Warte aus!

---

*) Der große Erfinder Marconi machte folgendes bemerkenswerte Zugeständnis, mit dem er zum Ausdruck bringt, daß die Wissenschaft unfähig ist, das Absolute zu erreichen: »Die Unfähigkeit der Wissenschaft, dem Geheimnis des Lebens auf die Spur zu kommen, ist unbestreitbar. Diese Tatsache wäre wahrhaft erschreckend, wenn es nicht den Glauben gäbe. Das schwierigste Problem, das dem menschlichen Geist je gestellt wurde, besteht darin, das Geheimnis des Lebens zu ergründen.«

Hesekiel sprach *): »Und er führte mich wieder zum Tor gegen Morgen. Und siehe, die Herrlichkeit des Gottes Israels kam von Morgen und brauste, wie ein großes Wasser braust; und es ward sehr licht auf der Erde von seiner Herrlichkeit.« Durch das göttliche Auge in der Stirn (Morgen) führt der Yogi sein Bewußtsein in die Allgegenwart, wobei er das »Wort« *(OM)* vernimmt — den göttlichen Laut des großen »Wassers«, d. h. die Schwingungen des Lichts, der einzigen Realität in der Schöpfung.

Von den Myriaden Geheimnissen, die der Kosmos birgt, ist das Licht das erstaunlichste. Ungleich den Schallwellen, die zu ihrer Fortpflanzung der Luft oder anderer stofflicher Medien bedürfen, breiten sich die Lichtwellen ungehindert im leeren Weltenraum aus. Selbst der hypothetische Äther, der in der Wellenmechanik für das interplanetarische Übertragungsmittel des Lichts gehalten wird, kann aufgrund von Einsteins Nachweis, daß die geometrischen Eigenschaften des Raumes eine Äther-Theorie überflüssig machen, als überholt angesehen werden. In beiden Fällen bleibt jedoch das Licht die feinste und von der Materie unabhängigste aller Naturerscheinungen.

In Einsteins gigantischem Entwurf ist die Lichtgeschwindigkeit (300 000 km/sec.) der entscheidende Faktor der ganzen Relativitätstheorie. Der Gelehrte hat anhand einer mathematischen Gleichung bewiesen, daß die Lichtgeschwindigkeit — vom menschlichen Gesichtspunkt aus — die einzige Konstante in einem sich ständig verändernden Universum ist. Von diesem einzigen »absoluten« Wert der Lichtgeschwindigkeit hängen alle menschlichen Zeit- und Raumbegriffe ab. Zeit und Raum sind relative und begrenzte Faktoren und gelten nicht mehr, wie vordem, als abstrakte, endgültige Werte. Ihr bedingter Wert existiert nur im Verhältnis zum absoluten Wert der Lichtgeschwindigkeit.

Indem sich nun auch die Zeit — ebenso wie der Raum — als relative Dimension erwiesen hat, ist ihre wahre Doppelnatur enthüllt worden. Mit einigen ausgleichenden Federstrichen hat Einstein jede feststehende Wirklichkeit mit Ausnahme derjenigen des Lichts aus dem Universum verbannt.

In seiner später entwickelten »einheitlichen Feldtheorie« faßte der große Physiker die Gesetze der Gravitation und des Elektromagnetismus in einer einzigen Formel zusammen. Indem Einstein auf diese Weise die Struktur des Kosmos auf Variationen des gleichen Grundgesetzes reduzierte, ist er zu demselben Ergebnis gelangt wie die Rischis des Altertums, die behaupteten, daß das Universum aus einer einzigen Substanz, einer proteischen *Maya* bestünde.

---

*) *Hesekiel, 43, 1-2*

Die epochemachende Relativitätstheorie schuf die mathematischen Voraussetzungen zur Erforschung des kleinsten Teilchens, des Atoms. Heutzutage stellen mehrere große Wissenschaftler nicht nur die kühne Behauptung auf, daß das Atom seinem innersten Wesen nach Energie und nicht Materie sei, sondern erklären überdies, daß die Atomenergie in Wirklichkeit Geiststoff sei.

»Das öffentliche Zugeständnis, daß die Physik es mit einer Welt von Schatten zu tun hat, bedeutet einen gewaltigen Fortschritt«, schreibt Sir Arthur Stanley Eddington in *The Nature of the Physical World* (Das Wesen der physischen Welt). »In der Welt der Physik wird das Drama des alltäglichen Lebens zum Schattenspiel. Der Schatten meines Ellbogens ruht auf dem Schattentisch, während die Schattentinte über das Schattenpapier fließt. Alles ist symbolisch, und beim Symbolischen läßt es der Physiker auch bewenden. Dann aber kommt der Alchimist Geist, der die Symbole deutet . . . Um die Schlußfolgerung drastisch zu machen: der Stoff, aus dem die Welt besteht, ist Geiststoff.«

Mit Hilfe des kürzlich erfundenen Elektronenmikroskops konnte endgültig bewiesen werden, daß das Atom im wesentlichen Licht ist und daß die ganze Natur unter dem unabänderlichen Gesetz der Dualität steht. Die *New York Times* veröffentlichte folgenden Bericht über das im Jahre 1937 vor einer Versammlung der »Amerikanischen Gesellschaft zur Förderung der Wissenschaften« vorgeführte Elektronenmikroskop:

»Die kristalline Struktur des Wolfram, die bisher nur indirekt durch Röntgenstrahlen bekannt geworden ist, zeichnete sich deutlich auf einem Leuchtschirm ab und ließ neun Atome in korrekter Anordnung innerhalb des Raumgitters erkennen — einen Würfel, der in jeder Ecke und in der Mitte ein Atom aufwies. Die Atome in dem Kristallgitter des Wolfram erschienen auf dem Leuchtschirm als Lichtpunkte, die sich zu einer geometrischen Figur zusammensetzten. Dann konnte man beobachten, wie dieser Kristallwürfel aus Licht von den Luftmolekülen bombardiert wurde, die tanzenden Lichtpunkten — oder flimmerndem Sonnenlicht auf einem fließenden Wasser — glichen . . .

Das Prinzip des Elektronenmikroskops wurde erstmalig im Jahre 1927 von den Doktoren Clinton Davisson und Lester Germer, beide bei den *Bell-Telephone*-Laboratorien in New York City beschäftigt, entdeckt, die feststellten, daß das Elektron eine Doppelnatur hat und sowohl die Eigenschaften eines Partikels als auch die einer Welle besitzt.*) Die Welleneigenschaft verlieh dem Elektron die charakteristi-

---

*) d. h. sowohl Materie als auch Energie ist

schen Merkmale des Lichts; daher versuchte man, ein Medium zu finden, durch das die Elektronen — ähnlich wie Lichtstrahlen mit Hilfe einer Sammellinse — in einem ›Brennpunkt‹ vereinigt werden können.

Dr. Davisson erhielt für seine Entdeckung der Elektronenbeugung, mit der der Beweis für die Doppelnatur des gesamten physischen Weltalls erbracht wurde, den Nobelpreis.«

»Der Strom der Erkenntnis«, schreibt Sir James Jeans in seinem Werk *The Mysterious Universe* (Das geheimnisvolle Universum), »bewegt sich auf eine nichtmechanische Wirklichkeit zu. Das Universum mutet immer mehr wie ein großer Gedanke, und nicht mehr wie ein großer Mechanismus an.«

So klingt die Wissenschaft des 20. Jahrhunderts also wie ein Kapitel aus den alten Veden.

Wenn nicht anders, kann man sich von der Wissenschaft bestätigen lassen, daß es kein stoffliches Universum gibt — eine Wahrheit, die im philosophischen Sinne schon immer bestanden hat. Das Leben und Weben des Kosmos ist nichts als *Maya* — Illusion; sobald man ihn auf seine Wirklichkeit hin untersucht, löst er sich wie eine Fata Morgana auf. So bricht nun das sichere Fundament des physischen Kosmos nach und nach unter dem Menschen zusammen, bis ihm eines Tages die Erkenntnis aufgeht, daß er auf Götzen vertraut hat, daß er gegen das göttliche Gebot »Du sollst keine anderen Götter neben mir haben« *) verstoßen hat.

Anhand seiner berühmten Gleichung, die die Äquivalenz von Energie und Masse zum Ausdruck bringt, hat Einstein bewiesen, daß die jedem stofflichen Teilchen innewohnende Energie gleich seiner mit dem Quadrat der Lichtgeschwindigkeit multiplizierten Masse ist. Die Entfesselung der Atomenergie erfolgt durch Vernichtung der materiellen Partikel. So wurde also das Atomzeitalter durch den »Tod« der Materie geboren.

Die Lichtgeschwindigkeit ist nicht deshalb eine Konstante bzw. eine charakteristische mathematische Größe, weil ihrem Wert (300 000 km/sec.) eine absolute Bedeutung zukommt, sondern weil kein bewegter Körper, dessen Masse mit seiner Geschwindigkeit anwächst, jemals die Lichtgeschwindigkeit erreichen kann. Um es anders auszudrücken: nur ein stofflicher Körper, dessen Masse unendlich ist, könnte sich mit Lichtgeschwindigkeit fortbewegen.

Diese Vorstellung führt uns zu dem Gesetz, das allen Wundern zugrunde liegt.

Ein Meister, der die Fähigkeit hat, seinen eigenen Körper und an-

---

*) 2. Mose 20, 3

dere Gegenstände zu materialisieren und zu entmaterialisieren, sich mit Lichtgeschwindigkeit fortzubewegen und sich der schöpferischen Lichtstrahlen zu bedienen, um jederzeit stoffliche Gegenstände zu materialisieren, hat die gesetzmäßige Bedingung erfüllt: seine Masse ist unendlich.

Das Bewußtsein eines vollendeten Yogi umfaßt nicht nur seinen eigenen Körper, sondern den gesamten Kosmos. Die Schwerkraft — ob es sich um das Gravitationsgesetz Newtons oder um das Trägheitsgesetz Einsteins handelt — ist außerstande, einen Meister zu *zwingen,* ein bestimmtes Gewicht, d. h. die einem stofflichen Körper eigentümliche Schwere anzunehmen. Wer sich selbst als allgegenwärtigen GEIST erkannt hat, kann nicht mehr durch die träge Masse eines in Zeit und Raum lebenden Körpers begrenzt werden; die undurchdringlichen Kerkermauern von Zeit und Raum sind dem Zauberspruch »Ich bin ER« gewichen.

»Es werde Licht! und es ward Licht.« *) Zu Beginn der Schöpfung erschuf Gott das zum Aufbau notwendige Licht. Auf den Strahlen dieses immateriellen Mediums spielen sich alle göttlichen Manifestationen ab. Gottesmänner aller Zeitalter haben bezeugt, daß Gott ihnen als Flamme und Licht erschienen ist. »Seine Augen waren wie eine Feuerflamme«, berichtet Johannes, ». . . und sein Angesicht leuchtete wie die helle Sonne.« **)

Ein Yogi, dessen Bewußtsein sich in tiefer Meditation mit dem Schöpfer vereinigt hat, schaut die Substanz des Kosmos als reines Licht. Für ihn gibt es keinen Unterschied zwischen den Lichtstrahlen, die das Wasser und den Lichtstrahlen, die das Land bilden. Frei vom Bewußtsein der Materie, frei von den drei Dimensionen des Raumes und der vierten der Zeit bewegt ein Meister seinen Lichtkörper mit Leichtigkeit durch die Lichtstrahlen der Erde, des Wassers, des Feuers und der Luft hindurch oder über sie hinweg.

»Wenn dein Auge einfältig ist, so wird dein ganzer Leib licht sein.« ***) Anhaltende Konzentration auf das befreiende geistige Auge verleiht dem Yogi die Macht, alle Täuschungen in bezug auf die Materie und deren Schwerkraft zu überwinden. Er sieht das Universum so, wie Gott es erschaffen hat: als eine im wesentlichen undifferenzierte Masse von Licht.

»Die optischen Bilder«, schreibt Dr. Troland aus Harvard, »beruhen auf demselben Prinzip wie die gewöhnlichen Autotypien, d. h., sie set-

---

*) *1. Mose 1, 3*
**) *Offenbarung 1, 14; 16*
***) *Matthäus 6, 22*

zen sich aus winzigen Pünktchen oder Quadraten zusammen, die viel zu klein sind, um vom Auge wahrgenommen zu werden ... Die Netzhaut ist derart lichtempfindlich, daß schon durch ein verhältnismäßig geringes Quantum geeigneten Lichts eine optische Wahrnehmung erzeugt werden kann.«

Jeder Mensch, der aufgrund eigener Verwirklichung erkannt hat, daß das Licht die Substanz der Schöpfung ist, kann das allen Wundern zugrunde liegende Gesetz in Kraft setzen. Ein echter Meister besitzt die Fähigkeit, dieses göttliche Wissen praktisch anzuwenden und die allgegenwärtigen Lichtatome jederzeit zu projizieren. Die Art dieser Projektionen (je nach dem, ob es sich um einen Baum, ein Medikament oder einen menschlichen Körper handelt) wird von der Kraft seines Willens und seiner Vorstellung bestimmt.

Jede Nacht, wenn der Mensch träumt, entflieht er seinem begrenzten, trügerischen Ich, das ihn tagsüber gefangen hält. Im Schlaf erlebt er immer wieder die Allmacht seines Geistes. Denn im Traum tauchen verstorbene Freunde, ferne Kontinente und längst vergessene Kindheitserlebnisse wieder auf.

Dieser freie, ungebundene Bewußtseinszustand, den alle Menschen hin und wieder im Traum erleben, ist der ständige Bewußtseinszustand eines in Gott erwachten Meisters. Der Yogi, der frei von allen selbstsüchtigen Motiven ist und die aufrichtige Bitte eines Gläubigen erfüllen will, kann von seinem gottgegebenen schöpferischen Willen Gebrauch machen und die Lichtatome des Kosmos beliebig neu zusammensetzen.

Mensch und Welt wurden nur zu einem Zweck erschaffen: daß der Mensch die *Maya* überwinde und sich seiner Macht über den Kosmos bewußt werde.

»Und Gott sprach: Lasset uns Menschen machen, ein Bild, das uns gleich sei, die da herrschen über die Fische im Meer und über die Vögel unter dem Himmel und über das Vieh und über die ganze Erde und über alles Gewürm, das auf Erden kriecht.« *)

Im Jahre 1915, kurz nachdem ich dem Swami-Orden beigetreten war, hatte ich eine eigenartige Vision, die mir die Relativität des menschlichen Bewußtseins vor Augen führte und mir das allvereinigende ewige Licht, das hinter den leidvollen, dualistischen Ereignissen der *Maya* liegt, unmißverständlich offenbarte. Die Vision überraschte mich eines Morgens, als ich in dem kleinen Mansardenzimmer meines Elternhauses in der Gurparstraße saß. Seit Monaten tobte bereits der Erste Weltkrieg über Europa, und ich hatte traurig darüber nachgedacht, wieviele Menschenopfer der Krieg forderte.

---

*) *1. Mose 1, 26*

Als ich während meiner Meditation die Augen schloß, wurde mein Bewußtsein plötzlich in den Körper eines Kommandanten auf einem Kriegsschiff versetzt. Zwischen den Schiffskanonen und den Küstenbatterien wurde Feuer gewechselt, und die Luft erzitterte unter dem Geschützdonner. Dann schlug eine riesige Granate in die Munitionskammer ein und sprengte mein Schiff auseinander. Ich sprang mit einigen Matrosen, die die Explosion überlebt hatten, ins Wasser.

Klopfenden Herzens erreichte ich das sichere Ufer. Aber ach! eine verirrte Kugel durchbohrte meine Brust, und ich fiel stöhnend zu Boden. Mein Körper war wie gelähmt, und dennoch war ich mir seiner noch bewußt, etwa so, wie man sich eines eingeschlafenen Beines bewußt ist.

»Nun hat mich der geheimnisvolle Tod doch noch geholt«, dachte ich und wollte gerade mit einem letzten Seufzer in Bewußtlosigkeit versinken, als ich mich plötzlich wieder im Lotossitz in meinem Zimmer in der Gurparstraße befand.

Hysterische Tränen stürzten mir aus den Augen, als ich freudig meinen wiedergewonnenen Körper betastete und feststellte, daß er keine Schußwunde aufwies. Ich wiegte mich hin und her, atmete ein und aus und kniff mich in den Arm, um mich zu vergewissern, daß ich am Leben war. Während ich mir noch selbst gratulierte, wurde mein Bewußtsein wiederum in den leblosen Körper des Kommandanten versetzt, der am blutdurchtränkten Ufer lag. Eine unbeschreibliche geistige Verwirrung erfaßte mich.

»Herr«, betete ich, »bin ich tot oder lebendig?«

Da wurde der ganze Horizont von einem blendenden Licht übergossen, und eine Schwingung, die wie sanftes Donnerrollen klang, formte sich zu folgenden Worten:

»Was haben Leben oder Tod mit Licht zu tun? Im Bild Meines Lichts habe Ich dich erschaffen. Die Relativität von Leben und Tod gehört zum kosmischen Traum. Erkenne dein traumloses Wesen! Erwache, Mein Kind, erwache!«

Gott läßt die Wissenschaftler zur rechten Zeit und am rechten Ort die Geheimnisse Seiner Schöpfung entdecken und bewirkt dadurch eine allmähliche Erweckung im Menschen. Aufgrund vieler neuzeitlicher Entdeckungen hat der Mensch ein neues Bild vom Kosmos gewonnen und sieht ihn jetzt als vielseitige Ausdrucksform einer einzigen göttlich gelenkten Kraft — nämlich der des Lichts. Film, Rundfunk, Fernsehen, Radar, die lichtelektrische Zelle — das erstaunliche »elektrische Auge« —, die Atomenergie, alle diese Wunder entspringen dem elektromagnetischen Phänomen des Lichts.

Im Film läßt sich jedes Wunder optisch darstellen. Es gibt kein übernatürliches Ereignis, das unseren Augen nicht durch Trickaufnahmen vorgetäuscht werden könnte. So kann man z. B. im Film sehen, wie der durchsichtige Astralkörper eines Menschen aus dem grobstofflichen Körper heraustritt, wie jemand auf dem Wasser wandelt, wie Tote auferweckt werden, wie der natürliche Entwicklungsgang umgekehrt wird und Zeit und Raum zunichte gemacht werden. Jeder Fachmann kann die photographischen Bilder beliebig zusammensetzen und dadurch optische Wunder erzielen — ähnlich denen, die ein wahrer Meister mit wirklichen Lichtstrahlen vollbringt.

Der Film mit seinen lebensgetreuen Bildern vermittelt uns manche Wahrheit über die Vorgänge in der Schöpfung. Der Kosmische Regisseur hat selbst die Dramen verfaßt und das gewaltige Ensemble aufgestellt, das auf der Bühne der Jahrhunderte erscheinen soll. Mit Seinen Lichtstrahlen, die aus dem dunklen Vorführraum der Ewigkeit kommen, erleuchtet Er die Filme aufeinanderfolgender Zeitalter und die Kulissen des Raums.

Ebenso wie ein Film den Anschein der Wirklichkeit erweckt, tatsächlich aber nichts anderes als eine Kombination von Licht und Schatten ist, so auch das vielgestaltige Universum, das nur aus Trugbildern besteht. Die Planetensysteme mit ihren zahlreichen Lebensformen sind nichts anderes als Figuren in einem kosmischen Film. Alle vergänglichen Ereignisse, die den fünf Sinnen des Menschen vorübergehend als wirklich erscheinen, werden von den unvergänglichen schöpferischen Lichtstrahlen auf die Leinwand des menschlichen Bewußtseins geworfen.

Wenn die Zuschauer in einem Filmtheater in die Höhe blicken, können sie sehen, daß alle Bilder auf der Leinwand nur durch das Medium eines bilderlosen Lichtstrahls hervorgerufen werden. Auf ganz ähnliche Weise wird der Farbfilm des Universums durch das eine farblose Licht erzeugt, das der Kosmischen Quelle entspringt. Gott will Seine Kinder unterhalten; daher hat Er mit unvorstellbarer Erfindungsgabe ein gewaltiges Drama inszeniert und läßt uns in Seinem Planetentheater sowohl Schauspieler als auch Zuschauer sein.

Eines Tages sah ich mir in einem Filmtheater die Wochenschau vom europäischen Kriegsschauplatz an. Der Erste Weltkrieg tobte noch immer über Europa, und die Wochenschau zeigte derart realistische Aufnahmen von dem furchtbaren Blutbad, daß ich das Theater mit bedrücktem Herzen verließ.

»Herr, warum läßt Du soviel Leid in der Welt zu?« fragte ich.

Zu meiner großen Überraschung erhielt ich eine sofortige Antwort in Form einer Vision. Die Szenen, die ich jetzt von den europäischen

Schlachtfeldern mit ihren zahlreichen Verwundeten und Toten zu sehen bekam, waren noch viel grauenvoller als diejenigen in der Wochenschau.

»Schau genau hin«, erklang eine sanfte Stimme in meinem inneren Bewußtsein. »Dann wirst du sehen, daß diese Szenen, die sich augenblicklich in Frankreich abspielen, nichts als Helldunkeldarstellungen sind. Sie gehören zum kosmischen Film, der ebenso wirklich und unwirklich ist wie die Wochenschau, die du soeben gesehen hast — ein Spiel innerhalb eines Spiels.«

Doch mein Herz war noch nicht getröstet. Da fuhr die göttliche Stimme fort: »Die Schöpfung besteht sowohl aus Licht als auch aus Schatten, denn sonst kämen keine Bilder zustande. Gut und Böse wechseln sich innerhalb der *Maya* ständig ab. Oder würden sich die Menschen jemals nach einer anderen Welt sehnen, wenn die hiesige Welt nichts als Freuden böte? Erst wenn sie leiden, erinnern sie sich ihrer ewigen Heimat, die sie verlassen haben. Der Schmerz dient dazu, die Erinnerung wachzurufen, und die Weisheit zeigt ihnen den Ausweg. Das Trauerspiel des Todes hat keine Wirklichkeit, und diejenigen, die davor zurückschaudern, gleichen törichten Schauspielern, die vor Angst auf der Bühne sterben, wenn ein blinder Schuß abgegeben wird. Meine Söhne sind Kinder des Lichts; sie werden nicht ewig in der Täuschung verharren.«

Obgleich ich in den Heiligen Schriften schon viel über *Maya* gelesen hatte, konnten sie mir nie die tiefe Einsicht vermitteln, die ich durch meine eigenen Visionen und die sie begleitenden Trostworte erhielt. Wir bewerten die Dinge wesentlich anders, wenn wir erkannt haben, daß das Universum nichts als ein kolossaler Film ist, und daß seine Wirklichkeit nicht in ihm, sondern jenseits von ihm liegt.

Als ich dieses Kapitel zu Ende geschrieben hatte, ließ ich mich im Lotossitz auf meinem Bett nieder. Zwei abgeschirmte Lampen verbreiteten ein mattes Licht im Zimmer. Als ich den Blick nach oben richtete, bemerkte ich, daß die Zimmerdecke mit kleinen, senffarbigen Lichtern übersät war, die leise vibrierten und radiumähnlich leuchteten. Myriaden von hauchfeinen Strahlen formten sich zu einem durchsichtigen Lichtregen und ergossen sich lautlos über mich.

Sogleich verlor mein Körper seine Schwere und verwandelte sich in eine astrale Substanz. Ich fühlte, wie mein gewichtloser Körper, der kaum noch das Bett berührte, abwechselnd leicht nach links und nach rechts schwebte. Dann blickte ich im Zimmer umher. Möbel und Wände sahen unverändert aus, doch die Lichtmasse hatte sich derart vermehrt, daß die Decke kaum noch sichtbar war. Namenloses Staunen ergriff mich.

»Dies ist der Mechanismus des kosmischen Films«, sprach eine Stimme, die aus dem Licht zu kommen schien. »Er wirft seinen Strahl auf die weiße Leinwand deiner Bettdecke und ruft dadurch deine körperliche Erscheinung hervor. Sieh! dein Körper ist nichts als Licht!«

Ich blickte auf meine Arme und bewegte sie nach vorn und nach hinten, ohne daß ich ihr Gewicht spürte. Eine ekstatische Freude kam über mich. Dieser kosmische Lichtkegel, aus dem sich mein Körper herauskristallisierte, schien eine göttliche Reproduktion jener Lichtstrahlen zu sein, die aus dem Vorführraum eines Lichtspieltheaters fallen und sich auf der Leinwand zu Bildern formen.

Lange Zeit hielt dieses Filmerlebnis in dem schwach erleuchteten Theater meines Schlafzimmers an. Wenngleich ich viele Visionen gehabt habe, war doch keine von ihnen so ungewöhnlich wie diese. Als ich mich von der Täuschung, einen stofflichen Körper zu besitzen, völlig freigemacht hatte und im Zustand tiefster Verwirklichung alle Gegenstände als reines Licht wahrnahm, blickte ich zu dem vibrierenden Strom von »Biotronen« empor und bat flehentlich:

»Göttliches Licht, löse bitte dieses bescheidene körperliche Bild in Dir auf und laß mich, wie einst Elias, in einem feurigen Wagen gen Himmel fahren!«*)

Mein Gebet muß eine alarmierende Wirkung gehabt haben, denn der Lichtstrahl verschwand. Mein Körper nahm wieder sein normales Gewicht an und sank auf das Bett nieder; und der blendende Lichterschwarm an der Decke flackerte noch einmal kurz auf und verglimmte. Meine Zeit, die Erde zu verlassen, war anscheinend noch nicht gekommen.

»Außerdem«, philosophierte ich, »mag meine anmaßende Bitte Elias mißfallen haben!«

---

*) 2. Könige 2, 11

Als Wunder bezeichnet man gewöhnlich eine Wirkung oder ein Geschehen, das sich ohne Gesetzmäßigkeit, d. h. außerhalb der Naturordnung, vollzieht. Doch alle Dinge, die sich in unserem präzise aufgebauten Universum ereignen, geschehen gesetzmäßig und lassen sich gesetzmäßig erklären. Die sogenannten Wunderkräfte eines großen Meisters sind eine natürliche Folgeerscheinung seiner genauen Kenntnis der feinstofflichen Gesetze, die den inneren Kosmos des Bewußtseins regieren.

In Wirklichkeit kann daher nichts als »Wunder« bezeichnet werden, es sei denn, daß man im tieferen Sinne alles als Wunder ansieht. Gibt es etwas Alltäglicheres und zugleich Wunderbareres, als daß jeder von uns in einem komplizierten körperlichen Organismus eingeschlossen ist und auf eine Erde gesetzt wurde, die mit anderen Sternen durch den Weltraum wirbelt?

Große Propheten wie Christus und Lahiri Mahasaya vollbringen gewöhnlich viele Wunder. Solche Meister haben, während sie auf Erden leben, eine schwierige geistige Aufgabe an der Menschheit zu erfüllen, und es scheint mit zu ihrer Mission zu gehören, denen, die in Not sind, durch Wundertaten zu helfen. (Siehe Seite 236, Fußnote) Oft ist ein göttliches Machtwort nötig, eine unheilbare Krankheit zu heilen oder ein scheinbar unlösbares Problem zu lösen. Als Christus von dem Hauptmann von Kapernaum gebeten wurde, seinen sterbenden Sohn zu heilen, erwiderte er mit einem Anflug von bitterem Humor: »Wenn ihr nicht Zeichen und Wunder sehet, so glaubet ihr nicht.« Aber er fügte hinzu: »Gehe hin, dein Sohn lebt.« *(Johannes 4, 48; 50)*

In diesem Kapitel habe ich die vedischen Aussagen über *Maya*, die magische Kraft der Täuschung, durch die die Welt der Erscheinungen ins Leben gerufen wird, niedergelegt. Die Wissenschaftler des Abendlands haben bereits entdeckt, daß die atomare »Materie« etwas »Magisches« und Unwirkliches an sich hat. Doch nicht nur die Natur, sondern auch der Mensch (in seinem sterblichen Körper) ist der *Maya*, dem Prinzip der Relativität, Gegensätzlichkeit, Dualität, Inversion und den sich widersprechenden Zuständen unterworfen.

Man glaube aber nicht, daß nur die Rischis die Wahrheit über *Maya* gekannt hätten. Die Propheten des Alten Testaments bezeichnen *Maya* als »Satan« (auf hebräisch: der Gegner). Das griechische Neue Testament gebraucht anstatt Satan den Ausdruck *Diabolus* oder Teufel. Satan oder *Maya* ist der Kosmische Zauberer, der eine Mannigfaltigkeit von Formen erzeugt, um die Eine formlose Wahrheit zu verbergen. In Gottes planmäßigem Spiel *(Lila)* hat Satan oder *Maya* nur eine Funktion: den Menschen zu prüfen, ob er sich vom GEIST zur Materie, von der Wirklichkeit zur Unwirklichkeit herabziehen läßt.

Christus gab der *Maya* die drastische Bezeichnung Teufel, Mörder und Lügner. »Der Teufel . . . ist ein Mörder von Anfang und ist nicht bestanden in der Wahrheit; denn die Wahrheit ist nicht in ihm. Wenn er die Lüge redet, so redet er von seinem Eigenen; denn er ist ein Lügner und ein Vater derselben.« *(Johannes 8, 44)*

»Denn der Teufel sündigt von Anfang. Dazu ist erschienen der Sohn Gottes, daß er die Werke des Teufels zerstöre.« *(1. Johannes 3, 8)* Das bedeutet, daß das jedem Menschen innewohnende Christusbewußtsein mühelos die Illusionen oder »Werke des Teufels« zerstören kann.

Maya ist ohne Anfang (»von Anfang«, wie Jesus und Johannes bezeugen), denn sie ist aufs engste mit der Substanz der Erscheinungswelten verwoben, welche, als Antithese zur Göttlichen Unwandelbarkeit, einem ständigen Wandel unterworfen sind.

XXXI. KAPITEL

EIN GESPRÄCH MIT DER HEILIGEN MUTTER

»Verehrte Mutter, ich bin als kleines Kind von Eurem heiligen Gemahl getauft worden. Er war der Guru meiner Eltern und meines eigenen Guru Sri Yukteswardschi. Darf ich Euch deshalb um die Ehre bitten, daß Ihr mir etwas aus Eurem heiligen Leben erzählt?«

Mit diesen Worten führte ich mich bei Srimati Kaschi Moni, der Lebensgefährtin Lahiri Mahasayas, ein. Da ich mich für kurze Zeit in Benares aufhielt, hatte ich die Gelegenheit wahrgenommen, um die ehrwürdige Dame aufzusuchen und damit einen seit langem gehegten Wunsch zu befriedigen.

Sie hieß mich im Haus der Lahiri-Familie, das im Garudeswar-Mohalla-Bezirk von Benares lag, herzlich willkommen. Obgleich sie schon hochbetagt war, erinnerte sie mich an eine aufgeblühte Lotosblume, die einen überirdischen Duft verbreitete. Sie war von mittelgroßer Gestalt, hatte eine helle Haut, einen schlanken Hals und große, leuchtende Augen.

»Sei mir willkommen, mein Sohn. Komm bitte mit herauf.«

Damit stieg Kaschi Moni die Treppen empor und führte mich in einen kleinen Raum, in dem sie eine Zeitlang mit ihrem Manne gewohnt hatte. Ich fühlte mich geehrt, das Heiligtum betreten zu dürfen, in dem der unvergleichliche Meister sich herabgelassen hatte, die menschliche Rolle eines Ehemannes zu spielen. Die liebenswürdige Dame bat mich, auf einem Kissen neben ihr Platz zu nehmen.

»Es hat viele Jahre gedauert, bis ich die göttliche Natur meines Mannes erkannte«, begann sie. »Eines Nachts hatte ich in diesem selben Zimmer einen lebhaften Traum. Engelhafte Gestalten schwebten in unbeschreiblicher Anmut über mir. Die Erscheinung war so lebendig, daß ich sofort aufwachte; zu meiner großen Verwunderung sah ich, daß der ganze Raum von einem blendenden Licht erfüllt war.

Im Lotossitz schwebte mein Mann in der Mitte des Zimmers und war von Engeln umgeben, die ihn in hoheitsvoller Demut anbeteten.

Ich war über alle Maßen erstaunt und glaubte noch immer zu träumen.

›Frau‹, sagte Lahiri Mahasaya da, ›du träumst nicht. Gib deinen Schlaf nun für immer und ewig auf!‹ Als er sich langsam auf den Boden herabließ, warf ich mich zu seinen Füßen nieder.

›Meister‹, rief ich, ›unzählige Male verneige ich mich vor Euch. Könnt Ihr mir vergeben, daß ich Euch je als meinen Gemahl betrachtet habe? Ich könnte vor Scham in den Boden sinken, wenn ich daran denke, daß ich, ohne es zu wissen, an der Seite eines erleuchteten Wesens dahingelebt habe. Von dieser Nacht an seid Ihr nicht länger mein Gemahl, sondern mein Guru. Wollt Ihr mich trotz meiner Unvollkommenheit als Jüngerin annehmen?‹ *)

Der Meister rührte mich sanft an und sprach: ›Steh auf, heilige Seele. Du bist bereits angenommen worden.‹ Und auf die Engel weisend, fuhr er fort: ›Verneige dich bitte nacheinander vor jedem dieser Heiligen.‹

Nachdem ich demütig vor allen niedergekniet war, sangen die engelhaften Stimmen im Chor, und ihre Worte klangen wie eine Verheißung aus den heiligen Schriften:

›Gefährtin des Göttlichen, sei gesegnet! Wir grüßen dich!‹ Damit neigten sich die strahlenden Gestalten zu meinen Füßen herab und entschwanden; und das Zimmer war wieder in Dunkelheit gehüllt.

Mein Guru forderte mich nun auf, die Einweihung in den *Kriya-Yoga* zu empfangen.

›Von Herzen gern‹, erwiderte ich. ›Ich bedaure nur, daß mir dieser Segen nicht schon früher zuteil geworden ist.‹

›Deine Zeit war noch nicht gekommen‹, sagte Lahiri Mahasaya mit tröstendem Lächeln. ›Ich habe dir schweigend geholfen, einen großen Teil deines Karma abzutragen. Jetzt bist du willig und bereit.‹

Dann berührte er meine Stirn, und ich erblickte eine gewaltige, wirbelnde Lichtmasse, aus der sich allmählich ein geistiges Auge von opalisierendem Blau herauskristallisierte; es war von einem goldenen Ring umgeben und hatte in der Mitte einen weißen, fünfzackigen Stern.

›Laß dein Bewußtsein durch den Stern in die Unendlichkeit dringen!‹ Die Stimme meines Guru klang unsagbar sanft — wie ferne Musik.

Eine Vision nach der anderen überflutete nun die Ufer meiner Seele. Schließlich löste sich das überirdische Panorama in einem Meer von Seligkeit auf, und ich verlor mich in endlosem Glück. Als ich Stunden später zum irdischen Bewußtsein zurückkehrte, weihte mich der Meister in die Technik des *Kriya-Yoga* ein.

---

*) »Er allein für Gott — sie für Gott in ihm.« (*Milton*)

Von jener Nacht an hat Lahiri Mahasaya nie mehr in meinem Zimmer geschlafen; er schlief überhaupt nicht mehr, sondern hielt sich fast nur noch im vorderen Zimmer des Erdgeschosses auf, wo er Tag und Nacht von seinen Jüngern umgeben war.«

Die ehrwürdige Dame versank in Schweigen. Da ich mir ihres einzigartigen Verhältnisses mit dem erhabenen Yogi bewußt war, wagte ich sie schließlich zu bitten, mir noch mehr von ihren Erinnerungen zu erzählen.

»Du bist unersättlich, mein Sohn. Doch ich will dir noch eine andere Geschichte erzählen.« Und mit scheuem Lächeln fuhr sie fort: »Ich will dir eine Sünde beichten, die ich gegen meinen Gemahl und Guru beging. Einige Monate nach meiner Einweihung begann ich mich vernachlässigt und verloren zu fühlen. Als Lahiri Mahasaya eines Morgens in dieses kleine Zimmer trat, um etwas zu holen, folgte ich ihm geschwind und richtete — von Täuschung übermannt — folgende scharfe Worte an ihn:

›Du beschäftigst dich die ganze Zeit nur mit deinen Jüngern. Hast du aber nicht auch Frau und Kindern gegenüber eine Verantwortung? Warum bemühst du dich nicht, etwas mehr Geld für deine Familie zu verdienen?‹

Der Meister blickte mich einen Augenblick lang an und war dann auf einmal verschwunden. Gleich darauf hörte ich eine Stimme, die aus jedem Winkel des Raumes zu kommen schien und mich mit Ehrfurcht und Schrecken erfüllte.

›Siehst du nun, daß alles nichts ist? Wie kann ein Nichts wie ich Reichtümer für euch beschaffen?‹

›Gurudschi‹, rief ich aus, ›ich bitte Euch tausendmal um Verzeihung. Meine sündigen Augen können Euch nicht mehr sehen. Erscheint mir bitte wieder in Eurer heiligen Gestalt.‹

›Ich bin hier!‹ ertönte seine Antwort über mir. Ich blickte auf und sah, wie der Meister sich in der Luft materialisierte, wobei sein Kopf die Zimmerdecke berührte. Seine Augen glichen lohenden Flammen. Nachdem er wieder ruhig zum Boden herabgestiegen war, warf ich mich, außer mir vor Furcht, zu seinen Füßen nieder.

›Frau‹, sagte er, ›trachte nach göttlichem Reichtum und nicht nach dem armseligen Flitter dieser Welt. Wenn du dir innere Schätze erworben hast, wirst du sehen, daß auch die äußere Hilfe nicht ausbleibt.‹ Dann fügte er hinzu: ›Einer meiner geistigen Söhne wird später für dich sorgen.‹

Die Worte meines Guru haben sich natürlich erfüllt; einer seiner Jünger hinterließ eine beträchtliche Summe für unsere Familie.«

Ich dankte Kaschi Moni für ihren ungewöhnlichen Bericht *) und kehrte am folgenden Tag in ihr Haus zurück, um längere Zeit mit Tincouri und Ducouri Lahiri über philosophische Fragen zu sprechen. Diese beiden heiligen Söhne des großen Yogi wandelten ganz und gar in den Spuren ihres Vaters. Beide waren hellhäutig, bärtig und von hohem, kräftigem Wuchs; sie hatten sanfte und melodische Stimmen und gewinnende, etwas altmodische Manieren.

Kaschi Moni war nicht die einzige Frau, die Lahiri Mahasaya als Jüngerin annahm; er hatte Hunderte von anderen, darunter auch meine Mutter. Eine von ihnen bat den Guru einst um sein Bild. Er gab ihr einen Abzug und bemerkte: »Wenn du es für einen besonderen Schutz hältst, wird es so sein; andernfalls ist es nichts als ein Bild.«

Einige Tage später saß die Frau mit Lahiri Mahasayas Schwiegertochter an einem Tisch, hinter dem die Photographie des Guru hing. Sie waren beide in das Studium der *Bhagawadgita* vertieft, als plötzlich ein ungewöhnlich heftiges Gewitter ausbrach.

»Lahiri Mahasaya, beschütze uns!« riefen die Frauen aus und verneigten sich vor dem Bild. Kurz darauf fuhr ein Blitz in das auf dem Tisch liegende Buch; doch die beiden Frauen blieben unversehrt.

»Mir war, als ob ich in ein eiskaltes Tuch gehüllt würde, das die sengende Hitze abhielt«, berichtete die Jüngerin.

Lahiri Mahasaya vollbrachte auch zwei Wunder für eine andere Jüngerin, Abhoya. Diese hatte sich eines Tages entschlossen, mit ihrem Mann, einem Rechtsanwalt aus Kalkutta, nach Benares zu fahren, um den Guru zu besuchen. Auf dem Weg zum Bahnhof wurde ihre Droschke jedoch durch eine Verkehrsstockung aufgehalten; als sie endlich den Hauptbahnhof erreichten, pfiff der Zug bereits zur Abfahrt.

Abhoya blieb jedoch ruhig am Fahrkartenschalter stehen und betete schweigend:

»Lahiri Mahasaya, ich flehe Euch an, den Zug aufzuhalten! Ich kann es nicht ertragen, Euch erst einen Tag später zu sehen.«

Obwohl die Räder des Zuges sich weiterdrehten, bewegte sich die schnaufende Lokomotive plötzlich nicht mehr vorwärts. Lokomotivführer und Passagiere traten neugierig auf den Bahnsteig, um sich dieses Phänomen anzuschauen. Da näherte sich ein englischer Eisenbahnbeamter dem Paar und bot ihnen — entgegen jedem Brauch — seine Dienste an. »Babu«, sagte er, »gebt mir das Geld, damit ich Euch die Fahrkarten besorgen kann; Ihr könnt derweil schon einsteigen.«

Sobald Abhoya und ihr Mann Platz genommen und die Fahr-

---

*) Die ehrwürdige Mutter starb 1930 in Benares.

karten in Empfang genommen hatten, setzte sich der Zug langsam in Bewegung. In größter Hast stiegen nun Lokomotivführer und Passagiere wieder ein, ohne zu wissen, warum der Zug auf einmal weiterfuhr oder was ihn zuvor aufgehalten hatte.

Als Abhoya das Haus Lahiri Mahasayas in Benares betrat, warf sie sich vor dem Meister nieder, um seine Füße zu berühren.

»Bewahre etwas mehr Haltung, Abhoya«, bemerkte er. »Wie gern du mich in Verlegenheit bringst! Als ob du nicht mit dem nächsten Zug hättest kommen können!«

Abhoya suchte Lahiri Mahasaya später noch einmal in einer dringenden Angelegenheit auf. Diesmal aber sollte er nicht bei der Eisenbahn, sondern beim Storch vermittelnd eingreifen.

»Gebt mir bitte Euren Segen, damit mein neuntes Kind am Leben bleibt«, bat sie. »Acht Kinder sind mir schon geboren worden, und jedes ist kurz nach der Geburt wieder gestorben.«

Der Meister lächelte mitfühlend. »Das Kind, das du erwartest, wird leben bleiben, wenn du meine Anweisungen genau befolgst. Es wird ein Mädchen werden und nachts zur Welt kommen. Achte darauf, daß die Öllampe bis Tagesanbruch brennen bleibt. Schlafe nicht ein, damit das Licht nicht erlöscht!«

Abhoya gebar des Nachts ein Mädchen, genau wie der allwissende Guru vorausgesagt hatte, und befahl der Hebamme, die Lampe ständig mit Öl nachzufüllen. Beide Frauen wachten bis in die frühen Morgenstunden, schliefen dann aber doch ein. Als das Öl in der Lampe fast aufgebraucht war und das Licht nur noch schwach flackerte, wurde der Riegel zur Schlafzimmertür plötzlich zurückgeschoben, und gleich darauf sprang die Tür unter heftigem Krachen auf. Die Frauen fuhren erschrocken aus dem Schlaf hoch und erblickten zu ihrem größten Erstaunen die Gestalt Lahiri Mahasayas.

»Abhoya, gib acht, das Licht ist fast erloschen!« Mit diesen Worten wies er auf die Lampe, die die Hebamme nun hastig füllte. Sobald sie wieder hell brannte, entschwand der Meister; die Tür schloß sich von selbst, und der Riegel wurde von unsichtbarer Hand wieder vorgeschoben.

Abhoyas neuntes Kind blieb am Leben. Als ich mich im Jahre 1935 nach ihm erkundigte, lebte es noch.

Ein Jünger von Lahiri Mahasaya, Kali Kumar Ray, erzählte mir mehrere erstaunliche Begebenheiten aus dem Leben des Meisters, denen er als Augenzeuge beigewohnt hatte.

»Oft war ich wochenlang in seinem Haus in Benares zu Gast«, sagte er, »und konnte während dieser Zeit beobachten, wie viele heilige

Gäste, *Dandi*-Swamis *), den Guru in der Stille der Nacht aufsuchten und sich zu seinen Füßen niederließen. Sie sprachen über Meditation und philosophische Fragen und nahmen bei Morgengrauen wieder Abschied. Ich bemerkte auch, daß sich Lahiri Mahasaya nicht ein einziges Mal niederlegte, um zu schlafen.

Als ich den Meister noch nicht lange kannte, geriet ich in große Schwierigkeiten mit meinem Arbeitgeber, der ein ausgesprochener Materialist war«, fuhr Ray fort.

›Ich will keine religiösen Fanatiker unter meinen Angestellten haben‹, pflegte er verächtlich zu sagen. ›Sollte ich Eurem Scharlatan von Guru jemals begegnen, werde ich ihm meine Meinung ins Gesicht sagen, so daß er sein Lebtag daran denken wird!‹

Doch diese Drohung vermochte meine regelmäßigen Besuche in keiner Weise einzuschränken. Ich brachte fast jeden Abend bei meinem Guru zu. Eines Tages lief mein Arbeitgeber mir nach und stürzte unangemeldet in das Empfangszimmer. Zweifellos hatte er die Absicht, seine herausfordernden Bemerkungen anzubringen. Sobald er sich aber gesetzt hatte, wandte sich Lahiri Mahasaya an die versammelten Jünger — es mochten etwa zwölf gewesen sein — und fragte:

›Wollt ihr alle ein Bild sehen?‹

Als wir nickten, bat er uns, den Raum zu verdunkeln. ›Setzt euch hintereinander im Kreis hin‹, sagte er, ›und legt die Hände über die Augen eures Vordermanns.‹

Ich war nicht sonderlich überrascht, als mein Arbeitgeber — wenn auch widerstrebend — den Anweisungen des Meisters folgte. Nach einigen Minuten fragte Lahiri Mahasaya uns, was wir sahen.

›Meister‹, erwiderte ich, ›eine wunderschöne Frau erscheint vor meinen Augen. Sie trägt einen *Sari* mit roter Borte und steht neben einer hohen Begonie.‹ Alle anderen Jünger gaben dieselbe Beschreibung. Dann wandte sich der Meister an meinen Arbeitgeber: ›Erkennt Ihr diese Frau?‹

›Ja.‹ Der Mann bemühte sich augenscheinlich, mit einer ihm ungewohnten Gefühlsregung fertig zu werden. ›Ich habe törichterweise mein Geld an sie verschwendet, obgleich ich eine gute Frau habe. Ich schäme mich des Beweggrunds, der mich hierherführte. Wollt Ihr mir vergeben und mich als Jünger annehmen?‹

---

*) Mitglieder eines bestimmten Mönchsordens, die stets einen *Danda* (Bambusstab) bei sich tragen. Dieser ist ein Symbol des *Brahma-Danda* (Stab Brahmas) und versinnbildlicht die menschliche Wirbelsäule. (Der eigentliche Weg zur Unendlichkeit besteht in der Erweckung der sieben Gehirn- und Rückenmarkszentren.)

›Wenn Ihr sechs Monate lang ein einwandfreies, sittliches Leben führt, will ich Euch annehmen‹, erwiderte der Meister und fügte hinzu: ›Andernfalls brauche ich Euch nicht erst einzuweihen.‹

Drei Monate lang widerstand mein Arbeitgeber der Versuchung; dann aber nahm er sein früheres Verhältnis mit der Frau wieder auf, und zwei Monate später starb er. Da verstand ich die verschleierte Prophezeiung meines Guru, daß die Einweihung nicht mehr nötig sein würde.«

Lahiri Mahasaya hatte einen berühmten Freund, Trailanga Swami, dessen Alter man auf über 300 Jahre schätzte. Die beiden Yogis kamen oft zusammen, um zu meditieren. Trailangas Ruhm ist so weit verbreitet, daß nur wenige Hindus die Glaubwürdigkeit der Erzählungen, die über seine erstaunlichen Wundertaten umlaufen, in Frage stellen würden. Wenn Christus heute zur Erde zurückkehrte und auf den Straßen von New York seine Wunder vollbrächte, könnte er nicht mehr Ehrfurcht und Erstaunen hervorrufen als vor einigen Jahrzehnten Trailanga in den bevölkerten Gassen von Benares. Er war einer jener *Siddhas* (vollendeten Wesen), die dazu beigetragen haben, Indien vor dem geistigen Verfall zu bewahren.

Nicht selten konnte man den Swami tödliches Gift trinken sehen, ohne daß es ihm schadete. Tausende von Menschen, von denen einige noch leben, haben Trailanga über dem Ganges schweben sehen. Er pflegte tagelang auf dem Wasser zu sitzen oder sich für längere Zeit unter den Wellen verborgen zu halten. Am Manikarnika-Ghat bot der regungslose Körper des Swami, der in der sengenden Sonnenhitze auf den glühend heißen Steinplatten saß, einen alltäglichen Anblick.

Durch alle diese Wundertaten versuchte Trailanga den Menschen zu zeigen, daß sie sich nicht vom Sauerstoff oder anderen Bedingungen und Vorsichtsmaßregeln abhängig zu machen brauchen. Ob sich der große Meister über oder unter dem Wasser befand, oder ob er seinen Körper den glühenden Sonnenstrahlen preisgab, er bewies jedesmal, daß er in einem göttlichen Bewußtseinszustand lebte und daß der Tod ihm nichts anhaben konnte.

Der Yogi hatte nicht nur einen machtvollen Geist, sondern auch einen mächtigen Körper. Er wog über dreihundert Pfund: ein Pfund für jedes Lebensjahr! Diese Tatsache ist um so erstaunlicher, als er nur sehr selten Nahrung zu sich nahm. Ein Meister kann sich jedoch über alle Gesundheitsregeln hinwegsetzen, wenn er dies aus einem bestimmten Grunde, der oft nur ihm selbst bekannt ist, für nötig hält.

Große Heilige, die aus dem kosmischen Traum der *Maya* erwacht sind und erkannt haben, daß diese Welt nichts als ein Gedanke Gottes ist, können mit ihrem Körper tun, was sie wollen, denn für sie ist er nur eine leicht zu handhabende Masse verdichteter oder erstarrter Energie. Obgleich auch die Physiker heutzutage wissen, daß die Materie nichts als erstarrte Energie ist, können sie sich dennoch nicht mit den erleuchteten Meistern messen, die, was Herrschaft über die Materie anbelangt, bereits von der Theorie zur Praxis geschritten sind.

Trailanga ging immer vollkommen nackt einher und hielt die Polizei von Benares, die ihn als ihr größtes Sorgenkind betrachtete, ständig im Trab. Der urwüchsige Swami war sich — gleich dem biblischen Adam im Garten Eden — seiner Nacktheit nicht bewußt. Doch die Polizei war sich dessen sehr wohl bewußt und lieferte ihn auf recht unzeremonielle Weise ins Gefängnis ein. Wer aber kann die allgemeine Verwirrung beschreiben, als der riesige Körper Trailangas bald in seiner ganzen Fülle auf dem Dach des Gefängnisses erschien? Seine Zelle, die noch sicher verriegelt war, gab keinen Aufschluß über die Art seines Entkommens.

Die nahezu verzweifelten Hüter des Gesetzes versuchten noch einmal, ihrer Pflicht nachzukommen. Dieses Mal wurde ein Posten vor der Zelle des Swami aufgestellt. Wiederum wich die Macht dem Recht; denn kurz darauf konnte man den großen Meister erneut bei seinem gemächlichen Spaziergang auf dem Dach beobachten.

Die Göttin der Gerechtigkeit hat verbundene Augen; und im Falle von Trailanga entschloß sich die Polizei, ihrem Beispiel zu folgen.

Der große Yogi bewahrte die meiste Zeit Schweigen*). Obgleich er ein rundes Gesicht und einen gewaltigen, faßförmigen Bauch hatte, aß Trailanga nur sehr selten. Wenn er wochenlang nichts zu sich genommen hatte, brach er sein Fasten mit einigen Kannen saurer Milch, die ihm gewöhnlich von seinen Schülern gereicht wurde. Einst versuchte ein Skeptiker, Trailanga als Scharlatan zu entlarven und ließ einen großen Behälter gelöschten Kalks, der zum Tünchen der Wände bestimmt war, vor den Swami hinstellen.

»Meister«, sagte der Materialist mit geheuchelter Ehrfurcht, »ich habe Euch etwas saure Milch gebracht. Wollt Ihr sie nicht trinken?«

Trailanga trank ohne zu zögern die etlichen Liter ätzender Kalklösung bis auf den letzten Tropfen aus. Kurz darauf fiel der Übeltäter unter heftigen Krämpfen zu Boden.

»Hilfe, Swami, Hilfe!« schrie er. »Ich verbrenne! Vergebt mir meine lasterhafte Tat!«

Da brach der große Yogi sein übliches Schweigen. »Spötter«, sagte er, »du wußtest nicht, als du mir das Gift reichtest, daß mein und dein Leben eins sind. Wenn ich nicht das Wissen besäße, daß Gott in jedem

---

*) Er war ein *Muni*, ein Mönch, der *Mauna* (innerliches Schweigen) bewahrt. Das Sanskritwort *Muni* ist dem griechischen Wort *Monos* (allein, einsam) verwandt, von dem die englischen Worte *monk* und *monism* (sowie das deutsche Wort »Mönch« — *Herausgeber*) abgeleitet wurden.

Atom der Schöpfung und daher auch in meinem Magen gegenwärtig ist, hätte der Kalk mich getötet. Nun, da du das göttliche Gesetz der Vergeltung kennengelernt hast, spiele in Zukunft niemandem mehr einen ähnlichen Streich!«

Der Sünder, der durch Trailangas Worte geheilt worden war, schlich geknickt davon.

Diese Übertragung des Schmerzes wurde nicht vom Meister, sondern von der ausgleichenden Gerechtigkeit veranlaßt *), die das ganze Universum bis in die fernsten Sphären im Gleichgewicht hält. Bei erleuchteten Meistern wie Trailanga, die alle hemmenden, egoistischen Gegenströmungen für immer beseitigt haben, greift das göttliche Gesetz unverzüglich ein.

Wer an eine selbsttätige, ausgleichende Gerechtigkeit glaubt (die, wie in diesem Falle, Missetaten überraschend schnell vergelten kann), braucht sich nicht vorzeitig über die Ungerechtigkeit der Menschen zu beklagen. »Die Rache ist mein; ich will vergelten, spricht der Herr.« **) Was können unsere armseligen menschlichen Mittel dagegen ausrichten? Der Kosmos selbst sorgt für eine gerechte Vergeltung.

Ein stumpfsinniger Geist glaubt nicht an göttliche Gerechtigkeit, Liebe, Allwissenheit und Unsterblichkeit, sondern hält diese für »leere religiöse Mutmaßungen«. Wer derart gefühllos ist und an kein göttliches Walten im Kosmos glaubt, setzt in seinem eigenen Leben eine Kette von disharmonischen Ereignissen in Bewegung, die ihn schließlich dazu zwingen, nach der Wahrheit zu suchen.

Als Jesus seinen sieghaften Einzug in Jerusalem hielt, berief er sich auf dieses allvermögende geistige Gesetz. Während die Jünger und die Menschenmenge Freudenrufe ausstießen und jubelten: »Friede sei im Himmel und Ehre in der Höhe!« ***), beschwerten sich gewisse Pharisäer über das unwürdige Schauspiel. »Meister«, sagten sie vorwurfsvoll, »strafe doch deine Jünger!«

Jesus aber erwiderte, daß selbst »die Steine schreien würden«, wenn man seine Jünger zum Schweigen brächte.

Mit diesem Verweis wollte Christus den Pharisäern klarmachen, daß die göttliche Gerechtigkeit keine Abstraktion ist, und daß ein Friedensbote selbst dann, wenn man ihm die Zunge ausreißt, noch verteidigt und gerechtfertigt wird, und zwar vom Urgrund der Schöpfung, von der göttlichen Weltordnung selbst.

---

*) Vergl. *2. Könige 2, 19-24*. Nachdem Elisa durch seine Wundertat das Wasser von Jericho »gesund gemacht« hatte, verspotteten ihn einige Kinder. »Da kamen zwei Bären aus dem Walde und zerrissen der Kinder zweiundvierzig.«
**) *Römer 12, 19*
***) *Lukas 19, 38-40*

»Glaubt ihr etwa«, wollte Jesus sagen, »daß ihr die Friedensboten zum Schweigen bringen könnt? Ebensogut könntet ihr versuchen, die Stimme Gottes zu ersticken, dessen Herrlichkeit und Allgegenwart sogar die Steine preisen. Wollt ihr den Menschen verbieten, heilige Feste zu feiern und den Frieden des Himmels zu verkünden? Wollt ihr ihnen nur dann erlauben, sich zu versammeln und ihre Einheit zu bekennen, wenn Krieg auf Erden herrscht? Dann macht euch darauf gefaßt, o ihr Pharisäer, daß die Welt in ihren Grundfesten erschüttert wird; denn alle friedfertigen Menschen sowie Steine, Erde, Wasser, Feuer und Luft werden sich gegen euch erheben, um die göttliche Harmonie im Universum wiederherzustellen.«

Einst wurde meinem *Sadscho-Mama* (Onkel mütterlicherseits) eine besondere Gnade durch den christusähnlichen Yogi Trailanga zuteil. Er erblickte den Meister eines Morgens inmitten seiner Anhänger an einem *Ghat* in Benares, und es gelang ihm, sich Trailanga zu nähern und seine Füße zu berühren. Zu seiner Überraschung wurde mein Onkel augenblicklich von einer schmerzhaften chronischen Krankheit geheilt *).

Die einzige noch lebende Jüngerin des großen Yogi ist (soviel ich weiß) Schankari Mai Dschiu. Sie ist die Tochter eines Jüngers von Trailanga und wurde seit frühester Kindheit von dem Swami geschult. Vierzig Jahre lang lebte sie in mehreren einsamen Höhlen des Himalaja-Gebirges in der Nähe von Badrinath, Kedarnath, Amarnath und Pasupatinath. Die *Brahmatscharini* (Asketin) wurde 1826 geboren und hat nun schon längst die Hundert überschritten. Im Aussehen ist sie jedoch kaum gealtert, denn sie hat noch immer schwarzes Haar, blendendweiße Zähne und eine erstaunliche Energie. Alle paar Jahre verläßt sie ihre einsame Behausung, um an den regelmäßig stattfindenden *Melas* (religiösen Massenversammlungen) teilzunehmen.

Die Heilige besuchte Lahiri Mahasaya häufig. Wie sie selbst berichtete, befand sie sich einst bei Lahiri Mahasaya im Barackpur-Bezirk von Kalkutta, als der große Guru Babadschi schweigend ins Zimmer trat und sich mit ihnen unterhielt. »Der unsterbliche Meister trug ein nasses Gewand«, sagte sie, »als ob er gerade ein Bad im Fluß genommen hätte. Er segnete mich und gab mir einige geistige Ratschläge.«

Einst brach Trailanga in Benares sein gewohntes Schweigen, um La-

---

*) Das Leben Trailangas und anderer großer Meister bringt uns folgende Worte Jesu in Erinnerung: »Die Zeichen aber, die da folgen werden denen, die da glauben, sind die: in meinem Namen (dem Christusbewußtsein) werden sie Teufel austreiben, mit neuen Zungen reden, Schlangen vertreiben; und so sie etwas Tödliches trinken, wird's ihnen nicht schaden; auf die Kranken werden sie die Hände legen, so wird's besser mit ihnen werden.« — *Markus 16, 17-18*

hiri Mahasaya in aller Öffentlichkeit zu ehren. Einer von Trailangas Jüngern erhob jedoch Einspruch dagegen.

»Meister«, fragte er, »warum erweist Ihr, der Ihr ein Swami und Entsagender seid, einem Familienvater so viel Ehre?«

»Mein Sohn«, erwiderte Trailanga, »Lahiri Mahasaya gleicht einem göttlichen Kätzchen, das immer dort bleibt, wo die Kosmische Mutter es hinsetzt. Indem er pflichtgetreu seine Rolle in der Welt spielte, hat er den höchsten Zustand der Selbstverwirklichung erlangt, den ich dadurch erreichte, daß ich allem, sogar meinem Lendentuch, entsagte.«

XXXII. KAPITEL

RAMAS AUFERSTEHUNG VON DEN TOTEN

»Es lag aber einer krank mit Namen Lazarus . . . Da Jesus das hörte, sprach er: Die Krankheit ist nicht zum Tode, sondern zur Ehre Gottes, daß der Sohn Gottes dadurch geehrt werde.« *)

Es war ein sonniger Morgen, als Sri Yukteswar mit uns auf dem Balkon der Einsiedelei in Serampur saß und die christliche Bibel erläuterte. Außer einigen anderen Jüngern des Meisters war auch ich mit einer kleinen Gruppe meiner Rantschi-Schüler anwesend.

»Mit diesen Worten bezeichnet Jesus sich selbst als Gottes Sohn. Obgleich er wahrhaftig mit Gott vereint war, hat seine Bemerkung in diesem Zusammenhang noch eine tiefere, überpersönliche Bedeutung«, erklärte mein Guru. »Der Sohn Gottes ist der Christus, d. h. das Göttliche Bewußtsein im Menschen. Kein *Sterblicher* kann Gott ehren. Die einzige Ehre, die der Mensch seinem Schöpfer erweisen kann, besteht darin, daß er Ihn sucht. Man kann nicht eine Abstraktion ehren, die man nicht kennt. Der ›Glorienschein‹ oder Nimbus um den Kopf eines Heiligen ist das symbolische Zeugnis seiner *Fähigkeit,* dem Göttlichen Ehre zu erweisen.«

Dann fuhr Sri Yukteswar mit der wunderbaren Geschichte von der Auferstehung des Lazarus fort. Als er geendet hatte, verfiel er in längeres Schweigen, während das heilige Buch geöffnet auf seinem Schoß lag.

»Auch ich durfte einst ein ähnliches Wunder schauen«, sagte mein Guru schließlich mit feierlicher Stimme. »Lahiri Mahasaya ließ einen meiner Freunde von den Toten auferstehen.«

Die Jungen horchten begeistert auf. Und auch ich war noch jungenhaft genug, um mich nicht nur über die philosophischen Auslegungen Sri Yukteswars, sondern auch über jede Geschichte zu freuen, die er von den Wundertaten seines Guru zu erzählen wußte.

---

*) *Johannes 11, 1, 4*

»Rama und ich waren unzertrennliche Freunde«, begann der Meister. »Da er sehr scheu und in sich gekehrt war, suchte er unseren Guru Lahiri Mahasaya nur zwischen Mitternacht und Morgengrauen auf, wenn alle anderen Jünger, die den Guru tagsüber besuchten, nicht zugegen waren. Mir als seinem besten Freund vertraute er viele seiner tiefen geistigen Erlebnisse an. Er war der ideale Gefährte für mich, dem ich geistig viel zu verdanken habe.« Ein versonnener Ausdruck lag auf dem Antlitz meines Guru, als er von diesen Erinnerungen sprach.

»Plötzlich aber wurde Rama vor eine schwere Prüfung gestellt«, fuhr Sri Yukteswar fort; »er erkrankte an der asiatischen Cholera. Da unser Meister bei ernsthaften Krankheiten niemals Einspruch gegen ärztliche Hilfe erhob, wurden zwei Fachärzte herbeigerufen. Während diese sich alle Mühe mit dem Kranken gaben, flehte ich Lahiri Mahasaya schweigend um Hilfe an. Dann aber eilte ich selbst zu ihm hin und erzählte ihm schluchzend, was sich zugetragen hatte.

›Rama ist in ärztlicher Behandlung und wird gesund werden‹, sagte mein Guru mit heiterem Lächeln.

Als ich erleichterten Herzens zum Bett meines Freundes zurückkehrte, lag dieser jedoch im Sterben.

›Es kann sich höchstens noch um ein oder zwei Stunden handeln‹, sagte mir einer der Ärzte mit hoffnungsloser Miene. Als ich dies hörte, lief ich eilends wieder zu Lahiri Mahasaya zurück.

›Die Ärzte sind gewissenhafte Leute. Ich bin sicher, daß Rama gesund werden wird.‹ Mit diesen zuversichtlichen Worten entließ mich der Meister.

Als ich zu Ramas Haus zurückkehrte, waren beide Ärzte verschwunden. Einer von ihnen hatte mir folgende Zeilen hinterlassen: ›Wir haben unser möglichstes getan, aber der Fall ist hoffnungslos.‹

Mein sterbender Freund bot tatsächlich einen trostlosen Anblick. Ich konnte mir kaum vorstellen, daß Lahiri Mahasayas Worte sich nicht verwirklichen sollten; als ich aber andererseits mit ansehen mußte, wie Ramas Leben zusehends dahinschwand, suggerierte mir mein Verstand ein: ›Jetzt ist es gleich zu Ende mit ihm!‹ Zwischen Glauben und Zweifel hin- und hergerissen, pflegte ich meinen Freund, so gut ich konnte. Plötzlich richtete er sich auf und rief:

›Yukteswar, laufe zum Meister und sage ihm, daß ich gestorben bin. Und bitte ihn, meinen Körper vor der Einäscherung zu segnen.‹ Nach diesen Worten tat Rama einen tiefen Seufzer und gab seinen Geist auf. *)

---

*) Ein Opfer der Cholera ist oft bis zum Eintritt des Todes bei vollem Bewußtsein.

Eine Stunde lang blieb ich weinend an seinem Bett sitzen. Er, der immer die Stille geliebt hatte, war nun in die endgültige Stille des Todes eingegangen. Als schließlich ein anderer Jünger ins Zimmer trat, bat ich ihn, solange im Haus zu bleiben, bis ich zurückkehrte. Völlig benommen schleppte ich mich zu meinem Guru hin.

›Wie geht es Rama?‹ fragte Lahiri Mahasaya lächelnd.

›Meister, Ihr werdet bald sehen, wie es ihm geht‹, stieß ich, von Schmerz überwältigt, hervor. ›In einigen Stunden werdet Ihr seinen Körper zum letzten Male sehen, ehe er zum Verbrennungshof getragen wird.‹ Dann brach ich zusammen und weinte hemmungslos.

›Yukteswar, beherrsche dich! Setze dich ruhig hin und meditiere!‹ Mit diesen Worten ging mein Guru in den *Samadhi* ein, und wir verbrachten den Nachmittag und die ganze folgende Nacht in ununterbrochenem Schweigen. Ich bemühte mich aber vergeblich, meine innere Haltung zu bewahren.

Als der Morgen dämmerte, blickte Lahiri Mahasaya mich tröstend an. ›Ich sehe, daß du noch immer verstört bist. Warum hast du mir gestern nicht gesagt, daß du eine sichtbare Hilfe in Form einer Medizin von mir erwartetest?‹ Dann wies der Meister auf eine schalenförmige Lampe, die mit rohem Rizinusöl gefüllt war. ›Gieße etwas von diesem Lampenöl in eine kleine Flasche und träufle sieben Tropfen davon in Ramas Mund.‹

›Meister‹, wandte ich ein, ›er ist schon seit gestern mittag tot. Wie kann ihm das Öl jetzt noch helfen?‹

›Das macht nichts. Tu, was ich dir sage!‹ Die heitere Stimmung meines Guru war mir unerklärlich, denn ich fühlte den schmerzlichen Verlust noch mit unverminderter Heftigkeit. Nachdem ich eine kleine Menge Öl abgefüllt hatte, begab ich mich damit in Ramas Wohnung.

Der Körper meines Freundes lag schon in Todesstarre. Ohne mich von seinem geisterhaften Aussehen abschrecken zu lassen, öffnete ich mit dem rechten Zeigefinger seine Lippen und träufelte mit Hilfe der linken Hand und des Korkens das Öl auf seine zusammengebissenen Zähne. Als der siebente Tropfen seine kalten Lippen berührte, zuckte er heftig zusammen. Gleich danach richtete er sich verwundert auf, während seine Muskeln von Kopf bis Fuß erzitterten.

›Ich habe Lahiri Mahasaya in einem strahlenden Licht gesehen‹, rief er aus. ›Er leuchtete wie die Sonne. »Erhebe dich von deinem Schlaf«, befahl er mir, »und komm mit Yukteswar zu mir!«‹

Ich traute meinen Augen nicht, als Rama sich anzukleiden begann und nach dieser tödlichen Krankheit kräftig genug war, mit mir zum Haus unseres Guru zu gehen. Dort warf er sich mit Tränen der Dankbarkeit vor Lahiri Mahasaya nieder.

Der Meister wußte sich vor Heiterkeit nicht zu lassen, und seine Augen blitzten übermütig, als er sagte:

›Yukteswar, in Zukunft wirst du es sicher nicht versäumen, immer eine Flasche Rizinusöl bei dir zu tragen. Und jedesmal, wenn du eine Leiche siehst, brauchst du ihr nur etwas von deinem Öl zu geben. Nicht wahr, sieben Tropfen Lampenöl können die Macht Yamas *) ohne weiteres zunichte machen?‹

›Gurudschi, Ihr macht Euch über mich lustig. Ich verstehe das alles nicht. Erklärt mir bitte, wo mein Fehler liegt.‹

›Ich habe dir zweimal versichert, daß Rama gesund werden würde; doch du hast mir nicht ganz geglaubt‹, erklärte Lahiri Mahasaya. ›Ich habe nicht behauptet, daß die Ärzte Rama heilen können; ich sagte nur, daß sie ihn behandeln. Diese beiden Äußerungen standen in keiner ursächlichen Beziehung zueinander. Ich wollte den Ärzten nicht im Wege stehen, denn sie müssen ja auch leben.‹ Und mit einer Stimme, in der große Freude schwang, fügte er hinzu: ›Vergiß nie, daß der unerschöpfliche *Paramatman* **) jeden heilen kann — sei es mit oder ohne Arzt.‹

›Ich sehe meinen Fehler ein‹, bemerkte ich reumütig. ›Ich weiß nun, daß ein Wort von Euch genügt, um den ganzen Kosmos zu befehlen.‹«

Als Sri Yukteswar seine ehrfurchterweckende Geschichte beendet hatte, wagte einer der Rantschi-Knaben eine Frage zu stellen, die, vom Standpunkt eines Kindes aus, durchaus verständlich schien:

»Sir«, fragte er, »warum verordnete Euer Guru das Rizinusöl?«

»Kind, das Öl selbst hatte nichts zu bedeuten. Da ich aber ein sichtbares Zeichen erwartet hatte, gab mir Lahiri Mahasaya das in der Nähe stehende Öl, um durch dieses gegenständliche Symbol größeren Glauben in mir zu erwecken. Der Meister ließ Rama nur deshalb sterben, weil ich an seinen Worten gezweifelt hatte. Doch der göttliche Guru, der bereits angekündigt hatte, daß sein Jünger gesund werden würde, wußte, daß die Heilung durch nichts verhindert werden konnte, selbst wenn er Rama von den Toten zurückholen müßte.«

Dann entließ Sri Yukteswar die kleine Gruppe und gab mir durch einen Wink zu verstehen, daß ich mich zu seinen Füßen niedersetzen sollte.

»Yogananda«, sagte er mit ungewöhnlichem Ernst, »du bist seit deiner Geburt von direkten Jüngern Lahiri Mahasayas umgeben gewesen. Der göttliche Meister, der sehr zurückgezogen lebte, erlaubte seinen Anhängern nicht, eine Organisation auf seiner Lehre aufzubauen. Aber er machte eine bedeutsame Prophezeiung:

---

*) Der Todesgott
**) Wörtlich: »Höchste Seele«

›Etwa 50 Jahre nach meinem Heimgang‹, sagte er, ›wird ein Bericht über mein Leben veröffentlicht werden; denn zu dieser Zeit wird das Abendland großes Interesse am Yoga zeigen. Die Botschaft des Yoga wird sich über die ganze Erde verbreiten und dazu beitragen, eine echte Brüderlichkeit unter den Menschen zustande zu bringen — eine Einigkeit, die auf unmittelbarem Gotterleben beruht.‹

Mein Sohn Yogananda«, fuhr Sri Yukteswar fort, »du mußt das Deinige tun, um diese Botschaft zu verbreiten und dieses heilige Leben zu beschreiben.«

Lahiri Mahasaya verließ seinen Körper im Jahre 1895, und 50 Jahre später — 1945 — wurde dieses Buch fertiggestellt. Ich konnte mich des Staunens nicht erwehren, als das Jahr 1945 auch den Beginn des umwälzenden Atomzeitalters ankündigte. Alle nachdenklichen Menschen befassen sich heute mehr denn je mit der Frage des Friedens und der Brüderlichkeit, denn sie haben eingesehen, daß eine fortgesetzte Anwendung von Waffengewalt die gesamte Menschheit (mitsamt ihren Problemen!) vernichten kann.

Wenn auch alles, was von Menschenhand erschaffen worden ist, dem zersetzenden Einfluß der Zeit unterliegt und durch Bomben wieder vernichtet werden kann, so zieht die Sonne dennoch weiter ihre Bahn, halten die Sterne unaufhörlich Wacht. Die Kosmischen Gesetze lassen sich nicht abändern oder aufheben, und der Mensch täte gut daran, sich mit ihnen in Einklang zu bringen. Wenn sogar der Kosmos keine Gewalt anwendet, wenn die Sonne am Himmel keinen Krieg führt, sondern sich zur rechten Zeit zurückzieht, um den Sternen eine Weile das Zepter zu gönnen, was versprechen wir uns dann von unserer eisernen Faust? Wird sie uns jemals den Frieden bringen? Nicht Grausamkeit, sondern Güte hält den Bau des Kosmos zusammen. Eine im Frieden lebende Menschheit wird die Früchte eines immerwährenden Sieges ernten, die süßer schmecken als solche, die auf blutdurchtränktem Boden wachsen.

Der einzig wirksame Völkerbund ist der natürliche, namenlose Bund menschlicher Herzen. Denn nur durch allumfassendes Mitgefühl und weise Einsicht kann das Leid dieser Welt gelindert werden; und diese Eigenschaften erwachsen nicht aus einer rein verstandesmäßigen Berücksichtigung menschlicher Verschiedenheiten, sondern aus dem Bewußtsein unserer unlösbaren Einheit in Gott. Möge sich die Yogawissenschaft, die den Menschen zu wahrer Gottverbundenheit verhelfen kann, schließlich in allen Ländern verbreiten und dazu beitragen, den ersehnten Weltfrieden herbeizuführen.

Nur wenige Historiker haben erkannt, daß die indische Kultur, die älter ist als alle anderen Kulturen, ihr Fortbestehen keinem Zufall, sondern einer logischen Tatsache verdankt — nämlich der einzigartigen Hingabe an die ewigen Wahrheiten, die Indien in jeder Generation durch seine großen Meister verkündigt hat. Schon durch sein bloßes Weiterbestehen, durch seine Überlegenheit über den Wechsel der Jahrhunderte (und können die pedantischen Gelehrten uns wirklich sagen, wie alt sie ist?) hat Indien die gültigste Antwort aller Völker auf die Herausforderung des Zeitwandels gegeben.

Die biblische Geschichte, in der Abraham den Herrn bittet, die Stadt Sodom zu retten, wenn Er nur zehn Gerechte darin fände, und die Göttliche Antwort: »Ich will sie nicht verderben um der zehn willen«*) gewinnt am Beispiel des vor dem Untergang bewahrt gebliebenen Indien eine neue Bedeutung. Versunken sind die mächtigen Kaiserreiche jener in der Kriegskunst bewanderten Nationen, die einst zu Indiens Zeitgenossen gehörten: das alte Ägypten, Babylonien, Griechenland, Rom.

Aus dieser Antwort Gottes geht eindeutig hervor, daß ein Land nicht aufgrund seiner materiellen Errungenschaften, sondern aufgrund seiner vergeistigten Menschen fortbesteht.

So wollen wir denn in diesem 20. Jahrhundert, das, noch ehe es die Hälfte überschritten hat, zweimal in ein Blutbad getaucht wurde, noch einmal die göttliche Botschaft laut werden lassen: kein Volk, das zehn Menschen hervorbringen kann, die vor den Augen des unbestechlichen Göttlichen Richters bestehen können, ist dem Untergang geweiht!

Indien, das von dieser Wahrheit durchdrungen ist, hat sich seit je gegen alle Tücken des Schicksals behaupten können. Von einem Jahrhundert zum anderen ist sein Boden durch erleuchtete Meister geheiligt worden. Auch in der Neuzeit haben christusähnliche Weise wie Lahiri Mahasaya und Sri Yukteswar ihre mahnende Stimme erhoben und erklärt, daß die Yogawissenschaft (die zur Vereinigung mit Gott führt) sowohl für das Glück des einzelnen als auch für das Fortbestehen der Nation von ausschlaggebender Bedeutung sei.

Über das Leben Lahiri Mahasayas und seine universelle Lehre ist bisher nur sehr wenig veröffentlicht worden.**) In den letzten drei Jahrzehnten bin ich jedoch in Indien, Amerika und Europa vielen Menschen begegnet, die ein lebhaftes und aufrichtiges Interesse an seiner befreienden Yogabotschaft haben. Deshalb ist nun — wie Lahiri Mahasaya vorausgesagt hat — die Zeit gekommen, einen Bericht über sein Leben

---

*) *1. Mose 18, 23—32*
**) Eine von Swami Satyananda verfaßte Kurzbiographie in Bengali ist im Jahre 1941 unter dem Titel *Sri Sri Schyama Tscharan Lahiri Mahasaya* erschienen. Aus diesem Werk habe ich einige Abschnitte für meinen Bericht über Lahiri Mahasaya übersetzt.

zu schreiben, und zwar hauptsächlich für die Länder des Westens, wo man bisher kaum etwas über das Leben der großen neuzeitlichen Yogis weiß.

Lahiri Mahasaya wurde am 30. September 1828 in Ghurni, einem Dorf im Nadia-Bezirk bei Krischnanagar in Bengalen, geboren. Seine Eltern waren fromme Brahmanen aus alteingesessenem Geschlecht. Er war der einzige Sohn von Muktakaschi, der zweiten Frau des ehrwürdigen Gaur Mohan Lahiri (dessen erste Frau während einer Pilgerfahrt ums Leben kam, nachdem sie drei Söhnen das Leben geschenkt hatte). Die Mutter des Jungen starb, als er noch ein Kind war. Wir wissen kaum etwas über sie mit Ausnahme der bemerkenswerten Tatsache, daß sie eine glühende Anbeterin des Gottes Schiwa *) war, den die Heiligen Schriften als »König der Yogis« bezeichnen.

Der Junge, dessen voller Name Schyama Tscharan Lahiri lautete, verbrachte seine Kindheit im Haus seiner Vorfahren in Ghurni. Schon im Alter von drei oder vier Jahren konnte man ihn öfter in einer bestimmten Yogastellung beobachten, in der sein ganzer Körper, mit Ausnahme des Kopfes, im Sand eingegraben war.

Der Grundbesitz der Lahiris wurde im Winter 1833 zerstört, als der in der Nähe liegende Dschalangi-Fluß seinen Lauf änderte und sich in den Ganges ergoß. Einer der von den Lahiris errichteten Schiwa-Tempel wurde mitsamt dem Wohnhaus von dem reißenden Strom fort-

---

*) Schiwa gehört zur göttlichen Trinität (Brahma-Wischnu-Schiwa), die im Kosmos die jeweilige Aufgabe der Erschaffung, Erhaltung und Auflösung (sowie Erneuerung) erfüllt. Schiwa wird in der Mythologie als der Gott der Entsagenden dargestellt, der Seinen Anhängern in verschiedenen Visionen erscheinen kann, so z. B. als Mahadewa — der Asket mit dem verflochtenen Haar — oder als Nataradscha — der Kosmische Tänzer. Vielen fällt es schwer, sich Gott als Schiwa, den Zerstörer, vorzustellen. Puspadanta, ein Schiwa-Anhänger, klagt in seiner Hymne *Mahimnastava*: »Warum erschufst Du die Welten, wenn Du sie wieder zerstörst?« Ein Vers des *Mahimnastava* lautet (nach der englischen Fassung von Arthur Avalon) wie folgt:
»Durch das Stampfen Deiner Füße
Wurde die Erde plötzlich gefährdet;
Durch das Schwingen Deiner Arme, die hart wie Eisenstäbe sind,
Wurden die Sterne im Äther zerstreut;
Von Deinen losen Haaren gepeitscht,
Begannen die Himmel zu beben.
Wahrlich — Dein Tanz war atemberaubend!
Doch die Welten in Aufruhr zu bringen, um sie zu retten,
Welch ein Mysterium ist dies?«
Dann aber endet der Dichter mit folgenden Worten:
»Groß ist der Unterschied zwischen meinem Geist,
Der nur wenig weiß und dem Schmerz unterliegt,
Und Deiner immerwährenden Herrlichkeit,
Die alle Vorstellungen übersteigt.«

geschwemmt. Ein Gläubiger rettete das steinerne Bildnis des Herrn Schiwa aus den tosenden Wassern und setzte es in einen neuen Tempel, der jetzt als Ghurni-Schiwa-Stätte bekannt ist.

Gaur Mohan Lahiri verließ Ghurni und siedelte sich mit seiner Familie in Benares an, wo er sofort einen Schiwa-Tempel errichten ließ. Er sorgte dafür, daß seine Familie nach den strengen, vedischen Vorschriften lebte und täglich Andachten abhielt, Almosen gab und die Heiligen Schriften studierte. Sein großer Gerechtigkeitssinn und seine geistige Aufgeschlossenheit ließen ihn jedoch alle sinnvollen modernen Einrichtungen willkommen heißen.

Der Knabe Lahiri wurde in den Studiengemeinschaften von Benares in Hindi und Urdu unterrichtet; außerdem besuchte er eine von Dschoy Narayan Ghosal geleitete Schule, wo er Unterricht in Sanskrit, Bengali, Französisch und Englisch empfing. Der junge Yogi befaßte sich eifrig mit dem Studium der Veden und lauschte voller Interesse den Gesprächen gelehrter Brahmanen, die über die heiligen Texte diskutierten; unter diesen Pandits befand sich auch ein Mahratte namens Nag-Bhatta.

Schyama Tscharan war ein liebenswürdiger, freundlicher und beherzter Junge, der bei all seinen Spielgefährten beliebt war. Er hatte einen gesunden, kräftigen und wohlgeformten Körper und zeichnete sich besonders durch seine Schwimmkünste und seine große Handfertigkeit aus.

Im Jahre 1846 wurde Schyama Tscharan Lahiri mit Srimati Kaschi Moni, der Tochter von Sri Debnarayan Sanyal, vermählt. Kaschi Moni war eine vorbildliche indische Hausfrau, die ihre Pflichten innerhalb der Familie freudig erfüllte, Gastfreundschaft übte und für die Armen sorgte. Die Ehe war mit zwei heiligen Söhnen, Tincouri und Ducouri, und zwei Töchtern gesegnet. Im Jahre 1851, als Lahiri Mahasaya 23 Jahre alt war, trat er als Buchhalter in die Militärtechnische Abteilung der britischen Regierung ein. Während seiner Dienstzeit wurde er des öfteren befördert. So war er nicht nur ein Meister vor Gott, sondern wirkte auch erfolgreich in dem kleinen irdischen Drama mit, in dem er die bescheidene Rolle eines Büroangestellten spielte.

Verschiedentlich wurde Lahiri Mahasaya von der Militärtechnischen Abteilung in eine ihrer Bezirksstellen nach Gazipur, Miradschpur, Naini Tal, Danapur und Benares versetzt. Nach dem Tode seines Vaters übernahm der junge Mann die Verantwortung für die gesamte Familie und kaufte ihr ein Haus in dem abgelegenen Garudeswar-Mohalla-Bezirk von Benares. *)

---

*) Seit 1947 hat die indische Regierung die englische Schreibweise *Benares* durch *Banares* ersetzt.

In seinem 33. Lebensjahr wurde Lahiri Mahasaya *) seiner Bestimmung zugeführt, um derentwillen er sich auf Erden wiederverkörpert hatte. Er begegnete seinem großen Guru Babadschi in der Nähe von Ranikhet im Himalaja und wurde von ihm in den *Kriya-Yoga* eingeweiht.

Diese Begegnung war nicht nur für Lahiri Mahasaya, sondern für die ganze Menschheit ein segenbringendes Ereignis, denn sie war der Anlaß dafür, daß die verlorengegangene — oder lang verschollene — höchste Kunst des Yoga wieder ans Licht gebracht wurde.

So wie der Ganges **) in der Erzählung aus den *Puranas* vom Himmel zur Erde herabfloß, um dem verdurstenden Gläubigen Bhagirath göttliche Labsal zu bringen, so begann im Jahre 1861 der himmlische Strom des *Kriya-Yoga* aus der verborgenen Festung des Himalaja in die ausgetrockneten Stätten der Menschen zu fließen.

---

*) Das Sanskritwort *Mahasaya* ist ein religiöser Titel und bedeutet »weitherzig«.
**) Mutter Ganga, der heilige Fluß der Hindus, entspringt in einer Eishöhle im Himalaja inmitten des ewigen Schnees und des ewigen Schweigens. Seit Jahrhunderten haben sich zahllose Heilige mit Vorliebe an den Ufern des Ganges aufgehalten und dort ihre segensreichen Schwingungen hinterlassen. (Siehe Seite 210-211, Fußnote)
Es ist eine außergewöhnliche, ja sogar einzigartige Tatsache, daß der Ganges nicht verunreinigt werden kann. Keine Bakterien können aufgrund seiner unveränderlichen Sterilität in ihm leben. Millionen von Hindus benutzen sein Wasser zum Baden und Trinken, ohne irgendeinen Schaden davonzutragen. Diese Tatsache hat den modernen Wissenschaftlern ein großes Rätsel aufgegeben. Einer von ihnen, Dr. John Howard Northrop, Mitinhaber des im Jahre 1946 verliehenen Nobelpreises für Chemie, bemerkte kürzlich: »Wir wissen, daß der Ganges in hohem Grade verseucht ist. Und dennoch trinken die Inder aus ihm und schwimmen in ihm, ohne daß es ihnen etwas schadet.« Dann fügte er hoffnungsvoll hinzu: »Vielleicht wird der Strom durch Bakteriophagen (Schmarotzer, die Bakterien befallen und diese zerstören) steril gehalten.«
Die Veden lehren uns Ehrfurcht vor allen Naturerscheinungen. Darum versteht der fromme Hindu auch die Lobpreisung des Hl. Franziskus von Assisi: »Gelobt seist Du, mein Herr, durch unsere Schwester, die Quelle, die köstliches Wasser uns spendet, bescheiden, kostbar und keusch.«

XXXIII. KAPITEL

BABADSCHI, DER YOGI-CHRISTUS DES NEUZEITLICHEN INDIEN

Das Felsengebirge bei Badrinarayan im nördlichen Himalaja wird noch heute durch die körperliche Anwesenheit Babadschis, des Guru von Lahiri Mahasaya, geheiligt. Seit Jahrhunderten, wenn nicht gar seit Jahrtausenden, hat dieser abgeschieden lebende Meister in demselben physischen Körper gelebt. Der unsterbliche Babadschi ist ein *Avatara*, was soviel wie »Herabsteigen« bedeutet und sich aus den Sanskritwurzeln *ava* = »herab« und *tri* = »gehen« zusammensetzt. In den Hinduschriften bedeutet *Avatara* das Herabsteigen der Gottheit in das Fleisch.

»Babadschis überragender Geisteszustand entzieht sich jeder menschlichen Vorstellungskraft«, erklärte mir Sri Yukteswar. »Sein transzendentes Wesen kann vom beschränkten Verstand der Menschen nicht erfaßt werden. Jeder Versuch, sich auch nur ein ungefähres Bild von den hohen geistigen Errungenschaften des Avatars zu machen, wäre vergeblich; denn sie sind unvorstellbar.«

In den Upanischaden sind alle geistigen Entwicklungsstufen aufs genaueste klassifiziert worden. Ein *Siddha* (vollendetes Wesen) ist ein ehemaliger *Dschiwanmukta* (»im jetzigen Leben Befreiter«), der zu einem *Paramukta* (»im höchsten Grade Befreiter«, der Macht über den Tod hat) aufgestiegen ist. Letzterer hat sich vollkommen aus der von *Maya* verhängten Knechtschaft und dem Kreislauf der Wiedergeburten befreit. Daher geht der *Paramukta* nur selten wieder in einen irdischen Körper ein; wenn er es aber tut, ist er ein Avatar, ein göttlicher Sendbote, welcher der Welt unermeßlichen Segen bringt. Ein Avatar ist nicht mehr den kosmischen Gesetzen unterworfen; sein reiner Körper, der als Lichtgestalt sichtbar wird, braucht der Natur keinen Tribut zu zollen. Auf den ersten Blick ist nichts Außergewöhnliches an einem Avatar zu bemerken; gelegentlich aber wirft er keinen Schatten und hinterläßt keine Fußspuren im Sand. Dieses sind die äußeren Zeichen dafür, daß er sich innerlich von aller Dunkelheit und materiellen Knechtschaft befreit hat. Nur ein solcher Gottmensch kennt die Wahrheit, die jenseits der relativen Zustände von Leben und Tod liegt. Der so gröblich mißverstandene Omar Chajjam hat in seinem unsterblichen Werk *Rubaijat* ein solch befreites Wesen besungen:

> »Du, meiner Seele sel'ger Mond, kannst nie vergehen,
> Den Mond des Himmels seh ich wieder neu erstehen.
> Wie oft noch mag er aufgehn und vergeblich warten,
> Mich unermüdlich suchend in dem gleichen Garten.«

Der »selige Mond, der nie vergehen kann«, ist Gott, der ewige Polarstern, der alle Zeiten überdauert. Der »Mond des Himmels, der wieder neu ersteht«, ist der physische Kosmos, der an das Gesetz periodischer Wiederkehr gebunden ist. Der persische Seher, der den höchsten Zustand der Selbstverwirklichung erlangt hatte, war nicht mehr gezwungen, zur Erde, d. h. zum »Garten« der Natur oder der *Maya* zurückzukehren. »Wie oft noch mag er aufgehn und vergeblich warten...« Vergeblich hält das erstaunte Universum Ausschau nach etwas, das einst zu ihm gehörte und nun spurlos verschwunden ist!

Christus gab seiner Freiheit in etwas anderen Worten Ausdruck: »Und es trat zu ihm ein Schriftgelehrter, der sprach zu ihm: Meister, ich will dir folgen, wo du hin gehst. Jesus sagt zu ihm: Die Füchse haben Gruben, und die Vögel unter dem Himmel haben Nester; aber des Menschen Sohn hat nicht, da er sein Haupt hin lege.« *)

Könnte man dem allgegenwärtigen Christus anders folgen als im allumfassenden GEIST?

Krischna, Rama, Buddha und Patandschali gehören zu den Avatars des alten Indien. Eine umfangreiche Literatur in Tamil ist auch um Agastya, einen Avatar Südindiens, entstanden, der einige Jahrhunderte vor und nach der christlichen Ära durch seine zahlreichen Wundertaten bekannt wurde und noch heute in demselben physischen Körper leben soll.

Babadschis Mission in Indien besteht bis zum heutigen Tage darin, die Propheten in ihrer jeweiligen Aufgabe zu unterstützen. Darum gebührt ihm, den heiligen Schriften zufolge, der Titel eines *Mahavatar* (Großen Avatars). Er selbst berichtete, daß er Schankara**), den ehr-

---

* *Matthäus 8, 19-20*
**) Schankara, dessen Guru — laut geschichtlicher Überlieferung — Govinda Dschati war, empfing in Benares von Babadschi die Einweihung in den *Kriya-Yoga*. Als Babadschi seinen Jüngern Lahiri Mahasaya und Swami Kebalananda hiervon berichtete, erzählte er ihnen auch viele interessante Einzelheiten über seine Begegnung mit dem großen Monisten.

würdigen Reorganisator des Swami-Ordens, und Kabir, den berühmten Meister des Mittelalters, in den Yoga eingeweiht habe. Sein bedeutendster Jünger im 19. Jahrhundert war, wie wir bereits wissen, Lahiri Mahasaya, der die verlorengegangene Kunst des Kriya wiederbelebte.

Babadschi steht in ständiger Verbindung mit Christus. Beide senden der Menschheit erlösende Schwingungen und haben auch die befreiende geistige Technik für dieses Zeitalter bestimmt. Das Werk dieser beiden erleuchteten Meister, von denen der eine körperlich sichtbar und der andere körperlos ist, besteht darin, die Völker der Erde geistig zu erwecken, damit sie sich aus eigenem Antrieb von den Geißeln des Krieges, der Rassenvorurteile, des religiösen Fanatismus und des Materialismus befreien. Babadschi ist sich des neuen Zeitgeistes, insbesondere der Auswirkungen und Krisen der westlichen Zivilisation, sehr wohl bewußt und hat erkannt, daß der befreiende Yoga nicht nur in den östlichen, sondern auch in den westlichen Ländern verbreitet werden muß.

Daß es keine historischen Aufzeichnungen über Babadschis Leben gibt, darf uns nicht verwundern. Der große Guru ist in keinem Jahrhundert an die Öffentlichkeit getreten; der mißverständliche Glanz öffentlichen Ruhms paßt nicht zu seinen tausendjährigen Plänen. Gleich dem Schöpfer — der einzigen, aber schweigenden Kraft — wirkt auch Babadschi in demütiger Verborgenheit.

Große Propheten wie Christus und Krischna kommen auf die Erde, um vor den Augen der Menschen eine bestimmte Rolle zu spielen; sobald ihre Aufgabe beendet ist, verlassen sie die Erde wieder. Andere Avatars wie Babadschi befassen sich mehr mit dem langwierigen, viele Jahrhunderte währenden Entwicklungsprozeß der Menschheit und nicht nur mit einem besonderen epochalen Ereignis. Solche Meister entziehen sich stets den neugierigen Blicken der Menge und haben die Macht, sich jederzeit unsichtbar zu machen. Aus diesem Grunde und auch deshalb, weil sie ihren Jüngern gebieten, nichts über sie verlauten zu lassen, bleiben eine Anzahl überragender Geistwesen in der Welt unbekannt. Ich gebe auf diesen Seiten nur einen kleinen Einblick in Babadschis Leben, nur wenige Tatsachen, die er für eine Veröffentlichung geeignet gehalten hat.

Keine näheren Angaben über Babadschis Familie oder Geburtsort, an welchen den Chronisten so viel gelegen wäre, konnten je in Erfahrung gebracht werden. Meist spricht er Hindi, unterhält sich aber auch fließend in jeder anderen Sprache. Er hat den einfachen Namen Babadschi (verehrter Vater) angenommen. Andere ehrenvolle Titel, die ihm von Lahiri Mahasayas Jüngern beigelegt wurden, sind: Mahamuni Babadschi

Maharadsch (erhabener, ekstatischer Meister), Maha-Yogi (großer Yogi) und Trambak-Baba oder Schiwa-Baba (Titel eines Avatars Schiwas). Was hat es aber schon zu bedeuten, ob wir den Familiennamen eines völlig befreiten Meisters kennen oder nicht?

»Jeder, der den Namen Babadschis ehrfürchtig ausspricht«, sagte Lahiri Mahasaya, »zieht augenblicklich seinen Segen auf sich herab«.

Der Körper des unsterblichen Guru weist keinerlei Alterserscheinungen auf; er wirkt wie ein junger Mann von 25 Jahren. Babadschis schöne und kräftige Gestalt, die von heller Hautfarbe, mittlerer Größe und mittlerem Gewicht ist, strahlt einen sichtbaren Glanz aus. Seine dunklen Augen sind ruhig und sanft, und sein langes, glänzendes Haar ist kupferfarben. Zuzeiten gleicht Babadschis Antlitz auffallend demjenigen Lahiri Mahasayas. Diese Ähnlichkeit war oft so verblüffend, daß man Lahiri Mahasaya in seinen späteren Jahren für den Vater des jugendlich wirkenden Babadschi hätte halten können.

Mein heiliger Sanskritlehrer, Swami Kebalananda, verbrachte einige Zeit seines Lebens mit Babadschi*) im Himalaja.

»Der unvergleichliche Meister zieht ständig mit seinem Jüngerkreis durch das Gebirge«, erzählte mir Kebalananda. »Zu seiner kleinen Schar gehören auch zwei weit fortgeschrittene amerikanische Jünger. Wenn Babadschi sich eine Zeitlang an einem Ort aufgehalten hat, spricht er: ›*Dera danda uthao.*‹ (Wir wollen unsere Zelte abbrechen und den Stab ergreifen.) Er trägt meist einen *Danda* (Bambusstab) bei sich. Diese Worte sind das Signal zum Aufbruch, denn gleich darauf versetzt er sich mit seiner Gruppe unmittelbar an einen anderen Ort. Doch nicht immer wählt er diese astrale Art des Reisens; manchmal wandert er auch zu Fuß von einem Gipfel zum anderen.

Babadschi kann nur dann von anderen gesehen oder erkannt werden, wenn er es wünscht. Bekanntlich ist er mehreren seiner Anhänger in verschiedener Gestalt erschienen — manchmal mit Bart und Schnurrbart und manchmal bartlos. Sein unverweslicher Körper bedarf keiner Nahrung; daher ißt der Meister nur selten. Um seinen Jüngern einen Gefallen zu tun, nimmt er manchmal Früchte oder Milchreis mit zerlassener Butter zu sich.

Mir sind zwei wundersame Begebenheiten aus dem Leben Babadschis

---

*) Babadschi (verehrter Vater) ist ein gebräuchlicher Titel in Indien. In zahlreichen indischen Büchern werden religiöse Lehrer erwähnt, die »Babadschi« heißen; doch bei keinem von diesen handelt es sich um Mahavatar Babadschi, den Guru von Lahiri Mahasaya. Die Öffentlichkeit erfuhr erst im Jahre 1946 durch die »Autobiographie eines Yogi« von der Existenz des Mahavatars.

bekannt«, fuhr Kebalananda fort. »Eines Nachts saßen seine Jünger um ein riesiges Feuer, das während einer heiligen vedischen Zeremonie angezündet worden war. Plötzlich ergriff der Guru ein brennendes Scheit und schlug einem Tschela, der dicht beim Feuer saß, damit leicht auf die bloße Schulter.

›Meister, wie grausam!‹ rief Lahiri Mahasaya, der dabeisaß, vorwurfsvoll aus.

›Möchtest du lieber mit ansehen, daß er vor deinen Augen zu Tode verbrennt, wie es sein Karma verlangt?‹

Mit diesen Worten legte Babadschi seine Hand auf die verunstaltete Schulter des Jüngers und heilte ihn. ›Ich habe dich heute nacht vor einem qualvollen Tode bewahrt. Dem karmischen Gesetz ist durch den kurzen Schmerz, den du soeben durch die Brandwunde erlitten hast, Genüge getan.‹

Ein andermal wurde der heilige Kreis um Babadschi durch die Ankunft eines Fremden gestört. Er hatte mit erstaunlicher Geschicklichkeit das fast unzugängliche Felsenriff erklommen, auf dem der Guru seinen Zeltplatz aufgeschlagen hatte.

›Herr, Ihr müßt der große Babadschi sein!‹ Unaussprechliche Ehrfurcht leuchtete aus den Augen des Mannes. ›Monatelang habe ich ununterbrochen auf diesen gefährlichen Klippen nach Euch gesucht. Ich bitte Euch flehentlich, mich als Jünger anzunehmen.‹

Als der große Guru ihm keine Antwort gab, wies der Mann auf den gähnenden Abgrund hinter sich. ›Wenn Ihr mich abweist, stürze ich mich von diesem Berg herab. Das Leben hat keinen Sinn mehr für mich, wenn ich nicht unter Eurer göttlichen Führung stehen darf.‹

›Dann spring‹, sagte Babadschi mit unbewegter Miene. ›Ich kann dich in deinem gegenwärtigen Entwicklungsstadium nicht annehmen.‹

Ohne zu zögern, stürzte sich der Mann vom Felsen herab. Da befahl Babadschi seinen erschrockenen Jüngern, den Leichnam des Fremden heraufzuholen. Als sie mit seinem zerschmetterten Körper wiederkehrten, legte der Meister seine Hand auf den Toten. Und siehe! Er öffnete die Augen und warf sich demütig vor dem allmächtigen Guru nieder.

›Jetzt bist du bereit, mein Jünger zu sein‹, sagte Babadschi, indem er den auferstandenen Tschela liebevoll anblickte. ›Du hast die schwierige Prüfung mutig bestanden*), und der Tod kann dir nichts mehr anhaben. Du gehörst nun zu unserer unsterblichen Schar.‹ Dann sprach er die

---

*) Es war sein Gehorsam, der auf die Probe gestellt wurde. Als der erleuchtete Meister sagte: »Spring!«, gehorchte der Mann sofort. Hätte er gezögert, so hätte er seine Behauptung, daß sein Leben ohne Babadschis Führung wertlos sei, gegenstandslos gemacht und damit bewiesen, daß er

üblichen Worte ›*Dera danda uthao*‹ zum Zeichen des Aufbruchs, und die ganze Gruppe entschwand.«

Ein Avatar lebt im allgegenwärtigen GEIST; d. h. er lebt außerhalb der Grenzen von Raum und Zeit. Babadschi kann daher nur einen Beweggrund haben, jahrhundertelang in demselben Körper zu leben: er will der Menschheit ein konkretes Beispiel ihrer eigenen Möglichkeiten geben. Wäre es den Menschen nie vergönnt, für kurze Zeit die fleischgewordene Gottheit zu schauen, so würden sie ganz und gar der Täuschung *(Maya)* anheimfallen und es nicht für möglich halten, daß der Tod überwunden werden kann.

Jesus wußte von Anfang an, wie sein Leben verlaufen würde. Was sich in seinem Leben ereignete, unterlag keinem karmischen Zwang, sondern diente dazu, alle zum Nachdenken bereiten Menschen geistig zu erheben. Die vier Evangelisten — Matthäus, Markus, Lukas und Johannes — haben dieses einzigartige Drama künftigen Generationen zum Segen festgehalten.

Auch für Babadschi existierten die relativen Begriffe Vergangenheit, Gegenwart und Zukunft nicht; ihm waren von Anbeginn alle Phasen seines Lebens bekannt. Um sich aber dem begrenzten Fassungsvermögen der Menschen anzupassen, sorgte er dafür, daß sich viele Szenen seines göttlichen Lebens in Gegenwart von ein oder zwei Zeugen abspielten. So geschah es auch, daß ein Jünger von Lahiri Mahasaya zugegen war, als Babadschi die Zeit für gekommen hielt, die Möglichkeit seiner körperlichen Unsterblichkeit zu verkünden. Er legte dieses Versprechen in Gegenwart von Ram Gopal Masumdar ab, damit dieser es später anderen Wahrheitssuchern weitererzählen und sie dadurch erheben konnte. Die großen Meister nehmen nur scheinbar am natürlichen Ablauf der Ereignisse teil und sprechen ihre Worte hauptsächlich um der Menschen willen. So sprach z. B. Christus: »Vater . . ., ich weiß, daß du mich allezeit hörst; *aber um des Volks willen, das umhersteht, sage ich's*, daß sie glauben, du habest mich gesandt.« *)

Als ich damals Ram Gopal, den »Heiligen ohne Schlaf«, **) in Ranbadschpur besuchte, erzählte er mir die wunderbare Geschichte von seiner ersten Begegnung mit Babadschi.

»Von Zeit zu Zeit verließ ich meine einsame Höhle, um Lahiri Mahasaya in Benares zu besuchen«, sagte Ram Gopal. »Als ich einst gegen

---

dem Guru nicht vollkommen vertraute. Daher war diese Prüfung, so drastisch und ungewöhnlich sie auch schien, unter den gegebenen Umständen die geeignetste.
* *Johannes 11, 41-42*
**) Der allgegenwärtige Yogi, der genau wußte, daß ich mich nicht vor dem Schrein in Tarakeswar verneigt hatte (Kapitel 13)

Mitternacht mit mehreren anderen Jüngern schweigend zu seinen Füßen saß, gab mir der Meister einen überraschenden Auftrag:

›Ram Gopal‹, sagte er, ›gehe sofort zum Dasasamedh-Bade-*Ghat*.‹

Bald hatte ich den einsamen Ort erreicht. Es war eine mondhelle Nacht, und am Himmel flimmerten die Sterne. Nachdem ich eine Weile still und geduldig dagesessen hatte, wurde meine Aufmerksamkeit auf eine riesige Steinplatte gelenkt, die sich dicht vor meinen Füßen befand. Sie hob sich langsam in die Höhe und ließ eine unterirdische Höhle sichtbar werden. Dann blieb der Stein unerklärlicherweise in der Luft stehen, und die verhüllte Gestalt einer jungen, unsagbar lieblichen Frau schwebte aus der Höhle empor. Sie war von einem milden Strahlenkranz umgeben und ließ sich langsam vor mir nieder, wo sie regungslos, in tiefer Ekstase, stehenblieb. Schließlich bewegte sie sich und sprach mit sanfter Stimme:

›Ich bin Matadschi,*) die Schwester Babadschis. Ich habe ihn und auch Lahiri Mahasaya gebeten, heute nacht zu meiner Höhle zu kommen, um eine höchst wichtige Angelegenheit mit mir zu besprechen.‹

Gleich darauf erblickte ich ein seltsames, nebelhaftes Licht über dem Ganges, das sich in den dunklen Wassern widerspiegelte. Es näherte sich uns mit großer Geschwindigkeit, bis es schließlich blitzartig neben Matadschi niederschoß und sich sogleich in die Gestalt Lahiri Mahasayas verdichtete. Demütig berührte er die Füße der Heiligen.

Noch ehe ich mich von meinem Staunen erholt hatte, bemerkte ich eine geheimnisvoll kreisende Lichtmasse, die sich am Himmel entlangbewegte. Schnell schwebte der leuchtende Flammenwirbel herab und näherte sich unserer Gruppe, wo er sich in einen wunderschönen, jugendlichen Körper verdichtete. Ich wußte sofort, daß es Babadschi war, denn er sah aus wie Lahiri Mahasaya; nur wirkte er viel jünger und hatte langes, glänzendes Haar.

Lahiri Mahasaya, Matadschi und ich knieten zu Füßen des großen Guru nieder. Ein unbeschreiblicher, glückseliger Schauer überflutete mich, als ich seinen göttlichen Körper berührte.

›Gesegnete Schwester‹, sprach Babadschi, ›ich habe vor, meinen Körper aufzulösen und im Strom der Unendlichkeit unterzutauchen.‹

›Ich habe dies bereits vorausgeahnt, geliebter Meister, und möchte heute mit Dir darüber sprechen. Warum willst Du Deinen Körper aufgeben?‹ Mit diesen Worten schaute die Heilige ihn flehentlich an.

---

*) »Heilige Mutter«. Matadschi lebt ebenfalls seit Jahrhunderten in ihrem gegenwärtigen Körper und ist geistig fast so hoch entwickelt wie ihr Bruder. Sie hält sich in einer geheimen, unterirdischen Höhle am Dasasamedh-*Ghat* auf, wo sie ununterbrochen im Zustand der Ekstase lebt.

›Ist es ein Unterschied, ob ich eine sichtbare oder unsichtbare Welle im Meer meines GEISTES bin?‹

Da erwiderte Matadschi in einer plötzlichen Eingebung: ›Unsterblicher Guru, wenn es kein Unterschied ist, so gib Deinen Körper bitte niemals auf.‹*)

›Es sei, wie du sagst‹, erwiderte Babadschi feierlich. ›Ich will meinen irdischen Körper niemals auflösen, sondern zumindest einer kleinen Anzahl von Menschen auf dieser Erde immer sichtbar bleiben. Der Herr hat durch deinen Mund gesprochen.‹

Während ich noch ehrfurchtsvoll dem Gespräch dieser erhabenen Wesen lauschte, wandte sich der große Guru mit einer segnenden Geste an mich.

›Fürchte dich nicht, Ram Gopal‹, sprach er, ›dir ist großer Segen widerfahren, weil du Zeuge dieses ewigen Versprechens sein durftest.‹

Während seine melodische Stimme verklang, schwebten Babadschis und Lahiri Mahasayas Körper langsam empor und bewegten sich zum Ganges zurück. Eine Aura blendenden Lichts umgab sie, als sie im nächtlichen Himmel entschwanden. Matadschis Körper schwebte zur Höhle zurück, und die Steinplatte senkte sich, wie von unsichtbarer Hand bewegt, wieder herab.

Erhobenen Geistes kehrte ich zum Haus Lahiri Mahasayas zurück. Als ich mich bei Tagesanbruch vor ihm verneigte, blickte der Guru mich mit verständnisvollem Lächeln an.

›Ich freue mich für dich, Ram Gopal‹, sagte er. ›Dein sehnlicher Wunsch, Babadschi und Matadschi zu begegnen, ist auf wundersame Weise erfüllt worden.‹

Von meinen Mitjüngern erfuhr ich, daß sich Lahiri Mahasaya seit Mitternacht nicht von der Stelle gerührt hatte.

›Nachdem du zum Dasasamedh-*Ghat* aufgebrochen warst, hielt er einen inspirierenden Vortrag über die Unsterblichkeit‹, erzählte mir ein Tschela. Zum ersten Male verstand ich voll und ganz die in den Heiligen Schriften verkündete Wahrheit, daß ein erleuchteter Meister zur selben Zeit in zwei oder mehreren Körpern an verschiedenen Orten erscheinen kann.

Später erklärte mir Lahiri Mahasaya noch viele metaphysische Einzelheiten, die Gottes geheimen Plan für unsere Erde betreffen«, schloß Ram Gopal. »Babadschi ist von Gott auserwählt worden, während

---

*) Diese Antwort erinnert uns an die Worte des Thales. Der große griechische Philosoph lehrte, daß kein Unterschied zwischen Leben und Tod bestünde. »Warum stirbst du dann nicht?«, fragte ihn ein Kritiker. »Eben weil kein Unterschied besteht«, erwiderte Thales.

dieses gegenwärtigen Weltenzyklus in seinem Körper weiterzuleben. Zeitalter werden kommen und gehen, doch der unsterbliche Meister*) wird auf der Bühne der kommenden Jahrhunderte immer zugegen sein.«

---

*) »Wahrlich, wahrlich ich sage euch: so jemand mein Wort wird halten (ununterbrochen im Christusbewußtsein lebt), der wird den Tod nicht sehen ewiglich.« *Johannes 8, 51*
Diese Worte Jesu beziehen sich nicht auf eine körperliche Unsterblichkeit — ein monotones Kerkerdasein, das man kaum einem Sünder, geschweige denn einem Heiligen wünschen würde. Der erleuchtete Mensch, von dem Christus sprach, ist einer, der aus dem Todesschlaf der Unwissenheit zum ewigen Leben erwacht ist. (Siehe Kapitel 43)
Der Mensch ist seinem wahren Wesen nach formloser, allgegenwärtiger GEIST. Die gezwungene oder karmische Wiederverkörperung ist das Ergebnis von *Avidya*, Unwissenheit. Die Hinduschriften lehren, daß Geburt und Tod Erscheinungen der *Maya*, der kosmischen Täuschung, sind. Geburt und Tod haben nur in der Welt der Relativität Bedeutung. Babadschi ist weder an seinen irdischen Körper noch an diesen Planeten gebunden; er erfüllt aber — auf Gottes Geheiß — eine bestimmte Mission auf dieser Erde.
Große Meister wie Sri Swami Pranabananda (siehe Seite 270), die in einem neuen Körper zur Erde zurückkehren, tun dies aus Gründen, die nur ihnen selbst bekannt sind. Ihre Inkarnationen auf diesem Planeten werden nicht von dem unerbittlichen Gesetz des Karma bestimmt. Diese freiwillige Wiederkehr, die nur jenen Wesen vorbehalten ist, die sich nicht mehr von der *Maya* blenden lassen, wird *Vyatthana* (Umkehr zum Erdenleben) genannt.
Ob ein erleuchteter Meister auf natürliche oder übernatürliche Weise stirbt, er hat immer die Fähigkeit, seinen Körper auferstehen zu lassen und den Erdenbewohnern zu erscheinen. Wem es gelungen ist, sich mit Gott zu vereinigen, dessen zahllose Sonnensysteme jeder Berechnung spotten, wird es kaum schwierig finden, die Atome eines irdischen Körpers zu materialisieren.
»Ich lasse mein Leben, auf daß ich's wiedernehme«, erklärte Christus. »Niemand nimmt es von mir, sondern ich lasse es von mir selber. Ich habe Macht, es zu lassen, und habe Macht, es wiederzunehmen.« *(Johannes 10, 17-18)*

XXXIV. KAPITEL

MATERIALISATION EINES PALASTES
IM HIMALAJA

»Babadschis erste Begegnung mit Lahiri Mahasaya klingt wie ein Märchen; sie ist eine der wenigen Geschichten über den unsterblichen Guru, die uns einen genaueren Einblick in sein Leben gewähren.«

Mit diesen einleitenden Worten begann Swami Kebalananda seine wunderbare Erzählung. Als ich sie zum ersten Male hörte, wurde ich im wahrsten Sinne des Wortes in Bann geschlagen. Noch oft bat ich meinen gütigen Sanskritlehrer, mir die Geschichte zu wiederholen, die ich später in fast demselben Wortlaut von Sri Yukteswar erfuhr. Beide waren Jünger von Lahiri Mahasaya und hatten den Bericht direkt aus dem Munde ihres Guru gehört.

»Meine erste Begegnung mit Babadschi fand im Herbst 1861 statt, als ich 33 Jahre alt war«, hatte Lahiri Mahasaya gesagt. »Ich war damals als Buchhalter bei der Militärtechnischen Abteilung der Regierung in Danapur stationiert. Eines Morgens ließ mich der Abteilungsleiter zu sich rufen.

›Lahiri‹, sagte er, ›wie wir soeben durch ein Telegramm von unserer Zentrale erfahren, sind Sie nach Ranikhet versetzt worden, wo gerade eine Heeresstation *) errichtet worden ist.‹

Ich trat also, in Begleitung eines Dieners, die 800 km lange Reise an. Nachdem wir 30 Tage mit Pferd und Wagen unterwegs gewesen waren, trafen wir endlich in Ranikhet **) im Himalaja ein.

Meine Büroarbeit nahm mich nicht allzusehr in Anspruch, so daß ich Zeit genug hatte, in der herrlichen Gebirgslandschaft umherzuwandern. Man hatte mir gesagt, daß große Heilige in dieser Gegend leben sollten, und ich verspürte großes Verlangen danach, ihnen zu begegnen. Als ich

---
*) Später ein Militär-Sanatorium. Um 1861 hatte die britische Regierung bereits ein Telegraphennetz in Indien errichtet.
**) Ranikhet im Almora-Bezirk liegt am Fuß des Nanda Dewi, eines der höchsten Gipfel im Himalaja (7816 m hoch).

mich eines Nachmittags wieder auf einer Wanderung befand, hörte ich zu meiner großen Verwunderung aus der Ferne meinen Namen rufen. Beherzt setzte ich meinen Aufstieg auf den Drongiri-Berg fort, obgleich ich mit leichtem Unbehagen daran dachte, daß ich den langen Rückweg durch den Dschungel nicht vor Einbruch der Dunkelheit würde zurücklegen können.

Schließlich erreichte ich eine kleine Lichtung, in deren Abhänge zahlreiche Höhlen eingebettet waren. Auf einer vorspringenden Felswand stand ein junger Mann, der mir lächelnd die Hand zum Willkommen entgegenstreckte. Ich bemerkte voller Verwunderung, daß er — mit Ausnahme seines kupferfarbigen Haares — große Ähnlichkeit mit mir selbst hatte.

›Lahiri, du bist gekommen!‹ redete mich der Heilige liebevoll auf Hindi an. ›Ruhe dich hier in dieser Höhle aus. Ich war es, der dich rief.‹

Ich betrat eine saubere kleine Grotte, in der sich mehrere Wolldecken und einige *Kamandalus* (Wasserschalen) befanden.

›Lahiri, erinnerst du dich noch an diesen Platz?‹ fragte der Yogi, indem er auf eine Ecke wies, in der eine zusammengefaltete Decke lag.

›Nein, Herr‹, sagte ich und fügte dann, leicht benommen von meinem seltsamen Abenteuer, hinzu: ›Ich muß jetzt gehen, ehe es dunkel wird; denn morgen früh muß ich wieder im Büro sein.‹

Da erwiderte der rätselhafte Heilige auf englisch: ›Das Büro wurde um deinetwillen hierher gebracht, und nicht du um des Büros willen.‹

Ich war sprachlos, daß dieser im Dschungel lebende Asket mir auf englisch antwortete und obendrein noch in abgewandelter Form die Worte Christi zitierte. *)

›Ich sehe, daß mein Telegramm die gewünschte Wirkung gehabt hat.‹ Diese Bemerkung des Yogi war mir unverständlich, und so bat ich ihn um eine Aufklärung.

›Ich spreche von dem Telegramm, das dich in diese einsame Gegend gerufen hat. Ich war es, der deinem Vorgesetzten eingab, dich nach Ranikhet zu versetzen. Wenn man sich mit der ganzen Menschheit eins fühlt, kann man sich jeden menschlichen Gehirns — ähnlich wie eines Rundfunksenders — bedienen.‹ Und liebevoll fügte er hinzu: ›Lahiri, kommt dir diese Höhle wirklich nicht bekannt vor?‹

Als ich nur verwirrt dastand, ohne etwas zu sagen, näherte sich der Heilige mir und schlug mir leicht auf die Stirn. Bei seiner magnetischen Berührung begann ein wundersamer Strom durch mein Gehirn zu flie-

---

*) »Der Sabbat ist um des Menschen willen gemacht, und nicht der Mensch um des Sabbat willen.« *Markus 2, 27*

ßen, der viele geliebte Erinnerungen an mein vorheriges Leben auslöste.

›Ja, ich besinne mich!‹ rief ich unter Freudentränen aus und fuhr dann mit halb erstickter Stimme fort: ›Ihr seid mein Guru Babadschi, der immer zu mir gehört hat. Jetzt sehe ich alles wieder deutlich vor mir: hier in dieser Höhle habe ich viele Jahre meiner letzten Inkarnation verbracht.‹ Überwältigt von diesen Erinnerungen umfaßte ich die Füße meines Meisters.

›Über drei Jahrzehnte habe ich auf deine Rückkehr gewartet‹, sagte Babadschi, in dessen Stimme unaussprechliche göttliche Liebe schwang.

›Du warst mir entschlüpft und in den stürmischen Wellen des Jenseits untergetaucht. Als der Zauberstab deines Karma dich berührte, warst du verschwunden. Obgleich du *mich* aus den Augen verlorst, habe ich niemals *dich* aus den Augen gelassen. Ich folgte dir über das leuchtende Astralmeer, wo die himmlischen Engel wohnen. Ich folgte dir durch Licht und Dunkelheit, durch Stürme und Verwandlungen und breitete, wie eine Vogelmutter, meine Flügel über dich aus. Während du als Embryo im Mutterleib lebtest und als kleines Kind zur Welt kamst, waren meine Augen immer auf dich gerichtet. Auch als du zum Knaben herangewachsen warst und deinen kleinen Körper in der Lotosstellung im Sand von Nadia eingrubst, war ich unsichtbar neben dir. Geduldig habe ich dich Monat für Monat und Jahr für Jahr bewacht und auf diesen Tag der Vollendung gewartet. Nun endlich bist du bei mir. Hier ist deine alte, geliebte Höhle, die ich sauber gehalten habe, damit sie wieder für dich bereitsteht. Hier ist deine geheiligte *Asana*-Decke, auf der du täglich gesessen hast, um dein hungriges Herz mit Gott zu erfüllen. Hier ist deine Schale, aus der du oft den von mir bereiteten Nektar getrunken hast. Siehst du, wie ich den Messingbecher blank gehalten habe, damit du eines Tages wieder daraus trinken kannst? Mein geliebtes Kind, verstehst du nun?‹

›Mein Guru, ich weiß nicht, was ich sagen soll‹, stammelte ich. ›Wer hat je von solch unsterblicher Liebe gehört?‹ In tiefer, ekstatischer Freude blickte ich auf meinen Guru — mein unverlierbares Eigentum im Leben und im Tod.

›Lahiri, du mußt dich reinigen. Trinke diese Schale Öl und lege dich am Ufer des Flusses nieder.‹ Lächelnd stellte ich fest, daß Babadschis praktische Weisheit, genau wie früher, immer die Oberhand behielt.

Dann folgte ich seinen Anweisungen. Obgleich sich bereits die eiskalte Nacht auf den Himalaja senkte, begann eine angenehme Wärme von meinem Körper auszustrahlen; verwundert fragte ich mich, ob vielleicht das unbekannte Öl diese kosmische Wärme erzeugte.

Eisige Winde fegten in der Dunkelheit über mich hin und heulten mir herausfordernd entgegen. Hin und wieder überspülten die kalten Wellen des Gogasch-Flusses meinen Körper, der ausgestreckt auf der Felsenbank lag. In der Nähe brüllten einige Tiger, doch mein Herz war frei von jeder Furcht. Die in meinem Inneren erstrahlende Kraft verlieh mir die Gewißheit, unter sicherem Schutz zu stehen. Mehrere Stunden vergingen wie im Fluge. Längst verblaßte Erinnerungen aus meinem vorherigen Leben tauchten wieder auf und verwoben sich mit dem jüngsten, überwältigenden Ereignis: der Wiedervereinigung mit meinem göttlichen Guru.

Da wurde ich durch das Geräusch herannahender Schritte aus meinen Träumen gerissen. Im Dunkeln fühlte ich, wie eine Hand mir aufhalf und mir trockene Kleider reichte.

›Komm Bruder‹, sprach mein Gefährte, ›der Meister erwartet dich.‹ Dann führte er mich durch einen dichten Wald. Als wir an eine Wegbiegung kamen, wurde die dunkle Nacht plötzlich von einem in der Ferne sichtbar werdenden, gleichbleibenden Leuchten erhellt.

›Ist das schon der Morgen?‹ fragte ich verwundert. ›Die Nacht kann doch noch nicht vorüber sein?‹

›Es ist jetzt Mitternacht‹, sagte mein Begleiter lächelnd. ›Das Licht, das du in der Ferne siehst, strahlt von einem goldenen Palast aus, der heute nacht von dem unvergleichlichen Babadschi materialisiert wurde. In ferner Vergangenheit hattest du einmal den Wunsch geäußert, dich an den Schönheiten eines Palastes zu erfreuen. Unser Meister erfüllt dir nun diesen Wunsch und befreit dich damit von deiner letzten karmischen Bindung.‹ *) Dann fuhr er fort: ›In diesem herrlichen Palast wirst du heute nacht deine Einweihung in den *Kriya-Yoga* empfangen. Sieh, alle deine Brüder haben sich freudig versammelt, um dich nach deiner Verbannung willkommen zu heißen.‹

Vor uns erhob sich ein mächtiger Palast aus schimmerndem Gold. Mit seinen zahlreichen Juwelen und gepflegten Parkanlagen, die sich in stillen Teichen widerspiegelten, bot er einen überwältigenden, majestätischen Anblick. Hohe Torbögen waren kunstvoll mit großen Diamanten, Saphiren und Smaragden besetzt. Menschen mit engelhaften Gesichtszügen standen vor dem Eingangstor, das im rötlichen Glanz zahlloser Rubine schimmerte.

Ich folgte meinem Gefährten in einen geräumigen Empfangssaal. Ein Duft von Räucherwerk und Rosen erfüllte die Luft; mattes Lampen-

---

*) Das Gesetz des Karma verlangt, daß jeder menschliche Wunsch einmal in Erfüllung geht. Daher sind ungeistige Wünsche Ketten, die den Menschen an das Rad der Wiedergeburt fesseln.

licht verbreitete einen vielfarbigen Glanz. Hie und da sah ich kleine Gruppen von Jüngern sitzen — einige von heller und andere von dunkler Hautfarbe —, die leise vor sich hinsangen oder schweigend meditierten. Die ganze Atmosphäre atmete Frieden und Freude.

›Labe dich an diesem herrlichen Anblick und schaue dir die erlesenen Kostbarkeiten dieses Palastes gut an, denn er ist nur dir zu Ehren erschaffen worden‹, bemerkte mein Führer, der verständnisvoll über meine erstaunten Ausrufe lächelte.

›Bruder‹, sagte ich, ›die Schönheit dieses Bauwerks übersteigt alle menschliche Vorstellungskraft. Erkläre mir bitte das Geheimnis seiner Entstehung.‹

›Ich will dich gern aufklären‹, sagte mein Begleiter, in dessen dunklen Augen tiefe Weisheit leuchtete, ›denn diese Materialisation ist kein unerklärliches Geheimnis. Der ganze Kosmos ist ein vom Schöpfer projizierter Gedanke. Und so ist auch der im Raum schwebende, schwere Erdkörper nichts als ein Traum Gottes, der alle Dinge aus Seinem Geist erschaffen hat, ähnlich wie der Mensch im Traum alle Lebewesen der Schöpfung nachbilden und lebendig werden lassen kann.

Gott erschuf diese Erde zuerst als Idee. Dann belebte Er sie, und es entstand die Atomenergie und später die Materie. Aus den Erdatomen entwickelten sich die Erdmoleküle, die einen festen, kugelförmigen Körper bildeten und durch Gottes Willen zusammengehalten werden. Sobald Er Seinen Willen zurückzieht, lösen sich alle Erdatome in Energie auf; dann kehrt auch die Atomenergie zu ihrer ursprünglichen Quelle — dem göttlichen Bewußtsein — zurück, und die Erde in ihrer gegenwärtigen Form verschwindet.

Alle Traumbilder werden nur durch die unterbewußten Gedanken des Träumenden aufrechterhalten. Wenn diese zusammenhaltende Kraft beim Erwachen schwindet, löst sich der Traum mitsamt seinen Elementen auf. Der Mensch kann also mit geschlossenen Augen eine Traumschöpfung erstehen lassen, die er beim Erwachen mühelos wieder entmaterialisiert. Hierin folgt er dem göttlichen Vorbild. Ähnlich mühelos wird er auch, wenn er dereinst im kosmischen Bewußtsein erwacht, die Illusion des kosmischen Traum-Universums auflösen.

Babadschi, der sich in völliger Übereinstimmung mit dem allmächtigen göttlichen Willen befindet, kann den elementaren Atomen befehlen, sich zu jedweder gewünschten Form zusammenzusetzen. Dieser goldene Palast, der in einem einzigen Augenblick erschaffen wurde, ist ebenso wirklich wie unsere Erde. Babadschi hat dieses wunderbare Bauwerk aus seinem Geist erschaffen und hält die Atome kraft seines Willens zusammen — ebenso wie Gott die Erde aus Seinem Geist erschaffen hat und durch Seinen Willen erhält.‹ Dann fuhr er fort: ›Wenn das Gebäude seinen Zweck erfüllt hat, wird Babadschi es wieder entmaterialisieren.‹

Ich verharrte in ehrfürchtigem Schweigen. Da beschrieb mein Führer mit der Hand einen Bogen und sprach: ›Dieser mit kostbarsten Edelsteinen verzierte, schimmernde Palast wurde nicht von Menschenhand erbaut; sein Gold und seine Juwelen wurden nicht mühselig aus den Bergwerken gewonnen. Und dennoch steht er fest gegründet da — eine Herausforderung an den Menschen *). Wer, wie Babadschi, durch eigene Verwirklichung weiß, daß er Gottes Sohn ist, kann aufgrund der in ihm verborgenen, unendlichen Kraft jedes Wunder zustandebringen. Schon ein gewöhnlicher Stein birgt eine ungeheure Menge Atomenergie in sich **); daher ist auch der geringste aller Sterblichen ein göttliches Kraftwerk.‹

Der Weise nahm eine zierliche Vase von einem Tisch, deren Henkel mit funkelnden Diamanten besetzt war. ›Unser großer Guru erschuf diesen Palast, indem er Myriaden von freien, kosmischen Strahlen verdichtete‹, fuhr er fort. ›Nimm einmal diese Vase in die Hand und betaste die eingelegten Diamanten; sie halten jeder Prüfung durch die Sinne stand.‹

Ich untersuchte die Vase, deren Juwelen der Sammlung eines Königs wert waren. Dann strich ich mit der Hand über die Wände des Raumes, die aus massivem, schimmerndem Gold bestanden. Ein Gefühl tiefer Befriedigung bemächtigte sich meiner. Ich spürte, wie ein im Unterbewußtsein schlummernder Wunsch aus vergangenen Leben zugleich erfüllt und ausgelöscht wurde.

Mein edler Gefährte führte mich nun durch kunstvolle Torbögen und Wandelhallen zu einer Zimmerflucht, die mit prunkvollen Möbeln, wie man sie in kaiserlichen Palästen findet, ausgestattet war. Von dort gelangten wir in einen geräumigen Saal, wo der erhabene Babadschi in Lotosstellung auf einem goldenen Thron saß. Die in den Thronsessel eingelassenen Edelsteine blitzten in einer augenblendenden Farbensymphonie. Ich kniete auf dem schimmernden Boden zu seinen Füßen nieder.

›Lahiri, freust du dich über die Erfüllung deines Wunschtraumes — den goldenen Palast?‹ Die Augen meines Guru funkelten wie die Saphire in seinem Thron. ›Erwache! Alle deine irdischen Wünsche sind nun

---

*) »Was ist ein Wunder? Es ist ein Vorwurf, eine wortlose Satire auf die Menschheit.« Aus *Night Thoughts* (Nachtgedanken) von Edward Young.

**) Die Theorie von der atomaren Struktur der Materie wird in den uralten indischen Abhandlungen *Waischeschika* und *Njaja* dargelegt. »Ganze Welten befinden sich in den Hohlräumen eines jeden Atoms, die so zahlreich sind wie die Stäubchen in einem Sonnenstrahl.« (*Yoga Wasischtha*)

auf immerdar gelöscht!‹ Dann murmelte er einige geheimnisvolle Segensworte und sprach: ›Erhebe dich, mein Sohn, um durch den *Kriya-Yoga* in das Reich Gottes aufgenommen zu werden.‹

Babadschi streckte seine Hand aus, und sogleich erschien ein von Früchten und Blumen umrahmtes *Homa*-(Opfer) Feuer. Vor diesem flammenden Altar empfing ich die befreiende Yoga-Technik.

Als der Morgen dämmerte, war die feierliche Handlung beendet. Ich befand mich in einem derart ekstatischen Zustand, daß ich kein Verlangen nach Schlaf verspürte; und so schritt ich durch die mit auserlesenen Kunstschätzen angefüllten Räume des Schlosses und wanderte dann durch die Gärten. Dabei bemerkte ich in der Nähe die Höhlen und kahlen Felsenklippen, die gestern noch nicht an ein großes Gebäude mit blumigen Terrassen gegrenzt hatten.

Schließlich kehrte ich in den Palast zurück, der wie ein Märchengebilde in der kalten Himalajasonne glänzte, und suchte meinen Meister auf. Er saß noch immer auf seinem Thron, umgeben von vielen schweigenden Jüngern.

›Lahiri, du bist hungrig‹, sagte Babadschi. ›Schließe die Augen.‹

Als ich sie kurz darauf wieder öffnete, war der zauberhafte Palast mitsamt seinen Gärten verschwunden. Mein eigener Körper sowie die Körper Babadschis und seiner Jünger saßen nun auf kahlem Boden, und zwar an derselben Stelle, wo der entschwundene Palast gestanden hatte — nicht weit von den sonnenbeschienenen Höhleneingängen entfernt. Da entsann ich mich der Bemerkung meines Führers, daß der Palast wieder entmaterialisiert werde, und daß seine eingefangenen Atome in die Gedankensubstanz, aus der sie gekommen waren, zurückkehren müßten. Erstaunt, aber voller Vertrauen blickte ich meinen Guru an. Insgeheim fragte ich mich, was mir an diesem wunderreichen Tag wohl als nächstes widerfahren werde.

›Der Zweck, um dessentwillen der Palast erschaffen wurde, ist nun erfüllt‹, erklärte Babadschi. Dann hob er ein irdenes Gefäß vom Boden und sprach: ›Greife mit der Hand hinein und nimm dir die gewünschte Speise.‹

Ich berührte die breite, leere Schale, und sogleich befanden sich warme *Lutschis* mit Butter, Curry und Süßspeisen darin. Während ich aß, bemerkte ich, daß die Schale immer gefüllt blieb. Am Ende der Mahlzeit schaute ich mich nach Wasser um. Da deutete mein Guru auf die Schale vor mir, und siehe! die Speisen waren verschwunden, und statt dessen schimmerte Wasser darin.

›Nur wenige Sterbliche wissen, daß das Reich Gottes auch für die Erfüllung aller irdischen Wünsche sorgt‹, bemerkte Babadschi. ›Die göttlichen Bereiche schließen die irdischen mit ein; letztere jedoch sind ihrer Beschaffenheit nach illusorisch und enthalten nicht den Kern der Wirklichkeit.‹

›Geliebter Guru, heute nacht habt Ihr mir die Schönheiten des Himmels und der Erde offenbart‹, sagte ich lächelnd, indem ich an den entschwundenen Palast dachte. Kein einfacher Yogi hat seine Einweihung in die hohen Mysterien des GEISTES wohl je in einem prunkvolleren Rahmen empfangen. Gelassen blickte ich auf meine jetzige Umgebung, die im lebhaften Gegensatz zu dem eben Geschauten stand. Der kahle Boden, das blaue Himmelsgewölbe und die primitiven Höhlen bildeten einen natürlichen und reizvollen Hintergrund für die seraphischen Heiligen, die mich umgaben.

Als ich an jenem Nachmittag auf meiner geheiligten Decke saß, die bereits Zeuge meiner tiefen geistigen Erlebnisse in einer vorherigen Inkarnation gewesen war, trat mein göttlicher Guru zu mir und legte mir die Hand auf den Kopf. Da wurde ich in den *Nirbikalpa-Samadhi* erhoben und verharrte sieben Tage lang ununterbrochen in diesem glückseligen Zustand. Nacheinander durchschritt ich alle Stadien der Selbsterkenntnis, bis ich die unsterblichen Gefilde der Wahrheit erreicht hatte. Alle Bande der Täuschung fielen von mir ab, und meine Seele wurde fest im Kosmischen GEIST verankert.

Am achten Tage warf ich mich vor meinem Guru nieder und bat ihn flehentlich, mich für immer in dieser heiligen Bergwelt bei sich zu behalten.

›Mein Sohn‹, sagte Babadschi, indem er mich umarmte, ›in dieser Inkarnation mußt du deine Rolle vor den Augen der Öffentlichkeit spielen. Du hast bereits viele Leben damit zugebracht, in tiefer Abgeschiedenheit zu meditieren und mußt nun unter die Menschen gehen.

Ein tiefer Sinn liegt der Tatsache zugrunde, daß du mir in diesem Leben erst jetzt begegnet bist, da du bereits durch Familie und Beruf gebunden bist. Du mußt den Gedanken aufgeben, dich unserem geheimen Kreis im Himalaja anzuschließen, und statt dessen zu den Menschen der Großstadt zurückkehren; ihnen sollst du dienen und durch dein Beispiel zeigen, daß man auch als Familienvater den Weg des Yoga gehen kann.

Die Rufe vieler verirrter Menschen sind bei den großen Meistern nicht ungehört verhallt‹, fuhr er fort. ›Du bist dazu auserwählt worden, zahlreichen ernsthaften Wahrheitssuchern durch den *Kriya-Yoga* geistiges Labsal zu bringen. Millionen von Menschen, die durch ihre Familie oder andere verantwortungsvolle Pflichten gebunden sind, werden durch dich, der du ebenfalls eine Familie zu versorgen hast, wieder neuen Mut schöpfen. Du mußt ihnen zu der Erkenntnis verhelfen, daß auch verheiratete Menschen die Möglichkeit haben, die höchsten Stufen des Yoga zu erklimmen, daß ein Yogi auch draußen in der Welt Erleuchtung finden kann, wenn er seine Pflichten gewissenhaft erfüllt und sich von allen eigennützigen Beweggründen und persönlichen Bindungen frei macht.

Für dich ist es nicht mehr nötig, der Welt zu entsagen, weil du innerlich bereits von allem Karma befreit bist. Wenn du der Welt auch nicht mehr angehörst, so mußt du dennoch viele Jahre in ihr verbleiben und gewissenhaft deine väterlichen, beruflichen, bürgerlichen und geistigen Pflichten erfüllen. Neue Hoffnung wird in die Herzen der weltlichen Menschen einkehren, wenn sie am Beispiel deines ausgeglichenen Lebens sehen, daß es nicht die äußere, sondern die innere Entsagung ist, die zur höchsten Freiheit führt.‹

Wie fern schien mir meine Familie, das Büro, die Welt, als ich in der Einsamkeit der Berge den Worten meines Guru lauschte. Und doch sprach er die unumstößliche Wahrheit. Als ich mich demütig bereit erklärte, diese heilige Stätte des Friedens zu verlassen, teilte Babadschi mir die seit alters überlieferten strengen Regeln mit, an die sich jeder Guru, der die hohe Yogakunst an seine Jünger weitergibt, halten muß.

›Gib den *Kriya*-Schlüssel nur würdigen Tschelas‹, sagte Babadschi. ›Nur wer das Gelübde abgelegt hat, daß er auf seiner Suche nach Gott allem anderen entsagen will, ist würdig, in die Wissenschaft der Meditation eingeweiht zu werden und die letzten Geheimnisse des Lebens zu entschleiern.‹

›Engelhafter Guru, Ihr habt der Menschheit durch die Wiederbelebung der verlorengegangenen *Kriya*-Kunst bereits eine große Gunst erwiesen; wollt Ihr Euren Segen nicht noch weiter ausdehnen und die Bedingungen etwas mildern?‹ Flehentlich blickte ich Babadschi an. ›Erlaubt mir, den *Kriya* allen ernsthaften Wahrheitssuchern zu geben, auch wenn sie im Anfang noch nicht bereit sind, innerlich allem zu entsagen. Die vom dreifachen Leid *) geprüften Menschen dieser Welt brauchen einen besonderen Auftrieb. Wenn ihnen die *Kriya*-Einweihung vorenthalten wird, werden sie sich vielleicht nie um ihre Befreiung bemühen.‹

›Es sei, wie du sagst. Gott hat Seinen Willen durch dich verkündet.

---

*) Das körperliche, geistige und seelische Leid, das sich in Form von Krankheiten, Geistesstörungen oder »Komplexen« und Unkenntnis der Seele bemerkbar macht.

Gib den *Kriya* allen, die dich demütig um Hilfe bitten‹, erwiderte der barmherzige Guru.

Nach einem kurzen Schweigen fuhr Babadschi fort: ›Und verkündige jedem deiner Jünger diese hohe Verheißung aus der *Bhagawadgita* *): »*Swalpampyasya dharmasya, trayate mahato bhayat.*« (Selbst wer sich nur ein wenig in diesem *Dharma* [dem religiösen Ritus oder dem rechten Handeln] übt, wird von großer Furcht *[mahato bhayat]* befreit werden — d. h. von dem unermeßlichen Leid, das der sich ständig wiederholende Kreislauf von Geburt und Tod mit sich bringt.)‹

Als ich am nächsten Morgen vor meinem Guru niederkniete, um seinen Abschiedssegen zu empfangen, fühlte er mein tiefes Widerstreben, ihn zu verlassen.

›Für uns gibt es keine Trennung, mein geliebtes Kind‹, sagte er, während er zärtlich meine Schulter berührte. ›Wo du dich auch befinden magst, jedesmal, wenn du mich rufst, werde ich augenblicklich bei dir sein.‹

Wunderbar getröstet durch dieses Versprechen und unendlich bereichert durch den wiedergewonnenen göttlichen Wissensschatz schlug ich den Rückweg durch das Gebirge ein. Im Büro wurde ich freudig von meinen Kollegen begrüßt, die mich bereits seit zehn Tagen aufgegeben hatten. Kurz darauf traf ein Brief von der Zentrale ein.

›Lahiri soll nach Danapur zurückkehren‹, hieß es darin. ›Seine Versetzung nach Ranikhet war ein Versehen. Ein anderer ist für den Posten in Ranikhet vorgesehen.‹

Ich lächelte, als ich an die geheimen Gegenströmungen dachte, die hier am Werk gewesen waren, um mich in diesen abgelegenen Ort Indiens zu führen.

Ehe ich nach Danapur **) zurückkehrte, verbrachte ich einige Tage bei einer bengalischen Familie in Moradabad, wo mich eine Gruppe von sechs Freunden willkommen hieß. Als ich die Unterhaltung auf geistige Themen lenkte, machte mein Gastgeber die finstere Bemerkung:

›Ach was, heutzutage gibt es in Indien keine Heiligen mehr.‹

›Babu‹, wandte ich lebhaft ein, ›natürlich gibt es noch große Meister in diesem Land.‹

Im Überschwang der Gefühle ließ ich mich dazu hinreißen, ihnen mein wunderbares Erlebnis im Himalaja zu erzählen. Die kleine Gesellschaft hörte mir höflich, aber ungläubig zu.

---

*) *Kapitel II, 40*
**) Eine Stadt in der Nähe von Benares

›Lahiri‹, sagte einer der Männer mit besänftigender Stimme, ›die dünne Luft der Berge hat deinen Geist überanstrengt. Was du uns da erzählt hast, war nichts als eine Halluzination.‹

Da erwiderte ich im Feuer der Begeisterung, ohne weiter nachzudenken: ›Wenn ich meinen Guru herbeirufe, wird er sogar hier in diesem Hause erscheinen.‹

Nun begann lebhaftes Interesse in aller Augen aufzuleuchten; kein Wunder, daß jeder begierig war, eine solche Erscheinung zu sehen. Halb widerstrebend bat ich um ein ruhiges Zimmer und zwei neue Wolldecken.

›Der Meister wird sich aus dem Äther materialisieren‹, sagte ich. ›Bleibt still vor der Türe stehen, bis ich euch rufe.‹

Dann versetzte ich mich in einen meditativen Zustand und rief demütig meinen Guru herbei. Sogleich wurde der dunkle Raum von einem milden Glanz erhellt, und die leuchtende Gestalt Babadschis erschien.

›Lahiri, warum rufst du mich wegen einer solchen Bagatelle herbei?‹ fragte er mit strengem Blick. ›Die Wahrheit ist für ernsthafte Sucher, nicht für solche, die nur eitle Neugier bewegt. Es ist leicht, an etwas zu glauben, was man sieht; jede seelische Suche ist dann überflüssig. Nur diejenigen, die ihren natürlichen Skeptizismus und ihre materialistische Einstellung überwinden, verdienen es, die übernatürliche Wirklichkeit zu schauen.‹ Und ernsthaft fügte er hinzu: ›Laß mich gehen!‹

Da warf ich mich ihm zu Füßen und flehte ihn an: ›Heiliger Guru, ich sehe meinen schweren Irrtum ein und bitte Euch demütig um Verzeihung. Nur um in diesen geistig Blinden Glauben zu erwecken, wagte ich Euch herbeizurufen. Weil Ihr so gnädig auf meine Bitte hin erschienen seid, geht bitte nicht fort, ohne meine Freunde gesegnet zu haben. Wenn sie auch ungläubig sind, so waren sie doch zumindest bereit, der Wahrheit meiner seltsamen Behauptung auf den Grund zu gehen.‹

›Nun gut, ich will für kurze Zeit bleiben, weil ich nicht möchte, daß dein Wort bei deinen Freunden in Mißkredit gerät‹, sagte Babadschi mit sanfterer Miene, fügte aber hinzu: ›Von nun an, mein Sohn, werde ich nur noch kommen, wenn du mich brauchst, und nicht jedesmal, wenn du mich rufst.‹ *)

Gespanntes Schweigen herrschte in der kleinen Gruppe, als ich die

---

*) Auf dem Weg zum Unendlichen können selbst erleuchtete Meister wie Lahiri Mahasaya an einem Übermaß von Eifer leiden und deswegen zurechtgewiesen werden. Aus vielen Stellen der *Bhagawadgita* geht hervor, daß der göttliche Guru Krischna seinen großen Jünger Ardschuna öfters zurechtwies.

Tür öffnete. Als ob sie ihren Sinnen nicht trauten, starrten meine Freunde auf die leuchtende Gestalt, die auf der Decke am Boden saß.

›Das ist Massenhypnose!‹ lachte ein Mann laut heraus. ›Niemand kann ohne unser Wissen den Raum betreten haben.‹

Da erhob sich Babadschi lächelnd und gab jedem durch einen Wink zu verstehen, das warme, feste Fleisch seines Körpers zu berühren. Nun fiel jeglicher Zweifel von meinen Freunden ab, und sie warfen sich, von Ehrfurcht und Reue überwältigt, vor ihm zu Boden.

›Laßt ein *Halua* *) zubereiten‹, ordnete Babadschi an. Ich wußte, daß er der Gruppe dadurch einen weiteren Beweis seiner körperlichen Existenz geben wollte. Während der Brei auf dem Feuer brodelte, unterhielt sich der göttliche Guru liebenswürdig mit allen. Erstaunlich war es, wie mit einem Male aus jedem Saulus ein Paulus wurde. Nachdem wir gegessen hatten, segnete Babadschi nacheinander jeden einzelnen. Dann sahen wir ein plötzliches Aufleuchten und erlebten die augenblickliche Entstofflichung seines Körpers, dessen Elementarteilchen sich in einem zertreuten, nebelhaften Licht auflösten. Durch die Kraft seines göttlichen Willens hatte der Meister die ätherischen Atome, die seinen Körper zusammenhielten, freigelassen, woraufhin die Myriaden winziger ›Biotronen‹ unmittelbar zu ihrer unendlichen Quelle zurückkehrten.

›Mit eigenen Augen habe ich den Überwinder des Todes gesehen‹, sagte einer aus der Gruppe, mit Namen Maitra **), in tiefer Ehrfurcht. Die Freude über seine soeben erlebte Erweckung hatte sein Gesicht völlig verwandelt. ›Der erhabene Guru spielt mit Zeit und Raum wie ein Kind mit Seifenblasen. Ich habe jemanden schauen dürfen, der den Schlüssel zum Himmel und zur Erde besitzt.‹

Bald darauf kehrte ich nach Danapur zurück«, schloß Lahiri Mahasaya seinen Bericht. »Nun, da ich fest im GEIST verankert war, übernahm ich wieder meine Pflichten im Beruf und in der Familie.«

Lahiri Mahasaya hatte Swami Kebalananda und Sri Yukteswar auch noch von einer anderen Begegnung mit Babadschi erzählt. Bei dieser, wie auch bei vielen anderen Gelegenheiten, erfüllte der erhabene Guru sein

---

*) Ein Grießbrei, der in Butter gedünstet und in Milch gekocht wird.
**) Später wurde er unter dem Namen Maitra Mahasaya bekannt und erreichte einen hohen Grad der Selbstverwirklichung. Ich begegnete Maitra Mahasaya, kurz nachdem ich mein Abitur abgelegt hatte. Zu jener Zeit besuchte er die *Mahamandal*-Einsiedelei, in der ich damals wohnte, und erzählte mir von der Materialisation Babadschis in Moradabad. »Als Folge dieses Wunders«, erklärte er mir, »wurde ich zu einem lebenslänglichen Jünger Lahiri Mahasayas.«

Versprechen: »Immer, wenn du mich brauchst, werde ich zu dir kommen.«

»Ich war während eines kurzen Urlaubs zum *Kumbha-Mela* nach Allahabad gefahren«, erzählte Lahiri Mahasaya seinen Jüngern. »Als ich durch die Menge der Mönche und Sadhus schritt, die von weither gekommen waren, um an dem heiligen Fest teilzunehmen, bemerkte ich einen mit Asche beschmierten Asketen, der eine Bettelschale in der Hand hielt. Sogleich stieg der Gedanke in mir auf, daß es sich bei diesem Mann um einen Heuchler handle, der die äußeren Symbole der Entsagung zur Schau trug, ohne die entsprechenden inneren Tugenden zu besitzen.

Doch kaum war ich an dem Asketen vorübergegangen, als mein erstaunter Blick auf Babadschi fiel, der vor einem Klausner mit verfilztem Haar niederkniete.

›Gurudschi‹, rief ich, indem ich auf ihn zueilte, ›was tut Ihr hier?‹

›Ich wasche die Füße dieses Entsagenden und werde dann sein Kochgeschirr reinigen‹, sagte Babadschi, indem er mich mit kindlichem Lächeln anblickte. Da wußte ich, was er mir zu verstehen geben wollte: ich sollte niemanden kritisieren, sondern Gott im Tempel eines jeden Körpers sehen, ganz gleich, ob es sich um höhere oder niedrige Menschentypen handelte.

Dann fügte der große Guru hinzu: ›Indem ich weisen und unwissenden Sadhus mit der gleichen Bereitwilligkeit diene, lerne ich die höchste aller Tugenden, die Gott mehr als alle anderen schätzt: die Demut.‹« *)

---

*) ». . . der auf das Niedrige sieht im Himmel und auf Erden.« *Psalm 113, 6.*
»Denn wer sich selbst erhöht, der wird erniedrigt; und wer sich selbst erniedrigt, der wird erhöht.« *Matthäus 23, 12*
Wer das Ich oder Pseudo-Selbst demütigt, wird sein unsterbliches Selbst finden.

XXXV. KAPITEL

DAS CHRISTUSÄHNLICHE LEBEN
LAHIRI MAHASAYAS

»Also gebührt es uns, alle Gerechtigkeit zu erfüllen.« *) So sprach Jesus zu Johannes dem Täufer, ehe er sich von ihm taufen ließ, und brachte damit zum Ausdruck, daß er die göttlichen Rechte seines Guru anerkannte.

Ein vom orientalischen Gesichtspunkt aus betriebenes ehrfürchtiges Studium der Bibel **) sowie meine eigenen intuitiven Wahrnehmungen haben mich davon überzeugt, daß Johannes der Täufer in früheren Leben der Guru Christi war. Zahlreiche Stellen in der Bibel deuten darauf hin, daß Johannes in seiner letzten Inkarnation Elias und Jesus sein Jünger Elisa war.

Das Alte Testament endet sogar mit einer Prophezeiung, welche die Wiedergeburt von Elias und Elisa verkündet:»Siehe, ich will euch senden den Propheten Elia, ehe denn da komme der große und schreckliche Tag des Herrn.« ***) Und so wurde Johannes (Elias) »ehe denn da komme ... der Herr«, d. h. kurz vor Christus, geboren, um sein Kommen zu verkünden. Ein Engel erschien seinem Vater Zacharias und offenbarte ihm, daß sein zukünftiger Sohn Johannes niemand anders als Elias sein würde.

»Aber der Engel sprach zu ihm: Fürchte dich nicht, Zacharias! denn dein Gebet ist erhört, und dein Weib Elisabeth wird dir einen Sohn

---

*) *Matthäus 3, 15*
**) Aus mehreren Bibelstellen geht hervor, daß das Gesetz der Wiedergeburt zu jener Zeit bekannt war und allgemein verstanden wurde. Die Zyklen der Wiedergeburt bieten eine einleuchtendere Erklärung für die verschiedenen Entwicklungsstufen der Menschen als die abendländische Theorie, die behauptet, daß etwas (das Ich-Bewußtsein) aus dem Nichts entsteht, mit unterschiedlicher Lebensenergie 30 bis 90 Jahre lang existiert und dann in die ursprüngliche Leere zurücksinkt. Diese unfaßbare Leere stellte für die mittelalterlichen Scholastiker ein Problem dar, mit dem sie sich besonders gern auseinandersetzten.
***) *Maleachi 4, 5*

gebären, des Namen sollst du Johannes heißen . . . Und er wird der Kinder von Israel viele zu Gott, ihrem Herrn bekehren. Und er wird vor ihm her gehen [1]) in Geist und Kraft des Elia, zu bekehren die Herzen der Väter zu den Kindern und die Ungehorsamen zu der Klugheit der Gerechten, zuzurichten dem Herrn ein bereitet Volk.« [2])

Jesus wies zweimal unmißverständlich darauf hin, daß Johannes Elias sei. »Es ist Elia schon gekommen, und sie haben ihn nicht erkannt . . . Da verstanden die Jünger, daß er von Johannes dem Täufer zu ihnen geredet hatte.« [3]) Und wiederum sprach Christus: »Denn alle Propheten und das Gesetz haben geweissagt bis auf Johannes. Und (so ihr's wollt annehmen), er ist Elia, der da soll zukünftig sein.« [4])

Als Johannes abstritt, Elias zu sein [5]), meinte er damit, daß er im demütigen Gewand des Johannes nicht mehr die erhabene Rolle des großen Guru Elias spielte. In seiner vorherigen Inkarnation hatte er seinem Jünger Elisa den »Mantel« seiner Herrlichkeit und seines geistigen Reichtums übergeben. »Elisa sprach: Daß mir zwei Anteile von deinem Geiste zufallen. Er sprach: Du hast Schweres erbeten. Doch, wenn du mich sehen wirst, wie ich von dir genommen werde, so wird's geschehen. . . . Und er nahm den Mantel, der Elia entfallen war.« [6])

Die Rollen wurden vertauscht, weil Elias (Johannes) nicht mehr als der Guru von Elisa (Jesus), der inzwischen göttliche Vollkommenheit erreicht hatte, in Erscheinung zu treten brauchte.

Als Christus auf dem Berge verklärt wurde [7]), erblickte er Moses und seinen Guru Elias. Im Augenblick der höchsten Not am Kreuz rief er aus: »*Eli, Eli, lama asabthani?* Das ist: Mein Gott, mein Gott, warum hast du mich verlassen? Etliche aber, die dastanden, da sie das hörten, sprachen sie: Der ruft den Elia . . . laß sehen, ob Elia komme und ihm helfe.« [8])

Die Verbindung zwischen Guru und Jünger überdauert die Zeit. Eine solche Verbindung bestand zwischen Johannes und Jesus und zwischen Babadschi und Lahiri Mahasaya. Von Liebe und Sorge bewegt, hatte der unsterbliche Guru den abgrundtiefen Strudel, der zwischen den beiden Inkarnationen seines Tschela lag, überquert und alle Schritte des Kindes und später des Mannes Lahiri Mahasaya überwacht. Erst als der

---

[1]) »Vor ihm her« bedeutet »vor dem Herrn«
[2]) *Lukas 1, 13-17*
[3]) *Matthäus 17, 12-13*
[4]) *Matthäus, 11, 13-14*
[5]) *Johannes 1, 21*
[6]) *2. Könige 2, 9-14*
[7]) *Matthäus 17, 3*
[8]) *Matthäus 27, 46-49*

Jünger sein 33. Lebensjahr erreicht hatte, hielt Babadschi die Zeit für gekommen, die in Wirklichkeit nie gelöste Verbindung öffentlich wiederherzustellen.

Nach ihrer kurzen Begegnung in der Nähe von Ranikhet behielt der selbstlose Guru seinen geliebten Jünger jedoch nicht bei sich, sondern gab ihn für seine weltumfassende Mission frei. »Mein Sohn, immer, wenn du mich brauchst, werde ich bei dir sein.« Kann irgendein Sterblicher, wie groß seine Liebe auch sein mag, ein Versprechen von solch unendlicher Tragweite erfüllen?

Als im Jahre 1861 die große geistige Renaissance in einem abgelegenen Stadtteil von Benares begann, wußte die allgemeine Öffentlichkeit noch nichts davon. Wie aber der Duft einer Blume nicht unterdrückt werden kann, so ließ sich auch die Heiligkeit Lahiri Mahasayas, der ein friedliches und vorbildliches Familienleben führte, nicht lange verbergen. Bald begannen die nach Gott hungernden »Bienen« aus allen Teilen Indiens herbeizuströmen, um den göttlichen Nektar des Meisters aufzusaugen.

Der englische Abteilungsleiter war einer der ersten, der eine seltsame, überirdische Wandlung an seinem Angestellten beobachtete und ihn deshalb liebevoll »ekstatischer Babu« nannte.

»Sir, Sie sehen niedergeschlagen aus. Was ist geschehen?« fragte Lahiri Mahasaya eines Morgens seinen Vorgesetzten mitfühlend.

»Meine Frau in England ist schwer krank, und ich mache mir große Sorgen um sie.«

»Ich werde Ihnen eine Nachricht von ihr bringen«, sagte Lahiri Mahasaya und verließ den Raum, um sich für kurze Zeit in Schweigen zurückzuziehen. Als er wiederkam, lächelte er tröstend.

»Ihrer Frau geht es besser; sie schreibt Ihnen gerade einen Brief.« Und dann führte der allwissende Yogi einige Stellen aus dem Schreiben an.

»Ekstatischer Babu, ich weiß bereits, daß Sie kein gewöhnlicher Mensch sind. Aber ich kann unmöglich glauben, daß Sie nach Belieben Zeit und Raum überwinden können.«

Als der angekündigte Brief schließlich eintraf, stellte der erstaunte Inspektor fest, daß er nicht nur die gute Nachricht von der Genesung seiner Frau enthielt, sondern auch dieselben Sätze, die der große Meister ihm Wochen vorher zitiert hatte.

Einige Monate später kam die Frau selbst nach Indien. Als sie Lahiri Mahasaya zum ersten Male begegnete, schaute sie ihn ehrfürchtig an.

»Sir«, sagte sie, »es war Ihre Gestalt, die mir vor Monaten, als ich in London schwer krank lag, in einem strahlenden Licht erschien. Im selben Augenblick war ich vollkommen geheilt und konnte etwas später die lange Seereise nach Indien antreten.«

Täglich weihte der große Guru einen oder zwei seiner Jünger in den *Kriya-Yoga* ein. Neben seinen geistigen Pflichten und seiner verantwortungsvollen Tätigkeit im Beruf und in der Familie übernahm der große Meister auch noch Aufgaben auf dem Gebiet der Jugenderziehung. Er gründete viele Studiengemeinschaften und beteiligte sich aktiv am Bau eines großen Gymnasiums im Bengalitola-Bezirk von Benares. Auch hielt er wöchentlich »*Gita*-Versammlungen« in seinem Hause ab, um vielen eifrigen Wahrheitssuchern die heiligen Schriften auszulegen.

Durch diese vielseitige Tätigkeit versuchte Lahiri Mahasaya den üblichen Einwand »Wie kann man nach Erledigung seiner beruflichen und gesellschaftlichen Pflichten noch Zeit für tiefe Meditation finden?« zu widerlegen. Sein ausgeglichenes Leben als Yogi und Familienvater wurde zum Musterbeispiel für Tausende von Menschen; denn der Meister verdiente nur ein bescheidenes Gehalt, war sparsam, anspruchslos, für jedermann zugänglich und führte, obwohl mitten im Leben stehend, ein natürliches, glückliches und streng geregeltes Dasein.

Er, den Gott bereits auf Seinen Thron erhoben hatte, erwies dennoch allen Menschen, den würdigen und den unwürdigen, die größte Achtung. Wenn seine Jünger ihn grüßten, verneigte er sich ebenfalls vor ihnen. In kindlicher Demut berührte der Meister oft die Füße anderer, erlaubte ihnen aber selten, ihm, als dem Guru, die gleiche Ehre zu erweisen, obgleich dies ein uralter orientalischer Brauch ist.

Bemerkenswert war die Tatsache, daß Lahiri Mahasaya Menschen aller Religionen in den *Kriya* einweihte. Zu seinen großen Jüngern zählten nicht nur Hindus, sondern auch Mohammedaner und Christen. Anhänger des Monismus, des Dualismus und anderer Glaubensrichtungen sowie solche ohne irgendeinen festen Glauben wurden unterschiedslos von dem großherzigen Guru angenommen und unterrichtet. Einer seiner weit fortgeschrittenen Tschelas war ein Mohammedaner namens Abdul Gufur Khan. Lahiri Mahasaya, der selbst der höchsten Kaste der Brahmanen angehörte, unternahm somit einen kühnen Vorstoß gegen den strengen Kastengeist seiner Epoche. Menschen aus allen sozialen Schichten fanden unter den universellen Schwingen des Meisters Schutz. Wie alle anderen göttlich inspirierten Propheten gab auch Lahiri Mahasaya den Kastenlosen und Unterdrückten neue Hoffnung.

»Haltet euch immer vor Augen, daß ihr niemandem angehört und daß niemand euch angehört. Denkt daran, daß ihr diese Welt und alles, was sie zu bieten hat, eines Tages verlassen müßt; darum bemüht euch jetzt, Gott zu erkennen«, pflegte der große Guru seinen Jüngern zu sagen. »Bereitet euch ständig auf den Tod und die große Reise ins Astralreich vor, indem ihr euren Geist täglich in das Reich göttlicher Wahrnehmungen erhebt. Die Täuschung wird euch immer vorzuspiegeln versuchen, daß ihr nichts als ein Bündel Fleisch und Knochen seid, das bestenfalls ein Sorgennest genannt werden kann *). Meditiert deshalb unentwegt, bis ihr erkennt, daß ihr das Unendliche seid, das jenseits aller Leiden liegt. Sprengt die Fesseln, in denen der Körper gefangen liegt; macht von dem geheimen Schlüssel des *Kriya* Gebrauch, der euch das Tor zum Himmel aufschließen wird.«

Der Meister ermutigte seine verschiedenen Jünger stets, an den guten Traditionen ihres eigenen Glaubens festzuhalten. Er betonte, daß es sich bei dem alles einschließenden *Kriya-Yoga* um ein praktisches Mittel zur Erlösung handle und überließ es dann seinen Tschelas, ob sie sich der Tradition ihrer Umgebung anpassen wollten.

»Ein Mohammedaner sollte fünfmal am Tage sein *Namadsch* **) verrichten«, erklärte der Meister. »Viermal täglich sollte der Hindu meditieren. Der Christ sollte viermal am Tag niederknien und beten und dann die Bibel lesen.«

Mit unfehlbarer Unterscheidungskraft führte der Guru seine Schüler, je nach Veranlagung, auf den Weg des *Bhakti-Yoga* (Hingabe), *Karma-Yoga* (Tätigkeit), *Jnana-Yoga* (Weisheit) oder *Radscha-Yoga* (königlicher oder vollkommener Yoga). Jünger, die den Wunsch äußerten, Mönch zu werden und den Weg der Entsagung zu gehen, erhielten nicht so leicht seine Zustimmung; er verlangte, daß sie sich ihren Entschluß reiflich überlegten und sich zuerst über die hohen Anforderungen des mönchischen Lebens klar wurden.

Auch riet der große Guru seinen Jüngern, alle theoretischen Diskussionen über die heiligen Schriften zu vermeiden. »Nur derjenige ist weise, der sich bemüht, die uralten Offenbarungen zu verwirklichen, nicht nur zu lesen«, sagte er. »Versucht, alle eure Probleme durch tiefere Meditation zu lösen ***). Belastet euren Geist nicht mit unnützen theoretischen Fragen, sondern bemüht euch um echte Gottverbundenheit.

Werft allen dogmatischen und theologischen Ballast ab und laßt die frischen, heilsamen Wasser göttlicher Wahrnehmung in eure Seele ein-

---

*) »Ist doch an uns Menschen anderes nichts denn der Tod. Wie mancherlei Tode haben wir doch an unserm Leibe!« *(Aus Martin Luthers »Tischgesprächen«)*

**) Das wichtigste Gebet der Mohammedaner, das fünfmal am Tag wiederholt wird

***) »Suche die Wahrheit in der Meditation und nicht in vergilbten Büchern. Schau zum Himmel, wenn du den Mond sehen willst, und nicht in den Teich.« *(Persisches Sprichwort)*

strömen. Hört auf die innere Stimme, die euch aus jeder Bedrängnis einen Ausweg zeigen wird. Die Menschen haben zwar eine unglaubliche Geschicklichkeit in der Kunst des Sorgenmachens entwickelt, aber der Göttliche Helfer ist nicht weniger einfallsreich.«

Eines Tages wurde einigen der Jünger die Allgegenwart des Meisters offenbar. Lahiri Mahasaya erläuterte ihnen die *Bhagawadgita* und sprach gerade über das die ganze vibrierende Schöpfung durchdringende *Kutastha-Tschaitanya* (Christusbewußtsein), als er plötzlich nach Atem rang und ausrief:

»Ich ertrinke in den Körpern vieler Seelen vor der japanischen Küste.«

Am nächsten Morgen erfuhren die Tschelas aus der Zeitung, daß tatsächlich ein Schiff in der Nähe der japanischen Küste untergegangen war und daß viele Menschen den Tod in den Wellen gefunden hatten.

Viele Jünger Lahiri Mahasayas, die in anderen Teilen Indiens lebten, waren sich dennoch seiner schützenden Gegenwart bewußt. »Ich bin immer bei denen, die *Kriya* üben«, tröstete er die Tschelas, die nicht in seiner Nähe wohnen konnten. »Durch eure immer tiefer werdenden geistigen Wahrnehmungen werde ich euch in die Kosmische Heimat führen.«

Sri Bhupendra Nath Sanyal*), ein fortgeschrittener Jünger des großen Guru, berichtete, daß er als junger Mensch im Jahre 1892 nicht in der Lage war, nach Benares zu reisen und daher zum Meister betete, er möge ihn auf irgendeine Weise geistig unterrichten. Da erschien ihm Lahiri Mahasaya im Traum und gab ihm *Dikscha* (Einweihung). Als der Jüngling später nach Benares kam und den Guru um *Dikscha* bat, erwiderte Lahiri Mahasaya: »Ich habe dich bereits im Traum eingeweiht.«

Wenn irgendein Jünger seine Pflichten in der Welt vernachlässigte, pflegte der Meister ihn sanft zurechtzuweisen.

»Lahiri Mahasayas Worte waren immer sanft und heilsam, auch dann, wenn er sich gezwungen sah, einen Tschela öffentlich auf seine Fehler hinzuweisen«, erzählte mir Sri Yukteswar einmal und fügte dann reumütig hinzu: »Kein Jünger unseres Meisters brauchte je vor seinen scharfen Worten die Flucht zu ergreifen.« Ich mußte unwillkürlich lachen, versicherte Sri Yukteswar aber wahrheitsgemäß, daß ein jedes Wort von ihm, ob streng oder milde, Musik in meinen Ohren war.

Lahiri Mahasaya hatte den *Kriya* vorsorglich in vier aufeinanderfolgende Einweihungen aufgeteilt. Die drei höheren Einweihungen

---

*) Sri Sanyal starb im Jahre 1962.

gewährte er seinen Jüngern erst dann, wenn diese sich geistig entsprechend entwickelt hatten.*) Eines Tages äußerte ein Jünger sein Mißfallen, weil er glaubte, seine Fortschritte würden nicht genügend anerkannt.

»Meister«, sagte er, »ich bin jetzt bestimmt reif für die zweite Einweihung.« In diesem Augenblick öffnete sich die Tür, und Brinda Bhagat, ein bescheidener Jünger, der in Benares als Briefträger arbeitete, trat ein.

»Brinda, setz dich zu mir«, sagte der große Guru mit liebevollem Lächeln. »Sag, bist du bereit, den zweiten *Kriya* zu empfangen?«

Da erhob der kleine Briefträger beschwörend die Hände. »Gurudewa«, rief er erschrocken aus, »bitte keine Einweihungen mehr! Wie kann ich noch höhere Lehren in mich aufnehmen! Ich bin heute zu Euch gekommen, um Euren besonderen Segen zu erbitten, denn der erste göttliche *Kriya* hat mich derart berauscht, daß ich kaum noch meine Briefe austragen kann.«

»Brinda schwimmt bereits im Meer des GEISTES«, rief Lahiri Mahasaya aus; da senkte der andere Jünger beschämt den Kopf.

»Meister«, sagte er, »ich bin ein schlechter Arbeiter gewesen, der seinen Werkzeugen die Schuld gegeben hat.«

Der einfache, ungebildete Briefträger erwarb später durch den *Kriya* ein derart tiefes Wissen, daß sogar die Gelehrten ihn manchmal aufsuchten, um sich eine besonders schwierige Stelle aus den heiligen Schriften erklären zu lassen. So hat sich also der kleine Brinda, dem Sünde und Syntax in gleicher Weise unbekannt waren, selbst in den Kreisen gelehrter Pandits einen Namen gemacht.

Außer den zahlreichen in Benares lebenden Jüngern Lahiri Mahasayas suchten ihn noch Hunderte aus den entfernteren Gegenden Indiens auf. Er selbst reiste mehrmals nach Bengalen, um die Schwiegereltern seiner beiden Söhne zu besuchen. Auf diese Weise wurde auch Bengalen durch seine Anwesenheit gesegnet, und es bildeten sich dort überall kleine *Kriya*-Gruppen. Besonders im Raum von Krischnanagar und Bischnapur fand er einen treuen Kreis von Anhängern, die den unsichtbaren geistigen Strom der Meditation von Generation zu Generation weiterfließen lassen.

---

*) Der *Kriya-Yoga* hat viele Variationen. Lahiri Mahasaya unterschied vier wesentliche Stufen — diejenigen, die den höchsten praktischen Wert besitzen.

Von den zahlreichen Heiligen, die den *Kriya* von Lahiri Mahasaya empfingen, sollen hier noch der berühmte Swami Bhaskarananda Saraswati von Benares und der ehrwürdige Asket aus Deogarh, Balananda Brahmatschari, genannt werden. Eine Zeitlang erteilte Lahiri Mahasaya auch dem Sohn des Maharadscha Iswari Narayan Sinha Bahadur von Benares Privatunterricht. Der Maharadscha, der die Heiligkeit des Meisters erkannt hatte, bat gemeinsam mit seinem Sohn um die *Kriya*-Einweihung. Auch der Maharadscha Dschotindra Mohan Thakur ließ sich später von Lahiri Mahasaya einweihen.

Mehrere von Lahiri Mahasayas Jüngern, die eine führende Position in der Welt innehatten, wollten den Kreis der *Kriya*-Anhänger durch Werbetätigkeit vergrößern. Doch der Guru verweigerte seine Zustimmung. Einer seiner Tschelas, der Leibarzt des Fürsten von Benares, hatte bewußt damit begonnen, den Meister weit und breit unter dem Namen »Kaschi Baba« (Erleuchteter von Benares) berühmt zu machen *). Aber auch das untersagte der Guru.

»Wartet, bis sich der Duft der *Kriya*-Blume ganz natürlich verbreitet«, sagte er. »Die Saat des *Kriya* wird um so sicherer in empfänglichen Herzen Wurzel schlagen.«

Obgleich der große Meister keine öffentlichen Vorträge hielt und sich keiner modernen organisatorischen Mittel, wie Druckmaschinen, bediente, um seine Lehre zu verbreiten, wußte er dennoch, daß seine Botschaft sich, gleich einer unaufhaltsamen Flut, erheben und über die Ufer des menschlichen Geistes ergießen würde. Die Wandlung und Läuterung, die er an seinen Jüngern vollbrachte, war ein sprechender Beweis für die unvergängliche, lebendige Kraft des *Kriya*.

Im Jahre 1886, 25 Jahre nach seiner Einweihung in Ranikhet, wurde Lahiri Mahasaya pensioniert **). Da er den Jüngern jetzt auch tagsüber zur Verfügung stand, suchten sie ihn in immer größerer Anzahl auf. Der große Guru verbrachte von nun an die meiste Zeit in schweigender Meditation, unbeweglich in der Lotosstellung sitzend. Nur selten verließ er sein kleines Wohnzimmer, um einen Spaziergang zu machen oder sich in andere Räume des Hauses zu begeben. Ein ununterbrochener Strom von schweigenden Tschelas pilgerte zu seinem Haus, um ein *Darschan* (der heiligen Anblick) des Gurus zu empfangen.

---

*) Andere Titel, die Lahiri Mahasaya von seinen Jüngern beigelegt wurden, waren *Yogibar* (größter unter den Yogis), *Yogiradsch* (König der Yogis) und *Munibar* (größter unter den Heiligen), denen ich *Yogavatar* (Inkarnation des Yoga) hinzugefügt habe.
**) Er hatte insgesamt 35 Jahre in ein und demselben Verwaltungsbezirk der Regierung gedient.

Dabei sahen die Besucher mit ehrfürchtigem Staunen, daß Lahiri Mahasaya fast ständig in einem überbewußten Zustand verharrte, in dem er weder atmete noch schlief; Puls und Herzschlag standen still, seine Augenlider bewegten sich stundenlang nicht, und eine Aura tiefen Friedens umgab ihn. Kein Besucher verließ ihn, ohne geistig erhoben worden zu sein; sie alle wußten, daß sie den schweigenden Segen eines wahren Gottmenschen empfangen hatten.

Der Meister gestattete nun seinem Jünger Pantschanon Bhattatscharya, in Kalkutta ein Yoga-Zentrum, die »Arya-Mission«, zu gründen, die bestimmte Yoga-Heilkräuter *) vertrieb und die ersten preiswerten Ausgaben der *Bhagawadgita* in bengalischer Sprache veröffentlichte. Bald hatte die Arya-Missions-Gita in Hindi und Bengali ihren Weg zu Tausenden von Familien gefunden.

Einem alten Brauch zufolge verordnete der Meister gewöhnlich ein *Nim-* **) Öl zur Heilung verschiedener Krankheiten. Jedesmal, wenn der Guru einem seiner Jünger auftrug, das Öl zu destillieren, gelang diesem die Aufgabe mühelos. Jeder andere aber begegnete unüberwindlichen Schwierigkeiten und mußte feststellen, daß das Öl nach dem erforderlichen Destillationsprozeß so gut wie verdampft war. Offensichtlich war der Segen des Meisters eine unentbehrliche Voraussetzung.

Nachstehend Lahiri Mahasayas Handschrift in Bengali mit seinem Namenszug. Diese Zeilen sind einem Brief an einen Tschela entnommen, in dem der große Meister einen Sanskritvers erläutert: »Wer jenen Zustand der Stille kennt, in dem die Augenlider nicht mehr blinzeln, hat *Sambhabi-Mudra* erlangt ***).

(gezeichnet) *Sri Schyama Tscharan Dewa Scharman*«

---

*) Die medizinischen Abhandlungen der Hindus sind unter dem Namen *Ayurveda* bekannt. Die vedischen Ärzte besaßen hochentwickelte chirurgische Instrumente, kannten die plastische Chirurgie und Medikamente zur Neutralisierung von Giftgasen, führten Kaiserschnitte und Gehirnoperationen durch und hatten große Fertigkeit in der Herstellung wirksamer Drogen. Hippokrates, der berühmte Arzt aus dem 5. Jahrhundert v. Chr., verdankt viele seiner medizinischen Kenntnisse hinduistischen Quellen.

**) Der ostindische Zedrach-Baum (eine Fliederart), dessen medizinischer Wert jetzt auch im Abendland anerkannt wird. Die bittere *Nim*-Rinde wird als Stärkungsmittel benutzt, während das aus den Samen und Früchten gewonnene Öl sich als äußerst wirksam in der Behandlung von Lepra und anderen Krankheiten erwiesen hat.

***) *Mudra* bedeutet gewöhnlich eine rituelle Geste der Finger und Hände. *Sambhabi-Mudra* wirkt auf gewisse Nerven ein und führt einen Zustand tiefer geistiger Ruhe herbei. In alten Hindu-Abhandlungen sind die *Nadis*

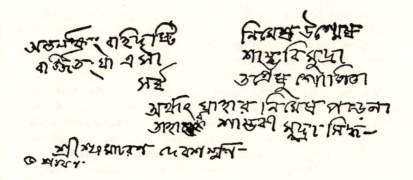

Wie viele andere große Propheten, schrieb auch Lahiri Mahasaya selbst keine Bücher, sondern unterwies mehrere seiner Jünger in der Auslegung der heiligen Texte. Nachfolgende Worte stammen von meinem lieben Freund Sri Ananda Mohan Lahiri, einem Enkel des Meisters:
»Wenn wir die *Bhagawadgita* und andere Teile des *Mahabharata*-Epos lesen, finden wir darin mehrere ›Knoten‹ *(Wyaskutas).* Solange wir diese Knoten unberührt lassen, haben wir nichts als mythische Erzählungen vor uns, die recht seltsam anmuten und leicht mißverstanden werden können. Versäumen wir es, diese Knoten zu lösen, verlieren wir eine Wissenschaft, die Indien mit übermenschlicher Geduld und durch jahrtausendelange Forschungen und Experimente zusammengetragen und uns überliefert hat *).

Lahiri Mahasaya brachte die reine Wissenschaft der Religion, die in

---

(die 72 000 Nervenkanäle im Körper) sowie ihr Verhältnis zum menschlichen Geist genauestens klassifiziert worden. Daher beruhen die *Mudras*, die beim Gebet und bei Yoga-Übungen angewandt werden, auf wissenschaftlicher Grundlage. Eine vollendete *Mudra-Sprache* finden wir auch in der Ikonographie und den rituellen Tänzen Indiens.

*) »Eine Anzahl von Siegeln, die vor kurzem im Industal ausgegraben wurden und schätzungsweise aus dem dritten Jahrtausend v. Chr. datieren, weisen Figuren in Meditationsstellung auf. Es handelt sich dabei um dieselben Stellungen, die im heutigen Yoga gelehrt werden, woraus hervorgeht, daß selbst zu jener Zeit die Anfangsgründe des Yoga bereits bekannt waren. Hieraus können wir die nicht unlogische Schlußfolgerung ziehen, daß es in Indien seit 5000 Jahren altbewährte systematische Methoden gibt, die der Innenschau dienen.« (Prof. Norman Brown im Bulletin des *American Council of Learned Societies*, Washington, D. C.)
Aus den heiligen Schriften der Hindus geht hervor, daß die Yogawissenschaft seit unzählbaren Jahrtausenden in Indien bekannt ist.

den heiligen Schriften durch eine rätselhafte, bilderreiche Sprache geschickt verschleiert worden ist, wieder ans Licht, d. h., er befreite sie von allem Symbolhaften. Damit bewies der Meister, daß die vedischen Formeln kein unverständliches Wortspiel darstellen, sondern eine tiefe wissenschaftliche Bedeutung haben.

Wie wir wissen, sind die meisten Menschen ihren Leidenschaften hilflos ausgeliefert. Diese verlieren jedoch ihre Macht über den Menschen, wenn er sich durch die *Kriya-Yoga*-Technik einer höheren und bleibenden Glückseligkeit bewußt wird und folglich kein Verlangen mehr nach niedrigeren Dingen hat. Hier geht das Aufgeben, d. h. das Verleugnen der niedrigen Natur, Hand in Hand mit dem Aufnehmen — dem Erleben der Glückseligkeit. Ohne einen solchen Ausgleich können uns alle Moralvorschriften, die nur aus Verboten bestehen, wenig nützen.

Hinter allen Erscheinungsformen der Außenwelt liegt das Unendliche — das Meer aller Kraft. Unser einseitiges Verlangen nach weltlicher Tätigkeit hat jedoch zur Folge, daß wir die Ehrfurcht vor geistigen Dingen verlieren. Seitdem die moderne Wissenschaft uns gelehrt hat, wie wir uns die Naturgewalten dienstbar machen können, verstehen wir nicht mehr das Große Leben, das hinter allen Namen und Formen liegt. Der vertrauliche Umgang mit der Natur führte zu einer Verachtung ihrer letzten Geheimnisse, so daß unser Verhältnis zu ihr nur noch ein praktisches und geschäftliches ist. Wir reizen sie sozusagen, um ausfindig zu machen, mit welchen Mitteln wir sie zwingen können, unseren Zwecken zu dienen; wir machen von ihrer Energie Gebrauch, obgleich deren Quelle uns unbekannt bleibt. Das Verhältnis der Wissenschaft zur Natur gleicht dem eines arroganten Mannes zu seinem Diener. Vom philosophischen Gesichtspunkt aus könnte man auch sagen, daß die Natur unsere Gefangene ist, die wir auf die Zeugenbank gesetzt haben. Wir nehmen sie ins Kreuzverhör, fordern sie heraus und wiegen ihre Aussagen peinlich genau auf unseren menschlichen Waagschalen ab, die ihren verborgenen Wert jedoch nicht anzeigen können.

Verbindet sich das Selbst aber andererseits mit einer höheren Macht, so gehorcht die Natur dem menschlichen Willen ganz von selbst, ohne daß man sie dazu nötigen oder zwingen müßte. Diese mühelose Gewalt über die Natur wird von den unwissenden Materialisten als ›Wunder‹ bezeichnet.

Lahiri Mahasaya hat die irrige Ansicht, daß es sich beim Yoga um geheimnisvolle Praktiken handele, durch das Beispiel seines eigenen Lebens widerlegt. Ungeachtet der nüchternen Einstellung der Naturwissenschaften kann jeder Mensch durch den *Kriya-Yoga* sein ursprüngliches Verhältnis zur Natur wiedergewinnen und Ehrfurcht vor allen alltäglichen und geheimnisvollen Naturerscheinungen empfinden *). Wir dürfen nicht vergessen, daß viele Dinge, die vor tausend Jahren als unerklärlich galten, heutzutage von jedermann verstanden werden, und daß wir darum auch für solche Dinge, die uns heute noch geheimnisvoll erscheinen, in einigen Jahren eine gesetzmäßige Erklärung finden werden.

Die Wissenschaft des *Kriya-Yoga* wird ewig bestehen und mit mathematischer Genauigkeit Ergebnisse hervorbringen. Ebenso wie die einfachen Regeln von Addition und Subtraktion niemals ungültig werden können, so auch nicht das Gesetz des *Kriya*. Selbst wenn alle Bücher über Mathematik zu Asche verbrennen, werden logisch denkende Menschen diese Wahrheiten von neuem entdecken. Ebenso ist es mit dem Yoga: auch wenn alle Bücher über die Yogawissenschaft verboten werden, bleiben ihre Grundsätze dennoch bestehen. Und sobald sich wieder ein Weiser erhebt, der reine Hingabe und daher auch reines Wissen besitzt, werden sie von neuem offenbart werden.«

So wie Babadschi einer der größten Avatars, ein *Mahavatar*, ist und wie Sri Yukteswar mit Recht ein *Jnanavatar*, eine Inkarnation der Weisheit, genannt werden kann, so war Lahiri Mahasaya ein *Yogavatar* — eine Inkarnation des Yoga **).

Sowohl in qualitativer als auch in quantitativer Hinsicht hat der große Meister das geistige Niveau der Gesellschaft gehoben. Er besaß nicht nur die Fähigkeit, seine fortgeschrittenen Jünger zu der geistigen Größe eines Christus zu erheben — er verbreitete außerdem die Wahrheit in allen Schichten des Volkes; darum gehört er zu den Erlösern der Menschheit.

Seine Einzigartigkeit als Prophet besteht darin, daß er die Notwendigkeit einer bestimmten praktischen Methode, des *Kriya*-Yoga, hervorhebt, der zum ersten Male allen Menschen das Tor zur Freiheit öffnet. Abgesehen von den vielen Wundern, die sich im Leben des *Yogavatar* zutrugen, vollbrachte er das höchste aller Wunder: er reduzierte die altüberlieferten, komplizierten Yogatechniken auf ein paar einfache und wirksame Methoden, die von allen Menschen angewandt werden können.

---

*) »Ein Mensch, der sich nicht wundern kann, der sich nicht ständig wundert (oder ständig anbetet) — und wäre er auch der Präsident zahlreicher Königlicher Akademien und hätte er die großen Entdeckungen aller Laboratorien und Observatorien in seinem Kopf aufgespeichert — ist nichts anderes als ein Paar Brillengläser, hinter denen sich keine Augen befinden.« (Aus *Sartor Resartus* von *Carlyle*)

**) Nach Paramahansadschis Heimgang verlieh sein größter Jünger Radscharsi Dschanakananda (James Lynn) ihm den höchst zutreffenden Titel *Premavatar* — Inkarnation der Liebe. *(Anmerkung des Herausgebers)*

In bezug auf »Wunder« bemerkte Lahiri Mahasaya des öfteren: »Über das Wirken geheimnisvoller Gesetze, die den meisten Menschen unbekannt sind, sollte man nicht ohne vorherige reifliche Überlegung diskutieren oder etwas veröffentlichen.« Wenn ich in diesem Buch seine Warnung scheinbar nicht beachtet habe, so nur deshalb, weil er mir innerlich seine Zustimmung gegeben hat. Dennoch habe ich es für ratsam gehalten, gewisse erstaunliche Begebenheiten aus dem Leben Babadschis, Lahiri Mahasayas und Sri Yukteswars nicht zu erwähnen. Ich hätte es kaum tun können, ohne gleichzeitig einen umfangreichen Kommentar in schwer verständlicher philosophischer Terminologie zu verfassen. Als Yogi und Familienvater gab Lahiri Mahasaya der heutigen Welt eine ihren Bedürfnissen entsprechende praktische Botschaft. Die idealen wirtschaftlichen und religiösen Voraussetzungen, wie wir sie vom alten Indien her kennen, bestehen heute nicht mehr. Aus diesem Grunde befürwortete der große Guru auch nicht die altherkömmliche Vorstellung von einem Yogi, der als wandernder Asket mit seiner Bettelschale umherzieht, sondern betonte vielmehr die Vorzüge des modernen Yogi, der — anstatt einer von Steuern erdrückten Gesellschaft zur Last zu fallen — seinen eigenen Lebensunterhalt verdient und in seinem eigenen Heim Yoga übt. Lahiri Mahasaya lebte seinen Jüngern alles, was er lehrte, selbst vor. Man könnte ihn als den »modernsten aller Yogis« bezeichnen. Er war, wie Babadschi es geplant hatte, ein leuchtendes Vorbild für alle ernsthaften Yogis in Ost und West.

Neue Hoffnung für eine neue Menschheit! »Die Vereinigung mit Gott«, verkündete der *Yogavatar,* »kann durch eigene Bemühungen erreicht werden und hängt weder von einer bestimmten Glaubenslehre noch von der Willkür eines Kosmischen Diktators ab.«

Durch Anwendung des *Kriya*-Schlüssels werden selbst diejenigen, die nie an die Göttlichkeit irgendeines Menschen glauben konnten, schließlich von ihrer eigenen Göttlichkeit überzeugt werden. *)

*) Zuerst gab Babadschi ausschließlich Lahiri Mahasaya die Erlaubnis, den *Kriya-Yoga* an andere weiterzugeben. Später bat der Yogavatar darum, daß auch einige seiner Jünger ermächtigt würden, den *Kriya* zu lehren. Babadschi willigte ein, gebot aber, daß der *Kriya* zukünftig nur von solchen gelehrt werden dürfe, die schon weit fortgeschritten auf dem Weg des *Kriya* seien und die von Lahiri Mahasaya oder den von seinen bevollmächtigten Jüngern errichteten Institutionen die Berechtigung dazu erhalten hätten. Babadschi hat das mitfühlende Versprechen gegeben, daß er die geistige Verantwortung für alle aufrichtigen, treuen *Kriya*-Yogis übernehmen werde — und zwar in jedem ihrer Erdenleben —, die von einem rechtmäßig autorisierten *Kriya*-Lehrer eingeweiht worden sind.
Von allen, die durch die SRF oder YSS in den *Kriya-Yoga* eingeweiht werden, wird ausdrücklich verlangt, daß sie ein Gelübde unterzeichnen und die *Kriya*-Technik an niemand weitergeben. Auf diese Weise wird die einfache, aber in allen Einzelheiten genau zu befolgende *Kriya*-Technik geschützt und

bleibt in ihrer ursprünglichen Fassung erhalten, während sie sonst leicht von unbefugten Lehrern abgeändert oder entstellt werden kann.

Obgleich Babadschi die seit alters bestehenden strengen Bedingungen, die ein asketisches Leben und völlige Entsagung forderten, lockerte, damit eine größere Zahl von Menschen den *Kriya-Yoga* empfangen könne, verlangte er dennoch von Lahiri Mahasaya und allen Nachfolgern seiner geistigen Linie (d. h. der Reihe der SRF- und YSS-Gurus), daß sie allen, die um Einweihung baten, eine entsprechende geistige Vorschulung gaben, um sie auf das Üben des Kriya vorzubereiten. Unbeständigkeit auf dem geistigen Weg ist mit dem Üben einer fortschrittlichen Technik wie dem *Kriya* unvereinbar. *Kriya-Yoga* ist nicht nur eine Meditationstechnik, sondern auch eine bestimmte Lebensweise. Von dem Eingeweihten wird verlangt, daß er sich der nötigen geistigen Disziplin unterwirft und sich an besondere Vorschriften hält. Die Gemeinschaft der Selbst-Verwirklichung und die *Yogoda Satsanga Society* in Indien haben die von der Reihe der SRF- und YSS-Gurus hinterlassene Lehre rein überliefert. Die in den SRF- und YSS-Lehrbriefen enthaltenen Techniken *Hong-Sô* und *OM*, die auch von autorisierten SRF- und YSS-Vertretern als vorbereitende Übungen für den *Kriya-Yoga* gelehrt werden, sind ein wesentlicher Bestandteil des *Kriya-Yoga*-Weges. So machtvoll sind diese Techniken in ihrer befreienden Wirkung auf Seele und Bewußtsein, daß sie mit Recht »kleine Kriyas« genannt werden können.

XXXVI. KAPITEL

BABADSCHIS INTERESSE AM ABENDLAND
UND AN DER NEUEN WELT

»Meister, seid Ihr Babadschi jemals begegnet?«

Es war eine stille Sommernacht in Serampur, als ich neben Sri Yukteswar auf dem Balkon seiner Einsiedelei saß und diese Frage an ihn stellte. Über uns funkelten die großen Sterne des Tropenhimmels.

»Ja«, erwiderte der Meister und lächelte über meine unvermittelte Frage. Dann aber leuchtete tiefe Ehrfurcht aus seinen Augen, als er fortfuhr: »Dreimal habe ich den unsterblichen Guru schauen und seinen Segen empfangen dürfen. Das erste Mal begegnete ich ihm auf einem *Kumbha-Mela* in Allahabad.«

Die großen religiösen Feste *(Kumbha-Melas)*, die seit undenklichen Zeiten in Indien veranstaltet werden, erfüllen den Zweck, der Menge stets ein geistiges Ziel vor Augen zu halten. Alle zwölf Jahre kommen dort Millionen frommer Hindus zusammen, um Tausenden von Sadhus, Swamis, Yogis und Asketen zu begegnen. Viele von diesen sind Einsiedler, die ihre abgelegenen Behausungen nur während der *Melas* verlassen, um den Menschen der Welt ihren Segen zu erteilen.

»Als ich Babadschi zum ersten Male begegnete, war ich noch kein Swami«, fuhr Sri Yukteswar fort. »Ich hatte aber bereits von Lahiri Mahasaya die *Kriya*-Einweihung empfangen. Mein Guru schlug mir vor, das *Mela*, das im Januar 1894 in Allahabad stattfand, zu besuchen. Ich hatte noch nie ein *Kumbha* mitgemacht und war halb betäubt von dem Lärm und dem Gedränge der Menschen. Obgleich ich überall nach Heiligen Ausschau hielt, erblickte ich nirgendwo das Antlitz eines erleuchteten Meisters. In der Nähe einer Brücke, die über den Ganges führte, bemerkte ich einen Bekannten, der müßig dastand und seine Bettelschale ausstreckte.

›Dieses ganze Fest ist nichts weiter als ohrenbetäubender Lärm und ein Gewimmel von Bettlern‹, dachte ich enttäuscht. ›Ob nicht die abendländischen Wissenschaftler, die mit großer Geduld Kenntnisse sammeln und der Menschheit dadurch praktische Dienste leisten, Gott wohlgefälliger sind als diese Müßiggänger, die sich zwar zur Religion bekennen, aber nur auf Almosen erpicht sind?‹

In diesem Augenblick wurde ich in meinen kritischen Betrachtungen unterbrochen; ein hochgewachsener Sannyasi trat auf mich zu und sagte:
›Sir, ein Heiliger möchte Euch sprechen.‹
›Wer ist es?‹
›Kommt und seht selbst!‹

Zögernd folgte ich diesem lakonischen Rat und befand mich bald darauf vor einem Baum, unter dessen schattigen Zweigen ein Guru im Kreis seiner Jünger saß; es war in der Tat ein anziehendes Bild. Der Meister — eine ungewöhnlich strahlende Erscheinung mit dunklen, leuchtenden Augen — erhob sich bei meinem Kommen und umarmte mich.

›Willkommen, Swamidschi!‹ sagte er liebevoll.
›Sir‹, erwiderte ich mit Nachdruck, ›ich bin *kein* Swami!‹
›Diejenigen, denen ich auf göttliches Geheiß den *Swami*-Titel verleihe, weisen ihn niemals zurück.‹ Der Heilige sprach diese einfachen Worte mit großer Überzeugungskraft, und im selben Augenblick fühlte ich mich von seinem geistigen Segen überflutet. Ich lächelte über meine unerwartete Erhebung in den alten Mönchsorden*) und verneigte mich vor dem zweifellos großen und engelhaften Wesen, das mir diese Ehre erwiesen hatte.

Babadschi — denn er war es tatsächlich — gab mir durch einen Wink zu verstehen, neben ihm unter dem Baum Platz zu nehmen. Er war jung und kräftig und sah aus wie Lahiri Mahasaya. Aber diese Tatsache verwunderte mich nicht weiter, obgleich ich oft von der außerordentlichen Ähnlichkeit dieser beiden Meister gehört hatte. Babadschi besitzt die Macht, das Aufsteigen eines bestimmten Gedankens in anderen Menschen zu verhindern. Wahrscheinlich wollte der große Guru, daß ich vollkommen unbefangen blieb; denn hätte ich ihn erkannt, wäre ich von Ehrfurcht überwältigt worden.

›Was hältst du vom *Kumbha-Mela*?‹
›Es hat mich sehr enttäuscht, Sir‹, sagte ich, fügte aber sogleich hinzu: ›bis zu dem Augenblick, da ich Euch begegnet bin. Irgendwie passen Heilige und dieser Trubel nicht zusammen.‹
›Kind‹, sagte der Meister, obgleich ich beinahe doppelt so alt aussah wie er, ›verurteile nicht das Ganze aufgrund der Unvollkommenheiten vieler. Alles auf Erden ist miteinander vermengt — wie eine Mischung

---

*) Sri Yukteswar wurde später offiziell von dem *Mahant* (dem Oberhaupt eines Klosters) in Buddh Gaja in den Swami-Orden aufgenommen.

von Sand und Zucker. Nimm dir ein Beispiel an der weisen Ameise, die nur den Zucker sammelt und den Sand unberührt läßt. Wenn auch viele der hier anwesenden Sadhus noch der Täuschung unterliegen, so wird das *Mela* dennoch durch die Gegenwart einiger erleuchteter Meister gesegnet.‹

Da ich selbst diesem erhabenen Meister begegnen durfte, stimmte ich ihm eifrig zu.

›Sir‹, bemerkte ich dann, ›ich habe an die Wissenschaftler des Abendlands denken müssen, die weitaus intelligenter sind als die meisten der hier Anwesenden, aber im fernen Europa und Amerika leben, anderen Glaubensrichtungen angehören und von der wahren Bedeutung dieser *Melas* nichts wissen. Diese könnten durch eine Begegnung mit den indischen Meistern viel gewinnen. Doch die meisten Abendländer sind trotz ihrer großen Intelligenz ganz dem Materialismus verfallen. Andere, die sich auf dem Gebiet der Wissenschaft und Philosophie einen Namen gemacht haben, erkennen die grundlegende Einheit der Religionen nicht an. Ihre Glaubensbekenntnisse bilden eine unüberwindliche Schranke, die sie für immer von uns zu trennen droht.‹

›Ich wußte, daß du an der westlichen Hemisphäre ebenso interessiert bist wie an der östlichen‹, sagte Babadschi mit anerkennendem Lächeln. ›Auch wußte ich, daß dein fühlendes Herz mit der ganzen Menschheit mitleidet. Darum habe ich dich rufen lassen.

Morgen- und Abendland müssen einen goldenen Mittelweg finden, der Tatkraft und Geistigkeit miteinander vereint‹, fuhr er fort. ›Indien kann im Hinblick auf materielle Errungenschaften viel vom Abendland lernen; und als Gegengabe kann Indien dem Abendland die universellen Yogamethoden schenken, mit denen es seinen religiösen Glauben wissenschaftlich untermauern kann.

Auch du, Swamidschi, hast in dem kommenden, harmonischen Austausch zwischen Ost und West eine Rolle zu spielen. In einigen Jahren werde ich dir einen Jünger senden, den du darauf vorbereiten sollst, den Yoga im Abendland und in der Neuen Welt zu verbreiten. Die Schwingungen vieler nach Wahrheit dürstender Seelen kommen von dort wie eine Flut zu mir herüber. Ich weiß, daß es in Amerika und Europa potentielle Heilige gibt, die nur darauf warten, erweckt zu werden.‹«

Als Sri Yukteswar bei diesem Punkt seiner Erzählung angelangt war, schaute er mich bedeutsam an.

»Mein Sohn«, sagte er lächelnd, während das volle Mondlicht auf sein Antlitz fiel, »du bist der Jünger, den Babadschi mir vor vielen Jahren versprochen hat.«

Ich war glücklich zu hören, daß Babadschi meine Schritte zu Sri Yukteswar gelenkt hatte, konnte mir aber nur schwer vorstellen, daß ich später einmal im fremden Westen sein sollte — fern von meinem geliebten Guru und dem friedlichen Leben in der Einsiedelei.

»Babadschi sprach dann über die *Bhagawadgita*«, fuhr Sri Yukteswar fort. »Zu meiner Überraschung gab er mir durch einige anerkennende Worte zu verstehen, daß er von den Kommentaren wußte, die ich über verschiedene Kapitel der *Gita* geschrieben hatte.

›Übernimm bitte noch eine andere Aufgabe, Swamidschi‹, sagte der große Meister. ›Schreibe ein kurzes Buch über die grundlegende Übereinstimmung zwischen der christlichen Bibel und den heiligen Schriften des Hinduismus. Ihre fundamentale Einheit wird heute wegen der fanatischen Einstellung vieler Konfessionen und Sekten verkannt. Du sollst nun durch eine Gegenüberstellung von Zitaten beweisen, daß alle inspirierten Gottessöhne dieselbe Wahrheit verkündet haben.‹

›Maharadsch‹,*) antwortete ich leicht bestürzt, ›was für ein Auftrag! Ich weiß nicht, ob ich in der Lage sein werde, ihn zu erfüllen.‹

Babadschi aber sagte mit zuversichtlichem Lächeln: ›Warum zweifelst du, mein Sohn? Wer ist es denn, der alle Werke vollbringt? Wer ist es, der in Wirklichkeit handelt? Alles, was der Herr durch mich aussprechen läßt, wird sich unweigerlich erfüllen.‹

Da verstand ich, daß ich mit dem Segen des Heiligen auch die nötige Kraft erhalten würde, und willigte ein, das Buch zu schreiben. Ich fühlte, daß nun der Augenblick des Abschieds gekommen sei und erhob mich widerstrebend von meinem Blättersitz.

›Kennst du Lahiri?‹**) fragte der Meister. ›Er ist eine große Seele, nicht wahr? Berichte ihm von unserer Begegnung.‹ Dann vertraute er mir noch eine Botschaft für Lahiri Mahasaya an.

Als ich mich zum Abschied demütig vor dem Heiligen verneigte, lächelte er voller Güte. ›Wenn dein Buch fertig ist, werde ich dich besuchen‹, versprach er. ›Bis dahin, leb wohl!‹

Am folgenden Tag verließ ich Allahabad und fuhr mit dem Zug nach Benares zurück. Dort angekommen, suchte ich sogleich meinen Guru auf und erzählte ihm begeistert von dem wunderbaren Heiligen auf dem *Kumbha-Mela*.

›So, und du hast ihn nicht erkannt?‹ fragte Lahiri Mahasaya mit übermütig blitzenden Augen. ›Ich weiß, daß du es nicht konntest, denn er

---

*) »Großer König« — ein respektvoller Titel
**) Ein Guru redet seinen eigenen Jünger gewöhnlich nur mit dem Namen und nicht mit dem Titel an.

selbst hat es verhindert. Es war mein einzigartiger Guru, der himmlische Babadschi, dem du begegnet bist.‹

›Babadschi!‹ wiederholte ich, von Ehrfurcht überwältigt. »Der christusähnliche Yogi Babadschi! Der unsichtbar-sichtbare Erlöser Babadschi! Oh, wenn ich nur die Zeit zurückdrehen könnte, um noch einmal seine Füße zu berühren und ihm meine ganze Hingabe zu zeigen!‹

›Laß es gut sein‹, sagte Lahiri Mahasaya tröstend. ›Er hat versprochen, dich wiederzusehen.‹

›Gurudewa, der göttliche Meister bat mich, Euch folgende Botschaft zu überbringen: »Sage Lahiri, daß die aufgespeicherte Energie für dieses Leben zur Neige geht; sie ist nahezu erschöpft.«‹

Während ich diese geheimnisvollen Worte aussprach, erzitterte Lahiri Mahasaya am ganzen Körper, als sei er von einem Blitzstrahl getroffen worden. Augenblicklich schien alles an ihm zu erstarren, und sein soeben noch lächelndes Antlitz nahm einen ungewöhnlich ernsten Ausdruck an. Alles Blut schien aus seinem Körper gewichen, der starr und unbeweglich wie eine hölzerne Statue dasaß. Ich war zutiefst erschrocken und verwirrt. Nie zuvor hatte ich diese freudige Seele einen solch feierlichen Ernst zum Ausdruck bringen sehen. Auch die anderen Jünger schauten ängstlich drein.

Drei Stunden vergingen in tiefem Schweigen; dann gewann Lahiri Mahasaya seine gewohnte Heiterkeit wieder und richtete ein paar liebevolle Worte an jeden der Tschelas. Alle atmeten erleichtert auf.

An der Art, wie mein Meister auf Babadschis Botschaft reagiert hatte, erkannte ich, daß er seinen Körper bald verlassen werde. Sein ehrfurchtgebietendes Schweigen bedeutete, daß er sich innerlich sofort überprüft und die letzten Bande, die ihn an diese irdische Welt fesselten, durchschnitten hatte, um in die Heimat des GEISTES zu entfliehen. Babadschi hatte ihm durch seine Botschaft zu verstehen geben wollen: ›Ich werde immer bei dir sein.‹

Große Meister wie Babadschi und Lahiri Mahasaya sind allwissend und haben es nicht nötig, sich durch die Vermittlung eines anderen zu verständigen; dennoch lassen sie sich öfter herab, eine Rolle im menschlichen Drama zu spielen und übermitteln ihre Prophezeiungen gelegentlich durch einen Boten. Auf diese Weise werden ihre Vorhersagen später einem größeren Kreis von Menschen bekannt und festigen deren Glauben.

Bald verließ ich Benares wieder, um in Serampur die mir von Babadschi übertragene Arbeit in Angriff zu nehmen«, fuhr Sri Yukteswar fort. »Sobald ich mit meiner Aufgabe begonnen hatte, wurde ich von einer plötzlichen Inspiration erfaßt und schrieb ein Gedicht über den unsterblichen Guru. Die melodischen Verse flossen mir mühelos aus der

Feder, obwohl ich nie zuvor versucht hatte, Sanskrit-Gedichte zu schreiben.

Viele stille Nächte brachte ich damit zu, den Inhalt der Bibel und des *Sanatan Dharma**) miteinander zu vergleichen und durch Jesu eigene Worte zu beweisen, daß seine Lehre in allen wesentlichen Punkten mit den Offenbarungen der Veden übereinstimmt. Durch die Gnade meines Paramguru**) konnte ich mein Buch ›Die Heilige Wissenschaft‹***) in verhältnismäßig kurzer Zeit fertigstellen.

Am Morgen, nachdem ich mein Werk beendet hatte«, fuhr der Meister fort, »ging ich zum Rai-*Ghat* hinunter, um im Ganges zu baden. Das *Ghat* war menschenleer, und ich blieb eine Weile still in der Sonne stehen, um den tiefen Frieden zu genießen. Nach einem kurzen Bad in den glitzernden Wellen trat ich den Heimweg an. Ringsum herrschte tiefes Schweigen, das nur durch das Knistern meines nassen Gewandes unterbrochen wurde. Als ich an dem großen Banyanbaum, der in der Nähe des Flußufers stand, vorübergegangen war, hatte ich plötzlich das starke Verlangen, mich umzuschauen. Und da erblickte ich unter den schattigen Zweigen des Banyan den großen Babadschi mit einigen seiner Jünger.

›Sei gegrüßt, Swamidschi‹, erklang die melodische Stimme des Meisters. Wahrscheinlich wollte er mich vergewissern, daß ich nicht träumte.

---

*) Wörtlich: »ewige Religion«, die Bezeichnung für die gesamte Lehre der Veden. Das *Sanatan Dharma* wurde im alten Griechenland mit *Hinduismus* bezeichnet, weil die Griechen den Menschen an den Ufern des Indus den Namen *Induhs* oder *Hindus* gegeben hatten. Das Wort *Hindus* bezieht sich also, genau genommen, nur auf die Anhänger des *Sanatan Dharma*, d. h. des Hinduismus. Das Wort *Inder* dagegen bezieht sich gleicherweise auf Hindus, Mohammedaner und andere Einheimische, die auf indischem Boden leben.

Der alte Name für Indien ist *Aryavarta,* wörtlich: »Stätte der Arier«. Die Sanskritwurzel des Wortes *arya* bedeutet »wertvoll, heilig, edel«. Der spätere ethnologische Mißbrauch des Wortes *Arier,* der sich nicht auf geistige, sondern körperliche Merkmale bezieht, veranlaßte den großen Orientalisten Max Müller, folgenden drastischen Vergleich anzustellen: »Meines Erachtens macht sich ein Ethnologe, der von einer arischen Rasse, arischem Blut, arischer Augen- und Haarfarbe spricht, desselben Vergehens schuldig wie ein Sprachwissenschaftler, der die Ausdrücke ›langschädeliges Wörterbuch‹ oder ›kurzschädelige Grammatik‹ gebraucht.«

**) Das Wort *Paramguru* bedeutet wörtlich »der dahinterstehende Guru« und bezieht sich auf eine Reihe oder Nachfolge von Lehrern. Babadschi, der *Guru* Lahiri Mahasayas, ist der *Paramguru* Sri Yukteswars. Babadschi ist der höchste Guru aller SRF-YSS-Mitglieder, die treu ihren Kriya-Yoga üben.

***) Englischer Originaltitel: »The Holy Science«. Die deutsche Übersetzung ist beim Otto-Wilhelm-Barth-Verlag G. m. b. H. erhältlich.

›Ich sehe, daß du dein Buch erfolgreich beendet hast. Wie versprochen, bin ich gekommen, um dir zu danken.‹

Klopfenden Herzens warf ich mich vor ihm nieder. ›Paramgurudschi‹, sagte ich flehend, ›wollt Ihr und Eure Tschelas mir nicht die Ehre erweisen, mein nahegelegenes Haus durch Eure Anwesenheit zu segnen?‹

Der erhabene Guru wehrte lächelnd ab. ›Nein, Kind‹, sagte er, ›wir sind Leute, die gern unter dem Blätterdach leben; dieser Platz ist sehr behaglich.‹

›Dann wartet bitte einen Augenblick, Meister‹, sagte ich, indem ich ihn bittend anschaute. ›Ich bin sofort mit einigen Süßspeisen wieder hier.‹*)

Doch als ich in wenigen Minuten mit einer Schale besonderer Leckerbissen zurückkehrte, beherbergte der hohe Banyan die himmlische Gruppe nicht mehr. Ich suchte den ganzen *Ghat* nach ihnen ab, wußte im Herzen aber genau, daß die kleine Schar bereits auf Ätherschwingen entflohen war.

Ich fühlte mich tief verletzt. ›Selbst wenn wir uns wieder begegnen sollten, werde ich kein Wort mehr mit Babadschi sprechen‹, gelobte ich mir. ›Es war wenig freundlich von ihm, mich so brüsk zu verlassen!‹ Mein Ärger entsprang natürlich nichts anderem als gekränkter Liebe. Einige Monate später besuchte ich Lahiri Mahasaya in Benares. Der Guru begrüßte mich lächelnd, als ich in sein Wohnzimmer trat.

›Willkommen, Yukteswar‹, sagte er. ›Bist du nicht eben auf der Schwelle Babadschi begegnet?‹

›Nein — wieso?‹ fragte ich erstaunt.

›Komm her‹, sagte Lahiri Mahasaya und berührte leicht meine Stirn. Und sogleich erblickte ich in der Nähe der Tür die lichte Gestalt Babadschis, die mich in ihrer vollendeten Schönheit an eine Lotosblume erinnerte.

Ich gedachte meiner alten Wunde und verneigte mich nicht vor ihm, so daß Lahiri Mahasaya mir einen verwunderten Blick zuwarf.

Der göttliche Guru sah mich aus unergründlichen Augen an und fragte: ›Du zürnst mir?‹

›Sir, wie sollte ich nicht!‹ erwiderte ich. ›Aus der Luft seid Ihr mit Eurer geheimnisvollen Gruppe herabgestiegen, und in Luft habt Ihr Euch wieder aufgelöst.‹

›Ich hatte dir versprochen, dich wiederzusehen, aber nicht gesagt, wie lange ich bleiben würde‹, sagte Babadschi mit sanftem Lächeln. ›Du warst sehr aufgeregt, und ich versichere dir, daß es deine innere Unruhe war, die mich wieder in den Äther zurücktrieb!‹

Diese wenig schmeichelhafte Erklärung befriedigte mich sofort. Ich

---

*) In Indien gilt es als unehrbietig, seinem Guru keine Erfrischung anzubieten.

kniete zu seinen Füßen nieder, und der göttliche Guru klopfte mir liebevoll auf die Schulter.

›Du mußt mehr meditieren, Kind‹, sagte er, ›denn dein Blick ist noch nicht fehlerfrei. Du hast mich vorhin nicht erkannt, als ich mich hinter dem Sonnenlicht verbarg.‹ Mit diesen Worten, die mich wie himmlische Flötentöne anmuteten, entschwand Babadschi in einem verborgenen Glanz.

Dies war einer meiner letzten Besuche bei meinem Guru in Benares«, sagte Sri Yukteswar abschließend. »Wie Babadschi auf dem *Kumbha-Mela* vorausgesagt hatte, ging die Inkarnation des Familienvaters Lahiri Mahasaya zu Ende. Im Sommer 1895 bildete sich ein kleines Geschwür auf seinem Rücken. Er weigerte sich aber, es aufschneiden zu lassen, weil er an seinem eigenen Körper das Karma einiger seiner Jünger abtragen wollte. Schließlich bestanden die Jünger auf einem ärztlichen Eingriff, worauf der Meister die rätselhafte Bemerkung machte:

›Der Körper muß einen Grund haben, sich aufzulösen; ich bin mit allem, was ihr tun wollt, einverstanden.‹

Kurze Zeit danach gab der unvergleichliche Guru seinen Körper in Benares auf. Nun brauche ich ihn nicht mehr in seinem kleinen Wohnzimmer aufzusuchen; er ist alle Tage bei mir, um mich zu segnen und zu leiten.«

Jahre später hörte ich von einem fortgeschrittenen Jünger, Swami Keschabananda,*) viele wunderbare Einzelheiten über den Heimgang Lahiri Mahasayas.

»Einige Tage bevor mein Guru seinen Körper aufgab«, erzählte mir Keschabananda, »materialisierte er sich vor mir in meiner Einsiedelei in Hardwar.

›Komm sofort nach Benares!‹ sagte er und verschwand.

Ich nahm sogleich den nächsten Zug nach Benares und fand meinen Guru von vielen Jüngern umgeben in seinem Haus. Stundenlang erläuterte er an diesem Tag**) die *Gita.* Dann sagte er in seiner schlichten Art:

›Ich gehe jetzt heim.‹

Viele der Jünger brachen in herzbrechendes Schluchzen aus.

›Seid getrost; ich werde wieder auferstehen!‹ Mit diesen Worten erhob sich Lahiri Mahasaya von seinem Sitz, drehte sich dreimal im Kreise, setzte sich dann mit dem Antlitz nach Norden im Lotossitz nieder und ging glorreich in den endgültigen *Mahasamadhi****) ein.

---

*) Mein Besuch in Keschabanandas Aschram wird auf Seite 413-416 beschrieben.
**) Lahiri Mahasaya verließ seinen Körper am 26. September 1895. Wenige Tage später hätte er sein 67. Lebensjahr vollendet.
***) Die dreimalige Umdrehung des Körpers und die Blickrichtung nach Norden gehören zu einem vedischen Ritus, der oft von Meistern ausgeführt wird, die ihre Todesstunde im voraus wissen. Die letzte Meditation, in der der Meister mit dem Kosmischen OM verschmilzt, wird *Maha-* oder großer *Samadhi* genannt.

Der schöne Körper Lahiri Mahasayas, der seinen Jüngern so teuer war, wurde nach altüberliefertem Brauch im feierlichen Ritus am Manikarnika-*Ghat* am heiligen Ganges verbrannt«, fuhr Keschabananda fort. »Am folgenden Morgen um 10 Uhr, als ich mich noch in Benares aufhielt, erstrahlte mein Zimmer plötzlich in einem überirdischen Licht. Und siehe! vor mir stand Lahiri Mahasaya in lebendiger Gestalt. Er sah genauso aus wie immer, nur jünger und strahlender.

›Keschabananda‹, sagte mein göttlicher Guru, ›ich bin es! Aus den zerfallenen Atomen meines verbrannten Körpers habe ich eine neue Form erstehen lassen, die der alten genau gleicht. Meine Aufgabe als Familienvater ist nun beendet; doch ich verlasse diese Erde nicht ganz. Von nun an werde ich einige Zeit mit Babadschi im Himalaja und mit Babadschi im Kosmos verbringen.‹

Dann gab mir der transzendente Meister einige Segensworte auf den Weg und entschwand. Unaussprechliche Seligkeit erfüllte mein Herz; ich fühlte mich geistig emporgehoben wie die Jünger Christi und Kabirs,*) als sie ihren Guru nach seinem leiblichen Tode wiedersahen.

Kurz darauf kehrte ich in meine abgelegene Einsiedelei nach Hardwar zurück«, fuhr Keschabananda fort, »und nahm einen Teil der heiligen Asche meines Guru mit. Wenn ich auch wußte, daß der Adler der Allgegenwart seine Freiheit wiedererlangt hatte und dem Käfig von Raum und Zeit entflohen war, fand mein Herz dennoch Trost darin, seine heilige Asche in einem Schrein aufzubewahren.«

---

*) Kabir war ein großer Heiliger des 16. Jahrhunderts, der sowohl unter den Hindus als auch unter den Mohammedanern eine große Anhängerschaft hatte. Nach dem Tode Kabirs konnten sich seine Jünger nicht über die Art der Bestattung einigen. Da erhob sich der erzürnte Meister aus seinem Schlaf und gab ihnen folgende Anweisungen: »Die Hälfte meiner sterblichen Überreste soll nach dem Brauch der Mohammedaner beerdigt und die andere Hälfte nach dem Brauch der Hindus verbrannt werden.« Damit entschwand er ihren Blicken. Als die Jünger das Leichentuch, das über seinem Körper lag, aufhoben, fanden sie nur eine Menge herrlicher Blumen vor. Die Hälfte davon wurde von den Mohammedanern gehorsam in Maghar beerdigt, wo sie bis zum heutigen Tage in einem Schrein aufbewahrt werden, und die andere Hälfte nach hinduistischen Riten verbrannt.

In seinen jungen Jahren hatte Kabir zwei Jünger, die den Weg der Mystik in allen Einzelheiten erklärt haben wollten. Der Meister gab ihnen folgende einfache Antwort:

»Ein Weg setzt Entfernung voraus;
Ist Er aber nahe,
Bedarfst du nicht mehr des Wegs.
Lächeln muß ich fürwahr, wenn ich höre,
Ein Fisch sei im Wasser verdurstet.«

Ein anderer Jünger, der von dem auferstandenen Guru gesegnet wurde, war der heilige Pantschanon Bhattatscharya *). Als ich ihn in Kalkutta aufsuchte, erzählte er mir zu meiner großen Freude viel über die gemeinsamen Jahre mit seinem Meister und schloß seinen Bericht mit folgenden Worten, die den Höhepunkt all seiner Erlebnisse darstellten:
»Hier in Kalkutta«, sagte Pantschanon, »erschien mir Lahiri Mahasaya am Tag nach der Feuerbestattung um 10 Uhr morgens in lebendiger, strahlender Gestalt.«

Als Swami Pranabananda, der »Heilige mit den zwei Körpern«, mich in meiner Schule in Rantschi besuchte, vertraute er mir ebenfalls einige seiner übernatürlichen Erlebnisse an. Unter anderem erzählte er mir folgendes:
»Einige Tage, bevor Lahiri Mahasaya seinen Körper verließ, erhielt ich einen Brief von ihm, in dem er mich bat, sofort nach Benares zu kommen. Leider wurde ich durch unvermeidliche Umstände aufgehalten und konnte nicht sofort abreisen. Als ich mich gegen 10 Uhr morgens schließlich auf den Weg zum Bahnhof machen wollte, erblickte ich plötzlich zu meiner unbeschreiblichen Freude die strahlende Erscheinung des Guru in meinem Zimmer.

›Warum jetzt noch nach Benares fahren?‹ fragte Lahiri Mahasaya lächelnd. ›Du wirst mich dort nicht mehr finden.‹

Als mir der Sinn seiner Worte aufging, begann ich fassungslos zu weinen, denn ich glaubte ihn nur in einer Vision zu sehen.

Da kam der Meister tröstend auf mich zu. ›Hier, berühre meinen Körper‹, sagte er. ›Ich lebe — genau wie immer. Klage nicht mehr; bin ich denn nicht allezeit bei dir?‹«

Aus dem Munde dieser drei großen Jünger hat die Welt also eine wunderbare Tatsache erfahren: Um 10 Uhr morgens, einen Tag, nachdem Lahiri Mahasayas Leib den Flammen übergeben worden war, erschien der auferstandene Meister in einem wirklichen, aber verklärten Körper dreien seiner Jünger, von denen jeder in einer anderen Stadt wohnte.

»Wenn aber dies Verwesliche wird anziehen die Unverweslichkeit und dies Sterbliche wird anziehen die Unsterblichkeit, dann wird erfüllt werden das Wort, das geschrieben steht: ›Der Tod ist verschlungen in den Sieg. Tod, wo ist dein Stachel? Hölle, wo ist dein Sieg?‹« **)

---

*) Siehe Seite 344. Pantschanon errichtete in einem etwa 7 ha großen Garten in Deogarh, Bihar, einen Schiwa-Tempel, in dem er ein Ölgemälde von Lahiri Mahasaya aufstellen ließ.
**) 1. Korinther 15, 54-55. »Warum wird das für unglaublich bei euch erachtet, daß Gott Tote auferweckt?« (Apostelgeschichte 26, 8)

XXXVII. KAPITEL

ICH GEHE NACH AMERIKA

»Amerika! Das sind bestimmt Amerikaner!« war mein erster Gedanke, als plötzlich eine Reihe westlicher Gesichter *) an meinem inneren Auge vorüberzog.

Ich saß in tiefer Meditation hinter einem Stapel verstaubter Kisten im Lagerraum der Rantschi-Schule **). In jenen Jahren wurde ich pausenlos von den Jungen in Anspruch genommen, so daß es nicht leicht für mich war, einen abgelegenen Platz zum Meditieren zu finden.

Die Vision hielt länger an, und ich sah eine unübersehbare Menge von Menschen, die mich alle aufmerksam anblickten, gleich Statisten über die Bühne meines Bewußtseins ziehen.

Da öffnete sich die Tür zum Lagerraum; wie gewöhnlich, hatte einer der Knaben mein Versteck gefunden.

»Komm her, Bimal«, rief ich fröhlich. »Ich habe eine Neuigkeit für dich: der Herr ruft mich nach Amerika!«

»Nach Amerika?« wiederholte der Junge entgeistert, als ob ich gesagt hätte »zum Mond«.

»Ja, ich werde, wie Kolumbus, nach Amerika fahren und es neu entdecken. Kolumbus glaubte damals, daß er Indien gefunden hatte; sicherlich besteht irgendein karmisches Band zwischen diesen beiden Ländern.«

Bimal stürzte aufgeregt davon, und bald darauf war die ganze Schule von diesem zweibeinigen Nachrichtenblatt unterrichtet worden.

Ich rief das erstaunte Lehrerkollegium zusammen und legte die Leitung der Schule in seine Hände.

---

*) Viele dieser Gesichter habe ich seitdem in den Ländern des Westens gesehen und sofort wiedererkannt.
**) Im Jahre 1959 weihte Daya Mata (die Präsidentin der SRF-YSS) eine Yogananda-Halle (auch »Visionsraum« genannt) ein, die auf derselben Stelle erbaut wurde, wo sich einst der Lagerraum der Rantschi-Schule befand. (*Anmerkung des Herausgebers*)

»Ich weiß, daß ihr Lahiri Mahasayas Erziehungsidealen und Yogamethoden immer treu bleiben werdet«, sagte ich. »Ich werde euch oft schreiben; und, so Gott will, komme ich eines Tages wieder.«

Tränen standen in meinen Augen, als ich einen letzten Blick auf die kleinen Jungen und das sonnige Grundstück warf. Ich wußte, daß nun ein bedeutender Abschnitt in meinem Leben zu Ende ging und daß ich fortan in fernen Ländern wohnen würde. Einige Stunden nach meiner Vision fuhr ich mit dem Zug nach Kalkutta, wo am folgenden Tag ein Schreiben für mich eintraf; man forderte mich auf, als indischer Delegierter am Internationalen Kongreß der Freireligiösen Bewegung Amerikas teilzunehmen. Der Kongreß sollte in diesem Jahre in Boston unter der Leitung der Vereinigung Amerikanischer Unitarier stattfinden.

Mit schwindelndem Kopf suchte ich Sri Yukteswar in Serampur auf.

»Gurudschi, ich bin soeben aufgefordert worden, auf einem religiösen Kongreß in Amerika zu sprechen. Soll ich hinfahren?«

»Alle Türen stehen dir offen«, lautete die einfache Antwort des Meisters. »Jetzt oder nie.«

»Aber Meister«, wandte ich bestürzt ein, »was verstehe ich schon von öffentlichen Ansprachen! Ich habe nur ganz selten einen Vortrag gehalten, und vor allem noch nie auf englisch.«

»Ob auf englisch oder nicht — deine Worte über Yoga werden im Westen Gehör finden.«

Ich mußte lachen. »Lieber Gurudschi, ich glaube kaum, daß die Amerikaner Bengali lernen werden. Segnet mich bitte und helft mir mit einem kräftigen Stoß über die Hindernisse der englischen Sprache hinweg.« *)

Als ich Vater die Neuigkeit überbrachte, war er zutiefst erschrocken. Amerika lag für ihn in unvorstellbarer Ferne, und er fürchtete, daß er mich nie wiedersehen würde.

»Wie willst du überhaupt hinkommen?« fragte er mit strenger Miene. »Wer soll die Reise finanzieren?« Da er bisher alle Kosten für meine Ausbildung getragen und mich mein ganzes Leben lang versorgt hatte, hoffte er zweifellos, meine Pläne durch diese peinliche Frage zunichte zu machen.

»Gott wird mir sicher die nötigen Mittel beschaffen«, sagte ich und erinnerte mich einer ähnlichen Antwort, die ich vor Jahren meinem Bruder Ananta in Agra gegeben hatte. Und ohne weitere Umschweife fügte ich hinzu: »Vater, vielleicht wird Er dir eingeben, mir zu helfen.«

---

*) Sri Yukteswardschi unterhielt sich gewöhnlich auf Bengali mit mir.

»Nein, niemals!« sagte er, indem er mich betrübt anblickte.

Um so erstaunter war ich daher, als Vater mir am nächsten Tag einen Scheck über eine große Summe aushändigte.

»Ich gebe dir dieses Geld nicht in meiner Eigenschaft als Vater«, sagte er, »sondern als treuer Jünger von Lahiri Mahasaya. Geh also in das ferne westliche Land, um dort die überkonfessionelle Lehre des *Kriya-Yoga* zu verbreiten.«

Diese Selbstlosigkeit Vaters, der sogleich alle persönlichen Wünsche hintangesetzt hatte, rührte mich zutiefst. Über Nacht war ihm die Erkenntnis gekommen, daß meine Reisepläne nichts mit gewöhnlicher Abenteuerlust zu tun hatten.

»Vielleicht werden wir uns in diesem Leben nie mehr wiedersehen«, sagte Vater traurig; er war damals 67 Jahre alt.

Ich aber antwortete aus intuitiver Überzeugung: »Bestimmt wird Gott uns noch einmal zusammenführen.«

Als ich nun die nötigen Vorbereitungen für die Reise nach dem unbekannten Amerika traf und mir darüber klar wurde, daß ich meinen Meister sowie mein Heimatland verlassen würde, fühlte ich eine gewisse Besorgnis aufsteigen. Ich hatte viel von dem »materialistischen Westen« erzählen hören, der so ganz anders sein sollte als Indien und dem vor allem die geistige Atmosphäre fehlte, die hier seit vielen Jahrtausenden von den großen Heiligen geschaffen worden war.

»Ein orientalischer Lehrer, der sich in die Atmosphäre des Westens wagt«, dachte ich, »muß abgehärteter sein als einer, der in die schneebedeckten Regionen des Himalaja zieht.«

Eines Morgens in aller Frühe begann ich zu beten und war fest entschlossen, so lange damit fortzufahren, bis ich die Stimme Gottes hörte — selbst wenn ich darüber sterben müßte. Ich wollte Seinen Segen und Seine Zusicherung haben, daß ich mich nicht im Nebel des modernen Utilitarismus verirren würde. Innerlich war ich bereit, nach Amerika zu gehen, aber größer noch war mein Verlangen, Gottes Trost und Zustimmung zu erhalten.

Ich betete ununterbrochen und versuchte, mein Schluchzen zu unterdrücken. Doch keine Antwort kam. Gegen Mittag hatte ich den Höhepunkt erreicht, und der Kopf schwindelte mir von der übergroßen Anstrengung. Ich hatte das Gefühl, daß mein Gehirn bersten würde, wenn ich noch einmal meine ganze Kraft zusammennahm, um Ihn verzweifelt anzurufen.

In diesem Augenblick klopfte es an die Haustür. Ich öffnete und ließ einen jungen Mann eintreten, der in das dürftige Gewand der Entsagenden gekleidet war.

»Das muß Babadschi sein«, dachte ich halb benommen, denn der Mann, der mir gegenüber stand, hatte die Züge des jugendlichen Lahiri Mahasaya. Er antwortete in melodischem Hindi auf meine Gedanken: »Ja, ich bin Babadschi. Unser Himmlischer Vater hat dein Gebet erhört und mir aufgetragen, dir diese Botschaft zu bringen: Folge dem Geheiß deines Guru und gehe nach Amerika. Fürchte dich nicht; du wirst beschützt sein.«

Nach einer beredten Pause fuhr Babadschi fort: »Du bist es, den ich auserwählt habe, die Botschaft des *Kriya-Yoga* im Abendland und in der Neuen Welt zu verbreiten. Vor langer Zeit begegnete ich deinem Guru Yukteswar auf einem *Kumbha-Mela* und sagte ihm, daß ich dich zu ihm senden werde, damit du seine Schulung empfängst.«

Ich war von Ehrfurcht und Hingabe derart überwältigt, daß ich kein Wort hervorbringen konnte. Tief bewegt, aus dem eigenen Munde des unsterblichen Guru zu hören, daß er mich zu Sri Yukteswar geführt hatte, warf ich mich stumm zu seinen Füßen nieder. Er richtete mich liebevoll auf und erzählte mir viele Dinge, die meine Zukunft betrafen. Dann gab er mir noch persönliche Ratschläge und teilte mir auch einige geheime Prophezeiungen mit.

»*Kriya-Yoga,* die wissenschaftliche Technik der Gottverwirklichung«, sagte er zum Abschluß feierlich, »wird sich schließlich über die ganze Erde verbreiten und den Menschen dazu verhelfen, persönlich mit dem transzendenten Gott, ihrem Ewigen Vater, in Verbindung zu treten. Auf diese Weise wird der *Kriya* dazu beitragen, die Völker einander näherzubringen.«

Dann warf der Meister mir einen Blick zu, der soviel Kraft und Hoheit ausstrahlte, daß ich mich wie elektrisiert fühlte und für einige Augenblicke in sein kosmisches Bewußtsein erhoben wurde.

»Und stiegen tausend Sonnen auch zugleich
Am Horizont empor, so wäre doch
Ihr Licht nicht jener Herrlichkeit vergleichbar,
Die dort Ardschunas Geistesauge sah.« *)

Kurz darauf wandte sich Babadschi zur Tür und bemerkte: »Versuche nicht, mir zu folgen; es wird dir nicht gelingen.«

»Babadschi, geht bitte nicht fort!« rief ich mehrmals aus. »Nehmt mich mit!« Er aber erwiderte: »Nicht jetzt; ein andermal.«

---

*) *Bhagawadgita XI, 12* (aus Arnolds englischer Übersetzung des Sanskrittextes ins Deutsche übertragen von Hartmann).

Im Überschwang des Gefühls mißachtete ich seine Warnung. Als ich jedoch versuchte, ihm zu folgen, merkte ich, daß meine Füße wie angewurzelt waren. Von der Türe her warf Babadschi mir einen letzten, liebevollen Blick zu. Sehnsuchtsvoll blickte ich ihm nach, als er seine Hand zum Segen erhob und langsam davonging.

Einige Minuten später waren meine Füße wieder frei. Ich setzte mich sofort nieder, um tief zu meditieren und Gott inbrünstig dafür zu danken, daß Er mein Gebet erhört und mir obendrein noch eine Begegnung mit Babadschi gewährt hatte. Schon lange war es mein brennender Wunsch gewesen, ihn zu sehen. Mein ganzer Körper schien durch die Berührung mit dem altehrwürdigen, ewig jugendlichen Meister geheiligt.

Bis zu diesem Zeitpunkt habe ich nie etwas über meine Begegnung mit Babadschi verlauten lassen, sondern dieses heiligste aller meiner Erlebnisse in meiner Brust verschlossen gehalten. Dann aber kam mir der Gedanke, daß die Leser meiner Autobiographie sicher eher geneigt sein würden, an die Existenz des verborgenen Babadschi und an seine weltumspannenden Pläne zu glauben, wenn ich berichte, daß ich ihn mit eigenen Augen gesehen habe. Ich habe einer Künstlerin geholfen, ein lebensgetreues Bild von dem neuzeitlichen indischen Christus und Yogi zu zeichnen, das in diesem Buch wiedergegeben ist.

Den Vorabend meiner Abreise nach den Vereinigten Staaten verbrachte ich in der heiligen Gegenwart meines Meisters. »Vergiß, daß du unter Hindus geboren wurdest, nimm aber andererseits nicht alle Gewohnheiten der Amerikaner an. Mache dir das Beste aus beiden Nationen zu eigen«, sagte er in seiner ruhigen, weisen Art. »Bleibe dir selbst und Gott treu. Bemühe dich, die besten Eigenschaften aller deiner Brüder zu verkörpern, ganz gleich, in welchem Teil der Erde sie leben oder welcher Rasse sie angehören.«

Dann segnete er mich mit folgenden Worten: »Allen, die Gott suchen und voller Vertrauen zu dir kommen, wird geholfen werden. Wenn du sie anblickst, wird ein geistiger Strom von deinen Augen ausgehen und in ihr Gehirn dringen, der ihre materiellen Gewohnheiten neutralisiert und ihnen Gott wieder in Erinnerung ruft.« Und lächelnd fügte er hinzu: »Das Schicksal ist dir günstig. Überall, wo du hinkommst, wirst du aufrichtige Seelen anziehen und selbst in der Wildnis Freunde finden.«

Beide Segenswünsche Sri Yukteswars haben sich in weitestem Maße erfüllt. Allein und ohne Freunde kam ich nach Amerika und fand dort Tausende, die bereit waren, die zeitlose geistige Lehre aufzunehmen.

Im August 1920 verließ ich Indien mit der *City of Sparta*, dem ersten Passagierschiff, das nach Ende des Ersten Weltkriegs wieder nach

Amerika fuhr. Die Ausstellung meines Reisepasses hing mit unvorhergesehenen Schwierigkeiten zusammen, und es grenzte fast an ein Wunder, daß es mir trotz aller bürokratischen Hindernisse gelungen war, eine Schiffskarte zu erhalten.

Während der zweimonatigen Seereise fand einer der Passagiere heraus, daß ich der indische Delegierte für den Bostoner Kongreß war.

»Swami Yogananda«, sagte er mit jenem seltsamen Akzent, an den ich mich später in Amerika gewöhnen lernte, »wollen Sie den Mitreisenden nicht die Ehre erweisen, am kommenden Donnerstag abend einen Vortrag zu halten? Ich denke, daß wir alle an dem Thema ›Wie man den täglichen Daseinskampf besteht‹ interessiert wären.«

Ich hatte jedoch genug mit meinem eigenen Daseinskampf zu tun, wie ich am Mittwoch feststellen mußte. Nachdem ich verzweifelte Anstrengungen gemacht hatte, meine Gedanken in englischer Sprache zu formulieren, gab ich schließlich alle Vorbereitungsversuche auf. Mein Geist verhielt sich wie ein widerspenstiges Fohlen beim Anblick des Sattels; er sträubte sich heftig gegen die englischen Grammatikregeln. Im vollen Vertrauen auf das Versprechen meines Meisters erschien ich jedoch am Donnerstag abend im Salon des Schiffes vor meinem Publikum. Aber kein Wort kam über meine Lippen; stumm stand ich vor der Versammlung da. Nach einer Geduldsprobe von zehn Minuten hatte das Publikum meine fatale Lage durchschaut und begann zu lachen.

Für mich war die Situation jedoch weniger komisch, und ich sandte meinem Meister einen entrüsteten Hilferuf.

»Du *kannst* es! Sprich!« erklang sofort seine Stimme in meinem Bewußtsein.

Augenblicklich traten meine Gedanken in eine freundschaftliche Beziehung zur englischen Sprache. Drei viertel Stunden später hörte mir das Publikum immer noch gespannt zu. Dieser Ansprache verdanke ich mehrere Einladungen von amerikanischen Gesellschaften, später weitere Vorträge bei ihnen zu halten.

Ich konnte mich hinterher auf kein Wort meiner Rede mehr besinnen. Vorsichtig fragte ich die Passagiere aus und erfuhr folgendes: »Sie haben einen mitreißenden Vortrag in einwandfreiem Englisch gehalten, der allen zu Herzen gegangen ist.« Als ich diese erfreuliche Nachricht vernahm, dankte ich meinem Guru demütig für seine rechtzeitige Hilfe und erkannte von neuem, daß er alle Grenzen von Raum und Zeit überwinden konnte und mir immer nahe war.

Während der noch verbleibenden Zeit an Bord dachte ich hin und wieder an die Rede in englischer Sprache, die mir auf dem Kongreß bevorstand, und muß gestehen, daß mir nicht ganz behaglich dabei zumute war.

»Herr«, betete ich inbrünstig, »sei Du der einzige Quell meiner Inspiration!«

Ende September legte die *City of Sparta* in Boston an; und am 6. Oktober 1920 hielt ich meine Jungfernrede in Amerika. Sie wurde gut aufgenommen, so daß ich erleichtert aufatmen konnte. Der hochherzige Schriftführer der Vereinigung Amerikanischer Unitarier schrieb in seinem öffentlichen Protokoll unter anderem folgendes:

»Swami Yogananda, der Delegierte aus dem Brahmatscharya-Aschram in Rantschi, übermittelte dem Kongreß die Grüße seiner religiösen Gemeinschaft. Dann hielt er in fließendem Englisch und in glutvoller Sprache einen Vortrag über das philosophische Thema ›Religion als Wissenschaft‹, der zwecks weiterer Verbreitung in Form eines Büchleins erschienen ist. *) Religion, so behauptete er, sei ihrem Wesen nach universell; deshalb gäbe es in Wirklichkeit nur eine Religion. Wenn auch bestimmte Bräuche und Überlieferungen nicht verallgemeinert werden könnten, so besäßen die verschiedenen Religionen dennoch allgemeingültige Grundsätze, die von allen Menschen befolgt werden könnten.«

Dank des großzügigen Schecks, den Vater mir ausgestellt hatte, konnte ich nach Beendigung des Kongresses noch in Amerika bleiben. Vier glückliche Jahre lebte ich in bescheidenen Verhältnissen in Boston, wo ich öffentliche Vorträge hielt, Gruppenunterricht erteilte und einen Gedichtband »Lieder der Seele« verfaßte, zu dem Dr. Frederick Robinson, der Rektor der Universität von New York City **) das Vorwort schrieb.

Im Jahre 1924 unternahm ich eine Vortragsreise durch den ganzen Kontinent und sprach in vielen größeren Städten vor Tausenden von Zuhörern. In Seattle schiffte ich mich dann nach Alaska ein, um in dem schönen Norden des Landes eine Zeitlang Ferien zu machen.

Mit Hilfe einiger großzügiger Schüler konnte ich Ende 1925 auf dem Mount Washington in Los Angeles ein amerikanisches Mutterzentrum gründen. Es ist dasselbe Gebäude, das ich Jahre zuvor in meiner Vision in Kaschmir erblickt hatte. Von dort aus schickte ich Sri Yukteswar einige Bilder von meiner Tätigkeit im fernen Amerika und erhielt bald darauf eine Postkarte in Bengali von ihm, die ich hier übersetze:

11. August 1926

O Yogananda, Kind meines Herzens!

Worte reichen nicht aus, dir zu beschreiben, welche Freude du mir mit den Bildern von deinem Institut und deinen Schülern gemacht hast. Mit

---

*) Englischer Originaltitel: »The Science of Religion«. Die deutsche Übersetzung ist beim Otto-Wilhelm-Barth-Verlag G.m.b.H. erhältlich.

**) Dr. Robinson und seine Frau besuchten Indien im Jahre 1939 und nahmen als Ehrengäste an einer Feier der *Yogoda Satsanga Society* teil.

tiefer Rührung habe ich mir deine Yogaschüler in den verschiedenen Städten des Landes angesehen.

Auch für den Bericht über deine Methoden des Singens, des positiven Denkens, der Heilschwingungen und göttlichen Heilgebete danke ich dir von ganzem Herzen.

Wenn ich das Eingangstor, den sich den Hügel hinaufwindenden Weg und die wunderschöne Landschaft zu Füßen des Mt. Washington betrachte, so verlangt mich danach, dies alles mit eigenen Augen zu sehen.

Hier ist alles in bester Ordnung. Möge Gott dich immer mit Seiner Glückseligkeit segnen!

SRI YUKTESWAR GIRI

Die Jahre flogen eilends dahin. Ich hielt in allen Teilen meines neuen Landes Vorträge und sprach in Hunderten von Klubs, Universitäten, Kirchen und Gemeinschaften aller Konfessionen. Zwischen 1920 und 1930 besuchten Zehntausende von Amerikanern meine Yoga-Lehrgänge. Ihnen allen widmete ich einen neuen Band mit Gebeten und Gedanken der Seele: *Flüstern aus der Ewigkeit.* *)

Zuweilen (gewöhnlich am Ersten des Monats, wenn die verschiedenen Rechnungen im Mt. Washington-Zentrum — dem Mutterzentrum der Gemeinschaft der Selbst-Verwirklichung — eintrafen) dachte ich sehnsuchtsvoll an die genügsamen, friedlichen Jahre in Indien zurück. Täglich erlebte ich aber auch, wie Morgen- und Abendland sich innerlich näherkamen und freute mich von ganzem Herzen darüber.

George Washington, der »Vater seiner Nation«, der sich während seines Lebens so oft der göttlichen Führung bewußt war, richtete (in seiner »Abschiedsrede«) folgende eindrucksvolle Worte an sein Land:

»Es ist einer freien, aufgeklärten und in nicht allzu ferner Zeit auch großen Nation würdig, der Menschheit ein großzügiges, wenn auch ungewöhnliches Beispiel zu geben, indem sie sich stets von Edelmut, Gerechtigkeit und Wohlwollen leiten läßt. Wer kann daran zweifeln, daß die Früchte eines solchen Handelns uns im Laufe der Zeit für jeden vorübergehenden Nachteil entschädigen werden, den wir — wollen wir beharrlich an unserem Ideal festhalten — in Kauf nehmen müssen? Hat die Vorsehung das bleibende Wohlergehen einer Nation nicht immer von seinen Tugenden abhängig gemacht?«

WALT WHITMANS »HYMNE AN AMERIKA«
(Aus: »Du, Mutter, mit Deiner ebenbürtigen Nachkommenschaft«)

»Dir mit deiner Zukunft,
Mit deiner großen, gesünderen Nachkommenschaft

---

*) Das Vorwort zu diesem Buch schrieb die beliebte amerikanische Primadonna Amelita Galli-Curci.

Von Frauen und Männern,
Dir mit deinen geist'gen Athleten
In Nord und Süd, in Ost und West,
Dir mit deinem sittlichen Reichtum
Und deiner sittlichen Zivilisation
(Die deinen stolzen irdischen Reichtum
 weit überflügeln),
Dir mit deiner allvermögenden, allumfassenden Anbetung,
Dir, die du mehr als nur eine Bibel,
Mehr als nur einen Erlöser hast,
Die du viele Erlöser, göttlich und jedem ebenbürtig,
Tief in dir selber birgst,
Dir prophezei' ich die Großen,
Die in dir schlummern
Und mit Gewißheit einst kommen werden.«

XXXVIII. KAPITEL

LUTHER BURBANK
EIN HEILIGER INMITTEN VON ROSEN

»Das Geheimnis der Pflanzenveredlung beruht nicht nur auf wissenschaftlichen Kenntnissen, sondern vor allem auf Liebe«, sagte Luther Burbank, als ich mit ihm durch seinen Garten in Santa Rosa (Kalifornien) wanderte. Wir blieben vor einem Beet mit eßbaren Kakteen stehen.

»Während meiner Versuche, eine Kakteenart ohne Stacheln zu züchten«, fuhr er fort, »sprach ich oft zu den Pflanzen, um Schwingungen der Liebe zu erzeugen. ›Ihr habt nichts zu befürchten‹, sagte ich ihnen immer wieder, ›ihr braucht eure abwehrenden Stacheln nicht, denn ich beschütze euch.‹ Und mit der Zeit brachte diese nützliche Wüstenpflanze tatsächlich eine Art ohne Stacheln hervor.«

Dieses Wunder entzückte mich. »Geben Sie mir bitte ein paar Kaktusblätter, lieber Luther, damit ich sie in meinem Garten in Mt. Washington anpflanzen kann.«

Ein Arbeiter, der in der Nähe stand, wollte sogleich einige Blätter abreißen, aber Burbank hielt ihn zurück.

»Ich möchte sie gern selbst für den Swami pflücken«, sagte er und reichte mir dann drei Blätter, die ich später einpflanzte; zu meiner Freude wuchsen sie zu stattlichen Kakteen heran.

Der große Pflanzenzüchter erzählte mir, daß er seinen ersten bemerkenswerten Erfolg mit einer großen Kartoffel hatte, die jetzt seinen Namen trägt. Sein unermüdlicher, genialer Geist schenkte der Welt Hunderte von Kreuzungsprodukten, darunter seine neue Burbank-Sorte von Tomaten, Mais, Kürbis, Kirschen, Pflaumen, Nektarinen, Beeren, Mohn, Lilien und Rosen.

Als Luther mich zu dem berühmten Walnußbaum führte, durch den er bewiesen hatte, daß sich die natürliche Entwicklung erheblich beschleunigen läßt, machte ich eine photographische Aufnahme.

»Bereits nach 16 Jahren«, sagte er, »brachte uns dieser Walnußbaum eine reiche Ernte. Ohne der Natur nachzuhelfen, hätten wir doppelt so lange dazu gebraucht.«

In diesem Augenblick kam Burbanks kleine Adoptivtochter mit ihrem Hund in den Garten gelaufen.

»Das ist meine menschliche Pflanze«, sagte Luther, indem er ihr zärtlich zuwinkte. »Ich betrachte die ganze Menschheit jetzt als eine einzige große Pflanze, die nichts als Liebe, ein gesundes Leben in freier Natur und intelligente Kreuzung und Auslese braucht, um höchste Erfüllung zu finden. Ich selbst habe bereits viele wunderbare Ergebnisse mit dem Veredeln von Pflanzen erzielt und glaube daher, daß wir einer gesünderen und glücklicheren Welt entgegensehen dürfen, sobald wir die Kinder dazu erziehen, einfach und vernünftig zu leben. Wir müssen zur Natur und zum Gott der Natur zurückkehren.«

»Luther, Sie würden Ihre Freude an meiner Schule in Rantschi haben, wo der Unterricht im Freien abgehalten wird und ein Geist der Fröhlichkeit und Genügsamkeit herrscht.«

Meine Worte hatten die empfindsamste Saite seines Herzens berührt — die der Jugenderziehung. Er überschüttete mich sogleich mit einer Menge Fragen und hörte mir mit leuchtenden Augen zu.

»Swamidschi«, sagte er schließlich, »Schulen wie die Ihre sind die einzige Hoffnung auf ein künftiges Goldenes Zeitalter. Ich lehne die modernen Erziehungsmethoden, die sich immer mehr von der Natur entfernen und jede Individualität im Kinde ersticken, entschieden ab. Ihren praktischen Erziehungsidealen kann ich jedoch von ganzem Herzen zustimmen.«

Als ich mich von dem gütigen Weisen verabschiedete, schenkte er mir ein kleines Buch, in das er eine Widmung schrieb. *)

»Dies ist mein Buch *Die Schulung der Menschenpflanze*«, sagte er. »Was wir heutzutage dringend brauchen, sind neue Erziehungsmethoden — kühne Experimente. Oft haben die gewagtesten Versuche die besten Blumen und Früchte hervorgebracht. Auch auf dem Gebiet der Jugenderziehung sollte man den Mut haben, eine Reihe von Neuerungen einzuführen.«

---

*) Burbank schenkte mir auch eine mit seiner Widmung versehene Photographie, an der ich ebenso hänge wie einst ein Hindukaufmann an dem Bild Lincolns. Dieser Hindu, der sich während des Bürgerkriegs in Amerika aufhielt, empfand große Bewunderung für Lincoln und wollte nicht eher nach Indien zurückkehren, als bis er ein Porträt von dem »Großen Befreier« besaß. Tag für Tag saß er vor Lincolns Türschwelle und rührte sich nicht von der Stelle, bis der verblüffte Präsident ihm schließlich gestattete, den berühmten New Yorker Maler Daniel Huntington kommen zu lassen. Sobald das Porträt fertiggestellt war, nahm der Hindu es triumphierend nach Kalkutta mit.

Noch in derselben Nacht las ich sein kleines Buch mit lebhaftem Interesse durch. Eine großartige Zukunftsvision, in der er das künftige Menschengeschlecht schaute, hatte ihn zu folgenden Worten inspiriert: »Das eigensinnigste Lebewesen auf dieser Erde, welches sich am allerwenigsten zu einer Abweichung bewegen läßt, ist eine Pflanze mit ihren eingewurzelten Gewohnheiten ... Man stelle sich vor, daß die Pflanze ihre Individualität seit Jahrtausenden bewahrt hat; vielleicht kann man sie sogar über Äonen hinweg bis zu ihren versteinerten Formen zurückverfolgen und feststellen, daß sie sich während dieser gewaltigen Zeiträume kaum verändert hat. Glaubt ihr nicht, daß die Pflanze nach allen diesen Zeitaltern ständiger Wiederholung von einem Willen (wenn man es so nennen darf), von einer beispiellosen Zähigkeit besessen ist? Es gibt tatsächlich Pflanzen, wie z. B. gewisse Palmenarten, die so hartnäckig sind, daß alle menschlichen Bemühungen, ihre Form zu verändern, fehlgeschlagen haben. Der menschliche Wille ist ein armselig Ding im Vergleich zu dem Willen einer Pflanze. Seht aber, wie dieser lebenslängliche Eigensinn der Pflanze gebrochen wird, wenn man ihr neues Leben beimischt, wenn man durch Kreuzung eine einschneidende und bleibende Änderung in ihr bewirkt. Sobald die neue Art zum Durchbruch kommt, muß man sie mehrere Generationen lang geduldig überwachen und durch richtige Auslese festigen; dann schlägt die neue Pflanze schließlich einen neuen Weg ein, um nie mehr zu dem alten zurückzukehren. Ihr hartnäckiger Wille ist endlich gebrochen und in neue Bahnen gelenkt worden.

Handelt es sich aber um eine solch empfindsame und anpassungsfähige Natur wie die eines Kindes, ist das Problem sehr viel leichter zu lösen.«

Ich fühlte mich wie magnetisch zu diesem großen Amerikaner hingezogen und besuchte ihn oft. Eines Morgens traf ich zugleich mit dem Briefträger ein, der etwa tausend Briefe in Luthers Arbeitszimmer auslieferte. Botaniker aus allen Teilen der Welt schrieben an ihn.

»Swamidschi, Ihr Kommen ist gerade die Entschuldigung, die ich brauche, um in den Garten hinauszugehen«, sagte Luther fröhlich. Dann öffnete er eine große Schreibtischschublade und zeigte mir Hunderte von Reiseprospekten.

»Sehen Sie«, sagte er, »das ist meine Art zu reisen. Ich bin durch meine Pflanzen und die umfangreiche Korrespondenz derart gebunden, daß ich meine Sehnsucht nach fernen Ländern durch diese Bilder befriedige.«

Ich hatte meinen Wagen vor dem Tor stehen und fuhr mit Luther durch die Straßen der kleinen Stadt, deren Gärten im Schmuck seiner eigenen Santa Rosa-, Purpur- und Burbank-Rosen prangten.

Der große Wissenschaftler hatte während einer meiner früheren Besuche die *Kriya*-Einweihung erhalten. »Ich übe die Technik regelmäßig, Swamidschi«, sagte er. Nachdem er mehrere tiefgründige Fragen über die verschiedenen Yogawege gestellt hatte, sagte er nachdenklich:

»Der Orient besitzt einen ungeheuren Wissensschatz, den der Okzident erst jetzt zu erforschen beginnt.« *)

Burbanks inniges Verhältnis zur Natur, die ihm viele ihrer sorgsam gehüteten Geheimnisse offenbarte, war auch der Grund, daß er eine grenzenlose Ehrfurcht vor geistigen Dingen hatte.

»Manchmal fühle ich mich dem Unendlichen sehr nahe«, gestand er mir scheu, während ein versonnenes Lächeln über sein feingeschnittenes Antlitz huschte. »Dann ist es mir möglich gewesen, kranke Menschen, die sich in meiner Nähe befanden, und auch viele kranke Pflanzen zu heilen.«

Er erzählte mir von seiner Mutter, die eine aufrichtige Christin gewesen war. »Viele Male nach ihrem Tode«, sagte Luther, »habe ich sie in einer Vision erblickt und zu mir sprechen hören.«

Nur widerstrebend fuhren wir zu seinem Haus mit den tausend wartenden Briefen zurück.

»Luther«, sagte ich, „nächsten Monat will ich eine Zeitschrift herausgeben, in der die großen Wahrheiten des Morgen- und Abendlandes veröffentlicht werden sollen. Helfen Sie mir bitte, einen passenden Titel dafür zu finden.«

Wir besprachen mehrere in Frage kommende Titel und einigten uns schließlich auf *Ost-West* **). Als wir wieder in sein Arbeitszimmer traten, überreichte Burbank mir einen selbstgeschriebenen Artikel über das Thema »Wissenschaft und Zivilisation«.

»Dieser Aufsatz soll in der ersten Ausgabe von *Ost-West* erscheinen«, sagte ich dankbar.

Später, als unsere Freundschaft sich vertiefte, nannte ich Burbank meinen »amerikanischen Heiligen«. »Sehet, welch ein Mensch« pflegte

---

*) Dr. Julian Huxley, der bekannte englische Biologe und Generaldirektor der UNESCO, schlug den abendländischen Wissenschaftlern unlängst vor, die »orientalischen Techniken«, die zum Trancezustand und zur Beherrschung des Atems führen, zu erlernen. »*Was* geschieht dabei, und *wie* geschieht es?« lauteten seine Fragen. Ein Bericht der *Associated Press* aus London vom 21. August 1948 hat folgenden Wortlaut: »Dr. Huxley gab dem Neuen Weltbund für Geistige Gesundheit den Rat, sich mehr mit den mystischen Lehren des Orients zu befassen und diese wissenschaftlich zu erforschen. ›Dann‹, sagte er den Psychologen, ›werden Sie meiner Meinung nach wesentliche Fortschritte auf Ihrem Wissensgebiet machen.‹«

**) Englischer Originaltitel: *East-West*. Die Zeitschrift wurde im Jahre 1948 umbenannt und heißt jetzt: *Self-Realization Magazine*.

ich zu zitieren, »an ihm ist kein Fehl«.*) Er besaß ein tiefes Innenleben und hatte sich seit langem in echter Demut, Geduld und Opferbereitschaft geübt. Sein Haus inmitten von Rosen war von spartanischer Einfachheit. Er hatte die Wertlosigkeit luxuriöser Einrichtungen erkannt und war am glücklichsten, wenn er einfach leben konnte. In seiner tiefen Bescheidenheit, an der auch sein wissenschaftlicher Ruhm nichts änderte, erinnerte er mich oft an einen Baum, der seine mit reifen Früchten beladenen Zweige tief herabsenkt; es sind nur die kahlen Bäume, die ihre Zweige stolz in die Höhe recken.

Als mein lieber Freund im Jahre 1926 seine sterblichen Augen schloß, befand ich mich in New York. Tränen traten in meine Augen, als mich die Nachricht erreichte, und ich dachte: »Wie gern würde ich zu Fuß nach Santa Rosa wandern, wenn ich ihn nur noch einmal sehen könnte!« Dann zog ich mich für die nächsten 24 Stunden in mein Zimmer zurück und war weder für Sekretäre noch für Besucher zu sprechen.

Am darauffolgenden Tage hielt ich vor einem großen Bild Luthers eine vedische Gedenkfeier ab. Mehrere meiner amerikanischen Schüler hatten die zeremonielle Hindutracht angelegt und sangen alte Hymnen, während wir Opfergaben von Blumen, Wasser und Feuer darbrachten — Symbole der körperlichen Elemente, die zu ihrer Unendlichen Quelle zurückkehren.

Der Körper Burbanks liegt in Santa Rosa unter einer Libanon-Zeder, die er vor Jahren in seinem Garten angepflanzt hatte, begraben; doch seine Seele schaut mir aus jeder Blume am Wegrand entgegen. Er, der für einige Zeit in den allumfassenden Geist der Natur zurückgekehrt ist, flüstert nun leise in den Winden und breitet sich mit der Morgendämmerung über das Land aus.

Sein Name ist bereits in den allgemeinen Sprachgebrauch eingegangen. Das neue internationale Wörterbuch von Webster führt »burbank« als transitives Verb an und erläutert es folgendermaßen: »Kreuzen oder pfropfen (einer Pflanze). Daher im übertragenen Sinne: veredeln (einen Vorgang oder eine Einrichtung), indem man die guten Eigenschaften auswählt und die schlechten ausmerzt oder indem man gute Eigenschaften hinzufügt.«

»Geliebter Burbank«, rief ich aus, als ich diese Deutung las, »nun ist sogar dein Name ein Synonym für das Gute geworden.«

---

*) Joh. 1, 47

LUTHER BURBANK
Santa Rosa, Kalifornien
U. S. A.   22. Dezember 1924

    Das von Swami Yogananda eingeführte Yogoda-System, das ich an mir selbst ausprobiert habe, ist meines Erachtens eine ideale Methode, Körper, Geist und Seele miteinander in Harmonie zu bringen. Der Swami beabsichtigt, überall in der Welt Schulen für »richtige Lebensführung« zu gründen, in denen nicht nur der Intellekt, sondern auch Körper, Wille und Gefühl ausgebildet werden.

    Das Yogoda-System besteht aus einfachen, wissenschaftlichen Konzentrations- und Meditationsmethoden, die Körper, Geist und Seele zur vollen Entfaltung bringen; sie ermöglichen es den Menschen, auch mit den schwierigen Problemen des Lebens fertig zu werden und in Frieden und Eintracht miteinander zu leben. Die Erziehungsideale des Swami appellieren an den gesunden Menschenverstand; sie sind praktisch und frei von allem Mystizismus. Andernfalls hätten sie nicht meine Zustimmung.

    Ich freue mich, daß ich die Gelegenheit habe, mich von ganzem Herzen dem Aufruf des Swami zur Gründung internationaler Schulen, in denen wahre Lebenskunst gelehrt wird, anzuschließen. Schulen dieser Art werden mehr zum Weltfrieden und allgemeinen Wohlstand beitragen als irgendeine andere mir bekannte Einrichtung.

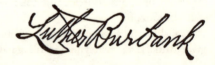

XXXIX. KAPITEL

THERESE NEUMANN – DIE STIGMATISIERTE

»Komm nach Indien zurück! 15 Jahre lang habe ich geduldig auf dich gewartet. Nun werde ich meinen Körper bald verlassen und in das Reich des Lichts eingehen. Komm, Yogananda!«

Diese Botschaft Sri Yukteswars, die in einem einzigen Augenblick zehntausend Meilen zurückgelegt hatte, durchfuhr mich eines Morgens während meiner Meditation wie ein Blitzstrahl.

15 Jahre! Ja, es stimmte, denn wir schrieben das Jahr 1935. 15 Jahre hatte ich in Amerika zugebracht, um die Lehren meines Guru zu verbreiten. Nun rief er mich zurück.

Kurze Zeit später erzählte ich mein Erlebnis einem lieben Freund, James Lynn, der durch tägliches Üben der *Kriya-Yoga*-Technik solch bemerkenswerte geistige Fortschritte gemacht hat, daß ich ihn oft den »heiligen Lynn« nenne. An ihm sowie einer Anzahl anderer Jünger hat sich die Prophezeiung Babadschis zu meiner großen Freude erfüllt: auch die westlichen Länder haben dank dem altbewährten Yogaweg wahre Heilige hervorgebracht.

Herr Lynn bestand in seiner Großzügigkeit darauf, den größten Teil der Reisekosten selbst zu tragen. So war die finanzielle Frage gelöst, und ich konnte die nötigen Vorbereitungen treffen, um auf dem Wege über Europa nach Indien zurückzukehren. Im März 1935 ließ ich die Gemeinschaft der Selbst-Verwirklichung *(Self-Realization Fellowship - SRF)* im Staate Kalifornien als gemeinnützige, überkonfessionelle und für alle Zukunft geplante Körperschaft des öffentlichen Rechts eintragen. Meinen ganzen Besitz in Amerika, einschließlich der Urheberrechte an allen von mir geschriebenen Büchern, überschrieb ich der SRF, die vom Ertrag meiner Bücher und — wie viele andere pädagogische und religiöse Organisationen — von den Spenden ihrer Freunde und Mitglieder unterhalten wird.

»Ich komme bestimmt wieder«, versprach ich meinen Schülern. »Nie werde ich Amerika vergessen!«

Während des Abschiedsbanketts, das mir von meinen lieben Freunden in Los Angeles bereitet wurde, schaute ich lange in die mir vertrauten Gesichter und dachte voller Dankbarkeit: »Herr, wer Dich als den Geber aller Gaben erkannt hat, wird nie das Glück menschlicher Freundschaft entbehren müssen.«

Am 9. Juni' 1935 verließ ich New York an Bord der *Europa*. Zwei Schüler, mein Sekretär Richard Wright und eine ältere Dame aus Cincinnati, Ettie Bletsch, begleiteten mich. Wir genossen die friedlichen Tage auf dem Atlantik, die eine willkommene Abwechslung nach den hinter uns liegenden, geschäftigen Wochen boten. Doch unsere Ruhepause war nur kurz: die Geschwindigkeit der modernen Überseedampfer hat in mancher Hinsicht auch ihre Nachteile!

Gleich allen anderen schaulustigen Touristen wanderten wir in der alten Weltstadt London umher. Am Tage nach meiner Ankunft wurde ich gebeten, vor einer großen Versammlung in der *Caxton Hall* zu sprechen, wo Sir Francis Younghusband mich dem Londoner Publikum vorstellte.

Dann verlebte unsere Gruppe einen herrlichen Tag auf einem Gut in Schottland, wo wir Gäste von Sir Harry Lauder waren. Einige Tage später überquerten wir den Ärmelkanal, der uns zum europäischen Kontinent führte, denn ich hatte vor, eine Pilgerfahrt nach Bayern zu machen. Ich wußte, daß dies die einzige Gelegenheit für mich sein würde, die große katholische Mystikerin Therese Neumann von Konnersreuth zu besuchen.

Vor Jahren hatte ich einen erstaunlichen Bericht über Therese gelesen, der folgende Informationen enthielt:

1) Therese, die 1898 geboren wurde, erlitt im Alter von 20 Jahren einen schweren Unfall; die Folge davon war, daß sie erblindete und gelähmt wurde.
2) Im Jahre 1923 gewann sie durch ihre Gebete zur Hl. Therese von Lisieux auf wunderbare Weise ihr Augenlicht wieder. Später wurde sie ebenso plötzlich von ihrer Lähmung geheilt.
3) Von 1923 an hatte sich Therese aller Nahrung und Getränke enthalten mit Ausnahme einer kleinen geweihten Hostie, die sie täglich zu sich nimmt.
4) 1926 erschienen zum ersten Male die Stigmata, die heiligen Wundmale Christi, an Thereses Kopf, Brust, Händen und Füßen. Jeden Freitag *) erlebt sie die Passion Christi an ihrem eigenen Körper.

---

*) Nach dem letzten Kriege erlebte Therese die Passion nicht mehr jeden Freitag, sondern nur an gewissen heiligen Tagen des Jahres. Mehrere

5) Sie spricht normalerweise nur ihren einheimischen Dialekt, äußert jedoch jeden Freitag während ihrer Trance Sätze in einer fremden Sprache, die die Gelehrten als altaramäisch identifiziert haben. Zu bestimmten Zeiten ihrer Vision spricht sie auch hebräisch oder griechisch.
6) Mit kirchlicher Erlaubnis hat sich Therese mehrmals eingehenden wissenschaftlichen Untersuchungen unterzogen. Dr. Fritz Gerlach, der Herausgeber einer deutschen evangelischen Zeitung, der nach Konnersreuth fuhr, »um den katholischen Schwindel zu entlarven«, schrieb später eine von großer Ehrfurcht zeugende Biographie über Therese.

Ich war jederzeit daran interessiert, Heiligen zu begegnen — mochten sie im Morgen- oder Abendland leben — und freute mich daher, als unsere kleine Gruppe am 16. Juli in das altertümliche Dorf Konnersreuth einfuhr. Die bayrischen Bauern zeigten lebhaftes Interesse für unseren Ford (den wir aus Amerika mitgebracht hatten) und seine gemischten Insassen: einen jungen Amerikaner, eine ältliche Dame und einen Orientalen mit brauner Hautfarbe, der seine langen Haare unter dem Mantelkragen versteckt hielt.

Thereses sauberes und schmuckes Häuschen neben einem altmodischen, von Geranien umwachsenen Brunnen lag jedoch stumm und verriegelt da. Die Nachbarn und selbst der Dorfbriefträger, der gerade vorbeikam, konnten uns keine Auskunft geben. Es begann zu regnen, und meine Begleiter schlugen vor, daß wir wieder abfahren.

»Nein«, sagte ich hartnäckig. »Ich bleibe hier, bis ich festgestellt habe, wo wir Therese finden können.«

Zwei Stunden später saßen wir noch immer in unserem Wagen, während der Regen unaufhörlich herniederprasselte. »Herr«, protestierte ich schweigend, »warum hast Du mich hierhergeführt, wenn sie spurlos verschwunden ist?«

In diesem Augenblick blieb ein Mann neben uns stehen, der englisch sprach und uns höflich seine Hilfe anbot.

»Ich kann nicht mit Bestimmtheit sagen, wo Therese sich aufhält«, meinte er. »Aber sie ist öfters bei Professor Franz Wutz in Eichstätt zu Besuch, der an der dortigen Universität Dozent für fremde Sprachen ist. Der Ort liegt etwa 100 km von hier entfernt.«

Am folgenden Morgen also machte sich unsere Gruppe auf den Weg

---

Bücher sind über ihr Leben geschrieben worden, unter anderem »Die Sühneseele von Konnersreuth« von Dr. Erwin Freiherr von Aretin. (Verlag Siegfried Hacker, Gröbenzell bei München)

nach dem friedlichen Eichstätt. Dr. Wutz begrüßte uns äußerst herzlich. »Ja, Therese ist hier«, sagte er und ließ sie sogleich von unserem Besuch unterrichten. Bald kam ein Bote mit ihrer Antwort zurück.

»Obgleich der Bischof mich gebeten hat, niemanden ohne seine Erlaubnis zu sprechen, will ich den Gottesmann aus Indien empfangen.«

Tief berührt von diesen Worten folgte ich Dr. Wutz zum Wohnzimmer im oberen Stockwerk. Gleich darauf trat Therese ein und strahlte Frieden und Freude aus. Sie trug ein schwarzes Gewand und ein blütenweißes Kopftuch. Obgleich sie damals 37 Jahre alt war, wirkte sie viel jünger und besaß eine bezaubernde kindliche Frische. Gesund, gut gewachsen, fröhlich und mit rosigen Wangen — so stand sie vor mir, die Heilige, die nichts ißt!

Therese begrüßte mich mit einem freundlichen Händedruck. Wir lächelten uns in stillem Einvernehmen an, und jeder wußte vom anderen, daß er Gott liebte.

Dr. Wutz bot sich freundlicherweise als Dolmetscher an. Als wir Platz genommen hatten, bemerkte ich, daß Therese mich mit naiver Neugier betrachtete; anscheinend waren Hindus eine Seltenheit in Bayern.

»Sie essen nie etwas?« Ich wollte die Antwort gern aus ihrem eigenen Munde hören.

»Nein, nur eine Hostie *), die ich jeden Morgen um 6 Uhr nehme.«

»Wie groß ist die Hostie?«

»Nicht größer als eine Münze und hauchdünn.« Und erklärend fügte sie hinzu: »Ich empfange sie als Sakrament; wenn sie nicht geweiht ist, kann ich sie nicht schlucken.«

»Sie können aber nicht zwölf Jahre lang nur davon gelebt haben?«

»Ich lebe von Gottes Licht.«

Wie einfach ihre Antwort war — wie »einsteinisch«!

»Ich verstehe! Sie wissen, daß Sie von der Kraft erhalten werden, die aus dem Äther, der Luft und den Sonnenstrahlen in Ihren Körper einströmt.«

Ein flüchtiges Lächeln huschte über ihre Züge. »Ich freue mich so, daß Sie verstehen, wie ich lebe.«

»Durch Ihr heiliges Leben beweisen Sie täglich die von Christus verkündete Wahrheit: ›Der Mensch lebt nicht vom Brot allein, sondern von einem jeglichen Wort, das durch den Mund Gottes geht.‹« **)

---

*) Eine eucharistische Oblate aus Mehl
**) *Matthäus* 4, 4. Die Körperbatterie des Menschen wird nicht nur von grobstofflicher Nahrung (Brot) erhalten, sondern auch von der vibrie-

Wiederum zeigte sie offensichtliche Freude über meine Erklärung.
»So ist es wahrhaftig. Einer der Gründe, um derentwillen ich heute auf Erden lebe, ist der, den Menschen zu beweisen, daß sie von Gottes unsichtbarem Licht und nicht nur von Nahrung leben können.«

»Können Sie andere lehren, wie man ohne Nahrung lebt?«

Diese Frage schien sie ein wenig zu erschrecken. »Das kann ich nicht — Gott will es nicht!«

Als mein Blick auf ihre kräftigen und schön geformten Hände fiel, zeigte mir Therese auf beiden Handrücken eine frisch verheilte, viereckige Wunde. Dann ließ sie mich ihre Handflächen sehen, in denen sich eine kleinere, halbmondförmige Wunde befand, die gerade verheilt war. Beide Wunden gingen durch die ganze Hand hindurch. Dieser Anblick rief mir deutlich die breiten, viereckigen Eisennägel mit halbmondförmiger Spitze in Erinnerung, die noch heute im Orient verwendet werden, die ich aber meines Wissens nirgendwo im Abendland gesehen habe.

Die Heilige erzählte mir daraufhin einiges über ihre wöchentlichen Trancen. »Ich erlebe als hilflose Zuschauerin die ganze Leidensgeschichte Christi mit.« Jede Woche von Donnerstag mitternacht bis Freitag mittag um 1 Uhr öffnen sich ihre Wunden und bluten. Dabei verliert sie zehn Pfund ihres gewöhnlichen Gewichts, das 121 Pfund beträgt. Obgleich Therese in ihrem tiefen Mitgefühl während dieser wöchentlichen Visionen unsagbar leidet, freut sie sich dennoch jedesmal darauf.

Ich erkannte sofort, daß Gott ihr diese ungewöhnliche Aufgabe übertragen hatte, um alle Christen von der geschichtlichen Tatsache der Kreuzigung Jesu, so wie sie im Neuen Testament beschrieben steht, zu überzeugen; denn ihre dramatischen Visionen offenbaren das zwischen dem galiläischen Meister und seinen Gläubigen bestehende ewige Band.

---

renden kosmischen Energie (dem Wort, *OM*), jener unsichtbaren Kraft, die durch das Tor des verlängerten Marks in den menschlichen Körper einströmt. Das verlängerte Mark ist das 6. Zentrum im Körper und liegt im Nacken oberhalb der fünf *Tschakras* (Sanskritwort für »Rad« oder Zentrum der ausstrahlenden Lebenskraft) in der Wirbelsäule.

Das verlängerte Mark — eines der wichtigsten Organe, weil es die kosmische Lebensenergie *(OM)* in den Körper einströmen läßt — steht in polarer Beziehung mit dem Zentrum des Christusbewußtseins *(Kutastha)*, das sich im »einfältigen« Auge zwischen den Augenbrauen, dem Sitz der menschlichen Willenskraft, befindet. Diese kosmische Energie wird im siebenten Zentrum, dem Gehirn, aufgespeichert, wo sie ein Reservoir unerschöpflicher Möglichkeiten bildet (in den Veden »tausendblättriger Lotos des Lichts« genannt). In der Bibel wird *OM* als Heiliger Geist bezeichnet; es ist die unsichtbare Lebenskraft, die die ganze göttliche Schöpfung aufrechterhält. »Oder wisset ihr nicht, daß euer Leib ein Tempel des heiligen Geistes ist, der in euch ist, welchen ihr habt von Gott, und seid nicht euer selbst?« *(1. Korinther 6, 19)*

Von Professor Wutz erfuhr ich nähere Einzelheiten über die Heilige. »Oft machen wir mit unserer Gruppe, zu der auch Therese gehört, einen mehrtägigen Ausflug in die Umgebung«, erzählte er mir. »Therese ißt während der ganzen Zeit überhaupt nichts, während wir anderen drei Mahlzeiten am Tag einnehmen — ein erstaunlicher Kontrast! Dabei bleibt sie frisch wie eine Rose und wird niemals müde. Wenn wir anderen hungrig werden und uns nach einem Gasthaus umsehen, lacht sie nur vergnügt.«

Der Professor teilte uns auch einige interessante physiologische Tatsachen mit. »Da Therese keine Nahrung zu sich nimmt, ist ihr Magen eingeschrumpft. Sie hat keine Ausscheidungen, doch ihre Schweißdrüsen funktionieren normal, und ihre Haut bleibt immer fest und geschmeidig.«

Zum Abschied bat ich Therese, bei ihrer nächsten Trance zugegen sein zu dürfen.

»Ja, gern. Kommen Sie nur nächsten Freitag nach Konnersreuth«, sagte sie liebenswürdig. »Der Bischof wird Ihnen die nötige Bescheinigung ausstellen. Ich freue mich sehr, daß Sie nach Eichstätt gekommen sind, um mich zu besuchen.«

Dann drückte mir Therese mehrmals herzlich die Hand und begleitete uns bis ans Tor. Herr Wright schaltete das Radio im Auto an, das die Heilige sogleich begeistert ausprobierte. Bald aber versammelte sich eine solch riesige Kinderschar um uns, daß Therese sich ins Haus zurückzog. Etwas später erschien sie oben am Fenster und winkte uns mit kindlichem Lächeln nach.

Am folgenden Tag erfuhren wir von zwei Brüdern Thereses, die beide sehr freundlich und zuvorkommend waren, daß die Heilige nachts nur ein oder zwei Stunden schläft. Trotz der vielen Wunden an ihrem Körper ist sie voller Energie und Tatkraft. Sie liebt Vögel, betreut Fische in einem Aquarium und arbeitet oft in ihrem Garten. Außerdem führt sie eine umfangreiche Korrespondenz, denn zahlreiche katholische Gläubige schreiben ihr und bitten sie um ihren Segen oder ihre Heilgebete; viele sind durch sie von schweren Krankheiten geheilt worden.

Ihr Bruder Ferdinand, der damals etwa 23 Jahre alt war, erklärte, daß Therese die Fähigkeit besitzt, die Krankheiten anderer an ihrem eigenen Körper abzutragen. Seit der Zeit, da sie darum betete, daß die Kehlkopfkrankheit eines jungen Mannes ihrer Gemeinde, der sich auf die Priesterweihe vorbereitete, auf ihren eigenen Kehlkopf übertragen werde, hat sie sich jeglicher Nahrung enthalten.

Am Donnerstag nachmittag fuhr unsere Gruppe zum Haus des Bischofs, der etwas erstaunt auf mein langes, wallendes Haar blickte. Bereitwillig schrieb er uns die nötige Bescheinigung aus. Wir brauchten keine Gebühr zu zahlen; die von der Kirche getroffene Regelung soll Therese nur vor dem Ansturm neugieriger Touristen schützen, die Konnersreuth in vergangenen Jahren jeden Freitag zu Tausenden überschwemmt hatten.

Wir trafen Freitag morgen gegen halb 10 Uhr im Dorf ein. Ich bemerkte, daß Thereses kleines Häuschen zum Teil mit Glasziegeln gedeckt war, um recht viel Licht einzulassen. Die Türen waren nicht mehr verschlossen, sondern standen gastfreundlich offen. Wir schlossen uns einer Reihe von etwa zwanzig Besuchern an, die alle eine Bescheinigung in der Hand hielten. Viele waren von weither gekommen, um die mystische Trance mit anzusehen.

Therese hatte meine erste Prüfung im Haus des Professors bestanden, denn sie hatte intuitiv erkannt, daß ich aus einem geistigen Grunde zu ihr gekommen war und nicht, um eine vorübergehende Neugier zu befriedigen.

Meine zweite Prüfung bestand darin, daß ich mich — kurz ehe ich in ihr Zimmer hinaufging — in einen Yoga-Trancezustand versetzte, um mich auf telepathischem und »fernsehendem« Wege mit ihr in Verbindung zu setzen. Dann betrat ich ihr Zimmer, in dem sich bereits viele Besucher befanden, und sah sie in einem weißen Gewand auf ihrem Bett liegen. Ich blieb an der Schwelle stehen, während Herr Wright sich dicht hinter mir hielt, und schaute ehrfurchtsvoll auf das seltsame und erschreckende Schauspiel, das sich uns bot.

Aus Thereses unteren Augenlidern floß ein unaufhörlicher, dünner Blutstrom von etwa 2 cm Breite. Ihr Blick war auf das geistige Auge in der Stirnmitte gerichtet. Das um ihren Kopf gewickelte Tuch, das die Wunden der Dornenkrone verdeckte, war von Blut durchtränkt, und das weiße Gewand von der Wunde über ihrem Herzen — jener Seitenwunde, die der Körper Christi einst als letzte Schmähung durch den Speer eines Kriegsknechtes erlitten hatte — rot gefärbt.

Thereses Hände waren in einer mütterlich-flehenden Geste ausgestreckt; ihr Antlitz hatte einen gequälten und zugleich göttlichen Ausdruck. Sie schien schmächtiger und sowohl innerlich als auch äußerlich auf geheimnisvolle Weise verwandelt. Ab und zu murmelte sie Worte in einer fremden Sprache und wandte sich mit bebenden Lippen an irgendwelche Personen, die ihrer überbewußten Schau sichtbar waren.

Da ich mich innerlich auf sie eingestellt hatte, begann nun auch ich die Szenen ihrer Vision zu erblicken. Sie beobachtete Jesus, wie er inmitten der höhnenden Menge die Balken seines Kreuzes trug [*]). Plötz-

---

[*]) Während der Stunden vor meiner Ankunft hatte Therese bereits viele Visionen von den letzten Erdentagen Christi gehabt. Ihre Trance beginnt

lich hob sie entsetzt den Kopf: der Herr war unter dem grausamen Gewicht des Kreuzes zu Boden gestürzt. Die Vision verschwand. Von brennendem Mitleid erfüllt, sank Therese erschöpft auf ihr Kissen zurück.

In diesem Augenblick hörte ich einen lauten Fall hinter mir. Ich wandte mich kurz um und sah, wie zwei Männer einen Ohnmächtigen hinaustrugen. Da ich aber noch nicht ganz von meinem überbewußten Zustand herabgestiegen war, erkannte ich den Umgefallenen nicht sofort. Wieder richtete ich meine Augen auf Thereses Antlitz, das unter den Blutrinnsalen totenbleich aussah, nun aber ruhiger schien und große Reinheit und Heiligkeit ausstrahlte. Als ich mich später umblickte, bemerkte ich Herrn Wright, der die Hand gegen seine blutende Wange hielt.

»Dick«, fragte ich besorgt, »warst du es, der eben umgefallen ist?«

»Ja, ich bin bei dem furchtbaren Anblick ohnmächtig geworden.«

»Nun«, sagte ich tröstend, »es ist recht tapfer von dir, wiederzukommen und dich erneut diesem Anblick auszusetzen.«

Mit Rücksicht auf die geduldig wartenden Pilger nahmen wir nun jedoch schweigend Abschied von Therese und verließen die heilige Stätte *).

Am folgenden Tag fuhr unsere kleine Gruppe nach Süden weiter. Wie dankbar waren wir, daß wir nicht von der Eisenbahn abhängig waren, sondern mit unserem Ford überall anhalten konnten, wo es uns gerade gefiel. Wir genossen jeden Augenblick unserer Reise durch Deutschland, Holland, Frankreich und die Schweizer Alpen. In Italien machten wir einen Abstecher nach Assisi, um den Apostel der Demut, den Hl. Franziskus, zu ehren. Die Europatour endete in Griechenland, wo wir die Tempel von Athen besichtigten und dann das Gefängnis aufsuchten, in dem der edle Sokrates **) den Giftbecher geleert hatte. Überall be-

---

gewöhnlich mit den Ereignissen nach dem Abendmahl und endet mit Jesu Kreuzestod oder auch mit seiner Grablegung.

*) Ein Bericht des Internationalen Nachrichtendienstes aus Deutschland (vom 26. März 1948) lautete wie folgt: »Am diesjährigen Karfreitag lag eine deutsche Bauersfrau auf ihrem Bett, deren Kopf, Hände und Schultern an denselben Stellen bluteten, an denen der Körper Christi einst die Wundmale von den Nägeln und der Dornenkrone empfangen hatte. Tausende von Deutschen und Amerikanern zogen in ehrfürchtigem Schweigen am Bett der Therese Neumann vorbei.«

**) Eusebius berichtet folgendes über eine interessante Begegnung zwischen Sokrates und einem Hindu-Weisen: »Aristoxenus, der Musiker, erzählt folgende Geschichte über die Inder. Einer dieser Männer begegnete Sokrates in Athen und fragte ihn, was das Ziel seiner Philosophie sei. ›Ein Eindringen in die menschlichen Phänomene‹, erwiderte Sokrates, woraufhin der Inder zu lachen begann und fragte: ›Wie kann ein Mensch die menschlichen Phänomene erforschen, wenn er nicht die göttlichen kennt?‹« Das die ganze abendländische Philosophie kennzeichnende Ideal der Griechen lautete: »Mensch, erkenne dich selbst!« Ein Hindu würde es anders

wunderten wir die Kunstfertigkeit, mit der die alten Griechen ihre Phantasiegebilde in Marmor verewigt hatten.

Dann fuhren wir mit dem Schiff über das sonnige Mittelmeer und gingen in Palästina an Land. Nachdem wir mehrere Tage im Heiligen Land zugebracht hatten, war ich mehr denn je vom Wert solcher Pilgerfahrten überzeugt. Wer ein empfängliches Herz hat, wird überall in Palästina den Geist Christi spüren. Ehrfurchtsvoll schritt ich an seiner Seite nach Bethlehem, Gethsemane, Golgatha, zum heiligen Ölberg, zum Jordan und zum See Genezareth.

Wir besuchten auch die Geburtsstätte Jesu, die Zimmermannswerkstatt des Joseph, das Grab des Lazarus, das Haus von Maria und Martha und den Saal des letzten Abendmahls. Das Altertum wurde wieder lebendig, und Szene um Szene des göttlichen Dramas, das Christus einst für zukünftige Generationen gespielt hatte, rollte vor meinem inneren Auge ab.

Weiter ging es nach Ägypten mit seinem modernen Kairo und den alten Pyramiden. Dann führte uns das Schiff durch das schmale Rote Meer und durch das weite Arabische Meer — nach Indien!

---

formulieren und sagen: »Mensch, erkenne dein Selbst!« Der Ausspruch von Descartes »Ich denke, darum bin ich«, hat vom philosophischen Standpunkt aus keine Gültigkeit, denn das wahre Wesen des Menschen kann nicht vom Verstand erfaßt werden. Der menschliche Geist, ebenso wie die von ihm wahrgenommene Welt der Erscheinungen, befindet sich in einem beständigen Wechsel und kann daher die letzte Wirklichkeit nicht erkennen. Das höchste Ziel besteht nicht darin, den Verstand zu befriedigen. Nur der Gottsucher liebt die unwandelbare Wahrheit, *Vidya*; alles andere ist *Avidya*, d. h. relatives Wissen.

XL. KAPITEL

MEINE RÜCKKEHR NACH INDIEN

Dankbar atmete ich die gesegnete Luft Indiens ein, als unser Schiff, die *Radschputana*, am 22. August 1935 in den riesigen Hafen von Bombay einlief. Schon der erste Tag nach unserer Landung gab mir einen Vorgeschmack von der pausenlosen Tätigkeit des vor uns liegenden Jahres. Viele Freunde hatten sich am Kai versammelt, um uns mit Blumengirlanden zu empfangen. Und gleich nach unserer Ankunft im Tadsch-Mahal-Hotel wurden wir von Reportern und Pressephotographen bestürmt.

Bombay war mir noch unbekannt und mutete mich mit seinen Bauten abendländischen Stils äußerst modern an. Palmen säumen die breiten Alleen, und prächtige Regierungsgebäude wetteifern mit alten Tempeln um die Aufmerksamkeit der Besucher. Wir nahmen uns jedoch nur wenig Zeit für Besichtigungen, denn ich konnte es kaum abwarten, meinen geliebten Guru und alle anderen Lieben wiederzusehen. Nachdem wir unseren Ford im Gepäckwagen verstaut hatten, führte uns der Zug ostwärts — nach Kalkutta. *)

Auf dem Howrah-Bahnhof hatte sich eine riesige Menschenmenge versammelt, um uns zu begrüßen, so daß wir zuerst gar nicht aus dem Zug steigen konnten. Der junge Maharadscha von Kasimbasar und mein Bruder Bischnu befanden sich an der Spitze des Begrüßungskomitees. Ich war völlig unvorbereitet auf diesen überwältigenden Empfang.

Unter dem fröhlichen Klang von Trommeln und Muschelhörnern wurden Fräulein Bletsch, Herr Wright und ich — alle von Kopf bis Fuß mit Blumengirlanden bedeckt — in einer Prozession von Wagen und Motorrädern langsam zu meinem Elternhaus gefahren.

---

*) Wir unterbrachen unsere Reise auf halbem Wege — in den Zentral-Provinzen des Kontinents — um Mahatma Gandhi in Wardha zu besuchen. Diese Tage werden in Kapitel 44 beschrieben.

Mein gealterter Vater umarmte mich, als sei ich von den Toten auferstanden. Lange blickten wir uns in stummer Freude an, ohne ein Wort hervorbringen zu können. Brüder und Schwestern, Onkel, Tanten und Vettern, Schüler und Freunde aus alter Zeit standen um mich herum, und kein Auge blieb trocken. Obgleich diese ergreifende Wiedersehensszene nun schon längst ins Reich der Erinnerungen gehört, wird sie in meinem Herzen immerdar fortleben. Mein Wiedersehen mit Sri Yukteswar zu beschreiben, fehlen mir die Worte. Deshalb soll hier die nachfolgende Schilderung meines Sekretärs genügen:

»Von großer Erwartung erfüllt, fuhr ich heute Yoganandadschi von Kalkutta nach Serampur«, hatte Herr Wright in sein Reisetagebuch eingetragen.

»Wir fuhren an altmodischen Kramläden vorbei — unter anderem auch an dem Gasthaus, wo Yoganandadschi während seiner Studienzeit oft gegessen hatte — und gelangten schließlich in eine enge, von Mauern gesäumte Gasse. Noch eine scharfe Biegung nach links, und wir befanden uns vor dem einstöckigen Ziegelsteinbau mit dem hervorspringenden, vergitterten Balkon im oberen Stockwerk — dem Aschram des Meisters. Eine Atmosphäre des Friedens und der Stille umfing uns.

In demutsvoller, feierlicher Stimmung folgte ich Yoganandadschi in den von Mauern umgebenen Hof der Einsiedelei. Dann stiegen wir klopfenden Herzens einige ausgetretene Zementstufen empor, über die zweifellos schon unzählige Wahrheitssucher geschritten sind; die innere Spannung wuchs mit jedem Augenblick. Und nun erschien am oberen Ende der Treppe der große Meister Swami Sri Yukteswar; in der edlen Haltung eines Weisen stand er ruhig da und blickte uns entgegen.

Jetzt, da ich ihn leibhaftig vor mir sah, wollte mir das Herz vor Seligkeit zerspringen. Gleich darauf jedoch wurde mein Blick von Tränen verdunkelt, denn Yoganandadschi war auf die Knie gesunken und brachte gesenkten Hauptes die ganze Dankbarkeit seiner Seele zum Ausdruck; er berührte mit der Hand die Füße seines Guru und dann, mit demütiger Geste, die eigene Stirn. Dann stand er auf, und Sri Yukteswardschi drückte ihn rechts und links an seine Brust.

Obgleich anfangs kein Wort gewechselt wurde, war die stumme Sprache der Seele um so beredter. Wer soll das Leuchten in ihren Augen beschreiben, als sie sich nach allen diesen Jahren wieder gegenüberstanden? Es schien, als ob selbst der stille Innenhof von einer zarten Schwingung erfüllt war; und plötzlich brach noch die Sonne durch die Wolken und vergoldete die Szene mit ihrem Glanz!

Nun war ich an der Reihe, den Meister zu begrüßen. Von unaussprechlicher Liebe und Dankbarkeit erfüllt, fiel ich auf die Knie und berührte seine Füße, die durch viele Jahre selbstlosen Dienens schwielig geworden waren. Nachdem ich seinen Segen empfangen hatte, stand ich auf und blickte in seine wunderschönen Augen, die tief nach innen schauten, aber große Freude ausstrahlten.

Wir betraten nun das Wohnzimmer, dessen breite Balkonseite ich schon von der Straße aus gesehen hatte. Der Meister setzte sich auf eine überdeckte Matratze, die auf dem Zementfußboden lag, und stützte sich mit dem Rücken gegen ein abgenutztes Sofa. Yoganandadschi und ich ließen uns zu Füßen des Guru auf Strohmatten nieder, hinter denen — als Rückenlehne — orangenfarbige Kissen aufgestapelt lagen.

Ich versuchte vergeblich, der bengalischen Unterhaltung der beiden Swamidschis zu folgen. (Sie unterhalten sich nicht gern auf englisch, wenn sie zusammen sind, obgleich Swamidschi Maharadsch, wie der große Guru genannt wird, diese Sprache beherrscht und auch oft anwendet.) Dennoch konnte ich die Heiligkeit des großen Meisters fühlen, wenn ich sein warmes Lächeln und das Leuchten in seinen Augen sah. Besonders bemerkenswert ist die Bestimmtheit, mit der er seine Aussagen macht, seien sie ernst oder scherzhaft; sie kennzeichnen den Weisen, der weiß, daß er weiß, weil er Gott kennt. Seine große Weisheit, Kraft und Zielstrebigkeit sind unverkennbar.

Er trug ein einfaches Hemd und *Dhoti*, die einst mit Ocker gefärbt worden waren, jetzt aber nur noch ein verwaschenes Orange aufwiesen. Von Zeit zu Zeit musterte ich ihn ehrfürchtig und bemerkte, daß sein Körper von kräftigem, athletischem Wuchs ist — gestählt durch ein hartes und aufopferungsvolles Leben der Entsagung. Er hat eine majestätische Haltung und einen aufrechten, würdevollen Gang. Sein Lachen kommt tief aus der Brust und ist so fröhlich und ausgelassen, daß es seinen ganzen Körper hin- und herschüttelt.

Sein Antlitz ist streng und von eindrucksvoller göttlicher Kraft. Das in der Mitte gescheitelte Haar ist um die Stirn herum weiß und fällt dann in silbergoldenen und silberschwarzen Locken auf seine Schultern herab. Sein dünn gewordener Bart und Schnurrbart scheinen seine kraftvollen Gesichtszüge noch zu unterstreichen. Die Stirn verläuft schräg nach oben, als wolle sie den Himmel stürmen; um seine dunklen Augen liegt ein ätherischer, blauer Ring, der wie ein Strahlenkranz wirkt. Seine Nase ist ziemlich groß und knollig, und in müßigen Augenblicken macht er sich ein Vergnügen daraus, sie mit den Fingern hin und her zu biegen, so wie es Kinder tun. Wenn er nicht spricht, wirkt sein Mund streng, drückt aber dennoch eine verhaltene Zärtlichkeit aus.

Als ich im Raum umherblickte, konnte ich an seinem leicht baufälligen Zustand erkennen, daß sein Besitzer nicht viel von materiellem Komfort hält. Die verwitterten weißen Wände des länglichen Zimmers weisen Streifen von ausgeblichenem blauen Verputz auf. An der Wand hängt ein Bild von Lahiri Mahasaya, das liebevoll mit einer einfachen Girlande geschmückt ist. Auch eine alte Photographie von Yoganandadschi hängt da, die ihn nach seiner Ankunft in Boston mit anderen Delegierten auf dem religiösen Kongreß zeigt.

Ich bemerkte ein seltsames Nebeneinander von altmodischen und modernen Gegenständen, so z. B. einen riesigen, gläsernen Armleuchter, der von Spinnweben bedeckt ist, weil er lange nicht mehr gebraucht wurde, und einen farbigen Wandkalender, der den richtigen Tag anzeigt. Das ganze Zimmer atmet Frieden und Freude.

Hinter dem Balkon breiten hohe Kokospalmen ihre Kronen wie schützend über die Einsiedelei aus.

Sobald der Meister in die Hände klatscht, erscheint sofort ein kleiner Jünger an seiner Seite. Einer dieser Knaben namens Prafulla*) hat langes, dunkles Haar, leuchtende schwarze Augen und ein buchstäblich himmlisches Lächeln. Sobald er die Mundwinkel anhebt, blitzen seine Augen auf, so daß man an eine Mondsichel und zwei Sterne erinnert wird, die plötzlich in der Abenddämmerung aufleuchten.

Swami Sri Yukteswars Freude über die Heimkehr seines ›Sprößlings‹ ist unverkennbar. (Und irgendwie ist er auch an mir, dem ›Sprößling des Sprößlings‹ interessiert.) Da die Natur dieses großen Meisters jedoch vorwiegend zur Weisheit neigt, hält er mit seinen Gefühlen zurück.

Yoganandadschi überreichte ihm einige Geschenke, wie es in Indien üblich ist, wenn ein Jünger zu seinem Guru zurückkehrt. Später nahmen wir gemeinsam ein einfaches, aber schmackhaftes Mahl aus Gemüse und Reis ein. Sri Yukteswardschi freute sich darüber, daß ich einige indische Bräuche befolgte, so z. B. das Essen mit den Fingern.

Mehrere Stunden saßen wir so zusammen, während die Unterhaltung in Bengali dahinfloß und manch herzliches Lächeln und fröhlicher Blick zwischen uns ausgetauscht wurde. Dann neigten wir uns ehrfürchtig zu Sri Yukteswars Füßen und boten ihm zum Abschied unser *Pronam* **).

---

*) Prafulla ist der Knabe, der dabei war, als sich dem Meister eine Kobra näherte (Siehe Seite 125)
**) Wörtlich: »Vollständiger Gruß«, aus der Sanskritwurzel *nam* = grüßen oder niederbeugen und der Vorsilbe *pro* = vollständig. Mit »Pronam« grüßt man vor allem Mönche und andere Respektspersonen.

Durch eine unvergeßliche Erinnerung bereichert, kehrten wir nach Kalkutta zurück. Wenn ich hier auch in erster Linie meine äußeren Eindrücke vom Meister niedergeschrieben habe, so war ich mir doch allezeit seiner geistigen Größe bewußt. Ich fühlte die ungeheure Kraft, die von ihm ausging, und werde den von ihm empfangenen göttlichen Segen stets in meinem Herzen bewahren.«

Ich hatte aus Amerika, Europa und Palästina viele Geschenke für Sri Yukteswar mitgebracht, die er lächelnd, aber wortlos entgegennahm. Für mich selbst hatte ich in Deutschland einen Stockschirm gekauft, entschloß mich aber nach meiner Ankunft in Indien, ihn dem Meister zu schenken.

»Über dieses Geschenk freue ich mich sehr«, sagte mein Guru ganz gegen seine Gewohnheit, während er mir einen verständnisinnigen Blick zuwarf. Von allen meinen Geschenken war es immer wieder der Stockschirm, den er zur Hand nahm, um ihn verschiedenen Besuchern vorzuführen.

»Meister, erlaubt mir bitte, einen neuen Teppich für Euer Wohnzimmer zu besorgen«, bat ich ihn eines Tages; denn ich hatte bemerkt, daß Sri Yukteswars Tigerfell über einem zerrissenen Läufer lag.

»Meinetwegen, wenn es dir Freude macht«, sagte mein Guru ohne die geringste Begeisterung. »Ist meine Tigerfellmatte aber nicht hübsch und sauber? Hier bin ich König in meinem eigenen kleinen Reich. Draußen liegt die weite Welt, die nur an äußeren Dingen interessiert ist.«

Bei diesen Worten fühlte ich mich um Jahre zurückversetzt. Wieder war ich sein demütiger Jünger, der täglich im Feuer seiner Zurechtweisungen geläutert wurde.

Sobald ich mich von Serampur und Kalkutta losreißen konnte, machte ich mich mit Herrn Wright auf den Weg nach Rantschi. Welch herzliches Willkommen — welch begeisterter und rührender Empfang mir dort bereitet wurde! Mit Tränen in den Augen umarmte ich die selbstlosen Lehrer, die das Banner der Schule während meiner 15jährigen Abwesenheit hochgehalten hatten. Die strahlenden Gesichter und das glückliche Lächeln der Internats- und Tagesschüler überzeugten mich davon, daß sie die richtige Erziehung und Yoga-Schulung erhielten.

Leider befand sich das Institut in Rantschi jedoch in großen finanziellen Schwierigkeiten. Sir Manindra Tschandra Nandy, der uns früher so großzügig unterstützt hatte und dessen Palast in Kasimbasar zum Hauptgebäude der Schule geworden war, lebte nicht mehr. Viele von der Schule unterhaltene Wohlfahrtseinrichtungen waren aus Mangel an öffentlichen Hilfsmitteln ernstlich gefährdet.

Ich hatte jedoch nicht viele Jahre in Amerika gelebt, ohne mir etwas von seiner praktischen Weisheit, von seiner Unerschrockenheit angesichts schwieriger Situationen angeeignet zu haben. Eine ganze Woche lang setzte ich mich mit den kritischen Problemen auseinander und begann dann zu handeln. Ich sprach mit mehreren bekannten Pädagogen in Kalkutta, hatte eine lange Unterredung mit dem jungen Maharadscha von Kasimbasar, bat meinen Vater um finanzielle Unterstützung, und siehe da! das wackelige Fundament der Rantschi-Schule begann sich wieder zu festigen. Auch erreichten uns gerade zur rechten Zeit viele Spenden von meinen Schülern in Amerika.

Einige Monate nach meiner Ankunft in Indien wurde die Schule in Rantschi zu meiner Freude staatlich anerkannt. Mein lebenslanger Traum, ein für alle Zukunft bestehendes Yoga-Erziehungsinstitut zu gründen, war in Erfüllung gegangen. Mit diesem Ziel vor Augen hatte ich im Jahre 1917 mit nicht mehr als sieben Knaben den bescheidenen Anfang gemacht.

Der Unterricht im *Yogoda Satsanga Vidyalaya* schließt alle Fächer der Grund- und Oberschule ein und wird vorwiegend im Freien abgehalten. Außerdem erhalten die Internats- und Tagesschüler auch eine gewisse Berufsschulung.

Die Jungen regeln viele ihrer Angelegenheiten selbst durch autonome Komitees. Schon früh in meiner pädagogischen Laufbahn stellte ich fest, daß dieselben Jungen, die mit diebischer Freude ihre Lehrer überlisten, ohne weiteres die von ihren Mitschülern aufgestellten disziplinarischen Regeln akzeptieren. Da ich selbst nie ein Musterschüler war, hatte ich volles Verständnis für alle jungenhaften Streiche und Probleme.

Auch Sport und Spiel gehören mit zum Tagesplan, und die Sportplätze hallen vom fröhlichen Lärm der Hockey- und Fußballspiele wider. Oft schon haben die Rantschi-Schüler bei Wettkämpfen den Ehrenpreis davongetragen. Alle Knaben erlernen die *Yogoda*-Methode, mit der sie ihre Muskeln durch Willenskraft aufladen und die Lebenskraft auf geistigem Wege in jeden Teil des Körpers lenken können. Außerdem werden sie in den *Asanas* (Körperstellungen) und dem Schwert- und-*Lathi*(Stock)-Spiel unterwiesen. Da sie alle in Erster Hilfe ausgebildet sind, haben sie ihrer Provinz in Zeiten der Überschwemmung und Hungersnot schon wertvolle Dienste leisten können. Die Jungen arbeiten auch im Garten und ziehen ihr eigenes Gemüse.

Für die Eingeborenenstämme der Provinz (die *Kols*, *Santals* und *Mundas*) wird Volksschulunterricht erteilt. Ein besonderer Unterricht für Mädchen wird in einigen Nachbardörfern gegeben.

Das Einmalige am Lehrplan der Rantschi-Schule ist die Einweihung in den *Kriya-Yoga*. Die Jungen machen täglich ihre geistigen Übungen, rezitieren die *Gita* und werden durch Unterricht und Beispiel in den Tugenden der Einfachheit, Opferbereitschaft und Wahrhaftigkeit unterwiesen. Sie lernen, daß das Böse letzten Endes immer Leid bringt, während gute Handlungen schließlich zu wahrem Glück führen. Dabei wird das Böse äußerst treffend mit vergiftetem Honig verglichen, der zwar süß schmeckt, aber den Tod in sich birgt.

Die Konzentrationstechniken, die geübt werden, um die körperliche und geistige Ruhelosigkeit zu überwinden, haben zu erstaunlichen Resultaten geführt; so ist es z. B. in Rantschi keine Seltenheit, eine eindrucksvolle kleine Gestalt im Alter von 9 bis 10 Jahren zu sehen, die eine Stunde oder länger in unbeweglicher Haltung dasitzt und den Blick unverwandt auf das geistige Auge gerichtet hält.

Im Obstgarten befindet sich ein Schiwa-Tempel mit einer Statue des gesegneten Meisters Lahiri Mahasaya; in den Mangohainen werden täglich gemeinsame Andachten und Unterricht in den Heiligen Schriften abgehalten.

Der *Yogoda Satsanga Sewaschram* (Haus der Hilfeleistung), der sich auf dem Grundstück von Rantschi befindet, gewährt Tausenden von Bedürftigen freie ärztliche und chirurgische Behandlung.

Rantschi liegt 610 m über dem Meeresspiegel und hat ein mildes und gemäßigtes Klima. Das 12 ha große Grundstück, das in der Nähe eines großen Badeteiches liegt, schließt einen der schönsten Obstgärten ganz Indiens ein, auf dem etwa 500 Obstbäume mit Mangos, Datteln, Guajaven, chinesischen Haselnüssen und Brotbaumfrüchten wachsen.

In der Bibliothek befinden sich zahlreiche Zeitschriften und mehrere tausend Bücher in englischer und bengalischer Sprache — alles Geschenke aus östlichen und westlichen Ländern —, unter anderem auch eine Sammlung sämtlicher Heiligen Schriften der Welt. In einem übersichtlich angelegten Museum sind kostbare Steine sowie archäologische, geologische und anthropologische Funde ausgestellt, darunter Trophäen von außerordentlicher Größe, die ich von meinen Reisen durch aller Herren Ländern mitgebracht habe. *)

Inzwischen sind auch blühende Zweigschulen des Rantschi-Institutes gegründet worden, ebenfalls mit Internat und Yoga-Unterricht, und zwar das *Yogoda Satsanga Vidyapith* (Schule) für Knaben in Lakschmanpur,

---

*) In Amerika befindet sich ein ähnliches Museum mit von Paramahansa Yogananda gesammelten Raritäten, und zwar im SRF-Schrein am See in Pacific Palisades, Kalifornien. (*Anmerkung des Herausgebers*)

Bengalen, und das YSS-Gymnasium mit Einsiedelei in Edschmalitschak bei Midnapur, Bengalen. *)

Ein stattlicher *Yogoda-Math* **) in Dakschineswar, der direkt am Ganges liegt, wurde im Jahre 1938 eröffnet. Die Einsiedelei liegt nur einige Kilometer nördlich von Kalkutta und bietet den Stadtbewohnern eine Oase des Friedens.

Der *Math* in Dakschineswar ist das Hauptzentrum der *Yogoda Satsanga Society* (YSS) in Indien sowie aller ihrer Schulen, Zentren und Einsiedeleien in den verschiedenen indischen Provinzen. Die YSS ist dem internationalen Mutterzentrum, der Gemeinschaft der Selbst-Verwirklichung (*Self-Realization Fellowhip* — SRF) in Los Angeles, Kalifornien, USA, rechtlich angegliedert. Aufgabe der YSS ist es auch, eine vierteljährlich erscheinende *Yogoda*-Zeitschrift herauszugeben und zweimal im Monat die YSS-SRF-Lektionen an die in Indien lebenden Schüler zu verschicken. Diese Lehrbriefe geben ausführliche Anweisungen in den SRF-Übungen zur Energieversorgung und den Konzentrations- und Meditationstechniken. Regelmäßiges Üben dieser grundlegenden Techniken ist die Voraussetzung für den Empfang der höheren Kriya-Yoga-Technik, die in späteren Lehrbriefen gegeben wird.

Die vielseitige Tätigkeit der YSS auf pädagogischem, religiösem und humanitärem Gebiet wäre nicht ohne die unermüdliche Einsatzbereit-

---

*) Später entstanden noch viele andere YSS-Erziehungsinstitute für Jungen und Mädchen in verschiedenen Teilen Indiens, die ständig anwachsen. Ihr Lehrplan umfaßt alle Stufen, vom Volksschulunterricht bis zum Universitätsstudium.

**) *Yogoda* besteht aus den Worten *Yoga* = Vereinigung, Harmonie, Gleichgewicht und *da* = das, was es vermittelt. *Satsanga* setzt sich aus *Sat* = Wahrheit und *Sanga* = Gemeinschaft zusammen.
Das Wort *Yogoda* wurde 1916 von Paramahansa Yogananda geprägt, als er die Methoden entdeckte, durch welche der menschliche Körper mit kosmischer Energie aufgeladen werden kann. (Siehe Seite 263-264)
Sri Yukteswar nannte seine religiöse Organisation *Satsanga* (Gemeinschaft mit der Wahrheit); es ist daher verständlich, daß sein Jünger Paramahansadschi diesen Namen beibehielt.
Die *Yogoda Satanga Society* ist eine für alle Zukunft geplante, gemeinnützige, erzieherischen Zwecken dienende Organisation. Unter diesem Namen ließ Yoganandadschi sein Werk und alle seine Gründungen in Indien, die jetzt von einem Vorstand verwaltet werden, als Körperschaft des öffentlichen Rechts eintragen.
Um den Gebrauch von Sanskritworten in den westlichen Ländern zu vermeiden, nannte Paramahansa Yogananda seine gemeinnützige Organisation *Self-Realization Fellowship* (Gemeinschaft der Selbst-Verwirklichung). Sri Daya Mata ist seit 1955 Präsidentin der YSS und SRF. (*Anmerkung des Herausgebers*)

schaft vieler Lehrer und Hilfskräfte denkbar. Ich kann ihre Namen hier nicht einzeln anführen, weil sie zu zahlreich sind; doch jeder von ihnen hat einen besonderen Platz in meinem Herzen.

Herr Wright schloß mit vielen der Jungen in Rantschi Freundschaft; er nahm eine Zeitlang an ihrem Gemeinschaftsleben teil und kleidete sich, genau wie sie, nur in ein einfaches *Dhoti*. In Bombay, Rantschi, Kalkutta, Serampur und überall, wo mein Sekretär hinkam, trug er seine Erlebnisse mit der ihm eigenen schriftstellerischen Begabung in sein Reisetagebuch ein. Eines Abends fragte ich ihn:

»Dick, was ist dein Eindruck von Indien?«

»Frieden«, sagte er nachdenklich. »Die Atmosphäre dieses Landes ist Frieden.«

XLI. KAPITEL

IM IDYLLISCHEN SÜDINDIEN

»Du bist der erste Abendländer, Dick, der dieses Heiligtum betreten durfte. Viele andere haben es umsonst versucht.«
Herr Wright schien zuerst etwas verblüfft, dann aber erfreut über meine Worte. Wir hatten soeben den wunderschönen Tschamundi-Tempel, der in den südindischen Bergen oberhalb der Stadt Maisur liegt, besichtigt und uns vor dem goldenen und silbernen Altar der Göttin Tschamundi, der Schutzgottheit des Herrscherhauses von Maisur, verneigt.
»Als Erinnerung an diese einzigartige Ehre«, sagte Herr Wright, indem er sorgfältig ein paar Rosenblätter einwickelte, »werde ich mir diese Blütenblätter, die der Priester mit Rosenwasser geweiht hat, für immer aufbewahren.«
Im November 1935 waren mein Begleiter und ich*) Gäste des Staates Maisur. Der Erbe des Maharadscha, Seine Hoheit Sir Sri Krischna Narasingharadsch Wadijar, hatte meinen Sekretär und mich eingeladen, sein aufgeklärtes und fortschrittliches Land zu besuchen.
Während der letzten beiden Wochen hatte ich in der Universität des Maharadscha, im Hörsaal der medizinischen Fakultät und in der Stadthalle von Maisur vor Tausenden von Studenten und Einwohnern gesprochen und außerdem noch drei Massenversammlungen in Bangalur abgehalten — im Nationalen Gymnasium, in der Hochschule und in der Stadthalle von Tschetty, in der sich dreitausend Menschen versammelten.
Ob die eifrigen Zuhörer meinen begeisterten Schilderungen von Amerika Glauben schenkten, kann ich nicht beurteilen; ich weiß nur, daß der Beifall immer dann am stärksten war, wenn ich von einem Gedankenaustausch zwischen Morgen- und Abendland sprach und hervorhob,

---

*) Fräulein Bletsch, die das Tempo, das Herr Wright und ich eingeschlagen hatten, nicht mitmachen konnte, blieb derweil zufrieden bei meinen Verwandten in Kalkutta.

daß beide Teile gewinnen können, wenn jeder sich die besten Eigenschaften des anderen zu eigen macht.

Nach diesen Tagen konnte ich mir endlich etwas Ruhe gönnen und gemeinsam mit Herrn Wright den Frieden der Tropen genießen. Nachstehend ein Auszug aus dem Reisetagebuch meines Sekretärs, in dem er seine Eindrücke von Maisur wiedergegeben hat:

»Unvergeßlich die Augenblicke, in denen wir, wie geistesabwesend, die ewig wechselnde Leinwand Gottes am Firmament beobachteten! Nur Seine Hand kann solch frische und lebendige Farben hervorzaubern. Diese Frische geht verloren, wenn man sie durch künstliche Farbstoffe nachzuahmen versucht, denn der Herr bedient sich keiner Öl- oder Wasserfarben, sondern eines einfacheren und wirksameren Mittels: der Lichtstrahlen. Er kleckst irgendwo einen Lichtspritzer hin, der rot aufleuchtet; dann streicht er mit Seinem Pinsel darüber, und die Farbe geht langsam in ein Orange oder Gold über. Dann durchsticht Er die Wolken mit einem purpurroten Streifen, bis ein kleiner, roter Faden aus der Wunde heraussickert. Und so setzt Er jeden Abend und jeden Morgen Sein Spiel fort, und immer ist es anders — immer neu und immer abwechslungsreich. Nichts wiederholt sich, kein Muster und keine Farbe gleicht genau der anderen. Der Zauber der indischen Abend- und Morgendämmerung, wenn der Tag in die Nacht, und die Nacht in den Tag übergeht, findet nirgendwo seinesgleichen; manchmal sieht der Himmel so aus, als ob Gott alle Farben seines Malkastens genommen und sie mit einem mächtigen Wurf an den Himmel geschleudert hätte, um uns durch Sein Kaleidoskop zu erfreuen.

Ich will auch von unserer herrlichen Fahrt durch die Dämmerung berichten, als wir den gewaltigen Krischnaradscha-Sagar-Damm*) aufsuchten, der etwa 20 km vor der Stadt Maisur liegt. Yoganandadschi und ich bestiegen einen kleinen Omnibus, dessen Motor von einem Jungen mit der Hand angekurbelt werden mußte, und fuhren eine glatte, sandige Straße entlang. Die Sonne ging gerade unter und lief wie eine überreife Tomate am Horizont aus.

Der Weg führte uns an den üblichen viereckigen Reisfeldern, an hochgewachsenen Kokospalmen und schattigen Banyanhainen vorbei. Fast überall war die Vegetation so dicht wie im Urwald. Als wir die Kuppe des Hügels erreicht hatten, erblickten wir unter uns einen ungeheuren, künstlichen See, in dem sich die Sterne und die Kronen der Palmen und

---

*) Mit dem Stauwasser wird ein gewaltiges Kraftwerk gespeist, das die Stadt Maisur mit Lichtstrom und die Seiden-, Seifen- und Sandelholzölfabriken mit Kraftstrom versorgt.

anderen Bäume widerspiegelten. Rings umher lagen, von einer Kette elektrischer Lichter eingerahmt, malerische, terrassenförmige Gärten.

Am Fuß der Steilküste bot sich uns ein farbenfreudiges Bild: geiserähnliche Quellen sprangen dort empor, auf denen farbige Lichtstrahlen spielten — tiefblaue, rote, grüne und gelbe Wasserfälle, die wie schillernde Tinte wirkten und sich, zwischen wasserspeienden steinernen Elefanten, in den See ergossen. Der Damm (dessen leuchtende Fontänen mich an diejenigen erinnerten, die ich 1933 auf der Weltausstellung in Chicago gesehen hatte) ist in diesem alten Land der Reisfelder und einfachen Menschen ein modernes Meisterwerk. Die Inder haben uns hier überall so liebevoll aufgenommen, daß ich fürchte, es wird einer größeren Kraft als der meinen bedürfen, um Yoganandadschi wieder nach Amerika zurückzubringen.

Ein anderes großes Erlebnis war mein erster Ritt auf einem Elefanten. Gestern lud uns der Yuvaradscha in seinen Sommerpalast und bot uns einen Ritt auf einem seiner riesigen Elefanten an. Eine Leiter wurde angelegt, und ich stieg auf den mit seidenen Kissen ausgelegten schachtelähnlichen Sitz empor. Und dann ging es los — ein Hin- und Herschaukeln, ein Vor- und Zurückrutschen, ein Hochfliegen und Niedersausen — aber ich war viel zu begeistert, um mich zu ängstigen oder zu schreien, und dennoch klammerte ich mich fest an, wie jemand, der um sein Leben bangt.«

Südindien, das reich an historischen und archäologischen Stätten ist, hat einen ganz bestimmten und doch unbestimmbaren Reiz. Im Norden Maisurs liegt die von dem mächtigen Godavari-Fluß durchschnittene malerische Hochebene von Haiderabad: weite, fruchtbare Ebenen, die herrlichen *Nilgiris* (blauen Berge) und kahle Hügellandschaften aus Kalkstein und Granit. Haiderabad hat eine alte und hochinteressante Geschichte, die vor 3000 Jahren zur Zeit der Andhra-Könige begann. Bis zum Jahre 1294 blieb das Land unter der Hindu-Dynastie und geriet dann vorübergehend unter die Herrschaft der Mohammedaner.

Die erstaunlichsten Werke der Architektur, Bildhauerkunst und Malerei von ganz Indien befinden sich in den uralten Felsenhöhlen von Ellora und Adschanta in Haiderabad. Der Kailasa-Tempel in Ellora, ein riesiger Monolith, weist gemeißelte Figuren von Göttern, Menschen und Tieren auf, die in ihren gewaltigen Ausmaßen an die Werke Michelangelos erinnern. Adschanta ist die berühmte Stätte, wo 25 Klöster und fünf Kathedralen in den Fels gehauen wurden. Auf den gewaltigen, mit Fresken verzierten Säulen, von denen diese Bauten gestützt werden, haben viele Maler und Bildhauer ihr Genie verewigt.

In der Stadt Haiderabad befindet sich die schöne Osmania-Universität und die imposante Mekka-Masdschid-Moschee, in der sich etwa zehntausend Mohammedaner zum Gebet versammeln.

Der Staat Maisur, der 900 m über dem Meeresspiegel liegt, hat eine Fülle dichter, tropischer Urwälder, in denen wilde Elefanten, Büffel, Bären, Panther und Tiger hausen. Die beiden Hauptstädte, Bangalur und Maisur, machen einen gepflegten Eindruck und haben viele schöne Parks und öffentliche Anlagen.

Unter der Schutzherrschaft der Hindukönige, die vom 11. bis 15. Jahrhundert regierten, erreichte die Hindu-Architektur in Maisur ihren Höhepunkt. Der Tempel in Belur, ein Meisterwerk aus dem 11. Jahrhundert, wurde während der Regierungszeit König Vischnuvardhanas fertiggestellt und übertrifft in seiner Feinarbeit und seiner Fülle von Bildwerken alles bisher Dagewesene.

Die Felsenedikte im nördlichen Maisur stammen aus dem 3. Jahrhundert v. Chr. und bewahren König Aschoka,*) dessen riesiges Reich Indien, Afghanistan und Belutschistan umfaßte, ein ehrenvolles Andenken. Aschokas »Predigten in Stein«, die in mehreren Sprachen eingemeißelt wurden, zeugen von der Höhe der allgemeinen geistigen Bildung in jener Zeit. Felsenedikt XIII ist eine Anklage gegen den Krieg: »Betrachtet keinen anderen Sieg als echt als den Sieg der Religion.« Felsenedikt X erklärt, daß die wahre Größe eines Königs nur am sittlichen Wachstum seines Volkes gemessen werden kann. Felsenedikt XI besagt, daß »die höchste Gabe« nicht in Gütern, sondern im Guten — in der Verbreitung der Wahrheit — besteht. Im Felsenedikt VI fordert der geliebte Kaiser seine Untertanen auf, sich in allen öffentlichen Angelegenheiten »zu jeder Tages- oder Nachtzeit« an ihn zu wenden und fügt hinzu, daß er durch getreue Erfüllung seiner königlichen Pflichten »die Schuld, in der er bei seinen Mitbürgern steht, abzutragen hofft.«

Aschoka war der Enkel des mächtigen Tschandragupta Maurya, der die von Alexander dem Großen in Indien zurückgelassenen Garnisonen vernichtete und im Jahre 305 v. Chr. die einbrechende mazedonische Armee

---

*) Kaiser Aschoka errichtete 84 000 religiöse *Stupas* (Schreine) in verschiedenen Gegenden Indiens, von denen heute noch 14 Felsenedikte und 10 Steinsäulen erhalten sind. Jede Säule ist ein Meisterwerk der Technik, Architektur und Bildhauerkunst. Er sorgte auch für den Bau vieler Wasserspeicher, Dämme und Bewässerungsanlagen, für breite Landstraßen und schattige Alleen, an denen sich Gasthäuser für die Durchreisenden befanden, für botanische Gärten, die er zu medizinischen Zwecken anlegen ließ, und für Krankenanstalten, in denen nicht nur Menschen, sondern auch Tiere behandelt wurden. (Siehe Seite 11)

des Seleukos schlug. Danach empfing Tschandragupta den griechischen Botschafter Megasthenes an seinem Hof in Pataliputra,*) der uns viele Beschreibungen über das glückliche und lebensfrohe Indien jener Tage hinterlassen hat.

Im Jahre 298 v. Chr. übertrug der siegreiche Tschandragupta seinem Sohn die Regierung und ging selbst nach Südindien, um dort die letzten zwölf Jahre seines Lebens als armer Asket in einer Felsenhöhle zu verbringen. Diese Höhle in Sravanabelagola, in der Tschandragupta sich um seine Selbstverwirklichung bemühte, wird heute in Maisur als Heiligtum verehrt. In derselben Gegend befindet sich auch das größte Standbild der Welt, das von den Dschainas im Jahre 983 aus einem riesigen Felsblock gehauen wurde und dem Weisen Gomateswara geweiht ist.

Die griechischen Geschichtsschreiber, die Alexander auf seiner Expedition nach Indien begleiteten oder ihm später nachfolgten, haben interessante und bis ins einzelne gehende Berichte darüber verfaßt. Die Schilderungen von Arrian, Diodor, Plutarch und dem Geographen Strabo sind von Dr. McCrindle übersetzt worden und geben uns eine Vorstellung von dem Leben im alten Indien. Das Bewundernswerte an Alexanders erfolgloser Invasion war sein tiefes Interesse an der Hinduphilosophie, den Yogis und heiligen Männern, denen er von Zeit zu Zeit begegnete und deren Gesellschaft er eifrig suchte. Kurz nachdem der westliche Kriegsherr in das nordindische Taxila eingedrungen war, sandte er Onesikritos, einen Jünger der hellenischen Schule des Diogenes, aus, um den großen Sannyasi von Taxila, Dandamis, zu sich zu rufen.

»Heil dir, o Lehrer der Brahmanen«, sprach Onesikritos, nachdem er Dandamis' Waldhütte betreten hatte. »Der Sohn des mächtigen Gottes Zeus, welcher ist Alexander, der oberste Gebieter aller Menschen, fordert dich auf, zu ihm zu kommen. Wenn du seinem Rufe willfährst, wird er dich mit reichen Gaben belohnen; weigerst du dich, wird er dir den Kopf abschlagen.«

Der Yogi hörte sich diese drastische Einladung ruhig an und »erhob noch nicht einmal das Haupt von seinem Blätterlager«.

---

*) Die Stadt Pataliputra (das heutige Patna) hat eine interessante Geschichte. Buddha besuchte den Ort im 6. Jahrhundert v. Chr., als dieser noch eine unbedeutende Festung war, und machte folgende Prophezeiung: »Soweit die Arier sich ansiedeln und soweit die Kaufleute reisen, wird man von Pataliputra als der Hauptstadt und dem Zentrum allen Warenaustausches sprechen.« *(Mahaparinirbana Sutra)* Zwei Jahrhunderte später wurde Pataliputra zur Hauptstadt des von Tschandragupta Maurya regierten mächtigen Kaiserreiches. Sein Enkel Aschoka brachte die Metropole zu noch größerem Glanz und Wohlstand.

»Auch ich bin ein Sohn des Zeus, wenn Alexander einer ist«, bemerkte er. »Ich begehre nichts von dem, was Alexander gehört, denn ich bin zufrieden mit dem, was ich habe. Er dagegen zieht mit seinen Mannen über Länder und Meere, ohne etwas dabei zu gewinnen und ohne das Ziel seiner Wanderschaft zu erreichen.

Geh und sage Alexander, daß Gott, der Oberste König, niemals der Urheber von Unrecht sein kann, sondern der Schöpfer von Licht, Frieden, Leben und Wasser — der Schöpfer aller menschlichen Körper und Seelen ist. Zu Ihm kehren alle Menschen zurück, wenn der Tod sie von ihren Krankheiten befreit. Er allein ist der Gott, dem ich huldige, denn Er verabscheut das Morden und stiftet keine Kriege.«

Dann fuhr der Weise mit ruhigem Spott fort: »Alexander ist kein Gott, da auch er den Tod erleiden muß. Wie kann er der Herr der Welt sein, wenn er noch nicht einmal Herr seiner selbst ist? Er hat weder lebendig den Hades betreten, noch kennt er den Lauf der Sonne über die unermeßlichen Gebiete dieser Erde, wo die meisten Völker noch nie seinen Namen gehört haben.«

Nach dieser zweifellos schärfsten Zurechtweisung, die dem »Herrn der Welt« jemals zu Ohren gekommen war, fügte der Weise ironisch hinzu: »Wenn Alexanders gegenwärtiges Reich noch nicht groß genug ist, um seine Habgier zu stillen, so soll er den Ganges überqueren; dort wird er ein Land finden, das alle seine Menschen ernähren kann.*)

Mit den Gaben, die Alexander mir verspricht, kann ich nichts anfangen«, fuhr Dandamis fort. »Die einzigen Dinge, die ich schätze, sind die Bäume, die mir als Obdach dienen, die frischen Pflanzen, die mir Nahrung geben, und das Wasser, das meinen Durst löscht. Alle gierig angesammelten Schätze hingegen bringen ihrem Besitzer nur Verderben und sind die Ursache allen Kummers und Verdrusses, unter denen die unerleuchteten Menschen leiden.

Ich dagegen habe mir mein Lager aus den Blättern des Waldes gebaut, und da ich nichts zu bewachen habe, kann ich meine Augen ruhig schließen. Weltliche Schätze wären mir eine Last und würden mir den Schlaf rauben. Die Erde versorgt mich mit allem, was ich brauche, so wie eine Mutter ihr Kind mit Milch versorgt. Ich wandere überall hin, wo es mir gefällt und sorge mich nicht um mein Leben.

Selbst wenn Alexander mir den Kopf abschlüge, könnte er dadurch

---

*) Weder Alexander noch irgendeiner seiner Heerführer überquerte jemals den Ganges. Als die mazedonische Armee im Nordwesten hartnäckigen Widerstand fand, meuterte sie und weigerte sich, weiter vorzudringen. So blieb Alexander nichts anderes übrig, als Indien zu verlassen und weitere Eroberungen in Persien zu versuchen.

meine Seele nicht zerstören. Mein Mund wird zwar verstummen und mein Körper gleich einem zerrissenen Gewand der Erde einverleibt werden. Ich aber werde mich in GEIST verwandeln und zu Gott aufsteigen. Er ist es, der uns alle in stoffliche Körper kleidete und uns auf die Erde sandte; Er ist es, der uns prüft und beobachtet, ob wir Seine Gesetze befolgen. Und wenn wir dereinst von hier scheiden, müssen wir Ihm Rechenschaft über unser Leben geben. Er ist der alleinige Richter, der alle Übeltaten vergilt; denn das Stöhnen der Unterdrückten fordert die Bestrafung des Unterdrückers.

Mag Alexander alle jene mit seinen Drohungen schrecken, die nach Reichtum trachten und den Tod fürchten. Gegen die Brahmanen jedoch sind seine Waffen wirkungslos. Wir lieben weder das Gold, noch fürchten wir den Tod. Geh also und sage Alexander folgendes: Dandamis braucht nichts von dem, was dein ist und wird daher nicht zu dir kommen. Wenn du aber etwas von Dandamis willst, so komme du zu ihm.«

Onesikritos übermittelte pflichtgetreu diese Botschaft, und Alexander hörte aufmerksam zu und »war begieriger denn je, Dandamis zu begegnen, der, obgleich alt und nackt, der einzige Widersacher war, in dem er — der Sieger über viele Völker — jemanden gefunden hatte, der ihm überlegen war.«

Einst lud Alexander eine Anzahl brahmanischer Asketen nach Taxila ein, die durch ihre tiefgründigen, weisen Reden und ihre Schlagfertigkeit, mit der sie philosophische Fragen beantworteten, bekannt geworden waren. Alexander selbst hatte alle Fragen formuliert.

»Wovon gibt es mehr — von den Lebenden oder den Toten?«

»Von den Lebenden, denn Tote gibt es nicht.«

»Was bringt größere Tiere hervor, das Meer oder das Land?«

»Das Land, denn das Meer ist nur ein Teil des Landes.«

»Welches Tier ist das klügste?«

»Das Tier, das der Mensch noch nicht kennt.« (Der Mensch fürchtet das Unbekannte.)

»Was war zuerst da, der Tag oder die Nacht?«

»Der Tag kam um einen Tag früher.« Diese Antwort schien Alexander zu verblüffen, worauf der Brahmane hinzufügte: »Unmögliche Fragen verlangen eine unmögliche Antwort.«

»Wie kann sich der Mensch am ehesten beliebt machen?«

»Der Mensch wird dann geliebt, wenn er anderen trotz seiner großen Macht keine Furcht einflößt.«

»Wie kann der Mensch zu einem Gott werden?«*)

---

*) Aus dieser Frage können wir schließen, daß der »Sohn des Zeus« gelegentlich selbst an seiner Vollkommenheit zweifelte.

»Indem er das tut, was einem Menschen nicht möglich ist.«
»Was ist stärker, das Leben oder der Tod?«
»Das Leben, weil es so viel Böses erträgt.«
Es gelang Alexander, einen echten Yogalehrer in Indien zu finden und mit sich zu nehmen, und zwar Kalyana (Swami Sphines), von den Griechen »Kalanos« genannt. Der Weise begleitete Alexander bis nach Persien. An dem von ihm vorausgesagten Tage gab Kalanos in der persischen Stadt Susa seinen gealterten Körper auf und bestieg vor den Augen der ganzen mazedonischen Armee einen Scheiterhaufen. Die Geschichtsschreiber berichten von dem Erstaunen der Soldaten, die mit eigenen Augen sahen, daß der Yogi weder den Schmerz noch den Tod fürchtete. Während er von den Flammen verzehrt wurde, blieb er unbeweglich sitzen, ohne sich ein einziges Mal zu rühren. Kurz bevor Kalanos zu seiner Verbrennung schritt, hatte er viele seiner Vertrauten umarmt; von Alexander jedoch hatte er keinen Abschied genommen, sondern ihm nur gesagt:
»Wir werden uns in Babylon wiedersehen.«
Alexander verließ Persien bald darauf und starb ein Jahr später in Babylon. Der indische Guru hatte ihm durch seine prophetischen Worte zu verstehen geben wollen, daß er sowohl im Leben als auch im Tod bei ihm sein werde.
Die griechischen Historiker haben uns auch lebhafte und eindrucksvolle Schilderungen über die indische Gesellschaft hinterlassen. Die Gesetze der Hindus, berichtet Arrian, gewähren der Bevölkerung Schutz und »verordnen, daß es unter keinen Umständen Sklaven geben dürfe, sondern daß jeder, der sich selbst der Freiheit erfreut, allen anderen Menschen dasselbe Recht zugestehen müsse.«*)
»Die Inder«, heißt es in einem anderen Text, »treiben weder Wucher mit ihrem Geld noch kennen sie das Borgen. Es widerspricht dem allgemeinen Brauch der Inder, Unrecht zu tun oder Unrecht zu erleiden. Darum schließen sie auch keine Verträge ab und verlangen keine Bürgschaften.« Die Heilung von Krankheiten erfolgt, wie berichtet wird, durch einfache und natürliche Mittel. »Heilungen werden vor allem durch richtige Diät und weniger durch Medikamente erzielt. Die am meisten geschätzten Heilmittel sind Salben und Pflaster. Alle anderen

---

*) Alle griechischen Beobachter berichteten, daß es keine Sklaven in Indien gab — ein völliger Gegensatz zur Struktur der hellenischen Gesellschaft. In seinem Buch *Creative India* (Schöpferisches Indien) gibt Prof. Binoy Kumar Sarkar dem Leser ein anschauliches Bild von den Errungenschaften des alten und neuzeitlichen Indien — von seiner mustergültigen Volkswirtschaft, Staatswissenschaft, Literatur, Kunst und Sozialphilosophie. (Lahor: Motilal Banarsi Dass, Publishers)

werden als äußerst schädlich betrachtet.« Kriegerische Handlungen wurden nur von den *Kschatrijas* (der Kriegerkaste) ausgeführt. »Auch würde kein Feind einem Landmann, den er auf seinem Feld arbeiten sieht, irgendein Leid zufügen. Denn die Männer dieses Standes werden als öffentliche Wohltäter angesehen und vor allem Schaden bewahrt. Auf diese Weise bleibt das Land unverwüstet und bringt reichen Ertrag, so daß die Bevölkerung genug hat, um sich des Lebens zu freuen.«

Die vielen Heiligtümer, denen man in Maisur begegnet, sind Gedenkstätten für die großen Heiligen Südindiens. Einer dieser Meister namens Thajumanawar, hat uns folgendes Lehrgedicht hinterlassen:

> Du magst den wilden Elefanten zähmen,
> Des Bären und des Tigers Rachen schließen,
> Auf einem Löwen reiten und mit einer Kobra spielen,
> Durch Alchimie dein Brot erwerben;
> Du magst das Universum unerkannt durchwandern,
> Die Götter dir zu Sklaven machen, ewig jung erscheinen,
> Magst übers Wasser wandeln und im Feuer nicht verbrennen:
> Doch besser und weit schwerer ist es,
> Die eigenen Gedanken zu beherrschen.

In dem schönen und fruchtbaren Staate Travankur im südlichsten Zipfel Indiens, wo der Verkehr über Brücken und Kanäle geleitet wird, muß der regierende Maharadscha jedes Jahr eine Erbpflicht erfüllen, um die Schuld, die das Land in vergangenen Kriegen durch Annektieren mehrerer kleinerer Länder auf sich geladen hatte, zu sühnen. 56 Tage lang besucht der Maharadscha dreimal täglich den Tempel, um Hymnen und Vorlesungen aus den Veden zu hören. Die Sühnezeremonie endet mit dem *Lakschadipam,* der Beleuchtung des Tempels durch hunderttausend Lichter.

In der Präsidentschaft Madras an der Südostküste Indiens liegt die ausgedehnte, meerumschlungene Stadt Madras mit ihren flachen Dächern und das goldene Kondschiweram, die Hauptstadt der Pallava-Dynastie, deren Könige während der ersten Jahrhunderte der christlichen Ära regierten. In der modernen Präsidentschaft Madras hat Mahatma Gandhis Ideal der Gewaltlosigkeit festen Fuß gefaßt; überall sieht man die weißen »Gandhi-Kappen«, die von den Anhängern dieser Lehre getragen werden. Besonders im Süden hat der Mahatma viele wichtige Kasten- und Tempelreformen zugunsten der »Unberührbaren« durchgeführt.

Das ursprüngliche, von dem großen Gesetzgeber Manu eingeführte Kastensystem war bewundernswert. Manu hatte klar und deutlich erkannt, daß die Menschheit aufgrund ihrer verschiedenen natürlichen

Entwicklungsstufen in vier große Klassen zerfällt: 1. Die *Sudras*, die der Gesellschaft durch ihre körperliche Arbeit dienen, 2. die *Waischjas*, die aufgrund ihrer Intelligenz und Geschicklichkeit in der Landwirtschaft, im Handel, im Gewerbe und im allgemeinen Geschäftsleben tätig sind, 3. die *Kschatrijas*, die Führereigenschaften besitzen und daher das Land schützen und verwalten, und 4. die *Brahmanen*, die kontemplativer Natur sind, geistige Inspirationen empfangen und andere inspirieren können. »Weder Geburt noch Sakramente noch Studium noch Abstammung können bestimmen, ob ein Mensch zweimal geboren (d. h. ein Brahmane) ist«, erklärt das *Mahabharata*; »nur der Charakter und die Führung kann es beweisen.«*) Manu lehrte, daß die Gesellschaft alle weisen und tugendhaften Menschen achten solle, ebenso alle, die ein

---

*) »Die Zugehörigkeit zu einer dieser vier Kasten hing ursprünglich nicht von der Herkunft eines Menschen, sondern von seinen natürlichen Fähigkeiten ab — von dem Ziel, das er sich im Leben gesetzt hatte«, berichtet ein Artikel im *East-West-Magazine* vom Januar 1935. »Dieses Ziel kann aus folgendem bestehen: 1. aus *Kama* (Wünschen), d. h. einem Leben, das unter der Herrschaft der Sinne steht (*Sudra*-Stand), 2. aus *Artha* (Gewinn), d. h. Erfüllung, aber gleichzeitig auch Bezähmung der Wünsche (*Waischja*-Stand), 3. aus *Dharma* (Selbstbeherrschung), d. h. einem Leben der Verantwortung und des richtigen Handelns (*Kschatrija*-Stand), 4. aus *Mokscha* (Befreiung), d. h. einem Leben der Geistigkeit und religiösen Lehrtätigkeit (Brahmanenstand). Die vier Kasten dienen der Menschheit 1. durch den Körper, 2. durch den Verstand, 3. durch den Willen und 4. durch den GEIST.
Sie stellen gleichzeitig die ewigen *Gunas*, die Grundeigenschaften der Natur dar: *Tamas, Radschas, Sattwa*, d. i. Trägheit, Tätigkeit, Ausdehnung — oder Masse, Energie, Intelligenz. Die vier natürlichen Kasten entsprechen den *Gunas* wie folgt: 1. *Tamas* (Unwissenheit), 2. *Tamas-Radschas* (Verbindung von Unwissenheit und Tätigkeit), 3. *Radschas-Sattwa* (Verbindung von richtiger Tätigkeit und Erleuchtung) und 4. *Sattwa* (Erleuchtung). So hat die Natur jeden Menschen mit seiner Kaste gekennzeichnet, und zwar durch Vorherrschen eines *Guna* oder einer Verbindung zweier *Gunas*. Selbstverständlich steht jeder Mensch mehr oder weniger unter dem Einfluß aller drei *Gunas*. Ein Guru wird immer in der Lage sein, die richtige Kaste oder Entwicklungsstufe eines Menschen zu bestimmen.
Praktisch, wenn auch nicht immer theoretisch, haben alle Rassen und Nationen eine Art Kastensystem. Wo große Zügellosigkeit (oder sogenannte »Freiheit«) herrscht und sich die gegensätzlichen Kasten miteinander vermischen, findet ein Verfall und schließlich ein Aussterben der Rasse statt. Die *Purana Samhita* vergleicht die Nachkommen solcher Mischehen mit unfruchtbaren Bastarden, die — gleich dem Maultier — nicht in der Lage sind, sich fortzupflanzen. Alle künstlich erzeugten Rassen sterben schließlich aus. Die Geschichte kennt genug Beispiele hierfür, denn von vielen großen Rassen der Vergangenheit gibt es heute keine lebenden Vertreter mehr. Indiens große Denker betrachten das indische Kastensystem als eine Vorsichts- oder Verhütungsmaßnahme gegen jede Zügellosigkeit; ihm ist es zu verdanken, daß sich die Rasse seit Jahrtausenden rein erhalten hat, während viele andere alte Rassen völlig vom Erdboden verschwunden sind.

gewisses Alter erreicht haben, die zur eigenen Familie gehören und eigenen Besitz haben. Die Besitzenden werden an letzter Stelle genannt, denn im vedischen Indien wurde jeder, der für sich selbst Reichtümer sammelte, ohne sie wohltätigen Zwecken zur Verfügung zu stellen, verachtet. Geizige Menschen mit großem Besitz nahmen einen sehr niedrigen gesellschaftlichen Rang ein.

Viel Unheil entstand jedoch, als das Kastensystem im Laufe der Jahrhunderte erstarrte und die Kasten erblich wurden. Indien, das sich seit 1947 selbst regiert, arbeitet langsam, aber sicher darauf hin, die alten Kastenwerte wieder einzuführen, die sich nur nach den natürlichen Fähigkeiten eines Menschen und nicht nach seiner Abstammung richten. Jedes Volk hat sein eigenes, unglückbringendes Karma, mit dem es sich auseinandersetzen muß. Indien mit seinem anpassungsfähigen, unanfechtbaren Geist ist der Aufgabe einer Kastenreform durchaus gewachsen.

Südindien ist so bezaubernd, daß Herr Wright und ich unseren idyllischen Aufenthalt gern verlängert hätten. Doch die seit jeher unbarmherzige Zeit hatte kein Einsehen mit uns. Ich mußte — wie vereinbart — nach Kalkutta zurück, um auf der Abschlußsitzung des Indischen Philosophischen Kongresses eine Ansprache zu halten. An einem der letzten Tage in Maisur hatte ich eine erfreuliche Unterredung mit dem Präsidenten der Indischen Akademie der Wissenschaften, Sir Chandrasekhara Raman. Dieser begabte Hindu-Physiker hatte im Jahre 1930 den Nobelpreis für seine bedeutende Entdeckung auf dem Gebiet der Lichtstreuung, den »Smekal-Raman-Effekt«, erhalten.

Nur widerstrebend machten Herr Wright und ich uns auf den Weg nach Norden, während eine große Menschenmenge von Studenten und Freunden uns in Madras zum Abschied nachwinkte. Unterwegs besuchten wir ein kleines Heiligtum, das zu Ehren Sadasiva Brahmans *) errichtet worden ist. Das Leben dieses aus dem 18. Jahrhundert stammenden Heiligen ist reich an Wundern. Ein größerer Sadasiva-Schrein, den der Radscha von Pudukkottai in Nerur errichten ließ, ist zu einem Wallfahrtsort geworden, an dem viele göttliche Heilungen stattgefunden haben. Alle Herrscher von Pudukkottai haben die religiösen Vorschriften, die Sadasiva im Jahre 1750 für den damals regierenden Fürsten niederschrieb, heiliggehalten.

---

*) Sein offizieller Titel, unter dem er auch seine Bücher herausgab (Kommentare zu den *Brahma-Sutras* und den *Yoga-Sutras* des Patandschali) war Swami Sri Sadasivendra Saraswati. Er genießt bei den neuzeitlichen indischen Philosophen große Verehrung.
Der verstorbene Schankaratscharya vom Sringeri-Math in Maisur, Seine Heiligkeit Sri Tschandrasekhara Swaminah Bharati, hat Sadasiva eine begeisterte Ode gewidmet.

Viele seltsame Geschichten über den liebenswerten, erleuchteten Meister Sadasiva kursieren noch heute in den südindischen Dörfern. Als Sadasiva eines Tages, im *Samadhi* versunken, am Ufer der Kaweri saß, wurde er, wie Augenzeugen berichteten, von den plötzlich aufkommenden Flutwellen fortgerissen. Wochen später fand man ihn in der Nähe von Kodumudi im Coimbatur-Bezirk unter einem Sandhaufen begraben. Als die Schaufel eines Dorfbewohners an seinen Körper stieß, erhob sich der Heilige und wanderte rasch davon.

Sadasiva wurde ein *Muni* (ein Heiliger, der ständig Schweigen bewahrt), nachdem sein Guru ihn einst wegen seines vielen Redens gerügt hatte. Er hatte einen älteren *Vedanta*-Gelehrten durch seine dialektischen Beweisführungen geschlagen, woraufhin der Guru bemerkte: »Wann wirst du junger Bursche lernen, deinen Mund zu halten?«

»Mit Eurem Segen von diesem Augenblick an.«

Sadasivas Guru war Swami Sri Paramasivendra Saraswati, der Verfasser der *Daharavidya Prakasika* und eines tiefgründigen Kommentars über die *Uttara-Gita*. Einige weltlich gesinnte Menschen, die daran Anstoß nahmen, daß der gottestrunkene Sadasiva oft »ohne Anstand« durch die Straßen tanzte, beklagten sich bei seinem Guru über ihn. »Sir«, erklärten sie, »Sadasiva gebärdet sich wie ein Besessener.«

Paramasivendra aber rief mit freudigem Lächeln aus: »Oh, wenn nur alle anderen ebenso besessen wären!«

Im Leben Sadasivas vollbrachte die Hand der Vorsehung viele Wunder. Dem Anschein nach gibt es zwar viele Ungerechtigkeiten in der Welt, und doch sind den Gläubigen zahlreiche Fälle bekannt, in denen Gott auf der Stelle Gerechtigkeit walten ließ. Eines Abends blieb Sadasiva vor dem Kornspeicher eines reichen Mannes stehen und versank dort in einen tiefen *Samadhi*. Es dauerte nicht lange, bis drei Diener ihn entdeckt hatten, die ihn für einen Einbrecher hielten und mit erhobenen Stöcken auf ihn zuliefen. Mitten im Lauf aber erstarrten sie plötzlich und konnten sich nicht mehr bewegen. Mit dramatisch ausgestreckten Armen mußte das Trio auf demselben Fleck stehenbleiben, bis Sadasiva im Morgengrauen davonging.

Ein andermal, als der Meister an einer Gruppe von Arbeitern vorüberging, die Heizmaterial herantrugen, wurde er von dem Aufseher gezwungen, mitzuarbeiten. Demütig trug der schweigsame Heilige seine Last zum angewiesenen Bestimmungsort und legte sie dort auf einen hohen Stapel nieder. Im selben Augenblick ging der ganze Haufen Brennmaterial in Flammen auf.

Einst sprachen mehrere Dorfkinder in Sadasivas Beisein darüber, daß sie gern das religiöse Fest in dem 240 km entfernt liegenden Ort Madura besuchen würden. Da gab der Yogi den Kleinen durch eine Geste zu verstehen, daß sie seinen Körper berühren sollten, und siehe da! im Nu befand sich die ganze Gruppe in Madura. Glücklich wanderten die Kinder unter den Tausenden von Pilgern umher und wurden nach einigen Stunden auf dieselbe einfache Beförderungsart von dem Yogi nach Hause gebracht. Erstaunt hörten sich die Eltern die begeisterten Berichte der Kinder an, die über die Bilderprozessionen in Madura sprachen und Tüten mit Madura-Konfekt in den Händen hielten.

Ein ungläubiger Junge machte sich jedoch über den Heiligen und diese Geschichte lustig. Als wieder einmal ein religiöses Fest — diesmal in Srirangam — abgehalten wurde, suchte der Junge Sadasiva auf.

»Meister«, sagte er spöttisch, »warum bringt Ihr mich nicht auf dieselbe Weise nach Srirangam, wie Ihr damals die anderen Kinder nach Madura gebracht habt?«

Sadasiva willigte ein, und der Junge befand sich augenblicklich in der Menschenmenge der fernen Großstadt. Aber ach! wo war der Yogi, als der Junge nach Hause wollte? Er mußte einen langen, beschwerlichen Fußmarsch antreten und traf erschöpft wieder zu Hause ein.

Ehe wir Südindien verließen, unternahmen Herr Wright und ich eine Pilgerfahrt zum heiligen Berg Arunatschala bei Tiruvannamalai, um Sri Ramana Maharischi aufzusuchen. Der Weise hieß uns in seinem Aschram herzlich willkommen und wies auf einen in der Nähe liegenden Stapel von *East-West*-Zeitschriften. Während der Stunden, die wir bei ihm und seinen Jüngern zubrachten, schwieg er die meiste Zeit; doch sein sanftes Antlitz strahlte göttliche Liebe und Weisheit aus.

Um der leidenden Menschheit zu helfen, ihren verlorenen Zustand der Vollkommenheit wiederzugewinnen, lehrt Sri Ramana, daß man sich ständig fragen solle: »Wer bin ich?« — was in der Tat die eine große Frage ist! Indem man alle anderen Gedanken beharrlich abweist, taucht man immer tiefer in sein wahres Selbst und verhindert dadurch das Auftauchen ablenkender und verwirrender Gedanken. Der erleuchtete Rischi Südindiens hat folgende Zeilen verfaßt:

»Zweiheit und Dreieinigkeit bestehen nicht für sich,
Ohne Stütze kommen sie nie vor.
Suchst du diese Stütze, fallen sie dahin.
Du schaust die Wahrheit, und du wankst nie mehr.«

XLII. KAPITEL

DIE LETZTEN TAGE MIT MEINEM GURU

»Gurudschi, wie froh bin ich, Euch heute morgen allein anzutreffen.« Ich war gerade nach Serampur zurückgekehrt und überreichte meinem Guru einen Korb voll duftender Rosen und Früchte. Sri Yukteswar schaute mich sanft an.

»Was willst du von mir wissen?« fragte er, während er wie ausfluchtsuchend im Zimmer umherblickte.

»Gurudschi, als junger Gymnasiast bin ich damals zu Euch gekommen; jetzt bin ich ein erwachsener Mann und habe sogar schon einige graue Haare. Obgleich Ihr mich vom ersten Augenblick an mit Eurer schweigenden Zuneigung überschüttet habt, so habt Ihr mir doch nur einmal — am Tag unserer ersten Begegnung — gesagt, daß Ihr mich liebt. Wißt Ihr das?« Flehend blickte ich meinen Guru an.

Der Meister schlug die Augen nieder. »Yogananda, muß ich meine innersten Gefühle, die man am besten still im Herzen bewahrt, wirklich in nüchterne Worte kleiden?«

»Gurudschi, ich weiß, daß Ihr mich liebt; aber meine menschlichen Ohren verlangen danach, es aus Eurem eigenen Munde zu hören.«

»Es sei, wie du wünschst. Während meiner Ehejahre habe ich mich oft nach einem Sohn gesehnt, den ich in die Kunst des Yoga einweihen könnte. Als du in mein Leben tratst, wurde mir dieser Wunsch erfüllt; denn in dir habe ich meinen Sohn gefunden.« Zwei glänzende Tränen standen in Sri Yukteswars Augen. »Yogananda, ich werde dich immer lieben.«

»Eure Antwort öffnet mir das Tor zum Himmel«, sagte ich und

fühlte, wie mir eine schwere Last vom Herzen genommen wurde. Zwar wußte ich, daß er zurückhaltender und schweigsamer Natur war, hatte mir aber dennoch oft Gedanken über sein Stillschweigen gemacht und befürchtet, ihn nicht ganz zufriedengestellt zu haben. Er hatte ein derart außergewöhnliches Wesen, daß man ihn nie ganz zu erfassen vermochte — ein Wesen von solch unergründlicher Tiefe, daß er für die Außenwelt, deren Maßstäbe er längst hinter sich gelassen hatte, ein Geheimnis blieb.

Einige Tage später sprach ich vor einer großen Versammlung in der Albert-Halle in Kalkutta. Sri Yukteswar willigte ein, neben dem Maharadscha von Santosch und dem Bürgermeister von Kalkutta auf der Tribüne zu sitzen. Zwar machte der Meister mir gegenüber keine Bemerkung, aber während meiner Rede hatte ich gelegentlich zu ihm hinübergeblickt und den Eindruck gewonnen, daß er zufrieden mit mir war.

Danach folgte eine Ansprache vor den ehemaligen Studenten der Universität Serampur. Als ich auf meine alten Kommilitonen blickte und als diese ihren »verrückten Mönch« wiedersahen, schämte sich keiner seiner Tränen. Dr. Goschal, mein redegewandter Philosophie-Professor, kam nach vorn, um mich herzlich zu begrüßen; die Zeit hatte alle ehemaligen Mißverständnisse aufgelöst.

Ende Dezember feierten wir in der Einsiedelei von Serampur die Wintersonnenwende. Wie in jedem Jahr, so waren auch diesmal Sri Yukteswars Jünger von nah und fern herbeigekommen. Andächtige *Sankirtans*, der berückende Sologesang von Kristo-da, ein Festmahl, das von den kleinen Jüngern serviert wurde, die ergreifende Rede des Meisters unter dem Sternenhimmel im dicht gefüllten Hofraum des Aschrams — wie viele Erinnerungen dies alles in mir wachrief! Zahlreiche fröhliche Feste der Vergangenheit tauchten vor meinem inneren Auge auf. Dieser Abend sollte jedoch noch etwas Unerwartetes bringen.

»Yogananda«, sagte der Meister, indem er mir verschmitzt zuzwinkerte, »halte jetzt bitte eine Ansprache — auf englisch.« Diese Aufforderung war in doppelter Hinsicht ungewöhnlich. Ob er wohl an jenen fatalen Augenblick dachte, als ich an Bord des Schiffes meinen ersten englischen Vortrag halten mußte? Ich erzählte meinen Bruderschülern dieses Erlebnis und endete mit einer glühenden Lobrede auf unseren Guru.

»Nicht nur damals auf dem Überseedampfer habe ich seine unmittelbare Nähe gespürt«, sagte ich abschließend, »sondern Tag für Tag während der ganzen 15 Jahre, die ich in dem großen und gastfreundlichen Amerika verbrachte.«

Nachdem die Gäste gegangen waren, rief Sri Yukteswar mich in sein

Schlafzimmer; es war derselbe Raum, in dem ich (nur einmal, nach einem ähnlichen Fest) hatte in seinem Bett schlafen dürfen. Heute abend saß mein Guru dort still mit einigen seiner Jünger, die sich im Halbkreis zu seinen Füßen niedergelassen hatten.

»Yogananda, fährst du jetzt nach Kalkutta zurück? Dann komm bitte morgen wieder; ich habe dir einiges zu sagen.«

Am folgenden Nachmittag verlieh mir Sri Yukteswar mit ein paar einfachen Segensworten den höheren religiösen Titel eines *Paramahansa* *).

»Dieser Titel ersetzt von nun an deinen früheren *Swami*-Titel«, sagte er, als ich vor ihm niederkniete. Mit leichter Belustigung dachte ich an meine amerikanischen Schüler, die sich an dem Wort »Paramahansadschi« sicher die Zunge zerbrechen würden **).

»Mein Werk auf Erden ist nun beendet, und du mußt es weiterführen«, sagte der Meister dann, indem er mich ruhig und sanft anblickte. Ich fühlte, wie mein Herz heftig zu schlagen begann.

»Entsende bitte jemanden in unseren Aschram nach Puri, der dort die Verwaltung übernehmen kann« ***), fuhr Sri Yukteswar fort. »Ich lege alles in deine Hände. Du wirst das Schifflein deines Lebens und das der Organisation sicher zu den göttlichen Ufern steuern.«

Mit Tränen in den Augen fiel ich vor ihm nieder und umschlang seine Füße. Da erhob er sich und segnete mich liebevoll.

Am folgenden Tag berief ich Swami Sebananda aus Rantschi ab und übertrug ihm die Leitung der Einsiedelei in Puri. Später besprach mein Guru noch mehrere juristische Fragen in bezug auf seine Hinterlassenschaften mit mir. Er wollte verhindern, daß seine Verwandten nach seinem Tode einen Prozeß einleiteten, um sich seiner beiden Einsiedeleien und anderer Besitzungen zu bemächtigen, die er ausschließlich humanitären Zwecken zur Verfügung stellen wollte.

»Vor kurzem wollte der Meister nach Kidderpur fahren, und wir

---

*) Wörtlich: *parama* = höchster und *Hansa* = Schwan. Der weiße Schwan erscheint in der indischen Mythologie als das Fahrzeug oder »Reittier« des Schöpfergottes Brahma. Dem heiligen *Hansa* wird die Fähigkeit zugesprochen, aus einer Mischung von Milch und Wasser nur die Milch herauszuziehen — ein Zeichen geistiger Unterscheidungskraft.
Ahan-sa oder *'han-sa* (Aussprache hòng-ssòh) bedeutet wörtlich: »Ich bin Er«. Die Schwingungen dieser machtvollen Sanskritsilben entsprechen dem ein- und ausgehenden Atem. Der Mensch erklärt also unbewußt mit jedem Atemzug, was er in Wahrheit ist: *Ich bin Er.*
**) Sie haben diese Schwierigkeit meist dadurch umgangen, daß sie mich »Sir« nannten.
***) Inzwischen ist dem Aschram von Puri eine Knabenschule *(Sri Yukteswar Vidyapith)* angeschlossen worden, in der auch regelmäßige Versammlungen von Sadhus und Pandits stattfinden.

hatten schon alles für die Reise vorbereitet«, erzählte mir Amulaja Babu, einer meiner Bruderschüler. »Dann aber fuhr er plötzlich doch nicht.« Bei diesen Worten befiel mich eine bange Vorahnung. Ich versuchte Sri Yukteswar zu einer Erklärung zu drängen, aber er erwiderte nur: »Ich werde nie mehr nach Kidderpur fahren« und erzitterte einen Augenblick lang wie ein erschrockenes Kind.

(«Anhänglichkeit an den menschlichen Körper, die in dessen eigener Natur wurzelt *), findet man in geringem Grade sogar bei großen Heiligen«, schrieb Patandschali. Wenn mein Guru über den Tod sprach und diese Stelle erläuterte, fügte er meist noch hinzu: »Auch ein Vogel, der lange im Bauer eingesperrt war und dem man plötzlich die Tür öffnet, zögert zuerst, seinen vertrauten Käfig zu verlassen.«)

»Gurudschi«, rief ich schluchzend, »sagt das nicht. Sprecht nie wieder so zu mir!«

Da entspannten sich Sri Yukteswars Züge und nahmen ein friedliches Lächeln an. Obgleich er sich seinem 81. Geburtstag näherte, sah er gesund und kräftig aus.

Tag für Tag sonnte ich mich in seiner schweigenden, aber um so fühlbareren Liebe und versuchte, alle Gedanken an seinen so oft angedeuteten Heimgang aus meinem Herzen zu verbannen.

»Gurudschi, diesen Monat findet das *Kumbha-Mela* in Allahabad statt«, sagte ich und zeigte dem Meister einen bengalischen Almanach mit den *Mela*-Daten **).

»Willst du wirklich hinfahren?«

Ohne zu merken, daß er mich nicht gehen lassen wollte, fuhr ich fort: »Einst seid Ihr auf einem *Kumbha* in Allahabad dem großen Babadschi begegnet. Vielleicht habe ich dieses Mal das Glück, ihn zu sehen.«

»Ich glaube nicht, daß du ihn dort treffen wirst«, bemerkte mein

---

*) D. h., die den sich ständig wiederholenden Todeserfahrungen entspringt. Diese Zeile befindet sich in Patandschalis *Yoga-Sutras*, II, 9.
**) Die religiösen *Melas* werden bereits in dem altindischen *Mahabharata* erwähnt. Ein chinesischer Reisender Hieuen Tsiang hat einen Bericht über das im Jahre 644 in Allahabad abgehaltene große *Kumbha-Mela* geschrieben. Die großen *Melas* finden alle 12 Jahre statt, die kleineren (*ardha* oder halbe) *Kumbhas* alle 6 Jahre. Noch kleinere *Melas* werden jedes dritte Jahr abgehalten. Die vier *Mela*-Städte sind Allahabad, Hardwar, Nasik und Udschain.
Hieuen Tsiang berichtet, daß Harscha, der König von Nordindien, sämtliche Reichtümer der königlichen Schatzkammer (die er in den letzten fünf Jahren angesammelt hatte) an die Mönche und Pilger auf dem *Kumbha-Mela* verteilte. Als Hieuen Tsiang nach China zurückkehrte, weigerte er sich, Harschas Abschiedsgeschenk, das aus Gold und Juwelen bestand, anzunehmen und erbat sich stattdessen 657 religiöse Manuskripte, die für ihn von viel höherem Wert waren.

Guru, sagte aber weiter nichts mehr, weil er meine Pläne nicht durchkreuzen wollte.

Als ich mich am folgenden Tag mit einer kleinen Gruppe auf den Weg nach Allahabad machte, segnete mich der Meister in seiner üblichen, ruhigen Art. Anscheinend hatte Gott mich alle warnenden Vorzeichen, die Sri Yukteswar mir wiederholt gegeben hatte, vergessen lassen, um mir zu ersparen, hilflos dem Hinscheiden meines Guru zuzuschauen. Er hat es in meinem Leben immer so gnädig eingerichtet, daß ich beim Tode geliebter Menschen weit vom Schauplatz entfernt war *).

Unsere Gruppe traf am 23. Januar 1936 auf dem *Kumbha-Mela* ein und sah sich einer wogenden Menge von fast zwei Millionen Menschen gegenüber — ein eindrucksvoller, wenn nicht gar überwältigender Anblick! Der Genius des indischen Volkes kommt selbst in den einfachen Bauern zum Ausdruck und zeigt sich besonders in der Ehrfurcht vor allen geistigen Werten, in der Verehrung für die Mönche und Sadhus, die allen irdischen Bindungen entsagt haben, um ihren Ankergrund in Gott zu finden. Natürlich gibt es immer Betrüger und Scheinheilige darunter; doch Indien verehrt alle um der wenigen willen, die das Land ständig mit ihrem geistigen Segen überschütten. Die Abendländer, die gekommen waren, um sich das unvergleichliche Schauspiel anzusehen, hatten eine einzigartige Gelegenheit, den Pulsschlag der Nation zu fühlen und einen Hauch des geistigen Feuers zu spüren, dem Indien trotz wiederholter Schicksalsschläge seine unvergängliche Vitalität verdankt.

Den ersten Tag brachten wir nur mit Schauen und Staunen zu. Tausende von Pilgern tauchten in den heiligen Ganges, um sich von ihren Sünden zu reinigen; brahmanische Priester leiteten feierliche Zeremonien; zahlreiche Gläubige streuten den schweigenden Sannyasis Opfergaben vor die Füße; eine lange Reihe von Elefanten, geschmückten Pferden und langsam dahinschreitenden Radschputana-Kamelen zog vorüber, gefolgt von einem seltsamen Aufzug nackter Sadhus, die goldene und silberne Szepter und Bänder aus Seidensamt schwangen.

Klausner, nur mit einem Lendentuch bekleidet, saßen schweigend in kleinen Gruppen beisammen. Sie hatten ihre Körper mit Asche beschmiert, um sich vor Hitze und Kälte zu schützen. Auf ihrer Stirn leuchtete ein Fleck aus Sandelholzpaste, der das geistige Auge symbolisierte. Kahlgeschorene Swamis, von denen jeder einen Bambusstab und

---

*) Ich war weder beim Tode meiner Mutter noch meines älteren Bruders Ananta, meiner ältesten Schwester Roma, meines Meisters, meines Vaters und vieler anderer Lieben dabei. (Vater verstarb 1942 in Kalkutta im Alter von 89 Jahren.)

eine Bettelschale trug, erschienen zu Tausenden; ihre Gesichter strahlten jenen inneren Frieden aus, der kennzeichnend für ein Leben der Entsagung ist.

Einen malerischen Anblick boten mehrere Sadhus *), die ihr langes, geflochtenes Haar auf dem Kopf zusammengerollt hatten und hie und da unter den Bäumen um riesige brennende Holzstöße saßen. Einige trugen lange, lockige Bärte, deren unteres Ende in einen Knoten geschlungen war. Sie saßen in Meditation versunken oder segneten mit ausgestreckten Händen die vorüberziehende Menge — Bettler, Maharadschas auf Elefanten, Frauen in ihren farbenfreudigen Saris mit klingenden Arm- und Fußreifen, Fakire, die ihre dünnen Arme in grotesker Weise in die Höhe streckten, Brahmatscharis, die Ellbogenstützen trugen, und demütige Weise, die ihre innere Glückseligkeit hinter einem feierlichen Äußeren verbargen. Hoch über dem Lärm der Menge erklang ununterbrochen das Läuten der Tempelglocken.

Am zweiten Tag besuchten wir verschiedene Aschrams und provisorische Hütten, um einigen heiligen Personen unser *Pronam* zu bieten. Unter anderen begegneten wir auch dem Oberhaupt vom *Giri*-Zweig des Swami-Ordens, einem schmächtigen, asketischen Mönch, in dessen lächelnden Augen ein geheimnisvolles Feuer glühte. Nachdem er uns seinen Segen gegeben hatte, besuchten wir eine Einsiedelei, deren Guru schon seit neun Jahren Schweigen bewahrt hat und sich nur von Früchten ernährt. Auf einer Tribüne im Aschram saß ein blinder Sadhu namens Pradschna-Tschakschu **), der außerordentlich bewandert in den *Schastras* war und von allen religiösen Sekten tief verehrt wird.

Nachdem ich in Hindi eine kurze Ansprache über den *Vedanta* gehalten hatte, verließen wir die friedliche Einsiedelei wieder, um einen in der Nähe lebenden Swami namens Krischnananda zu begrüßen. Er war eine anziehende Erscheinung mit imposanten Schultern und frischer Gesichtsfarbe. Neben ihm lag eine zahme Löwin mit gelbgeflecktem Fell. Dieses Dschungeltier, das der Mönch durch seinen geistigen Magnetismus (und sicherlich nicht durch körperliche Kraft) bezwungen hatte, verweigert alle Fleischnahrung und ernährt sich statt dessen von Reis

---

*) Die unübersehbare Zahl indischer Sadhus wird von einem Verwaltungsrat beaufsichtigt, der aus sieben Vorstandsmitgliedern besteht. Jedes von diesen ist für eine der sieben Hauptprovinzen Indiens zuständig. Der jetzige *Mahamandaleswar* oder Präsident ist Dschojendra Puri, ein von allen verehrter heiliger Mann, der seine Rede oft auf drei Worte beschränkt: Wahrheit, Liebe, Arbeit! Damit ist allerdings genug gesagt.
**) Der Titel, unter dem dieser Weise bekannt geworden ist. Die wörtliche Bedeutung ist: »Einer, der durch seine Intelligenz sieht« (da er kein körperliches Sehvermögen hat).

und Milch. Der Swami hat das Tier gelehrt, mit einem tiefen, wohllautenden Brummen den Laut OM zu erzeugen; eine selten fromme Wildkatze!

Unser nächstes Erlebnis, ein Gespräch mit einem gelehrten jungen Sadhu, ist von Herrn Wright in seinem Reisetagebuch festgehalten worden:

»Auf einer knarrenden Pontonbrücke überquerten wir mit unserem Ford den ziemlich niedrig stehenden Ganges und schlängelten uns dann im Schneckentempo durch die engen, bevölkerten Gassen hindurch. Yoganandadschi zeigte mir auch jene Stelle des Flußufers, wo Sri Yukteswar zum ersten Male Babadschi begegnet war. Als wir kurz darauf aus dem Wagen stiegen, mußten wir noch eine ganze Strecke zu Fuß gehen. Der Boden war ziemlich schlüpfrig, und aus den Lagerfeuern der Sadhus stieg ein immer dicker werdender Rauch empor. Schließlich erreichten wir eine Siedlung mit winzigen Lehm- und Strohhütten. Vor einer dieser behelfsmäßigen Wohnhütten, die einen winzigen Eingang ohne Tür hatte, blieben wir stehen. Es war die Unterkunft von Kara Patri, einem jungen, umherziehenden Sadhu, der durch seine außergewöhnliche Intelligenz bekannt geworden war. Wir fanden ihn mit gekreuzten Beinen auf einem Bündel gelben Strohs sitzen. Sein einziges Gewand — und auch sein einziger Besitz — war ein ockerfarbenes Tuch, das er um die Schultern geschlungen hatte.

Ein wahrhaft göttliches Antlitz lächelte uns entgegen, als wir uns auf allen Vieren in die Hütte begeben und ihm unser *Pronam* geboten hatten. Eine flackernde Kerosinlampe am Eingang warf geisterhafte Schatten auf die strohgedeckten Wände des Raumes. Die Augen des Sadhus leuchteten vor innerem Glück, und seine makellosen Zähne glänzten. Obgleich ich seine Worte in Hindi nicht gut verstehen konnte, hegte ich keinen Zweifel an seiner Größe, denn sein Antlitz drückte Weltentrücktheit, Liebe und geistige Hoheit aus.

Man stelle sich dieses glückliche Leben vor! Frei von allen Kleidersorgen, frei von dem Verlangen nach abwechslungsreichen Speisen, nur einen Tag um den andern gekochte Nahrung zu sich nehmend, frei von Geldsorgen, keinen Besitz ansammelnd, keinen Pfennig — nicht einmal eine Bettelschale — sein eigen nennend, sondern immer auf Gott vertrauend, unabhängig von Beförderungsmitteln, niemals ein Fahrzeug benutzend, sondern immer am Ufer heiliger Flüsse entlangwandernd und nie länger als eine Woche am selben Ort bleibend, um jede innere Bindung zu vermeiden.

Welch anspruchslose Seele, wenn man bedenkt, daß er Doktor der

Philosophie ist, die heiligen Veden studiert hat und den Titel eines *Schastri* (Meister der heiligen Schriften) führt, der ihm von der Universität Benares verliehen wurde. Ein erhabenes Gefühl überkam mich, als ich mich zu seinen Füßen niederließ. Mein Wunsch, das wahre, alte Indien kennenzulernen, war in Erfüllung gegangen; denn er ist ein würdiger Vertreter dieses Landes der Geistesriesen.«

Ich stellte einige Fragen an Kara Patri, die sich auf sein Wanderleben bezogen. »Habt Ihr keine besondere Kleidung für den Winter?«
»Nein, dies ist genug.«
»Besitzt Ihr irgendwelche Bücher?«
»Nein, ich lehre diejenigen, die mich hören wollen, aus dem Gedächtnis.«
»Und was tut Ihr sonst?«
»Ich wandere am Ganges entlang.«
Bei diesen schlichten Worten überkam mich eine unaussprechliche Sehnsucht nach einem ähnlich einfachen Leben; ich dachte an Amerika und an die große Verantwortung, die auf meinen Schultern lastete.
»Nein, Yogananda«, sagte ich mir nach kurzem Nachdenken, »in diesem Leben ist es dir nicht beschieden, deine Tage an den Ufern des Ganges zu verbringen.«
Nachdem mir der Sadhu etwas von seinen geistigen Erlebnissen erzählt hatte, stellte ich eine unvermutete Frage an ihn:
»Habt Ihr dieses Wissen aus den heiligen Schriften oder aus eigener Verwirklichung gewonnen?«
»Zum Teil aus Büchern und zum Teil aus Erfahrung« erwiderte er mit aufrichtigem Lächeln.
Wir saßen noch eine Weile schweigend beisammen und meditierten. Als wir Abschied von dem Heiligen genommen hatten, sagte ich zu Herrn Wright: »Er ist ein König, der auf einem Thron von goldenem Stroh sitzt.«
An jenem Abend nahmen wir unser Nachtmahl auf dem *Mela*-Gelände unter dem Sternhimmel ein und aßen von Blättertellern, die mit Zweigen zusammengeheftet waren. Das Abwaschen wird in Indien auf ein Minimum beschränkt!
Noch zwei weitere Tage verbrachten wir auf dem faszinierenden *Kumbha;* dann ging es in nordwestlicher Richtung am Ufer der Dschamna entlang nach Agra. Wiederum erblickte ich den Tadsch Mahal, und im Geist sah ich Dschitendra neben mir stehen, wie er das Traumgebilde aus Marmor anstaunte. Unser nächstes Ziel war der Aschram Swami Keschabanandas in Brindaban.

Mein Besuch bei Keschabananda hing mit der Entstehung dieses Buches zusammen. Ich hatte nie vergessen, daß Sri Yukteswar mir aufgetragen hatte, das Leben Lahiri Mahasayas zu beschreiben. Während meines Aufenthaltes in Indien nahm ich daher jede Gelegenheit wahr, die direkten Jünger und Familienangehörigen des Yogavatar aufzusuchen; ich machte mir genaue Aufzeichnungen über jede Unterhaltung, prüfte die Tatsachen und Daten nach und sammelte Photographien, alte Briefe und Dokumente, so daß meine Mappe über Lahiri Mahasaya immer mehr anschwoll. Mit einiger Besorgnis erkannte ich auch, welch mühselige Arbeit mir als dem Verfasser noch bevorstand und betete darum, daß ich meiner Aufgabe als Biograph dieses erhabenen Guru gewachsen sein möge. Einige seiner Jünger befürchteten nämlich, daß eine schriftliche Darstellung der wahren Größe ihres Meisters nicht gerecht werden und daher zu Mißverständnissen führen könnte.

»Das Leben einer göttlichen Inkarnation läßt sich mit nüchternen Worten nur schwer beschreiben«, hatte Pantschanon Bhattatscharya mir gegenüber einmal erwähnt.

Auch andere große Jünger des Yogavatar zogen es vor, ihre Erinnerungen an den unsterblichen Guru in ihrem Herzen verschlossen zu halten. Da ich aber die Vorhersage Lahiri Mahasayas über seine Biographie kannte, scheute ich trotz allem keine Mühe, Tatsachen über sein Leben zusammenzutragen und mir beglaubigen zu lassen.

Swami Keschabananda hieß uns in seinem Katyayani-Peith-Aschram in Brindaban herzlich willkommen. Es war ein mächtiges Backsteingebäude mit massiven schwarzen Säulen, das inmitten eines wunderschönen Gartens lag. Er führte uns sogleich in sein Wohnzimmer, in dem eine vergrößerte Photographie von Lahiri Mahasaya hing. Obwohl der Swami fast 90 Jahre alt war, strahlte sein muskulöser Körper Kraft und Gesundheit aus. Mit seinem langen Haar, schneeweißen Bart und seinen vor Freude sprühenden Augen war er die Verkörperung eines echten Patriarchen. Ich teilte ihm mit, daß ich ihn in meinem Buch über die indischen Meister erwähnen wollte.

»Erzählt mir bitte etwas aus Eurem Leben«, bat ich, indem ich ihn bezwingend anlächelte. Große Yogis können oft recht unmitteilsam sein!

»An äußeren Geschehnissen gibt es nicht viel zu berichten«, meinte Keschabananda mit bescheidener Geste. »Ich habe praktisch mein ganzes Leben in der Einsamkeit des Himalaja verbracht und bin zu Fuß von einer stillen Höhle zur anderen gewandert. Eine Zeitlang leitete ich einen kleinen Aschram in der Nähe von Hardwar, inmitten eines dichten Waldes. Es war ein friedlicher Ort, der nur wenig von Reisenden besucht wurde, weil es dort so viele Kobras gab.« Swami Keschabananda lachte. »Später schwemmte der über die Ufer tretende Ganges die Einsiedelei mitsamt den Kobras fort, und ich baute mir mit Hilfe meiner Jünger diesen Aschram in Brindaban.«

Einer aus unserer Gruppe fragte den Swami, wie er sich im Himalaja vor den Tigern geschützt hätte *).

Keschabananda schüttelte den Kopf. »In jenen geistigen Höhen«, sagte er, »belästigen die wilden Tiere die Yogis kaum. Einmal befand ich mich im Dschungel ganz unvermutet einem Tiger gegenüber. Als ich einen überraschten Ausruf von mir gab, blieb das Tier wie festgewurzelt stehen.« Der Swami lachte in Erinnerung an dieses Erlebnis und fuhr dann fort:

»Gelegentlich verließ ich meine einsame Behausung, um meinen Guru in Benares zu besuchen. Er zog mich oft wegen meines ständigen Umherziehens auf, denn ich wanderte unentwegt von einer einsamen Gegend des Himalaja zur anderen.

›Dir liegt die Wanderlust im Blut‹, sagte er mir einmal. ›Ich bin froh, daß der Himalaja geräumig genug ist, um dich beschäftigt zu halten.‹

Viele Male«, fuhr Keschabananda fort, »ist Lahiri Mahasaya mir vor und nach seinem Heimgang leibhaftig erschienen. Für ihn gibt es keine unzugänglichen Höhen des Himalaja.«

Zwei Stunden später führte er uns in den Innenhof, wo eine Mahlzeit auf uns wartete. Ich seufzte in schweigender Bestürzung auf: wieder ein Gericht mit fünfzehn Gängen! In weniger als einem Jahr indischer Gastfreundschaft hatte ich bereits 50 Pfund zugenommen. Doch es wäre im höchsten Grade unhöflich gewesen, die sorgfältig zubereiteten Speisen, die mir zu Ehren auf den nicht endenwollenden Banketts serviert wurden, zurückzuweisen. In Indien (leider nirgendwo sonst!) wird ein wohlgenährter Swami gern gesehen.

Nach dem Essen nahm Keschabananda mich beiseite.

---

*) Anscheinend gibt es verschiedene Methoden, einen Tiger zu überlisten. So behauptet z. B. der australische Forscher Francis Birtles, daß er die indischen Dschungel »abwechslungsreich, herrlich und ungefährlich« fand. Seine Sicherheitsmaßnahme bestand darin, daß er stets Fliegenpapier bei sich trug. »Jede Nacht breitete ich eine Anzahl dieser Bogen rings um mein Zelt aus und wurde nie belästigt«, erklärte er. »Der Grund ist rein psychologisch: der Tiger ist nämlich ein Tier von großer, bewußter Würde. Er streift frei umher und fordert den Menschen heraus — bis er mit dem Fliegenpapier in Berührung kommt; dann schleicht er davon. Kein stolzer Tiger würde es wagen, einem Menschen gegenüberzutreten, nachdem er auf ein klebriges Fliegenpapier getreten ist.«

»Dein Besuch kommt mir nicht unerwartet«, sagte er. »Ich habe eine Botschaft für dich.«

Ich war erstaunt, denn ich hatte niemandem etwas über meinen geplanten Besuch bei Keschabananda erzählt.

»Als ich voriges Jahr im nördlichen Himalaja in der Nähe von Badrinarayan umherwanderte«, fuhr der Swami fort, »verlor ich auf einmal die Richtung. Schließlich fand ich eine geräumige Höhle, die mir Unterkunft bot. Sie schien leer zu sein, obgleich ein Feuer in einem Loch des felsigen Bodens glimmte. Ich fragte mich, wer wohl der Bewohner dieser einsamen Stätte sein könnte, setzte mich dann aber neben das Feuer und blickte auf den sonnigen Eingang der Höhle.

›Keschabananda, ich freue mich, daß du gekommen bist‹, ertönte plötzlich eine Stimme hinter mir. Erstaunt wandte ich mich um und war wie benommen, als ich den großen Guru Babadschi erblickte, der sich in einem Winkel der Höhle materialisiert hatte. Außer mir vor Freude, ihn nach so vielen Jahren wiederzusehen, warf ich mich ihm zu Füßen.

›Ich war es, der dich hierhergelenkt hat‹, fuhr Babadschi fort. ›Darum hast du den Weg verloren und bist in diese Höhle geführt worden, wo ich mich vorübergehend aufhalte. Lange Zeit ist seit unserer letzten Begegnung vergangen, und ich freue mich, dich wiederzusehen.‹

Der unsterbliche Meister segnete mich, gab mir einige geistige Ratschläge und fügte dann hinzu: ›Ich gebe dir eine Botschaft für Yogananda mit. Er wird dich aufsuchen, wenn er nach Indien zurückkehrt. Viele Angelegenheiten, die mit seinem Guru Yukteswar und den noch lebenden Jüngern von Lahiri zusammenhängen, werden Yogananda voll beschäftigt halten. Sage ihm darum, daß er mir diesmal nicht begegnen wird, wie er so sehr hofft, daß ich ihn aber ein andermal aufsuchen werde.‹«

Ich war tief bewegt, aus Keschabanandas Mund dieses tröstende Versprechen Babadschis zu erhalten. Wie Sri Yukteswar richtig vorausgesagt hatte, war Babadschi mir auf dem *Kumbha-Mela* nicht erschienen, und ich hatte mich ein wenig verletzt gefühlt; nun aber war alle Trauer verflogen.

Wir blieben über Nacht als Gäste im Aschram und machten uns am folgenden Nachmittag auf den Weg nach Kalkutta. Als wir die Dschamna überquerten, bot sich uns auf der Brücke ein herrlicher Anblick. Es war um die Zeit des Sonnenuntergangs, und am Horizont erhob sich das malerische Brindaban. Der Himmel war wie in Feuer getaucht — ein farbiger Schmelzofen aus der Hand des Vulcanus — und spiegelte sich in den stillen Wassern unter uns wider.

Die Ufer der Dschamna bergen viele heilige Erinnerungen an das

Krischna-Kind. Hier trieb er in aller Unschuld seine *Lilas* (Spiele) mit den *Gopis* (Hirtenmädchen) und offenbarte dadurch die himmlische Liebe, die zwischen einer göttlichen Inkarnation und ihren Anbetern besteht. Das Leben Krischnas ist von vielen abendländischen Kommentatoren mißdeutet worden, denn die allegorische Sprache der heiligen Schriften ist für prosaische Geister oft verwirrend. Ein gutes Beispiel dafür ist ein grotesker Übersetzungsfehler, der hier zur Erläuterung angeführt werden soll. Es handelt sich um einen inspirierten Heiligen des Mittelalters, den Schuster Ravidas, der die Herrlichkeit des allen Menschen innewohnenden GEISTES oft in der einfachen Terminologie seines Gewerbes ausdrückte:

»Unter dem weiten, blauen Himmelszelt
Lebt die in Haut gehüllte Gottheit.«

Man kann sich des Lächelns nicht erwehren, wenn man die von einem abendländischen Übersetzer angefertigte plumpe Wiedergabe dieses Ravidas-Verses liest:

»Danach baute er eine Hütte, stellte ein Götzenbild darin auf, das er aus einer Haut angefertigt hatte, und befleißigte sich, es anzubeten.«

Ravidas war ein Bruderschüler des großen Kabir. Zu Ravidas' fortgeschrittenen Tschelas gehörte auch die Rani (Fürstin) von Tschitor. Sie lud einst eine Anzahl Brahmanen zu einem Festessen ein, das zu Ehren ihres Lehrers abgehalten werden sollte; doch die Brahmanen weigerten sich, mit einem niedrigen Schuster zu Tisch zu sitzen. Als sie sich im vollen Bewußtsein ihrer Würde abseits von ihm niedersetzten, um ihr »nicht verunreinigtes« Mahl einzunehmen — siehe! da befand sich neben jedem Brahmanen die Gestalt eines Ravidas. Diese Massenvision war der Anlaß zu einer umwälzenden geistigen Reformation in Tschitor.

Nach einigen Tagen kehrte unsere Gruppe nach Kalkutta zurück. Ich konnte es kaum abwarten, Sri Yukteswar wiederzusehen, hörte aber zu meiner Enttäuschung, daß er Serampur verlassen hatte und sich zur Zeit in Puri aufhielt, das ungefähr 500 km weiter südlich liegt.

»Komm sofort zum Aschram nach Puri«, lautete ein Telegramm, das Atul Tschandra Ray Tschaudhry, ein Tschela des Meisters in Kalkutta, am 8. März von einem Bruderschüler aus Puri erhalten hatte. Diese Nachricht beunruhigte mich zutiefst. Ich fiel auf die Knie und bat Gott flehentlich, mir meinen Guru zu erhalten. Als ich gerade Vaters Haus verlassen wollte, um zum Bahnhof zu gehen, hörte ich die Göttliche Stimme zu mir sprechen:

»Fahr heute abend nicht nach Puri. Dein Gebet kann nicht erhört werden.«

»Herr«, sagte ich in tiefem Schmerz, »Du willst Dich in Puri nur nicht in ein ›Gefecht‹ mit mir einlassen, weil Du weißt, daß Du mein flehentliches Gebet nicht erhören kannst. Muß er denn auf Dein Geheiß scheiden, um höhere Pflichten zu übernehmen?«

Dem inneren Befehl gehorchend, fuhr ich in jener Nacht nicht nach Puri. Am folgenden Abend aber machte ich mich auf den Weg zum Bahnhof. Um 7 Uhr, während ich noch unterwegs war, wurde der Himmel plötzlich von einer schwarzen, astralen Wolke bedeckt *). Später, als ich im Zug nach Puri saß, erschien mir Sri Yukteswar in einer Vision. Er saß mit ernster Miene da, und rechts und links neben ihm brannte eine Kerze.

»Ist alles vorüber?« fragte ich, indem ich flehend meine Arme erhob.

Er nickte und entschwand langsam.

Als ich am folgenden Morgen auf dem Bahnsteig von Puri stand, immer noch eine verzweifelte Hoffnung im Herzen hegend, näherte sich mir ein Unbekannter.

»Habt Ihr gehört, daß Euer Meister verschieden ist?« sagte er und verließ mich dann, ohne ein weiteres Wort zu sagen. Ich habe nie herausgefunden, wer er war oder wie er mich hatte finden können.

Halb betäubt lehnte ich gegen die Bahnhofsmauer. Ich wußte, daß mein Guru auf verschiedene Weise versuchte, mir die erschütternde Nachricht mitzuteilen. In meiner Seele tobte ein verzweifelter Aufruhr, und als ich die Einsiedelei von Puri erreichte, war ich nahe am Zusammenbrechen. Die innere Stimme sprach jedoch sanft auf mich ein: »Fasse dich; bleibe ruhig!«

Ich trat in das Wohnzimmer des Aschrams, wo der Körper des Meisters — unwahrscheinlich lebensnah — in der Lotosstellung saß, ein Bild der Gesundheit und Schönheit. Kurze Zeit vor seinem Heimgang war mein Guru von einem leichten Fieber befallen worden, hatte sich jedoch am Tage vor seiner Auffahrt in die Unendlichkeit vollkommen erholt. So oft ich seine liebe, vertraute Gestalt auch anblickte, ich konnte nicht fassen, daß das Leben aus ihr gewichen war. Seine Haut war glatt und weich, und auf seinem Antlitz lag ein Ausdruck seligen Friedens. Als die mystische Stunde seiner Abberufung herannahte, hatte er seinen Körper bei vollem Bewußtsein verlassen.

»Der Löwe von Bengalen ist von uns gegangen!« schrie ich wie betäubt auf.

---

*) Mein Guru ging um diese Stunde — am 9. März 1936 um 19 Uhr — in den *Mahasamadhi* ein.

Am 10. März leitete ich die Beisetzungsfeier. Sri Yukteswar wurde nach altem Brauch der Swamis im Garten seines Aschrams in Puri begraben *). Später, anläßlich der Frühlings-Tagundnachtgleiche, kamen seine Jünger von nah und fern herbei, um eine Gedächtnisfeier für ihren Guru abzuhalten. Die führende Tageszeitung von Kalkutta, *Amrita Bazar Patrika*, brachte ein Bild von ihm und schrieb dazu folgenden Bericht:

»Die *Bhandara*-Begräbnisfeier für Srimat Swami Sri Yukteswar Giri Maharadsch, der ein Alter von 80 Jahren erreicht hat, wurde am 21. März in Puri abgehalten. Viele seiner Jünger kamen an diesem Tage nach Puri, um der feierlichen Handlung beizuwohnen.
Swami Maharadsch war einer der hervorragendsten Erläuterer der *Bhagawadgita* und ein großer Jünger des Yogiradsch Sri Schyama Tscharan Lahiri Mahasaya von Benares. Swami Maharadsch hat mehrere *Yogoda-Satsanga*-Zentren [Zentren der Gemeinschaft der Selbst-Verwirklichung] in Indien gegründet und auch die Anregung zu der Yogabewegung gegeben, die sein bedeutendster Jünger, Swami Yogananda, ins Leben rief und später im Westen verbreitete. Die von göttlicher Verwirklichung zeugenden Prophezeiungen Sri Yukteswars hatten Swami Yogananda veranlaßt, über das Meer zu fahren und in Amerika die Botschaft der indischen Meister zu verbreiten.
Sri Yukteswardschis Auslegungen der *Bhagawadgita* und anderer heiliger Schriften zeugen von seinen umfassenden Kenntnissen in der östlichen und der westlichen Philosophie und sind insofern aufklärend, als sie uns die zwischen Morgen- und Abendland bestehende Harmonie vor Augen führen. Sri Yukteswar Maharadsch, der von der Einheit aller Religionen überzeugt war, gründete — in Zusammenarbeit mit den Leitern verschiedener Glaubensbewegungen — die *Sadhu-Sabha* (Gemeinschaft der Heiligen), die das Ziel verfolgt, Religion und Wissenschaft einander näherzubringen. Kurz vor seinem Ableben ernannte er Swami Yogananda zu seinem Nachfolger und zum Präsidenten der *Sadhu-Sabha*.
Indien ist heute durch den Heimgang dieses großen Mannes wahrlich ärmer geworden. Mögen alle diejenigen, die das Glück hatten, ihn zu kennen, von dem wahren Geist des *Sadhana* und der indischen Kultur, den er so vorbildlich verkörperte, erfüllt werden.«

Ich fuhr bald darauf nach Kalkutta zurück, wagte es aber noch nicht, die Einsiedelei in Serampur mit ihren heiligen Erinnerungen zu betreten. Daher ließ ich Prafulla, Sri Yukteswars kleinen Jünger aus Serampur, zu mir kommen und bereitete alles für seinen Eintritt in die Rantschi-Schule vor.

---

*) Nach hinduistischem Brauch werden alle Verehelichten nach ihrem Tode verbrannt. Swamis und Mönche anderer Orden werden jedoch nicht eingeäschert, sondern begraben. (Es gibt natürlich Ausnahmen.) Denn es heißt, daß der Körper eines Mönches — symbolisch gesehen — bereits im Feuer der Weisheit verbrannt worden ist, als er das Gelübde der Entsagung ablegte.

»Am Morgen, als Ihr zum *Mela* nach Allahabad gefahren wart«, erzählte mir Prafulla, »sank der Meister schwer auf das Sofa nieder. ›Yogananda ist fort!‹ rief er aus. ›Yogananda ist fort!‹ Dann fügte er geheimnisvoll hinzu: ›Ich muß es ihm auf andere Weise mitteilen!‹ und saß stundenlang in tiefem Schweigen da.«

Meine Tage waren restlos mit Vorträgen, Unterricht, Interviews und dem Wiedersehen mit alten Freunden ausgefüllt. Doch hinter meinem gezwungenen Lächeln und meiner pausenlosen Tätigkeit verbarg sich ein grübelnder Geist. Der innere Strom der Glückseligkeit, der mich so viele Jahre lang durchflutet hatte, war getrübt worden.

»Wo ist der göttliche Weise hingegangen?« rief meine gequälte Seele aus.

Doch ich erhielt keine Antwort.

»Wie gut, daß der Meister jetzt mit dem Kosmischen Geliebten vereint ist«, sagte mir meine Vernunft. »Sein Stern wird ewig am Himmel der Unsterblichkeit strahlen.«

»Nie mehr wirst du ihn in dem alten Haus in Serampur wiedersehen«, klagte mein Herz. »Nie mehr wirst du deine Freunde zu ihm bringen und stolz sagen: ›Seht, dies ist Indiens *Jnanavatar!*‹«

Herr Wright hatte alle Vorbereitungen für unsere Seereise getroffen, und unser Schiff sollte Anfang Juni von Bombay auslaufen. Die letzten vierzehn Tage im Mai besuchte ich noch Abschiedsbanketts und hielt verschiedene Ansprachen in Kalkutta; dann machte sich unsere Gruppe mit dem Ford auf den Weg nach Bombay. Bei unserer Ankunft bat uns die Reederei jedoch, die Überfahrt zu verschieben, da man keinen Platz für unseren Ford finden konnte, den wir in Europa wieder brauchen würden.

»Es ist mir recht so«, sagte ich wehmütig zu Herrn Wright. »Ich möchte wieder nach Puri zurück.« Und in Gedanken fügte ich hinzu: »Meine Tränen sollen noch einmal das Grab meines Guru benetzen.«

XLIII. KAPITEL

SRI YUKTESWARS AUFERSTEHUNG

»Sri Krischna!« rief ich überrascht aus, als mir ganz unvermutet die strahlende Gestalt des Avatars erschien. Ich saß am offenen Fenster meines Zimmers im Regent-Hotel in Bombay, als die wunderbare Vision plötzlich über dem hohen Dach des gegenüberliegenden Gebäudes sichtbar wurde.

Die göttliche Gestalt nickte mir lächelnd zu und hob grüßend die Hand. Während ich noch darüber nachdachte, was die Erscheinung wohl zu bedeuten hätte, machte er eine segnende Geste und entschwand. Ich fühlte mich auf wunderbare Weise erhoben und ahnte, daß mir ein besonderes geistiges Erlebnis bevorstand.

Meine Rückreise nach Amerika war vorläufig aufgeschoben worden; ich sollte noch mehrere öffentliche Ansprachen in Bombay halten und hatte dann vor, zu einem letzten Besuch nach Kalkutta und Puri zu fahren.

Als ich am Nachmittag des 19. Juni 1936 — eine Woche nach meiner Krischna-Vision — gegen drei Uhr auf dem Bett meines Hotelzimmers in Bombay saß und meditierte, wurde ich plötzlich auf ein wundersames Licht aufmerksam. Verwundert öffnete ich die Augen und sah, daß sich der ganze Raum in eine fremdartige Welt verwandelt hatte, in der das Sonnenlicht einen überirdischen Glanz verbreitete.

Wer kann aber meine Seligkeit beschreiben, als ich Sri Yukteswar leibhaftig vor mir stehen sah!

»Mein Sohn!« sagte der Meister, während er mich mit engelhaftem Lächeln anblickte.

Zum ersten Male in meinem Leben kniete ich nicht zu seinen Füßen nieder, sondern ging sofort auf ihn zu und schloß ihn ungestüm in meine Arme. Welch einzigartiger Augenblick! Die überwältigende Glückseligkeit, die mich jetzt überflutete, wog allen Schmerz der vergangenen Monate in reichem Maße auf.

»Mein Meister, mein geliebter Meister, warum habt Ihr mich verlassen?« Im Überschwang der Freude stieß ich meine Sätze etwas zusammenhanglos hervor. »Warum habt Ihr mich zum *Kumbha-Mela* gehen lassen? Was für bittere Vorwürfe habe ich mir gemacht, daß ich Euch allein gelassen habe.«

»Ich wollte dir die Vorfreude nicht verderben, da du so gern den Pilgerort sehen wolltest, wo ich Babadschi zum ersten Male begegnet bin. Außerdem habe ich dich nur für kurze Zeit verlassen; bin ich nicht wieder bei dir?«

»Aber seid Ihr es *wirklich*, Meister — derselbe Löwe Gottes? Ist dieser Körper ein genaues Ebenbild des alten, den ich in den grausamen Sand von Puri gebettet habe?«

»Ja, mein Kind, ich bin derselbe. Dieser Körper ist aus Fleisch und Blut. Obgleich ich ihn als ätherische Substanz sehe, erscheint er deinen Augen als körperliche Form. Ich habe aus den Atomen des Kosmos einen neuen Körper gebildet, der genau dem physischen Traumkörper gleicht, den du in deiner Traumwelt im Traumsand von Puri begraben hast. Ich bin wahrhaftig auferstanden, doch nicht auf Erden, sondern auf einem Astralplaneten, dessen Bewohner höher entwickelt sind als die Erdenmenschen und daher meinen hohen Ansprüchen besser genügen können. Dort wirst du mit deinen fortgeschrittenen Jüngern einst ebenfalls hinkommen.«

»Unsterblicher Guru, erzählt mir mehr!«

»Liebes Kind«, sagte der Meister da lächelnd, »kannst du deine Umarmung vielleicht ein wenig lockern?«

»Ja, aber nur ein wenig«, sagte ich, denn ich hielt ihn tatsächlich mit Herkulesarmen umschlungen. Dabei spürte ich denselben leichten Duft, den ich von seinem irdischen Körper her kannte. Auch jetzt, wo ich mir diese herrlichen Stunden vergegenwärtige, fühle ich denselben beseligenden Schauer über die Innenseiten meiner Arme und Hände rieseln wie damals, als ich seinen göttlichen Körper berührte.

»Ähnlich, wie Propheten auf die Erde gesandt werden, um den Menschen zu helfen, ihr irdisches Karma abzutragen, bin ich von Gott beauftragt worden, als Erlöser auf einem Astralplaneten zu wirken«, erklärte Sri Yukteswar. »Dieser trägt den Namen *Hiranyaloka,* was soviel wie ›Erleuchteter Astralplanet‹ bedeutet. Dort helfe ich den fortgeschrittenen Wesen, sich von ihrem astralen Karma, d. h. von astraler Wiedergeburt zu befreien.

Die Bewohner von Hiranyaloka haben bereits eine hohe geistige Entwicklungsstufe erreicht; sie alle haben während ihrer letzten irdischen Inkarnation durch ausdauernde Meditation die Fähigkeit erlangt, ihren

Körper im Tode bewußt zu verlassen. Nur wer auf Erden nicht nur in den *Sabikalpa-Samadhi,* sondern auch in den höheren Zustand des *Nirbikalpa-Samadhi* *) eingegangen ist, darf Hiranyaloka betreten.

Die Seelen auf Hiranyaloka haben die gewöhnlichen Astralsphären (in denen sich fast alle Erdenmenschen nach ihrem Tode aufhalten) bereits hinter sich gelassen, d. h., sie haben dort den größten Teil ihres astralen Karmas gesühnt. Jedoch nur fortgeschrittene Wesen können ein solches Bußwerk in den Regionen der Astralwelt vollbringen **). Um sich dann von den letzten Spuren ihres astralen Karma zu befreien, werden diese Seelen nach dem kosmischen Gesetz in einem neuen Astralkörper auf Hiranyaloka — der Astralsonne oder dem Astralhimmel — wiedergeboren, wo ich mich gegenwärtig befinde, um ihnen zu helfen. Außerdem leben auch noch nahezu vollkommene Wesen auf Hiranyaloka, die aus der höheren Kausalwelt kommen, aber noch bestimmte Erfahrungen in der Astralwelt sammeln müssen.«

Ich hatte mich jetzt so vollkommen auf meinen Guru eingestellt, daß er mir seine Wortbilder teils mündlich, teils durch Gedankenübertragung vermittelte. Auf diese Weise konnte ich sein Gedankenmosaik im Nu erfassen.

»Du hast in den heiligen Schriften gelesen«, fuhr der Meister fort, »daß Gott die menschliche Seele nacheinander in drei Körper einschloß: den Ideen- oder Kausalkörper, den feinstofflichen Astralkörper — Sitz des Verstandes und des Gefühls — und den grobstofflichen irdischen Körper. Die Erdenmenschen sind mit irdischen Sinnen ausgestattet. Die Organe der Astralwesen bestehen aus Bewußtsein und Empfindungen, und ihr Körper aus Biotronen. ***) Ein Kausalwesen dagegen lebt nur noch in den seligen Gefilden der Gedanken. Meine Aufgabe besteht darin, jenen Astralwesen zu helfen, die sich darauf vorbereiten, in die Kausalwelt einzugehen — oder zu ihr zurückzukehren.«

---

*) Siehe Seite 255, Fußnote. Im *Sabikalpa-Samadhi* vereinigt sich der Gottsucher vorübergehend mit dem GEIST, kann das kosmische Bewußtsein aber nur im unbeweglichen Trancezustand erleben. Durch ausdauernde Meditation erreicht er schließlich den höheren Zustand des *Nirbikalpa-Samadhi,* in dem er seine Gotteswahrnehmung auch dann nicht verliert, wenn er sich frei unherbewegt und seinen täglichen Pflichten nachgeht.
Im *Nirbikalpa-Samadhi* werden die letzten Reste des irdischen Karmas getilgt. Dann aber verbleibt noch ein gewisses astrales und kausales Karma, das den Yogi zwingt, astrale und später kausale Körper auf höheren Schwingungsebenen anzunehmen.
**) Die Schönheiten und Freuden der Astralwelt nehmen die meisten Menschen so sehr gefangen, daß sie sich nicht mehr ernsthaft um geistige Fortschritte bemühen.
***) Sri Yukteswar (der während dieser langen Unterhaltung Bengali sprach) gebrauchte das Sanskritwort *Prana.* Als Übersetzung habe ich das Wort

»Geliebter Meister, erzählt mir bitte mehr über den astralen Kosmos!« Obgleich ich auf Sri Yukteswars Bitte hin meine Umarmung gelockert hatte, hielt ich ihn — meinen kostbarsten Besitz, meinen Guru, der den Tod überlistet hatte, um mich aufzusuchen — immer noch fest umschlungen.

»Es gibt viele Astralsphären, die von astralen Wesen bevölkert sind«, begann der Meister. »Ihre Bewohner bedienen sich astraler Beförderungsmittel aus Licht, mit denen sie schneller als die Elektrizität oder radioaktive Strahlung von einem Planeten zum anderen reisen.

Das astrale Universum besteht aus feinen Licht- und Farbschwingungen und ist vielhundertmal größer als der physische Kosmos. Die ganze grobstoffliche Schöpfung hängt wie eine kleine massive Gondel unter dem riesigen, leuchtenden Ballon der Astralsphäre. Ebenso wie es viele physische Sonnen und Sterne gibt, die im Weltraum schweben, so gibt es auch zahllose astrale Sonnen- und Sternsysteme.

Die astralen Sonnen und Monde sind viel prächtiger als die physischen. Man kann sie etwa mit dem Nordlicht vergleichen, wobei man sich das astrale Nordlicht der Sonne strahlender als das milde Nordlicht des Mondes vorstellen muß. Tag und Nacht sind in der Astralwelt viel länger als auf Erden.

Das astrale Universum ist unvorstellbar schön, sauber, rein und geordnet. Dort gibt es keine ausgestorbenen Planeten und kein verödetes Land. Auch die irdischen Plagen wie Unkraut, Bakterien, Insekten und Schlangen existieren dort nicht. Während es auf Erden krasse Temperaturunterschiede und den Wechsel der Jahreszeiten gibt, haben die Astralsphären das gleichbleibende Klima eines ewigen Frühlings mit gelegentlichem leuchtend weißem Schneefall und vielfarbigem Lichtregen. Die Astralwelt ist reich an kristallklaren Seen, leuchtenden Meeren und regenbogenfarbigen Flüssen.

Das gewöhnliche astrale Universum — nicht der höhere Astralhimmel von Hiranyaloka — ist von Millionen Astralwesen bevölkert, die vor kürzerer oder längerer Zeit von der Erde gekommen sind, sowie von Myriaden Feen, Wassernixen, Fischen, Tieren, Kobolden, Gnomen, Halbgöttern und Geistern, die alle — je nach ihrer karmischen Beschaffenheit — auf entsprechenden Astralebenen leben. Gute und böse Geister wohnen in getrennten Sphären. Während sich die guten frei umher-

---

»Biotronen« geprägt. Die Hinduschriften sprechen von *Anu*, dem »Atom«, von *Paramanu*, »dem, was jenseits des Atoms liegt«, d. h. den feineren elektronischen Energien, und von *Prana*, der »schöpferischen Lebenskraft«. Atome und Elektronen sind blinde Kräfte, während *Prana* intelligenzbegabt ist. So bestimmt z. B. das *Prana* oder die Lebenskraft in Sperma und Eizelle das Wachstum des Embryo, das sich nach einem feststehenden karmischen Plan vollzieht.

bewegen können, bleiben die unheilbringenden Geister auf die ihnen zugewiesene Zone beschränkt. Genauso wie die menschlichen Wesen auf der Oberfläche der Erde, die Würmer im Boden, die Fische im Wasser und die Vögel in der Luft leben, so leben auch die Astralwesen, je nach ihrem Entwicklungsgrad, in ihrem natürlichen Schwingungsbereich.

Zwischen den bösen, gefallenen Engeln, die aus verschiedenen Astralwelten ausgestoßen wurden, finden Kämpfe und Kriege statt. Bomben aus Biotronen und vibrierende *mantrische**) Strahlen dienen ihnen als Waffen. Diese Ausgestoßenen leben in den finsteren Regionen des niederen Astralkosmos, wo sie ihr schlechtes Karma abbüßen.

In den unermeßlichen Gefilden oberhalb des dunklen Astralkerkers ist alles leuchtend und schön. Der astrale Kosmos kann sich viel leichter als die Erde dem göttlichen Willen und dem vollkommenen göttlichen Plan angleichen. Jeder astrale Gegenstand wird in erster Linie durch Gottes Willen, zum Teil aber auch durch den Willen der Astralwesen erschaffen. Diese besitzen die Macht, die Form irgendeines Gegenstandes, der bereits von Gott erschaffen wurde, abzuändern oder seine Schönheit zu erhöhen. Der Herr hat Seinen Astralkindern das Vorrecht gegeben, die astralen Substanzen beliebig neu zusammenzusetzen. Auf Erden kann ein fester Gegenstand nur durch einen natürlichen oder chemischen Prozeß in einen anderen Aggregatzustand verwandelt werden; die Astralwesen dagegen können die festen Astralformen allein durch ihren Willen in astrale Flüssigkeiten, Gase oder in Atomenergie verwandeln; sie bedienen sich des *Prana* oder mantrischer Schwingungen, um augenblickliche Veränderungen an ihrem Körper oder anderen Gegenständen hervorzurufen.

Auf der dunklen Erde gibt es Mord und Kriege zu Wasser, zu Lande und in der Luft«, fuhr mein Guru fort. »In den astralen Gefilden aber herrscht eine beglückende Harmonie und Übereinstimmung. Die astralen Wesen entmaterialisieren und materialisieren ihren Körper nach Belieben. Auch Blumen, Fische und Tiere können sich vorübergehend in astrale Menschen verwandeln. Allen Astralwesen steht es frei, irgendeine beliebige Form anzunehmen und sich mühelos miteinander zu verständigen, denn kein unabänderliches Naturgesetz hindert sie daran. So kann z. B. jeder astrale Baum auf Wunsch eine astrale Mango, eine

---

*) Siehe Seite 475, Fußnote. Ein *Mantra* besteht aus gesprochenen oder gesungenen Lauten, die bei tiefer Konzentration wie geistige Geschosse wirken. Die *Puranas* (die alten *Schastras* oder Erzählungen) beschreiben *mantrische* Kriege zwischen den *Dewas* und *Asuras* (den Göttern und Dämonen). Ein *Asura* versuchte einst, einen *Dewa* mit einem machtvollen Lied zu schlagen; da er aber eine falsche Betonung hineinlegte, wurde die geistige Bombe zu einem Bumerang, der den Dämonen tötete.

Blume oder irgendeinen anderen Gegenstand hervorbringen. Allerdings gibt es auch in der Astralwelt gewisse karmische Begrenzungen, jedoch nicht in bezug auf gewünschte Formen. Gottes schöpferisches Licht pulsiert in allen Dingen.

Niemand wird von einer Frau geboren. Die Astralwesen können ihre Nachkommen kraft ihres kosmischen Willens materialisieren und ihnen bestimmte Formen geben. Ein Wesen von der Erde wird, je nach seinen geistigen und seelischen Neigungen, von einer ihm entsprechenden Astralfamilie angezogen.

Der Astralkörper ist weder Hitze noch Kälte noch anderen natürlichen Bedingungen unterworfen. Anatomisch gesehen, besteht er aus einem astralen Gehirn mit dem teilweise tätigen, allwissenden ›tausendblättrigen Lotos des Lichts‹ und den sechs erweckten Zentren in der *Suschumna* — der astralen Gehirn- und Rückenmarksachse. Das Herz entzieht dem astralen Gehirn Licht und kosmische Energie und leitet diese an die astralen Nerven und die aus Biotronen bestehenden Körperzellen weiter. Astralwesen können kraft dieser Biotronen und durch heilige mantrische Schwingungen Veränderungen an ihrem Körper vornehmen.

In den meisten Fällen gleicht der Astralkörper der Form des letzten irdischen Körpers. Gesicht und Gestalt eines Astralwesens ähneln der jugendlichen Erscheinung seiner letzten irdischen Verkörperung. Gelegentlich jedoch zieht jemand, wie z. B. ich, seinen älteren Körper vor.« Der Meister, der wie die blühende Jugend aussah, lachte fröhlich. Dann fuhr er fort:

»Während die dreidimensionale irdische Welt nur durch die fünf Sinne des Menschen erkannt werden kann, werden die astralen Sphären durch den allumfassenden sechsten Sinn — die Intuition — wahrgenommen. Die Astralwesen sehen, hören, riechen, schmecken und fühlen nur durch ihre Intuition. Sie haben drei Augen, von denen zwei halb geschlossen sind. Das dritte und größte Auge jedoch, das sich senkrecht auf der Stirn befindet, ist geöffnet. Die Astralmenschen besitzen alle äußeren Sinnesorgane — Augen, Ohren, Nase, Zunge und Haut —, nehmen die verschiedenen körperlichen Empfindungen aber mit ihrem sechsten Sinn wahr. So können sie z. B. mit den Ohren, der Nase oder der Haut sehen, mit den Augen oder der Zunge hören, mit den Ohren oder der Haut schmecken usw. *)

Der physische Körper des Menschen ist zahlreichen Gefahren ausgesetzt und kann leicht verstümmelt oder verletzt werden. Auch der

---

*) An Beispielen hierfür fehlt es selbst auf Erden nicht, wie im Fall von Helen Keller u. a.

ätherische Astralkörper wird zuweilen verwundet oder geprellt, kann aber sofort durch reine Willenskraft wieder geheilt werden.«

»Gurudewa, sind alle Astralwesen schön?«

»Schönheit ist in der Astralwelt vor allem eine geistige Eigenschaft«, erwiderte Sri Yukteswar. »Aus diesem Grunde legen die Astralwesen kein großes Gewicht auf ihr Aussehen. Sie haben jedoch die Macht, sich jederzeit mit neuen, farbenfreudigen Astralkörpern zu bekleiden, die sie selbst materialisieren. Ebenso wie sich die Menschen auf der Erde bei besonderen Anlässen festlich kleiden, so nehmen auch die Astralwesen gelegentlich besondere Formen an.

Freudenfeste finden auf den höheren Astralplaneten wie Hiranyaloka z. B. dann statt, wenn sich ein Wesen geistig so hoch entwickelt hat, daß es sich von der Astralwelt lösen und in den Himmel der Kausalwelt eingehen kann. Bei solchen Gelegenheiten materialisieren sich die in Gott eingegangenen Heiligen und sogar der unsichtbare Himmlische Vater selbst in leuchtenden Astralkörpern, um an der Festlichkeit teilzunehmen. Gott kann jedwede gewünschte Form annehmen, um Seinen geliebten Kindern Freude zu machen. *Bhaktas* oder hingebungsvolle Naturen erblicken Ihn oft als Göttliche Mutter. Jesus sah in Gott vor allem den liebenden Vater. Der Schöpfer hat jedem Seiner Geschöpfe Individualität verliehen und muß daher alle vorstellbaren und unvorstellbaren Ansprüche an Seine Vielseitigkeit in Kauf nehmen.« Bei diesen Worten brachen wir beide in fröhliches Lachen aus.

»Freunde aus früheren Leben erkennen sich in der Astralwelt leicht wieder«, fuhr Sri Yukteswar mit seiner klangvollen Stimme fort. »Dort erfreuen sie sich jener ewigen Liebe und Freundschaft, an der sie auf Erden — besonders in der Stunde des scheinbar endgültigen Abschieds — so oft zweifelten.

Mittels ihrer Intuition können die astralen Wesen den Schleier, der sie von der irdischen Welt trennt, lüften und die Tätigkeit der Menschen beobachten; doch die Menschen können nicht in die astralen Sphären schauen, es sei denn, daß ihr sechster Sinn bis zu einem gewissen Grade entwickelt ist. Es gibt Tausende von Erdenbewohnern, die für kurze Augenblicke ein Astralwesen oder eine der Astralwelten erblickt haben.*)

Die Bewohner von Hiranyaloka befinden sich während der langen

---

*) Kinder, die ein reines Herz haben, können manchmal auch auf Erden eine anmutige Astralgestalt, z. B. eine Fee, erblicken.
Andererseits können Drogen und berauschende Getränke, deren Genuß von allen heiligen Schriften untersagt wird, das Gehirn des Menschen derart zerrütten, daß er gezwungen ist, die abschreckenden Gestalten der astralen Hölle zu erblicken.

astralen Tage und Nächte gewöhnlich im Wachzustand der *Nirbikalpa-Ekstase* und helfen bei der Lösung schwieriger Probleme, die mit der Regierung des Kosmos und der Befreiung ›verlorener Söhne‹ (erdgebundener Seelen) zusammenhängen. Wenn die Bewohner von Hiranyaloka schlafen, haben sie gelegentlich Traumerlebnisse und astrale Visionen.

Alle Bewohner des Astralkosmos sind jedoch noch seelischen Leiden unterworfen. So verursacht es den sensiblen Wesen, die auf Hiranyaloka oder ähnlichen Planeten leben, z. B. tiefen Schmerz, wenn sie sich nicht richtig verhalten haben oder nicht auf den Grund der Wahrheit gedrungen sind. Diese fortgeschrittenen Wesen bemühen sich, all ihr Denken und Handeln in Einklang mit den geistigen Gesetzen zu bringen.

Die Verständigung zwischen den Bewohnern aller Astralwelten geschieht ausschließlich durch Telepathie und astrales Fernsehen. Irrtümer und Mißverständnisse, wie sie auf Erden durch das gesprochene und geschriebene Wort entstehen, sind in den astralen Gefilden unbekannt.

In gewisser Weise ähneln die Bewohner der Astralwelt den Darstellern auf der Filmleinwand, die nur aus Licht und Schatten bestehen und sich bewegen und verschiedenen Tätigkeiten nachgehen, ohne wirklich zu atmen. Sie handeln und wandeln in ihrem Lichtkörper wie intelligente, aufeinander abgestimmte Wesen, ohne Sauerstoff zum Leben zu brauchen. Die Existenz der Erdbewohner hängt von festen, flüssigen und gasförmigen Stoffen und der aus der Luft gewonnenen Lebensenergie ab; doch die Astralbewohner ernähren sich hauptsächlich von kosmischem Licht.«

»Geliebter Meister, essen die Astralwesen überhaupt etwas?« Ich nahm seine wunderbaren Erläuterungen mit Herz, Geist und Seele in mich auf. Anders als die flüchtigen Sinneseindrücke, die nur von vorübergehender, relativer Wirklichkeit sind und darum bald wieder verblassen, sind überbewußte Wahrnehmungen ewig wahr und unvergänglich. Die Worte meines Guru haben sich meiner Seele so unauslöschlich eingeprägt, daß ich mir dieses göttliche Erlebnis jederzeit, wenn ich in den *Samadhi* eingehe, in allen Einzelheiten wieder vergegenwärtigen kann.

»Der astrale Boden bringt leuchtende, strahlenähnliche Pflanzen hervor«, erwiderte er. »Die Astralbewohner nehmen Früchte und Pflanzen zu sich und trinken einen Nektar, der sich aus schimmernden Lichtquellen ergießt oder in astralen Bächen und Strömen fließt. So wie auf Erden die Bilder entfernter Menschen aus dem Äther herbeigeholt und durch den Fernsehapparat sichtbar gemacht werden, um sich später wieder im Raum zu verlieren, so können die Astralbewohner die im Äther schwebendenden unsichtbaren astralen Bilder von Pflanzen und Früchten durch ihren Willen herbeiziehen. Ähnlich können sie allein durch ihre

Vorstellungskraft herrliche Gärten erschaffen, die sich später wieder im unsichtbaren Äther auflösen.

Die Bewohner himmlischer Sphären wie z. B. Hiranyalokas bedürfen also kaum der Nahrung; noch unabhängiger aber sind die nahezu vollkommenen Wesen in der Kausalwelt, deren einzige Nahrung aus dem Manna der Glückseligkeit besteht.

Ein Astralwesen begegnet zahllosen Freunden und Verwandten: Vätern, Müttern, Ehefrauen, Ehemännern und Kindern, mit denen es in früheren Inkarnationen verbunden war*) und die von Zeit zu Zeit in den verschiedenen Regionen des Astralkosmos auftauchen. Daher weiß es nicht, wen es am meisten lieben soll und lernt auf diese Weise, allen die gleiche göttliche Liebe zu schenken und in ihnen allen verschiedene Ausdrucksformen Gottes, d. h. Seine Kinder zu sehen.

Die äußere Erscheinung ehemaliger Angehöriger mag sich mehr oder weniger verändert haben, je nachdem, welche neuen Charakterzüge sie im letzten Leben entwickelt haben; und dennoch erkennt ein Astralwesen mit untrüglicher Intuition alle, die ihm einst auf einer anderen Daseinsebene nahegestanden haben, wieder und heißt sie in ihrer neuen astralen Heimat willkommen. Jedes Atom der Schöpfung besitzt unveränderliche Individualität **); aus diesem Grunde können die Astralwesen ihre Freunde ohne weiteres wiederfinden, ganz gleich, in welchem Gewand sie erscheinen — ebenso wie man auf Erden, bei näherem Hinsehen, einen Schauspieler in seinen verschiedenen Verkleidungen wiedererkennt.

Jeder Mensch lebt während einer bestimmten Zeitspanne auf einem Astralplaneten. Die Zeitdauer hängt von der Beschaffenheit seines irdischen Karmas ab, das ihn zur festgesetzten Zeit unerbittlich wieder zur Erde zurückzieht. Einige Wesen kehren nach ihrem körperlichen Tode sofort zur Erde zurück, besonders dann, wenn sie ein starkes Verlangen danach haben. Die durchschnittliche Zeitdauer, die ein einigermaßen fortgeschrittenes Wesen in der Astralwelt verbringt, beträgt jedoch nach irdischem Zeitmaß 500 bis 1000 Jahre. Aber genauso wie einige Yogis mehrere hundert Jahre alt werden, während der Durchschnittsmensch noch vor Vollendung seines 60. Lebensjahres stirbt, und wie die Mam-

---

*) Buddha wurde einst gefragt, warum man alle Menschen gleich lieben solle. »Weil jedes Wesen (irgendwann einmal in irgendeiner tierischen oder menschlichen Form) einem jeden von uns nahegestanden hat«, erwiderte der große Lehrer.
Die *Isa-Upanischad* drückt denselben Gedanken mit etwas anderen Worten aus: »Derjenige, der alle Wesen in seinem eigenen Selbst und sich selbst in allen Wesen sieht, kann niemandem ein Leid zufügen.«

**) Die acht Elementarkräfte — die wesentlichen Bestandteile allen erschaffenen Lebens, vom Atom angefangen bis zum Menschen — sind: Erde, Wasser, Feuer, Luft, Äther, Bewegung, Geist (Sinnesbewußtsein) und Individualität. *(Bhagawadgita VII, 4)*

mutbäume andere Bäume um Jahrtausende überleben, können einige Wesen auch bis zu 2000 Jahren in der Astralwelt bleiben.

Ein Astralwesen kennt keinen qualvollen Todeskampf, wenn die Zeit gekommen ist, seinen Lichtkörper abzuwerfen. Dennoch werden manche bei dem Gedanken, ihre Astralform gegen die feinere Kausalform einzutauschen, von einer leichten Unruhe befallen.

In der Astralwelt gibt es keinen gewaltsamen Tod, keine Krankheit und kein Altern. Diese drei Geißeln liegen wie ein Fluch über der Erde, wo der Mensch seinem Bewußtsein gestattet hat, sich ganz und gar mit einem gebrechlichen, irdischen Körper zu identifizieren, dessen Existenz von Sauerstoff, Nahrung und Schlaf abhängt.

Beim körperlichen Tod tritt Stillstand der Atmung und Auflösung aller fleischlichen Zellen ein. Der astrale Tod dagegen besteht in der Auflösung der Biotronen — jener kosmischen Energieeinheiten, aus denen sich der Körper eines Astralwesens zusammensetzt. Beim körperlichen Tod löst sich das Bewußtsein des Menschen von der fleischlichen Hülle und gewahrt statt dessen seinen feinstofflichen Körper in der Astralwelt. Wenn seine Zeit drüben abgelaufen ist, erlebt er den astralen Tod; auf diese Weise pendelt sein Bewußtsein zwischen Geburt und Tod auf Erden und Geburt und Tod in der Astralwelt hin und her. Dieser sich ständig wiederholende Kreislauf astraler und irdischer Verkörperungen ist das unentrinnbare Schicksal aller unerleuchteten Wesen. Was wir in den heiligen Schriften über Himmel und Hölle lesen, erweckt oft schlummernde Erinnerungen in uns, die aus tieferen Schichten als denen des Unterbewußtseins kommen und uns zahlreiche Erlebnisse in den seligen Astralregionen und der leidvollen irdischen Welt ins Gedächtnis zurückrufen.«

»Geliebter Meister«, bat ich, »teilt mir bitte noch nähere Einzelheiten über den Unterschied zwischen der irdischen und der astralen Wiedergeburt mit.«

»Als individuelle Seele gesehen, ist der Mensch im wesentlichen ein Kausalkörper«, erklärte Sri Yukteswar. »Die Kausalform ist der Nährboden für die 35 *Ideen* Gottes — die grundlegenden oder kausalen Gedankenkräfte —, die Gott später aufteilte, um aus 19 dieser Elemente den feinstofflichen Astralkörper und aus den 16 übrigen Elementen den grobstofflichen irdischen Körper zu bilden.

Aus den 19 Elementen des Astralkörpers werden Verstand, Gefühl und die Biotronen gebildet. Im einzelnen bestehen diese Elemente aus folgendem: Erkenntnisvermögen, Ichbewußtsein, Gefühl, Geist (Sinnesbewußtsein), den fünf Werkzeugen der *Erkenntnis* — den feinstofflichen Gegenstücken der fünf Sinne: Gesicht, Gehör, Geruch, Geschmack und Tastsinn —, den fünf Werkzeugen der *Tätigkeit,* welche für die körperlichen Vorgänge der Zeugung, Ausscheidung, des Sprechens, Gehens und der Fingerfertigkeit verantwortlich sind, und den fünf Werkzeugen der *Lebenskraft,* welche die Zellenbildung, Assimilation, Aussonderung, den Stoffwechsel und Kreislauf im Körper bewirken. Diese feinstoffliche astrale Hülle überlebt die irdische Form, die aus 16 grobstofflichen, chemischen Elementen besteht.

Gott erschuf in Sich selbst verschiedene Ideen und projizierte sie dann als Träume. So entstand die kosmische Traumwelt, die sich — gleich einer schönen Frau — den reichen Schmuck der Relativität umgehängt hat.

In den 35 Gedankenkategorien des Kausalkörpers hat Gott die 19 astralen Elemente und die sie ergänzenden 16 physischen Elemente bis ins einzelne ausgearbeitet. Zuerst verdichtete Er die feinstofflichen Schwingungskräfte und erzeugte somit den Astralkörper; dann verdichtete Er die grobstofflichen Elemente und erschuf den physischen Körper. Bedingt durch das Relativitätsgesetz, das aus der ursprünglichen Einheit eine verwirrende Vielfalt schuf, unterscheidet sich der kausale Kosmos und der Kausalkörper vom astralen Kosmos und vom Astralkörper; und ebenso unterscheidet sich der physische Kosmos und der physische Körper von den anderen Formen der Schöpfung.

Der irdische Körper ist ein fester, manifestierter Traum des Schöpfers. Auf der Erde gibt es die ewigen Gegensätze: Gesundheit und Krankheit, Lust und Schmerz, Gewinn und Verlust, und die menschlichen Wesen finden in der dreidimensionalen Welt überall Begrenzung und Widerstand. Wenn der Lebenswille des Menschen durch Krankheit oder andere Ursachen gebrochen wird, tritt der Tod ein, und das schwere Gewand des Fleisches wird vorübergehend abgeworfen. Die Seele bleibt jedoch weiterhin im Astral- und Kausalkörper eingeschlossen.*) Die Kohäsionskraft, die alle drei Körper zusammenhält, ist die Begierde; es ist diese Triebkraft der unerfüllten Wünsche, die den Menschen in die Knechtschaft stürzt.

Körperliche Wünsche wurzeln im Egoismus und in der Sinnenlust. Der Zwang, den die Sinne auf uns ausüben und die sinnlichen Verlockungen sind stärker als der Wunsch nach astralen oder kausalen Wahrnehmungen.

Astrale Wünsche wurzeln in geistigen Genüssen, die sich durch Schwingungen mitteilen. So lauschen die astralen Wesen z. B. der ätherischen Musik der Sphären und berauschen sich am Anblick der Schöpfung, die

---

*) Unter Körper versteht man jede grob- oder feinstoffliche Hülle, in der die Seele eingeschlossen ist. Die drei Körper werden als »Käfige des Paradiesvogels« bezeichnet.

sich ihnen in ewig wechselnden Lichterscheinungen offenbart. Astrale Wesen können das Licht auch riechen, schmecken und berühren. So hängen die astralen Wünsche also mit der Fähigkeit der Astralwesen zusammen, jeden gewünschten Gegenstand unmittelbar als Lichtform zu verdichten und in Gedanken oder Träumen herrliche Erlebnisse hervorzurufen.

Kausale Wünsche können nur durch geistige Wahrnehmungen erfüllt werden. Die nahezu freien Wesen, die nur noch in die Kausalhülle eingeschlossen sind, nehmen den ganzen Kosmos als projizierte Traumgedanken Gottes wahr. Sie erleben alles nur in Gedanken. Daher empfindet ihre sensible Seele jede körperliche Lust oder astrale Freude als grob und beklemmend. Die Kausalwesen befreien sich von ihren Wünschen, indem sie sie augenblicklich materialisieren. *) Da sie nur noch von dem feinen Schleier des Kausalkörpers umgeben sind, können sie — wie der Schöpfer — ganze Universen ins Leben rufen. Alle Welten bestehen aus kosmischem Traumstoff; deshalb besitzt ein Wesen, das nur noch mit einem feinen Kausalkörper bekleidet ist, ungeheure Kraft der Verwirklichung.

Die Seele, die von Natur unsichtbar ist, kann nur dann wahrgenommen werden, wenn sie sich mit einem oder mehreren Körpern bekleidet. Das bloße Vorhandensein eines Körpers bedeutet also, daß er aufgrund unerfüllter Wünsche entstanden ist. **)

Solange die menschliche Seele in ein, zwei oder drei körperliche Gefäße eingeschlossen ist, die fest mit dem Korken der Unwissenheit und der Begierde verschlossen sind, kann sie nicht mit dem Meer des GEISTES verschmelzen. Selbst wenn das grobstoffliche, körperliche Gefäß im Tode zerstört wird, bleiben noch die beiden anderen Behälter — der astrale und der kausale — bestehen und hindern die Seele daran, sich bewußt mit dem allgegenwärtigen Leben zu vereinigen. Erst wenn man Weisheit und dadurch Wunschlosigkeit erlangt hat, lösen sich die anderen beiden Gefäße auf. Dann endlich ist die kleine Menschenseele frei und wird eins mit der Unermeßlichen Unendlichkeit.«

Ich bat meinen göttlichen Guru, mir die erhabene und geheimnisvolle Kausalsphäre noch näher zu erläutern.

»Die Kausalwelt ist von unbeschreiblicher Feinheit«, erwiderte er.

---

*) So half z. B. Babadschi Lahiri Mahasaya, sich von seinem im Unterbewußtsein schlummernden Wunsch nach einem Palast (der aus einem früheren Leben stammte) zu befreien. (Siehe Seite 326)

**) »Er aber sprach zu ihnen: »Wo das Aas ist, da sammeln sich auch die Adler.« *(Lukas 17, 37)* Überall, wo die Seele in einem physischen, astralen oder kausalen Körper eingeschlossen ist, versammeln sich auch die Adler der Begierde und halten die Seelen gefangen. Sie nähren sich von den menschlichen Schwächen, die in der inneren Bindung an die Sinnenfreuden oder die Freuden der Astral- und Kausalwelt bestehen.

»Um sie zu verstehen, müßte man über eine derartig starke Konzentrationskraft verfügen, daß man sich bei geschlossenen Augen den unermeßlichen Astralkosmos sowie den physischen Kosmos — den leuchtenden Ballon mit der festen Gondel — nur noch als Idee vergegenwärtigen kann. Wenn es einem durch eine solche übermenschliche Konzentration gelänge, diese beiden Welten und ihre verwirrende Mannigfaltigkeit in reine Ideen zu verwandeln oder aufzulösen, würde man die Kausalwelt, das Grenzgebiet zwischen Geist und Materie, erreichen. Dort nimmt man alle erschaffenen Dinge — feste, flüssige und gasförmige Stoffe, Elektrizität, Energie und alle Lebewesen: Götter, Menschen, Tiere, Pflanzen und Bakterien — nur noch als Bewußtseinsformen wahr, ähnlich wie man bei geschlossenen Augen noch weiß, daß man existiert, obgleich man seinen Körper nicht mehr sehen kann.

Alles, was der Mensch in seiner Phantasie tun kann, kann ein Kausalwesen in Wirklichkeit tun. Intelligente Menschen mit lebhafter Vorstellungskraft können in Gedanken von einem Planeten zum anderen schweben, gleich einer Rakete in den sternübersäten Himmel emporsteigen und wie ein Scheinwerferlicht über die Milchstraßensysteme des Weltraums gleiten. Die Wesen in der Kausalwelt können aber noch mehr tun: sie können ihre Gedanken mühelos materialisieren, und dies ohne irgendwelche stofflichen und astralen Widerstände oder karmischen Begrenzungen.

Die Kausalwesen erkennen, daß der physische Kosmos nicht eigentlich aus Elektronen und der astrale Kosmos nicht eigentlich aus Biotronen besteht, sondern daß beide sich in Wirklichkeit aus unendlich kleinen Bruchteilchen des göttlichen GEISTES zusammensetzen, der durch *Maya*, das Gesetz der Relativität (das dem Anschein nach die Schöpfung von ihrem Schöpfer trennt) gespalten und aufgeteilt worden ist.

Die Wesen in der Kausalwelt nehmen sich gegenseitig als individualisierte Funken des glückseligen GEISTES wahr. Die einzigen ›Dinge‹, mit denen sie sich umgeben, sind Gedankenbilder. Für die Kausalmenschen besteht der Unterschied zwischen ihren Körpern und Gedanken nur als Vorstellung. Genauso wie sich der Mensch mit geschlossenen Augen ein weißes Licht oder einen bläulichen Nebeldunst vorstellen kann, so können die Kausalwesen allein durch ihre Gedanken sehen, hören, riechen, schmecken und fühlen. Sie erschaffen alles aus der Kraft ihres kosmischen Geistes und lösen es auf dieselbe Weise wieder auf.

Geburt und Tod vollziehen sich in der Kausalwelt nur in Gedanken. Die einzige Speise, die die Kausalmenschen zu sich nehmen, ist die Ambrosia ewig neuer Erkenntnis. Sie trinken aus dem Quell des Friedens, schweben über den unberührten Boden göttlicher Wahrnehmungen und treiben im endlosen Meer der Freude dahin. Sieh, wie ihre leuchtenden Gedankenkörper an Abermillionen geistig erschaffener Planeten, an neu erstandenen Universen, an Weisheitssternen und Traumgebilden aus goldenen Spiralnebeln vorübergleiten, die alle im Schoß der Unendlichkeit ruhen!

Viele Wesen bleiben mehrere tausend Jahre im Kausalkosmos. Durch immer tiefere Ekstase befreit sich die Seele schließlich von ihrem kleinen Kausalkörper und geht in den unermeßlichen Kausalkosmos ein. Alle einzelnen Gedankenwellen — Macht, Liebe, Wille, Freude, Frieden, Intuition, Stille, Selbstbeherrschung und Konzentration — lösen sich dann im unerschöpflichen Meer der Glückseligkeit auf. Nicht länger mehr braucht die Seele ihr Glück in einer individuellen Bewußtseinswelle zu suchen; sie ist in das große Kosmische Meer eingegangen, das alle Wellen in sich birgt — ewige Freude, ewiges Lachen, ewiges Leben — die ersehnte Mannigfaltigkeit in der Einheit.

Wenn es der Seele gelungen ist, aus dem Kokon der drei Körper herauszuschlüpfen, entrinnt sie auf immer dem Gesetz der Relativität und wird zum unvergänglichen, ewigen Dasein.*) Schau den Schmetterling der Allgegenwart, dessen Flügel mit Sonnen, Monden und Sternen besät sind! Die Seele, die zum GEIST geworden ist, bleibt allein in der Sphäre des lichtlosen Lichts, des dunkellosen Dunkels, des gedankenlosen Gedankens und berauscht sich in ekstatischer Freude am Kosmischen Schöpfungstraum Gottes.«

»Eine freie Seele!« rief ich ehrfürchtig aus.

»Wenn die Seele endlich die drei körperlichen Hüllen der Täuschung abwirft«, fuhr der Meister fort, »vereinigt sie sich, ohne ihre Individualität zu verlieren, mit dem Unendlichen. Christus hatte diese endgültige Freiheit bereits erlangt, ehe er als Jesus geboren wurde. In seinen früheren Inkarnationen hatte er drei Entwicklungsstufen durchgemacht — die in seinem letzten Erdenleben durch die drei Tage zwischen Tod und Auferstehung symbolisiert wurden — und schließlich die Macht gewonnen, zum GEIST aufzusteigen.

Jeder Mensch muß zahlreiche irdische, astrale und kausale Inkarnationen durchmachen, ehe er sich von seinen drei Körpern lösen kann. Hat er dann seine endgültige Freiheit erreicht, steht es ihm frei, als Prophet zur Erde zurückzukehren und andere Menschen auf den Weg zu Gott zu führen. Oder er kann, wie ich, im Astralkosmos leben und

---

*) »Wer überwindet, den will ich machen zum Pfeiler in dem Tempel meines Gottes, und er soll nicht mehr hinausgehen (d. h., er soll sich nicht mehr wiederverkörpern) ... Wer überwindet, dem will ich geben, mit mir auf meinem Stuhl zu sitzen, wie ich überwunden habe und mich gesetzt mit meinem Vater auf seinen Stuhl.« *(Offenbarung 3, 12; 21)*

den dortigen Bewohnern einen Teil ihres Karmas abnehmen; dadurch hilft er ihnen, den Kreislauf der Wiedergeburten im astralen Kosmos zu beenden und für immer in die Kausalsphäre einzugehen.*) Auch kann eine befreite Seele in der Kausalwelt bleiben, um den dortigen Wesen zu helfen, ihre Zeitspanne im Kausalkörper zu verkürzen und endgültig befreit zu werden.«

»Auferstandener Meister, ich möchte gern mehr über das Karma wissen, das die Seele zwingt, in die drei Welten zurückzukehren.« Ich hätte meinem allwissenden Meister in alle Ewigkeit zuhören können. Niemals hatte ich während seines Erdenlebens in so kurzer Zeit so viel von seiner Weisheit in mich aufnehmen können. Jetzt gewann ich zum ersten Male einen tiefen Einblick in die geheimnisvollen Bereiche zwischen Diesseits und Jenseits.

»Das irdische Karma, d. h. die irdischen Wünsche des Menschen, muß völlig ausgelöscht sein, ehe dieser für immer in der Astralwelt bleiben kann«, erklärte mein Guru mit seiner melodischen Stimme. »Es gibt zwei Arten von Astralwesen: zunächst diejenigen, die noch irdisches Karma zu sühnen haben und daher wieder in einen grobstofflichen Körper eingehen müssen; sie gelten nach ihrem körperlichen Tod nur als Besucher, nicht als ständige Bewohner der Astralsphären.

Wesen mit ungetilgtem irdischem Karma dürfen nach ihrem Tode in der Astralwelt nicht in die höhere Kausalsphäre — die Sphäre kosmischer Ideen — eingehen, sondern müssen zwischen der physischen und astralen Welt hin- und herwandern, wo sie sich abwechselnd eines irdischen Körpers aus 16 grobstofflichen Elementen und eines Astralkörpers aus 19 feinstofflichen Elementen bewußt sind. Unentwickelte Menschen jedoch fallen nach dem Verlust ihres irdischen Körpers meist in einen tiefen, dumpfen Todesschlaf und sind sich der wunderbaren Astralgefilde kaum bewußt. Nach dieser astralen Ruhepause kehren sie auf die körperliche Ebene zurück, um weitere Erfahrungen zu sammeln. Allmählich aber gewöhnen sie sich durch ihre wiederholten Besuche an die feinstoffliche, astrale Welt.

Die ständigen Bewohner des astralen Universums haben keinerlei irdische Wünsche mehr und brauchen daher nicht mehr in die grobe Schwingungssphäre der Erde zurückzukehren. Solche Wesen haben nur noch ihr astrales und kausales Karma abzutragen. Nach ihrem astralen Tode

---

*) Hiermit deutete Sri Yukteswar an, daß er, ebenso wie in seiner irdischen Inkarnation, wo er gelegentlich die Krankheit eines seiner Jünger auf sich genommen hatte, um dessen Karma zu erleichtern, auch als Erlöser in der Astralwelt die Fähigkeit hat, anderen einen Teil ihres astralen Karmas abzunehmen; dadurch beschleunigt er ihre Entwicklung und bereitet sie für die höhere Kausalwelt vor.

betreten sie die unendlich feinere Kausalwelt und kehren nach einer vom kosmischen Gesetz bestimmten Zeitspanne wieder zu Hiranyaloka oder einem anderen hochentwickelten Astralplaneten zurück, wo sie in einem neuen Astralkörper geboren werden und ihr noch verbleibendes astrales Karma sühnen können.

Mein Sohn«, fuhr Sri Yukteswar fort, »nun wirst du besser verstehen, daß ich auf göttliches Geheiß auferstanden bin, um vor allem jene Seelen zu erlösen, die nach ihrer Rückkehr von der Kausalsphäre in der Astralwelt wiedergeboren werden, und nicht so sehr die anderen Astralwesen, die noch Spuren irdischen Karmas haben. Letztere können sich nicht zu den hochentwickelten Astralplaneten, zu denen auch Hiranyaloka gehört, erheben.

Wie die meisten Menschen auf dieser Erde noch nicht gelernt haben, zu meditieren und sich die höheren Freuden der Astralwelt vorzustellen und sich daher, sobald sie gestorben sind, nach den unvollkommenen irdischen Freuden zurücksehnen, so können sich auch viele Astralwesen nach der natürlichen Auflösung ihres Astralkörpers noch nicht den erhabenen Geisteszustand der Kausalwesen vorstellen. Sie sehnen sich nach dem gröberen und prunkvolleren Astralhimmel zurück. Solche Menschen haben noch schweres astrales Karma abzutragen, ehe sie nach ihrem astralen Tode ständig in der kausalen Welt der Gedanken bleiben können, die sie nur noch um ein geringes von ihrem Schöpfer trennt.

Nur wer sich nach keinen weiteren Erlebnissen in dem für das Auge so verlockenden Astralkosmos sehnt und nicht in Versuchung geführt werden kann, zu ihm zurückzukehren, darf in der Kausalwelt bleiben. Dort sühnt die eingeschlossene Seele ihr noch verbleibendes kausales Karma, d. h., sie zerstört die Saat aller ehemaligen Wünsche und entfernt den letzten der drei Korken der Unwissenheit. Dann endlich wirft sie ihre letzte Hülle — den Kausalkörper — ab, um mit dem Ewigen zu verschmelzen.

Verstehst du nun?« fragte der Meister mit bestrickendem Lächeln.

»Ja, durch Eure Gnade! Ich weiß nicht, wie ich meine Freude und Dankbarkeit in Worte fassen soll.«

Niemals hatte mir irgendein Buch oder Epos ein derart tiefes Wissen vermittelt. Obgleich die Hinduschriften die Kausal- und Astralwelt und die drei Körper des Menschen erwähnen, schienen mir die gedruckten Worte im Vergleich mit dem lebendigen Zeugnis meines auferstandenen Meisters jetzt blaß und nichtssagend. Für ihn gab es kein »unbekanntes Land, von dessen Ufern kein Wanderer wiederkehrt.« *)

---

*) Aus Shakespeares »Hamlet«, 3. Akt, 1. Szene

»Das wechselseitige Durchdringen der drei Körper zeigt sich auch in der dreifachen Natur des Menschen«, fuhr mein großer Guru fort. »Im Wachzustand ist der Mensch sich mehr oder weniger aller drei Körper bewußt. Wenn seine Sinne mit Schmecken, Riechen, Tasten, Hören und Sehen beschäftigt sind, wirkt er vor allem durch seinen physischen Körper. Wendet er Willens- und Vorstellungskraft an, wirkt er in erster Linie durch seinen Astralkörper. Und wenn er tief nachdenkt, Innenschau oder Meditation übt, wirkt er hauptsächlich durch seinen Kausalkörper. Ein Genie z. B. empfängt seine kosmischen Ideen dadurch, daß es die meiste Zeit mit seinem Kausalkörper verbunden bleibt. In diesem Sinne gibt es also vorwiegend ›materielle‹, ›tatkräftige‹ oder ›intellektuelle‹ Menschen.

Der Mensch identifiziert sich etwa 16 Stunden am Tag mit seiner körperlichen Hülle. Dann schläft er ein. Wenn er träumt, bleibt er in seinem Astralkörper und erschafft ebenso mühelos wie die Astralwesen beliebige Gegenstände. Im tiefen und traumlosen Schlaf aber versetzt er sein Bewußtsein, d. h. sein Ichbewußtsein, für einige Stunden in den Kausalkörper; ein solcher Schlaf ist erquickend. Solange er jedoch träumt, ist er mit seinem astralen und nicht mit seinem kausalen Körper in Verbindung und fühlt sich nach dem Schlaf nicht völlig erfrischt.«

Ich hatte Sri Yukteswar während der ganzen Zeit liebevoll beobachtet.

»Engelhafter Guru«, sagte ich, »Euer Körper sieht genauso aus wie vor einigen Monaten, als ich ihn in Puri beweinte.«

»Nun ja, mein neuer Körper ist ein genaues Abbild des alten. Ich materialisiere und entmaterialisiere diese Gestalt nach Belieben — viel häufiger, als ich es auf Erden tat. Durch augenblickliche Entmaterialisation kann ich per ›Lichtexpreß‹ von einem Planeten zum anderen, oder auch vom astralen zum kausalen oder physischen Kosmos reisen.« Lächelnd fügte mein göttlicher Guru hinzu: »Obgleich du in diesen Tagen so viel umhergereist bist, war es nicht schwer für mich, dich in Bombay zu finden.«

»O Meister, wie sehr ich unter Eurem Tod gelitten habe!«

»Bin ich denn tot? Ist diese Behauptung nicht ein wenig widersinnig?« Sri Yukteswars Augen glänzten vor Liebe und Heiterkeit.

»Auf Erden hast du nur geträumt und sahst in diesem Erdentraum meinen Traumkörper«, fuhr er fort. »Später hast du das Traumbild begraben. Und jetzt ist mein feinstofflicher Traumkörper, den du vor dir siehst und im Augenblick sogar recht fest umarmst, auf einem feineren Traumplaneten Gottes auferstanden. Eines Tages werden dieser feinstoffliche Traumkörper und der Traumplanet wieder vergehen; denn auch sie existieren nicht ewig. Alle Traumschöpfungen müssen sich schließlich bei Gottes erweckender Berührung wieder auflösen. Mein Sohn Yogananda, lerne den Traum von der Wirklichkeit unterscheiden!«

Diese aus dem Vedanta stammende Vorstellung*) beeindruckte mich zutiefst, und ich schämte mich, daß ich den leblosen Körper des Meisters in Puri betrauert hatte. Endlich verstand ich, daß mein Guru schon immer in Gott erwacht gewesen war, daß er sein Leben, seinen Tod und seine jetzige Auferstehung nur als relative göttliche Ideen des kosmischen Traumdramas ansah.

»Ich habe dir nun die Wahrheit über mein Leben, meinen Tod und meine Auferstehung mitgeteilt, Yogananda. Trauere nicht um mich, sondern verbreite überall die Kunde von meiner Auferstehung. Verkündige allen, daß ich von dieser Erde, die ein Traum Gottes ist, zu einem Astralplaneten — einem anderen Traum Gottes — aufgefahren bin. Neue Hoffnung wird dann in die Herzen der irdischen Träumer einkehren, die noch unter Kummer und Todesfurcht leiden.«

»Ja, Meister!« Wie gern wollte ich meine Freude über seine Auferstehung mit anderen teilen!

»Für die meisten Menschen dieser Erde waren meine Anforderungen ungewöhnlich hoch. Oft habe ich dich mehr als nötig gescholten. Du aber hast alle meine Prüfungen bestanden; deine Liebe leuchtete durch alle Wolken des Tadels hindurch.« Und zärtlich fügte er hinzu: »Ich bin heute auch deshalb zu dir gekommen, um dir zu sagen: nie mehr werde ich dich mit strengem, tadelndem Blick ansehen. Nie mehr werde ich dich schelten.«

Wie sehr hatte ich die Zurechtweisungen meines großen Guru vermißt! Jede von ihnen war mir ein Schutzengel gewesen.

»Liebster Meister, scheltet mich tausendmal — scheltet mich in diesem Augenblick!«

»Ich werde es nie mehr tun.« Obgleich seine göttliche Stimme ernst klang, schwang dennoch ein heimliches Lachen in ihr. »Wir werden gemeinsam lächeln, solange sich unsere beiden Formen noch im *Maya*-Traum Gottes voneinander unterscheiden. Einst aber werden wir beide mit dem Kosmischen Geliebten verschmelzen. Dann wird unser Lächeln zu Seinem Lächeln werden, und unser vereinter Freudengesang wird in der Ewigkeit widerhallen und alle gottsuchenden Seelen erreichen.«

Dann klärte mich Sri Yukteswar noch über gewisse Dinge auf, die

---

*) Leben und Tod sind nichts anderes als relative Vorstellungen. Der Vedanta erklärt, daß Gott die einzige Wirklichkeit ist, daß die ganze Schöpfung, d. h. alles individuelle Dasein, *Maya* oder Illusion sei. Diese Philosophie des Monismus gipfelte in Sri Schankaratscharyas Kommentaren zu den uralten *Upanischaden* (Zusammenfassung der Veden).

ich hier nicht wiedergeben kann. Während der zwei Stunden, die er in meinem Hotelzimmer in Bombay blieb, beantwortete er alle meine Fragen. Mehrere Prophezeiungen von weltumfassender Bedeutung, die er an jenem Junitag des Jahres 1936 äußerte, haben sich bereits erfüllt.

»Ich verlasse dich nun, geliebtes Kind!« Bei diesen Worten fühlte ich, wie sich der Meister aus meinen Armen löste.

»Mein Kind«, sagte er mit einer Stimme, die auf den Grund meiner Seele drang, »jedesmal, wenn du in den *Nirbikalpa-Samadhi* eingehst und mich rufst, werde ich, wie heute, leibhaftig zu dir kommen.«

Mit diesem himmlischen Versprechen entschwand Sri Yukteswar meinen Blicken. Dann hörte ich eine Stimme, die wie melodischer Donner aus den Wolken zu kommen schien: »Sage es allen: Wer durch *Nirbikalpa*-Verwirklichung erkennt, daß diese Erde nur ein Traum Gottes ist, kann zu dem feinstofflichen Traumplaneten Hiranyaloka aufsteigen und mich dort in einem auferstandenen Körper finden, der genau meinem irdischen gleicht. Yogananda, sage es allen!«

Vergangen war aller Trennungsschmerz. Der Kummer über seinen Tod, der mir so lange meinen inneren Frieden geraubt hatte, war endlich überwunden. Statt dessen überflutete mich eine unbeschreibliche Glückseligkeit. In dieser ekstatischen Flut öffneten sich die seit langem »verstopften« Poren meiner Seele und wurden durchlässig und rein. Gleich einem Film rollten meine ehemaligen Inkarnationen vor meinem inneren Auge ab, und alles gute und schlechte Karma jener Traumfiguren löste sich in dem kosmischen Licht auf, das der Meister während seines göttlichen Besuches über mich ausgegossen hatte.

In diesem Kapitel meiner Autobiographie bin ich dem Befehl meines Guru nachgekommen und habe die frohe Botschaft von seiner Auferstehung verbreitet, obgleich sie auch dieser gleichgültigen Generation verwirrend erscheinen mag. Gefallen an gemeinen Dingen kennt der Mensch zur Genüge; Verzweiflung ist ihm nicht fremd. Doch dies sind Abnormitäten, die nichts mit seiner wahren Bestimmung zu tun haben. Sobald er es ernstlich will, kann er den Weg in die Freiheit antreten. Zu lange hat er sich von seinen pessimistischen Ratgebern einreden lassen: »Du bist Erde«, anstatt sich auf seine unsterbliche Seele zu besinnen.

Ich war nicht der einzige, dem das Vorrecht zuteil wurde, den auferstandenen Guru zu sehen.

Eine von Sri Yukteswars Tschelas, eine alte Frau, die von allen liebevoll *Ma* (Mutter) genannt wurde, hatte ein ähnliches Erlebnis. Da sie in der Nähe der Einsiedelei von Puri wohnte, war der Meister oft bei seinem Morgenspaziergang vor ihrer Haustür stehengeblieben, um mit ihr zu plaudern. Am Abend des 16. März 1936 kam Ma zum Aschram, um ihren Guru zu besuchen.

»Aber der Meister ist vor einer Woche gestorben!« sagte Swami Sebananda, der inzwischen die Leitung der Einsiedelei übernommen hatte, und blickte sie traurig an.

»Das ist unmöglich!« widersprach sie lächelnd.

»Leider nicht«, sagte Sebananda und erzählte ihr dann in allen Einzelheiten, was sich zugetragen hatte. »Kommt«, sagte er, »ich will Euch in den Vorgarten führen und Euch seine Grabstätte zeigen.«

Doch Ma schüttelte den Kopf. »Für ihn gibt es kein Grab! Heute morgen um 10 Uhr kam er auf seinem gewöhnlichen Spaziergang an meinem Haus vorbei und blieb vor der Tür stehen. Ich unterhielt mich mehrere Minuten lang mit ihm im hellen Tageslicht.

›Komm heute abend zum Aschram‹, sagte er.

Und hier bin ich. Welcher Segen sich über dieses alte, graue Haupt ergießt! Der unsterbliche Guru wollte mir zu verstehen geben, daß er mich diesen Morgen in einem überirdischen Körper besucht hat.«

Da kniete Sebananda ergriffen vor ihr nieder.

»Ma«, sagte er, »Ihr habt mir eine schwere Last vom Herzen genommen. Nun weiß ich, daß er auferstanden ist!«

XLIV. KAPITEL

BEI MAHATMA GANDHI IN WARDHA

»Willkommen in Wardha!« rief uns Mahatma Gandhis Sekretär Mahadew Desai herzlich zu, während er uns Kränze aus *Khaddar* (selbstgesponnener Baumwolle) umhängte. Es war ein Morgen im August, und Fräulein Bletsch, Herr Wright und ich waren soeben auf dem Bahnhof von Wardha eingetroffen, froh, der Hitze des staubigen Zuges zu entrinnen. Nachdem wir unser Gepäck in einem Ochsenwagen verstaut hatten, bestiegen wir mit Herrn Desai und seinen Begleitern — Babasaheb Deschmukh und Dr. Pingale — ein offenes Auto. Noch eine kurze Strecke auf schlammigen Landstraßen, und wir befanden uns im *Maganvadi*, dem Aschram des heiligen indischen Staatsmannes.

Herr Desai führte uns sogleich in das Arbeitszimmer, wo Mahatma Gandhi mit gekreuzten Beinen am Boden saß; in der einen Hand hielt er einen Federhalter und in der anderen ein Stück Papier. Ein gewinnendes, warmherziges Lächeln lag auf seinem Gesicht.

»Willkommen!« kritzelte er in Hindi auf das Papier, denn es war Montag — sein wöchentlicher Schweigetag.

Obgleich dies unsere erste Begegnung war, lächelten wir uns sogleich wie alte Freunde an. Mahatma Gandhi hatte im Jahre 1925 die *Yogoda-Satsanga*-Schule in Rantschi besucht und sich mit einigen anerkennenden Worten in das dortige Gästebuch eingetragen.

Der kleine Heilige, der kaum 100 Pfund wog, strahlte körperliches, geistiges und seelisches Wohlbefinden aus. Klugheit, Aufrichtigkeit und Unterscheidungskraft leuchteten aus seinen sanften, braunen Augen. Dieser Staatsmann kann sich an Scharfsinn mit jedem anderen messen und ist aus zahlreichen rechtlichen, sozialen und politischen Kämpfen als Sieger hervorgegangen. Kein anderer Führer in der Welt hat mit solcher Sicherheit den Weg zum Herzen seines Volkes gefunden wie Gandhi; ihm schlagen die Herzen von Millionen indischer Analphabeten entgegen. Diese waren es auch, die ihm in spontaner Anerkennung den Titel *Mahatma* (»große Seele«) verliehen *). Und nur ihnen zuliebe hat Gandhi seine Kleidung auf das so oft bespöttelte Lendentuch reduziert — als Zeichen seiner Verbundenheit mit den unterdrückten Massen, die sich nichts anderes leisten können.

»Die Aschram-Bewohner stehen ganz zu Eurer Verfügung«, kritzelte der Mahatma eilig auf einen Zettel, den er mir mit der für ihn bezeichnenden Höflichkeit überreichte. Dann führte Herr Desai unsere Gruppe zum Gästehaus.

Wir schritten durch Obstgärten und blühende Felder und gelangten schließlich zu einem Ziegelsteingebäude mit vergitterten Fenstern. Ein Brunnen im Vorhof — mit einem Durchmesser von 7 m — diente als Tränke, wie Herr Desai erklärte. Nicht weit davon befand sich ein drehbares Zementrad zum Dreschen des Reises. Jedes unserer kleinen Schlafzimmer enthielt nur das allernotwendigste Mobiliar: ein Bett aus geflochtenem Tauwerk. In der einen Ecke der weißgetünchten Küche befand sich ein Wasserhahn und in der anderen ein Feuerloch zum Kochen. Arkadische Laute trafen unser Ohr: das Lärmen der Krähen und Spatzen, das Brüllen des Viehs und das Stampfen der Steinmeißel.

Als Herr Desai das Reisetagebuch von Herrn Wright entdeckte, öffnete er es und trug die verschiedenen *Satyagraha***)-Gelübde ein, die von allen aufrichtigen Anhängern des Mahatma (den *Satyagrahis*) befolgt werden:

»Gewaltlosigkeit, Wahrheit, Nicht-Stehlen, Keuschheit, Besitzlosigkeit, körperliche Arbeit, Herrschaft über den Gaumen, Furchtlosigkeit, Achtung vor allen Religionen, *Swadeschi* (Gebrauch der im Lande hergestellten Produkte), Aufhebung der Unberührbarkeit. Dies sind die elf Gelübde, die man demütigen Geistes erfüllen soll.«

(Gandhi setzte am folgenden Tag seinen Namenszug darunter und gab auch das Datum, den 27. August 1935, an.)

Zwei Stunden nach unserer Ankunft wurden meine Begleiter und ich zum Mittagessen gebeten. Der Mahatma saß bereits unter den Arkaden der Terrasse, gegenüber seinem Arbeitszimmer. Etwa 25 barfüßige *Satyagrahis* hockten dort vor ihren Messingbechern und -tellern am Boden. Nach einem gemeinsam gesprochenen Gebet wurde die Mahlzeit aus großen Messingtöpfen serviert: *Tschapatis* (ungesäuertes Vollkorn-Weizenbrot), die mit *Ghi* bestrichen waren, *Talsari* (in Würfel geschnittenes und gekochtes Gemüse) und Zitronenmarmelade.

---

*) Sein Familienname war Mohandas Karamtschand Gandhi. Er selbst bezeichnete sich nie als »Mahatma«.
**) Die wörtliche Übersetzung aus dem Sanskrit lautet: »Festhalten an der Wahrheit«. *Satyagraha* ist die berühmte, von Gandhi angeführte Bewegung der Gewaltlosigkeit.

Der Mahatma aß *Tschapatis*, gekochte Runkelrüben, etwas rohes Gemüse und Apfelsinen. Auf der einen Seite seines Tellers befand sich eine große Portion bitterer *Nim*blätter, ein bekanntes Blutreinigungsmittel. Er teilte etwas davon mit seinem Löffel ab und legte es mir auf den Teller. Ich schluckte meine Portion schnell mit Wasser hinunter und dachte dabei an meine Kinderjahre, als Mutter mir regelmäßig diese unangenehme Dosis verabreicht hatte. Gandhi jedoch kaute das bittere Gemüse langsam und bedächtig — ohne das geringste Zeichen des Widerwillens.

Dieser kleine Vorfall zeigte mir, daß der Mahatma seine Sinne willentlich abschalten konnte. Ich erinnerte mich in diesem Zusammenhang auch seiner in weiten Kreisen bekanntgewordenen Blinddarmoperation, der er sich vor mehreren Jahren unterziehen mußte. Der Heilige hatte alle Betäubungsmittel abgelehnt und sich während der ganzen Operation heiter mit seinen Anhängern unterhalten; dabei verriet sein ruhiges Lächeln, daß er sich keiner Schmerzen bewußt war.

Am Nachmittag hatte ich Gelegenheit, mit einer bekannten Jüngerin Gandhis zu sprechen, mit Madeleine Slade, der Tochter eines englischen Admirals, die jetzt den Namen Mira Behn führt *). In fließendem Hindi erzählte sie mir von ihrer täglichen Arbeit, wobei ihr kraftvolles, ruhiges Gesicht vor Begeisterung strahlte.

»Die Aufbauarbeit auf dem Lande ist eine so dankbare Aufgabe. Jeden Morgen um 5 Uhr geht eine Gruppe von uns in das benachbarte Dorf, um den Dörflern zur Hand zu gehen und sie die Grundregeln der Hygiene zu lehren. Es gehört z. B. zu unserer Arbeit, ihre Lehmhütten und Latrinen zu reinigen. Da die Dorfbewohner Analphabeten sind, können wir sie nur durch unser Beispiel erziehen!« Dabei lachte sie fröhlich.

Ich bewunderte diese aus vornehmen Kreisen stammende Engländerin, die in echter christlicher Demut alle die schmutzigen Arbeiten verrichtete, die gewöhnlich nur von den »Unberührbaren« ausgeführt werden.

»Ich kam 1925 nach Indien«, erzählte sie mir, »und hatte sofort das Gefühl, ›nach Hause gekommen zu sein‹. Ich könnte nie wieder zu meinem früheren Leben und meinen früheren Interessen zurückkehren.«

---

*) Sie hat eine Anzahl der Briefe des Mahatma veröffentlicht, die von der strengen Schulung ihres Guru zeugen. (Gandhi's *Letters to a Disciple* — Gandhis Briefe an eine Jüngerin —, New York, Harper & Bros., 1950). In einem späteren Werk (*The Spirit's Pilgrimage* — Pilgerfahrt des Geistes —, New York, Coward-McCann, 1960) erwähnt Madeleine Slade die große Zahl der Besucher, die Gandhi in Wardha aufsuchten, und schrieb u. a.: »Nach so langer Zeit kann ich mich auf die meisten nicht mehr besinnen, aber zwei werde ich nie vergessen: Halide Edib Hanum, die berühmte türkische Schriftstellerin, und Swami Yogananda, den Gründer der *Self-Realization Fellowship* in Amerika.« (*Anmerkung des Herausgebers*)

Wir sprachen dann eine Weile über Amerika. »Ich bin immer wieder freudig überrascht, wenn ich das geistige Interesse sehe, das so viele Amerikaner während ihres Indienaufenthaltes zeigen«, sagte sie *).

Dann nahm sie ein *Tschakra* (Spinnrad) zur Hand. Dank der Bemühungen des Mahatma sind die *Tschakras* überall in den ländlichen Gegenden Indiens wieder in Betrieb.

Gandhi hat triftige wirtschaftliche und kulturelle Beweggründe für die Wiederbelebung der Heimindustrie, ist aber andererseits kein fanatischer Gegner des modernen Fortschritts. Maschinen, Eisenbahnen, Automobile und Fernschreiber haben in seinem eigenen Leben eine wichtige Rolle gespielt. Fünfzig Jahre Staatsdienst — z. T. in Gefängnissen verbracht — und der alle praktischen Einzelheiten betreffende tägliche Kampf des politischen Lebens haben sein inneres Gleichgewicht, seine geistige Aufgeschlossenheit, seinen gesunden Menschenverstand und seine humorvolle Einstellung zu dem wunderlichen menschlichen Drama nur noch verstärkt.

Um 6 Uhr waren wir bei Babasaheb Deschmukh zum Abendessen eingeladen; und um 7 Uhr, zur abendlichen Gebetsstunde, fanden wir uns wieder im *Maganvadi*-Aschram ein und kletterten auf das flache Dach hinauf, wo sich bereits 30 *Satyagrahis* im Halbkreis um Gandhi versammelt hatten. Der Mahatma kauerte auf einer Strohmatte; vor ihm lag eine altmodische Taschenuhr. Die untergehende Sonne warf ihre letzten Strahlen auf die Palmen und Banyanbäume, und leise begannen die Grillen ihr nächtliches Lied zu singen. Diese friedlich-heitere Atmosphäre übte einen eigenartigen Zauber auf mich aus.

Herr Desai stimmte eine feierliche Hymne an, und alle anderen fielen ein. Danach wurde ein Abschnitt aus der *Gita* verlesen, und gegen Ende der Andacht bat der Mahatma mich, das Schlußgebet zu sprechen. Welch göttliche Harmonie der Gedanken und Bestrebungen! Diese Meditation auf dem Dach in Wardha unter dem abendlichen Sternenhimmel wird mir stets in Erinnerung bleiben.

Pünktlich um 8 Uhr beendete Gandhi sein Schweigen. Das gewaltige Arbeitspensum, das er täglich zu bewältigen hat, zwingt ihn dazu, seine Zeit genau einzuteilen.

»Willkommen Swamidschi!« begrüßte mich der Mahatma nun noch einmal persönlich. Dann führte er mich in sein Arbeitszimmer, dessen einfaches Mobiliar aus viereckigen Matten (anstelle von Stühlen) und

---

*) Madeleine Slade erinnert mich an eine andere außergewöhnliche Frau, Margaret Wilson, die Tochter des ehemaligen amerikanischen Präsidenten Woodrow Wilson. Ich begegnete ihr in New York, und sie war zutiefst an Indien interessiert. Später zog sie nach Ponditscherri, um die letzten fünf Jahre ihres Lebens bei Sri Aurobindo Ghosch zu verbringen und sich seiner Disziplin zu unterwerfen.

einem niedrigen Pult bestand, auf dem Bücher, Papiere und ein paar einfache Federhalter (keine Füllfederhalter) lagen. In einer Ecke des Raumes tickte eine gewöhnliche Uhr. Alles war von einer Atmosphäre des Friedens und der Andacht erfüllt. Gandhi blickte mich mit seinem bezwingenden Lächeln an, wobei seine vielen Zahnlücken sichtbar wurden.

»Vor Jahren begann ich damit, einen wöchentlichen Schweigetag einzulegen«, erklärte er mir, »um Zeit für meine Korrespondenz zu gewinnen. Jetzt aber sind diese 24 Stunden eine geistige Notwendigkeit für mich geworden. Regelmäßige Schweigezeiten sind keine Qual, sondern ein wahrer Segen.«

Ich stimmte ihm von ganzem Herzen zu *). Dann stellte der Mahatma einige Fragen über Amerika und Europa, und anschließend sprachen wir über Indien und die allgemeine Weltlage.

»Mahadew«, sagte Gandhi, als Herr Desai ins Zimmer trat, »triff bitte die nötigen Vorbereitungen, damit Swamidschi morgen abend in der Stadthalle einen Vortrag über Yoga halten kann.«

Als ich dem Mahatma gute Nacht wünschte, reichte er mir vorsorglich eine Flasche mit Zitronellöl.

»Die Moskitos in Wardha haben leider nicht die geringste Ahnung von *Ahimsa* **), Swamidschi«, sagte er lachend.

Am folgenden Morgen wurde uns ein Frühstück aus Weizenbrei, Melasse und Milch serviert. Und um halb 11 Uhr wurden wir zum Essen gebeten, das wir gemeinsam mit Gandhi und den *Satyagrahis* auf der Terrasse des Aschrams einnahmen. Diesmal gab es Vollreis mit Kardamom und verschiedene Gemüse.

Um die Mittagszeit streifte ich durch das Gelände des Aschrams bis zum Weideplatz, wo einige Kühe friedlich grasten. Die Kuh zu schützen, ist eine Angelegenheit, die Gandhi sehr am Herzen liegt.

»Für mich versinnbildlicht die Kuh die gesamte höhere Tierwelt; sie erweitert unser Mitgefühl, das sich auch auf die niederen Lebewesen erstrecken soll«, hatte der Mahatma erklärt. »Durch die Kuh fühlt sich der Mensch mit allem, was da lebt, verbunden; auch leuchtet es mir ein, warum die ehrwürdigen Rischis gerade die Kuh zum Gegenstand der Vereh-

---

*) Seit Jahren hatte ich in Amerika Schweigezeiten eingehalten — sehr zum Entsetzen meiner Besucher und Sekretäre.
**) Harmlosigkeit, Gewaltlosigkeit: das Fundament des Glaubensbekenntnisses Gandhis. Er ist zutiefst von der Lehre der Dschainas beeinflußt worden, die *Ahimsa* als die Quelle aller Tugenden ansehen. Der Dschainismus ist eine Sekte des Hinduismus, die im 6. Jahrhundert v. Chr. durch Mahavira, einen Zeitgenossen Buddhas, weit verbreitet wurde. Möge Mahavira (der große Held) über die Jahrhunderte hinweg auf seinen heroischen Sohn Gandhi herabblicken!

rung wählten. Für den Inder gibt es kein besseres Sinnbild als die Kuh, der er so viel zu verdanken hat. Nicht nur, daß sie ihn mit Milch versorgt, sie ist ihm auch in der Landwirtschaft unentbehrlich. Schon beim Anblick dieses sanften Tieres wird man von Mitleid bewegt. Für Millionen von Kindern ist die Kuh eine Art zweite Mutter. Wer der Kuh Schutz gewährt, schützt die ganze stumme Kreatur Gottes. Der Hilferuf der niedrigeren Geschöpfe ist gerade deshalb so ergreifend, weil er wortlos ist.« *)

Orthodoxe Hindus führen täglich bestimmte, vorgeschriebene Riten aus, darunter auch das *Bhuta-Yajna*, ein Nahrungsopfer für das Tierreich. Durch diese Zeremonie bezeugen sie, daß sie sich ihrer Pflicht gegenüber den niederen Formen der Schöpfung bewußt sind — Formen, die instinkt- und körpergebunden sind (was z. T. auch auf den Menschen zutrifft) und die der befreienden menschlichen Vernunft entbehren.

Bhuta-Yajna bestärkt den Menschen also darin, die schwächeren Lebewesen zu beschützen; denn andererseits wird auch der Mensch von einer Anzahl unsichtbarer, höherer Wesen beschützt. Darüber hinaus aber ist der Mensch auch der Natur verpflichtet, denn Erde, Himmel und Meer überschütten ihn täglich mit ihren lebenspendenden Gaben. Die entwicklungsbedingte Schranke, die zwischen Natur, Tieren, Menschen und astralen Engeln besteht, kann also durch die täglichen *Yajnas* (wortlose Riten der Liebe) überwunden werden.

Zwei weitere *Yajnas*, die täglich ausgeführt werden, sind *Pitri* und *Nri*. *Pitri-Yajna* ist eine Opfergabe an die Ahnen — eine symbolische Handlung, welche die Dankbarkeit gegenüber den Vorvätern ausdrückt, denn aus ihrer Weisheit zieht die Menschheit heute noch geistige Nahrung. *Nri-Yajna* ist ein Nahrungsopfer für die Fremden und Bedürftigen und erinnert den Menschen an die Pflicht der Nächstenliebe.

Am frühen Nachmittag besuchte ich den von Gandhi gegründeten Aschram für Mädchen, um dort ein *Nri-Yajna* auszuführen. Herr Wright begleitete mich auf dieser kurzen Fahrt, die etwa 10 Minuten dauerte. Winzige junge Blumengesichter blickten uns entgegen, die auf stengelhaften, farbigen *Saris* ruhten. Nachdem ich draußen im Freien eine kurze Ansprache in Hindi gehalten hatte, öffneten sich plötzlich die Schleusen des Himmels, und ein wahrer Wolkenbruch kam hernieder. Lachend kletterte ich mit Herrn Wright wieder in den Wagen, und im prasselnden Tropenregen ging es nach *Maganvadi* zurück.

Als ich wieder ins Gästehaus trat, fiel mir von neuem die spartanische Einfachheit auf; überall spürte man die Anzeichen eines aufopferungsvollen Lebens. Gandhi legte schon in seinen frühen Ehejahren das Ge-

---

*) Gandhi hat wunderbare Abhandlungen über viele Themen verfaßt. Über das Gebet schrieb er folgendes: »Es erinnert uns daran, daß wir ohne Gottes

lübde der Armut ab. Er entsagte einer gut gehenden Rechtsanwalts-Praxis, die ihm jährlich ein Einkommen von über $ 20 000 (DM 80 000) eingebracht hatte, und verteilte seinen ganzen Besitz unter die Armen.

Sri Yukteswar machte sich oft in gutmütiger Weise über die allgemein verbreitete, irrige Auffassung von der »Entsagung« lustig.

»Ein Bettler kann keinen Reichtümern entsagen«, bemerkte er. »Wenn z. B. jemand klagt: ›Ich habe Bankrott machen müssen, und meine Frau ist mir davongelaufen, darum will ich allem entsagen und ins Kloster gehen!‹, von welchem Opfer spricht er dann? Er hat weder auf Reichtum noch auf Liebe verzichtet; beide haben auf ihn verzichtet.«

Heilige wie Gandhi dagegen haben nicht nur beachtliche materielle Opfer gebracht, sondern haben auch — was weit schwieriger ist — allen selbstsüchtigen Motiven und allem persönlichen Ehrgeiz entsagt, um mit ihrem ganzen Wesen im Strom der Menschheit aufzugehen.

Bewundernswert war auch die Frau des Mahatma, Kasturabai; sie erhob keinen Einspruch, als er nichts von seinem Vermögen für sie und die Kinder zurücklegte. Gandhi und seine Frau, die früh geheiratet hatten, legten nach der Geburt ihrer vier Söhne das Gelübde der Keuschheit ab *). Kasturabai hat als stumme Heldin das Schicksal ihres Mannes geteilt, ist ihm ins Gefängnis gefolgt, hat an seinen dreiwöchigen Fasten teilgenommen und ihm unermüdlich geholfen, seine schwere Verantwortung zu tragen. Ihre Verehrung für Gandhi kommt in folgenden Worten zum Ausdruck:

»Ich danke Dir, daß ich das Vorrecht hatte, Deine Lebensgefährtin und Gehilfin zu sein. Ich danke Dir für die vollkommenste Ehe der Welt, die auf *Brahmatscharya* (Selbstbeherrschung) und nicht auf Sinnlichkeit beruht. Ich danke Dir, daß Du mich für ebenbürtig angesehen hast, Dir bei Deinem Le-

---

Hilfe verloren sind. Keine unserer Bemühungen kann ohne das Gebet vollkommen sein — ohne die tiefe Erkenntnis, daß auch die höchsten menschlichen Bestrebungen umsonst sind, wenn Gottes Segen nicht dahintersteht. Gebet ist der Aufruf zur Demut. Es ist der Aufruf zur inneren Läuterung und Selbsterforschung.«

*) Gandhi hat in seinem Buch *The Story of my Experiment with Truth* (Die Geschichte meiner Experimente mit der Wahrheit) sein Leben mit schonungsloser Offenheit geschildert.
Es gibt viele Autobiographien, die eine Fülle berühmter Namen und interessanter Erlebnisse enthalten, aber so gut wie gar nichts über die Erforschung und Entwicklung des Innenlebens aussagen. Man legt diese Bücher mehr oder weniger unbefriedigt aus der Hand und sagt sich: »Dies ist ein Mensch, der viele berühmte Personen, nicht aber sich selbst kannte.« Diese Reaktion kann man jedoch unmöglich beim Lesen der Autobiographie Gandhis haben; denn er beschreibt seine Fehler und Ausflüchte mit einer derart unpersönlichen Liebe zur Wahrheit, daß man nur schwerlich ein ähnliches Werk finden wird.

benswerk für Indien zu helfen. Ich danke Dir, daß Du nicht zu den Ehemännern gehörst, die ihre Zeit mit Spiel, Sport, Frauen, Wein und Gesang verbringen und ihrer Frau und Kinder schnell überdrüssig werden, so wie ein Knabe seines Spielzeugs überdrüssig wird. Ich danke Dir, daß Du auch nicht zu jenen Ehemännern gehörst, die ihr ganzes Leben lang Reichtümer ansammeln und die Arbeitskraft anderer Menschen ausbeuten.

Wie dankbar bin ich, daß Gott und Dein Vaterland Dir mehr bedeuten als geldlicher Gewinn, daß Du mutig für Deine Überzeugungen eintrittst und ein unerschütterliches Vertrauen zu Gott hast. Wie dankbar bin ich, daß ich einen Mann habe, dem Gott und sein Vaterland wichtiger sind als ich. Ich danke Dir für die Nachsicht, die Du mit meinen jugendlichen Schwächen hattest — als ich mich gegen die Änderungen, die Du in unserem Leben vornahmst, gegen den Übergang von Wohlstand zu Armut, auflehnte.

Schon als Kind kam ich ins Haus Deiner Eltern. Deine Mutter war eine wunderbare Frau, die mich mit großer Güte lehrte, eine tapfere, unerschrockene Lebensgefährtin für Dich zu werden und mir dadurch Deine Liebe und Achtung zu erwerben. Als Du mit den Jahren der geliebte Führer Indiens wurdest, fürchtete ich mich keinen Augenblick davor, beiseite geschoben zu werden, wie viele Frauen in anderen Ländern, deren Männer auf den Gipfel des Ruhms gelangt sind. Ich wußte, daß wir bis in den Tod als Mann und Frau vereint bleiben werden.«

Jahrelang hatte Kasturabai die Verwaltung der öffentlichen Fonds unter sich, für die der angebetete Mahatma Millionen aufbrachte. In indischen Familien erzählt man sich manch humorvolle Geschichte darüber, so z. B., daß die Ehemänner nervös werden, wenn ihre Frauen während einer Gandhi-Versammlung irgendwelchen Schmuck tragen. Wenn er um Hilfe für die Unterdrückten bittet, bewirkt die Zauberkraft seiner Worte, daß die goldenen Spangen und diamantenen Ketten vom Arm und Hals der Reichen direkt in den Sammelkorb gleiten!

Eines Tages konnte die Kassenverwalterin Kasturabai keine Rechenschaft über die Ausgabe von vier Rupien ablegen. Gandhi veröffentlichte daraufhin ordnungsgemäß einen Bericht, in dem er den von seiner Frau verursachten Fehlbetrag von 4 Rupien schonungslos bekanntgab.

Ich habe diese Geschichte öfters während meiner Yogakurse in Amerika erzählt. Eines Abends geriet eine Zuhörerin in helle Empörung darüber.

»Mahatma oder nicht«, rief sie aus, »wenn es mein Mann gewesen wäre, hätte ich ihm für diese unnötige Beleidigung ein blaues Auge geschlagen.«

Nach einem kurzen, heiteren Wortgefecht über den Unterschied zwischen amerikanischen und indischen Frauen erklärte ich ihr den Fall genauer.

»Gandhis Frau betrachtete den Mahatma nicht als ihren Ehemann, sondern als ihren Guru, der das Recht hat, sie wegen des geringsten Fehlers zurechtzuweisen«, sagte ich. »Kurze Zeit, nachdem Kasturabai öffentlich getadelt worden war, wurde Gandhi aus politischen Gründen zum Gefängnis verurteilt. Als er sich still von seiner Frau verabschiedete, fiel sie ihm zu Füßen. ›Meister‹, sagte sie demütig, ›wenn ich Dich je gekränkt habe, so vergib mir bitte.‹« *)

Jedoch zurück zu Wardha. Gegen 3 Uhr nachmittags begab ich mich, wie vereinbart, in das Arbeitszimmer dieses Heiligen, der das seltene Wunder vollbracht hatte, aus seiner eigenen Frau eine standhafte Jüngerin zu machen. Gandhi blickte mit seinem charakteristischen Lächeln auf, das jedem, der es gesehen hat, unvergeßlich bleiben wird.

»Mahatmadschi«, sagte ich, während ich neben ihm auf einer harten Matte niederkauerte, »was versteht Ihr, genau genommen, unter *Ahimsa*?«

»Daß man vermeidet, irgendeinem Lebewesen in Gedanken oder Tat ein Leid anzutun.«

»Ein hohes Ideal! Aber die Menschen in der Welt werden immer fragen: darf man nicht einmal eine Kobra töten, um einem Kinde oder sich selbst das Leben zu retten?«

»Ich könnte keine Kobra töten, ohne zwei meiner Gelübde zu brechen: Furchtlosigkeit und Nicht-Töten. Ich würde eher versuchen, die Schlange durch Schwingungen der Liebe zu besänftigen; denn ich kann unmöglich mein sittliches Niveau senken, um es den Umständen anzupassen.« Und mit entwaffnender Aufrichtigkeit fügte er hinzu: »Ich muß gestehen, daß ich nicht so unbekümmert darüber sprechen könnte, wenn ich mich einer Kobra gegenüber sähe.«

Ich machte eine Bemerkung über die neuzeitlichen Diätbücher westlicher Herkunft, die auf seinem Schreibtisch lagen.

»Ja, die Ernährung spielt, wie überall in der Welt, auch in der *Satyagraha*-Bewegung eine große Rolle«, sagte er lachend, »Da ich von den *Satyagrahis* völlige Enthaltsamkeit verlange, bemühe ich mich immer, die beste Diät für ledige Menschen ausfindig zu machen. Wer den Geschlechtstrieb beherrschen will, muß zuerst den Gaumen beherrschen können. Hungerkuren und einseitige Ernährung sind nicht die richtige Lösung. Wenn der *Satyagrahi* erst einmal die *innere Gier* nach Nahrung überwunden hat, muß er eine vernünftige, vegetarische Kost mit allen lebensnotwendigen Vitaminen, Mineralien, Kalorien usw. zu sich nehmen. Durch innere Einsicht und richtige Ernährung kann die Zeugungs-

---

*) Kasturabai Gandhi starb am 22. Februar 1944 im Gefängnis von Puna. Gandhi, der gewöhnlich keine Gefühlsregungen zeigte, weinte still vor sich hin. Einige ihrer Verehrer schlugen vor, einen Gedächtnis-Fonds zu schaffen, und schon nach kurzer Zeit waren 125 Lak Rupien (fast 16 Millionen Mark) aus allen Teilen Indiens zusammengekommen. Gandhi hat diesen Fonds für die bedürftigen Frauen und Kinder der Landbevölkerung bestimmt.

flüssigkeit des *Satyagrahi* leicht in Lebensenergie verwandelt werden, die dem ganzen Körper zugute kommt.«

Wir sprachen daraufhin über gute Fleischersatzmittel. »Die Avocatobirne ist ausgezeichnet«, sagte ich. »Wir haben mehrere Avocatohaine in der Nähe meines Zentrums in Kalifornien.«

Gandhis Gesicht drückte lebhaftes Interesse aus. »Ob sie nicht auch in Wardha gedeihen würden? Die *Satyagrahis* würden sich bestimmt über ein neues Nahrungsmittel freuen.«

»Ich werde Euch auf jeden Fall einige Avocatpflanzen aus Los Angeles schicken«, sagte ich und fügte hinzu: »Auch Eier sind eine gute Eiweißquelle. Dürfen die *Satyagrahis* sie essen?«

»Unbefruchtete Eier, ja.« Der Mahatma lachte und erzählte mir dann folgendes: »Jahrelang duldete ich keine Eier in unserer Ernährung, und ich selbst esse sie auch heute noch nicht. Dann aber wurde eine meiner Schwiegertöchter schwerkrank; sie war unterernährt, und ihr Leben hing nur noch an einem Faden. Der Arzt bestand darauf, daß sie Eier zu sich nahm. Ich aber wollte meine Einwilligung nicht geben und riet ihm, irgendeinen Ei-Ersatz zu beschaffen.

›Gandhidschi‹, sagte der Doktor da, ›unbefruchtete Eier enthalten keine Lebenskeime; es handelt sich dabei um keine Tötung.‹

Daraufhin erlaubte ich meiner Schwiegertochter ohne weiteres, Eier zu essen; und erfreulicherweise wurde sie bald darauf gesund.«

Am vorherigen Abend hatte Gandhi den Wunsch geäußert, den von Lahiri Mahasaya gelehrten *Kriya-Yoga* zu empfangen. Die geistige Aufgeschlossenheit und Wißbegierde des Mahatma rührten mich zutiefst. Er gleicht in seiner göttlichen Suche einem Kind, und seine reine Empfänglichkeit erinnert mich an die Worte Jesu: »... denn solcher ist das Reich Gottes.«

Als die Stunde der Einweihung gekommen war, betraten mehrere *Satyagrahis* — Herr Desai, Dr. Pingale und einige andere, die die *Kriya*-Technik empfangen wollten — den Raum.

Zuerst lehrte ich die kleine Gruppe die körperlichen *Yogoda*-Übungen. Dabei stellt man sich den Körper in zwanzig Teile aufgeteilt vor und lädt jeden einzelnen Körperteil kraft seines Willens mit Energie auf. Bald vibrierte jeder von ihnen wie ein menschlicher Motor. An Gandhis fast unbekleidetem Körper konnte man deutlich die wellenartigen Bewegungen erkennen. Obgleich er sehr dünn ist, wirkt es bei ihm nicht unschön; denn seine Haut ist weich und ohne Falten *).

---

*) Gandhi hat viele Fastenzeiten von kürzerer und längerer Dauer eingehalten. Er erfreute sich einer außergewöhnlich guten Gesundheit. Seine Bücher *Diet and Diet Reform* (Diät und Diätreform), *Nature Cure* (Naturheilkunde) und *Key to Health* (Der Schlüssel zur Gesundheit) sind bei *Navajivan Publishing House*, Ahmedabad, Indien, erhältlich.

Später weihte ich die Gruppe in die befreiende Technik des *Kriya-Yoga* ein.
Der Mahatma hat sich ehrfurchtsvoll mit allen großen Weltreligionen beschäftigt. Seine stärksten Anregungen empfing er jedoch aus den heiligen Schriften der Dschainas, dem Neuen Testament und den soziologischen Werken Tolstois[1]), die viel dazu beigetragen haben, einen überzeugten Vertreter der Gewaltlosigkeit aus ihm zu machen. Sein Glaubensbekenntnis lautet wie folgt:

»Ich glaube, daß die Bibel, der *Koran* und der *Zend Awesta*[2]) ihr Entstehen derselben göttlichen Eingebung verdanken wie die Veden. Ich glaube an die Institution der Gurus; in diesem Zeitalter jedoch müssen Millionen Menschen ohne Guru leben, weil nur sehr selten jemand auf die Erde kommt, der höchste Reinheit und höchstes Wissen in sich vereinigt. Deswegen braucht man jedoch nicht den Mut zu verlieren und zu denken, daß man niemals die Wahrheit über seine Religion erfahren kann, denn die Grundsätze des Hinduismus sind — wie die jeder anderen großen Religion — zeitlos und leicht verständlich.
Ich glaube, wie jeder Hindu, an den einen Gott, an Wiedergeburt und Erlösung... Ich kann mein Gefühl für den Hinduismus ebensowenig beschreiben wie das Gefühl für meine Frau. Sie bewegt mich, wie keine andere Frau in der Welt es vermag. Das soll nicht heißen, daß sie keine Fehler hat; wahrscheinlich hat sie viel mehr, als ich weiß. Dennoch ist das Gefühl einer unauflöslichen Einheit vorhanden. Und dieses selbe Gefühl habe ich für den Hinduismus — trotz seiner Schwächen und Grenzen. Nichts entzückt mich so sehr wie die melodische Sprache der *Gita* oder des *Ramajana* von Tulsidas. Als ich dachte, meine letzte Stunde sei gekommen, war es die *Gita,* die mir Trost gab.
Der Hinduismus ist keine exklusive Religion. Er ist so umfassend, daß er Raum für alle großen Propheten der Welt hat[3]). Er treibt keine Mission im eigentlichen Sinne, wenn er auch viele Volksstämme aufgesaugt und unter seinem Namen vereinigt hat; doch dies war die Folge eines langsamen Entwicklungsprozesses. Der Hinduismus lehrt, daß jeder Mensch Gott nach seinem eigenen Glauben oder *Dharma*[4]) anbeten soll und lebt daher mit allen anderen Religionen in Frieden.«

---

[1]) Thoreau, Ruskin und Mazzini sind drei andere westliche Schriftsteller, deren soziologische Werke Gandhi aufmerksam studiert hat.
[2]) Die heilige Schrift der Perser, die 1000 v. Chr. von Zarathustra verfaßt wurde
[3]) Im Unterschied zu allen anderen Weltreligionen ist der Hinduismus nicht von einer großen Persönlichkeit gegründet worden, sondern beruht auf den anonymen vedischen Schriften. Aus diesem Grunde kann der Hinduismus die Propheten aller Länder und aller Zeiten verehren und in sich aufnehmen. Die vedischen Schriften enthalten nicht nur religiöse Übungen, sondern auch Vorschriften für das Gemeinschaftsleben, um den Menschen zu helfen, alle ihre Handlungen mit dem göttlichen Gesetz in Einklang zu bringen.
[4]) Ein umfassendes Sanskritwort für »Gesetz«. Es bedeutet auch: Einhalten der Gesetze, Gerechtigkeit oder die jeweiligen, den Umständen entspre-

Über Christus hat Gandhi folgendes geschrieben: »Wenn er heute unter den Menschen lebte, würde er zweifellos viele segnen, die vielleicht noch nie seinen Namen gehört haben . . . gleichwie geschrieben steht: ›. . . nicht alle, die zu mir sagen: Herr, Herr! . . . sondern die den Willen tun meines Vaters im Himmel.‹ *) Jesus gab der Menschheit ein unvergleichliches Beispiel und wies ihr den Weg, der zum einzig erstrebenswerten Ziel führt. Ich glaube, daß er nicht nur der Christenheit, sondern der ganzen Welt — allen Ländern und allen Rassen — gehört.«

An meinem letzten Abend in Wardha sprach ich vor einer großen Versammlung in der Stadthalle. Der Raum war einschließlich der Fensterbretter dicht besetzt; etwa 400 Menschen waren erschienen, um meinen Vortrag über Yoga zu hören, den ich zuerst auf Hindi und dann auf englisch hielt. Als wir zum Aschram zurückkehrten, war der Mahatma noch auf und erledigte in tiefem Frieden seine Korrespondenz; wir konnten ihm daher noch gute Nacht sagen.

Als ich mich am folgenden Morgen gegen 5 Uhr erhob, war es noch dunkel; doch das Leben im Dorf begann bereits zu erwachen. Zuerst rollte ein Ochsenwagen am Tor des Aschrams vorbei; dann erschien ein Bauer, der vorsichtig eine große Last auf dem Kopf balancierte. Nach dem Frühstück begaben wir uns zu Gandhi, um ihm zum Abschied unser *Pronam* zu bieten. Der Heilige steht jeden Morgen um 4 Uhr auf, um seine Morgenandacht zu verrichten.

»Auf Wiedersehen, Mahatmadschi!« Ich kniete nieder, um seine Füße zu berühren. »Unter Eurer Führung ist Indien in sicherer Hut.«

Jahre sind seit jenen idyllischen Tagen in Wardha vergangen. Erde, Himmel und Meer wurden durch eine vom Krieg zerrissene Welt verdunkelt. Als einziger unter den großen Menschheitsführern hat Gandhi anstelle von Waffengewalt die praktische Alternative der Gewaltlosigkeit gewählt. Auf dem Wege des passiven Widerstands protestierte er gegen soziale Ungerechtigkeiten und politisches Unrecht und hat mit dieser Methode immer wieder Erfolg gehabt. Nachstehend seine eigenen Worte, mit denen er seine Lehre umrissen hat:

»Ich habe festgestellt, daß das Leben inmitten von Zerstörung weiterbesteht. Darum muß es ein höheres Gesetz als das der Zerstörung geben. Nur unter einem solchen Gesetz kann eine wohlgeordnete Gesellschaft sinnvoll bestehen — kann das Leben lebenswert sein.

---

chenden Pflichten des Menschen. Den heiligen Schriften zufolge bedeutet *Dharma* »natürliche, allgemeingültige Gesetze, die der Mensch befolgen muß, um sich Leid und Erniedrigung zu ersparen.«

*) *Matthäus 7, 21*

Wenn dieses Gesetz also maßgebend für unser Leben ist, müssen wir es auch täglich befolgen. Überall, wo Kriege geführt werden, wo wir es mit einem Gegner zu tun haben, müssen wir durch Liebe siegen. Ich habe festgestellt, daß das unfehlbare Gesetz der Liebe in meinem eigenen Leben Dinge bewirkt hat, die das Gesetz der Zerstörung nie vollbringen konnte.

In Indien haben wir bereits in großem Umfang sichtbare Beweise für die Wirksamkeit dieses Gesetzes geliefert. Ich will nicht behaupten, daß die 360 000 000 Inder bereits von dem Ideal der Gewaltlosigkeit durchdrungen sind, aber ich behaupte, daß diese Lehre in unglaublich kurzer Zeit fester als irgendeine andere Lehre Fuß gefaßt hat.

Wer den Geisteszustand der Gewaltlosigkeit erlangen will, braucht eine strenge Schulung. Er muß ein soldatisch hartes, diszipliniertes Leben führen. Der vollendete Zustand ist erst dann erreicht, wenn Gedanken, Handlungen und Worte völlig miteinander übereinstimmen. Jedes Problem läßt sich lösen, wenn wir uns dazu entschließen, das Gesetz der Wahrheit und der Gewaltlosigkeit zum Gesetz unseres Lebens zu machen.«

Die verhängnisvollen weltpolitischen Ereignisse haben uns eine bittere Wahrheit vor Augen geführt: eine Menschheit, die kein geistiges Ziel hat, ist dem Untergang geweiht. Nicht nur die Religion, sondern auch die Wissenschaft hat dem Menschen die Unbeständigkeit und Unwirklichkeit aller materiellen Dinge begreiflich gemacht. Wohin soll sich der Mensch in der Tat noch wenden, wenn nicht zu seinem Urquell — dem ihm innewohnenden GEIST?

Blickt man auf die Geschichte der Menschheit zurück, kann man mit Recht behaupten, daß es den Menschen noch nie gelungen ist, ihre Probleme durch Anwendung von Gewalt zu lösen. Der erste Weltkrieg brachte einen Schneeball grauenhaften Karmas ins Rollen, der zur Lawine des zweiten Weltkriegs anschwoll und die Erde mit Furcht und Schrecken erfüllte. Nur die Wärme menschlicher Brüderlichkeit kann jetzt den gewaltigen Schneeball tödlichen Karmas schmelzen, der sich sonst zu einem dritten Weltkrieg auswachsen wird. Unheilige Trinität des 20. Jahrhunderts! Wenn man Zwistigkeiten nicht mehr mit Hilfe der menschlichen Vernunft beilegen kann, sondern zu primitiven, gewalttätigen Mitteln greifen muß, so wird die Erde wieder in ihren primitiven Urzustand zurücksinken. Wenn nicht Brüder im Leben, so Brüder im gewaltsamen Tod. Nicht zu diesem unheilvollen Zweck hat Gott den Menschen freundlich erlaubt, die Atomenergie freizusetzen.

Kriege und Verbrechen bringen niemandem Gewinn. Die Milliarden Dollar, die während des Krieges sinnlos verpufft wurden, hätten genügt, eine neue Erde zu schaffen, die fast frei von Krankheit und völlig frei von Armut gewesen wäre — eine Erde, auf der nicht mehr Furcht und Chaos, Hungersnot, Seuchen und Massenmorde, sondern Frieden, Wohlstand und Weisheit regiert hätten.

Gandhis Stimme der Gewaltlosigkeit richtet sich an das Gewissen der ganzen Menschheit. Mögen sich die Völker nicht länger mit dem Tod, sondern mit dem Leben, nicht mit der Zerstörung, sondern mit dem Aufbau, nicht mit dem Haß, sondern mit der schöpferischen Kraft der Liebe verbünden!

»Man muß bereit sein, jede Kränkung zu vergeben«, heißt es im *Mahabharata*. »Es steht geschrieben, daß das Fortbestehen des Menschengeschlechts auf Vergebung beruht. Vergebung ist Heiligkeit. Vergebung hält das Universum zusammen. Vergebung ist die Macht der Mächtigen; Vergebung ist Opfer; Vergebung ist Ruhe des Geistes. Vergebung und Sanftmut sind die Eigenschaften derer, die Selbstbeherrschung üben. Sie verkörpern die ewige Tugend.«

Gewaltlosigkeit ist eine natürliche Folge der Liebe und Vergebung. »Wenn in einem gerechten Kampf Menschenleben geopfert werden müssen«, verkündigte Gandhi, »so sollte man, wie Jesus, bereit sein, sein eigenes — nicht aber das Blut anderer zu vergießen. Dann wird es schließlich weniger Blutvergießen auf der Welt geben.«

Einst wird man die indischen *Satyagrahis,* die Haß mit Liebe und Gewalt mit Gewaltlosigkeit vergalten, die sich lieber erbarmungslos niederknüppeln ließen, als selbst zu den Waffen zu greifen, in der Dichtkunst verewigen. In einigen Fällen, die bereits in die Geschichte eingegangen sind, haben sie sogar erreicht, daß die Gegner ihre Gewehre fortwarfen und flohen, weil der Anblick dieser Menschen, die das Leben anderer mehr als ihr eigenes schätzten, sie zutiefst erschütterte und beschämte.

»Ich würde, wenn es sein muß, lieber Jahrhunderte warten«, sagte Gandhi, »als die Freiheit meines Landes mit Blut erkaufen.« Auch in der Bibel steht eine ähnliche Warnung: »Denn wer das Schwert nimmt, der soll durchs Schwert umkommen.« *)

»Ich halte mich zwar für einen Patrioten«, schrieb der Mahatma, »aber mein Patriotismus ist so umfassend wie das Weltall. Er schließt alle Nationen der Erde ein **). Mein Patriotismus erstrebt das Wohlergehen aller Völker. Ich will nicht, daß mein Indien sich aus der Asche anderer Nationen erhebt. Ich will nicht, daß Indien auch nur ein einziges menschliches Wesen ausbeutet. Ich will, daß Indien so stark wird, daß es andere Nationen durch seine Kraft stützen

---

*) *Matthäus 26, 52.* Dies ist eine der zahlreichen Bibelstellen, die eine Wiedergeburt des Menschen voraussetzen. Viele komplizierte Zusammenhänge im Leben lassen sich nur durch das karmische Gesetz der Gerechtigkeit erklären.

**) »Rühmet euch nicht eurer Liebe zum Vaterland; Rühmet euch vielmehr eurer Liebe zur Menschheit.«
Persisches Sprichwort

kann. Keine einzige europäische Nation kann dies heute von sich behaupten; sie sind nicht in der Lage, andere Völker aufzurichten.

Präsident Wilson stellte seine bewundernswerten 14 Punkte auf, sagte jedoch: ›Sollten unsere Bemühungen um den Frieden aber fehlschlagen, so haben wir immer noch unsere Waffen, auf die wir zurückgreifen können.‹ Ich möchte diese Aussage umkehren und sagen: ›Unsere Waffen haben bereits versagt. Laßt uns nun nach etwas Neuem suchen; laßt uns die Kraft der Liebe, die Kraft Gottes anwenden, welches die Kraft der Wahrheit ist.‹ Wenn wir es so weit gebracht haben, werden wir keine anderen Maßnahmen mehr brauchen.«

Dadurch, daß der Mahatma Tausende von echten *Satyagrahis* ausbildete, die die zuvor erwähnten elf Gelübde ablegen und seine Botschaft weiter verbreiten, dadurch, daß er die Massen des indischen Volkes geduldig erzog und ihnen die geistigen und die sich schließlich daraus ergebenden materiellen Vorteile der Gewaltlosigkeit vor Augen führte, dadurch, daß er gewaltlose Mittel — passiven Widerstand und williges Ertragen von Schmähungen, Gefängnis und selbst Tod — anstelle von Waffengewalt anwandte, so daß die zahlreichen Märtyrer unter den *Satyagrahis* in aller Welt Anteilnahme erweckten, hat er den praktischen Wert der Gewaltlosigkeit bewiesen und gezeigt, daß sie machtvoll genug ist, um Streitfragen auf friedlichem Wege zu lösen.

Gandhi hat durch gewaltlose Methoden bereits mehr politische Rechte für sein Land erkämpft als irgendein anderer Führer — es sei denn mit Waffengewalt. Aber nicht nur in der politischen Arena wandte er gewaltlose Mittel an, sondern auch auf dem heiklen und komplizierten Gebiet der indischen Sozialreform, auf dem es viel Unrecht zu beseitigen gab. Gandhi und seine Anhänger haben viele, seit Generationen bestehende Fehden zwischen den Hindus und Mohammedanern beendet. Hunderttausende von Mohammedanern betrachten den Mahatma als ihren Führer. Die Unberührbaren sehen in ihm ihren kühnen und erfolgreichen Wortführer. »Wenn mir eine Wiedergeburt bevorsteht«, schrieb Gandhi, »so möchte ich als Paria unter Parias geboren werden; dann werde ich ihnen besser helfen können.«

Der Mahatma ist in der Tat eine »große Seele«. Es waren jedoch die Millionen Analphabeten, die das Verständnis hatten, ihm diesen Titel zu verleihen. Dieser sanfte Prophet wird selbst in seinem eigenen Vaterland verehrt. Der Mahatma glaubte von ganzem Herzen an das Edle im Menschen, und die unvermeidlichen Fehlschläge konnten ihn nie entmutigen. »Selbst wenn der Gegner einen zwanzigmal hintergangen hat«, schrieb er, »ist der *Satyagrahi* bereit, ihm zum einundzwanzigsten Mal zu vertrauen; dieses grenzenlose Vertrauen zu den Menschen ist die Quintessenz seines Glaubens.«*)

---

*) »Da trat Petrus zu ihm und sprach: Herr, wie oft muß ich denn meinem

»Mahatmadschi, Ihr seid eine Ausnahme und könnt deshalb nicht erwarten, daß die Welt genauso handelt wie Ihr«, bemerkte einmal ein Kritiker.

»Es ist eigenartig, wie leicht wir uns täuschen und uns einbilden, daß nur der Körper veredelt werden kann, daß es aber unmöglich ist, die schlummernden Kräfte der Seele zu erwecken«, erwiderte Gandhi. »Obwohl ich über einige dieser Kräfte verfüge, bin ich genau wie jeder andere nur ein Sterblicher und habe nie etwas Außergewöhnliches an mir gehabt. Ich bin ein einfacher Mensch, der sich wie alle anderen irren kann. Ich gebe allerdings zu, daß ich genug Demut besitze, meine Fehler einzugestehen und sie wiedergutzumachen. Ich gebe zu, daß ich einen unerschütterlichen Glauben an Gott und Seine Güte besitze und ein unstillbares Verlangen nach Liebe und Wahrheit. Aber schlummert dies nicht in jedem Menschen?« Dann fügte er hinzu: »Wir machen ständig neue Entdeckungen und Erfindungen auf dem Gebiet der Naturwissenschaften; müssen wir deshalb auf geistigem Gebiet versagen? Ist es unmöglich, die Ausnahmen zu vermehren, bis sie zur Regel werden? Muß der Mensch immer zuerst Bestie und — wenn überhaupt — erst in zweiter Linie Mensch sein?« *)

Die Amerikaner können stolz sein, William Penn zu den ihren zu zählen, der im 17. Jahrhundert, ohne Ausübung irgendwelcher Gewalt, die Kolonie Pennsylvanien gründete. Da gab es »keine Forts, keine Soldaten, kein Militär, nicht einmal Waffen.« Inmitten der grausamen Grenzkriege und des Gemetzels, das zwischen den neuen Ansiedlern und

---

Bruder, der an mir sündigt, vergeben? Ist's genug siebenmal? Jesus sprach zu ihm: Ich sage dir: Nicht siebenmal, sondern siebzig mal siebenmal.« (*Matthäus* 18, 21-22) Einst bat ich Gott, mir diesen kompromißlosen Rat genauer zu erklären. »Herr«, fragte ich zweifelnd, »kann man das wirklich?« Als die Göttliche Stimme mir schließlich antwortete, gab sie mir diese demütigende und zugleich erleuchtende Botschaft: »Wieviele Male, o Mensch, vergebe ich einem jeden von Euch täglich?«

*) Einst stellte Roger Babson dem großen Elektroingenieur Charles Steinmetz folgende Frage: »Auf welchem Forschungsgebiet wird man in den nächsten fünfzig Jahren die größten Fortschritte machen?«
»Ich glaube, daß man die größten Entdeckungen auf geistigem Gebiet machen wird«, erwiderte Steinmetz. »Wie wir von der Geschichte her wissen, ist es vor allem die Kraft des Geistes, die die Entwicklung der Menschheit vorantreibt. Bisher haben wir jedoch nur mit ihr gespielt und sie niemals — wie die physischen Kräfte — ernsthaft erforscht. Eines Tages aber werden die Menschen erkennen, daß materielle Dinge ihnen kein Glück bringen und sie nur wenig zu großen, schöpferischen Leistungen anregen. Dann werden die Wissenschaftler der Welt ihre Laboratorien für die Erforschung Gottes, für das Studium des Gebets und der geistigen Kräfte zur Verfügung stellen — ein Gebiet, mit dem sie sich bisher kaum befaßt haben. Wenn dieser Tag kommt, wird die Welt in einer Generation größere Fortschritte machen als in den letzten vier.«

den Indianern stattfand, blieben einzig und allein die Quäker verschont. »Andere wurden erschlagen; andere wurden niedergemetzelt, sie aber blieben verschont. Nicht eine Quäkerfrau wurde vergewaltigt, nicht ein Quäkerkind ermordet, nicht ein Quäkermann gefoltert.« Als die Quäker schließlich gezwungen wurden, die Regierung niederzulegen, »brach Krieg aus, und einige Pennsylvanier kamen ums Leben. Doch nur drei Quäker wurden getötet — drei, die so weit von ihrem Glauben abgefallen waren, daß sie Verteidigungswaffen bei sich trugen.«

»Die Anwendung von Gewalt im (ersten) Weltkrieg hat die Weltlage keineswegs entspannt«, bemerkte Franklin Roosevelt. »Sieger und Besiegte haben in gleichem Maße unter den Folgen des Krieges zu leiden. Hieraus müßte die Welt eine Lehre gezogen haben.«

»Je mehr Waffen, um so größer das Elend der Menschen«, lehrte Laotse. »Der Triumph der Gewalt endet stets mit einer Trauerfeier.«

»Ich kämpfe für nichts anderes als für den Weltfrieden«, erklärte Gandhi. »Wenn die indische *Satyagraha*-Bewegung Erfolg hat, wird sie dem Patriotismus und — wenn ich in aller Bescheidenheit so sagen darf — dem Leben selbst einen neuen Sinn geben.«

Ehe der Westen daher Gandhis Lehre als die eines wirklichkeitsfremden Träumers ablehnt, sollte er sich auf die Worte des Meisters von Galiläa besinnen, der den Begriff *Satyagraha* in folgende Worte kleidete:

»Ihr habt gehört, daß da gesagt ist: ›Auge um Auge, Zahn um Zahn.‹ Ich aber sage euch, daß ihr nicht widerstreben sollt dem Übel; sondern, so dir jemand einen Streich gibt auf deinen rechten Backen, dem biete den anderen auch dar.« *)

Gandhis Epoche fällt mit erstaunlicher, kosmischer Präzision in ein Jahrhundert, das bereits durch die verheerenden Folgen zweier Weltkriege erschüttert wurde. Auf der Granitwand seines Lebens erscheint eine göttliche Schrift — eine Warnung vor weiterem Blutvergießen unter Brüdern!

---

*) *Matthäus 5, 38-39*

MAHATMA GANDHIS HANDSCHRIFT IN HINDI

Als Mahatma Gandhi den *Yogoda-Satsanga-Brahmatscharya-Vidyalaya* in Rantschi, das indische Internat mit Yogaschulung, besuchte, hatte er die Freundlichkeit, folgende Zeilen in das Gästebuch einzutragen. Die Übersetzung lautet:
»Dieses Institut hat mich tief beeindruckt. Ich hege große Hoffnung, daß diese Schule weiterhin den praktischen Gebrauch des Spinnrades unterstützen wird.«

17. September 1925

(gezeichnet) MOHANDAS GANDHI

MAHATMA GANDHI ZUM GEDÄCHTNIS

»Er war im wahrsten Sinne des Wortes der Vater unserer Nation, und ein Wahnsinniger hat ihn ermordet. Viele Millionen trauern nun, weil sein Licht erloschen ist . . . Das Licht, das in diesem Lande schien, war kein gewöhnliches Licht. Noch nach tausend Jahren wird es unser Land erleuchten, und die ganze Welt wird es sehen!« So sprach der indische Premierminister kurz nach der Ermordung Mahatma Gandhis am 30. Januar 1948 in Neu-Delhi.

Fünf Monate zuvor hatte Indien auf friedlichem Wege seine nationale Unabhängigkeit gewonnen. Der 78jährige Gandhi hatte sein Werk beendet und fühlte, daß seine Zeit gekommen war. »Awa, bring mir alle wichtigen Papiere«, sagte er am Morgen des tragischen Ereignisses zu seiner Enkeltochter. »Ich muß heute noch antworten. Morgen kann ich es vielleicht nicht mehr.« Aus mehreren seiner Schriften geht hervor, daß er sein Schicksal vorausgeahnt hatte.

Als der sterbende Mahatma, dessen zierlicher, von Fasten geschwächter Körper von drei Kugeln durchbohrt wurde, langsam zu Boden sank, hob er die Hände zum traditionellen Hindugruß *(Pronam)*, womit er schweigend seine Vergebung bekundete. Sein ganzes Leben lang war er ein unfreiwilliger Schauspieler gewesen; doch im Augenblick seines Todes wurde er zum vollendeten Darsteller. Alle Opfer seines selbstlosen Lebens machten diese letzte, liebende Geste möglich.

Albert Einstein widmete dem Mahatma einen Nachruf, in dem er unter anderem folgendes schrieb: »Zukünftige Generationen werden es kaum für möglich halten, daß einer wie er leibhaftig auf Erden wandelte.« Eine Botschaft vom Vatikan in Rom lautete: »Die Nachricht von der Ermordung hat uns mit tiefer Trauer erfüllt. Gandhi wird als ein Apostel christlicher Tugenden betrauert.«

Das Leben aller großen Menschen, die auf die Erde kommen, um einer gerechten Sache zum Durchbruch zu verhelfen, ist reich an symbolischen Ereignissen. Gandhis dramatischer Tod für die indische Einheit hat der Welt, die auf jedem Kontinent innerlich zerrissen ist, seine Botschaft näher vor Augen gerückt — eine Botschaft, die er in folgende prophetische Worte kleidete:

»Gewaltlosigkeit hat bei den Menschen Wurzel gefaßt und wird fortbestehen. Sie ist der Vorbote des kommenden Weltfriedens.«

XLV. KAPITEL

DIE »GLÜCKSELIGE MUTTER« VON BENGALEN

»Onkel, Ihr dürft Indien nicht verlassen, ehe Ihr nicht Nirmala Dewi kennengelernt habt. Sie ist eine große Heilige, die weit und breit nur unter dem Namen ›Ananda Moyi Ma‹ (Glückselige Mutter) bekannt ist.« Mit diesen Worten schaute mich meine Nichte, Amijo Bose, bittend an.

»Gern!« erwiderte ich. »Ich bin sehr daran interessiert, dieser Heiligen zu begegnen, denn ich habe bereits von ihrem hohen Zustand der Gottverwirklichung gehört und vor Jahren in der Zeitschrift *East-West* (Ost-West) einen Artikel über sie veröffentlichen lassen.«

»Ich habe sie vor kurzem gesehen, als sie in unser Städtchen Dschamschedpur kam«, fuhr Amijo fort. »Einer ihrer Jünger hatte sie dringend gebeten, einen Sterbenden zu besuchen. In dem Augenblick aber, als sie an sein Bett trat und ihm die Hand auf die Stirn legte, hörte das Todesröcheln auf. Die Krankheit verschwand augenblicklich, und der Mann wurde zu seiner freudigen Überraschung gesund.«

Einige Tage später hörte ich, daß die Glückselige Mutter sich im Haus eines Jüngers im Bhowanipur-Bezirk von Kalkutta aufhielt und machte mich sogleich mit Herrn Wright auf den Weg. Als unser Ford sich dem Haus in Bhowanipur näherte, bot sich uns mitten auf der Straße ein ungewöhnliches Bild.

Ananda Moyi Ma stand in einem offenen Automobil und segnete gerade eine Menge von etwa hundert Jüngern. Anscheinend stand sie kurz vor dem Aufbruch. Herr Wright parkte den Ford in einigem Abstand und ging mit mir auf die schweigende Versammlung zu. Die Heilige blickte in unsere Richtung, stieg dann aus dem Wagen und kam auf uns zu.

»Vater, du bist gekommen!« sagte sie herzlich, während sie den Arm um meinen Nacken legte und ihren Kopf an meine Schulter sinken ließ. Herr Wright, dem ich gerade gesagt hatte, daß ich die Heilige nicht kenne, freute sich königlich über dieses unerwartet liebevolle Willkommen. Auch die zahlreichen Tschelas blickten mit einiger Verwunderung auf das zärtliche Bild.

Ich sah sofort, daß sich die Heilige in einem hohen Zustand des *Samadhi* befand. Sie hatte ihre äußere weibliche Erscheinungsform vergessen und war sich nur noch ihrer unwandelbaren Seele bewußt. Und von dieser Ebene aus begrüßte sie freudig ein anderes Gotteskind. Dann nahm sie meine Hand und führte mich zu ihrem Wagen.

»Ananda Moyi Ma, ich will Euch nicht aufhalten«, wandte ich ein. »Ihr seid mitten im Aufbruch.«

»Vater, ich begegne Euch zum ersten Mal in diesem Leben — nach langer, langer Zeit«, sagte sie. »Geht bitte noch nicht fort.«

Wir nahmen auf den hinteren Wagensitzen Platz, und die Glückselige Mutter versank bald darauf in den regungslosen Zustand der Ekstase. Ihre schönen Augen blickten himmelwärts und blieben dann unter halbgeschlossenen Lidern unbeweglich stehen — in das nahe und zugleich ferne Elysium schauend. Die Jünger sangen leise: »Sieg der Göttlichen Mutter«.

Ich war bereits vielen Männern in Indien begegnet, die Gottverwirklichung besaßen; doch nie zuvor hatte ich eine solch entrückte Heilige gesehen. Aus ihrem liebreichen Antlitz leuchtete unbeschreibliche Freude — jene Freude, die ihr den Namen »Glückselige Mutter« eingebracht hatte. Von ihrem unverschleierten Haupt fiel das Haar in zwei langen schwarzen Zöpfen herab. Auf der Stirn trug sie ein rotes Mal aus Sandelholzpaste — das Symbol des geistigen Auges, das ständig in ihr geöffnet war. Ihr zartes Gesicht sowie die zierlichen Hände und Füße standen in auffallendem Gegensatz zu ihrer geistigen Größe.

Während Ananda Moyi Ma in ihrer Trance verharrte, richtete ich einige Fragen an eine ihrer Tschelas.

»Die Glückselige Mutter reist viel in Indien umher; in zahlreichen Gegenden hat sie Hunderte von Jüngern«, erzählte mir die Tschela. »Ihren eifrigen Bemühungen ist es zu verdanken, daß schon viele soziale Mißstände beseitigt worden sind. Obgleich die Heilige Brahmanin ist, erkennt sie die Kastengrenzen nicht an *). Einige von uns reisen ständig mit ihr mit, um sie zu versorgen. Wir müssen sie bemuttern, weil sie ihren Körper völlig vergißt. Wenn keiner ihr zu essen gäbe, würde sie nie etwas zu sich nehmen und auch um nichts bitten. Selbst wenn man ihr Nahrung vorsetzt, rührt sie sie nicht an. Um zu verhindern, daß sie dieser Erde entschwindet, füttern wir sie mit eigener

---

*) Ananda Moyi Ma wurde 1896 in dem Dorf Kheora im Tripura-Bezirk von Ost-Bengalen geboren.

Hand. Oft bleibt sie tagelang im göttlichen Zustand der Ekstase, wobei sie kaum atmet und ihre Augen sich nicht bewegen. Einer ihrer größten Jünger ist ihr eigener Mann. Vor vielen Jahren, kurz nach ihrer Vermählung, legte er das Gelübde des Schweigens ab.«

Mit diesen Worten wies die Tschela auf einen breitschultrigen Mann mit edlen Gesichtszügen, langem Haar und grauem Bart. Er stand schweigend inmitten der Menge und hatte die Hände, gleich einem ergebenen Jünger, ehrfurchtsvoll gefaltet.

Erfrischt durch ihr Untertauchen in die Unendlichkeit, richtete Ananda Moyi Ma ihr Bewußtsein nun wieder auf die Außenwelt.

»Vater, sagt mir bitte, wo Ihr Euch aufhaltet.« Ihre Stimme klang rein und melodisch.

»Zur Zeit in Kalkutta oder in Rantschi; bald aber fahre ich nach Amerika zurück.«

»Nach Amerika?«

»Ja! Wollt Ihr nicht mit mir kommen? Eine indische Heilige würde dort von den geistigen Suchern begeistert aufgenommen werden.«

»Wenn der Vater mich mitnehmen kann, so komme ich.«

Diese Antwort rief bei ihren Jüngern *) große Bestürzung hervor.

»Zwanzig von uns begleiten die Glückselige Mutter auf allen ihren Reisen«, sagte einer von ihnen mit fester Stimme. »Wo sie hingeht, müssen wir auch hingehen.«

Dieser unerwartete Zuwachs machte meinen Plan praktisch undurchführbar, und so gab ich ihn mit Bedauern auf.

»Kommt aber wenigstens mit Euren Jüngern nach Rantschi«, bat ich, als ich mich von der Heiligen verabschiedete. »Ihr werdet Freude an den Kleinen in meiner Schule haben, denn Ihr seid selbst ein göttliches Kind.«

»Wenn der Vater mich mitnehmen will, komme ich gern.«

Nicht lange danach standen die Schüler des *Vidyalaya* in Rantschi in festlicher Aufmachung Spalier, um die Heilige zu empfangen. Die Jungen freuen sich über jeden freien Tag, an dem der Unterricht ausfällt und es viel Musik und obendrein noch ein Festessen gibt.

»Sieg! Ananda Moyi Ma, ki dschai!« erscholl es begeistert aus vielen kleinen Kehlen, als die Heilige mit ihren Begleitern durch das Eingangstor schritt. Ein Regen von Ringelblumen fiel auf sie hernieder; fröhlich erklangen die Zymbeln und *Mridanga*-Trommeln und das

---

*) Ananda Moyi Ma selbst bezeichnet niemanden als ihren »Jünger«. Sie ist in ihrer Weisheit überpersönlich und schenkt allen Menschen, den Unbekannten und den vertrauten Schülern, die göttliche Liebe der Universellen Mutter.

Blasen der Muschelhörner! Die Glückselige Mutter schritt lächelnd über das sonnige *Vidyalaya*-Grundstück — das Paradies stets in ihrem eigenen Herzen tragend.

»Wie schön es hier ist«, sagte Ananda Moyi Ma, als ich sie in das Hauptgebäude führte; dann ließ sie sich mit kindlichem Lächeln an meiner Seite nieder. Man fühlt sich in ihrer Gegenwart wie ihr vertrautester Freund, und doch ist immer eine Aura der Entrücktheit um sie — eine Selbstisolierung, die paradox erscheinen mag, die aber kennzeichnend für den Bewußtseinszustand der Allgegenwart ist.

»Erzählt mir bitte etwas aus Eurem Leben!«

»Der Vater weiß alles darüber, warum soll ich es wiederholen?« Anscheinend war sie der Ansicht, daß die Ereignisse ihres jetzigen, kurzen Lebens nicht erwähnenswert seien.

Ich lachte und wiederholte meine Bitte sanft.

»Vater, es gibt wenig zu berichten«, sagte sie mit einer verlegenen Geste ihrer anmutigen Hände. »Mein Bewußtsein hat sich niemals mit diesem vergänglichen Körper identifiziert. Ehe ich *) auf diese Erde kam, Vater, ›war ich die gleiche‹. Als kleines Mädchen ›war ich die gleiche‹. Ich wuchs zur Frau heran und war immer noch ›die gleiche‹. Als die Familie, in die ich hineingeboren wurde, Vorbereitungen traf, diesen Körper zu verheiraten, ›war ich die gleiche‹. Jetzt vor Dir, Vater, ›bin ich die gleiche‹. Und in alle Ewigkeit, solange das Spiel der ewig wechselvollen Schöpfung an mir vorbeizieht, ›werde ich die gleiche sein.‹«

Dann versank Ananda Moyi Ma in tiefe Meditation, und ihr Körper wurde regungslos wie eine Statue. Sie war in ihr inneres Reich entflohen, das sie immer zurücklockte. Die dunklen Spiegel ihrer Augen erschienen nun leblos und glasig — ein Ausdruck, den man oft bei Heiligen beobachten kann; sobald sie ihr Bewußtsein vom irdischen Körper zurückziehen, ist dieser nur noch eine seelenlose Hülle. Wir saßen eine Stunde lang in ekstatischer Trance beisammen. Dann kehrte sie mit einem kurzen, fröhlichen Lachen in diese Welt zurück.

»Ananda Moyi Ma«, sagte ich, »kommt bitte mit mir in den Garten. Herr Wright möchte einige Bilder aufnehmen.«

»Gern, Vater. Euer Wunsch ist auch mein Wunsch.« Während verschiedene Aufnahmen von ihr gemacht wurden, behielten ihre wunderbaren Augen stets dasselbe göttliche Leuchten bei.

Nun folgte das Festmahl. Ananda Moyi Ma kauerte auf ihrem Deckensitz, und eine Jüngerin setzte sich neben sie, um sie zu füttern.

---

*) Ananda Moyi Ma gebraucht nie das Wort »ich«, sondern Umschreibungen wie »dieser Körper« oder »dieses Mädchen« oder »deine Tochter«.

Wie ein Kleinkind schluckte die Heilige gehorsam die Bissen hinunter, die ihr die Jüngerin an den Mund hielt. Es war unverkennbar, daß die Glückselige Mutter keinen Unterschied zwischen Curry und Süßspeisen schmeckte.

Bei Einbruch der Dunkelheit verließ uns die Heilige wieder, während von allen Seiten Rosenblätter auf sie herabregneten. Segnend breitete sie zum Abschied die Hände über die jungen Knaben, deren Gesichter die zärtliche Liebe widerstrahlten, die sie mühelos in ihnen erweckt hatte.

»Du sollst Gott, deinen Herrn, lieben von ganzem Herzen, von ganzer Seele und von ganzem Gemüte und von allen deinen Kräften«, erklärte Christus. »Das ist das vornehmste Gebot.« *)

Ananda Moyi Ma, die frei von allen irdischen Bindungen ist, fühlt sich nur noch an Gott gebunden. Nicht durch die haarspalterischen Methoden der Gelehrten, sondern durch die sichere Logik des Glaubens hat diese kindliche Heilige die einzige Aufgabe, die das Leben uns stellt — die Vereinigung der Seele mit Gott — gelöst.

Die Menschheit hat diese einfache Wahrheit vergessen und sie mit zahllosen anderen Motivierungen verschleiert. Völker, die den Schöpfer nicht auf monotheistische Weise verehren, versuchen ihre Untreue damit zu bemänteln, daß sie in übertriebener Weise ihren öffentlichen Wohlfahrtseinrichtungen huldigen. Solch humanitäre Bestrebungen sind zwar lobenswert, weil sie die Aufmerksamkeit des Menschen für kurze Zeit von seinem kleinen Ich ablenken, entbinden ihn aber keinesfalls von seiner höchsten Pflicht, die Jesus als das »vornehmste Gebot« bezeichnete. Mit dem ersten freien Atemzug, den der Mensch tut, geht er die hohe Verpflichtung ein, Gott, seinen einzigen Wohltäter **), zu lieben.

Einige Monate, nachdem Ananda Moyi Ma uns in Rantschi besucht hatte, begegnete ich ihr unerwartet wieder. Sie stand mit einer Gruppe von Jüngern auf dem Bahnsteig in Serampur und wartete auf ihren Zug.

»Ich fahre zum Himalaja, Vater«, teilte sie mir mit. »Einige gütige Menschen haben in Dehra Dun eine Einsiedelei für uns errichtet.«

Als sie in den Zug stieg, stellte ich wiederum fest, daß ihre Augen

---

*) *Markus 12, 30*
**) »Viele haben den Drang, eine neue und bessere Welt zu erschaffen. Anstatt solchen Gedanken nachzuhängen, sollte man sich lieber auf *Ihn* konzentrieren, der allein unvergänglichen Frieden schenken kann. Jeder Mensch hat die Pflicht, zu einem Gottsucher oder Wahrheitsucher zu werden.« — *Ananda Moyi Ma*

immer in Gott ruhen — ganz gleich, ob sie sich inmitten einer Menschenmenge, in der Eisenbahn, bei einem Festessen, oder in tiefer Meditation befindet.

Noch immer hallt ihre Stimme — wie ein unsagbar liebliches Echo — in mir nach:

»Siehe, jetzt und immer bin ich eins mit dem Ewigen — ›bin ich die gleiche.‹«

XLVI. KAPITEL

DIE YOGINI,
DIE OHNE NAHRUNG LEBT

»Wo geht es heute morgen hin, Sir?« fragte Herr Wright, indem er seine Augen kurz vom Steuer abwandte und mich erwartungsvoll anblickte. Er wußte nie, was der nächste Tag an Überraschungen bringen würde und welchen Teil Bengalens es zu erforschen galt.

»So Gott will«, erwiderte ich, »befinden wir uns auf dem Wege zu einem achten Weltwunder — einer Heiligen, deren Nahrung aus reiner Luft besteht.«

»Eine Wiederholung von Konnersreuth«, sagte Herr Wright, lächelte aber dennoch voller Vorfreude und beschleunigte sogar das Tempo. Mehr Stoff für sein Reisetagebuch, das in der Tat nicht mit dem eines gewöhnlichen Touristen zu vergleichen war!

Wir hatten uns bereits vor Sonnenaufgang erhoben und soeben die Rantschi-Schule verlassen. Außer meinem Sekretär und mir befanden sich noch drei bengalische Freunde im Wagen. In tiefen Zügen tranken wir die berauschende Morgenluft ein. Es war nicht leicht für unseren Fahrer, den Wagen zwischen den ländlichen Frühaufstehern und den zweirädrigen, sich gemächlich vorwärtsbewegenden Ochsenkarren hindurchzuschlängeln, die die Straße ganz für sich in Anspruch nahmen und dieses Vorrecht nur ungern mit dem hupenden Eindringling teilten.

»Sir, dürfen wir mehr über die fastende Heilige erfahren?«

»Sie heißt Giri Bala«, erzählte ich meinen Begleitern. »Vor Jahren hörte ich durch den Gelehrten Sthiti Lal Nandy, der öfter zur Gurparstraße kam, um meinen Bruder Bischnu zu unterrichten, zum ersten Male von ihr.

›Ich kenne Giri Bala sehr gut‹, erzählte mir Sthiti Babu. ›Sie wendet eine bestimmte Yogatechnik an, die es ihr ermöglicht, ohne Nahrung zu leben. Ich wohnte in Nawabgandsch bei Itschapur *) ganz in ihrer Nähe

---

*) Im nördlichen Bengalen

und hatte es mir zur Aufgabe gemacht, sie genau zu beobachten. Doch nie bemerkte ich, daß sie etwas aß oder trank. Mein Interesse an ihr wurde schließlich so groß, daß ich mich an den Maharadscha von Burdwan *) wandte und ihn bat, Nachforschungen anstellen zu lassen. Er war in höchstem Grade erstaunt, von diesem Fall zu hören, und forderte sie auf, in seinen Palast zu kommen. Sie willigte auch ein, sich prüfen zu lassen und lebte zwei Monate lang in einem kleinen Teil des Gebäudes hinter Schloß und Riegel. Später kehrte sie zu einem zwanzigtägigen Besuch und dann noch einmal zu einer dritten Prüfung von fünfzehn Tagen in seinen Palast zurück. Der Maharadscha sagte mir selbst, er hege nach diesen drei sorgfältigen Untersuchungen keinen Zweifel mehr darüber, daß sie ohne Nahrung lebt.‹

Ich habe diesen Bericht Sthiti Babus nie vergessen, obgleich seitdem über 25 Jahre vergangen sind«, sagte ich abschließend. »Manchmal habe ich in Amerika an die *Yogini* **) gedacht und mich gefragt, ob der Strom der Zeit sie nicht zu den jenseitigen Ufern tragen werde, ehe ich Gelegenheit hätte, ihr zu begegnen. Sie muß inzwischen ein ziemlich hohes Alter erreicht haben. Ich weiß nicht einmal, ob und wo sie noch lebt. Aber in einigen Stunden sind wir in Purulia, wo ihr Bruder wohnt.«

Gegen halb 11 Uhr waren wir dort und trafen ihren Bruder Lambodar Dey an, einen Rechtsanwalt aus Purulia.

»Ja, meine Schwester lebt noch und besucht mich hier ab und zu; augenblicklich aber ist sie in unserem Elternhaus in Biur.« Dann blickte Lambodar Babu etwas skeptisch auf unseren Ford. »Ich glaube kaum, Swamidschi, daß jemals ein Auto ins Landesinnere bis nach Biur vorgedrungen ist. Es wäre besser, wenn Ihr Euch einem klapprigen Ochsenkarren anvertrauen würdet.«

Wir aber gelobten dem Stolz von Detroit einstimmig unsere Treue. »Der Ford kommt aus Amerika«, erklärte ich dem Rechtsanwalt. »Es wäre schade, wenn er diese Gelegenheit, ins Herz Bengalens einzudringen, versäumen würde.«

»Möge Ganesch ***) Euch begleiten!« lachte Lambodar Babu. Dann fügte er höflich hinzu: »Wenn Ihr wirklich dort hingelangen solltet, wird Giri Bala sich bestimmt über Euren Besuch freuen. Sie steht kurz vor ihrem 70. Lebensjahr, erfreut sich aber noch bester Gesundheit.«

---

*) Seine Hoheit Sri Bidschay Tschand Mahtab ist inzwischen verstorben. Doch seine Familie besitzt zweifellos noch Unterlagen über die drei Untersuchungen, denen sich Giri Bala auf Wunsch des Maharadscha unterzog.
**) Weiblicher Yogi
***) Der Gott des Glücks, der alle Hindernisse aus dem Weg räumt

»Sagt mir bitte, Sir, ob es stimmt, daß sie nichts ißt.« Ich schaute ihm direkt in die Augen, den Spiegel der Seele.
»Ja, das stimmt.« Sein Blick war frei und offen. »Seit mehr als fünf Jahrzehnten habe ich sie nicht eine Krume essen sehen. Wenn die Welt plötzlich unterginge, würde ich mich nicht mehr wundern, als wenn ich meine Schwester essen sähe.«
Wir lachten gemeinsam über die Unwahrscheinlichkeit dieser beiden kosmischen Ereignisse.
»Giri Bala hat sich niemals in die Einsamkeit zurückgezogen, um ihre Yoga-Übungen zu machen«, fuhr Lambodar Babu fort. »Sie hat ihr ganzes Leben inmitten ihrer Familie und Freunde verbracht, die sich inzwischen alle an ihren seltsamen Zustand gewöhnt haben. Keiner von ihnen würde seinen Augen trauen, wenn Giri Bala sich plötzlich entschließen würde, etwas zu essen. Meine Schwester lebt zurückgezogen, wie es sich für eine Hindu-Witwe geziemt; doch unser kleiner Kreis in Purulia und Biur weiß, daß sie im wahrsten Sinne des Wortes eine ›außergewöhnliche‹ Frau ist.«
Die Aufrichtigkeit des Bruders war unverkennbar. Wir dankten ihm herzlich und machten uns dann auf den Weg nach Biur. Unterwegs hielten wir kurz vor einer kleinen Imbißstube, um Curry und *Lutschis* zu essen. Dabei umringte uns eine Schar von Kindern, die interessiert beobachteten, wie Herr Wright nach indischer Sitte mit den Fingern aß [*]. Unser guter Appetit sorgte dafür, daß wir uns genügend stärkten, denn der Nachmittag sollte — was wir im Augenblick noch nicht wußten — recht anstrengend werden.
Der Weg führte uns nun ostwärts an ausgetrockneten Reisfeldern vorbei zum Burdwan-Bezirk von Bengalen. Dichte Vegetation säumte die Straßen, und aus den riesigen Baumkronen mit ihren schirmartigen Zweigen erklang das Gezwitscher der *Maynas* und *Bulbuls* (Singvögel mit gestreiften Kehlen). Hin und wieder begegneten wir einem Ochsenwagen, dessen quietschende Achsen und eisenbeschlagene Räder in krassem Gegensatz zu dem sausenden Geräusch der Autoreifen stehen, die über den aristokratischen Asphalt der Großstädte flitzen.
»Dick — anhalten!« Mein plötzlicher Ausruf brachte den Ford ruckartig zum Halten. »Dieser schwer beladene Mangobaum ruft uns eine laute Einladung zu.«

---

[*] Sri Yukteswar pflegte zu sagen: »Der Herr hat uns die guten Früchte der Erde gegeben. Darum möchten wir unsere Nahrung auch sehen, riechen und schmecken; der Hindu möchte sie außerdem noch berühren.« Es ist auch nichts dagegen einzuwenden, wenn man sie *hört*, vorausgesetzt, daß niemand anders dabei ist!

Gleich darauf stürzten wir uns alle fünf wie die Kinder auf den von Mangos übersäten Boden.

»Manch eine Mango ward geboren, um ungesehen zu verderben«, zitierte ich, »und ihre ganze Süße auf stein'gem Boden zu verschwenden.« *)

»So etwas gibt es in Amerika wohl nicht, Swamidschi?« fragte Sailesch Masumdar, einer meiner bengalischen Schüler, lachend.

»Nein«, gestand ich, während ich mich an den Mangos labte. »Wie sehr ich diese Frucht im Westen vermißt habe! Für einen Hindu ist ein Himmel ohne Mangos unvorstellbar.«

Dann holte ich mir mit einem Stein eine besonders prächtige Frucht vom obersten Ast herab.

»Dick«, fragte ich, indem ich in die tropische, sonnengewärmte Ambrosia biß, »sind unsere Kameras im Wagen?«

»Ja, Sir — im Gepäckraum.«

»Wenn Giri Bala wirklich eine Heilige ist, will ich im Westen einiges über sie schreiben. Eine Hindu-Yogini mit solch ungewöhnlichen Fähigkeiten darf nicht unbekannt leben und sterben wie die meisten dieser Mangos.«

Eine halbe Stunde später wanderte ich noch immer in dem Waldparadies umher.

»Sir«, bemerkte Herr Wright, »wir müssen Giri Bala noch vor Sonnenuntergang erreichen, damit wir genug Licht für die Aufnahmen haben.« Und mit schelmischem Lächeln fügte er hinzu: »Die Menschen des Westens sind skeptisch; wir können nicht von ihnen verlangen, daß sie an die Existenz dieser Frau glauben, wenn wir keine Bilder von ihr haben.«

Die Wahrheit seiner Worte war unbestreitbar; und so kehrte ich der Versuchung den Rücken und stieg in den Wagen.

»Du hast recht, Dick«, seufzte ich, als wir weiterfuhren, »Ich opfere das Mangoparadies auf dem Altar des modernen Realismus. Photographien brauchen wir.«

Die Straße wurde immer schlechter und zeigte manch traurige Alterserscheinungen: runzelige Wurzeln und verhärtete Lehmklumpen. Zuweilen mußten wir alle aussteigen und von hinten nachschieben, damit Herr Wright den Ford leichter manövrieren konnte.

---

*) Parodie auf ein Gedicht von Thomas Gray:
    »Manch eine Blume ward geboren,
    Um ungesehen zu verblühen
    Und ihre ganze Süße
    Im Wüstenwinde zu verschwenden.«

»Lambodar Babu hat wahr gesprochen«, gab Sailesch zu, »der Wagen trägt nicht uns, sondern wir tragen ihn.«

Das fortwährende Ein- und Aussteigen war recht ermüdend, und wir waren froh, wenn von Zeit zu Zeit ein altertümliches Dörfchen auftauchte und uns eine willkommene Abwechslung brachte.

»Der Weg schlängelte sich durch Palmenhaine und uralte, von der Zeit unberührte Dörfchen hindurch, die tief im Schatten des Waldes lagen«, schrieb Herr Wright am 5. Mai 1936 in sein Reisetagebuch. »Diese Siedlungen aus strohgedeckten Lehmhütten, deren Eingänge alle mit dem Namen eines Gottes verziert sind, haben etwas Faszinierendes an sich. In der Nähe spielen unschuldig kleine nackte Kinder, bleiben stehen und starren uns an oder ergreifen panikartig die Flucht vor dem großen, schwarzen, ochsenlosen Gefährt, das in rasender Geschwindigkeit durch ihr Dorf saust. Die Frauen blicken nur flüchtig aus dem Schatten herüber, während die Männer müßig am Straßenrand unter den Bäumen liegen und ihre Neugier hinter gespielter Gleichgültigkeit verbergen. An einem Ort badeten alle Dorfleute fröhlich in einem Teich (und zwar in voller Kleidung, die sie später wechselten, indem sie sich ein trockenes Tuch um den Körper legten und das nasse darunter fallen ließen). Frauen trugen in riesigen Messingkrügen Wasser in ihre Hütten.

Die holprige Straße glich einer Berg-und-Tal-Bahn. Wir wurden hin- und hergerüttelt, tauchten in kleine Bäche, mußten Umwege machen, weil die Straße nicht weiterging, rutschten in ausgetrockneten, sandigen Flußbetten aus und befanden uns schließlich gegen 5 Uhr nachmittags dicht vor unserem Bestimmungsort Biur. Dieses winzige Dörfchen im Inneren des Bankura-Bezirks liegt zwischen dichtem Laub verborgen und ist in der Regenzeit für Reisende unzugänglich, wie man uns sagte. Denn dann verwandeln sich die Rinnsale in tosende Wildbäche, und die Straßen gleichen gefährlichen, schlammspeienden Schlangen.

Als wir auf einsamem Feld eine Gruppe von Menschen anhielten, die gerade vom Tempelgottesdienst heimkehrten, und um einen Führer baten, wurden wir sogleich von einem Dutzend spärlich bekleideter Jungen umlagert, die auf die Trittbretter des Wagens kletterten und sich eifrig bereit erklärten, uns den Weg zu Giri Bala zu zeigen.

Die Straße führte nun auf einen Dattelhain zu, in dessen Schatten eine Gruppe von Lehmhütten stand. Doch bevor wir sie erreicht hatten, verlor der Ford in einer gefährlichen Kurve fast das Gleichgewicht, wurde hochgeworfen und fiel wieder zurück. Der enge, von Bäumen bestandene Pfad führte um einen Teich herum, über Abhänge hinweg und durch tiefe Schlaglöcher und Fahrrinnen hindurch. Der Wagen blieb im Gebüsch stecken, lief sich auf einem Sandhaufen fest und mußte freigeschaufelt werden. Dann fuhren wir langsam und vorsichtig weiter. Plötzlich wurde der Weg mitten auf der Fahrbahn von einem Haufen Astwerk versperrt, so daß wir einen Umweg machen mußten, der über einen steilen Abhang hinunter in einen ausgetrockneten Teich führte. Nur mit mühsamem Scharren, Graben und Schaufeln bekamen wir den Wagen wieder frei. Immer wieder schien der Weg unpassierbar, doch die Pilgerfahrt mußte weitergehen. Und so holten die Jungen Spaten herbei, um die Hindernisse (mit Ganeschs Segen!) aus dem Weg zu räumen, während Hunderte von Kindern und Eltern um uns herumstanden und uns anstarrten.

Nun schlingerten wir in zwei ausgefahrenen Furchen weiter, während die Frauen uns vom Eingang der Hütten mit weit aufgerissenen Augen entgegenblickten, die Männer neben und hinter uns einherstapften und die Kinder voranhüpften, um die Prozession zu vervollständigen. Unser Auto war wahrscheinlich das erste, das über diese Wege fuhr, auf denen sonst nur Ochsenkarren verkehren. Man stelle sich vor, welch ein Aufsehen unsere Gruppe erregte, die von einem Amerikaner in einem ratternden Auto angeführt wurde und bis ins Innere der dörflichen Festung vordrang, deren Abgeschiedenheit noch nie gestört worden war.

Endlich hielten wir vor einer engen Gasse — nur noch dreißig Meter von Giri Balas Haus entfernt. Nach dem langen Kampf mit den schlechten Wegverhältnissen und dem mühseligen Endspurt genossen wir nun die Frucht des Sieges. Langsam fuhren wir auf das große, dreistöckige Backsteingebäude zu, das die aus Luftziegeln erbauten, benachbarten Hütten überragte. Wie wir an dem Bambusgerüst, das in tropischen Gegenden viel verwendet wird, erkennen konnten, wurde das Haus gerade renoviert.

In fieberhaft-freudiger Erwartung hielten wir vor dem offenen Tor und erwarteten die Frau, die durch Gottes Segen ohne jede irdische Nahrung lebte. Noch immer umgaben uns die staunenden Dorfleute — junge und alte, nackte und bekleidete. Die Frauen waren etwas zurückhaltender, aber dennoch neugierig, während die Männer und Knaben sich ungeniert an unsere Fersen hefteten, um sich dieses einmalige Schauspiel nicht entgehen zu lassen.

Bald darauf erschien eine kleine Gestalt am Eingang — Giri Bala! Sie war in ein Tuch aus matter, goldfarbener Seide gehüllt. In der bescheidenen Art der Inderinnen kam sie zögernd vorwärts und lugte aus den Falten ihres *Swadeschi*-Tuches zu uns herüber. Im Schatten des über den Kopf geworfenen Tuches glimmten ihre Augen wie Bernstein. Wir waren tief bewegt, als wir ihr gütiges Antlitz erblickten, das von großer Selbstverwirklichung und Weltentrücktheit zeugte.

Schüchtern näherte sie sich uns und erklärte sich schweigend damit einverstanden, daß wir mehrere Photos und Filmaufnahmen von ihr machten *). Geduldig und scheu ließ sie alle phototechnischen Vorbereitungen — das Ausprobieren der richtigen Stellung und Beleuchtung — über sich ergehen. Schließlich hatten wir viele Bilder von der einzigen Frau der Welt, die seit über 50 Jahren ohne Nahrung und Getränke lebt, für die Nachwelt festgehalten. (Therese Neumann fastet seit 1923.) Giri Bala wirkte im höchsten Grade mütterlich; sie war vollkommen in ein lose herabfallendes Tuch eingehüllt, so daß man nur ihr Gesicht mit den niedergeschlagenen Augen, ihre Hände und winzigen Füße sehen konnte. Ein Antlitz von seltenem Frieden und unschuldiger Würde — ein voller kindlicher Mund mit bebenden Lippen, eine zierliche Nase, kleine, leuchtende Augen und ein versonnenes Lächeln.«

Einen ganz ähnlichen Eindruck von Giri Bala hatte auch ich. Ihre Geistigkeit umgab sie wie ein leuchtender Schleier. Sie grüßte mich mit dem traditionellen *Pronam*, wie es sich einem Mönch gegenüber geziemt. Ihre natürliche Anmut und das stille Lächeln, mit dem sie uns willkommen hieß, war uns mehr wert als alle schönen Worte. Vergessen war unsere lange, beschwerliche Reise.

Die kleine Heilige setzte sich mit gekreuzten Beinen auf der Veranda nieder. Obgleich man ihr das Alter anmerkte, wirkte sie nicht gebrechlich. Sie hatte eine reine, braune Haut und einen frischen Teint.

»Mutter«, sagte ich auf Bengali, »über 25 Jahre habe ich auf diese Pilgerfahrt gewartet. Sthiti Lal Nandy Babu hat mir von Eurem heiligen Leben erzählt.«

Sie nickte. »Ja, mein guter Nachbar aus Nawabgandsch.«

»Während dieser Jahre bin ich über die Meere gefahren, habe aber mein Vorhaben, Euch eines Tages zu besuchen, nie vergessen. Das erhabene Drama, das Ihr hier im Verborgenen spielt, soll der Welt, die seit langem ihre innere, göttliche Nahrung vergessen hat, nicht vorenthalten bleiben.«

Die Heilige blickte einen Augenblick lang auf und lächelte mit stillem Interesse.

»Baba (der verehrte Vater) weiß es am besten«, antwortete sie demütig.

---

*) Herr Wright hat während der letzten Feier der Wintersonnenwende in Serampur auch Filmaufnahmen von Sri Yukteswar gemacht.

Ich war erleichtert, daß sie sich nicht verletzt fühlte. Man weiß nie, wie Yogis und Yoginis darüber denken, wenn man etwas über sie veröffentlichen will. Gewöhnlich scheuen sie sich davor und ziehen es vor, unerkannt zu bleiben, um sich in aller Stille der Erforschung ihrer Seele zu widmen. Eine innere Stimme sagt ihnen, wann die Zeit gekommen ist, an die Öffentlichkeit zu treten und den geistigen Suchern zu helfen.

»Mutter«, fuhr ich fort, »vergebt mir, wenn ich Euch deshalb viele Fragen stelle. Antwortet bitte nur, wenn Ihr wollt. Ich werde auch Verständnis für Euer Schweigen haben.«

Da breitete sie in anmutiger Geste ihre Hände aus. »Ich will gern antworten, wenn eine unbedeutende Person wie ich zufriedenstellende Antworten geben kann.«

»Ihr seid durchaus nicht unbedeutend«, widersprach ich eifrig. »Ihr seid eine große Seele.«

»Ich bin die bescheidene Dienerin aller.« Und verschmitzt fügte sie hinzu: »Meine Lieblingsbeschäftigung besteht darin, für andere zu kochen und ihnen das Essen zu servieren.«

Eine seltsame Beschäftigung für eine fastende Heilige, dachte ich.

»Sagt mir bitte, Mutter, ob es stimmt, daß Ihr ganz ohne Nahrung lebt? Ich möchte es gern aus Eurem eigenen Munde hören.«

»Ja, es stimmt.« Sie schwieg einige Augenblicke, und ihre nächste Bemerkung zeigte, daß sie in Gedanken nachgerechnet hatte. »Seit ich zwölf Jahre und vier Monate alt war, bis zu meinem jetzigen 68. Lebensjahr — d. h. über 56 Jahre — habe ich weder gegessen noch getrunken.«

»Kommt Ihr nie in Versuchung zu essen?«

»Wenn ich Hunger hätte, müßte ich auch essen.« Mit welch einfacher und doch königlicher Würde sie diese aphoristische Wahrheit aussprach, die einer Welt, die sich um drei tägliche Mahlzeiten dreht, nur allzugut bekannt ist!

»Aber irgendetwas nehmt Ihr doch zu Euch!« wandte ich ein.

»Natürlich«, sagte sie lächelnd, denn sie hatte mich sofort verstanden.

»Ihr zieht Eure Nahrung aus den feineren Energien der Luft und des Sonnenlichts [*]) und aus der kosmischen Kraft, die durch das verlängerte Mark in Euren Körper einströmt.«

---

[*]) »Alles, was wir essen, ist Strahlung; unsere Nahrung stellt eine bestimmte Energiemenge dar«, verkündete Dr. George Crile aus Cleveland am 17. Mai 1933 vor einer Versammlung von Medizinern im Memphis. Nachstehend Auszüge aus einem Bericht über seine Rede:

»Der Vater weiß es.« Wiederum erklärte sie sich in ihrer sanften, unaufdringlichen Art einverstanden.

»Mutter, erzählt mir bitte etwas aus Eurem Leben. Wir in Indien und sogar unsere Brüder und Schwestern jenseits des Meeres sind sehr daran interessiert.« Da legte Giri Bala ihre bisherige Zurückhaltung ab und begann ungezwungen zu plaudern.

»So sei es«, sagte sie mit leiser, aber fester Stimme. »Ich wurde hier in dieser waldigen Gegend geboren. Über meine Kindheit gibt es nichts Bemerkenswertes zu berichten, mit Ausnahme der Tatsache, daß ich einen unbändigen Appetit hatte.

Im Alter von neun Jahren wurde ich verlobt.

›Kind‹, warnte mich meine Mutter des öfteren, ›bemühe dich, deine Eßgier im Zaum zu halten. Später wirst du in der Familie deines Mannes unter Fremden leben müssen; was soll man dort von dir denken, wenn du deine Tage mit nichts anderem als mit Essen zubringst?‹

Das Unheil, das sie vorausgesehen hatte, traf ein. Ich war erst zwölf Jahre alt, als ich zu der Familie meines Mannes nach Nawabgandsch zog. Meine Schwiegermutter schalt mich morgens, mittags und abends wegen meiner Eßgier. Ihr Schelten war jedoch ein verborgener Segen, denn es rief meine schlummernden geistigen Neigungen wach. Eines Morgens machte sie sich in erbarmungsloser Weise über mich lustig.

»Diese überaus wichtige Strahlung, welche die für den elektrischen Stromkreislauf des Körpers — d. h. für das Nervensystem — notwendigen elektrischen Ströme erzeugt, wird der Nahrung durch die Sonnenstrahlen zugeführt. Atome, so behauptet Dr. Crile, sind Sonnensysteme. Sie sind Energieträger, in denen die Sonnenstrahlung gleich zahllosen gespannten Federn aufgespeichert ist. Diese zahllosen Träger der Atomenergie werden von uns als Nahrung aufgenommen. Wenn sie dem menschlichen Körper einverleibt werden, entladen sich diese straffen Behälter — die Atome — und gehen in das körperliche Protoplasma ein, wo die Strahlung neue chemische Energie, d. h. neue elektrische Ströme erzeugt. ›Unser Körper setzt sich aus diesen Atomen zusammen‹, sagte Dr. Crile. ›Sie bilden unsere Muskeln, unser Gehirn und unsere Sinnesorgane (Augen, Ohren usw.).‹«
Eines Tages wird die Wissenschaft Methoden entdecken, die es dem Menschen ermöglichen, direkt von Sonnenenergie zu leben. Chlorophyll ist der einzige bekannte Stoff in der Natur, der aus irgendeinem Grunde die Macht besitzt, als ›Sonnenlichtspeicher‹ zu fungieren«, schrieb William Laurence in der *New York Times*. »Es fängt die Energie des Sonnenlichtes ein und speichert sie in der Pflanze auf. Ohne diesen Vorgang könnte überhaupt kein Leben existieren. Wir erhalten die lebensnotwendige Energie von der Sonnenenergie, die in der pflanzlichen Nahrung aufgespeichert ist, oder aus dem Fleisch der pflanzenfressenden Tiere. Die Energie, die wir aus der Kohle und dem Öl gewinnen, ist Sonnenenergie, die das Chlorophyll vor Millionen Jahren in den Pflanzen eingefangen hat. Wir leben also durch Vermittlung des Chlorophylls von der Sonne.«

›Ich werde dir bald beweisen, daß ich überhaupt keine Nahrung mehr anrühre, solange ich lebe‹, sagte ich tief gekränkt.

Doch meine Schwiegermutter lachte spöttisch. ›So!‹ rief sie aus, ›wie willst du wohl leben, ohne zu essen, wenn du nicht einmal ohne zu fressen leben kannst?‹

Darauf konnte ich ihr keine Antwort geben. Doch ein eiserner Entschluß wurde plötzlich in mir wach. Ich zog mich an einen einsamen Ort zurück, um zu meinem Himmlischen Vater zu beten.

›Herr‹, flehte ich ohne Unterlaß, ›sende mir bitte einen Guru, der mich lehren kann, von Deinem Licht anstatt von Nahrung zu leben.‹

Dann fiel ich plötzlich in Ekstase. Als ich wieder zu mir kam, machte ich mich in glückseliger Stimmung auf den Weg zum Nawabgandsch-*Ghat* am Ganges. Unterwegs begegnete ich dem Priester der Familie meines Mannes.

›Ehrwürdiger Herr‹, redete ich ihn voller Vertrauen an, ›sagt mir bitte, wie ich ohne Nahrung leben kann.‹

Er starrte mich an, ohne etwas zu erwidern. Schließlich sagte er tröstend: ›Komm heute abend zum Tempel, Kind. Ich will eine besondere vedische Zeremonie für dich ausführen.‹

Diese ausweichende Antwort entsprach jedoch nicht meinen Erwartungen. Und so ging ich weiter, bis ich den *Ghat* erreicht hatte. Die Morgensonne schimmerte bereits auf den Wellen, als ich in den Ganges stieg, um mich wie vor einer heiligen Einweihung zu reinigen. Als ich in meinem nassen Gewand das Flußufer verließ, materialisierte sich mein Meister im hellen Tageslicht vor mir.

›Liebes Kind‹, sagte er voller Mitgefühl, ›ich bin der Guru, der dir von Gott gesandt wurde, um deine flehentliche Bitte zu erfüllen. Dein ungewöhnliches Gebet hat Ihn tief bewegt. Von heute an sollst du nur noch von astralem Licht leben, denn die Atome deines Körpers werden vom nie versiegenden kosmischen Strom gespeist werden.‹«

Giri Bala verfiel in Schweigen. Ich nahm Herrn Wrights Notizblock und Bleistift zur Hand und übersetzte ihm einige ihrer Aussagen.

Da nahm die Heilige mit kaum hörbarer Stimme den Faden ihrer Erzählung wieder auf. »Der *Ghat* war menschenleer; dennoch breitete mein Guru eine Aura schützenden Lichts um uns aus, damit kein vereinzelter Badender uns stören konnte. Dann weihte er mich in eine *Kria*-Technik ein, die den Körper unabhängig von grobstofflicher Nahrung macht. Diese Technik schließt ein bestimmtes *Mantra**) und eine Atem-

---

*) Ein Lied oder Vers mit machtvollen Schwingungen. Die wörtliche Übersetzung des Sanskritwortes *Mantra* lautet: Gedankeninstrument. Nach Websters neuem Internationalen Wörterbuch (*Websters New International*

übung ein, die jedoch so schwierig ist, daß die meisten Menschen sie nicht ausführen könnten. Kein Elixier und keine Magie ist im Spiel; nichts anderes als der *Kria*.«

In der Art amerikanischer Zeitungsreporter, denen ich unwillkürlich einiges abgeguckt hatte, stellte ich mehrere Fragen an Giri Bala, die meiner Meinung nach von Interesse für die Welt sein würden. Sie gab mir nach und nach folgende Antworten:

»Ich habe keine Kinder gehabt; ich bin seit vielen Jahren Witwe. Ich schlafe sehr wenig, weil Schlafen und Wachen dasselbe für mich bedeuten. Ich meditiere nachts und mache am Tag meine Hausarbeit. Ich fühle in geringem Maße den Klimawechsel der verschiedenen Jahreszeiten. Ich bin niemals krank gewesen. Ich fühle nur wenig Schmerz, wenn ich mich versehentlich verletze. Ich habe keine körperlichen Ausscheidungen. Ich kann meinen Herzschlag und Atem regulieren. In meinen Visionen sehe ich oft meinen Guru und andere große Seelen.«

»Mutter«, fragte ich, »warum lehrt Ihr andere Menschen nicht die Methode, ohne Nahrung zu leben?«

Doch meine Hoffnung für die hungernden Millionen wurde sogleich wieder zunichte gemacht.

»Nein«, sagte sie, indem sie den Kopf schüttelte. »Mein Guru hat mir strengstens untersagt, das Geheimnis preiszugeben. Er beabsichtigt keinesfalls, in das Schöpfungsdrama Gottes einzugreifen. Die Bauern würden es mir nicht danken, wenn ich unsere Leute lehrte, ohne Nahrung zu leben; denn das würde bedeuten, daß die köstlichen Früchte am Boden liegen bleiben und verderben. Anscheinend sind Elend, Hungersnot und Krankheit die Geißeln unseres Karmas, die uns letzten Endes dazu verhelfen, den wahren Sinn des Lebens zu verstehen.«

»Mutter«, fragte ich nachdrücklich, »aus welchem Grund seid Ihr ausersehen worden, ohne Nahrung zu leben?«

»Um zu beweisen, daß der Mensch GEIST ist«, sagte sie, während göttliche Weisheit aus ihrem Antlitz leuchtete. »Um zu beweisen, daß der geistig Fortgeschrittene allmählich lernen kann, nicht mehr von Nahrung, sondern vom Ewigen Licht zu leben.«*)

Dictionary) versteht man unter *Mantra* »vollkommene, unhörbare Laute, die eine Ausdrucksform der Schöpfung sind. Wenn ein *Mantra* vokalisiert wird, stellt es eine universelle Terminologie dar.« Die ungeheure Macht der Töne hat ihren Ursprung im *OM* (dem »Wort« oder der schöpferischen Schwingung des Kosmischen Motors).

*) Die Fähigkeit, ohne Nahrung zu leben, wird in Patandschalis *Yoga-Sutras III, 31,* erwähnt. Durch Anwendung bestimmter Atemübungen wirkt man auf das *Visuddha-Tschakra,* das fünfte Zentrum feiner Energien, in der Wirbelsäule ein. Dieses *Visuddha-Tschakra,* das der Kehle gegenüberliegt, regiert das fünfte Element, *Akasch* oder Äther, der in die inner-

Dann versank die Heilige in tiefe Meditation; ihr Blick tauchte nach innen, und ihre sanften, stillen Augen wurden ausdruckslos. Ein kleiner Seufzer kündigte die ekstatische, atemlose Trance an; dann war sie für einige Zeit in ihr eigenes Reich — den Himmel innerer Freude — entflohen.

Leise senkte sich die tropische Nacht über das Land, und das Licht der kleinen Kerosinlampen flackerte über den Köpfen der vielen Dorfbewohner, die schweigend im Dunkel kauerten. Tanzende Glühwürmchen und die fernen Öllaternen vor den Hütten woben helle, geisterhafte Muster in die samtweiche Nacht. Die schmerzliche Stunde des Abschieds war gekommen, denn wir hatten eine lange und beschwerliche Rückfahrt vor uns.

»Giri Bala«, sagte ich, als die Heilige wieder die Augen öffnete, »gebt mir bitte ein Andenken mit — einen Streifen von einem Eurer *Saris*.«

Bald darauf kehrte sie mit einem Stück benarischer Seide in der Hand zurück und warf sich plötzlich vor mir nieder.

»Mutter«, sagte ich ehrfurchtsvoll, »laßt mich lieber Eure heiligen Füße berühren.«

---

atomaren Zwischenräume der körperlichen Zellen eindringt. Konzentration auf dieses *Tschakra* (Rad) gibt dem Gottsucher die Fähigkeit, von der im Äther enthaltenen Energie zu leben.

Therese Neumann, die ebenfalls ohne grobstoffliche Nahrung lebt, übt allerdings keine wissenschaftlichen Yogatechniken. Die Erklärung für diese Unterschiede ist in dem verwickelten individuellen Karma des einzelnen zu suchen. Viele Leben, die Gott geweiht waren, liegen bereits hinter einer Therese Neumann und Giri Bala; doch die Art und Weise, wie sie Gott dienen, ist verschieden. Von den christlichen Heiligen, die ohne Nahrung lebten (und die ebenfalls Stigmatisierte waren) seien hier folgende erwähnt: die hl. Lidwina von Schiedam, die sel. Elisabeth von Rent, die hl. Katharina von Siena, Dominica Lazarri, die sel. Angela von Foligno und die im 19. Jahrhundert lebende Louise Lateau. Der hl. Nikolaus von der Flüe (Bruder Klaus, ein Einsiedler aus dem 15. Jahrhundert, dessen intensive Einheitsbestrebungen die Schweizerische Eidgenossenschaft retteten) hat 20 Jahre ohne Nahrung gelebt.

XLVII. KAPITEL

MEINE RÜCKKEHR NACH DEM WESTEN

»Ich habe bereits viele Yoga-Kurse in Indien und Amerika abgehalten, muß aber gestehen, daß es mir als Hindu besondere Freude bereitet, vor einem englischen Publikum zu sprechen.«
Meine Londoner Zuhörer lachten verständnisvoll; denn die gegenwärtigen politischen Spannungen konnten unseren Yoga-Frieden nicht trüben.
Indien war nur noch eine heilige Erinnerung. Ich befand mich jetzt, im September 1936, in England, um ein vor 16 Monaten gegebenes Versprechen einzulösen und weitere Vorträge in London zu halten.
Auch England ist empfänglich für die zeitlose Botschaft des Yoga. Meine Wohnung im Grosvenor-Haus wurde von Reportern und Kameraleuten, die Aufnahmen für die Wochenschau machten, überlaufen. Am 29. September fand in der Whitefield-Kongregationalisten-Kirche eine Veranstaltung der »Britischen Nationalversammlung der Weltgemeinschaft aller Konfessionen« statt, wo ich über das gewichtige Thema »Glaubensgemeinschaft als Rettung unserer Zivilisation« sprach. Zu dem Vortrag, der um 20 Uhr in der *Caxton Hall* stattfand, erschien eine derart große Menschenmenge, daß die Zuhörer, die keinen Platz mehr fanden, an zwei Abenden im Saal des Windsor-Hauses auf mich warteten, wo ich den Vortrag um 21.30 Uhr wiederholte. Zum Yoga-Unterricht in den darauffolgenden Wochen meldeten sich so viele Teilnehmer an, daß Herr Wright einen größeren Saal mieten mußte.
Die englische Zähigkeit ist besonders auf geistigem Gebiet bewundernswert. Nach meiner Abreise gründeten die treuen Londoner Yogaschüler ein Zentrum der Gemeinschaft der Selbst-Verwirklichung und hielten auch während der schweren Kriegsjahre wöchentlich ihre Gruppenmeditationen. Wir verbrachten unvergeßliche Wochen in England, besichtigten London und unternahmen mehrere Fahrten in die landschaftlich schöne Gegend. Der unverwüstliche Ford fuhr uns zu den

Geburts- und Grabstätten vieler großer Dichter und Helden der britischen Geschichte.

Ende Oktober bestieg unsere kleine Gruppe in Southampton die *Bremen*, um nach Amerika zurückzufahren. Begeisterte Freudenrufe wurden laut, als die majestätische Freiheitsstatue im Hafen von New York sichtbar wurde.

Unser durch die Strapazen auf uraltem Boden etwas mitgenommener Ford war immer noch leistungsfähig und legte die Strecke quer über den Kontinent bis nach Kalifornien ohne Zwischenfälle zurück. Gegen Ende des Jahres 1936 trafen wir wohlbehalten wieder in Mount Washington ein.

Die Feiertage am Jahresende werden im Zentrum von Los Angeles stets mit einer am 24. Dezember stattfindenden achtstündigen Meditation*) (dem geistigen Weihnachten) eingeleitet, der am nächsten Tag ein Bankett (das gesellige Weihnachten) folgt. In diesem Jahre wurden die Feiertage besonders festlich begangen, weil viele liebe Freunde und Schüler von entfernten Städten herbeigeströmt waren, um die drei Weltreisenden willkommen zu heißen.

Zum großen Essen am Weihnachtstag wurden Leckerbissen aufgetischt, die 15 000 Meilen zurückgelegt hatten: *Gutschi*-Pilze aus Kaschmir, eingemachtes *Rasagulla* und Mangofleisch, *Papar*-Gebäck und ein aus der indischen *Keora*-Blume gewonnenes Öl als Aroma für Speiseeis. Am Abend versammelten wir uns alle um einen riesengroßen, funkelnden Weihnachtsbaum, während im Kamin duftende Zypressenscheite knisterten.

Dann ging es an das Auspacken der Geschenke. Gaben aus vielen fernen Ländern kamen zum Vorschein — aus Palästina, Ägypten, Indien, England, Frankreich, Italien. Sorgfältig hatte Herr Wright unsere Truhen bei jedem Grenzübergang gezählt, damit keine räuberische Hand sich der Schätze bemächtigte, die für unsere Lieben in Amerika bestimmt waren. Splitter von dem berühmten Olivenbaum aus dem Heiligen Land, duftige Spitzen und Stickereien aus Belgien und Holland, Perserteppiche,

---

*) Seit 1950 wird die ganztägige Meditation in Mt. Washington am 23. Dezember gehalten. Auf diese Weise feiern die SRF-Mitglieder in aller Welt an diesem besonderen Tag — entweder zu Hause oder in den SRF-Zentren und -Tempeln — gemeinsam ihr Weihnachten und empfangen durch ihre innere Verbindung mit den Meditierenden im SRF-Mutterzentrum großen Segen und geistige Hilfe. Dieselbe geistige Erhebung können auch andere fühlen, die sich innerlich auf den SRF-Heilgottesdienst im Mutterzentrum einstellen. Dort wird täglich für alle gebetet, die um Hilfe bitten, um ihre verschiedenen Probleme besser lösen zu können. (*Anmerkung des Herausgebers*)

fein gewobene Kaschmirschals, Sandelholztabletts aus Maisur, die nie ihren Duft einbüßen, Schiwas »Bullaugen«-Steine aus den Zentralprovinzen, alte indische Münzen aus längst versunkenen Dynastien, juwelenbedeckte Vasen und Becher, Miniaturgemälde, Wandteppiche, Tempelräucherwerk und Parfüms, bedruckte *Swadeschi*-Kattune, Lackarbeiten, Elfenbeinschnitzereien aus Maisur, persische Pantoffeln mit dem neugierigen langen Zeh, alte Manuskripte mit wunderlichen Illustrationen, Samt, Brokat, Gandhi-Kappen, Tongeschirr, Kacheln, Messinggeräte, Gebetsteppiche — die Beute aus drei Kontinenten!

Ich verteilte nacheinander die hübsch eingewickelten Pakete, die unter dem Baum aufgestapelt lagen.

»Schwester Gyanamata!« Ich überreichte meiner amerikanischen Jüngerin, deren gütiges Antlitz von tiefer Verwirklichung zeugte und die während meiner Abwesenheit Mount Washington verwaltet hatte, eine lange Schachtel. In Seidenpapier eingehüllt lag ein *Sari* aus goldener benarischer Seide.

»Vielen Dank, Sir. Dieser *Sari* führt mir die ganze Pracht Indiens vor Augen.«

»Herr Dickinson!« Das nächste Päckchen enthielt ein Geschenk, das ich in einem Basar von Kalkutta gekauft hatte. »Das ist etwas für Herrn Dickinson!« hatte ich sofort gedacht, als ich es sah. Herr Dickinson, ein lieber Jünger, hat seit der Gründung des Mount-Washington-Zentrums im Jahre 1925 an allen unseren Weihnachtsfeiern teilgenommen.

So stand er auch an diesem elften Weihnachtsfest, das er hier verlebte, vor mir und löste das Band von dem länglichen Paket.

»Der Silberbecher!« rief er aus und versuchte, seiner plötzlichen Erregung Herr zu werden. Fassungslos starrte er auf das Geschenk — einen kleinen Trinkbecher — und setzte sich wie betäubt in einigem Abstand nieder. Ich lächelte ihm liebevoll zu und spielte dann meine Rolle als Weihnachtsmann weiter.

Der Abend, der viele Überraschungen gebracht hatte, endete mit einem Gebet an den Geber aller Gaben und dem gemeinsamen Singen von Weihnachtsliedern.

Einige Zeit später sah ich Herrn Dickinson wieder.

»Sir«, sagte er, »ich muß Ihnen noch für den Silberbecher danken. Am Weihnachtsabend fand ich keine Worte dafür.«

»Ich habe dieses Geschenk eigens für Sie gekauft!«

»43 Jahre lang habe ich auf diesen Silberbecher gewartet. Das ist eine lange Geschichte, die ich bisher noch niemandem erzählt habe.« Herr Dickinson blickte etwas scheu zu mir auf und fuhr dann fort: »Es begann mit einem dramatischen Ereignis in einer kleinen Stadt in Nebraska: mein älterer Bruder hatte mich mutwillig in einen fünf Meter tiefen Teich gestoßen, und ich war dem Ertrinken nahe. Ich war damals erst fünf Jahre alt. Als ich zum zweiten Mal im Wasser versank, erschien mir ein blendendes, vielfarbiges Licht, das den ganzen Raum zu erfüllen schien. In seiner Mitte sah ich die Gestalt eines Mannes, der mich ruhig anblickte und mir tröstlich zulächelte. Ich ging gerade zum dritten Mal unter, als ein Spielgefährte meines Bruders eine hohe, schlanke Weide so tief ins Wasser tauchte, daß ich sie mit verzweifeltem Griff fassen konnte. Dann zogen mich die Jungen ans Ufer und stellten sofort Wiederbelebungsversuche mit mir an, womit sie glücklicherweise auch Erfolg hatten.

Zwölf Jahre später, als ich 17 Jahre alt war, besuchte ich mit meiner Mutter Chicago. Das war im Jahre 1893, als das große Weltparlament der Religionen tagte. Mutter und ich gingen eine der Hauptstraßen entlang, als ich wiederum ein großes Licht sah. Kurz darauf erblickte ich einige Schritte vor uns denselben Mann, den ich Jahre zuvor in meiner Vision gesehen hatte. Er ging auf ein großes Auditorium zu und verschwand hinter einer Tür.

›Mutter!‹ rief ich, ›das ist der Mann, der mir erschien, als ich am Ertrinken war.‹

Wir folgten ihm sogleich in das Gebäude und erblickten ihn etwas später auf der Rednertribüne. Bald hatten wir herausgefunden, daß es sich um Swami Vivekananda aus Indien*) handelte. Nach seinem inspirierenden Vortrag ging ich nach vorn, um mich ihm vorzustellen. Er lächelte mich so vertraut an, als ob wir alte Freunde wären. Ich war noch sehr jung und wußte nicht recht, wie ich meinen Gefühlen Ausdruck verleihen sollte. Heimlich aber hoffte ich, daß er mir anbieten würde, mein Lehrer zu sein. Er mußte meine Gedanken gelesen haben.

›Nein, mein Sohn, ich bin nicht dein Guru‹, sagte er, während er seine schönen, durchdringenden Augen auf mir ruhen ließ. ›Dein Lehrer wird später kommen; er wird dir einen silbernen Becher schenken.‹ Und nach einer kurzen Pause fügte er lächelnd hinzu: ›Er wird dir mehr Segen schenken, als du gegenwärtig empfangen könntest.‹

Einige Tage später verließ ich Chicago«, fuhr Herr Dickinson fort, »und sah den großen Vivekananda nie wieder. Doch jedes seiner Worte hat sich meiner Seele unauslöschlich eingeprägt. Die Jahre gingen dahin; aber kein Lehrer erschien! Eines Nachts — im Jahre 1925 — betete ich inbrünstig, daß der Herr mir doch meinen Guru senden möge. Wenige

---

*) Der bedeutendste Jünger des christusähnlichen Meisters Ramakrischna Paramahansa

Stunden später wurde ich von einer sanften Musik aus dem Schlaf geweckt und erblickte eine Gruppe himmlischer Wesen mit Flöten und anderen Instrumenten, die die Luft mit wunderbaren Klängen erfüllten und dann langsam entschwanden.

Am nächsten Abend besuchte ich zum ersten Male einen Ihrer Vorträge in Los Angeles und wußte, daß mein Gebet erhört worden war.« Wir lächelten uns schweigend an.

»Elf Jahre bin ich nun Ihr *Kriya*-Jünger«, fuhr Herr Dickinson fort, »und habe während dieser Zeit oft an den Silberbecher denken müssen; schließlich sagte ich mir, daß die Worte Vivekanandas sicher nur symbolisch gemeint waren.

An diesem Weihnachtsabend aber, als Sie mir die kleine Schachtel unter dem Baum überreichten, sah ich zum dritten Mal in meinem Leben dasselbe blendende Licht. Und im nächsten Augenblick schaute ich auf das Geschenk meines Guru, das Vivekananda mir vor 43 Jahren angekündigt hatte:*) den Silberbecher!«

---

*) Herr Dickinson begegnete Swami Vivekananda im September 1893 — im selben Jahr, in dem Paramahansa Yogananda (am 5. Januar) geboren wurde. Vivekananda muß gewußt haben, daß Yogananda sich wieder inkarniert hatte und nach Amerika kommen werde, um dort die philosophischen Lehren Indiens zu verbreiten.

Im Jahr 1965 empfing Herr Dickinson während einer besonderen Feier im SRF-Mutterzentrum von Los Angeles den Titel *Yogatscharya* (Yogalehrer); er war damals mit seinen 89 Jahren noch gesund und rüstig.

Mit Paramahansadschi pflegte er oft lange zu meditieren, und nie versäumte er seine Kriya-Yoga-Übungen, die er dreimal täglich ausführte.

Zwei Jahre vor seinem Heimgang (am 30. Juni 1967) hielt Yogatscharya Dickinson eine Ansprache vor den SRF-Mönchen und erzählte ihnen eine interessante Einzelheit, die er vergessen hatte, Paramahansadschi mitzuteilen. Er sagte: »Als ich in Chicago zur Rednertribüne ging, um mit Swami Vivekananda zu sprechen, sagte mir dieser, noch ehe ich ihn begrüßt hatte: »Junger Mann, ich rate Ihnen, nicht ins Wasser zu gehen!«

Anmerkung des Herausgebers

XLVIII. KAPITEL

ENCINITAS IN KALIFORNIEN

»Eine Überraschung, Sir! Während Ihrer Abwesenheit haben wir diese Einsiedelei in Encinitas als ›Willkommens-Geschenk‹ für Sie bauen lassen.« Herr Lynn, Schwester Gyanamata, Durga Mata und einige andere Jünger führten mich lächelnd durch das Eingangstor und dann einen von Bäumen beschatteten Weg entlang.

Vor mir erhob sich ein Gebäude, das wie ein großer, weißer Ozeandampfer über das blaue Meer hinausragte. Zuerst war ich sprachlos, brach dann aber in begeisterte Oh- und Ah-Rufe aus und versuchte meine Dankbarkeit mit unzulänglichen menschlichen Worten auszudrükken. Die 16 ungewöhnlich großen Räume des Aschrams, die ich nun besichtigte, waren alle geschmackvoll eingerichtet.

Der geräumige Saal im mittleren Teil des Gebäudes hat hohe, bis an die Decke reichende Fenster; von dort blickt man auf einen Altar aus Rasen, Himmel und Meer hinaus — eine Farbensymphonie in Smaragdgrün, Saphirblau und Perlmutt. Auf dem Sims über dem riesigen Kamin stehen die Bilder von Christus, Babadschi, Lahiri Mahasaya und Sri Yukteswar; die Gurus hatten — wie ich wußte — diesem stillen Aschram im Westen ihren Segen gegeben.

Etwas unterhalb des Aschrams sind zwei Meditationsgrotten direkt in die Steilküste eingebaut; von dort aus hat man einen herrlichen Ausblick auf das weite Meer und den unermeßlichen Himmel. Auf dem übrigen Grundstück befinden sich Nischen zum Sonnenbaden, Wege aus Pflastersteinen, die zu stillen Bäumen, Rosenbeeten und einem Eukalyptus-Hain führen, und ein Obstgarten.

»Möge der gute und heldenhafte Geist der Heiligen hier Wohnung nehmen« (heißt es in einem »Gebet für eine Wohnstätte« aus dem *Zend-Awesta*, das an einer der Türen der Einsiedelei angebracht ist). »Mögen sie uns ständig begleiten und uns mit ihrem Heil und Segen überschütten, mit jenen Gaben, die so weit wie die Erde und so hoch wie der Himmel sind!«

Das große Grundstück in Encinitas (Kalifornien) ist ein Geschenk von James Lynn an die Gemeinschaft der Selbst-Verwirklichung. Dieser amerikanische Geschäftsmann, der seine Einweihung im Januar 1932 empfing, ist ein vorbildlicher *Kriya-Yogi*. Obgleich er als Besitzer großer Ölquellen und als Präsident der größten Feuerversicherungs-Gesellschaft der Welt ungeheure Verantwortung zu tragen hat, findet er dennoch Zeit für lange und tiefe *Kriya-Yoga*-Meditationen. Sein ausgeglichenes Leben hat ihm bereits den unvergänglichen Frieden des *Samadhi* eingebracht.

Während meiner Reise durch Europa und Indien (vom Juni 1935 bis Oktober 1936) hat Herr Lynn*) liebevoll dafür gesorgt, daß niemand, der von Kalifornien aus mit mir korrespondierte, etwas von dem Bau des Aschrams in Encinitas verriet. Um so größer war nun mein Staunen und mein Entzücken.

Schon vor Jahren hatte ich die ganze kalifornische Küste abgefahren, um irgendwo am Meer einen geeigneten Platz für einen Aschram zu finden. Doch jedesmal, wenn ich mir eine Stelle ausgesucht hatte, kam unweigerlich etwas dazwischen, was meine Pläne zunichte machte. Als ich nun auf das sonnige Grundstück von Encinitas blickte, gedachte ich demütig der vor langer Zeit gemachten Prophezeiung Sri Yukteswars: »Eines davon im waldigen Flachland ... ein drittes am Meer. **)

Einige Monate später, am Ostersonntag 1937, leitete ich zur Zeit des Sonnenaufgangs den ersten von vielen Ostergottesdiensten auf dem Rasen vor dem neuen Aschram. Gleich den Weisen des Altertums blickten mehrere hundert Schüler ehrfürchtig auf das sich täglich am östlichen Himmel vollziehende Wunder: den Ritus der aufgehenden Sonne. Im Westen lag der Pazifische Ozean, der sein feierliches Loblied rauschte; in der Ferne ein winziges Segelboot und eine einsam dahinziehende Möwe. »Christus ist auferstanden!« — nicht nur in der Frühlingssonne, sondern in der ewigen Morgenröte des GEISTES.

Viele glückliche Monate folgten. Das herrliche Panorama von Encinitas vor Augen, beendete ich ein seit langem geplantes Werk, die »Kosmischen Lieder«. Ich verfaßte den englischen Text zu vierzig Liedern, deren Melodie ich in abendländischer Notenschrift niederschrieb. In der Sammlung befinden sich unter anderen das Lied Schankaras »Weder Tod

---

*) Nach Paramahansa Yoganandas Heimgang wurde James Lynn (Radscharsi Dschanakananda) Präsident der Gemeinschaft der Selbst-Verwirklichung. Über seinen Guru sagte er folgendes: »Welch göttliche Gnade es ist, in der Gegenwart eines Heiligen leben zu dürfen. Die größte aller Gaben, mit denen das Leben mich überschüttet hat, ist der von Paramahansadschi empfangene Segen.« James Lynn ging im Jahre 1955 in den *Mahasamadhi* ein.
(Anmerkung des Herausgebers)
**) Siehe Seite 129

noch Geburt«, die feierliche »Hymne an Brahma« in Sanskrit, Tagores »Wer ist in meinem Tempel?« und eine Reihe meiner eigenen Kompositionen: »Ich will Dein eigen sein«, »Im Land jenseits der Träume«, »Komm aus Deinem Himmelszelt«, »Lausche meinem Seelenlied« und »Mein Leben bist du«. *)

Im Vorwort des Liederbuches berichtete ich von meinem ersten, bemerkenswerten Versuch, die Wirkung orientalischer Lieder auf westliche Menschen auszuprobieren. Die Gelegenheit dazu ergab sich während eines öffentlichen Vortrags, den ich am 18. April 1926 in der *Carnegie-Hall* in New York hielt.

Am 17. April hatte ich meinem amerikanischen Schüler Alvin Hunsicker mein Vorhaben mitgeteilt: »Ich will morgen die Zuhörer bitten, ein altes Hindulied ›Gott, so wunderbar‹ mit mir zu singen.« **)

Herr Hunsicker hatte jedoch Einspruch erhoben, weil die Amerikaner seiner Meinung nach kein Verständnis für orientalische Musik haben würden.

»Die Musik ist eine universelle Sprache«, hatte ich erwidert. »Zweifellos werden die Amerikaner das Verlangen der Seele fühlen, das in diesem erhabenen Lied zum Ausdruck kommt.«

Am folgenden Abend erklang der feierliche Gesang »Gott, so wunderbar« über eine Stunde lang aus dreitausend Kehlen. Meine lieben New Yorker! Ihr wart ganz und gar nicht blasiert; ihr habt von ganzem Herzen in diesen einfachen, freudigen Triumphgesang eingestimmt. An jenem Abend fanden unter den Anwesenden, die mit tiefer Hingabe den Namen Gottes gesungen hatten, mehrere göttliche Heilungen statt.

Im Jahre 1939 besuchte ich das Zentrum der Gemeinschaft der Selbst-Verwirklichung in Boston, und der dortige Zentrumsleiter, Dr. Lewis, brachte mich in einer feudalen Zimmerflucht unter. »Sir«, sagte Dr. Lewis

---

*) Paramahansa Yogananda hat sechs dieser »Kosmischen Lieder« auf Schallplatte gesungen. *(Anmerkung des Herausgebers)*
**) Der Text des Liedes von Guru Nanak lautet wie folgt:
       Gott, so wunderbar, Gott, so wunderbar!
       In den Wäldern bist Du grün,
       In den Bergen bist Du hoch,
       In den Flüssen bist Du rastlos,
       In den Meeren bist Du tief.
       Für den Liebenden bist Du Liebe,
       Für den Dienenden bist Du Dienst.
       Für den Leidenden bist Du Mitgefühl,
       Für den Yogi Seligkeit.
       Gott, so wunderbar, Gott, so wunderbar!
       Zu Deinen Füßen neig' ich mich.

lächelnd, »während Ihrer ersten Jahre in Amerika haben Sie in einem Einzelzimmer ohne Bad wohnen müssen. Ich wollte Ihnen nun zeigen, daß Boston auch mit einigen Luxuswohnungen aufwarten kann.«
Es folgten viele glückliche und geschäftige Jahre. 1937 wurde in Encinitas eine SRF-Welt-Bruderschaftskolonie gegründet, die das Muster für mehrere kleinere Kolonien in Südkalifornien abgeben soll.*)
Die in der Kolonie lebenden Jünger erhalten eine den SRF-Idealen entsprechende vielseitige Schulung und arbeiten außerdem in der Landwirtschaft, um die Zentren in Encinitas und Los Angeles mit frischem Gemüse zu versorgen.

»Und er hat gemacht von einem Blut aller Menschen Geschlechter...«**)
»Welt-Bruderschaft« ist ein großes Wort; und dennoch werden die Menschen nicht umhin können, ihr Mitgefühl zu erweitern und sich als Weltbürger zu betrachten. Wer wahrhaftig von »meinem Amerika, meinem Indien, meinen Philippinen, meinem Europa, meinem Afrika« sprechen kann, wird immer ein hohes Ziel vor Augen haben und ein glückliches, sinnerfülltes Leben führen.

Sri Yukteswar, der nie auf einem anderen Boden als dem indischen lebte, wußte dennoch um diese Wahrheit:
»Die Welt ist mein Heimatland!«

---

*) Jetzt ein blühendes Aschram-Zentrum, zu dem die ursprüngliche Einsiedelei, Aschrams für Mönche und Schwestern, Speiseräume und ein anheimelndes Gästehaus für Mitglieder und Interessenten gehören. Eine Reihe weißer Säulen, die das geräumige Grundstück zur Autobahn hin abgrenzen, ist von goldüberzogenen metallenen Lotosblumen gekrönt. In Indien ist die Lotosblume ein Sinnbild für das Zentrum des Kosmischen Bewußtseins *(Sahasrara)* im Gehirn, dem »tausendblättrigen Lotos des Lichts«.

**) *Apostelgeschichte 17, 26*

XLIX. KAPITEL

DIE JAHRE 1940—1951

»Wir haben in der Tat den Wert der Meditation schätzen gelernt und wissen, daß unser innerer Friede durch nichts gestört werden kann. Während der letzten Wochen hörten wir während unserer Versammlungen das Heulen der Luftschutzsirenen und die Detonationen der Sprengbomben; doch unsere Mitglieder kommen weiterhin zusammen und haben viel Freude an unseren schönen Gottesdiensten.«

So schrieb mir der beherzte Leiter des Londoner SRF-Zentrums; und viele ähnliche Briefe erreichten mich — noch ehe Amerika in den Zweiten Weltkrieg eintrat — aus dem vom Kriege heimgesuchten England und Europa.

Dr. Cranmer-Byng aus London, der Herausgeber der bekannten Zeitschrift *The Wisdom of the East Series* (Weisheit des Ostens), schrieb mir im Jahre 1942 folgendes:

»Jedesmal, wenn ich im *East-West**) lese, kommt mir zum Bewußtsein, daß wir in zwei verschiedenen Welten leben. Schönheit, Ordnung, Ruhe und Frieden kommen aus Los Angeles zu mir herüber — gleich einem mit Segnungen und Tröstungen beladenen Schiff des Heiligen Gral, das in den Hafen einer belagerten Stadt einläuft.

Wie im Traum sehe ich Ihren Palmenhain und den Tempel in Encinitas mit dem Blick auf das weite Meer und die Berge, und vor allem die Bruderschaft von geistig gesinnten Menschen — eine Gemeinschaft, die schöpferische Arbeit leistet und durch Kontemplation neue Kraft gewinnt ... Der ganzen Gemeinschaft herzliche Grüße von einem einfachen Soldaten, der auf einsamem Posten dem Morgenrot entgegenharrt.«

Im Jahre 1942 wurde in Hollywood (Kalifornien) eine von SRF-Mitgliedern erbaute »SRF-Kirche aller Religionen« eingeweiht. Ein

---

*) Jetzt: *Self-Realization Magazine* (Zeitschrift der Gemeinschaft der Selbst-Verwirklichung)

Jahr später wurde eine andere SRF-Kirche in San Diego (Kalifornien) gegründet und 1947 eine dritte in Long Beach (Kalifornien).*)

Eines der schönsten Grundstücke der Welt, ein blühendes Wunderland in Pacific Palisades bei Los Angeles, wurde der Gemeinschaft der Selbst-Verwirklichung 1949 gestiftet. Das fünf Hektar große Grundstück mutet wie ein natürliches, von grünen Hügeln umrahmtes Amphitheater an. Ein größerer Teich, der wie ein schimmerndes, blaues Juwel in einer Krone von Bergen liegt, hat dem Grundstück seinen Namen »SRF-Schrein am See« verliehen. Am Ufer des Sees steht eine altmodische holländische Windmühle, in der eine friedliche SRF-Kapelle eingerichtet worden ist. Im tiefgelegenen Garten plätschert ein Wasserrad, und nicht weit davon stehen zwei chinesische Marmorstatuen — eine von Buddha und eine von Kwan Yin (der chinesischen Göttlichen Mutter). Auf der Kuppe eines Hügels, direkt über einem Wasserfall, erhebt sich eine lebensgroße Christusstatue, die bei Nacht angestrahlt wird.

Als die SRF 1950 ihr dreißigjähriges Jubiläum**) in Amerika feierte, wurde ein Gandhi-Weltfriedensdenkmal im »Schrein am See« eingeweiht. Wir hatten aus Indien einen Teil der Asche des Mahatma erhalten, die wir in einen tausend Jahre alten Steinsarkophag einschlossen.

1951 folgte die Gründung eines »Indischen Zentrums« in Hollywood. Der Vizegouverneur von Kalifornien, Goodwin Knight, und der Generalkonsul von Indien, Sri Ahudscha, leiteten gemeinsam mit mir die Eröffnungsfeier. Auf dem Grundstück befindet sich eine SRF-Indienhalle und ein Auditorium mit 250 Sitzplätzen.

Wer zum ersten Male eines unserer SRF-Zentren besucht, möchte oft näheres über Yoga erfahren. Eine Frage, die mir häufig gestellt wird, ist folgende: »Stimmt es — wie manche Organisationen behaupten —, daß man Yoga nur unter der persönlichen Leitung eines Lehrers und nicht aus gedruckten Anweisungen lernen kann?«

In diesem Atomzeitalter sollte der Yoga durch Unterrichtsbriefe, wie z. B. die SRF-Lehrbriefe, verbreitet werden, weil andernfalls diese befreiende Wissenschaft wieder nur einigen wenigen Auserwählten zugänglich ist. Sicher wäre es ein Glück ohnegleichen, wenn jeder persönlich

---

*) Die Kapelle in Long Beach, die sich nicht ausbauen ließ, mußte 1967 durch eine größere ersetzt werden, als die Gemeinde immer mehr anwuchs. Statt dessen wurde ein geräumiger SRF-Tempel im nahegelegenen Fullerton erworben. *(Anmerkung des Herausgebers)*

**) Anläßlich dieser Jubiläumsfeier, die am 27. August 1950 in Los Angeles stattfand, leitete ich eine feierliche Zeremonie mit Rosen und Kerzen und weihte 500 Schüler in den *Kriya-Yoga* ein.

von einem Guru, der höchste göttliche Weisheit besitzt, unterrichtet werden könnte. Aber die Welt besteht nun einmal aus vielen »Sündern« und nur wenigen Heiligen. Wie sonst kann man also der Masse durch Yoga helfen, wenn nicht durch gedruckte Anweisungen, die von echten Yogis verfaßt wurden und die jeder bei sich zu Hause studieren kann? Die einzige andere Möglichkeit ist die, daß man den »Durchschnittsmenschen« ignoriert und ihm keine Yogakenntnisse vermittelt. Das entspricht aber nicht Gottes Plan für das neue Zeitalter. Babadschi hat versprochen, alle aufrichtigen *Kriya-Yogis* bis zur Erreichung ihres Ziels zu schützen und zu leiten. *) Nicht nur einige wenige, sondern Hunderttausende von *Kriya-Yogis* werden gebraucht, damit der ersehnte Weltfriede und allgemeine Wohlstand erreicht wird, der alle Menschen erwartet, sobald sie sich ernsthaft darum bemühen, wieder echte Kinder Gottes zu werden.

Mein Guru Sri Yukteswar und mein Param-Param-Guru Babadschi haben mir die Aufgabe übertragen, im Westen eine SRF-Organisation, einen »Bienenstock für den geistigen Honig«, zu gründen. Die Ausführung dieses heiligen Auftrags hing jedoch mit allerlei Schwierigkeiten zusammen.

»Sagen Sie einmal ganz ehrlich, Paramahansadschi, hat es sich gelohnt?« sagte eines Abends lakonisch Dr. Lloyd Kennell, der Leiter der SRF-Kirche in San Diego. Ich wußte, was er damit sagen wollte: »Sind Sie glücklich in Amerika gewesen — trotz der Verleumdungen, die von falsch unterrichteter Seite in Umlauf gesetzt wurden, um die Verbreitung des Yoga zu verhindern, trotz aller Enttäuschungen und allen Herzeleids, trotz der Zentrumsleiter, die nicht leiten können, der Schüler, die nicht lernen wollen?«

»Gesegnet ist jeder, den der Herr prüft!« antwortete ich. »Er hat nicht vergessen, mir hin und wieder eine Last aufzuerlegen.« Dann dachte ich an all die treuen Menschen, an das große Verständnis, an die Liebe und Hingabe, die mir in Amerika entgegengebracht wurden, und fügte nachdrücklich hinzu: »Doch meine Antwort ist *ja*, tausendmal ja! Es *ist* der Mühe wert gewesen — sogar mehr, als ich mir hätte träumen lassen. Ich habe erleben dürfen, wie Ost und West sich durch das einzige dauerhafte Band — das Band des GEISTES — nähergekommen sind.«

Die großen Meister Indiens, die ein offenkundiges Interesse am Abend-

---

*) Auch Paramahansa Yogananda hat seinen Schülern in Ost und West versprochen, nach seinem Heimgang weiterhin über den geistigen Fortschritt aller *Kriya-Yogis* zu wachen. Zahlreiche SRF-YSS-Schüler haben die Wahrheit dieses Versprechens bereits an sich erfahren dürfen; wie aus ihren Briefen hervorgeht, haben sie die allgegenwärtige Führung des Meisters auch nach seinem *Mahasamadhi* erlebt. (*Anmerkung des Herausgebers*)

land und an der Neuen Welt haben, sind sich der Erfordernisse des heutigen Zeitalters bewußt. Sie wissen, daß sich die Weltlage nicht eher bessern kann, als bis alle Nationen willig sind, voneinander zu lernen, und sich sowohl die Tugenden des Abendlands als auch die des Morgenlands zu eigen machen. Jede der beiden Hemisphären braucht das Beste von dem, was die andere zu bieten hat.

Oft ist mir auf meinen Weltreisen das Herz schwer geworden, weil ich so viel Leid habe ansehen müssen.*) Im Orient liegt das Leiden hauptsächlich auf körperlicher und in den westlichen Ländern mehr auf geistiger und seelischer Ebene. Alle Völker fühlen die schmerzlichen Auswirkungen einer unausgeglichenen Zivilisation. Indien, China und andere orientalische Länder können viel von der Geschäftstüchtigkeit und Leistungsfähigkeit der westlichen Länder, z. B. Amerikas, lernen. Andererseits aber müssen die westlichen Länder aufgeschlossener für die geistigen Gesetze des Lebens, insbesondere für die wissenschaftlichen Techniken werden, die seit ältesten Zeiten in Indien entwickelt worden sind und den Menschen die Möglichkeit geben, bewußte Gottverbundenheit zu erreichen.

Das Ideal einer wohlausgeglichenen Zivilisation ist keine Utopie. Jahrtausendelang regierte in Indien nicht nur das Licht des Geistes, sondern auch weit verbreiteter materieller Wohlstand. Die »Schätze Indiens«**) sind schon vor Jahrhunderten sprichwörtlich gewesen, und die

---

*) Die Stimme die mich rings umgibt,
Ist wie ein brausend Meer:
»Ist dir die Erde so verleidet,
In Scherben gar zersprungen?
Sieh, alle Dinge fliehen dich,
Wenn du Mich fliehst!
Was Ich dir je genommen,
Ich nahm es nicht, um dich zu kränken,
Nur darum, daß du's suchen sollst
In Meinen Armen.
All das, was du, mein Kind,
In deinem Irrtum als verloren glaubst,
Ich hab' es aufbewahrt für dich daheim.
Steh auf! Faß Meine Hand und komm!«
   (Aus »Der Himmlische Jagdhund« von *Francis Thompson*).
**) In den Geschichtsbüchern wird Indien bis zum 18. Jahrhundert als das reichste Land der Erde bezeichnet. Übrigens ist in der gesamten Literatur und Tradition der Hindus nichts zu finden, was die allgemein verbreitete Theorie abendländischer Geschichtsschreiber bestätigt, die besagt, die ersten Arier seien aus einem anderen Teil Asiens oder aus Europa in Indien »eingefallen«. Die Gelehrten sind deshalb auch nicht in der Lage, den Zeitpunkt zu bestimmen, da diese imaginäre Wanderschaft begonnen haben soll. Jeder, der die Veden studiert hat, wird zu der inneren Überzeugung gelangen, daß Indien seit Urzeiten die Heimat der Hindus gewesen ist. Dieser Gedanke wird auch in dem erstaunlichen und leicht lesbaren Buch

Armut der letzten 200 Jahre ist nur eine vorübergehende karmische Phase in Indiens langer Geschichte. Sowohl materieller als auch geistiger Überfluß sind kennzeichnend für *Rita* — das Kosmische Gesetz oder die kosmische Gerechtigkeit. Gott kennt keine »Sparsamkeit« — ebensowenig wie die verschwenderische Göttin der Natur.

Die Hinduschriften lehren, daß die Menschen von diesem bestimmten Planeten angezogen werden, um in jedem neuen Leben mehr über die unendliche Vielfalt des GEISTES zu lernen, der sich durch die Materie Ausdruck verschafft und die Materie regiert. Sowohl der Osten als auch der Westen lernen — jeder auf seine Weise — diese große Wahrheit und sollten ihre Erfahrungen willig austauschen. Zweifellos bereitet es Gott Freude, wenn Seine Erdenkinder sich bemühen, eine Weltzivilisation zu schaffen, die frei von Armut, Krankheit und Unwissenheit ist. Die Wurzel allen Leidens liegt darin, daß der Mensch

Rig-Vedic India (das Indien des Rig-Veda) von Abinas Tschandra Das zum Ausdruck gebracht, das 1921 von der Universität Kalkutta herausgegeben wurde. Professor Das behauptet, daß Emigranten aus Indien sich in verschiedenen Teilen Europas und Asiens angesiedelt und dort arische Sprache und arisches Volkstum verbreitet haben. So weist z. B. die litauische Sprache in vieler Hinsicht eine erstaunliche Ähnlichkeit mit dem Sanskrit auf. Der Philosoph Kant, der nichts über Sanskrit wußte, staunte über die wissenschaftliche Struktur der litauischen Sprache und sagte, daß sie nicht nur den Schlüssel zur Philologie, sondern auch zur Geschichte besäße.
Auch in der Bibel wird der Reichtum Indiens erwähnt; es heißt, daß die »Meerschiffe von Tarschisch« König Salomon »Gold, Silber, Elfenbein, Affen und Pfauen« brachten und »sehr viel Sandelholz und Edelgestein« aus Ophir (Sopara an der Küste von Bombay). Der griechische Botschafter Megasthenes (4. Jahrhundert v. Chr.) hat uns bis ins einzelne gehende Beschreibungen über den Wohlstand Indiens hinterlassen. Plinius (1. Jahrhundert n. Chr.) berichtet, daß die Römer jährlich 50 Millionen Sesterzen (DM 20 000 000) für Importwaren aus Indien ausgaben, das damals eine große Seemacht war.
Reisende aus China haben Indiens verfeinerte Zivilisation, sein allgemeines hohes Bildungsniveau und seine hervorragende Regierungsform in lebhaften Bildern beschrieben. Der chinesische Priester Fa-Hsien (5. Jahrhundert) berichtet, daß das Volk der Inder glücklich, ehrenhaft und wohlhabend sei.
Kolumbus, der im 15. Jahrhundert die Neue Welt entdeckte, suchte in Wirklichkeit einen kürzeren Handelsweg nach Indien. Jahrhundertelang war Europa eifrig an Importwaren aus Indien interessiert — an Seide, feinen Geweben (von solcher Zartheit, daß sie mit Recht die Bezeichnung »gesponnene Luft« und »unsichtbarer Dunst« trugen), bedruckten Baumwollstoffen, Brokat, Stickereien, Teppichen, Schneidewerkzeugen, Rüstungen, Elfenbein und Elfenbeinarbeiten, Parfüms, Räucherwerk, Sandelholz, Tongeschirren, Medikamenten und Salben, Indigo, Reis, Gewürzen, Korallen, Gold, Silber, Perlen, Rubinen, Smaragden und Diamanten.
Portugiesische und italienische Kaufleute waren tief beeindruckt von der märchenhaften Pracht, der sie überall im Reiche Vidschajanagars (1336 bis 1565) begegneten. Der arabische Botschafter Razzak beschrieb die prunkvolle Hauptstadt dieses Reiches mit folgenden Worten: »So wie noch kein

seinen freien Willen *) mißbraucht und seine göttlichen Hilfsquellen vergißt.

Für die Übelstände, die man einer anthropomorphen Abstraktion,

---

Auge es erblickt, wie noch kein Ohr es gehört hat — mit keinem anderen Ort der Erde vergleichbar.«
Im 16. Jahrhundert fiel Indien zum ersten Male in seiner langen Geschichte unter nicht-hinduistische Herrschaft. Der Türke Baber fiel 1524 in das Land ein und gründete eine Moslem-Dynastie. Die neuen Monarchen, die sich in dem alten Land ansiedelten, beuteten es jedoch nicht aus. Dennoch wurde das reiche Indien, durch innere Uneinigkeit geschwächt, im 17. Jahrhundert die Beute verschiedener europäischer Nationen, von denen schließlich England die Oberhand gewann. Am 15. August 1947 erlangte Indien auf friedlichem Wege seine Unabhängigkeit zurück.
Wie viele Inder kenne auch ich eine Geschichte, »über die man jetzt ruhig sprechen kann«. Eine Gruppe junger Universitätsfreunde trat während des Ersten Weltkriegs an mich heran und bat mich dringend, eine Widerstandsbewegung anzuführen. Ich lehnte ihren Vorschlag mit folgenden Worten ab: »Unsere englischen Brüder zu töten, kann nichts Gutes für Indien bringen. Indien wird seine Freiheit nicht durch Waffengewalt, sondern durch geistige Kraft wiedergewinnen.« Dann warnte ich meine Freunde und sagte ihnen, daß die mit Waffen beladenen deutschen Schiffe, von denen sie abhängig waren, von den Briten in Diamond Harbor (Bengalen) abgefangen werden würden. Die jungen Männer gaben ihr Vorhaben jedoch nicht auf, das — wie ich vorausgesehen hatte — fehlschlug. Nach einigen Jahren wurden meine Freunde aus dem Gefängnis entlassen. Mehrere von ihnen schlossen sich daraufhin der idealistischen Bewegung Gandhis an und erlebten später, daß Indien siegreich aus einem »Krieg« hervorging, den es mit friedlichen Mitteln ausgefochten hatte.
Die tragische Aufteilung des Landes in Indien und Pakistan und das kurze, aber blutige Zwischenspiel, das sich in einigen Teilen des Landes zutrug, war in erster Linie durch wirtschaftliche Umstände und nicht durch religiösen Fanatismus bedingt. (Letzterer war ein nebensächlicher Grund, der irrtümlicherweise oft als Hauptgrund angesehen wird.) Zahllose Hindus und Mohammedaner leben heute genauso wie früher friedlich nebeneinander. Der »überkonfessionelle« Meister Kabir (1450—1518) zog eine große Menge von Jüngern aus beiden Glaubensrichtungen an und hat bis zum heutigen Tage Millionen von Anhängern (die *Kabir-Panthis*). Unter der mohammedanischen Herrschaft von Akbar dem Großen bestand in ganz Indien die größtmögliche Glaubensfreiheit. Auch heute leben 95% der einfachen Leute ohne ernstliche religiöse Meinungsverschiedenheiten nebeneinander. Das wahre Indien — jenes Indien, das die Botschaft Mahatma Gandhis verstand und befolgte, ist nicht in den großen, unruhigen Städten, sondern in den 700 000 friedlichen Dörfern zu finden, wo seit undenklichen Zeiten eine einfache und gerechte Form der Selbstverwaltung unter dem Vorsitz der *Pantschajats* (örtlichen Ratsversammlungen) herrscht.
Die Probleme, mit denen sich das kürzlich befreite Indien heute auseinandersetzen hat, werden im Laufe der Zeit zweifellos von jenen großen Menschen gelöst werden, an denen es in Indien nie gefehlt hat.

*) . . . Freiwillig ist unser Dienst,
Weil wir aus freigewählter Liebe dienen.
Durch Ungehorsam fall'n auch wir, und ach,
Gefallen sind der Engel viele jüngst
Vom Himmel in die Hölle! Welch ein Fall,
Von welcher Höh' des Glücks zu welchem Jammer!
                    Milton (Das verlorene Paradies)

der sogenannten »Gesellschaft« vorwirft, sollte sich jeder einzelne verantwortlich fühlen *). Zukunftsideale müssen zuerst im Herzen des einzelnen Wurzel fassen, ehe sie zu einer allgemeinen Tugend werden können; denn die innere Reform führt zwangsläufig auch zur äußeren. Wer sich selbst ändert, wird Tausende ändern.

Alle heiligen Schriften der Welt — solche, die die Jahrhunderte überdauert haben — sagen im wesentlichen dasselbe aus und ermutigen den Menschen in seinen idealistischen Bestrebungen. Eine besonders glückliche Zeit meines Lebens verbrachte ich mit der Deutung verschiedener Teile des Neuen Testaments, die ich für das *Self-Realization Magazine* (SRF-Zeitschrift) diktierte. Inbrünstig bat ich Christus, daß er mir helfen möge, die wahre Bedeutung seiner Worte zu erfassen, von denen viele während der letzten 20 Jahrhunderte gröblich mißverstanden worden sind.

Eines Nachts, als ich in der Einsiedelei zu Encinitas saß und schweigend betete, wurde mein Wohnzimmer von einem opalblauen Licht erfüllt, und ich erblickte die strahlende Gestalt des Herrn Jesus. Er sah aus wie ein junger Mann von etwa 25 Jahren und trug einen spärlichen Bart und Schnurrbart. Sein langes, schwarzes Haar war in der Mitte gescheitelt und von einem schimmernden, goldenen Licht umgeben.

Seine Augen waren unbeschreiblich wundersam und wechselten ständig ihren Ausdruck. Und mit jedem Ausdruckswandel erfaßte ich intuitiv die göttliche Weisheit, die sie mir vermittelten. In seinem strahlenden Blick fühlte ich die Macht, die Myriaden von Welten aufrechterhält. Ein Heiliger Gral erschien an seinem Mund, kam zu meinen Lippen herab und kehrte dann zu Jesus zurück. Nach einigen Augenblicken begann er zu mir zu sprechen; seine Worte waren jedoch so persönlich, daß ich sie in meinem Herzen verschlossen halte.

In den Jahren 1950/51 verbrachte ich längere Zeit in einem SRF-Ferienhaus in der Nähe der Mojave-Wüste in Kalifornien. Dort übersetzte ich die *Bhagawadgita* und schrieb auch einen ausführlichen Kommentar darüber **), der die verschiedenen Yogawege behandelt.

---

*) Der göttliche Plan, der den Welten der Erscheinungen zugrunde liegt, ist Gottes *Lila*, d. h. ein Spiel zwischen dem Schöpfer und Seinen Geschöpfen, das auf einem gegenseitigen Geben und Nehmen beruht. Das einzige Geschenk, das der Mensch Gott darbringen kann, ist seine Liebe; sie genügt, um an Seine grenzenlose Freigebigkeit zu appellieren. »Denn ihr täuscht mich allesamt. Bringet aber die Zehnten ganz in mein Kornhaus, auf daß in meinem Hause Speise sei, und prüfet mich hierin, spricht der Herr Zebaoth, ob ich euch nicht des Himmels Fenster auftun werde und Segen herabschütten die Fülle.« — *Maleachi 3, 9-10*.

**) Erscheint laufend im *Self-Realization Magazine*. Die *Bhagawadgita* ist die meistgelesene aller heiligen Schriften Indiens; sie enthält das berühmte

Diese größte aller heiligen Schriften Indiens weist zweimal *) unmißverständlich auf eine Yogatechnik hin (die einzige, die in der *Bhagawadgita* erwähnt wird und der Babadschi den einfachen Namen *Kriya-Yoga* gab), d. h., sie enthält nicht nur sittliche, sondern auch praktische Lehren. Der Atem ist der Sturm der Täuschung, der das Meer unserer Traumwelt aufpeitscht und die individuellen Bewußtseinswellen — menschliche Körper und andere materielle Gegenstände — hervorruft. Sri Krischna wußte, daß philosophisches und ethisches Wissen allein nicht ausreicht, um den Menschen aus dem schmerzlichen Traum seines individuellen Daseins zu erwecken. Daher macht er ihn auf die heilige Wissenschaft aufmerksam, die es ihm ermöglicht, Herrschaft über seinen Körper zu gewinnen und ihn kraft seines Willens in reine Energie zu verwandeln. Die Möglichkeit einer solchen Yoga-Leistung wird selbst den modernen Wissenschaftlern, den Pionieren des Atomzeitalters, einleuchten. Denn sie haben bereits bewiesen, daß alle Materie auf reine Energie zurückgeführt werden kann.

Die Hinduschriften heben die Yogawissenschaft deshalb so sehr hervor, weil sie von allen Menschen angewandt werden kann. Natürlich hat es auch Menschen gegeben, die das Geheimnis des Atems ohne irgendwelche Yogatechniken entschleierten, so z. B. die nicht-hinduistischen Mystiker, die in glühender Liebe zu Gott entbrannt waren. Christen, Mohammedaner und Heilige anderer Religionen sind im atemlosen und regungslosen Trancezustand *(Sabikalpa-Samadhi)* **) beobachtet worden. (Dies ist das erste Stadium der Gotteswahrnehmung. Sobald ein Heiliger jedoch in den *Nirbikalpa* oder höchsten *Samadhi* eingeht, bleibt er unwiderruflich in Gott verankert — ganz gleich, ob er atmet oder nicht, ob er tätig oder untätig ist.)

Bruder Lorenz, ein christlicher Mystiker des 17. Jahrhunderts, berichtet, daß er sein erstes Gotteserlebnis beim Anblick eines Baumes hatte. Fast alle Menschen wissen, wie ein Baum aussieht; doch nur wenige sehen dabei auch den Schöpfer des Baumes. Die meisten Menschen

---

Zwiegespräch zwischen Sri Krischna und seinem Jünger Ardschuna — geistige Ratschläge, die so zeitlos sind, daß sich noch heute jeder Wahrheitssucher nach ihnen richten kann. Kurz zusammengefaßt, lautet die Botschaft der *Gita:* Jeder Mensch kann endgültige Befreiung finden, wenn er Gott wahrhaftig liebt, sich um Weisheit bemüht und selbstlos handelt, ohne an seinen eigenen Vorteil zu denken.

*) *Bhagawadgita IV, 29 und V, 27-28*
**) Siehe Kapitel 26. Von den christlichen Mystikern, die im *Sabikalpa-Samadhi* beobachtet wurden, soll hier nur die heilige Therese von Avila erwähnt werden, deren Körper oft so starr wurde, daß die verwunderten Nonnen ihn nicht aus der Stellung bringen oder Therese ins Wachbewußtsein zurückrufen konnten.

sind absolut nicht fähig, jene unwiderstehliche Kraft der Liebe aufzubringen, die nur einige wenige *Ekantins* (außergewöhnliche Heilige) im Morgen- und Abendland von Natur aus besitzen. Aber auch der durchschnittliche Mensch *) kann dieses göttliche Ziel erreichen. Alles, was er braucht, um sich auf Gott konzentrieren zu können, ist die *Kriya-Yoga*-Technik, ein tägliches Befolgen der sittlichen Gebote und die Fähigkeit, aus tiefstem Herzen zu beten: »Herr, ich sehne mich danach, Dich zu erkennen.«

Die Anziehungskraft, die der Yoga auf die Menschen ausübt, ist hauptsächlich seinen praktischen, wissenschaftlichen Methoden zuzuschreiben, die es dem Yogi ermöglichen, Gott näherzukommen; denn die meisten Menschen können anfangs noch keine brennende Liebe für Gott empfinden.

Verschiedene große Lehrer Indiens wurden *Tirthakaras*, d. h. »Furtenmacher« genannt, weil sie der verwirrten Menschheit einen Ausweg aus dem stürmischen Meer des *Samsara* zeigten (des karmischen Rades, der ständigen Wiederholung von Leben und Tod). *Samsara* (wörtlich: ein Fließen mit dem Strom der Ereignisse) verleitet den Menschen dazu, den Weg des geringsten Widerstandes zu wählen. »Wer der Welt Freund sein will, der wird Gottes Feind sein.«**) Um ein Freund Gottes zu werden, muß man die Teufel oder Übel des eigenen Karmas überwinden; das sind jene Handlungen, die einen immer wieder dazu verleiten, sich widerstandslos den Täuschungen in der Welt der *Maya* hinzugeben. Der aufrichtige Sucher, der um das eiserne Gesetz des Karma weiß, wird unermüdlich nach einem Weg suchen, der ihm endgültige Befreiung bringt. Da es die Wünsche sind, die den Menschen in die karmische Knechtschaft führen, und da diese Wünsche in seinem von *Maya* verdunkelten Geist wurzeln, beschäftigt sich der Yogi mit Übungen zur Gedankenbeherrschung***). Sobald er die verschiedenen karmischen Hüllen der Unwissenheit abgelegt hat, kann er sein ureigenes Wesen erkennen.

---

*) Der »Durchschnittsmensch« muß irgendwann und irgendwo einmal den Anfang machen. »Die 1000 Meilen lange Reise beginnt mit einem Schritt«, bemerkte Laotse. Und Buddha sprach: »Der Mensch darf das Gute nicht unterschätzen und denken: ›Zu mir kommt es doch nie!‹ Durch das Fallen einzelner Wassertropfen wird der Topf gefüllt. Ähnlich wird der Weise vom Guten erfüllt, selbst wenn er es nur tropfenweise auffängt.«
**) *Jakobus 4, 4*
***) Wie eine Flamme, die am stillen Ort,
   Wo sie kein Wind bewegt, nicht flackern kann,
   So strebt das Herz, vor Sinnessturm geschützt
   Und in der Gottesliebe Feuer brennend,
   Zum Ewigen empor. Wenn das Gemüt
   Durch stete Übung Ruh' gefunden hat,
   An jenem Ort, wo die Erkenntnis herrscht;

Der einzige Daseinszweck des Menschen besteht darin, das Geheimnis von Leben und Tod zu entschleiern; und dieses Geheimnis hängt aufs engste mit dem Atem zusammen. Ohne Atem zu leben, bedeutet, den Tod zu überwinden. Da die altindischen Rischis diese Wahrheit erkannt hatten, konzentrierten sie sich ganz auf den Atem und entwickelten eine genaue und vernunftgemäße Wissenschaft der Atemlosigkeit.

Wenn Indien der Welt nichts anderes geschenkt hätte als den *Kriya-Yoga,* so würde diese königliche Gabe allein schon genügen.

Wie aus mehreren Bibelstellen hervorgeht, wußten auch die jüdischen Propheten, daß der Atem das von Gott erschaffene, feine Bindeglied zwischen Körper und Seele ist. Im 1. Buch Mose heißt es: »Und Gott der Herr machte den Menschen aus einem Erdenkloß, und er blies ihm ein den lebendigen Odem in seine Nase. Und also ward der Mensch eine lebendige Seele.« *) Der menschliche Körper setzt sich aus chemischen und metallenen Substanzen zusammen, die man in jedem »Erdenkloß« findet. Das Fleisch allein wäre jedoch nicht fähig, sich zu bewegen oder Energie aufzubringen, wenn ihm nicht von der Seele her lebendige Ströme zugeführt würden; dies geschieht bei unerleuchteten Menschen durch Vermittlung des Atems (gasförmiger Energie). Die Lebensströme, die den menschlichen Körper in Form eines fünffachen *Prana* (feine Lebensenergien) durchfließen, sind eine Ausdrucksform der *OM*-Schwingung — der allgegenwärtigen Seele.

Nur weil die Körperzellen das Leben der Seele widerspiegeln und scheinbar selber lebendig sind, hängt der Mensch an seinem Körper; zweifellos würde er einem gewöhnlichen Erdenkloß nicht dieselbe Aufmerksamkeit schenken. Er begeht den Irrtum, sich mit seiner körperlichen Form

---

Wo der erhab'ne Geist sich in sich selbst
Beschaut und alles in sich selber findet;
Wenn das Gemüt die Seligkeit erkennt,
Die kein Verstand erfaßt und die sich nur
Der Seele durch die Seele offenbart,
Und wenn es fest darin verharrend nie
Von der erkannten Wahrheit sich entfernt,
Und wenn der Mensch, der dieses Ziel erreicht,
Die Wahrheit höher schätzt als alle Schätze
Und unerschütterlich darin verbleibt,
So daß kein großes Leid ihn mehr bewegt,
Dann weiß er, daß die Abgeschiedenheit
Von allem Schmerz vollkomm'ner Yoga ist.
Bhagawadgita VI, 19—23
(Von Edwin Arnolds englischer Übersetzung aus dem Sanskrit ins Deutsche übertragen von Hartmann)
*) 1. Mose 2, 7

zu identifizieren, und zwar deshalb, weil die Lebensströme der Seele
— durch Vermittlung des Atems — mit solcher Intensität in das Fleisch
geleitet werden, daß er Ursache und Wirkung verwechselt und sich einbildet, der von ihm vergötterte Körper habe ein eigenes Leben.
Im gewöhnlichen Bewußtsein ist sich der Mensch seines Körpers und
Atems bewußt. Im Unterbewußtsein, das im Schlaf vorherrscht, löst er
sich vorübergehend vom Körper und vom Atem. Und im Überbewußtsein
befreit er sich von der täuschenden Vorstellung, daß sein »Dasein« vom
Körper und Atem abhänge. *) Gott existiert ohne Atem, und die Ihm
zum Bilde erschaffene Seele wird erst während des atemlosen Zustands
ihrer selbst bewußt.

Wird der Atem, das Bindeglied zwischen Seele und Körper, vom
Karma durchschnitten, erfolgt der krasse Übergang, den wir »Tod«
nennen und in dem die körperlichen Zellen wieder in ihre ursprüngliche
Kraftlosigkeit zurückfallen. Der *Kriya-Yogi* jedoch kann seinen Atem
mit Hilfe weiser, wissenschaftlicher Methoden aufheben und wartet nicht
auf das rauhe Eingreifen des Karma. Er weiß bereits durch eigenes
Erleben, daß er ein unkörperliches Wesen ist und braucht sich nicht vom
Tode darüber belehren zu lassen, daß der Mensch übel daran tut, sich nur
auf seinen irdischen Körper zu verlassen.

Von Leben zu Leben schreitet der Mensch (in dem ihm angemessenen,
wenn auch unsteten Tempo) seiner eigenen Himmelfahrt entgegen. Der
Tod bedeutet keine Unterbrechung in seinem Aufwärtsstreben, sondern
bietet ihm nur eine angenehmere Umgebung in der Astralwelt, in der
er sich von seinen Schlacken reinigen kann. »Euer Herz erschrecke
nicht! . . . In meines Vaters Hause sind viele Wohnungen.« **) Es ist
in der Tat unwahrscheinlich, daß Gott Seine Genialität in der Erschaffung dieser irdischen Welt erschöpft haben sollte oder daß Er uns in
der jenseitigen Welt nichts Interessanteres zu bieten hätte als Harfengeklimper.

Der Tod bedeutet weder ein Auslöschen des Daseins noch eine endgültige Flucht aus dem Leben. Ebensowenig ist der Tod das Tor zur

---

*) »Du wirst dich der Welt nicht eher erfreuen können, als bis du das Meer in deinen Adern fließen fühlst, als bis du dich mit dem Himmel bekleidest und mit den Sternen krönst und dich als den einzigen Erben der ganzen Welt betrachtest — und mehr als das, denn es leben Menschen in ihr, die, wie du, die einzigen Erben sind —, bis du über Gott singen, dich an Ihm erfreuen und entzücken kannst wie der Geizige am Gold und der König am Szepter . . . bis du so vertraut mit Gottes ewigen Wegen bist wie mit dem Essen und dem täglichen Spaziergang, bis du innige Bekanntschaft mit dem schattenhaften Nichts gemacht hast, aus dem die Welt erschaffen ward.« — *Thomas Traherne* (Jahrhunderte der Meditation)
**) *Johannes 14, 1-2*

Unsterblichkeit. Wer sein wahres Selbst im Genuß irdischer Freuden vergessen hat, wird es auch in den ätherischen Freuden der Astralwelt nicht wiederfinden. Dort entwickelt er lediglich ein feineres Wahrnehmungsvermögen und wird sich des Guten und Schönen (was eigentlich dasselbe ist) deutlicher bewußt. Doch nur auf dem rauhen Amboß dieser Erde kann der Strebende das Gold seines geistigen Wissens aushämmern. Hält er dann endlich den mühselig erworbenen goldenen Schatz, die einzige Gabe, die der habgierige Tod annimmt, in Händen, hat er seine endgültige Freiheit erlangt und die Kette körperlicher Wiedergeburten gesprengt.

Mehrere Jahre lang leitete ich in Encinitas und Los Angeles Unterrichtskurse über die *Yoga-Sutras* des Patandschali und andere tiefsinnige Werke der Hindu-Philosophie.

»Warum hat Gott Seele und Körper überhaupt verbunden?« fragte mich eines Abends ein Schüler nach dem Unterricht. »Was bezweckte Er mit diesem Evolutionsdrama der Schöpfung?« Schon viele Menschen haben sich diese Fragen gestellt; und die Philosophen haben umsonst versucht, eine befriedigende Antwort darauf zu finden.

»Hebt euch ein paar Geheimnisse für die Ewigkeit auf«, pflegte Sri Yukteswar lächelnd zu sagen. »Wie kann die begrenzte Vernunft des Menschen die unerforschlichen Beweggründe des unerschaffenen Absoluten erfassen?*) Der menschliche Verstand, der durch das Gesetz von Ursache und Wirkung an die Welt der Erscheinungen gebunden ist, steht verwirrt vor dem geheimnisvollen Gott — dem Anfanglosen und Ursachlosen. Die menschliche Vernunft allein kann die Rätsel der Schöpfung nicht ergründen; früher oder später aber wird uns Gott selbst jedes Geheimnis entschleiern.«

Der aufrichtige Wahrheitssucher wird sich anfangs damit begnügen, das ABC des göttlichen Planes zu erlernen und nicht vorzeitig versuchen, die komplizierten graphischen Darstellungen der »Einstein-Theorie« des Lebens zu verstehen.

---

*) »Denn meine Gedanken sind nicht eure Gedanken, und eure Wege sind nicht meine Wege, spricht der Herr; sondern soviel der Himmel höher ist denn die Erde, so sind auch meine Wege höher denn eure Wege und meine Gedanken denn eure Gedanken.« — *Jesaja 55, 8-9.*
Dante erklärt in seiner Göttlichen Komödie:
»Im Himmel, der zumeist sein Licht empfänget,
War ich und sah, was wieder zu berichten
Nicht weiß und nicht vermag, wer dort herabkommt;
Weil sich, dem Ziele nahend seines Sehnens,
Der menschliche Verstand so weit vertiefet,
Daß kein Erinnern von dort zurückkehrt.
Doch, soviel immer von dem heilgen Reiche
Als Schatz ich im Gedächtnis sammeln konnte,
Das soll den Stoff jetzt meines Liedes bilden.«

»Niemand hat Gott je gesehen (d. h. kein Sterblicher, der in der »Zeit«, in der Relativität der *Maya* ¹) lebt, kann das Unendliche schauen); *der eingeborene Sohn, der in des Vaters Schoß ist* (das reflektierte Christusbewußtsein oder die nach außen projizierte Höchste Intelligenz, die alle äußeren Erscheinungsformen durch die *OM*-Schwingung erschafft und die dem ›Schoß‹ oder der Tiefe des Unerschaffenen Göttlichen entsprungen ist, um aus der Einheit eine Vielheit zu machen), *der hat es uns verkündigt* (gegenständlich gemacht oder manifestiert).« ²)

»Wahrlich, wahrlich, ich sage euch«, erklärte Jesus, »der Sohn kann nichts von sich selber tun, sondern was er sieht den Vater tun; denn was dieser tut, das tut gleicherweise auch der Sohn.« ³)

Die dreifache Natur Gottes, wie sie in der Welt der Erscheinungen zum Ausdruck kommt, wird in den Hinduschriften durch Brahma (Schöpfer), Wischnu (Erhalter) und Schiwa (Zerstörer und Erneuerer) symbolisiert. Diese drei Wesenheiten sind unaufhörlich mit der vibrierenden Schöpfung verwoben. Da das Absolute jenseits der menschlichen Vorstellungskraft liegt, betet der fromme Hindu Es in den erhabenen Verkörperungen der Trinität an. ⁴)

Die im Universum wahrnehmbaren Ausdrucksformen Gottes (der Schöpfer, Erhalter und Zerstörer) offenbaren jedoch nicht Sein höchstes oder eigentliches Wesen (denn die kosmische Schöpfung ist nur Sein *Lila,* Sein schöpferischer Zeitvertreib). ⁵) Sein wahres Wesen kann auch dann nicht erfaßt werden, wenn man alle Geheimnisse der Trinität ergründet; denn Seine äußere Natur, wie sie im gesetzmäßigen, beständigen Wechsel der Atome sichtbar wird, drückt Ihn nur aus, ohne Ihn zu offenbaren. Das wahre Wesen Gottes kann erst dann erkannt werden,

---

¹) Der tägliche Kreislauf der Erde, in dem Licht und Dunkelheit miteinander abwechseln, erinnert den Menschen ständig daran, daß die Welt durch *Maya*, durch die Gegensätzlichkeit, regiert wird. (Daher sind die Übergangszeiten des Tages — die Morgen- und Abenddämmerung — wegen ihrer ausgleichenden Wirkung günstig für die Meditation.) Wenn der Yogi den doppelt gewobenen Schleier der *Maya* zerrissen hat, kann er die transzendente Einheit schauen.
²) *Johannes 1, 18*
³) *Johannes 5, 19*
⁴) Nicht mit der Dreieinigkeit *Sat, Tat, OM* = Vater, Sohn, Heiliger Geist, zu verwechseln. Brahma-Wischnu-Schiwa ist die dreifache Erscheinungsform des *Tat* oder Sohnes, des die ganze vibrierende Schöpfung erfüllenden Christusbewußtseins. Die *Schaktis*, d. h. die Kräfte oder ›Gemahlinnen‹ dieser Trinität, sind Symbole des *OM* oder Heiligen Geistes, der einzigen ursächlichen Kraft, die den Kosmos durch Schwingungen aufrechterhält. (Siehe Seite 160, Fußnote, und 210-211, Fußnote).
⁵) »Herr . . . du hast alle Dinge geschaffen, und durch deinen Willen haben sie das Wesen und sind geschaffen.« — *Offenbarung 4, 11*

wenn »*der Sohn zum Vater geht*«. ¹) Nur der befreite Mensch kann alle Schwingungsbereiche hinter sich lassen und in den schwingungslosen Ursprung eingehen.

Alle großen Propheten haben geschwiegen, wenn sie gebeten wurden, die letzten Geheimnisse zu enthüllen. Als Pilatus fragte: »Was ist Wahrheit?«, ²) gab Christus ihm keine Antwort. Solch herausfordernde Fragen intellektueller Menschen entspringen nur selten aufrichtiger Wißbegier, sondern zeugen eher von der arroganten Einstellung der Betreffenden; viele Leute halten ihren Skeptizismus in bezug auf geistige Werte ³) für »Aufgeklärtheit«.

»Ich bin dazu geboren und in die Welt gekommen, daß ich für die Wahrheit zeugen soll. Wer aus der Wahrheit ist, der höret meine Stimme.« ⁴) Diese wenigen Worte Christi sprechen Bände. Ein Gottessohn «zeugt» *durch sein Leben*. Er verkörpert die Wahrheit; wenn er sie obendrein noch erklärt, so bedeutet das goldenen Überfluß.

Die Wahrheit ist keine Theorie, keine philosophische Spekulation, kein intellektuelles Wissen. Wahrheit ist genaue Übereinstimmung mit der Wirklichkeit. Für den Menschen ist Wahrheit gleichbedeutend mit der Erkenntnis seiner wahren Natur, seines Selbst oder seiner Seele. Jesus bewies durch jedes seiner Worte und jede seiner Taten, daß er sein wahres Wesen — d. h. seinen göttlichen Ursprung — kannte. Da er sich vollkommen mit dem allgegenwärtigen Christusbewußtsein identifizierte, konnte er die einfache, unantastbare Aussage machen: »Wer aus der Wahrheit ist, der höret meine Stimme.«

Auch Buddha weigerte sich, die letzten metaphysischen Wahrheiten darzulegen und bemerkte trocken, daß die wenigen Augenblicke, die der Mensch auf Erden zu leben habe, am besten damit zugebracht würden, sich sittlich zu vervollkommnen. Der chinesische Mystiker Laotse behauptete mit Recht: »Wer es weiß, sagt es nicht; wer es sagt, weiß es nicht.« Die letzten Geheimnisse Gottes stehen nicht »offen zur Diskussion«, denn die Entzifferung Seines Geheim-Codes ist eine Kunst, die kein Mensch einem anderen Menschen vermitteln kann; hier ist allein Gott der Lehrer.

---

¹) *Johannes 14, 12*
²) *Johannes 18, 38*
³) »Liebe die Tugend; sie allein ist frei.
  Sie kann dich lehren,
  Höher zu steigen
  Als das luftigste Glockenspiel.
  Doch wäre die Tugend schwach,
  So würde der Himmel selbst
  Herab sich neigen zu ihr.«   *Milton* (Comus).
⁴) *Johannes 18, 37*

»Seid stille und erkennet, daß ich Gott bin.«*) Gott, der Seine Allgegenwart niemals zur Schau stellt, kann nur in tiefem Schweigen wahrgenommen werden. Wenn der Gottsucher gelernt hat, sich auf den Urlaut — die schöpferische OM-Schwingung, die im ganzen Universum widerhallt — einzustellen, werden sich aus diesem Laut verständliche Worte herauskristallisieren.

Der göttliche Sinn dieser Schöpfung — soweit die menschliche Vernunft ihn zu erfassen vermag — ist in den Veden erläutert worden. Die Rischis lehrten, daß jede menschliche Seele von Gott erschaffen wurde, um eine bestimmte, einmalige Ausdrucksform des Unendlichen zu offenbaren, ehe sie wieder in ihr Absolutes Sein zurückkehrt. Daher liebt Gott alle Menschen unterschiedslos, denn jeder von ihnen ist ein individueller Funke Seines Seins.

Die Weisheit Indiens, des ältesten Volkes der Erde, gehört der ganzen Menschheit. Wie jede Wahrheit, so kommt auch die in den Veden enthaltene Wahrheit von Gott, nicht von Indien. Die großen Rischis, deren reiner Geist die tiefen göttlichen Wahrheiten der Veden aufnehmen konnte, gehören unserem Menschengeschlecht an; sie wurden auf diesem — und nicht auf einem anderen Planeten geboren, um der ganzen Menschheit zu dienen. Rassische und nationale Unterschiede haben im Bereich der Wahrheit keine Bedeutung, weil es dort nur auf geistige Empfänglichkeit ankommt.

Gott ist Liebe; deshalb kann Sein Plan für diese Schöpfung nur in der Liebe wurzeln. Bietet dieser einfache Gedanke dem menschlichen Herzen nicht mehr Trost als alle gelehrten Schlußfolgerungen? Jeder Heilige, der bis ins Herz der Wahrheit vorgedrungen ist, hat bezeugt, daß es einen bestimmten Plan für dieses Universum gibt und daß das Endresultat Schönheit und Freude ist.

Dem Propheten Jesaja offenbarte Gott Seinen Plan mit folgenden Worten**):

»So soll das Wort, das aus meinem Munde geht, auch sein: Es wird nicht wieder leer zu mir zurückkommen, sondern wird tun, was mir gefällt, und ihm wird gelingen, wozu ich es sende. Denn ihr sollt in Freuden ausziehen und im Frieden geleitet werden. Berge und Hügel sollen vor euch her frohlocken mit Jauchzen und alle Bäume auf dem Felde in die Hände klatschen.«

»Ihr sollt in Freuden ausziehen und im Frieden geleitet werden.« Sehnsuchtsvoll hören die hart bedrängten Menschen des 20. Jahrhunderts diese wunderbare Botschaft. Die volle Wahrheit, die sie enthält, kann von

---

*) *Psalm 46, 11*
**) *Jesaja 55, 11-12*

jedem Gottsucher verwirklicht werden, der sich ernsthaft darum bemüht, sein göttliches Erbe zurückzugewinnen.

Die segensreiche Rolle des *Kriya-Yoga* im Morgen- und Abendland hat gerade erst begonnen. Mögen alle Menschen zu der Erkenntnis gelangen, daß es eine bestimmte, wissenschaftliche Technik der Selbstverwirklichung gibt, die alles menschliche Leid überwinden hilft.

Wenn ich den Tausenden von *Kriya-Yogis,* die gleich leuchtenden Juwelen über die Erde verstreut sind, meine liebenden Gedanken sende, denke ich oft voller Dankbarkeit:

»Herr, Du hast diesem Mönch eine große Familie geschenkt!«

ZIELE UND IDEALE DER GEMEINSCHAFT DER SELBST-VERWIRKLICHUNG

(Self-Realization Fellowship)

Zu lehren, daß der Sinn des Lebens in der Höherentwicklung des begrenzten menschlichen Bewußtseins liegt, bis es sich — aus eigener Kraft — zum Bewußtsein Gottes erweitert, und zu diesem Zweck Tempel der Gemeinschaft der Selbst-Verwirklichung in aller Welt zu errichten, in denen wahre Gottverbundenheit gepflegt wird, und die Menschen außerdem anzuregen, sich in ihrem eigenen Heim und Herzen einen Tempel Gottes zu schaffen.

Darzulegen, daß zwischen dem ursprünglichen, von Jesus Christus gelehrten Christentum und dem ursprünglichen, von Bhagavan Krischna gelehrten Yoga wesentliche Übereinstimmung herrscht, und daß diese grundlegenden Gesetze der Wahrheit die wissenschaftliche Basis aller echten Religionen bilden.

Auf den schnellsten Weg zu Gott hinzuweisen, in den alle wahren religiösen Wege schließlich einmünden: den Weg täglicher, wissenschaftlicher und andachtsvoller Meditation über Gott.

Die Menschheit von ihrem dreifachen Leiden — körperlicher Krankheit, seelischer Unausgeglichenheit und geistiger Blindheit — zu befreien.

Die Menschen zu einem einfacheren Leben und tieferem Denken anzuregen und zwischen allen Ländern der Erde einen Geist wahrer Brüderlichkeit zu fördern, der der Erkenntnis entspringt, daß alle Menschen Kinder des einen Gottes sind.

Die Überlegenheit des Geistes über den Körper und der Seele über den Geist zu beweisen.

Böses durch Gutes, Leid durch Freude, Grausamkeit durch Güte, Unwissenheit durch Weisheit zu besiegen.

Wissenschaft und Religion durch die Erkenntnis, daß die Natur und ihre Gesetze von einem göttlichen Geist regiert werden, miteinander in Einklang zu bringen.

Eine tiefere Verständigung und einen besseren geistigen Austausch zwischen Morgen- und Abendland zu schaffen.

Der ganzen Menschheit als dem eigenen, erweiterten Selbst zu dienen.

INHALTSVERZEICHNIS

Anmerkung des Verfassers zur deutschen Ausgabe . . . 7

Anmerkung des amerikanischen Herausgebers 8

Vorwort von Dr. Evans-Wentz 9

I. Meine Eltern und meine früheste Kindheit 13

II. Der Tod meiner Mutter und das geheimnisvolle Amulett . . 25

III. Der Heilige mit den zwei Körpern
(Swami Pranabananda) 32

IV. Meine vereitelte Flucht zum Himalaja 39

V. Ein »Parfüm-Heiliger« stellt seine Wunder zur Schau . . 53

VI. Der Tiger-Swami 62

VII. Der schwebende Heilige (Nagendra Nath Bhaduri) . . . 72

VIII. Indiens großer Wissenschaftler Dschagadis Tschandra Bose . 78

IX. Der glückselige Heilige und sein kosmisches Abenteuer
(Meister Mahasaya) 88

X. Ich begegne meinem Meister, Sri Yukteswar 96

XI. Zwei junge Burschen ohne einen Pfennig in Brindaban . . 108

XII. Jahre in der Einsiedelei meines Meisters 117

XIII. Der Heilige ohne Schlaf (Ram Gopal Masumdar) . . . 149

XIV. Das Erlebnis des Kosmischen Bewußtseins 157

XV. Der Blumenkohldiebstahl 165

XVI. Wie man die Sterne überlistet 177

XVII. Sasi und die drei Saphire 189

XVIII. Der mohammedanische Magier (Afzal Khan) 196

IXX. Mein in Kalkutta weilender Meister erscheint in Serampur . 202

XX. Wir fahren nicht nach Kaschmir 206

XXI. Unsere Reise nach Kaschmir 212

XXII. Das beseelte Steinbild	222
XXIII. Ich bestehe mein Staatsexamen	229
XXIV. Ich werde Mönch des Swami-Ordens	237
XXV. Meine Geschwister Ananta und Nalini	246
XXVI. Die Wissenschaft des Kriya-Yoga	252
XXVII. Gründung einer Yogaschule in Rantschi	262
XXVIII. Der wiedergeborene und wiedergefundene Kaschi	271
IXXX. Ein Gespräch mit Rabindranath Tagore über unsere Schulen	276
XXX. Die Gesetzmäßigkeit des Wunders	281
XXXI. Ein Gespräch mit der Heiligen Mutter (Kaschi Moni Lahiri)	294
XXXII. Ramas Auferstehung von den Toten	305
XXXIII. Babadschi, der Yogi-Christus	314
XXXIV. Materialisation eines Palastes im Himalaja	323
XXXV. Das christusähnliche Leben Lahiri Mahasayas	336
XXXVI. Babadschis Interesse am Abendland und an der Neuen Welt	350
XXXVII. Ich gehe nach Amerika	360
XXXVIII. Luther Burbank, ein Heiliger inmitten von Rosen	369
XXXIX. Therese Neumann, die Stigmatisierte	375
XL. Meine Rückkehr nach Indien	384
XLI. Im idyllischen Südindien	393
XLII. Die letzten Tage mit meinem Guru	406
XLIII. Sri Yukteswars Auferstehung	421
XLIV. Bei Mahatma Gandhi in Wardha	441
XLV. Die »Glückselige Mutter« von Bengalen (Ananda Moyi Ma)	460
XLVI. Die Yogini, die ohne Nahrung lebt (Giri Bala)	466
XLVII. Meine Rückkehr nach dem Westen	478
XLVIII. Encinitas in Kalifornien	483
XLIX. Die Jahre 1940—1951	487
20 Seiten Abbildungen zwischen Seiten	254 und 255

WEITERE BÜCHER VON YOGANANDA
IM OTTO WILHELM BARTH VERLAG

MEDITATIONEN ZUR SELBSTVERWIRKLICHUNG
120 Seiten – kart.

»Die Meditationen Yoganandas vermitteln eine praktische Anregung, und als solche möchten wir sie all jenen empfehlen, die diese geistige Übung pflegen wollen.« Der Organisator.

RELIGION ALS WISSENSCHAFT
104 Seiten – kart.

Dieses kleine Buch erschließt die uralte Wahrheit der Hindus, zu der Yogananda durch eigene Verwirklichung gelangte. Überdies zeigt es den Weg zum Zustand der Glückseligkeit.

WISSENSCHAFTLICHE HEILMETHODEN
Theorie und praktische Anwendung der Konzentration
96 Seiten – kart.

In diesem Buch wird neben Heilung körperlicher Krankheiten und schlechter Gewohnheiten besonders die geistige Lebenskraft hervorgehoben, die – richtig angewendet – heilend in jeden Körperteil gelenkt werden kann. Heilmethoden und Heilmeditationen werden aufgezeigt, bei denen Klang und Singen eine wichtige Rolle spielen, ebenso wie Konzentration auf den Zwischenraum der Augenbrauen, auf das verlängerte Rückenmark und das Herz.

WORTE DES MEISTERS
Inspirierende Ratschläge an seine Jünger
128 Seiten – kart.

Dieses Buch soll einen kleinen Einblick in Yoganandas überaus vielgestaltiges Wesen geben. Auf jeder Seite leuchtet uns sein mitfühlendes Verständnis für die Menschen und seine grenzenlose Liebe entgegen.

Sri Swami Yukteswar
DIE HEILIGE WISSENSCHAFT
104 Seiten – kart.

Ein indischer Heiliger, der Guru Yoganandas, spricht von den verschiedenen Zeitaltern, von der Evolution der Welt, von der rechten Lebensweise, Ernährung und Harmonisierung der Nerven aufgrund uralter Wahrheiten, die in allen Religionen gültig sind. Hierbei sucht er auch die christlichen Evangelien auf indische Weise als geistige Erkenntnisquelle zu deuten.